中華書局校刊

聚珍仿宋版

十三經注疏

十一

禮記注疏

中華書局

附釋音禮記注疏卷第十八

禮記　　鄭氏注　　孔穎達疏

曾子問第七○陸曰曾子孔子弟子曾參也以其所問多明於禮故著姓名以顯之○疏正義曰按鄭目錄云名爲曾子問者以其記所問多明於禮故著姓名以顯之曾子孔子弟子曾參此於别錄屬喪服

曾子問曰君薨而世子生如之何孔子曰卿大夫士從攝主北面於西階南變於朝夕哭位也攝主上卿代君聽國政大祝裨冕執束帛升自西階盡等不升堂命毋哭將有事宜清靜也裨冕者接神則祭服也諸侯之卿大夫所服裨冕絺冕也玄冕也士服爵弁服大祝裨冕則大夫○大祝音泰下文注大祝大宰大宗大廟大史皆同此音祝之六反說文云祝祭主贊詞者裨婢支反毋音無本亦作無絺知里反本又作希徐張履反祝聲三告曰某之子生敢告聲噫歆警神也某夫人之氏也○祝之六反下同徐之又反三息暫反又如字下聲三及三者三皆放此噫於其反歆許金反警居領反升奠幣于殯東几上哭降几筵於殯東明繼體也衆主人卿大夫士房中皆哭不踊衆主人君之親也房中婦人○盡一哀反位遂朝奠反朝夕哭位○小宰升舉幣所主也舉而下埋之階間疏曾子至舉幣○正義曰此一節論君薨而世子生告殯之事各隨文解之○君薨而世子生者按聘禮云子即位不哭公羊云君存稱世子君薨稱子某此既君薨仍稱世子者以其别於庶子又用世子之禮告殯故雖君薨猶稱世子異於春秋之例按左傳桓六年子同生賈杜注云不稱大子者書始生此亦始生而稱世子者彼爲父在始生未命故直云子此是君

薨初生則舉以世子之禮故云世子也熊氏云下稱奠幣于殯東則此告世子生謂既殯以後若未殯之前則世子生亦不告凡天子諸侯稱世子春秋經稱王世子曹世子是也卿大夫以下謂之適子喪服云大夫之適子是也若在喪諸侯之子亦稱適子檀弓云君之適長殤是也天子諸侯亦謂之大子則王制云王大子及檀弓云大子申生是也冢子則上下通名故內則云其非冢子則皆降一等注則言天子以下至庶人是其通名也其春秋三傳世子之例煩而不要今所不用也○孔子至北面○此論卿大夫士等皆衣衰服也攝主上卿代國政者卿大夫士等皆衣衰服北面文不言者以下文云大祝裨冕明卿大夫等不裨冕也○於西階南○注變於朝夕哭位也○正義曰按喪大記云君之喪既正尸卿大夫父兄子姓立于東方又士喪禮朝夕哭丈夫卽位于門外西面北上外兄弟在其南南上賓繼之北上若其門內位主人堂下直東序西面兄弟皆卽位如外位卿大夫在主人之南是朝夕內外哭位皆在東方也今乃從攝主北面於西階南故云變於朝夕哭位也必於西階南者以將告殯近位故也若君喪大斂喪大記云卿大夫卽位于堂廉楹西北面者彼斂故升堂非朝夕哭位此爲告世子生故在堂下○大祝至毋哭○大祝以大夫爲之祝主接神故服裨冕裨冕祭服也以其將告神故執束帛執持也束帛十端也端則二丈鬼神質故用偶數也鬼神以丈八尺爲端鬼神之道陰陽不測故用陰陽之數求之一丈象陽八尺法陰十端六玄四纁五兩三玄二纁纁是地色玄是天色也欲往告殯故升自西階若於堂下告則大遠堂上告則大近殯故升階盡等級卽不升堂將有告事宜靜故命毋哭○注裨冕至大夫○正義曰卿大夫所服裨冕絺冕也按覲禮侯氏裨冕鄭注云裨冕者衣裨衣而冠冕也裨之爲言埤也天子六服大裘爲上其餘爲裨以事尊卑服之而諸侯亦服焉又注云衮衣者裨之上也則裨唯據衣也言服裨衣而著冕故云裨冕言裨者取其繢繡云諸侯之卿大夫所服裨冕絺冕也玄冕也者此言五等諸侯孤卿大夫唯絺冕而下以上諸侯薨兼五等故總解其臣服此卿兼公孤卿也若孤卿則絺冕若三命再命卿大夫服玄冕故周禮司服云孤自絺冕而下卿大夫自

玄冕而下又大宗伯云再命受服鄭注云受玄冕之服列國之大夫於子男爲卿卿大夫自玄冕而下如孤之服也是孤則絺冕卿與大夫皆玄冕周禮謂三孤六卿爲九卿總云謂卿四命是卿名通於孤也云士服爵弁服者以天子大祝是大夫諸侯則無文若是士則爵弁今經云大祝裨冕故云則大夫○祝聲至敢告○聲謂噫歆之聲三所。出警神也言若夫人某氏之子生以告殯之辭也○注聲噫歆警神也○正義曰直云祝聲不知作何聲按論語云顏淵死子曰噫天喪予檀弓云公肩假曰噫是古人發聲多云噫故知此聲亦謂噫也凡祭祀神之所享謂之歆今作聲欲令神歆享故云歆警神也○升奠幣于殯。東凡上哭降者謂告殯竟執束帛者升堂奠置所執之幣于殯東几筵上畢遂哭哭竟而降階也○注几筵至體也○正義曰按阮諶禮圖云几長五尺高尺二寸廣二尺皇氏云周禮天子下室喪奠有素几不云殯宮有几而諸侯雖無文當與天子同而大夫士葬前下室並無几降於人君也並葬後殯宮皆有几人君未葬前而於下室有素几其殯宮無几今世子生既告權移下室之几於殯東告於繼體異常日庾氏云未虞施几筵常於下室然殯宮几筵爲朝夕之奠常在不去今更特設几筵於殯宮東者特異其事以爲世子之生故鄭云几筵於殯東明繼體也今按既夕禮燕養饋羞如他日則下室所供之物如平常皆用吉物即今之告靈不得有素几又司几筵云凡喪事右素几注云喪事謂几奠也又云凶事仍几注云凶事謂几奠几朝夕相因喪禮略以此推之即素几是殯宮朝夕設奠之几不在下室而庾皇等以爲素几設於下室未審何以知之其義非也熊氏以爲天子諸侯在殯宮則有几筵大夫士大斂有席虞始有几然殯宮几筵爲朝夕之奠常在不去今更特設几於殯東當明世子是繼體之賁故於常几筵之外別特設之考三家之說熊以爲是皇庾以爲非○注衆主至婦人○正義曰知者按喪大記云君將大斂父兄堂下。北面父兄即君之親又云外宗房中南面故云房中婦人○注反朝夕哭位○正義曰按士喪禮每日之旦於朝夕哭位先哭而後行朝奠朝奠了又哭今因西階前哭畢反此朝夕哭位於位不更哭即行朝奠禮謂一時兼哭兩事故云遂朝奠按士喪禮尋常朝奠皆先哭後奠皇氏云尋常先奠後哭此謂告世子生故先哭後奠其義非也○注所主至階間○正義曰所以小宰舉幣幣是小宰所主故云所主也故周禮小宰職云凡祭祀贊王幣爵之事喪荒受其含襚幣玉之事是也必知埋之階間者下文云師行主命反必告設奠卒斂幣玉藏諸兩階之間故知此幣亦埋之階間也

三日衆主人卿大夫士如初位北面三日負子日也初告生時大宰大宗大祝皆裨冕少師奉子以衰祝先子從宰宗人從入門哭者止宰宗人。詔贊君事者○少升召反下少喪并注同奉方勇反下注奉者同衰七雷反下同從才用反下同子升自西階殯前北面祝立于殯東南隅祝聲三曰某之子某從執事敢見子拜稽顙哭奉子者拜哭○見賢遍反下而見伯父廟見旅見同祝宰宗人衆主人卿大夫士哭踊三者三降東反位皆袒子踊房中亦踊三者三襲衰杖踊襲衰杖成子禮也奠出亦謂朝奠大宰命祝史以名徧告于五祀山川因負子名之喪於禮略也○徧音遍下同

疏三日至山川○正義曰。云此一節論世子生已三日名之以名見於殯之禮各依文解之○三日之朝自衆主人以下悉列西階下列位如初日子生之義也以子自爲主故不云從攝主也○注三日至生時○正義曰按內則云國君世子生告于君三日卜士負之此亦生則告君三日負之但告時直負之而已子未見君至三月爲名之時則始見之也今既在喪禮略於負子之時即見也此不用束帛者初告生已用今既禮殺故不用也云初告生時者以經云如初恐初是朝夕哭位故以初爲告生時也必知告生時者以告生時北面於西階南此亦云北面故知是告生時也○大宰大宗大祝皆裨冕○大宰是教令之官大宗是主宗廟之官初不裨冕今得裨冕者以爲奉子接神故服祭服此。大。宰。大。宗等亦從子升堂故下文云祝宰宗人降東反位既言降。明其時當在堂此

經不云升堂者文不具耳○少師奉子以衰者少師云主養子之官又奉子故與
子皆著衰也皇氏及王肅云謂以衰衣而奉之崔氏云諸侯五日而殯殯而成
服此三日而衰者喪已在殯異於未殯也○祝先子從者祝主接神故先進也
少師奉子次從祝也○宰宗人從者大宰大宗爲詔告贊君事故次從在後也
○入門哭者止者入門是入殯宮門也衆主人及諸臣並已先列位而哭今祝
宰宗三人將子入門見故命門內在位者止哭也前告是初生日哀甚故祝升
階乃命止哭今三日哀已微殺故子入門而哭則止也○注宰宗至事者○正
義曰上云大宰大宗此直云宰宗人者皇氏云宰則大宰宗人則大宗也此祝
先子從者同吉祭之禮故特牲少牢皆祝前主人後若凶祭則主人前祝在主
人後士虞禮是也今此亦凶祭而祝在先者以其告神故也○子升至顙哭○
子升自西階者謂世子不忍從先君之階升故由西階升於。時太宰大宗及祝
亦升不言從者以子爲主故略而不言也殯前北面者殯以東爲前謂當殯之
東稍南北面也○祝立於殯東南隅者祝在子之西。而。北面當殯之東南故云
殯東南隅也其宰及宗人皇氏云以次立於子之東階北面若其須。詔相之時
或就子前而西面也○祝聲三者亦謂警神也前告。主哀甚故盡階不升堂此
見子須近殯故進立於殯東南隅既警神之後祝乃告曰夫人某氏之子某從
執事宰宗人等敢見告訖奉子之人拜而稽顙乃哭不踊者未卽位故也皇氏
云於時宰宗未立子名不得云某氏之子某從執事下有某字者誤也今按定本及
諸本皆有某字子升堂之時大宰三卽位立名告殯云某之子某○祝宰至衰杖
○祝宰宗人卿大夫士哭踊三者三此等以子稽顙哭故亦祝宰宗人在堂上
皆。曰哭衆主人卿大夫士俱在西階下北面哭爲踊每踊三度爲一節如此者
三故云三者三○降東反位者堂上皆降反東在下者皆東反朝夕哭位降者
謂降自西階也皆袒者以初堂上堂下之哭非正位故不袒今反朝夕哭位故
皆袒○子踊房中亦踊者以上文子不踊房中亦不踊至此乃踊故云子踊房
中亦踊明祝宰宗人衆主人及卿大夫士反位亦皆踊也當子踊之時亦袒也
故下注云踊襲衰杖成子禮也既云襲明初時袒也皇氏云子踊不袒若然子

初不祖何得後有襲乎皇氏說非也○注亦謂朝奠○正義曰恐是見子故爲奠祭故云亦謂朝奠以告生之時遂朝奠故云亦謂朝奠知非特奠者在殯無特告奠之法故也○注因負至略也○正義曰按內則及左傳桓六年皆三月乃名之今此因負子三日卽名之以喪事促遽於禮簡略不暇待三月也上見殯之時既以名告故云某之子某鄭於此乃解名者以經有名文而遂解之○非謂告山川之時始作名也若依皇氏以見殯後乃作名故鄭於此解之

曾子問曰如已葬而世子生則如之何孔子曰大宰大宗從大祝而告于禰。告生也○禰本又作祢乃禮反三月乃名于禰以名徧告及社稷宗廟山川

【疏】曾子至山川○正義曰此一節因前論問君未葬而世子生今更問已葬後世子生之禮○大宰大宗從大祝而告于禰者禰父殯宮之主也既葬訖殯無尸柩唯有主在故告於主漸神事之故也同廟主之名故曰禰也然直云三人告禰不云攝主者葬時攝主已弁絰葛以交神。明葬竟又服受服喪之大。節。更畢攝主亦無復有。此事故子生則攝主不。復與羣臣列位西階下故自還依大宰之禮與大宰大宗從大祝裨冕而告殯宮中主也不云裨冕者未葬尙裨冕葬後不言自顯也不云。束帛者凡告必制幣從之可知也不言盡階不升者三人例是升者非不升也不言某之子生敢告者亦自可知也三月乃名于禰者葬後。神。事之故依平常之禮三。日不見也三月乃見因見乃名故云乃名于禰也從見之人與告生不異故不重言也雖三日不見其。成服衰絰自依常禮也○以名徧告及社稷宗廟山川者名於禰既畢宰亦命祝史徧告也不言宰命祝史從可知也又前不云社稷宗廟此不云五祀相互明也王肅云前三日名之君未葬當稱子某故三日因名之。此經既葬稱子不稱名故三月乃名也鄭云稱世子生喪在殯告五祀山川耳五祀殯宮之五祀山川國鎭之重不可不告故越社稷告之既葬而世子生三月而名葬後三月於禮已祔廟故告可及廟廟與社稷相連不得不告社稷

○孔子曰諸侯適天子必告于祖奠于禰

皆奠幣以告之互文也冕而出視朝聽國事也諸侯朝天子必裨冕爲將廟受也裨冕者公衮侯伯鷩子男毳○朝直遥反注及下同爲于僞反下爲事同衮古本反鷩必列反毳昌銳反命祝史告于社稷宗廟山川臨行又偏告宗廟孝敬之心也乃命國家五官而後行五官五大夫典事者命者勑之以其職道而出祖道也聘禮。出祖釋軷祭酒脯也○軷步末反告者五日而徧過是非禮也既告不敢久留凡告用牲幣反亦如之牲當爲制字之誤也制幣一丈八尺○牲幣依注牲音制諸侯相見必告于禰道近或可以不親告祖朝服而出視朝朝服爲事故也命祝史告于五廟所過山川山川所不過則不告貶於適天子也亦命國家五官道而出反必親告于祖禰乃命祝史告至于前所告者而后聽朝而入反必親告祖禰同出入禮

【疏】孔子至如之○正義曰此一節論諸侯。朝天子將出之禮不云曾子問直云孔子曰者以此與上事連文上既云以名偏告社稷宗廟因論出朝告祖禰之事此乃因上起文也此篇之內時有如此故下曾子問云除喪則不復昬禮乎孔子曰祭過時不祭禮也又何反於初又云孔子曰嫁女之家三夜不息燭與此相類云告于祖亦告于禰也言奠于禰亦奠于祖也○冕而出視朝○裨冕謂裨衣而冕裨衣者公衮侯伯鷩子男毳視朝詔聽事也○注聽國至受也○正義曰聽國事解經視朝之事云諸侯朝天子必裨冕爲將廟受也諸侯視朝當用玄冠緇衣素裳今視朝而服裨冕之服者按覲禮侯氏裨冕天子受之於廟故鄭云諸侯朝天子必裨冕爲將廟受也言天子於廟受己之禮今諸侯往朝天子爲天子將欲於廟中受己之禮故諸侯豫敬之以冕服視朝也○命祝史告于社稷宗廟山川○注臨行又偏告宗廟孝敬之心也○正義曰按上文云諸侯適天子必告于祖奠于禰此又命祝史告于宗廟山川是臨行一告宗廟則知後再告故云臨行又偏告宗廟孝敬之心也言偏告宗廟

則五廟皆告也前云告于祖者亦祖禰皆告也○乃命國家五官而后行○注五官至其職○正義曰按大宰云建其牧立其監設其參傳其伍是諸侯有三卿五大夫經云五官故云五大夫以屬官大夫其數衆多直云五者據典國事者言之不云命卿者或從君出行或雖在國留守總主羣吏如三公然不專主事一事且尊之既命五大夫則卿亦命之可知故不顯言命卿也命者謂戒勑以所掌之事也○注祖道至脯也○正義曰經言道而出明諸侯將行爲祖祭道神而後出行引聘禮者證祖道之義按聘禮記云出祖釋軷祭酒脯彼注云祖始也行出國門止陳車騎釋酒脯之奠於軷爲行始也春秋傳曰軷涉山川然則軷止行之名也道路以險阻爲難是以委土爲山或伏牲其上使者爲軷祭酒脯祈告也禮畢然後乘車轢之而遂行其有牲犬羊可也此城外之軷祭也其五祀行神則在宮內故鄭注聘禮云行謂行者之先其古人之名未聞天子諸侯有常祀在冬也喪禮有毀宗躐行出于大門則行神之位在廟門外西方又鄭注月令軷壇厚二寸廣五尺輪四尺周禮注云以菩芻棘柏爲神主此鄭釋爲軷祭之義此軷亦有尸故詩生民云取羝以軷注燔烈其肉爲尸羞是也其牲天子軷用犬故犬人云伏瘞亦如之注云伏謂伏犬於軷上諸侯用羊詩云取羝以軷謂諸侯也卿大夫以酒脯既行祭軷竟御者以酒祭車軾前及車左右轂末故周禮大馭云及犯軷王自左馭馭下祝登受轡犯軷遂驅之又云及登酌僕僕左執轡右祭兩軷祭軓乃飲軹即轂末軓謂車軾前是也其祭宮內行神之軷及城外祖祭之軷其制不殊崔氏云宮內之軷祭古之行神城外之軷祭山川與道路之神義或然也壇名山其神曰纍○告者五日而徧過是非禮也○前命祝史告山川而諸侯猶待告徧乃行也以五日爲期若近者乃可就彼告若遠者則當望告故以五日爲限也所以爾者爲先以告廟載遷主若久留不去則爲非禮故云過是非禮也曲禮云凡爲君使者已受命君言不宿於家是也○注牲當爲制字之誤也○正義曰皇氏熊氏以此爲諸侯禮不應用牲故牲當爲制其天子則當用牲故熊氏云鄭注周禮大祝職引此文云告用牲幣不破牲字是天子用牲幣也必知天子用牲者校人云王所過山川

則飾黃駒是用牲也必知諸侯不用牲者約下文云幣帛皮圭以告故知不用
牲也或天子諸侯出入有告有祭故告用制幣一丈八尺其卿大夫唯入祭而用
已故聘禮既使而反祭用牲也○注道近至告祖○正義曰以直云告于禰是
據其道近故云或可以不親告祖知諸侯不直告禰者下文云反必親告于祖
禰明出時亦告祖禰爲道近唯告禰耳○注朝服爲事故也○正義曰朝服爲
事故者或會或弔之事諸侯朝服玄冠緇衣素裳以上文諸侯朝天子冕而出
視朝爲將廟受尊敬天子習其禮故著冕服諸侯相朝亦雖在廟受降下天子
不敢冕服唯著臨朝聽事之服故云朝服爲事故也熊氏又云此朝服謂皮弁
服以天子用以視朝故謂之朝服論語云吉月必朝服而朝注云朝服皮弁服
是也必知朝服皮弁服者聘禮諸侯相聘皮弁服明相朝亦皮弁服此義爲勝
也○注反必親告祖禰同出入禮○正義曰庾蔚云鄭當謂出入所告理不容
殊而諸侯相見出不云告祖者或道近變其常禮耳故反必親告祖禰以明出
入之告其禮不殊也○曾子問曰並有喪如之何何先何後並謂父母若親同者同月死孔子曰葬先
輕而後重其奠也先重而後輕禮也自啓及葬不奠不奠務於當葬者行葬不哀次不哀
次輕於在殯者反葬奠而後辭於殯遂脩葬事殯當爲賓聲之誤也辭於賓謂告將葬啓期也○殯音賓出注其虞也
先重而後輕禮也○孔子曰宗子雖七十無無主婦族人之婦不可無紀非宗子雖無主
婦可也疏曾子至禮也○○正義曰此一節論並有喪葬之事各隨文解之○注並謂至月死○○正義曰並謂父母也親同者祖父母及世叔兄弟○云
同月死不云同日者略可知也○自啓至葬事○既父喪在殯先葬母之時自從也從啓母殯之後及至葬柩欲出之前唯設母之啓殯之奠朝廟之奠及祖
奠遣奠而已不於殯宮爲父設奠故云自啓及葬不奠謂不奠父也不奠者不朝夕更改新奠仍有舊奠存也行葬不哀次者次謂大門外之右平生待賓之

處葬柩車出門至此孝子悲。哀柩車暫停今爲父喪在殯故行葬母之時出。門孝子不得爲母伸哀於所次之處遂行而去所以不敢若此悲哀恐輕於在殯也反葬奠者謂葬母還反于父殯然後設奠也○而后辭於殯遂脩葬事者辭猶告也謂奠父之後孝子告語於賓以明日啓父殯期節既告賓賓出之後遂修營葬父之事所以葬則先輕奠則先重者皇氏云葬是奪情故從輕者爲首奠是奉養故今重者居先也○注不奠務於當葬者○正義曰不奠謂不奠父及餘喪也重喪所以不奠者若營奠父事恐葬事遲晚務欲輕喪在先當葬者使其速畢故也知此不奠不據先葬者葬是喪之大事永離宮室不可以不奠也○注不哀次輕於在殯者○正義曰解經不哀次之義以父喪在殯爲重今爲母至次處而哀爲輕於在殯者今爲在殯者所壓不敢爲母伸哀故云不哀次輕於在殯者上注云若親同者則除父母之外餘喪其重喪在殯皆爲輕喪不哀次○注殯當至期也○正義曰此經辭於殯知非告殯以將葬而云殯當爲賓爲告賓者按既夕禮云主人請啓期告于賓之後即陳葬事設盥陳鼎饌夷牀之屬下乃云祝聲三是告殯之事今先云辭於殯乃云遂脩葬事故云殯當爲賓謂詔告賓也與既夕禮同○其虞也先重而後輕禮也○以虞是奠之類故亦先重後輕以禮結之故云禮也按崇精問曰葬母亦朝廟否其虞父與母同日異日乎焦氏荅曰婦未廟見不朝廟耳內豎職云王后之喪朝一廟則爲之踊也是母喪亦朝廟明也虞當異日也()孔子至可也○正義曰此一節論宗子立後之事凡無問而稱孔子曰者皆記者失問也亦此卷之通例矣宗子大宗子也凡人年六十無妻者不復娶以陽氣絶故也而宗子領宗男於外宗婦領宗女於內昭穆事重不可廢闕故雖年七十亦猶娶也故云無無主婦言必須有也然此謂無子孫及有子而年幼小者若有子孫則傳家事於子孫故曲禮七十老而傳是也

○曾子問曰將冠子冠者至揖讓而入聞齊衰大功之喪如之何冠者賓及贊者○冠古亂反下及注皆同孔子曰內喪則廢外喪則冠而不醴徹饌而埽。即位而哭

如冠者未至則廢內喪同門也不醴不醴子也其廢者喪成服因喪而冠○饌仕戀反埽悉報反如將冠子而未及期日而有齊衰大功小功之喪則因喪服而冠廢吉禮而因喪冠俱成人之服及至也除喪不改冠乎孔子曰天子賜諸侯大夫冕弁服於大廟歸設奠服賜服於斯乎有冠醮無冠醴酒爲醮冠禮醴重而醮輕此服賜服酌用酒尊賜也不醴明不爲改冠改冠當醴之○醮子妙反酌而無獻酬曰醮父沒而冠則已冠埽地而祭於禰已祭而見伯父叔父而后饗冠者饗謂禮之

疏曾子至冠者○正義曰此一節論冠子逢喪之事將冠子冠者至揖讓而入者曾子問將欲冠子冠者謂賓及贊者至主人之門而與主人揖讓而入主人忽聞齊衰大功之喪如之何孔子荅之云若是大門內之喪則廢以加冠在廟廟則在大門之內吉凶不可同處故云內喪則廢○外喪則冠而不醴者外喪謂大門外之喪喪在他處猶可以加冠也但平常吉時三加之後設醴以禮冠者之身今既有喪故直三加而已不醴之○徹饌而埽者以初欲迎賓之時未知有喪醴及饌具既已陳設今忽聞喪故徹去醴與饌具又埽除冠之舊位。令使清。絜更新乃即位而哭如賓及贊者未至則廢而不冠也○如將至而冠既荅曾子之問遂言未及期日有喪之禮期云未及故日而有齊衰大功小功之喪○則因喪服而冠者孔子言冠日尚遠不可以吉加冠故廢其吉禮則因著喪之成服而加喪冠也除喪不改冠乎者曾子既得夫子引類以荅之仍疑而發問云此人因喪服而冠除喪之後不更改易而行吉冠之禮乎○孔子至賜服○此一經孔子引類荅曾子除喪不合改冠之事所以然者謂諸侯幼弱未冠總角從事至當冠之年因朝天子天子而賜諸侯大夫或弁或冕之服於天子大廟之中榮君之賜歸設奠祭於己宗廟此時身服所賜之服更不改冠也○於斯乎有冠醮無冠醴斯此也於此之時唯有冠之醮法行醮以相燕飲無有冠之醴法謂不用醴以禮受服者之身所以然然者凡改冠則當用醴今既受服於天子不可歸還更改爲初冠禮法然則既因喪而冠不可除喪更改爲吉冠也○父沒至冠者○孔子既荅其問又釋父沒加冠之禮故云父沒而冠則加冠已冠之後埽地而祭於禰廟已祭之而見伯父叔父見伯叔之後乃饗冠者○注內喪至而冠○正義曰內喪同門者皇氏云謂同大門之內云不醴子也者按士冠禮醴子之後始醴賓恐此經云不醴是不醴賓故云不醴子也必知不醴子者以經云冠者未至則廢廢謂子身冠廢明不醴是不醴子也云其廢者喪成服因喪而冠者以下文云未及期日因喪服而冠是也熊氏以卽位而哭謂在冠家卽位以文承徹饌時而歸之下皇氏以爲卽喪家之位非也○注廢吉至之服○正義曰吉冠是吉時成人之服喪冠是喪時成人之服今既有凶廢吉禮而因喪冠故云俱成人之服也○注酒爲至醴之○正義曰按士冠禮云若不醴則醮用酒是酌酒爲醮謂之醮者鄭注云酌而無酬酢曰醮皇氏云醴亦無酬酢而云酒無酬酢者以酒有酬酢爲常禮故無酬酢乃謂之爲醮云冠禮醴重而醮輕者按士冠禮適子三加於阼乃醴於客位醴是古之酒故爲重士冠禮又云若庶子則冠於房外南面遂醮焉醮既用酒酒是後代之法故爲輕也按士冠禮若不醴則醮用酒注云若不醴謂國有舊俗可行聖人用焉不改者也如鄭此言則行周禮者適子用醴庶子用醮若用先王舊俗者雖適子與庶子同用一醮先王是夏殷也雖在周前因而用也醮之所以異於醴者醴則三加之後總一醴之醮則每一加而行一醮凡三醮也云酌用酒尊賜也者謂諸侯大夫既受賜服而歸祭告之後使人酌酒以飲已榮上之賜不酬酢也云不醴明不爲改冠者受賜服而來若其改而更冠應從適子之尊冠必酌醴以醴之今旣不醴明不改冠也皇氏云謂諸侯及大夫幼弱未冠總角從事當冠之年因朝天子而賜之服故歸還不改冠也義或然也○注饗謂禮之○正義曰按士冠禮醴賓以壹獻之禮此云饗冠者前注云冠者賓及贊者此卽是饗賓及贊者此父沒而冠按士冠禮云若孤子則父兄戒宿冠之日主人紒而迎賓拜揖讓○曾子問曰祭如立于序端則冠身自迎賓皇氏云冠者諸父迎賓非禮也

之何則不行旅酬之事矣孔子曰聞之小祥者主人練祭而不旅奠酬於賓賓弗舉禮也奠無尸虞不致爵小祥不旅酬大祥無無算爵彌吉昔者魯昭公練而舉酬行旅非禮也孝公大祥奠酬弗舉亦非禮也孝公隱公之祖父

疏曾子至禮也○正義曰此一節論喪祭節略之事○孔子至舉禮也練小祥祭也旅謂旅酬故奠無尸虞不致爵至小祥彌吉但得致爵於賓而不得行旅酬之事大祥乃得行旅酬而不得行無算爵之事也此皆謂喪畢節略於禮未備故也○注奠無至彌吉○正義曰按士虞禮云男男尸女女尸檀弓云虞而立尸是虞時始立尸故云奠無尸奠所以無尸者奠是未葬之前形體尚在未忍立尸異於生故未立尸虞是既葬之後形體已去鬼神事之故立尸以象神也又按特牲云祝延尸於奥尸。卽席坐主人拜妥尸尸荅拜尸左執觶右取菹擩于醢祭于豆間佐食取黍稷肺祭授尸尸祭之祭酒啐酒祭鉶乃食九飯主人洗角升酌酳尸尸卒爵祝酌授尸尸以。酢主人主人卒爵筵祝南面主人酌獻祝祝受卒爵主人酌獻佐食佐食受卒爵此是主人之獻也特牲又云主婦洗爵獻尸尸卒爵尸酢主婦主婦卒爵主婦酌獻祝祝卒爵酌獻佐食佐食卒爵此是主婦之獻也賓三獻獻于尸尸三爵止注云尸止爵者三獻禮成欲神惠之均於室中云虞不致爵者按士虞禮賓三獻尸尸卒爵禮畢無致爵以下之事所謂虞不致爵也按特牲又云尸止爵之後席于戶內主婦洗爵酌致爵于主人主人拜受爵主婦拜送爵主人卒爵拜主婦荅拜受爵酌酢左執爵拜主人荅拜主人降洗酌致爵于主婦席于房中南面主婦拜受爵主人西面荅拜主婦卒爵拜主人荅拜主人更爵酢卒爵拜主婦荅拜所謂致爵也三獻之賓作尸所止爵尸飲卒爵酢賓賓飲卒爵獻祝及佐食致爵于主人主婦畢主人降阼階升酌西階上獻賓及衆賓訖主人洗觶于西階前北面酬賓。酬。賓訖主人洗爵于阼階上獻長兄弟及衆兄弟及內兄弟于房中獻畢賓乃坐取主人所酬之觶於阼階前酬長兄弟長兄弟受觶於西階前酬衆賓衆賓酬衆兄弟所謂旅酬也云小祥不旅酬衆賓不舉主人所酬之觶不行旅酬之事所謂小祥不旅酬謂奠酬於主人主人酬於賓賓不舉也旅酬之後賓弟子兄弟弟子各酌于其尊舉觶各於其長賓取觶酬兄弟之黨長兄弟取觶酬賓之黨所謂無算爵也云大祥無無算爵彌吉者大祥乃得行旅酬而不得行此無算爵之事故云大祥無無算爵以其漸漸備禮故云彌吉仍未純吉也○昔者魯昭公練而舉酬行旅非禮也者練祭但得致爵於賓賓不合舉此爵而行旅酬今昭公行之故曰非禮也大祥彌吉得行旅酬今孝公不然亦曰非禮○注孝公隱公之祖父○正義曰按世本孝公生惠公弗皇弗皇生隱公是隱公之祖父也

○曾子問曰大功之喪可以與於饋奠之事乎饋奠在殯時也○與音預下至說衰與奠皆同孔子曰豈大功耳自斬衰以下皆可禮也曾子曰不以輕服而重相爲乎怪以重服而爲人執事○爲于僞反注爲人其所爲服爲君爲其皆同孔子曰非此之謂也非謂爲人謂於其所爲服也天子諸侯之喪斬衰者奠爲君服者皆斬衰唯主人不奠大夫齊衰者奠服斬衰者不奠辟正君也齊衰者其兄弟○辟音避下同士則朋友奠。不足則取於大功以下者不足則反之服齊衰者不奠辟大夫也言不足者謂殷奠時○士則朋友一本作士則朋友奠曾子問曰小功可以與於祭乎祭謂虞卒哭時孔子曰何必小功耳自斬衰以下與祭禮也曾子曰不以輕喪而重祭乎怪使重者執事孔子曰天子諸侯之喪祭也不斬衰者不與祭大夫齊衰者與祭士祭不足則取於兄弟大功以下者○曾子問曰相識有喪服可以與於祭乎問己有喪服可以助所識者祭否○孔子曰緦不祭又何助於人【疏】曾子至反之○正義曰此一節論爲死者服還得爲死者饋奠之事曾子之意云己有大功之喪可以與於他人饋奠之事乎孔子不解曾子問旨謂言曾子所問己有大功之喪得爲大功者饋奠以否故荅云豈大功乎言己有大功豈但爲大功者饋奠自斬衰以下皆可禮也言身有斬衰所爲者斬衰身有齊衰所爲者齊衰皆可與於饋奠故云禮也○曾子曰不以輕服而重相爲乎孔子所論據所服者言之曾子又不解孔子之旨謂言爲他人故更問云若爲他人不以輕己喪服而重他人相爲饋奠乎○孔子曰非此之謂也孔子乃答云我之所言據所爲服者饋奠非此爲他人之謂也故注云非謂爲人謂於其所爲服也以下乃論所爲饋奠之事也天子諸侯之喪斬衰者奠大夫之喪齊衰者奠士則朋友奠若朋友不足則取於大功以下小功緦麻者奠若其不足則反之謂奠大執事其人不足則反取前人執事者充之○注饋奠在殯時也○正義曰以其稱奠又下云天子諸侯之喪祭也喪祭謂虞卒哭故知此饋奠謂在殯時也○注爲君至不奠○正義曰知主人不奠者按士喪禮主人不親奠又此文云士則朋友奠故知主人不親奠也主人必不親奠者以主人悲號思慕不暇執事故也○注服斬至兄弟○正義曰大夫之喪子服斬衰者不親奠此服斬衰謂大夫家臣雖服斬衰不得饋奠辟天子諸侯之正君云齊衰者其兄弟者以大夫之喪子及屬臣皆服斬衰今服齊衰唯兄弟耳故云其兄弟也○注言不至奠時○正義曰殷奠謂月朔之奠以其有牲牢黍稷用人多也殷盛也以月朔之奠盛於常奠非月半之殷奠也以士月半不暇殷奠故也以次差之天子斬衰者奠大夫用齊衰士則應先取大功今先取朋友者以天子諸侯皆使臣爲奠大夫辟正君故遣兄弟奠士則位卑不嫌敵君故遣僚屬奠僚屬則朋友也按士虞禮祝免澡葛經帶鄭云治葛以爲首經及帶接神宜變也然則士之屬官爲其長弔服加麻矣祝則僚屬也加麻則朋友也○注祭謂虞卒哭時○正義曰知者以下文孔子荅云諸侯之喪祭也故知此祭謂虞卒哭時也知非練祥者以士練祥之祭大功之服已除不得云取於兄弟大功以下者其天子諸侯則得兼練祥也以其練祥時猶斬衰與祭也○曾子至

於人○正義曰此一節論身有喪服不得助他人祭事○緦不祭又何助於人者言身有緦服尚不得自祭己家宗廟何得助於他人祭乎而熊氏云謂身有
緦服則不得自爲父母虞祔卒哭祭此謂同宮緦則士爲妾有子及大夫爲貴妾是同宮緦者若大夫士有齊衰大功小功緦麻同宮則亦不祭若異宮則殯
後得祭故雜記云父母之喪將祭而兄弟死既殯而祭若同宮則雖臣妾葬而后祭虞祔亦然天子諸侯臣妾死於宮中雖無服亦不得爲父母虞祔卒哭祭
也天子諸侯適子死麻衰既練乃祭天子諸侯爲適孫適婦則既殯乃祭以異宮故也○曾子問曰廢喪服可以與於饋
奠之事乎謂新除喪服也孔子曰說衰與奠非禮也執事於人之神爲其忘哀。疾也○說湯活反○以擯相可
也疏曾。子。至。可。也○正義曰此一節論大祥除服不得。與他人饋奠之事廢猶除也言己新說喪服可以與他人在殯饋奠之事乎不問可以與於吉祭
而問可與饋奠者以己新說喪服吉祭禮輕吉凶不相干涉其不可饋奠是他人之重者己又新始說衰凶事相因疑得助奠故問之也○曾子問
曰昏禮既納幣有吉日女之父母死則如之何吉日取女之吉日○相息亮反取七住反本亦作娶下文取婦
取女同○孔子曰壻使人弔如壻之父母死則女之家亦使人弔必使人弔者未成兄弟父喪
稱父母喪稱母禮宜各以其敵者也父使人弔之辭云某子聞某之喪某子使某如何不淑母則若云宋蕩伯姬聞姜氏之喪伯姬使某如何
不淑凡弔辭一耳父母不在則稱伯父世母弔禮不可廢也伯父母又不在則稱叔父母壻已葬壻之伯父
致命女氏曰某之子有父母之喪不得嗣爲兄弟使某致命女氏許諾而弗。敢
嫁禮也必致命者不敢以累年之喪使人失嘉會之時○累刀弭反○壻免喪女之父母使人請壻弗取而后

嫁之禮也請請成昏女之父母死壻亦如之女免喪壻之父母亦使人請其已葬時亦致命疏曾子至如之○正義曰此一節論昏娶遭喪之事各隨文解之○注必使至兄弟○正義曰以夫婦有兄弟之義故下云不得嗣為兄弟或據壻於妻之父母有緦服故得謂之為兄弟也○父喪稱父母喪稱母禮各宜以敵若彼家父死則此家遣使弔當稱此家父遣使弔也若彼家母死則此家亦稱母遣使弔也○注某子至一耳○正義曰某子謂此父姓位某某之喪者謂若彼家死者之身某子使某如何不淑者某子還指此父姓位使某某是使者之名淑善也致辭云如何不善云母則若云宋蕩伯姬聞姜氏之喪者鄭假說為文故云若宋蕩伯姬據此壻家之母姜氏之喪據彼女家之母伯姬使某如何不淑者某謂使者之名按僖二十五年經云宋蕩伯姬來逆婦是宋國公子蕩之妻元是魯女既嫁與蕩氏為妻故云宋蕩伯姬也今為其子來迎魯公之女而為婦魯之夫人多是齊女故稱姜氏姜氏若蕩伯姬遣使來弔則云聞姜氏之喪云凡弔辭一耳者謂男弔女家女弔男家皆云伯使某如何不淑是弔辭一也○父母不在則稱伯父世母此家父不在彼家父亡則稱伯父某子使某伯父某亦不在則稱叔父某子使某若此家母不在彼家母亡則稱伯母某氏叔母某氏使某直云父母不在不云沒亡則兼沒亡及餘不在也○壻已葬壻之伯父致命女氏○必待已葬者葬後哀情稍殺始兼他事不待踰年者不可曠年廢人昏嫁也不得嗣為兄弟者夫婦有兄弟之義或據壻為妻父母有緦麻之服故謂之兄弟○壻免喪女之父母使人請壻免喪之後則應迎婦必須女之父母請者以壻家既葬致命於己壻既免喪所以須請也女之父母死壻亦如之女之父母死已葬之後女之伯父致命於男氏曰某之子有父母之喪不得嗣為兄弟使某致命男氏許諾而不敢娶女免喪壻之父母使人請女家不許壻而後別娶禮也陽唱陰和壻之父母使人請昏而女家得有不許者亦以彼初葬訖致命於己故也○曾子問曰親迎女在塗而壻之父母死如之何孔子曰女改服布深衣縞總以趨喪

布深衣縞總婦人始喪未成服之服○迎魚敬反下同縞古老反總音摠【疏】曾子至趨喪○正義曰女改服者謂女在塗聞舅姑喪卽改嫁時之衣服嫁服者士妻褖衣大夫妻展衣卿妻則鞠衣故士昏禮云女次純衣純衣卽褖衣也○注布深至之服○正義曰深衣謂衣裳相連前後深邃故曰深衣縞白絹也總束髮也長八寸女在塗以其聞喪卽改嫁服故云未成服之服也士喪禮注始死婦人將斬衰者去笄而纚將齊衰者骨笄而纚至將斂時則婦人亦去笄纚而鬠皆不云縞總文或略也

女在塗而女之父母死則女反奔喪服期○期居宜反下同如壻親迎女未至而有齊衰大功之喪則如之何【疏】注奔喪服期○正義曰經云女反故知奔喪喪服。期云女子子在室爲。父箭笄鬠衰三年今既在塗非復在室故知服期但在室之女父卒爲母亦三年今既在塗故爲父母同皆期也於時女亦改服布深衣縞總反而奔喪

孔子曰男不入改服於外次女入改服於內次然後卽位而哭不聞喪卽改服者昏禮重於齊衰以下

曾子問曰除喪則不復昏禮乎復猶償也○償音嘗孔子曰祭過時不祭禮也又何反於初重喻輕也同牢及饋饗相飲食之道○過古臥反飲於鴆反食音嗣○孔子曰嫁女之家三夜不息燭思相離也親骨肉也○離力智反取婦之家三日不舉樂思嗣親也重。世變也【疏】孔子至而哭○正義曰女既未至聞壻家有齊衰大功之喪則廢其昏禮男女變服就位哭男謂壻也不入大門改其親。迎之服服深衣於門外之次女謂婦也入大門改其嫁服亦深衣於門內之次男女俱改服畢然後就喪位而哭謂於壻家爲位也皇氏以爲就喪家爲位哭也然曾子唯問齊衰大功不問小功者以小功輕不廢昏禮待昏禮畢乃哭耳故雜記云小功可以冠子取婦明與大功及期異也此文據壻家齊衰大功之喪若女家齊衰大功之喪皇氏云女不反歸其改服卽位與男家親同也此不見喪

而改服奔喪禮注云不見喪不改服者崔氏云奔喪不見喪不改服謂不改素冠而著免其改吉服著布深衣素冠聞喪即改之○注不聞至以下○正義曰上文云女聞壻之父母喪在塗即改服今女聞壻齊衰大功之喪入門始改服故云不聞喪即改服者昏禮重於齊衰以下者按禮運云三年之喪與新有昏者期不使又王制云齊衰大功三月不從政是昏禮重於齊衰以下也此謂在塗聞齊衰大功廢昏禮若婦已揖讓入門內喪則廢外喪則行昏禮約上冠禮之文此熊氏之說然昏禮重於冠故雜記云大功之末可以冠子小功之末可以取妻也○注復猶償也○正義曰復是反覆之義故為償也曾子以初昏遭喪不得成禮除喪之後豈不酬償更為昏禮乎○孔子曰祭過時不祭禮也又何反於初過時不祭謂四時常祭也謂祭重而昏輕重者過時尚廢輕者不復可知熊氏云若喪祭及禘祫祭雖過時猶追而祭之故禘祫志云昭十一年齊歸薨十三年會于平丘冬公如晉不得祫至十四年乃追而祫之十五年乃禘也又僖公八年春當禘以正月會王人于洮故七月而禘故雜記云三年之喪既顈其練祥皆行是追行前練祥祭也○注重喻至之道○正義曰祭祀是奉事鬼神故為重昏禮是生人燕飲故為輕喻明也據重者尚廢以明輕者廢可知也故云重喻輕也○注重世變也○正義曰所以不舉樂者思念己之取妻嗣續其親則是親之代謝所以悲哀感傷重世之改變也

三月而廟見稱來婦也擇日而祭於禰成婦之義也謂舅姑沒者也必祭成婦義者婦有。供養之禮猶舅姑存時盥饋特豚於室○供九用反養羊尚反盥饋音管下其位反

○曾子問曰女未廟見而死則如之何孔子曰不遷於祖不祔於皇姑壻不杖不菲不次歸葬于。女氏之黨示未成婦也遷朝廟也壻雖不備喪禮猶為之服齊衰也○非一本作屝扶畏反草屨朝直遙反為于僞反下為庶母為其下文君為皆同

○曾子問曰取女有吉日而女死如之何孔子曰壻齊衰而弔既葬

而除之夫死亦如之未有期三年之恩也女服斬衰疏三月至義也○正義曰此謂舅姑亡者婦入三月之後而於廟中以禮見於舅姑其祝辭告神稱來婦也謂選擇吉日婦親自執饌以祭於禰廟以成就婦人盥饋之義○注謂舅至於室○正義曰若舅姑存者於當夕同牢之後明日婦執棗栗服脩見於舅姑見訖舅姑醴婦醴婦訖婦以特豚盥饋舅姑盥饋訖舅姑饗婦更無三月廟見之事此是士昏禮之文若舅姑既沒雖昏夕同牢禮畢明日無見舅姑盥饋之事。至三月乃奠菜於舅姑之廟故昏禮云舅姑既沒則婦入三月乃奠菜是也昏禮奠菜之後更無祭舅姑之事此云祭於禰者正謂奠菜也則廟見奠菜祭禰是一事也熊氏云如鄭義則從天子以下至於士皆當夕成昏舅姑沒者三月廟見故成九年季文子如宋致女鄭云致之使孝非是始致於夫婦也又隱八年鄭公子忽先配而後祖鄭以祖為祖道之祭應先為祖道然後配合今乃先為配合而後乃為祖道之祭如鄭此言是皆當夕成昏也若賈服之義大夫以上無問舅姑在否皆三月見祖廟之後乃始成昏故譏鄭公子忽先為配匹乃見祖廟故服虔注云季文子如宋致女謂成昏是三月始成昏與鄭義異也若舅姑偏有沒者庾氏云昏夕厥明即見其存者以行盥饋之禮至三月不須廟見亡者崔氏云厥明婦盥饋於其存者三月廟見於其亡者未知孰是此盥饋廟見皆謂適婦其庶婦按士昏禮庶婦則使人醮之婦不饋注云使人醮之不饗也不饋者共養統於適也以此言之則庶婦不饋舅姑舅姑不饗也使人醮之以酒而已既不饋亦不廟見也昏禮唯云不饋不云不見則庶婦亦以棗栗服脩見舅姑也三月廟見之禮必待三月一時天氣改變乃可以事神也○不遷至婦也○婦既死於已寢將。反葬於女氏之黨故其柩不遷移朝於壻之祖廟言祔祭之時又不得祔於皇姑廟也皇大也君也稱皇者尊之也凡人為妻齊衰杖而菲屨今壻為之不杖不菲不次菲草屨也不次謂不別處止哀次也壻為妻合服齊衰杖而菲屨及止哀次今未廟見而死其壻唯服齊衰而已其柩還歸葬於女氏之黨以其未廟見不得舅姑之命示若未成婦然其實已成婦但示之未成婦禮欲見其不敢自專也○注猶為之服齊衰也○正義曰此經但云不杖不菲不云不服故知服齊衰其女之父母則爲之降服大功以其非在家壻爲之服齊衰期非無主也○注未有至斬衰○正義曰所以既葬除者壻。於女未有期之恩女於壻未有三年之恩以壻服齊衰故知女服斬衰

曾子問曰喪有二孤廟有二主禮與怪時有之○與音餘下禮與同孔子曰天無二日土無二王嘗禘郊社尊無二上未知其爲禮也尊喻卑也神雖多猶一一祭之昔者齊桓公亟舉兵作僞主以行及反藏。諸祖廟廟有二主自桓公始也僞猶假也舉兵以遷廟主行無則主命爲假主非也○亟徐起吏反喪之二孤則昔者衛靈公適魯遭季桓子之喪衛君請弔哀公辭不得命公爲主客入弔康子立於門右北面公揖讓升自東階西鄉客升自西階弔公拜興哭康子拜稽顙於位有司弗辯也今之二孤自季康子之過也辯猶正也若康子者君弔其臣之禮也鄰國之君弔君爲之主主人拜稽顙非也當哭踊而已靈公先桓子以魯哀公二年夏卒桓子以三年秋卒是出公也○鄉許亮反先悉薦反夏戶嫁反

疏曾子至過也○正義曰此一節論喪不得有二孤廟不得有二主之事各隨文解之○孔子曰天無二日土無二王者天有二日則草木枯萎土有二王則征伐不息老子云天得一以清地得一以寧是也○注尊喻卑也者尊謂天無二日土無二王嘗禘郊社尊無二上卑謂喪有二孤廟有二主喻明也尊者尚不可二明卑者不二可知也舉尊以明卑故云尊喻卑也云神雖多猶一一祭之者解嘗禘郊社尊無二上之意以嘗禘之時雖衆神並在猶先尊後卑一一祭之不一時總祭故云尊無二上也○昔者齊桓公亟舉兵作僞主以行者此說二主之由桓公名小白作霸主亟數也僞假也言作假主以行而反藏於祖廟故有二主也舉兵。爲南伐楚北

伐山戎西伐白狄故云數舉兵也○今之二孤自季康子之過也○上云自桓公始此不云自季康子始而云康子之過者。此孔子荅曾子之時上去桓公已遠二主行來又久故云自桓公始也康子之過者正當孔子之時未知後代行之以。以否不得云自季康子始但見當時失禮故云今之二孤自季康子之過也○注辯猶至公也○正義曰若康子者經云有司謂當時執事之有司長。季子之戚不敢辯正故云若康子者若順也云君弔其臣之禮也者按士喪禮君使人弔主人進中庭哭拜稽顙成踊喪大記云大夫既殯君弔主人門右北面哭拜稽顙今季康子與之同故云君弔其臣之禮也云鄰國之君弔君爲之主者以賓主尊卑宜敵故君爲主主則拜賓康子又拜故云非也當哭踊而已但唯君荅拜耳出公來弔春秋不見經者蓋爲弔而來非有國之大事故略而不書於經也出公輒是靈公孫也曾子所問皆前孤後主今荅前主後孤者謂齊桓公之時事在前衞君之事在後

○曾子問曰古者師行必以遷廟主行乎孔子曰天子巡守以遷廟主行載于齊車言必有尊也今也取七廟之主以行則失之矣齊車金。路○守手又反本亦作狩齊側皆反當本亦作齋注及下同齊車祭祀所乘金輅也七廟五廟無虛主虛主者唯天子崩諸侯薨與去其國與祫祭於祖爲無主耳吾聞諸老聃曰天子崩國君薨則祝取羣廟之主而藏諸祖廟禮也卒哭成事而后主各反其廟老聃古壽考者之號也與孔子同時藏諸主於祖廟象有凶事者聚也卒哭成事先祔之祭名也○祫音洽聃他甘反老聃卽老子也祔音附君去其國大宰取羣廟之主以從禮也鬼神依人者也○從才用反下祔從而從同祫祭於祖則祝迎四廟之主祝接神者也主出廟入廟必蹕蹕止行也○蹕音畢老聃云○曾子問

曰古者師行無遷主則何主孔子曰主命問曰何謂也孔子曰天子諸侯將出必以幣帛皮圭告于祖禰遂奉以出載于齊車以行每舍奠焉而后就舍以脯醢禮神乃敢即安也所告而不以出即埋之反必告設奠卒斂幣玉藏諸兩階之間乃出蓋貴命也

疏曾子至命也○正義曰此一節論師出當取遷廟主及幣帛皮圭以行廟無虛主之事各隨文解之○注齊車金路○正義曰按齊僕云掌馭金路大馭掌馭玉路凡祭祀皆乘玉路齊車則降一等乘金路也遷廟主行者皇氏云謂載新遷廟之主義或然也○注老聃至名也○正義曰按下文助葬於巷黨老聃曰丘止柩又莊子稱孔子與老聃對言是與孔子同時也按史記云老聃陳國苦縣賴鄉曲仁里也為周柱下史或為守藏史鄭注論語云老聃周之大史未知所出云象有凶事者聚也者此實凶事而云象以凶事生人自聚今主亦集聚似生人之聚故云象也云卒哭成事先祔之祭名也者檀弓云卒哭曰成事謂漸成吉事檀弓又曰明日祔于祖是卒哭之事在祔祭之前鄭必云先祔之祭名者以卒哭主各反其廟者為明日祔時須以新死者祔祭於祖故祖主先反廟也○注祝接神者也○正義曰以其祫祭於祖是祝之所掌之事故祝迎四廟之主若去其國非祭祀之事故大宰取羣廟之主以從鬼神依人故也祫祭於祖則迎四廟之主祝主接神故迎之也祫合祭祖大祖三年一祫謂當祫之年則祝迎高曾祖禰四廟而於大祖廟祭之天子祫祭則迎六廟之主今言迎四廟者舉諸侯言也主出廟入廟必蹕主謂木主羣廟之主也主天子一尺二寸諸侯一尺出廟者謂出己廟而往大祖廟入廟謂從大祖廟而反還入己廟若在廟院之外當主出入之時必須蹕止行人若王入大祖廟中則不可須蹕也似壓於尊者也若有喪及去國無蹕禮也○老聃云從上天子崩以下至出廟入廟必蹕以上皆是老聃所云結上義也○孔子曰主命者孔子言天子諸侯將出既無遷主乃以幣帛及皮圭告于祖禰之廟遂奉以出行載于齊車以

象受命故云主命○將出至命也○以曾子不解主命之意故孔子荅以主命之義云天子諸侯將出必以幣帛皮圭告于祖禰之廟告訖遂奉此幣帛皮圭以出於廟載于齊車金路以行每至停舍之處先以脯醢奠此幣帛皮圭而後始就停舍之處行還反後必陳此幣帛皮圭於祖禰主前以告神又設奠祭既卒斂此幣帛皮圭埋諸兩階之間乃後而出蓋貴此主命故也○注以脯至埋之○正義曰經云每舍奠焉以其在路不可恆設牲牢故知以脯醢也與殯奠同謂之奠以其無尸故也云所告而不以出即埋之者皇氏云謂有遷主者直以幣帛告神而不將幣帛以出行即埋之兩階之間無遷主者加之以皮圭告於祖禰遂奉以出熊氏以為每告一廟以一幣玉告畢若將所告遠祖幣玉行者即載之而去若近祖幣玉不以出者即埋之以其反還之時以此載行幣玉告於遠祖事畢則埋於遠祖兩階間其近祖以下直告祭而已不陳幣玉也

○子游問曰喪慈母如母禮與如母謂父卒三年也子游意以為國君亦當然禮所云者乃大夫以下父所使妾養妾子孔子曰非禮也古者男子外有傅內有慈母君命所使教子也何服之有言無服也此指謂國君之子也大夫士之子為庶母慈己者服小功父卒乃不服昔者魯昭公少喪其母有慈母良及其死也公弗忍也欲喪之有司以聞曰古之禮慈母無服據國君也良善也謂之慈母固為其善國君之妾子於禮不服也昭公年三十乃喪齊歸猶無戚容是不少又安能不忍於慈母此非昭公明矣未知何公也○少喪如字下及注皆同讀者亦息浪反今也君為之服是逆古之禮而亂國法也若終行之則有司將書之以遺後世無乃不可乎公曰古者天子練冠以燕居公弗忍也遂練冠以喪慈母喪慈母自魯昭公始也公之言又非也天子練冠以燕居蓋謂庶子王為其母○遺如

字猶垂反子游至始也○正義曰此一節論諸侯之子喪慈母無服之事喪又于季反【疏】慈母者子游之意以喪服大夫以下所使妾無子者養妾子之無母者謂之慈母喪此慈母如己之母今國君喪其慈母還如己母是禮與○注如母至妾子○正義曰如母謂父卒三年也知者以喪服慈母如母在父卒三年章中故云謂父卒三年若父在之時則期也鄭注喪服大夫妾子父在爲母大功士之妾子父在爲母期則父在爲慈母亦當與己母同也云子游意以爲母國君亦當然者鄭知國君者以下孔子荅云君命所使教子也又引魯昭公之事皆以國君荅子游明子游本問國君也云禮所云者乃大夫以下父所使妾養妾子者禮所云謂喪服所云慈母如母也按喪服傳云慈母者何也妾之無子者妾子之無母者父命妾曰女以爲子命子曰女以爲母若是則生養之終其身如母死則喪之三年必知大夫以下者以天子諸侯不服庶母故此云君命所使何服之有故知此慈母如母謂大夫以下也天子諸侯則絕之也○注此指至不服○正義曰鄭知經指國君之子者以經云君命所使教子故知謂國君之子也國君之子尙不服庶母則國君身不服庶母可知也云大夫士之子爲庶母慈己者服小功者按喪服小功章云君子子爲庶母慈己者傳云君子子者貴人之子也爲庶母何以小功也以慈己加也云父卒乃不服者按喪服云士爲庶母緦則大夫之子父沒爲庶母慈己亦緦此云父卒乃不服者謂不服小功仍服緦耳若大夫之子庶母不慈己者雖父在亦服緦故鄭注喪服云其不慈己則緦可也喪服注又云士之妻自養其子則不得有庶母慈己此云大夫士者因大夫連言士耳其實士無庶母慈己者皇氏云有士誤也熊氏云士之適子無母乃命妾慈己亦爲之小功知者以士爲庶母緦明士子亦緦以慈己加小功故此連言大夫士也凡諸侯之子適庶皆三母故內則云必求其寬裕慈惠溫良恭敬愼而寡言者爲子師其次爲慈母其次爲保母內則據諸侯也其大夫及公子適妻子亦三母故喪服云君子子爲庶母慈己小功注云君子子者大夫及公子之適妻子又注引內則三母是大夫及公子適妻之子爲三母故彼注不云師保慈母居中服之可知也言君之庶子內有慈母又

大夫公子適妻子爲慈母小功則大夫公子之庶子無三母也但有慈母如母也○注據國至公也○正義曰前經指國君之子此經引魯昭公故云據國君也是國君與其子同也云謂之慈母固爲其善者內則既云擇於諸母寬裕慈惠溫良者以爲子師其次爲慈母此云慈母良固當是性行善者云國君之妾子於禮不服也者以喪服公子爲其母練冠麻衣故云於禮不服親母尚不服庶母不服可知若父卒得爲己母大功也云昭公年三十乃喪齊歸者按襄三十一年襄公薨左傳云昭公十九猶有童心是即位時年十九也昭公十一年其母齊歸薨而無慼容是年三十非少孤也按家語云孝公有慈母良今鄭云未知何公者鄭不見家語故也或家語王肅所足故鄭不見也○注公之至其母○正義曰公之言又非者以上云公弗忍欲喪慈母既爲非今公言古者天子練冠以燕居是公言又非也云天子練冠以燕居蓋謂庶子王爲其母者按鄭注服問云庶子爲後爲其母緦春秋有以小君服之者故春秋母以子貴其服皆伸而天子服練冠者皇氏云若適小君沒則得伸若小君猶在則其母厭屈故練冠也所以不同大夫士爲後著緦服必練冠者以大夫士爲母本應三年以爲後壓屈故降服緦麻王侯庶子爲母本練冠故今應練冠此乃異代之法按喪服緦麻章云庶子爲後爲其母緦鄭注服問云庶子爲後爲其母緦則是周法天子諸侯大夫士一也凡言古者皆據今而道前代此經既云古者天子爲其母則是前代可知也以經無明文故鄭注云蓋謂庶子上爲其母蓋是疑辭也

○曾子問曰諸侯旅見天子入門不得終禮廢者幾旅衆○幾居豈反下同○孔子曰四請問之曰大廟火日食后之喪雨霑服失容則廢大廟始祖廟宗廟皆然○主於始祖耳○霑竹廉反○如諸侯皆在而日食則從天子救日各以其方色與其兵示奉時事有所討也方色者東方衣青南方衣赤西方衣白北方衣黑兵未聞也○衣於既反大廟火則從天子救火不以方色與兵○曾子問曰

諸侯相見揖讓入門不得終禮廢者幾孔子曰六請問之曰天子崩大廟火日食后夫人之喪雨霑服失容則廢夫人君之夫人○曾子問曰天子嘗禘郊社五祀之祭簠簋既陳天子崩后之喪如之何孔子曰廢既陳謂夙興陳饌牲器時也天子七祀言五者關中言之○禘大計反簠音甫徐方于反又音蒲簋音軌饌仕戀反又仕轉反下同○曾子問曰當祭而日食大廟火其祭也如之何孔子曰接祭而已矣如牲至未殺則廢接祭而已不迎尸也疏○曾子至則廢○正義曰此一節論行禮有故不得終之事各依文解之○注大廟至祖耳○正義曰公羊傳云周公稱太廟魯之始祖也明諸國皆然餘廟有火亦廢朝故云宗廟皆然特云大廟火是主於始祖而言耳○注示奉至聞也○正義曰示奉時事解各以其方色有所討解與其兵也故諸侯皆在京師者則從天子救日爲陰侵陽是君弱臣強之象方色者東方衣青南方衣赤西方衣白北方衣黑兵未聞者隱義云東方用戟南方用矛西方用弩北方用楯中央用鼓所以有所討者以日食陰侵陽示欲助天子討陰也亦備非常以彼非正經故不取也穀梁云天子救日置五麾陳五兵五鼓諸侯置三麾陳三鼓三兵大夫擊門士擊柝言充其陽也范甯云凡聲陽也擊鼓爲聲所以助陽壓陰也春秋傳曰日有食之天子伐鼓於社責上公也諸侯伐鼓於朝退自責也夏書曰辰不集于房瞽奏鼓嗇夫馳庶人走孔傳曰辰日月所會集合也房日月所舍而不合其所舍食可知也馳走者救日之備也奏猶擊也周禮有救日之弓但不知兵之細別故云未聞○大廟火則從天子救火不以方色與兵者以日食是陰之災故象五方之色以兵討陰救火無此義故不用五方色及兵也○注夫人君之夫人○正義曰此經曰后夫人之喪恐是天子之三夫人故云天子之夫人此大廟火者亦謂君之大廟非天子大廟也知非者既云揖讓入門無容天子大廟之火赴告即至故知非

王之大廟假令在後。堂朝方聞火時過已久又不可廢朝故知非王之大廟也○注既陳至言之○正義曰知既陳謂夙興陳饌牲器時也者以下文云當祭而日食則此簠簋既陳不當祭也既不當祭時明是祭前陳饌牲器也前文云天子崩后之喪與日食大廟火其禮皆同則此簠簋既陳日食大廟火亦同也故下云如牲至未殺則廢是也牲至已殺則行接祭其天子崩后之喪牲入雖殺不可行接祭以其喪事重故也云天子七祀言五者闕中言之者鄭此注以周禮言之祭法周天子七祀諸侯五祀大夫三祀五居其中言是諸侯之法舉五而言則上兼七下通三欲見天子及大夫其祭皆然故云闕中言之闕通也謂通取中央而言之經云嘗禘者謂宗廟之祭也郊社謂天地之祭舉天地宗廟則五祀以上之祭皆在其中孔子曰接祭而已矣者○謂牲至之後則接祭之也接捷也捷速也速而祭之○注接祭而已不迎尸也○正義曰經云如牲至未殺則廢此云接祭則牲至已殺之後也按郊特牲云既灌然後迎牲則迎尸於奥。在未殺牲之前此經殺牲後云不迎尸者凡迎尸之禮其節有二一是祭初迎尸於奥而行灌禮灌畢而後出迎牲於時延尸於戸外殺牲薦血毛行朝踐之禮設腥爓之俎於尸前是一也然後退而合亨。更迎尸入坐於奥行饋孰之禮是二也此云不迎牲者直於堂上行朝踐禮畢則止不更迎尸而入此謂宗廟之祭郊社之祭無文不迎尸亦謂此時也熊氏云郊社五祀祭初未迎尸之前已殺牲也以其無灌故也故大宰云祀五帝納。亨注云納。亨謂祭之時又中霤禮皆爲祭奠於主乃始迎尸是郊及五祀殺牲在迎尸之前也則此不迎尸亦得爲祭初不迎尸也

附釋音禮記注疏卷第十八

禮記注疏卷十八校勘記　阮元撰盧宣旬摘錄

附釋音禮記注疏卷第十八 惠棟校宋本禮記正義卷第二十六

曾子問第七 此本第七二字脫各本有

曾子問曰君薨而世子生節

命毋哭 閩監本同石經同岳本同衞氏集說同毛本毋誤母嘉靖本同

几筵於殯東 閩監毛本同岳本同衞氏集說嘉靖本殯誤賓

明卿大夫等不禪冕也 閩監毛本同惠棟校宋本夫下有士字

於西階南注 閩本同惠棟校宋本同監毛本注作○

丈夫即位于門外 惠棟校宋本同閩監毛本丈誤大

若君喪大斂 閩本同惠棟校宋本同監毛本喪誤哭

衰衣者禪之上也 惠棟校宋本同閩監毛本也誤者

謂噫歆之聲三所出警神也 閩監毛本同浦鏜校出改以

升奠幣于殯東几上哭降者 閩監本東誤事毛本几誤凡

父兄堂下北面閩監本同毛本北誤比

故先哭後奠惠棟校宋本作故此本故誤設閩監毛本同

所以小宰舉幣閩本同監毛本以誤主

凡祭祀贊王幣爵之事惠棟校宋本作王此本王誤玉閩監毛本同○按作王是也詳周禮校勘記

三日衆主人節

宰宗人詔贊君事者閩監毛本作詔岳本同嘉靖本同此本詔誤語衛氏集說詔字無通典六十八亦作宰宗人詔贊君事者

祝聲三曰閩監毛本同岳本同嘉靖本同衛氏集說同石經同考文引宋板古本足利本曰上有告字通典引無告字

正義曰此一節惠棟校宋本如此此本此上衍云字閩監毛本同

此大宰大宗等閩監本同考文引宋板同毛本誤倒作大宗大宰

明其時當在堂毛本同閩監本明誤名

於時大宰大宗閩監本同考文引宋板同毛本時作是

祝在子之西而北面當殯之東南閩監本同衛氏集說同毛本而北二字誤倒

若其須詔相之時閩監本同毛本詔誤召考文引宋板亦作詔

前告主哀甚 閩監毛本同考文引宋板主作生○按即指前某之子生敢告是也

故亦祝宰宗人在堂上皆曰哭 閩監毛本皆曰作北面此本誤也

曾子問曰如已葬而世子生節

告生也 閩監毛本同岳本同嘉靖本同衛氏集說同考文引古本生作主據正義當作主

以交神明葬竟又服受服 惠棟校宋本作明衛氏集說同此本明誤用閩監毛本同

喪之大節更畢 閩監本節更作事便毛本節作事更字同衛氏集說節更作事既

亦無復有此事 按此字衍文

則攝主不復與羣臣列位西階下 惠棟校宋本作復此本復誤服閩監毛本同衛氏集說同

不云束帛者 閩監本作束考文引宋板同此本束誤執毛本同

葬後神事之 閩監本同衛氏集說同此本神事二字倒毛本同

三日不見也 惠棟校宋本作日此本日誤月閩監毛本同

其成服衰絰 閩監毛本如此此本成字闕

故三日因名之 閩監毛本同惠棟校宋本之下有也字

孔子曰諸侯適天子節

聘禮曰出祖釋軷 閩監毛本有曰字岳本同嘉靖本同衞氏集說同此本曰字脫

論諸侯朝覲天子將出之禮 閩監毛本有覲字衞氏集說同此本覲字脫

喪禮有毀宗躐行 閩監毛本如此此本毀字闕宗誤注

燔烈其肉爲尸羞 監毛本作燔此本燔誤燔閩本誤燔

故犬人云 閩監本同毛本犬誤大

旣行祭軷竟 閩監毛本如此此本軷字闕

馭下祀 監本誤祀惠棟校宋本祀作祝與周禮合

及登酌僕 閩監毛本作酌此本酌字闕閩監本登字同考文引宋板亦作登毛本登字作祭依周禮改

祭軓乃飲 惠棟校宋本作軓此本軓誤議閩監毛本軓誤軹

軓謂車軾前是也 閩監本同毛本軓誤軌又閩監毛本作軾此本軾誤軔

義或然也壇名山 閩監毛本如此此本或山二字闕

此義爲勝也 閩監毛本如此此本此誤注勝誤新

理不客殊 閩監本同惠棟校宋本客作容毛本同理作禮

曾子問曰竝有喪節

遂脩葬事 閩監本同岳本同衞氏集說同毛本脩作修嘉靖本同石經同

其虞也先重而後輕 閩監本同石經同嘉靖本同岳本同衞氏集說同考文引宋板古本足利本同毛本虞誤處

先葬母之時 惠棟校宋本作葬此本葬誤喪閩監毛本同衞氏集說亦作先葬母

不於殯宮爲父設奠 閩監本同衞氏集說同毛本設誤喪

不朝夕更改新奠 閩監本同衞氏集說同毛本朝夕作哀次

孝子悲哀 閩監本作悲衞氏集說同考文引宋板同此本悲字闕毛本悲誤告

故行葬母之時出門外 惠棟校宋本如此此本出字闕外字脫閩監毛本外字亦脫又毛本外誤行

曾子問曰將冠子節

徹饌而埽 毛本同石經同岳本同嘉靖本同衞氏集說同閩監本埽誤歸釋文出徹饌埽

令使清絜更新 閩監本同毛本亦作令絜作潔衞氏集說同惠棟校宋本令作今

又釋父沒加冠之禮 閩監本作加毛本加誤既此本加字闕

醴子之後始醴賓　閩監本作之考文引宋板同此本之字闕毛本之誤者

廢謂子身冠廢　惠棟校宋板作廢閩監毛本廢誤發此本闕

雖適子與庶子同用醮　惠棟校宋本作同此本同誤可閩監毛本同

雖在周前因而用也　惠棟校宋本作因續通解同此本因誤同閩監毛本同

曾子問曰祭如之何節

尸既席坐　閩監本同毛本既作卽○按作卽與特牲饋食禮合

尸以酢主人　按儀禮酢作醋注云醋報也古文醋作酢是經文作醋不作酢也下同

北面酬賓酬賓訖　閩監毛本同惠棟校宋本酬賓二字不重

曾子問曰大功之喪節　惠棟校云曾子問曰相識有喪服以下宋本另爲一節按此本以下者曾子問曰上有○閩監毛本無

士則朋友奠　閩監毛本同石經同岳本同嘉靖本同衞氏集說同釋文出士則朋友云一本作士則朋友奠正義有奠字

非月半之殷奠也　考文引宋板同閩監毛本月半二字倒

曾子問曰廢喪服節

爲其忘哀疾也閩監毛本同岳本同嘉靖本同衞氏集說同續通解疾作戚

曾子至可也惠棟校宋本無此五字

不得卽與他人饋奠之事惠棟校宋本有卽字衞氏集說同此本卽字脫閩監毛本同

曾子問曰昏禮既納幣節

女氏許諾而弗敢嫁閩本同惠棟校宋本同石經同岳本同嘉靖本同衞氏集說同監毛本弗誤不石經考文提要云宋大字本宋本九經南宋巾箱本余仁仲本劉叔剛本三禮攷注九經誤字皆作弗

謂若彼家死者之身惠棟校宋本作若此本若誤名閩監毛本同

來迎魯公之女而爲婦惠棟校宋本作婦此本婦誤歸閩監毛本同

此家父不在閩本同惠棟校宋本在作存監毛本在誤亡

亦以彼初葬訖閩本同惠棟校宋本同監毛本彼作被

女在塗節

喪服期云女子子在室爲父箭笄閩監本同毛本期誤記父下衍母字

孔子曰男不入節

重世變也閩本同惠棟校宋本同岳本同嘉靖本同衞氏集說同監毛本世誤時

改其親迎之服監毛本作迎衞氏集說同此本迎誤近閩本同

三月而廟見節

婦有供養之禮閩監毛本同岳本同嘉靖本同釋文同惠棟校宋本供作共宋監本亦作共衞氏集說同

歸葬于女氏之黨閩監本同石經同岳本同嘉靖本同衞氏集說同毛本于誤於

取女有吉日而女死如之何閩監毛本同石經同岳本同嘉靖本同衞氏集說同考文引宋板古本足利本如上有則字

正義曰此謂舅姑亡者惠棟校宋本無正義曰三字

至三月乃奠菜於舅姑之廟惠棟校宋本同閩監毛本至字脫

將反葬於女氏之黨閩監本同衞氏集說同考文引宋板同毛本反誤及

壻於女未有期之恩閩監本同毛本於誤以考文引宋板亦作於

曾子問曰喪有二孤節

及反藏諸祖廟惠棟校宋本作藏宋監本同石經同岳本同衞氏集說同考文引古本足利本同此本藏誤葬閩監毛本同嘉靖本同石經考文提要云宋大字本劉叔剛本至善堂九經本皆作藏

舉兵爲南伐楚按爲當作謂

此孔子荅曾子之時閩監毛本此作以

行之以以否補案兩以字誤重

畏季子之威閩監毛本同考文引宋板季作康衛氏集說亦作畏康子

曾子問曰古者師行節

齊車金路閩監本同岳本同嘉靖本同衛氏集說同毛本路作輅按釋文云齊車祭祀所乘金輅也毛本依釋文改○按作路是也輅者車之一名耳

蹕止行也閩監毛本同嘉靖本同衛氏集說同惠棟校宋本也作者岳本同考文引古本同足利本作者也

告于祖禰閩監本同石經同岳本同嘉靖本同衛氏集說同毛本于誤於下載于齊車同

曾子至命也惠棟校宋本無此五字

陳國苦縣賴鄉曲仁里也閩監毛本同浦鏜校云里下脫人字

此實凶事而云象者惠棟校宋本有者字此本者字脫閩監毛本同

若王入大祖廟中閩監毛本同衛氏集說王作主

似壓於尊者也閩監毛本同衞氏集說似作以

卽埋之兩階之閒閩監毛本同惠棟校宋本無下之字

若將所告遠祖幣玉行者惠棟校宋本作若衞氏集說同此本若誤告閩監毛本同

不陳幣玉也惠棟校宋本同衞氏集說同監本玉誤王毛本玉字闕

子游問曰喪慈母節

猶無戚容閩監本同衞氏集說同考文引宋板古本同毛本猶作又岳本亦作猶戚作感嘉靖本同考文引足利本同○按依說文當作慽从小戚聲戚爲慽之假借字也

大夫以下所使妾無子者閩監本同惠棟校宋本所上有父字毛本同

故知此慈母如母惠棟校宋本作知此本知誤乃閩監毛本同

得爲已母大功也閩監毛本同惠棟校宋本已作己是也

則其母厭屈閩監毛本厭作壓衞氏集說同

故今還練冠惠棟校宋本作還此本還誤應閩監毛本同衞氏集說同

蓋謂庶子上爲其母閩監本同毛本上作王

曾子問曰諸侯旅見天子節

既陳謂夙興閩監本同岳本同嘉靖本同衛氏集說同考文引宋板同毛本陳誤成

曾子至則廢惠棟校宋本無此五字

言充其陽也惠棟校宋本作充此本充字闕閩監毛本充作助衛氏集說同浦鏜校云穀梁傳作充

食可知也惠棟校宋本作也此本也字闕閩監毛本也作矣

馳走者救日之備也惠棟校宋本作日此本日誤者閩監毛本同

此經曰后夫人之喪閩監毛本同惠棟校宋本曰作云

故云天子之夫人監毛本作君之夫人惠棟校宋本同此本君作天子非也天子閩本亦誤

假令在後堂朝閩監毛本同考文引宋板堂作當

在未殺牲之前惠棟校宋本作在衛氏集說同此本在字闕閩監毛本在作是

更迎尸入坐於奧惠棟校宋本作更衛氏集說同此本更字闕閩監毛本更誤及

祀五帝納亨惠棟校宋本作亨衛氏集說同此本亨誤享閩監毛本同下納亨同

附釋音禮記注疏卷第十八終惠棟校宋本禮記正義卷第二十六終記云凡三十三頁

禮記注疏卷十八校勘記

附釋音禮記注疏卷第十九

禮記　鄭氏注　孔穎達疏

曾子問

天子崩未殯五祀之祭不行既殯而祭其祭也尸入三飯不侑酳不酢而已矣自啓至于反哭五祀之祭不行已葬而祭祝畢獻而已既葬彌吉。畢獻。祝而後止郊社亦然惟嘗禘宗廟俟吉也○飯扶晚反下同不侑音又絶句下皆放此酳音胤又仕覲反酢才各反○曾子問曰諸侯之祭社稷俎豆既陳聞天子崩后之喪君薨夫人之喪如之何孔子曰廢亦謂夙興陳饌牲器時也自薨比至于殯自啓至于反哭奉帥天子帥循也所奉循如天子者謂五祀之祭也社稷亦然○比必利反

疏天子至天子○正義曰天子諸侯祭禮既亡今儀禮唯有大夫士祭禮以言之按特牲饋食禮。祝延尸于奥迎尸而入即延坐三飯告飽祝侑尸尸又飯至於九飯畢若大夫依少牢饋食尸食十一飯而畢鄭注少牢云士九飯大夫十一飯也則其餘有十三飯十五飯也按此說則諸侯十三飯天子十五飯又按特牲禮尸九飯畢主人酌酒酳尸尸飲卒爵酢主人主人受酢飲畢酌獻祝祝飲畢主人又酌獻佐食此是士之祭禮也今約此而說天子五祀之祭也○天子崩未殯五祀之祭不行者○以初崩哀慼未遑祭祀雖當五祀祭時不得行既殯而祭者但五祀外神不可以己私喪久廢其祭故既殯哀情稍殺而後祭也○其祭也尸入三飯不。侑酳不酢而已矣者今喪既殯不得純如吉禮理須宜降殺侑勸也故迎尸入奥之後尸三飯告飽則止祝更不勸侑其食使滿常數也又熊氏云三飯不

酳不酢而已矣謂迎尸入奧之後尸三飯即止祝不勸侑至十五飯於時冢宰攝主酌酒酳尸尸受卒爵不酢攝主故云三飯不侑酳不酢而已者謂唯行此而已不爲在後餘事也○自啓至于反哭五祀之祭不行者○謂欲葬之時從啓殯以後葬畢反哭以前靈柩既見哀摧更甚故云五祀之祭不行已葬而祭祝畢獻而已已葬而祭者謂已葬反哭殯宮畢而行其祭但既葬彌吉尸入三飯之後祝乃侑尸尸食十五飯攝主酳尸尸飲卒爵而酢攝主攝主飲畢酌而獻祝祝受飲畢則止無獻佐食以下之事所以然者以葬後未甚吉唯行此禮而已而已是語辭也皇氏云已止也○注既葬至吉也○正義曰經云祝畢獻止謂祝受獻祭禮遂畢止不獻佐食以下云郊社亦然者王制云天地社稷爲越紼而行事是與五祀同也趙商問云自啓至反哭五祀之祭不行注云郊社亦然者按王制云唯天地社稷爲越紼而行事何趙商之意葬時郊社之祭不行何得有越紼而行事鄭答越紼行事喪無事時天地郊社有常日自啓及至反哭自當辟之鄭言無事者謂未殯以前是有事既殯以後未啓以前是無事得行祭禮故有越紼行事鄭云郊社有常日自啓至反哭自當辟之者郊社既有常日自啓反哭當辟此郊社之日郊社尊故辟其日不使相妨五祀既卑若與啓反哭日相逢則五祀辟其日也鄭言天地社稷去殯處遠祭時踰越此紼而往赴之五祀去殯處近暫往則還故不爲越紼也云唯嘗禘宗廟俟吉也者謂爲嘗禘之禮以祭宗廟俟待於吉故王制云喪三年不祭是也其在喪祭郊社之時其喪所朝夕仍奠知者雜記云國禁哭則止朝夕之奠即位自因也人臣尙爾明天子得也○注帥循至亦然○正義曰帥循也此釋詁文以經云奉循天子按上天子有祭五祀之文今云奉循如天子謂諸侯五祀亦如天子故云謂五祀之祭是諸侯五祀如天子五祀也今此諸侯祭社稷其遭喪節制與五祀同故云社稷亦然按天子崩后喪諸侯當奔赴得奉循天子之禮者諸侯或不自親奔而身在國者或唯據君薨及夫人之喪其嗣子所祭得奉循天子者也

○曾子問曰大夫之祭鼎俎既陳籩豆既設不得成禮廢者幾孔子曰九請

問之曰天子崩后之喪君薨夫人之喪君之大廟火日食三年之喪齊衰大功皆廢外喪自齊衰以下行也齊衰異門則祭其齊衰之祭也尸入三飯不侑酳不酢而已矣大功酢而已矣小功緦室中之事而已矣室中之事謂賓長獻○長知丈反下文註長同士之所以異者緦不祭然則士不得成禮者十一所祭於死者無服則祭謂若舅舅之子從母昆弟

疏曾子至行也○正義曰不直云大功以上皆廢而歷序三年之喪齊衰大功者以曾子問廢者有幾故孔子對云廢者有九遂歷序九種之事一一備言此大夫祭者謂祭宗廟故下文云所祭於死者無服則祭是據宗廟也○注齊衰異門則祭○正義曰今遭異門其齊衰之喪祭也○則尸入三飯不侑酳不酢而已矣○若遭異門齊衰之喪其祭迎尸尸入室但三飯則止祝更不勸侑使至十一但三飯耳則主人酌酒酳尸尸不酢主人唯此而已○大功酢而已矣○大功服輕祭禮稍備尸三飯祝侑至十一飯而止主人酌酒酳尸尸酢主人主人乃停故云大功酢而已矣○小功緦室中之事而已矣○小功與緦麻其服轉輕祭禮轉備其祭尸○十一飯訖主人酳尸尸卒爵酢主人主人獻祝及佐食畢次主婦獻尸尸酢主婦主婦又獻祝及佐食次賓長獻尸○若平常之祭尸得賓長獻爵則止不舉待致爵之後尸乃舉爵今既喪殺賓長獻尸尸飲以酢賓賓又獻祝及佐食而祭畢止凡尸在室之奧祝在室中北廂南面佐食在室中戶西北面但主人主婦及賓獻尸及祝佐食等三人畢則止故云室中之事而已矣若致爵之時主婦在房中南面主人獻賓堂上北面皆不在室中其室中者獻尸祝佐食耳故此注云室中之事謂賓長獻此小功緦麻兼內外知者以前文云內喪大功以上廢則知內喪小功以下不廢也按雜記云臣妾死於宮中三月而後祭之此內喪緦麻不廢祭者此謂鼎俎既陳臨祭之時故不廢也若不當祭時有臣妾死於宮中及大夫爲貴妾緦庶子爲父後者爲其母緦之屬皆不祭祭○士之所以

異者緦不祭○孔子見曾參歷問至大夫必應及士故因廣舉士以語之大夫唯至大功爲九而士又加緦小功二等合爲十一此亦謂祭宗廟鼎俎既陳而值喪也大夫祭值緦小功不辨內外皆不廢祭而禮則小異耳士值緦小功不辨外內一切皆廢祭士輕故爲輕親伸情也○所祭於死者無服則祭所祭謂士祭祖禰而死者己雖爲緦祖禰於死者無服鼎俎既陳則亦祭也○注謂若至昆弟○正義曰此等於己雖服緦而於祖禰則無服然此皆母親而得云無服者祭祀以祖禰爲主母親於己服緦於祖禰無服然此皆母親以父爲主也其從母父雖無服己爲小功熊氏云亦廢祭也皇氏云以從母於父無服不廢祭也按經云緦不祭所祭於死者無服則祭據緦爲文似不關小功故鄭以緦服解之皇氏橫加小功其義非也○

曾子問曰三年之喪弔乎孔子曰三年之喪練不羣立不旅行爲其苟語忘哀也○爲于僞反下爲彼爲親妻爲婦爲爲己病皆同君子禮以飾情三年之喪而弔哭不亦虛乎爲彼哀則不專於親也爲親哀則是妄弔

【疏】曾子至虛乎○正義曰此一節論身有重服不得弔人之事○君子禮以飾情凡行吉凶之禮必使外內相副用外之物以飾內情故云衰以飾在內之情故冠冕文彩以飾至敬之情麤衰以飾哀痛之情所以三年問云衰服爲至痛飾也故云君子禮以飾情也○三年之喪而弔哭不亦虛乎者若身有重服而弔他人則非飾情所以爲虛也言虛者弔與服並虛也何者若己有喪弔彼而哭哀彼則忘己本哀是己服爲虛也若心存於己哀忘彼而哭彼則是於弔爲虛也故注云爲彼哀則不專於親也爲親哀則是妄弔

曾子問曰大夫士有私喪可以除之矣而有君服焉其除之也如之何孔子曰有君喪服於身不敢私服又何除焉重喻輕也私喪家之喪也喪服四制曰門外之治義斷恩○治直吏反斷丁亂反於是乎有過時而弗除也君之喪服除而后殷祭禮也謂主人也支子則否

○除如字徐直慮反【疏】曾。子。至。禮。也○正義曰此一節論臣有君親之喪當隆於君之事各依文解之○孔子曰有君喪服於身不敢私服又何除焉者答

以重喻輕也門外之治義斷恩若身有君服後遭親喪則不敢為親制服也又何除焉者謂成喪服為重始除服為輕末在親始重之日尚不獲伸況輕末之

時而可行乎故云又何除焉君之喪服除而后殷祭禮也者殷祭謂小大二祥祭也以其禮大故曰殷也言初乃為身有君服不敢為親私除若君服除後乃

可為親行私喪二祥之祭以伸孝心也故盧氏云殷祭盛也君服除乃行釋私服之禮庾蔚云今月除君服明月可小祥又明月可大祥猶若久喪不葬者也

若未有君服之前私服已小祥者除君服後但大祥而可已有君服之時已私服或未小祥是以總謂之殷祭而不得云再祭殷大也小大二祥變除之大祭

故謂之殷祭也禘祫皆祭之大故亦謂之殷祭但此論大夫士則不應有禘祫此殷是釋除之祭也有殷事則之君所鄭以為朔月月半薦新之奠此又比朝

夕為大也各有所指不嫌殷名同也○注謂主人也支子則否○正義曰主人謂適子仕官者適子主祭祀故二祥待除君服而後行也若支子仕。官雖不得

除私服而其家適子已行祥祭庶子於後無所復追祭故云否也

○曾子。曰父母之喪弗除可乎以其有終身之憂【疏】曾。子。至。可。乎○正義曰曾子又疑云聖人制變受之期情禮之殺使送死有已復生有節是不許人子有不除之喪若適子除君服後乃有殷祭之事如喪久

不葬者此則可解若庶子除君服後無復殷祭之事便是其為父母之服一生不有除說之事此於禮許得可乎

孔子曰先王制禮過時弗舉禮也非弗能勿除也患其過於制也故君子過時不祭禮也言制禮以為民中過其時則不成禮○中如字又丁仲反【疏】孔子至禮也○據制以答此所以不除意也○孔子言先王制制禮各有時節若過則不追舉是禮之意也○非弗至制也○勿猶不也言今日不追除服者非是不能除改也為此不除正是患其過於聖人之禮制也○故君子過時不祭禮也○又引君子過時不舉之事以證

之過時不祭謂春雨露既濡君子履之怵惕思親思親故設祭若春時或有事故不得行祭至夏乃行夏祭不復追補春祭是過時不祭以爲禮也若過時不祭如適子仕者除君服後猶得行殷祭其四時之祭過時所以不追者假令春夏祭本爲感春夏而祭至秋非時故不追也且今年春夏雖過時至明年會應復有春夏故當時則祭過時不補前祭祥非爲感時正是孝子爲存親存親則前後無異故除君服己伸孝心也

○曾子問曰君薨既殯而臣有父母之喪則如之何孔子曰歸居于家有殷事則之君所朝夕否居家者因其哀後隆於父母殷事朔月月半薦新之奠也疏孔子至夕否○殷大也孔子答云君殯既訖君所無事父母新喪故歸於家以治父母之喪若君喪有朔月月半薦新大事則臣之適君所以哭君若凡常朝夕則不往哭君唯在家爲父母治喪故云朝夕否若臣有父母之喪既殯而後有君喪則歸君所若父母之喪有殷事之時則來歸家平常朝夕則不來恆在君處○注居家至父母○正義曰君薨既殯是君喪在前殯後親死是父母喪在後親喪痛甚恆居於家是隆於父母也

曰君既啓則臣有父母之喪則如之何孔子曰歸哭而反送君言送君則既葬而歸也歸哭者服君服而歸不敢私服也疏曰君至送君○正義曰曾子上問既殯今問既啓故云君既啓而臣有父母之喪則如之何孔子答曰歸哭父母而反往送君既葬畢還來歸家而治父母之喪以此言之父母之喪既啓而有君之喪則亦往哭於君所而反送父母父母葬畢而居君所○注言送至服也○正義曰知既葬而歸者以言送君則葬罷而歸則不待君之虞祭也其君喪祔與卒哭未知臣往君所與否云歸哭者服君服而歸不敢私服也者謂歸哭父母猶服君服不私服也知不私服者上文云有君喪服於身不敢私服故知不私服也

曰君未殯而臣有父母之喪則如之何孔子曰歸殯反于君所有殷事則歸朝夕否其哀雜主於君大夫室老行事

士則子孫行事大夫士其在君所之時則攝其事大夫內子有殷事亦之君所朝夕否謂夫之君既殯而有舅姑之喪者內子大夫妻也妻爲夫之君如婦爲舅姑服齊衰○適丁歷反

疏曰君至夕否○正義曰前問君既殯及既啓而有父母之喪今問君既未殯而臣有父母之喪如之何孔子答曰歸殯父母訖反于君所以殯君恒在君所家有殷事之時則暫歸於家若尋常朝夕則不得歸也故云朝夕否盧氏云歸殯反于君所者人君五日而殯故可以歸殯父母而往殯君也若其臨君之殯日盧云歸哭父母而來殯君則殯君訖乃還殯父母也以此言之臣有父母之喪未殯而有君喪去君殯日雖遠祇得待殯君訖而還殯父母以其君尊故也○注其哀雜主於君○正義曰以君未殯則君哀重而父母又喪是親哀亦重君與親哀既半相雜君爲尊故主意於君故尋常恒在君所○大夫至行事○以大夫士有殷事在君所之時則在家之朝夕之奠有闕若朝夕恒在君所之時則在家朝夕之奠亦闕奠不可廢其大夫尊故遣室老攝行其事士卑則子孫攝行其事○注云大夫至其事○正義曰大夫內子有殷事亦之君所朝夕否上文明大夫禮節此明婦人之進止君既殯而婦有舅姑之喪大夫者卿之總號內子者卿之適妻以前問君薨既殯有父母之喪此明君既殯後而婦有舅姑之喪歸居於家君有殷事之時亦之君所云亦者謂亦同其夫也非但夫往君所妻亦往君所也若尋常朝夕則不往君所舉此一條婦同於夫則君既啓及君未殯而有舅姑之喪其禮悉同夫也○注內子至齊衰○正義曰按僖二十四年左傳云晉趙姬請以叔隗爲內子而已下之叔隗爲趙衰妻是大夫適妻也若對面言之則卿妻曰內子大夫妻曰命婦若散而言之則大夫是卿之總號其妻亦總名爲內子云妻爲夫之君如婦爲舅姑服齊衰者此喪服文也

○賤不誄貴幼不誄長禮也誄累也累列生時行迹讀之以作謚謚當由尊者成○誄力水反謂謚也行下孟反謚音示徐又以二反唯天子稱天以誄之以其無尊焉春秋公羊說以爲讀誄制謚於南郊若云受之於天然諸侯相誄非禮

也禮當言誄於天子也天子乃使大史賜之謚〇疏賤不至禮也〇正義曰此一節論謚由尊者出之事賤不誄貴誄累也謂賤不得累列貴者之行而爲謚幼不得累列長者之行而作謚如此是其禮也所以然者凡謚如此是其禮也所以然者凡謚表其實行當由尊者所爲若使幼賤者爲之則各欲光揚在上之美有乖實事故不爲也〇唯天子稱天以誄之者諸侯及大夫其上猶有尊者爲之作謚其天子則更無尊於天子者故唯爲天子作謚之時於南郊告天示若有天命然不敢自專也〇諸侯相誄非禮也者非但賤不誄貴平敵相誄亦爲不可故云諸侯相誄非禮也既賤不誄貴按襄十三年左傳楚子囊爲共王作謚者春秋亂世不能知禮此不言君臣兄弟而言貴賤長幼者廣包餘人非唯君臣兄弟而已〇注以其至南郊〇正義曰按鄭之時說公羊者而爲此言故白虎通云天子崩大臣之於南郊稱天以謚之者爲人臣子莫不欲褒大其君掩惡揚善故至南郊明不得欺天也〇注禮當至之謚〇正義曰按白虎通云君薨請謚世子赴告於天子天子唯遣大夫會葬而謚之又檀弓云公叔文子卒其子戌請謚於君曰日月有時將葬矣請所以易其名者大夫當請誄於君則諸侯理當言誄於天子云天子乃使大史賜之謚者按大史職云小喪賜謚鄭云小喪卿大夫也卿大夫言賜之謚明諸侯之喪亦然〇

曾子問曰君出疆以三年之戒以椑從君薨其入如之何其出有喪備疑喪入必異也戒猶備也謂衣衾也親身棺曰椑其餘可死乃具也〇疆居良反椑蒲歷反親身棺謂杝棺也〇孔子曰共殯服此謂君已大斂殯服謂布深衣苴絰散帶垂殯時主人所服共之以待其來也其餘殯事亦皆具焉〇共殯音恭注同下必刃反苴絰七餘反下大結反散息但反〇則子麻弁絰疏衰菲杖棺柩未安不忍成服於外也麻弁絰者布弁而加環絰也布弁如爵弁而用布杖者爲已病〇弁皮彥反柩其又反如爵如或作加誤也爲已音以入自闕升自西階闕謂毀宗也柩毀宗而入異於生也升自西階亦異生也所毀宗殯宮門西也於此正棺而服殯服既塗而成服殷柩出

毁宗周柩入毁宗禮相變也如小斂則子免而從柩謂君已小斂也主人布深衣不括髮者行遠不可無飾○免音問入自
門升自阼階親未在棺不忍異入使如生來反○君大夫士一節也疏○曾子至節也○正義曰此論諸侯出外死以喪歸之
事○曾子問夫子云諸侯之君或出疆朝會其出之時以三年之戒以椑從○戒備也謂以三年喪備衣衾之屬幷以椑棺而從出既有備今其入也如之何○
注其出至具也○正義曰按王制云絞紟衾冒死而后制此云戒備謂衣衾者熊氏云此言三年之戒謂衣衾之裁若其造作死後乃爲之○云親身棺曰椑
按喪大記云大棺八寸屬六寸椑四寸從外嚮內親身也檀弓注云椑堅著之言也謂椑雖親身天子椑內猶有水兕諸侯公椑內猶有兕諸侯以椑爲親身
也云其餘可死乃具也謂除椑之外大棺與屬老在家年老亦死前爲之今出疆椑從年未老故大棺等死後乃具也○孔子曰共殯服者於時大斂之後主
人從柩而歸則其家豫共主人殯時所著之服謂布深衣苴絰散帶垂也於時主人從柩柩在路以棺柩未安未忍成服於外唯著麻弁麻布也謂布弁布弁之
上而加環絰○注此謂至具焉○正義曰知此謂大斂者以下文云如小斂故知此謂已大斂也云殯服謂布深衣苴絰散帶垂○按士喪禮云小斂苴絰大鬲
散帶垂又禮親始死布深衣至成服以來其服不改故知殯服布深衣苴絰大散帶垂其首服崔氏云小斂之前大夫士皆素冠小斂括髮之後士則加素冠大
夫加素弁云其餘殯事亦皆具焉以殯不可闕故知具焉經特云共殯服者舉主人服爲重○則子麻弁絰疏衰菲杖○身著疏衰疏衰是齊衰也足著菲屨
菲謂藨屨也其身已病者柱杖故云疏衰菲杖也○注棺柩至已病○正義曰按士喪禮云三日成服今君喪在外仍著麻弁疏衰故知不忍成服於外也云
麻弁絰者布弁而加環絰也者布弁謂吉布十五升與子游麻衰及詩云麻衣如雪同知加環絰者雜記云小斂環絰是也云布弁如爵弁而用布者按檀弓
云周人弁而葬殷人冔而葬冔是殷之祭冠明弁絰似周之祭冠故知爵弁也云杖者爲已病者以士喪禮服杖同時今服未成而已杖故云爲已病也○入

自闕升自西階謂柩入宮之時毀殯宮門西邊牆從柩而入其升堂之時自西階而升必西階者以柩從外來如似賓客故就西而升階就客位也○注闕謂至變也○正義曰鄭恐是門闕故云毀宗也謂毀此宗廟之牆其處空闕故謂之闕云柩毀宗而入異於生也公羊定元年癸亥公之喪至自乾侯戊辰公卽位正棺於兩楹之間然後卽位注云正棺者象既小斂夷於堂也於此之時服殯服也云既塗而成服者謂菆塗既畢而成服也○云殷柩出毀宗周柩入毀宗禮相變也檀弓云毀宗躐行殷道也既云毀宗始云躐行是先毀宗後躐行也是從內而出故云殷柩出毀宗如小斂則子免而從柩上之所言謂大斂之後此所謂未大斂當小斂以後之節則子首不著麻弁身不服疏衰唯首著。免身著布深衣而從柩也○注謂君至無飾正義曰按士喪禮從死至成服主人皆著深衣故知小斂主人布深衣也士喪禮云小斂主人髻髮今著免者以在外遠行不可無飾故著免也○入自門升自阼階○其柩入之時入自門不自闕也升自阼階不由西階也故注云親未在棺猶如生也○君大夫士一節也○言上來從柩之儀更無尊卑之異非但君死於道路亦然諸侯與大夫士一等也

○曾子問曰君之喪既引聞父母之喪如之何孔子曰遂既封而歸不俟子遂遂送君也封當為窆子嗣君也引以刃反下皆同封音窆彼驗反○曾子問曰父母之喪既引及塗。聞君薨如之何孔子曰遂既封改服而往封亦當為窆改服括髮徒跣布深衣。扱上衽不以私喪包至尊○既封依注音窆彼驗反涂音徒扱初洽反衽而審反又而鴆反

【疏】。曾。子。至。而。往。○正義曰此一節論君葬在路遭父母喪或父母葬。聞君喪之事○注遂遂至君也○正義曰以經云遂既封而歸。今君喪既引在塗而言遂故知遂送君也又云不俟子是不待子而先還。若。待封壙既畢必。在子還之後今經云既封而歸非封壙也故知封當為窆窆下棺也○注封亦至至尊○正義曰禮親始死笄纚小斂始括髮今臣聞君喪卽括髮不笄纚者若尋常是吉今忽聞君喪故去冠而笄纚今臣有父

母之喪葬在於塗首先服免忽聞君喪若著其笄纚則與尋常吉同以首不可無飾故括髮也知葬時著免者以雜記云非從柩與反哭無免於堩故知葬時著免也

○曾子問曰宗子爲士庶子爲大夫其祭也如之何孔子曰以上牲祭於宗子之家貴祿重宗也上牲大夫少牢祝曰孝子某爲介子某薦其常事介副也不言庶使若可以祭然○祝皇之六反舊之又反下同爲于僞反下注爲有異居爲無日同介音界副也下同○疏曾。子。至。常。事○正義曰此一節論宗子祭用大夫牲之事以上至之家○上牲謂大夫少牢也宗子是士合用特牲今庶子身爲大夫若祭祖禰當用少牢之牲就宗子之家而祭也以廟在宗子家故也○注貴祿至少牢○正義曰用大夫之牲是貴祿也宗廟在宗子之家是重宗也此宗子謂小宗也若大宗子爲士得有祖禰二廟也若庶子是宗子親弟則與宗子同祖禰得以上牲於宗子之家而祭祖禰也但庶子爲大夫得祭曾祖廟已是庶子不合自立曾祖之廟崔氏云當寄曾祖廟於宗子之家亦得以上牲宗子爲祭也若己是宗子從父庶子兄弟父之適子則於其家自立禰廟其祖及曾祖亦於宗子之家寄立之亦以上牲宗子爲祭若己是宗子從祖庶兄弟父祖之適則立祖禰廟於己家則亦寄立曾祖之廟於宗子之家己亦供上牲宗子爲祭此大夫者謂諸侯大夫故少牢知此是諸侯大夫者以下文云宗子有罪居于他國言他國則是據諸侯也以文相連接故知此大夫是諸侯大夫也○祝曰至常事○宗子祭時祝告神辭云孝子某孝子謂宗子也某是宗子之名介子某介子謂庶子爲大夫者介副也某是庶子名也薦其歲之常事告神止稱宗子其時庶子身在祭位必知庶子在者以經云祭於宗子之家是大夫就宗子家而祭也○注介副至祭然○正義曰上云庶子爲大夫此亦當云爲庶子某今云介子某者庶子卑賤之稱介是副二之義介副則可祭故云使若可以祭然故稱介子

若宗子有罪居于他國庶子爲大夫其祭也祝曰孝子某使介子某執其常

事此之謂宗子攝大夫〇其祭也本或此下有如之何三字非也攝主不厭祭不旅不假不綏祭不配皆辟正主厭厭
飫神也厭有陰有陽迎尸之前祝酌奠奠之且饗是陰厭也尸謖之後徹薦俎敦設於西北隅是陽厭也此不厭者不陽厭也不旅不旅酬也假讀爲嘏不嘏
不嘏主人也不綏祭謂今主人也綏周禮作墮不配者祝辭不言以某妃配某氏〇厭本或作懕於豔反注下皆同綏注作墮同許垂反徐又況垂反注同辟
音避下同飫於去反謖色六反〇起也敦音對又東論反嘏古唯反布奠於賓賓奠而不舉布奠謂主人酬賓奠觶於薦北賓奠謂取
觶奠於薦南也此酬之始也奠之不舉止旅〇觶之豉反字林音支不歸肉肉俎也謂與祭者留之共燕〇歸如字徐其位反與音預其辭。於
賓曰宗兄宗弟宗子在他國使某辭辭猶告也宿賓之辭與宗子爲列則曰宗兄若宗弟昭穆異者曰宗子而已其辭若
云宗兄某在他國使某執其常事使某告〇其詞如字告也下及注同昭穆常遙反下音木後放此【疏】若。宗。至。其。辭〇正義曰此一節以曾子問宗子爲
士庶子爲大夫孔子答畢更爲曾子廣陳宗子有罪出居他國庶子爲大夫在家法其祭之禮按少牢饋食司宮筵于奧設饌畢祝酌奠于鉶南主人西面再
拜稽首祝曰孝孫某敢用柔毛剛鬣嘉薦普淖用薦歲事于皇祖伯某以某妃配某氏尚饗此所謂配也今攝主則不配少牢又云祝出迎尸尸入即席坐而
執祝前之觶而祝命尸。挼尸取菹擩于醢祭于豆間及祭黍稷肺等是謂尸綏祭也尸飯十一飯訖主人洗爵酳尸尸酢主人主人拜受爵上佐食取黍稷肺
授主人所謂綏祭也今攝主不綏祭少牢又云主人左執爵祝與二佐食取黍以授尸尸執以命祝祝受以東北面嘏于主人曰皇尸命工祝承致多福無疆
于女孝孫所謂嘏也今攝主則不嘏也按特牲主人受嘏之後獻祝及佐食訖主婦獻尸及祝佐食訖乃賓長獻尸尸爵止未飲主人主婦交相致爵訖尸乃
飲止爵以酢賓賓飲訖賓獻祝及佐食洗酌致于主人主婦訖主人獻賓賓酢主人主人又獻衆賓衆賓訖尊兩壺于阼階東西方亦如之主人酌西方之尊以酬

賓主人尊爵于賓之薦北賓取爵東面奠于薦南所謂布奠於賓也今攝主主人奠於薦北賓取奠于薦南而不舉也主人獻長兄弟又獻衆兄弟訖長兄弟加爵於尸衆賓長又加爵於尸訖嗣子舉奠舉奠訖賓坐取薦南之爵酬長兄弟長兄弟酬衆賓。衆。賓酬衆兄弟所謂旅酬今攝主不旅酬也特牲云旅酬之後無算爵無算爵之後祝告既成尸起主人降佐食徹尸薦俎設於西北隅所謂陽厭今攝主不爲此陽厭也○注此之至大夫○正義曰喪服小記士不攝大夫士攝大夫唯宗子也○攝主不厭祭○正義曰此宗子有罪出在他國庶子既爲攝主不。敢備禮故於祭末不爲陽厭之祭也所以不爲陽厭者。陽是神之厭飫今攝主謙退似若神未厭飫然也○不旅。者謂。所將。祭旅酬之時賓奠不舉不爲旅酬也旅酬是賓主交歡之始今攝主不敢當正主故不旅也○不嘏不綏祭。者嘏是主人受福綏是將欲受福先。爲綏祭今辟正主故不敢受嘏以其不嘏故不綏祭也○不配者以祭初尸未入之時祝告神辭曰以某。妃配某氏備告考妣今攝主不敢備禮略言皇祖而已此經所陳從祭末然後以次至祭初逆陳之必逆陳之者皇氏云以其攝主非正故逆陳以見義○注皆辟至某氏○正義曰以其無尸設饌欲神之歆饗而厭飫是也○云厭有陰有陽謂一祭之中有此兩厭下文有陰厭有陽厭是也○云迎尸至陰厭也約少牢特牲禮文祝酌奠者謂祝酌奠於鉶南且饗者祝奠訖且復以辭饗告神也是室奧陰靜之處故云陰厭尸謖之後佐食徹尸之薦俎設於西北隅得戶明白之處故曰陽厭今攝主不厭謂不陽厭也所以然者厭是厭飫凡厭是神之歆饗○云尸謖至陽厭也其上大夫當自賓尸故少牢禮無陽厭也下大夫不賓尸有陽厭也其天子諸侯明日乃爲繹祭亦有陽厭也故詩云相在爾室尚不愧于屋漏謂天子之禮天子既爾諸侯亦然此謂下大夫攝也禮有陽厭以其攝主故闕陽厭若上大夫本無陽厭可闕知此不厭者不陽厭此皆逆陳於祭末者先言故知不陽厭也云假讀爲嘏至主人也以古旁之嘏是福慶之辭少牢云嘏于主人嘏字古旁爲之祭禮唯主人受嘏故知不嘏不嘏主人也云不綏祭謂今主人者謂欲食之時先減黍稷牢肉而祭之於豆間故曰綏祭尸與主人俱有綏祭今攝主則不綏也所以然者凡將受福先爲綏祭今辟正主不敢受福故不綏也若綏少牢禮云祝出迎尸尸入即席坐而祝命尸綏祭尸取菹及黍稷肺祭于豆間是謂之綏祭綏是減毀之名尸與主人俱有綏祭也云今主人者謂今攝主人也云綏周禮作墮者以綏是綏安之義墮是減毀之名故從於周禮墮爲正守祧云既祭則藏其隋是也○云不配者至某氏○謂祝辭直言薦歲事於皇祖伯某不云以某妃配某氏某氏者其妃之姓也若云某妃姜氏子氏之類也○布奠至不舉○謂主人酬賓之時賓在西廂東面主人布此奠爵於賓之北○賓奠而不舉者賓坐取薦北之爵奠於薦南而不舉用以酬兄弟此則不旅酬之事而更別言者以上文總云祭祀是主人之事自此以下更別論賓禮有闕故重言之○注布奠至止旅○正義曰此皆特牲禮文云此酬之始也者按特牲禮云賓奠之後主人獻衆兄弟內兄弟訖乃行旅酬故云此酬之始也云奠之不舉止旅者謂止旅酬之事而不爲也○不歸肉者歸饋也謂不歸俎肉於賓也○注肉俎至共燕○正義曰賓客正祭諸助祭之賓客各使歸俎今攝主不敢饋俎肉於賓故注云諸與祭者留之共燕○其辭至某辭○正義曰非但祭不備禮其將祭之初辭告於賓與常禮亦別云宗兄宗弟宗子在他國不得親祭故使某執其常事使某告也故云使某辭○注辭猶至之辭○正義曰云宿賓之辭按特牲云乃宿尸注云宿讀爲肅肅進也進者使知祭日當來下云宿賓故云宿賓之辭○云與宗子爲列至而已○若同列者云宗兄若宗弟其昭穆異者宗子雖祖父及子孫之行但謂之宗子故云而已

○曾子問曰宗子去在他國庶子無爵而居者可以祭乎孔子曰祭哉有子孫存不可以乏先祖之祀請問其祭如之何孔子曰望墓而爲壇以時祭不祭于廟無爵者賤遠辟正主○壇大丹反下注同注或作墠音善遠徐于萬反若宗子死告於墓而后祭於家言祭於家容無廟也宗子死稱名不言孝孝宗子之稱不敢與之同其辭但言子某薦其常事○稱尺證反

身沒而已至子可以稱孝子游之徒有庶子祭者以此以用也用此禮祭也若義也若順今之祭者
不首其義故誣於祭也首本也誣猶妄也

【疏】曾子至祭也○正義曰此一節論庶子代宗子祭之事各依文解之○曾子問至以祭乎○論曾子以孔子上文云宗子有罪居在他國庶子為大夫得在本國攝祭未知庶子無爵在國居者可祭以否故問之○孔子曰祭哉者孔子既許其祭以無正文得祭故云祭哉哉者疑而量度之辭故注云有子孫存不可以乏先祖之祀○請問其祭如之何孔子曰望墓而為壇以時祭者宗子雖有廟在宗子之家庶子無爵不得就宗子之廟而祭惟可望近所祭者之墓而為壇以四時致祭也○注不祭至正主○正義曰所以不祭于宗子廟者以庶子無爵卑賤遠辟正主正主謂宗子也據鄭此言宗子去在他國謂有爵者若其無爵在家本自無廟何須云不祭廟辟正主也鄭必知是有爵者以經云宗子去在他國庶子無爵而居庶子云無爵明宗子是有爵此宗子去他國謂有罪者若其無罪則以廟從本國不得有廟故喪服小記注云宗子去國乃以廟從謂無罪也○若宗至於家○孔子上為曾子說宗子身在外此又說宗子身沒謂告於所祭之墓而后祭於庶子無爵者之家也注言祭於家容無廟也○正義曰從上以來雖據宗子有爵而言其廟在家今宗子既死庶子無所可辟當云告於墓而后祭於宗子之家今直云祭於家是祭於庶子之家是容宗子之家無廟故也宗子所以無廟者宗子無爵不合立廟或云祭於家者是祭於宗子之家容庶子之家無廟也庶子所以無廟者一是庶子無爵不合立廟二是宗子無罪居他國以廟從本家不復有廟故也○宗子死稱名不言孝○宗子既死庶子其祭之時告神但稱其名不得稱孝辟宗子也○注孝宗至常事○正義曰上文孝子某使介子某孝子是宗子之稱今直言名不言介若宗子在得言介子某今宗子既死身又無爵復稱名不得稱介故但言子某薦其常事身沒而已者其不稱孝者惟己身終沒而已至其子則稱孝也○注至子可以稱孝○正義曰以庶子合稱孝者庶子身死其子則是庶子適子祭庶子之時可以

稱孝○子游之徒有庶子祭者以此○以其禮無正文故孔子引子游之徒黨有庶子祭者而用此禮而祭○若義也者若順也謂順於古義故云若義也○今之祭者不首其義故誣於祭也○注首本也誣猶妄也○正義曰謂今日世俗庶子祭者不尋本義之道理爲此祭故云誣於祭謂妄爲祭之法不依典禮

○曾子問曰祭必有尸乎言無益無用爲若厭祭亦可乎厭時無尸孔子曰祭成喪者必有尸尸必以孫孫幼則使人抱之無孫則取於同姓可也人以有子孫爲成人子不殤父義由此也祭殤必厭蓋弗成也厭飫而已不成其爲人祭成喪而無尸是殤之也與不成人同孔子曰有陰厭有陽厭言祭殤之禮有於陰厭之者有於陽厭之者曾子問曰殤不祔祭何謂陰厭陽厭祔當爲備聲之誤也言殤乃不成人祭之不備禮而云陰厭陽厭乎此失孔子指也祭成人始設奠於奧迎尸之前謂之陰厭尸謖之後改饌於西北隅謂之陽厭殤則不備○附依注音備本或作祔亦同奧於報反

疏○曾子至陽厭○正義曰此一節論祭有尸有陽厭陰厭之事各依文解之○祭必有尸乎曾子之意以祭神神本虛無無形無象何須以生人象之故云祭必有尸乎○注言無益無用爲○正義曰祭是祭神不祭生人今祭生人無益死者故云無益云無用爲者無用爲此尸一解云無用爲者無用此之爲爲是助語○若厭祭亦可乎○若如厭祭之時亦應可乎謂祭初尸未入之前祭末尸既起之後並皆無尸直設饌食以厭飫鬼神如此之時其理亦可○注云厭時無尸○孔子曰祭成喪者必有尸○孔子答祭以成人之喪者必須有尸以成人之喪威儀具備必須有尸以象神之威儀也尸必以孫若其孫幼則使人抱之若無孫則取同姓昭穆孫行適者可也以其成人威儀既備有爲人父之道不可無尸○祭殤必厭蓋弗成也○年若幼在殤人道未備威儀簡略不足可象不須立尸故祭殤必厭蓋弗成也者蓋以不成人故不立尸也今祭成人喪但厭飫而已是將成人與殤同也

○孔子曰有陰厭有陽厭○孔子答問已了更起別端辯祭殤之禮其處有異故記者又言孔子曰其祭殤○有於陰厭者謂適殤也有於陽厭者謂庶殤也○曾子至陽厭○正義曰曾子既聞孔子云有陰厭有陽厭不解孔子之旨謂言祭殤始末一宗之中有此兩厭故問云祭成人之時有此二厭殤不祔祭祔備也謂祭殤簡略何謂備有陰厭有陽厭也○注祔當至不備○正義曰知祔當爲備者按喪服小記云殤與無後者從祖祔食今云殤不祔祭與小記文乖故知祔當爲備備祔聲相近故云聲之誤也○云言殤至陰厭約特牲少牢禮文當設饌於西南奧尸未入之前也云尸謖之後改饌於西北陽謂之陽厭者當祭末謖起也謂尸起之後也

孔子曰：宗子爲殤而死，庶子弗爲後也。族人以其倫代之，明不序昭穆立之廟，其祭之就其祖而已。代之者主其禮。

疏 孔子至後也○正義曰孔子更爲辯云若宗子爲殤而死以其未成人庶子不得代爲之後○注族人至其禮○正義曰以經云庶子既不爲後宗子理不可闕明族人以其倫代之倫謂輩也謂與宗子昭穆同者則代之凡宗子爲殤而死庶子既不得爲後不以父服服之鄭注喪服云若與宗子期親者其長殤大功衰九月中殤大功衰七月下殤小功衰五月有大功之親者成人服之齊衰三月卒哭受以大功衰九月其長殤中殤大功衰五月下殤小功衰三月有小功之親者成人服之齊衰三月卒哭受以小功衰五月其殤與絕屬者同有緦麻之親者成人及殤皆與絕屬者同故喪服記云宗子孤爲殤而死者大功衰小功衰皆三月據與宗子小功以下及無服者長中殤則大功下殤則小功又云親則月算如邦人則鄭注是也此是族人以其倫代之者各以本服服之○云明不序昭穆立之廟以宗子殤死無爲人父之道故不序昭穆不得與代之者爲父也云代之者主其禮者以宗子存時族人凡殤死者宗子主其祭祀今宗子殤死明代爲宗子者主其禮也此宗子是大宗族人但是宗子兄弟行無限親疏皆得代之

其吉祭特牲。尊宗子從成人也凡殤則特豚自卒哭成事之後爲吉祭

祭殤不舉。無肵俎，無玄酒，不告利成。此其無尸及所降也其他

如成人舉肺脊肵俎利成禮之施於尸者○肵音其又忌依反敬也

是謂陰厭

是宗子而殤祭之於奧之禮小宗爲殤其祭禮亦如之

【疏】其吉祭特牲○正義曰其卒哭成事之後祭之以特牲○注尊宗至吉祭○正義曰士祭成人特牲今宗子祭亦特牲故云尊宗子從成人之禮也云凡殤則特豚者以凡殤降宗子之殤故用特豚云自卒哭成事之後爲吉祭者檀弓云卒哭曰成事是日也以吉祭易喪祭熊氏云殤與無後者唯祔與除服二祭則止此言吉祭者唯據附與除服也庾云吉祭通四時常祭若如庾言殤與無後者之祭不知何時休止未有聞焉經云吉祭特牲則喪祭之時以其未成人降用特豚也○祭殤至利成○謂祭此殤時不舉肺以其無尸故不舉肺脊○無肵俎者肵是尸之所食歸餘之俎以其無尸故無肵俎○無玄酒者若祭成人則有玄酒重古之義今祭殤既略故無玄酒也不告利成者謂祭畢今既無所可告故不告利成利猶養也不告供養之禮成也○注此其至尸者○正義曰以經云不舉肺無肵俎不告利成此三事本主於尸今以無尸故不爲故云此其無尸也玄酒之設本不爲尸所有祭殤略無玄酒是降也故云及所降也云舉肺脊肵俎利成禮之施於尸者按特牲少牢尸將食舉肺脊又云上佐食設肵俎初載心舌肵者敬也主人敬尸之俎又云無算爵祝東面告利成舉肺脊肵俎利成之禮並施於尸也○是謂陰厭○此宗子殤死祭於祖廟之奧陰闇之處是謂陰厭也○注是宗至如之○正義曰鄭既云小宗爲殤祭禮如大宗者以前經云宗子爲殤而死不顯大小故知凡宗子殤祭之禮皆然是以小宗爲殤祭禮亦如之必知此經指大宗者以何休公羊注云小宗無子則絕大宗無子則不絕重適之本上文庶子不爲後謂大宗子在殤而死不得爲後若非殤則得爲後故知是大宗也凡宗子成人而死則得立子孫爲後若立兄弟爲後則不可故成十五年公羊傳譏仲嬰齊是公孫歸父之弟當云公孫嬰齊而云仲嬰齊者爲歸父之後譏其亂昭穆故云仲是也

凡殤與無後者祭於宗子之家當室之白尊于東房是謂陽厭

凡殤謂庶子之適也或昆弟之子或從父昆弟無後者如有昆

弟及諸父此則今死者皆宗子大功之內親共祖禰者言祭於宗子之家者爲會異居之道。也無廟者爲壇祭之親者共其牲物宗子皆主其禮當室之白尊於東房異於宗子之爲殤當室之白謂西北隅得戶明者也明者曰陽凡祖廟在小宗之家小宗祭之亦然宗子之適亦爲凡殤過此以往則不祭也祭適者天子下祭五諸侯下祭三大夫下祭二士以下祭子而止○適丁歷反下同如有昆弟一本作加有共其音恭

[疏]凡殤至陽厭○正義曰凡殤謂非宗子之殤故云凡殤無後者謂庶子之身無子孫爲後此二者皆宗子大功內親祭於宗子之家祖廟之內不敢在成人之處故於當室之明白顯露之處爲之設尊於東房以其明是陽故爲陽厭也○注凡殤至而止○正義曰謂庶子之適子爲殤而死此庶子之適一句與下文爲總卽是昆弟之子從父昆弟是也云或昆弟之子者謂宗子親昆弟所生之子是適其昆弟是庶子昆弟所生者是適故云庶子之適云或從父昆弟者亦謂宗子之從父兄弟宗子之父身是適諸父是庶諸父所生之適子亦是庶子之適故云或從父昆弟云無後者如有昆弟及諸父者如而也而有昆弟謂宗子之親庶兄弟與宗子同祖今既無後祭之當於宗子祖廟及諸父謂宗子諸父身並是庶子與宗子同此曾祖祭之當於宗子曾祖之廟凡殤有二一昆弟之子祭之當於宗子父廟二是從父昆弟祭之當於宗子祖廟其無後者亦有二一是昆弟無後祭之當於宗子祖廟二是諸父無後祭之當於宗子曾祖之廟凡殤得祭者以其身是適故也無後者成人無後則祭若在殤而死則不祭以其身是庶故也按小記云庶子不祭殤與無後者殤與無後者從祖祔食注云不祭殤者父之庶不祭無後者祖之庶但此經據死者之身小記注據生者設祭之人宗子昆弟是庶不得自祭適子故云父之庶宗子之諸父自是庶不得祭所生適子適子卽是宗子從父兄弟故云父之庶不祭無後祖之庶者宗子昆弟無後而死其餘兄弟應祭之以兄弟並是祖庶不合立廟故云祖之庶宗子諸父無後其餘諸父親者亦應合祭之以諸父並是庶子不合立祖廟故云祖之庶義與此不異也云此則今死至其祖禰者從父兄弟是宗子大功親昆弟諸父是宗子期親諸父及從兄弟共

祖者昆弟及昆弟之子共禰者鄭必限以大功內親共祖禰者以上文云吉祭特牲唯據士禮適士二廟有祖有禰下士祖禰共廟故鄭限以祖禰何者唯大功之內親也云言祭於宗子之家者為有異居之道也禮大功以上同居命士以上則父子異宮故云有異居之道云無廟者為墠祭之者士立二廟若祭諸父當宗予曾祖之廟宗子是士但有二廟無曾祖廟故云無廟者為墠祭之推此而言大夫立三廟無太祖者其祭諸父得於曾祖廟也其立太祖廟者其祭諸父當於曾祖廟曾祖無廟亦為墠祭之云親者共其牲物宗子皆主其禮大功雖有同財之義其經營祭事牲牢之屬親者主為之又牲牢視親者之品命故云親者共其牲物就宗子之家祭其祖禰故云宗子皆主其禮云當室之白尊於東房以宗子之殤祭於室奧今祭凡殤乃於西北隅又特牲云尊於戶東注云室戶東按上文宗子之殤但不舉肺無肵俎無玄酒不告利成其餘皆與祭成人同則其尊亦設於室戶東今祭凡殤乃尊於東房故云當室之白尊於東房異於宗子之殤也云宗子之適亦為凡殤者以上經云宗子為殤而死據宗子身殤不論宗子適子也此明宗子適子父雖是適其子殤死亦為凡殤以其更無別文故知與凡殤同云過此以往則不祭也者此謂宗子身殤及宗子昆弟之子及從父昆弟幷宗子適子等唯此等殤死祭之過此以往皆不祭也云祭適者天子下祭五以下並祭法文彼注云祭適殤於廟之奧謂之陰厭是天子諸侯祭適殤於其廟奧彼注又云王子公子祭其適殤於其黨之廟大夫以下庶子祭其適殤於宗子之家皆當室之白謂之陽厭是王子以下及大夫等祭其適殤皆為凡殤也彼注又云凡庶殤不祭以其身是庶若其成人無後則祭之則上文無後昆弟及諸父是也

○曾子問曰：葬引至于堩，日有食之，則有變乎？且不乎？堩道也變謂異禮○堩古鄧反且如字徐子餘反○孔子曰：昔者吾從老聃助葬於巷黨，及堩，日有食之，老聃曰：丘！止柩，就道右，止哭以聽變。既明反而后行。曰：禮也。巷黨黨名也就道右者行相左也變日食也反復也○從才用反又如字既明反絶句反葬而丘問之曰夫柩不可以反者也日有食之不知。
其已之遲數則豈如行哉已止也數讀爲速老聃曰諸侯朝天子見日而行逮日而舍
奠大夫使見日而行逮日而舍舍奠每將舍奠行主○朝直遙反使色吏反下君使所使同夫柩不蚤出不
莫宿侵晨夜則近姦寇○蚤音早莫音暮近附近之近見星而行者唯罪人與奔父母之喪者乎日有
食之安知其不見星也爲無日而慝作豫止也○慝他得反惡也且君子行禮不以人之親痁患痁病
也以人之父母行禮而恐懼其有患害不爲也○痁始占反病也恐丘勇反吾聞諸老聃云【疏】曾子至聃云○正義曰此一節論葬在道
逢日食之事各依文解之○曾子至不乎曾子以葬引至塗值日有食之則有變常禮而停住乎且不變常禮而遂行乎不審其事而問孔子也○孔子至禮
也○孔子答以己從老聃助葬於巷黨遭日食之事老聃令止柩就道右止哭以聽日食變動既待日食光明反迴而後引柩行老聃稱曰禮也○注巷黨至
復也○正義曰就道右者行相左也者就道右者以道東爲右也按儀禮云吉事交相左凶事交相右此既柩行而交相左者以其遭日食之變止哭停柩而
不行凶禮故從吉禮○行相左或可行相左者云此據北出停柩在道東北嚮對南嚮行人爲交相左○反葬至行哉○丘反問老聃云夫柩務於速葬不可以
迴反今日有食之令止柩就道右不行不知其日食休已之遲速既不知其遲速設若遲晚遂至於夜莫則豈如行哉言豈如早行爲勝哉言當疾行以至於
墓赴其吉辰也○夫柩至痁患○唯罪人及奔父母之喪見星而行今若令柩見星而行便是輕薄人親與罪人同非但輕薄人親且君子行禮之時當尊人
後己不可以人之親痁患痁病也病於危也言不可使人之親病於危亡之患也故注云以人之父母行禮而恐懼其有患害不爲也意者言若日食而務速

葬以赴吉辰卽慮有患害而遂停柩待明反而行禮也

○曾子問曰爲君使而卒於舍禮曰公館復私館不復凡所使之國有司所授舍則公館已何謂私館不復也復始死招魂○爲君于僞反又如字孔子曰善乎問之也善其問難明也自卿大夫之家曰私館公館與公所爲曰公館公館復此之謂也公館若今縣官宮也公所爲君所命使舍己者疏曾子至謂也○正義曰此一節論人臣死招魂復魄之事○自卿大夫士之家曰私館○孔子又爲曾子釋私館公館之義私館者謂非君命所使私相停舍謂之私館公館謂公家所造之館與公所爲者與及也謂公之所使爲命停舍之處亦謂之公館君所命停客之處卽是卿大夫之館也但有公命故謂之公館也注公館若今縣官宮也鮑遺問曰注此云公所爲君所命使舍己者注雜記云公所爲若今離宮別館也是二說異何張逸答曰公館若今停待者也離宮是也聘禮曰卿館於大夫大夫館於士公命人使館客亦公所爲也

○曾子問曰下殤土周葬于園遂輿機而往塗邇故也土周堲周也周人以夏后氏之堲周葬下殤於園中以其去成人遠不就墓也機輿尸之牀也以繩絙其中央又以繩從兩旁鉤之禮以機舉尸輿之以就園而斂葬焉塗近故耳輿機或爲餘機○邇音爾近也卽本又作堲子栗反下同絙本又作縆古鄧反一音古恆反鉤本又作拘古侯反斂力驗反下同今墓遠則其葬也如之何今人斂下殤於宮中而葬於墓與成人同墓塗乃遠其葬當輿其棺乎載之也問禮之變也孔子曰吾聞諸老聃曰昔者史佚有子而死下殤也墓遠蓋欲葬墓如長殤從成人也長殤有送葬車者則棺載之矣史佚成王時賢史也賢猶有所不知○佚音逸長丁丈反下同則棺古患反下文棺斂衣棺注棺謂皆同召公謂之曰何以不棺斂於宮中欲其斂於宮中如成人也

斂於宮中則葬當載之○召本又作卲同上照反下同史佚曰吾敢乎哉畏知禮也召公言於周公爲史佚問○爲于僞反下爲辟下文有爲並同周公曰豈不可言是豈於禮不可不許也○周公曰豈絕句言是豈絕句於禮不可絕句史佚行之失指以爲許也遂用召公之言下殤用棺衣棺自史佚始也棺謂斂於棺

【疏】○曾子至始也○正義曰此一節論葬下殤之事曾子問曰下殤土周○曾子既見時所行與古禮異故舉事而問也下殤謂八歲至十一也土周檀弓所云夏后氏之堲周是也周人用特。葬下殤之喪故云下殤土周也○葬于園者園圃也下殤去成人遠不可葬於成人之墓。故用土周而葬於園中也○遂輿機而往者輿猶抗也機者以木爲之狀如牀無脚及軏簀也先用一繩直於中央係著兩頭之楄又別取一繩係一邊材橫鉤中央直繩報還鉤材往還取帀兩邊悉然而後以尸置於繩上抗舉以往園中臨斂時當堲周之上先縮除直繩則兩邊交鉤之繩悉各離解而尸從機中央零落入於堲周中故曰輿機而往也○塗邇故也者塗路也邇近也若成人墓遠則以棺衣棺於宮中此下殤葬於園是路去家甚近故先用機舉尸往園中而後棺斂故曰塗邇故也○注土周至餘機○正義曰按檀弓云夏后氏之堲周葬中。殤下殤故知土周是堲周也云周人以夏后氏之堲周葬下殤於園中者檀弓云中殤下殤此直云葬下殤土周葬於園者以經云下殤故指下殤爲言檀弓所云據士及庶人也若諸侯長中殤適者車三乘下殤車一乘既有遺車即不得堲周輿機而葬也諸侯庶長殤中殤車一乘則宗子亦不用堲周輿機而葬其下殤則輿機其大夫之適長殤中殤遺車一乘亦不輿機下殤無遺則輿機也然則王之適庶長中下殤皆有遺車並不輿機士及庶人適庶皆無遺車則中下殤並皆輿機故熊氏云若無遺車中從下殤其長殤既無遺車年又長大不可與下殤同蓋棺斂於宮中載棺而往之墓從成人也○今墓遠則其葬也如之何○今謂曾子見時世禮變皆棺斂下殤於宮中而葬之於墓與成人同。隆今既遠不復用輿機於尸爲當用人抗。舉棺而往墓爲當用車載棺而往墓邪問其葬儀故云如之何○昔者史佚有子而死下殤也墓遠○此舉失禮所由之人史佚周初良史武王周公成王時臣也有子下殤而死○墓遠者史佚欲不葬於園而載尸往墓及棺而葬之其墓稍遠猶豫未定注史佚武王時賢史也○正義曰史佚文王武王時臣故國語稱訪於辛尹尙書稱逸祝冊是也但下殤之喪非成人之要故史佚猶有不知○召公謂至宮中○召公名奭見史佚欲依下殤禮而不棺斂於宮中而欲車載往墓猶豫未定故勸之令棺斂於宮中如成人也○史佚曰吾敢乎哉者言吾雖欲如此猶不敢恐違禮者所譏注畏知禮也者是畏周公也不欲直指○召公言於周公者言猶問也史佚既畏周公故召公爲諮問於周公述其事狀以決之者周公曰豈不可者周公聞召公之問故答云豈豈者怪拒之辭先怪拒之又云不可不可是不許之辭○史佚行之者召公述周公曰豈不可之辭以語史佚史佚不違其指猶言周公豈不可是許之辭故行棺衣宮中之禮也○下殤用棺衣棺自史佚始也○更據失禮所由也然此云棺衣棺於宮中自史佚爲始眀昔○曾子問曰卿大夫非惟宮中不棺亦不衣也而不言於宮中者略從可知也

將爲尸於公受宿矣而有齊衰內喪則如之何孔子曰出舍於公館以待事禮也吉凶不可以同處孔子曰尸弁冕而出爲君尸或弁者先祖或有爲大夫士者卿大夫士皆下之見而下車尸必式小俛禮之必有前驅爲辟道○辟婢亦反疏曾子至前驅○正義曰此一節論卿大夫與君爲尸之事○曾子至之何○曾子言卿大夫或爲尸而已受宿齊戒而門內有齊衰之喪其禮如何故云則如之何○孔子曰出舍於公館以待事禮也者此答曾子云且舍公館待事畢然後歸哭也所以出於公館者以祭是吉吉凶不可同處也○孔子曰尸冕而出此孔子因曾子上問爲尸之事遂爲曾子廣說事尸之法故此直言孔子曰無曾子問辭此篇之內時有如此皇氏以爲無曾子問者後寫脫漏非也○注爲君至士者○正義曰按士虞禮云尸服卒者之上服以君之先祖有爲士者當著爵

弁以助君祭故子孫祭之尸得服爵弁者若以助君祭服言之大夫著冕此云大夫者因士連言大夫耳按儀禮特牲尸服玄端少牢又云尸服朝服尸皆服在家自祭之服不服爵弁及冕者大夫士卑屈於人君故尸服父祖自祭之上服人君禮伸故尸服助祭之上服也○卿大夫士皆下之者謂尸或出於道路其卿大夫乘車見尸則下車也尸必式者而尸當馮式小俛以敬之必有前驅者謂尸出行則有前驅辟道之人也

○子夏問曰三年之喪卒哭金革之事無辟也者禮與初有司與疑有司初使之然○辟音避下同與音餘下皆同孔子曰夏后氏三年之喪既殯而致事殷人既葬而致事。致事還其職位於君。周卒哭而致事記曰君子不奪人之親亦不可奪親也此之謂乎二者恕也孝也子夏曰金革之事無辟也者非與疑禮當有然孔子曰吾聞諸老聃曰昔者魯公伯禽有爲爲之也伯禽周公子封於魯有徐戎作難喪卒哭而征之急王事也征之作費誓○難乃旦反費音祕今以三年之喪從其利者吾弗知也時多攻取之兵言非禮也

疏子夏至知也○正義曰此一節論君不奪孝子情之事各依文解之○子夏問曰三年之喪至初有司與者子夏以人遭父母三年之喪卒哭之後國有金革戰伐之事君使則行無敢辭辟爲是禮當然與爲當初時有司強逼遣之與○注致事至致事○正義曰皇氏云夏后氏尚質孝子喪親恍惚君事不敢久留故既殯至事還君殷人漸文思親彌深故既葬畢始致事還君周人極文悲哀至甚故卒哭而致事知周卒哭致事者以喪之大事有三殯也葬也卒哭也夏既殯殷既葬後代漸遠以此推之故知周卒哭也○記曰至謂乎○解人臣喪親在上君子許之致事君子謂人君也人臣有親之喪在上君子許其致事是不奪人喪親之心此謂恕也以己情恕彼也據君許於下也亦不可奪親者謂人臣遭親之喪若不致事是自奪思親之心也故遭喪須致事是不

奪情以。求利祿此謂孝也此據孝子之身也言孝子居喪不可以不致事人君不可以不許舊記先有此文故孔子引之故云此之謂乎○注二者恕也孝也者恕也解不奪人之親己既思親以己方人何可奪人之親是君。忠恕也孝也解亦不可奪親是孝子思親今不致事不能念親今既致事是不奪思親之情是其孝也○子夏曰金革之事無辟也者非與孔子既前答周人卒哭而致事則無從金革之理子夏既見周代行金革無辟之事謂其禮當然故問孔子云金革之事無辟也者豈非禮也與。疑其於禮當然又意謂見魯君居喪有金革之事豈是禮也與疑其非禮也故問之○孔子曰吾聞諸老聃曰昔者魯公伯禽有爲爲之也者孔子對云金革之事無辟也者當亦有之吾聞諸老聃曰昔者魯君伯禽卒哭而從金革時有徐戎作亂東郊不開故征之有爲爲之也○注伯禽至費誓○正義曰言伯禽周公之子封於魯按史記魯世家文云徐戎作難尚書序又云卒哭而征之急王事也以此上經云卒哭金革之事無辟此云魯公伯禽有爲爲之故知征之然周公。致政之後成王即位之時周公猶在則此云伯禽卒哭者爲母喪也今以三年之喪至弗知也○今以三年之喪卒哭而從金革之事更無所爲蓋直貪從於利攻取於人者吾不知也言不知。是不得此禮也

附釋音禮記注疏卷第十九

禮記注疏卷十九校勘記

阮元撰盧宣旬摘錄

附釋音禮記注疏卷第十九　惠棟校宋本禮記正義卷第二十七

曾子問

天子崩未殯節

自啓至于反哭　閩監本同岳本同嘉靖本同石經同毛本于誤於衛氏集說同疏倣此

畢獻祝而後止　閩監本同岳本同嘉靖本同衛氏集說同毛本畢獻祝作祝畢獻

俎豆既陳　閩監本同石經同岳本同嘉靖本同衛氏集說同考文引宋板古本足利本同毛本既誤及

自薨比至于殯　閩監本同石經同岳本同嘉靖本同衛氏集說同毛本于誤於下至于反哭同後凡于字倣此

天子至天子　監本作至天子惠棟校宋本作至而已

祝延尸于奧　惠棟校宋本作祝衛氏集說同此本祝誤祀閩監毛本同

以初崩哀感　惠棟校宋本作感衛氏集說同此本感誤慼閩監毛本同通典五十二引作以初崩哀戚

三飯不侑酳　惠棟校宋本有侑字此本侑字無閩監毛本同

唯祭天地社稷爲越佛而行事　考文引宋板有祭字此本祭字脫與王制不合閩監毛本同

何趙商之意葬時郊社之祭不行閩監毛本同惠棟校宋本何趙商之意五字作既云二字

曾子問曰大夫之祭節

主人酌酒酳尸閩本作酳惠棟校宋本同衛氏集說同此本酳字闕監本毛本酳誤獻

其祭尸十一飯訖監毛本如此此本十上誤衍一○閩本同

曾子問曰大夫士有私喪節

曾子至禮也惠棟校宋本無此五字

主人謂適子仕官者閩監毛本同衛氏集說官作宦下支子仕官同

曾子問曰父母之喪節惠棟云曾子問曰父母節孔子曰先王節宋本合爲一節

曾子問曰惠棟校宋本有問字石經同岳本同嘉靖本衛氏集說同考文引古本足利本同此本問字脫閩監毛本同石經考文提要云宋大字本宋本九經南宋巾箱本余仁仲本至善堂九經本皆有問字

曾子至可乎惠棟校宋本無此五字

曰君既啓節

曰君至送君惠棟校宋本無此五字

曰君未殯節惠棟云曰君未殯節宋本分大夫室老以下另爲一節

内子大夫適妻也惠棟校宋本有適字岳本同嘉靖本同毛本同衞氏集說同此本適字脱閩監本同釋文出適妻

曰君至夕否惠棟校宋本無此五字

若其臨君之殯曰閩監本同惠棟校宋本作殯之毛本同

注云大夫至其事閩監本同毛本夫誤士惠棟校宋本無注云二字作大夫至朝夕否

君既殯而婦有舅姑之喪惠棟校宋本作婦衞氏集說同此本婦誤歸閩監毛本同

賤不誄貴節

讀之以作謚惠棟校宋本作讀岳本同嘉靖本同考文引足利本同此本讀誤誄閩監毛本同衞氏集說同

禮當言誄於天子也閩監毛本同岳本同嘉靖本同衞氏集說同浦鏜校云言當請字誤按正義作請

所以然者凡謚如此是其禮也所以然者凡謚表其實行閩本同監毛本無如此是其禮也所以然者凡謚十二字案此十二字蓋涉上文誤衍監毛本削之是也或以細行則受細名大行則受大名十二字易之非按惠棟校宋本無此十二字

則諸侯理當言誄於天子閩本同惠棟校宋本同監毛本言作請案上云大夫當請誄於君則此亦宜作請也

明諸侯之喪亦然監毛本如此衞氏集說同此本明下誤衍謚明二字閩本同

曾子問曰君出疆節

共之以待其來也閩監毛本同嘉靖本同衞氏集說同岳本待誤侍

曾子至節也惠棟校宋本無此五字

此論諸侯出外死以喪歸之事考文引宋板作在衞氏集說同此本在作出閩監毛本同

諸公椑內猶有兕惠棟校宋本如此衞氏集說同此本公上衍侯字閩監毛本同

散帶垂按士喪禮閩監本同毛本垂下有者字

唯首著免閩監本同衞氏集說同毛本免作冕

曾子問曰君之喪節

既引及塗閩監毛本同石經同岳本同嘉靖本同衞氏集說同釋文出及涂字按古道塗字多作涂

布深衣扱上衽宋監本亦作扱閩本同岳本同嘉靖本同考文引宋板古本足利本同監本扱誤扳衞氏集說同毛本扱誤扳上誤止釋文出扱上衽

曾子至而往惠棟校宋本無此五字

或父母葬聞君喪之事閩監毛本作聞衞氏集說同此本聞誤間下今忽聞君同

今君喪旣引在塗惠棟校宋本閩監毛本今誤矣

若待封墳旣畢考文引宋本作若閩監毛本若誤君衞氏集說作若葬封墳旣畢

必在子還之後閩監本同衞氏集說同毛本在作待

無免於堩惠棟校宋本同閩監毛本堩誤恒衞氏集說同

曾子問曰宗子爲士節

曾子至常事惠棟校宋本無此五字

介是副二之義閩本同監毛本二作貳衞氏集說同

若宗子有罪節惠棟校云若宗子節宋本分攝主以下爲一節布奠於賓之下爲一節不歸肉之下爲一節

迎尸之前惠棟校宋本作尸岳本同嘉靖本同衞氏集說同此本尸誤王閩監毛本誤主通典五十一引亦作迎尸

謂與祭者留之共燕閩監毛本同岳本同嘉靖本同衞氏集說同考文云宋板古本足利本謂作諸釋文出諸與通典五十一引亦作諸與祭者按正義作諸

其辭于賓曰閩監毛本同石經同岳本同嘉靖本同衞氏集說同通典亦作辭釋文出其詞云下及注同

若宗至其辭 惠棟校宋本無此五字

而祝命尸挼字 閩本同惠棟校宋本亦作挼監毛本作綏浦鏜云挼下脫祭

長兄弟酬衆賓衆賓酬衆兄弟 閩監毛本同惠棟校宋本衆賓二字不重

不敢備禮 閩監毛本同考文引宋板敢作故非也

陽是神之厭飫 閩監毛本同衞氏集說陽作厭

不旅者 閩監毛本同惠棟校宋本無者字

謂所將祭旅酬之時 閩監毛本同許宗彥所改於祭改行

不暇不綏祭者 閩監毛本惠棟校宋本無者字

先爲綏祭 閩監毛本同惠棟校宋本爲作受案下文有此句仍作爲

以某妃配某氏 閩監本同惠棟校宋本同毛本妃誤姓

此則不旅酬之事 閩監毛本同衞氏集說則作卽

曾子問曰宗子去在他國節

曾子至祭也 惠棟校宋本無此五字

論曾子以孔子上文云 閩監毛本同浦鏜校云論字當衍文

復稱名不得稱介 閩監毛本同許宗彥復改徒

注首本也誣猶妄也 閩監毛本同浦鏜校云八字當衍文

曾子問曰祭必有尸乎節 惠棟校云祭必有尸節宋本分殤不祔祭以下另爲一節

殤不祔祭 閩監毛本同岳本同嘉靖本同衞氏集說同釋文出不附祭云本亦作祔石經初刻是附後改作祔正義作祔

尸謖之後 閩監毛本同岳本同嘉靖本同衞氏集說同考文引宋板謖作饌云古本作起通典五十二亦作謖

曾子至陽厭 惠棟校宋本無此五字

其理亦可 惠棟校宋本如此此本可誤耳閩本同監本耳作爾毛本作其禮亦爾

其吉祭特牲節

祭殤不舉 閩本同石經同岳本同嘉靖本同衞氏集說同考文引宋板古本足利本同監毛本舉下衍肺字石經考文提要云宋大字本宋本九經南宋巾箱本余仁仲本劉叔剛本至善堂九經本皆無肺字按正義云以經云不舉肺無肵俎是孔氏所據本有肺字也監本蓋據此補

其吉祭特牲〇正義曰 惠棟校宋本無此八字

凡殤與無後者節

爲有異居之道也閩監毛本同岳本同嘉靖本同惠棟校宋本無也字衞氏集說同通典五十二也字有

凡殤至陽厭○正義曰惠棟校宋本無此八字

曾子問曰葬引至于堩節

不知其已之遲數閩監毛本同石經同岳本同衞氏集說同嘉靖本知誤如

吾聞諸老聃云閩監本同石經同岳本同嘉靖本同衞氏集說同毛本諸誤之

曾子至聃云惠棟校宋本無此五字

曾子問曰爲君使節

自卿大夫之家曰私館岳本同嘉靖本同惠棟校宋本宋監本及閩監毛本夫下有士字石經同衞氏集說同案疏士字當有

公館若今縣官宮也閩本同惠棟校宋本同疏同岳本同嘉靖本同考文引古本同監毛本宮作舍衞氏集說同

曾子至謂也惠棟校宋本無此五字

君所命停客之處閩監毛本同衞氏集說客作舍

曾子問曰下殤土周節

土周聖周也閩監毛本同岳本同嘉靖本同衞氏集說同釋文出卽周云又作聖下同

周人以夏后氏之堲周葬下殤 閩監本同岳本同嘉靖本同考文引宋板同衛氏集說同毛本下誤夏惠棟校宋本堲作卽下同

曾子至始也 惠棟校宋本無此五字

周人用特葬下殤之喪 惠棟校宋本同閩監毛本葬誤喪

故用土周而止 惠棟校宋本作故此本故誤所閩監毛本同此本第二十頁止此共二十一頁全脫閩監毛本同因共空白二十三行今據惠棟校宋本補

葬於園中也 補此本此葉缺明監毛本同據校勘記補案記云惠棟校宋本如此考文所錄同而有一二處異夏后氏之堲周葬中殤下殤無下殤二字檀弓所言據士及庶人也言作云下殤無遺車無車字有與成人同隆隆作路爲當用人抗舉棺舉作與述其事狀以決之之下有者字是許之之辭之字不重又注史佚上注畏知禮上皆有空闕浦鏜校從儀禮經傳通解續補入亦有少不同往還取帀帀上有一字爲當用人抗舉棺舉作輿夏后氏之堲周葬中殤下殤下殤二字有檀弓所言言亦作云下殤無遺車亦無車字與成人同隆隆亦作路屬下讀

曾子問曰卿大夫節

曾子至前驅 惠棟校宋本無此五字

且舍公館待事畢 閩監毛本同惠棟校宋本待上有以字

孔子曰尸冕而出 閩監毛本同浦鏜校冕上增弁字

遂爲曾子廣說事尸之法 閩監毛本同考文引宋板爲作與

子夏問曰三年之喪節

殷人既葬而致事 閩監毛本同石經同岳本同嘉靖本同衛氏集說同宋監本下有周人卒哭而致事七字考文引古本足利本同段玉裁云公羊宣元年注有周人卒哭而致事一句疏統謂曾子問文岳氏云與國本禮記有周人卒哭而致事一句大書爲經文按此同公羊注疏而與本疏不合

周卒哭而致事 惠棟校宋本作周岳本同考文引足利本同此本周誤則閩監毛本同嘉靖本同衛氏集說同浦鏜校云按皇氏疏則周人卒哭致事是鄭君從夏殷推而知之當是注文而孔氏云孔子既前答周人卒哭而致事則又似屬經文而誤入注耳

征之作賚誓 閩監毛本同岳本同嘉靖本同宋監本同衛氏集說同釋文賚作粊

子夏至知也 閩監本同毛本知誤之惠棟校宋本無此五字

謂人臣遭親之喪 閩監毛本同惠棟校宋本無人字衛氏集說同

是不奪情以求利祿 惠棟校宋本作從衛氏集說同此本從作求閩監毛本同

是君忠恕也孝也 監本毛本如此〇按忠字乃衍文

疑其於禮當然 閩監本同考文引宋板同毛本疑作以

然周公致政之後惠棟校宋本作致政此本政誤仕閩監毛本同

是不得此禮也惠棟校宋本此下標禮記正義卷第二十七終記云凡三十頁

禮記注疏卷十九校勘記

附釋音禮記注疏卷第二十

文王世子第八

○陸曰文王周文王昌也鄭云以其善爲世子之禮故著謚號標篇言可法也【疏】正義曰案鄭目錄云名曰文王世子者以其記文王爲世子時之法此於別錄屬世子法此篇之內凡有五節從文王之爲世子下終文王之爲世子也爲第一節論文王武王爲世子之禮下之事上之法從凡學世子至周公踐阼爲第二節論在上教下說庠序釋奠先聖先師養老東序弁明三王教世子又更論周公踐阼抗世子法於伯禽之事自庶子之正於公族至不翦其類爲第三節明庶子正理族人燕飲及刑罰之事殊於異姓又更覆說殊於異姓之義自天子視學至典于學爲第四節論天子視學養三老五更弁明公侯伯子男反歸養老於國自世子之記以終篇末爲第五節以其文王爲世子聖人之法非凡人所行故更明尋常世子法各隨文解之

鄭氏注　孔穎達疏

文王之爲世子朝於王季日三三皆曰朝以其禮同○朝直遥反三如字又息暫反雞初鳴而衣服至於寢門外問內豎之御者曰今日安否何如內豎小臣之屬掌外內之通命者御如今小史直日矣○衣徐於既反又如字豎上主反內豎曰安文王乃喜孝子恆兢兢○及日中又至亦如之又復也○復扶又反○及莫又至亦如之莫夕也○莫音暮注及篇末皆同○其有不安節則內豎以告文王文王色憂行不能正履節謂居處故事履蹈地也○蹈徒報反○王季復膳飲食安也然後亦復初憂解○解胡買反○【疏】文王至復初○正義曰案緯候之說文王年九十六始稱王崩後謚之曰文則爲世子之時未得爲文王也記者於後追而書之下記世子朝父母每日唯二又內則云命士以上昧爽

而朝日入而夕者朝禮具夕禮簡故言夕今三皆曰朝者以其禮同故通言朝凡常世子朝父母每日唯二今文王朝於王季日三者增一時又三者皆稱朝並是聖人之法也○食上必在視寒煖之節在察也○上時掌反煖乃管反徐况煩反食下問所膳問所食者命膳宰曰末有原應曰諾然後退末猶勿也原再也勿有所再進爲其失飪臭味惡也退反其寢○末亡曷反應應對之應爲于僞反飪而審反生孰之節武王帥而行之不敢有加焉庶幾程式之帥循也文王有疾武王不說冠帶而養言常在側○稅本亦作脫又作說同音他活反養羊尚反文王一飯亦一飯文王再飯亦再飯欲知氣力箴藥所勝○壹本亦作一飯扶晚反下及篇末皆同箴本亦作鍼之林反勝音升旬有二日乃間間猶瘳也○瘳丑由反差也

【疏】食上必在視寒煖之節食下問所膳至乃間○正義曰食上謂獻饌食下謂食畢徹饌而下文王問進食之人其父所膳何食膳宰答畢文王又命戒膳宰云末有原末無也原再也言在後進食之時皆須新好無得使前進之物而有再進膳宰應曰諾然後文王乃退反其寢也○注末猶至其寢○正義曰末微末故爲勿也原再也釋言文云爲其失飪臭味惡也者食若再進必熟爛過節故爲失飪臭謂氣也言氣之與味皆惡也故云臭味惡云退反其寢者以來至王季寢門外今云退故知退反其寢謂文王私寢也○注庶幾程式之帥循也○正義曰案爾雅釋言云庶幾尚也是庶幾爲慕尚之義程式之者程是程限也式是法式言武王慕尚文王以爲程限法式帥循也釋詁文經云不敢有加焉者以武王伐紂功業既成恐有踰越文王之嫌故記者云不敢有加焉○注間猶瘳也○正義曰若病重之時病恆在身無少間空隙病今既損不恆在身其間有空隙病故云間猶瘳也瘳是疾減損也

文王謂武王曰女何夢矣間後容臥○女音汝後同武王對曰夢帝與我九齡帝天也○聆音零本或作齡○文王曰女以爲何也

武王曰：西方有九國焉，君王其終撫諸。撫猶有也。言君王，則此受命之後也。文王曰：非也。古者謂年齡，齒亦齡也。我百，爾九十，吾與爾三焉。年，天氣也。齒，人壽之數也。九齡，九十年之祥也。文王以勤憂損壽，武王以安樂延年，言「與爾三」者，明傳業於女，女受而成之。○壽音受，後同。樂音洛。予爾，羊汝反。傳，直專反。○文王九十七乃終，武王九十三而終。君子曰：終，終其成功。

疏「文」「王」「至」「而」「終」○正義曰：文王疾瘳，武王得安睡，文王問爾其何夢，武王對曰：夢見天帝與我九齡之言而與我也。文王語武王云：天既與女九齡之言，女以九齡爲何事也？武王曰：齡，善也，是福善之事。西方有九國未賓，既夢得九種齡善，君王其終撫諸。撫，有也。諸，之也。言王終久有之。文王曰：女之所言，非也。古者謂年齡，謂稱年爲齡。古者稱齒亦爲齡。天既與女九齡，女得九十年之祥，是我爲百歲，爾爲九十，吾與爾三焉，言我於百年中與爾以三年焉。皇氏云：以九齡謂鈴鐸，一謂天以九箇鈴鐸而與武王。徧驗書本，齡皆從齒，解爲鈴鐸，於理有疑，亦得爲一義。今謂天直以九齡之言而與武王，不知齡是何事，故文王不審，云「女以爲何」。○注「撫猶」至「後也」○正義曰：撫爲存撫，故爲有也。言君王，則此受命之後者，文王繼王季爲西伯，是殷之諸侯，不合稱王。今武王謂之君王，故知受命之後也。案書傳云：文王受命一年，質虞芮之訟；二年伐邘；三年伐密須；四年伐犬夷；五年伐耆；六年伐崇；七年而崩。書序云「殷始咎周」，鄭注云：紂聞文王三伐皆勝，而始畏惡之，因於羑里。三伐者，謂二年伐鬼方，三年伐密須，四年伐犬夷，則被囚在四年之末、五年之初。於時必未稱王，若其稱王，反叛已露，紂何肯因復釋之？是知於時必未稱王也。書傳云「五年伐耆」，殷傳云「五年之初，得散宜生等獻寶而釋文王，文王出則克黎，六年伐崇則稱王」，故詩皇矣論伐崇，「是類是禡」，行天子禮。此云稱王在受命之後者，謂受命六年之後也。受命者，謂受赤雀丹書之命，故中候我應云「赤雀入酆，止於昌戶」。受命之時，已三分有二，今云西方有九國，於時未賓，則非有二分諸侯也。或以爲庸、蜀、羌、髳、微、盧、彭、濮之徒，未知定是何國也。○注「年天。氣。也」至成之○正義曰爾雅釋天云周曰年年稔也稔孰謂歲穀一孰是年爲天氣也大戴禮云男八月生齒八歲而齓齒是人壽之數也又年穀一孰而零落人之年老齒亦零落是年之與齒俱有。零落之義云文王以勤憂損壽者以文王當紂暴虐之時故知勤憂損壽也無逸篇云文王自朝至于日中昃不遑暇食是勤憂也云武王以安樂延年者以武王承文王之業故安樂延年詩魚麗美萬物盛多始於憂勤終於逸樂也年壽之數賦命自然不可延之寸陰不可減之昬刻文王九十七武王九十三天定之數今文王云吾與女三者示其傳基業於武王欲使武王承其所傳之業此乃教戒之義訓非自然之理○

成王幼不能涖。阼涖視也不能視阼階行人君之事○涖音吏又音類下同涖視本或作莅臨也周公相踐阼而治踐履也代成王履阼階攝王位治天下也○相息亮反治徐直吏反下注治定同一音如字抗世子法於伯禽欲令成王之知父子君臣長幼之道也抗猶舉也謂舉以世子之法使與成王居而學之○抗苦浪反長丁丈反後皆同○成王有過則撻伯禽所以示成王世子之道也以成王之過擊伯禽則足以感喻焉○撻他達反擊也○文王之爲世子也顯上事

○疏成。王。幼。不。能。至。子。也○正義曰武王既終成王幼弱不能涖阼階行人君之事周公乃輔相成王令成王且在學學世子之道周公代成王踐履阼階攝王位而臨天下乃與舉世子之法於伯禽伯禽舉行世子之法以示成王欲令成王觀而法之使知父子君臣長幼之道○成王有過則撻伯禽者若成王法效伯禽不能備具而有過失周公則笞撻伯禽責其不能以世子之禮教成王也必如此者所以示成王世子之道○文王之爲世子也者從篇首以至於此是文王之爲世子及武王成王之法其武王成王爲世子之禮皆上法文王故以文王之爲世子總結之也○注涖視至之事○正義曰案鄭注金縢云文王崩後明年生成王則武王崩時成王年十歲服喪三年畢成王年十二明年將踐阼周公欲代之攝政羣叔流言周公辟之居東都時成王年十三也居

東二年成王收捕周公之屬黨時成王年十四也明年秋大熟遭雷風之變時周公居東三年成王年十五迎周公反而居攝之元年也居攝四年封康叔作康誥是成王年十八也故書傳云天子大子十八稱孟侯居攝七年成王年二十一也明年成王卽政年二十二也此是鄭義推成王幼不能踐阼之事也○注踐履至下也○正義曰經云周公相踐阼而治知非周公輔相成王今云踐阼而治必知周公代成王履阼階者以明堂位云天子負斧依南鄉而立又云周公踐天子之位是代居位也

○凡學世子及學士必時四時各有宜學士謂司徒論俊選所升於學者○學戶孝反教也下小樂正學干籥師學戈學舞干戚同選息戀反後同春夏學干戈秋冬學羽籥皆於東序干盾也戈句矛戟也干戈萬舞象武也用動作之時學之羽籥籥舞象文也用安靜之時學之詩云左手執籥右手秉翟○夏戶嫁反下放此籥羊灼反楯食準反又音尹句古侯反翟大厤反○

小樂正學干大胥贊之籥師學戈籥師丞贊之四人皆樂官之屬也通職秋冬亦學以羽籥小樂正樂師也周禮樂師掌國學之政教國子小舞大胥掌學士之版以待致諸子春入學舍菜合舞秋頒學合聲籥師掌教國子舞羽吹籥○大如字又音大胥息余反又息呂反注皆放此版音板本又作板舍采音釋後舍采同頒音班胥鼓南南夷之樂也胥掌以六樂之會正舞位旄人教夷樂則以鼓節之詩云以雅以南以籥不僭○旄音毛僭七尋反又子念反春誦夏弦大師詔之瞽宗秋學禮執禮者詔之冬讀書典書者詔之禮在瞽宗書在上庠誦謂歌樂也弦謂以絲播詩陽用事則學之以聲陰用事則學之以事因時順氣於功易○成也周立三代之學學書於有虞氏之學典謨之教所興也學舞於夏后氏之學文武中也學禮樂於殷之學功成治定與己同也○大音太下文注大樂正大學大傳大祖大寢皆同瞽音古瞽宗殷學名庠音詳上庠虞學名播波我反易以豉反

【疏】○凡學至上庠○正義曰此一節是第二節中教世子及學士時

節兼明所教之官及所教之處凡學世子及學士必時者學謂教也言三王教世子及學士等必各逐四時所宜則下文之類是也○注四時至學者○正義曰四時各有所宜學者即下云春夏學干戈及春誦夏弦之類是也云學士謂司徒論俊選所升於學者則王制云王子卿大夫元士之適子及國之俊選等升於學謂。大學也故下云於東序是大學也○注干盾至秉翟○正義曰干盾也春時萬物有孚甲故象干也盾捍也盾所以捍難故以干為盾也云戈句孑戟也者夏氣茂盛萬物體壯枝葉似戟有句孑也案考工記戈廣二寸內倍之胡三之援四之以其形句曲有孑刃鄭云若今雞鳴戟也云干戈萬舞象武也者宣八年公羊傳萬者何干舞也以其用干故知象武若其大武則以干配戚則明堂位云朱干玉戚冕而舞大武若其小舞則以干配戈則周禮樂師教小舞干舞是也春夏陽氣發動故云用動作之時學之秋冬學羽籥羽翟羽也秋則體成文章也籥笛也籥聲出於中冬則萬物藏於中云羽籥籥舞象文也宣八年公羊傳云籥者何籥舞也以其不用兵器故象文也引詩者邶風簡兮之篇也證羽籥之義以秋冬凝寒漸靜故云用安靜之時學之盧植以爲春教干夏教戈秋教羽冬教籥但干與戈羽與籥舞時相對之物皇氏云。鄭。引詩左手執籥右手秉翟則秋冬羽籥同教春夏亦同教干戈義或然也皆據年二十升大學者也○注四人至吹籥○正義曰云通職秋冬亦學以羽籥者此籥師云教戈周禮籥師掌教國子舞羽龡籥是籥師既教戈又教籥此小樂正教干周禮樂師教小舞則六舞皆教故知通職至秋冬之時亦教羽籥也云小樂正樂師也者諸侯謂之小樂正天子謂之樂師此有大樂正及小樂正周禮有大司樂有樂師故知小樂正當樂師也但此經雜多有諸侯之禮故謂之大樂正也小。樂。正。也云周禮樂師掌國學之政教國子小舞者證樂師有教舞之事小舞者謂年幼小時教之舞其舞即帗舞羽舞皇舞旄舞干舞人舞也云大胥掌學士之版以待致諸子春入學舍菜合舞秋頒學合聲者證大胥有教樂之事大胥掌教學士版籍以待聚致諸子諸子則學士也春時入學釋蘋藻之菜禮先聖先師合六舞節奏令之得所秋時頒布學者才藝和合音聲使應曲折云籥師掌教國子舞羽吹籥者○證籥師有教樂之事周禮唯有籥師此云籥師丞者或諸侯之禮或異代之法○胥鼓南○胥謂大胥南謂南夷之樂旄人教國子南夷樂之時大胥則擊鼓以節南樂故云胥鼓南○注南南至不僭○正義曰鉤命決云東夷之樂曰昧南夷之樂曰南西夷之樂曰朱離北夷之樂曰禁南一名任明堂位云任南蠻之樂也云胥掌以六樂之會正舞位者證大胥所以鼓節南由正舞位故鼓之也云旄人教夷樂者證教南樂之人是旄人也引詩以雅以南者是小雅鼓鍾之詩刺幽王用樂不與德比故陳先王正樂以刺之教夷蠻者明王德化率來四夷言先王以萬舞之雅樂以四夷之南樂以籥舞之文樂進旅退旅則知三舞各得其所不有僭差引之者證此經之舉南樂則四夷之樂皆教之也○注誦謂至同也○正義曰誦謂歌樂者謂口誦歌樂之篇章不以琴瑟歌也云絃謂以絲播詩者謂以琴瑟播彼詩之音節詩音則樂章也若學舞之時春夏學干戈而用動秋冬學羽籥而用靜皆據年二十升於大學者若其未升大學之時則春誦夏弦在殷之瞽宗也云陽用事則學之以聲春夏是陽陽主清輕故學聲聲亦清輕云陰用事則學以事秋冬屬陰陰主體質故學事事亦體質因四時所宜順動靜之氣於學功業易成也云周立三代之學者謂立虞夏殷學也其虞之學制在國兼在西郊郊則周之小學也夏殷之學亦在國而鄭注儀禮云周立四代之學於國者合周家爲言耳故與此注不同夏后氏之學在上庠即周之大學爲夏之制也云學書於虞氏之學典謨之教所興也者虞書有典有謨故就其學中而教之則周之小學也云學舞於夏后氏之學文武中也夏后氏上受舜禪是文下有湯伐是武以此二者之間故云文武中以兼有文舞武舞故也云學禮樂於殷之學功成治定與己同也者以湯伐桀武王伐紂殷周革命事類相似故云功成治定與己同也先師以爲三代學皆立大學小學今案下養老於東序是周之大學夏之東序也又王制云養老於虞庠是周之小學爲虞庠也又此學虞學也學舞於夏學學禮於殷學若周別有大學小學更何所教也

○凡祭與養老乞言合語之禮皆小樂正詔之於東序

學以三者之威儀也養老乞言養老人之賢者因從乞善言可行者也合語謂鄉射鄉飲酒大射燕射之屬也鄉射記曰古者於旅也語○合如字徐音閤注同下大合樂放此○大樂正學舞干戚語說命乞言皆大樂正授數學以三者之舞也戚斧也語說合語之說也數篇數○說如字徐始鋭反注語說同大司成論說在東序論說課其義之深淺才能優劣此云樂正司業父師司成即大司成司徒之屬師氏也師氏掌以美詔王教國子以三德三行及國中失之事也○論力門反徐力頓反注同行下孟反下文德行同○

疏凡祭與養老至在東序○正義曰此一節還是第二節中教世子及學士祭與養老合語之威儀又教世子等祭與養老合語之義理兼明所教之官及所教之處又明司成之官考課才藝深淺也○凡祭與養老乞言合語之禮者此之一凡總包三事也一是祭二是養老乞言三是合語之禮皆小樂正詔之於東序謂祭與養老乞言及合語之禮皆小樂正之官詔告世子及學士於東序之中謂小樂正以此祭及養老合語三者之威儀以教世子及學士等○注學以至也語○正義曰學以三者學教也教以三者威儀容貌言祭與養老乞言及合語行禮之時皆有容貌故小樂正教之云合語謂鄉射鄉飲酒大射燕射之屬也者此經先云祭與養老乞言別云合語則合語非祭與養老也故知是鄉射鄉飲酒必大射燕射之等指儀禮成文而言之以其此等至旅酬之時皆合語也其實祭末及養老亦皆合語也故詩楚茨論祭祀之事云笑語卒獲箋云古者於旅也語是祭有合語也養老既乞言自然合語也引鄉射記者證旅酬之時得言說先王之法故云古者於旅也語言合語者謂合會義理而語說也○大樂至授數○前文小樂正既教三者之威儀今大樂正又教三者之義理故大樂正學舞干戚干戚則前經祭祀也祭祀之時舞其干戚之樂不云祭祀而云舞干戚者容祭祀之外餘干戚皆教之語說謂合語之說則前經合語也亦大樂正教以語說義理命乞言者大樂正命此世子及學士於老者而乞言則前經養老乞言但前經云祭故養老乞言與祭相連故尊之序在合語之上此經不云祭故略其養老

在語說之下皆大樂正授數者謂干戚語○說乞言三者皆大樂正之官授世子及學士等篇章之數爲之講說使知義理○注學以至篇數○正義曰此經與前經重序其事文勢相似前經小樂正乃教威儀事淺故云詔之東序此大樂正所教義理既深故大樂正授數知者文承東序之下大樂正授數之時亦在東序。大。司。成。論。說。在。東。序○小樂正既詔以三者威儀大樂正又教以三者義理於是大司成之官論量課說此世子學士等義理之深淺才能之優劣於東序之中○注司成至事也正義曰鄭以下文云樂正司業父師司成父師與樂正相連此大司成亦與大樂正相次故知司成則大司成也以其掌教故知是司徒之屬以其父師司成又掌教國子故知當師氏也引師氏以美詔王以下者皆師氏職文案書傳大夫爲父師周禮師氏中大夫云教國子以三德三行三德一曰至德以爲道本二曰敏德以爲行本三曰孝德以知逆惡教三行一曰孝行以親父母二曰友行以尊賢良三曰順行以事師長云及國中失之事者中謂中禮失謂失禮掌國家中禮失禮之事也

○凡侍坐於大司成者遠近閒三席可以問閒猶容也容三席則得指畫相分別也席之制廣三尺三寸三分則是所謂函丈也○坐才臥反又如字遠近閒並如字閒猶容也注同徐古辨反同畫乎麥反別彼列反廣古曠反又如字三寸一本作廣三尺三寸三分函胡南反

終則負牆卻就後席相辟○辟音避下辟君同

列事未盡不問錯尊者之語不敬也

【疏】凡。侍。至。不。問○正義曰此一節論國子侍坐於大司成之儀故云侍坐於大司成○遠近閒三席可以問者去大司成遠近中閒可容三席之地席制廣三尺三寸三分寸之一三席則函一丈可以指畫而問也○終則負牆者問終則起卻就後席負牆而坐辟後來問。者列事未盡不問者其問事之時必待尊者言終如有不曉然後更問若尊者序列其事未得終盡則不可錯亂尊者之語而輒有咨問則爲不敬也

○凡學春官釋奠于。其先師秋冬亦如之官謂禮樂詩書之官周禮曰凡有道者有德者使教焉死則以爲樂祖祭於瞽宗此之謂先師之類也若漢禮

有高堂生樂有制氏詩有毛公書有伏生億可以爲之也不言夏夏從春
可知也釋奠者設薦饌酌奠而已無迎尸以下之事○億本又作噫音抑疏凡。學。
至。如。之○正義曰此論四時在學釋奠之事凡學者謂禮樂詩書之學於春夏
之時所教之官各釋奠於其先師秋冬之時所教之官亦各釋奠於其先師故
云秋冬亦如之猶若教書之官春時於虞庠之中釋奠於先代明書之師四時
皆然教禮之官秋時於瞽宗之中釋奠於其先代明禮之師如此之類是也○
注官謂至之事○正義曰官謂禮樂詩書之官者謂所教之官也若春誦夏弦
則大師釋奠也教干戈則小樂正樂師等釋奠也教禮者則執禮之官釋奠也
皇氏云其教雖各有時其釋奠則四時各有其學備而行之引周禮曰凡有道
者有德者使教焉死則以爲樂祖祭於瞽宗者此周禮大司樂文引之者證樂
之先師也後世釋奠祭之然則禮及詩書之官有道有德者亦使教焉死則以
爲書禮之祖後世則亦各祭於其學也故云此之謂先師之類也以大司樂掌
樂故特云樂祖其餘不見者周禮文不具也云若漢禮有高堂生樂有制氏詩
有毛公書有伏生者皆漢書儒林傳文案書傳伏生濟南人故爲秦時博士孝
文帝時以書教於齊魯之間詩有毛公者毛公趙人治詩爲河間獻王博士高
堂生者魯人漢興爲博士傳禮十七篇藝文志漢興制氏以雅樂聲律世爲樂
官頗能記其鏗。鎗鼓舞不能言其義是其事也其儒林傳詩書及禮多矣而不
言者以其非俊異也又有傳易及春秋不引者以此經唯有詩書禮樂故不引
易與春秋云億可以爲之也者億是發語之聲言此等之人後世亦可爲先師
也疑而不定故發聲爲億以三時釋奠獨不言夏故言夏從春可知也以其釋
奠直奠置於物無食飲酬酢之事故云設薦饌酌奠而已無
迎尸以下之事釋奠所以無尸者以其主於行禮非報功也
凡始立學者必釋奠于先聖先師及行事必以幣
謂天子命之教始立學官者也先聖周公若孔子○疏凡。始。至。以。幣。○正
義曰此明諸侯之
國天子命之。使立學者必釋奠於先聖先師及行事之時必用幣而行禮諸侯
言始立學必釋奠於先聖先師則天子始立學亦釋奠於先聖先師也天子云

四時釋奠於先師不及於先聖者則諸侯四時釋奠亦不及先聖也始立學云必用幣則四時常奠不用幣也皇氏云行事必用幣謂禮樂器成及出軍之事其告用幣而已。案釁器用幣下別其具文此行事必用幣繫於釋奠之下皇氏乃雜文析句其義非也○注謂天至孔子○正義曰此謂諸侯新建國之天子命之始立學也故王制云天子命之教然後爲學是也知非天子始立學者以此下文云有國故則否是廣記諸侯之國故知此始立學者據諸侯也但天子立虞夏殷周四代之學若諸侯。正立時王一代之學有大學小學耳其所習經業皆於時王學中其鄉學爲庠故鄉飲酒義曰迎賓于庠門之外注云庠鄉學也若州黨與鄉同處共在鄉學故學記云黨有庠是鄉之所居黨也州及遂以下皆謂之序故州長春秋射于序學記云術有序鄭云術當爲遂是州遂爲序也云先聖周公若孔子者以周公孔子皆爲先聖近周公處祭周公近孔子處祭孔子故云若若是不定之辭立學爲重故及先聖常奠爲輕故唯祭先師此經始立學故奠先聖先師○

凡釋奠者必有合也

國無先聖先師則所釋奠者當與鄰國合也○

有國故則否

若唐虞有。夔伯夷周有周公魯有孔子則各自奠之不合也○夔求龜反

○凡大合樂必遂養老

大合樂謂春入學舍菜合舞秋頒學合聲於是時也天子則視學焉遂養老者謂用其明日也鄉飲酒鄉射之禮明日乃息司。正徵唯所欲以告於先生君子可也是養老之象類

疏○凡釋至養老○正義曰此謂諸侯之國釋奠之時若己國無先聖先師則合祭鄰國先聖先師謂彼此二國共祭此先聖先師故云合也非謂就他國而祭之當遙合祭耳若魯有孔子顏回餘國祭之不必於魯若己國有先聖先師則不須與鄰國合也當各自祭故云有國故則否是唐虞有夔龍伯夷周有周公魯有孔子是國故有此人則不與鄰國合祭也○凡大合樂必遂養老○正義曰此明合樂之時天子視學於其明日必遂養老○注大合至象類○正義曰經云凡大合樂者凡者非一之辭鄭以大合樂謂春入學釋菜合舞秋頒學合聲者其月令季春大合樂則亦在其中以季春大合樂其文自明故鄭不引之耳○云於是時也天子則視

學焉者周禮大胥春合舞秋合聲雖無天子視學之文又月令季春大合樂天子親往則明春合舞秋合聲之時天子亦親視學也云遂養老者謂用其明日也者案鄉飲酒鄉射禮明日乃息司正云徵唯所欲以告於先生君子可也先生謂致仕者君子謂鄉中有德行者此皆老人也故云是養老之象類○

凡語于郊者語謂論說於郊學○必取賢斂才焉或以德進或以事舉或以言揚大樂正論造士之秀者升諸司馬曰進士謂此矣○曲藝皆誓之曲藝。爲小技能也誓謹也皆使謹習其事○技其彼反○以待又語又語爲後復論說也○復扶又反○三而一有焉三說之中有一善則取之以有曲藝不必盡善乃進其等進於衆學者○以其序又以其藝爲次謂之郊人遠之俟事官之缺者以代之遠之者不曰俊選曰郊人賤技藝○遠于萬反注同○於成均以及取爵於上尊也董仲舒曰五帝名大學曰成均則虞庠近是也天子飲酒于虞庠則郊人亦得酌于上尊以相旅○近附近之近○

疏○凡語至尊也○正義曰此以下明官爵於學士已成者○注語謂論說於郊學○正義曰語謂論課學士才能也郊西郊也周以虞庠爲小學在西郊今天子親視學於其西郊考課論說於西郊之學以西方成就之地故也或偏在四郊○必取賢斂才焉者謂在於西郊學之中論說取賢斂其才能者以爵之也○或以德進者○謂人能不同各隨才用也德謂有道德者進謂用爵之也德最爲上故進之宜先也○或以事舉者事次也德者雖無德而解世事或吏治之屬亦舉用之也○或以言揚者次事也揚亦進舉之類互言之雖無德無事而能言語應對堪爲使命亦舉用之○事曲藝皆誓之者曲藝謂小小技。術若醫卜之屬也誓謹也若學士中雖無前三事而有小小技術欲授試考課皆且卻之令謹習○以待又語者又語謂後復論說之日令待後時若春待秋時也○三而一有焉者謂小技藝者所說三事之中而一事有善者○乃進其等者等輩類也若說三事有一善者則進於大衆輩中也以其序者序次也雖得進衆而不得與衆爲一猶使與其輩中自爲高下之次序也○謂之郊人者雖有次序而待職缺當擬補之若國子學士未官之前俱爲後選而以小才技藝者未官之前而不得同爲後選但名曰郊人言其猶在郊學也○遠之者所以謂爲郊人者是疏遠之故也○於成均以及取爵於上尊也者成均則虞庠也上尊堂上之酒尊天子於成均之內飲酒以恩澤被及於此郊人其郊人雖賤亦得取爵於堂上之尊以相旅也所以榮之○注董仲至相旅○正義曰董仲舒爲春秋繁露云成均爲五帝之學虞庠是舜學則成均五帝學也以無正文故云近是也言虞庠近是成均凡飲酒之禮尊者酌於堂上之尊卑者酌於堂下之尊故特牲禮主人獻賓及獻衆賓及長兄弟等及次賓及次兄弟等皆酌於堂下之尊以相旅是也今郊人雖賤亦得酌於堂上尊故云取爵於上尊

○始立學者既興器用幣興當爲釁字之誤也禮樂之器成則釁之又用幣告先聖先師以器成○興依注爲釁音虛覲反○然後釋菜告先聖先師以器成有時將用也○不舞不授器釋菜禮輕也釋奠則舞舞則授器司馬之屬司兵司戈司盾祭祀授舞者兵也乃退儐于東序一獻無介語可也言乃退者謂得立三代之學者釋菜于虞庠則儐賓于東序魯之學有米廩東序瞽宗也○儐必刃反本亦作擯注同介如字下注同副也廩力甚反○

【疏】○始立學者既興器用幣至可也○正義曰此一節明禮樂之器初成用幣告先聖先師又釋菜告器成將用乃退儐之事也○始立學者亦謂天子命諸侯始立教學又造禮樂之器新成釁之既畢乃用幣告先聖先師以器成也然後釋菜既以幣告後又更釋菜告先聖先師以器成將用也故前用幣告其器成後釋菜告其將用也不舞不授器凡釋奠禮重故作樂時須舞乃授舞者所執干戈之器今其釋菜之時雖作樂不爲舞也亦既不舞故不授舞者之器乃退儐于東序釋菜虞庠既畢乃從虞庠而退乃儐禮其賓於東序之中其禮既殺唯行一獻無介無語如此於禮可也○注與當至禮器成○正義曰案雜記宗廟之器其名者成則釁之以豭豚是器成當釁之故知興當爲釁經言用幣故知告先聖先師以器成也○注告先至用也○正義

曰前用幣直云告器成此釋菜云告器成將用則兩告不同也熊氏云用幣則無菜用菜則無幣皇氏云用幣釋菜秖是一告其義恐非也案四時釋奠不及先聖知此用幣及釋菜及先聖者以上文始立學釋奠先聖先師此文亦云始立學既釁器用幣釋菜亦及先聖也以其始立學及器新成事重於四時常奠也故學記云皮弁祭菜鄭注禮先聖先師知及先聖者以彼云未卜禘不視學則祭菜與視學爲一也此下文云天子視學祭先聖先師故知學記祭菜及先聖也熊氏云月令釋菜不及先聖者以其四時入學釋菜故不及先聖也王制釋奠于學注以爲釋菜奠幣知非釋奠者彼是告祭之禮初天子出師受成於學告之無牲明反告亦無牲也故謂釋奠時亦不及先聖也凡釋奠有六始立學釋奠一也四時釋奠有四通前五也王制師還釋奠于學六也釋菜有三春入學釋菜合舞一也此釁器一釋菜二也學記皮弁祭菜三也秋頒學合聲無釋菜之文則不釋菜也釋幣唯一也即此釁器用幣是也以前皆熊氏之說義或當然也○注釋菜禮輕也○正義曰此既釋菜禮輕不可爲舞所以大胥云春舍菜合舞似釋菜爲舞者彼謂春欲合舞之時先行釋菜之禮不謂釋菜之時則合舞也○注言乃至宗也○正義曰從釁器以來皆據諸侯之禮故云始立學若其諸侯唯立時王之學何得云乃退儐于東序故云乃退者得立三代之學得有夏之東序謂諸侯有功德者得立三代之學若魯國之比東序與虞庠相對東序在東虞庠在西既退儐于東序明釋菜在於虞庠云魯之學有米廩東序瞽宗也者明堂位文也

教世子亦題上事

疏 教世子○正義曰從上凡學世子至此皆是教世子之法其間雖有王子公卿大夫元士之子及國之俊選諸侯之事及釋奠養老之事雖非一也以世子爲主故云教世子以總之○注亦題上事○正義曰題謂題目前文王之爲世子文在於下題目以上之事今教世子之文又在於下亦是題目以上所設諸事故云亦題上事也

○凡三王教世子必以禮樂樂所以脩內也禮所以脩外也禮樂交錯於中發形於外是故其成也懌恭敬而温文

中心中也懌說懌○懌音亦○立大傅少傅以養之欲其知父子君臣之道也養猶教也言養者積浸成長之○少傅詩召反下音賦後同浸子鴆反○大傅審父子君臣之道以示之謂為之行其禮○為于偽反下為說其為君皆同○少傅奉世子以觀大傅之德行而審喻之為說其義大傅在前少傅在後謂其在入學時○則有保出則有師謂燕居出入時是以教喻而德成也以○有四人維持之○師也者教之以事而喻諸德者也保也者慎其身以輔翼之而歸諸道者也慎其身者謹安護之記曰虞夏商周有師保有疑丞記所云謂天子也取以成說○

疏○凡○三○至○疑○丞○正義曰此一節是第○三節中論三王教世子禮樂及立師傅教以道德既成教尊官正國治之事○○樂所以脩內者樂是喜樂之事喜樂從內而生和諧性情故云所以脩內也○○禮所以脩外也者禮是恭敬之事恭敬是正其容體容體在表故所以脩外也○禮樂交錯於中發形於外者樂雖由中從中而見外禮雖由外從外而入中是中之與外皆有禮樂故云禮樂交錯於中謂交間錯雜於其情性之中發形於外謂宣發形見於身外也謂威儀和美也是故其成也懌者謂內外有樂心既喜悅外貌和美故其成也懌懌說懌也○○恭敬而溫文者謂內外有禮貌恭心敬而溫潤文章故云恭敬而溫文也○注謂燕居出入時○正義曰上云在前在後謂行步動止之節此文言入言出故以為燕居出入也○是以教至者也○以世子外有傅相內有師保是以世子於師教曉喻其德業成就師也者教之以事而喻諸德者也作記者更明師保之德故云師也者教之以事而喻諸德者謂教世子以所行之事喻曉也諸於也而每事之上使世子曉喻於德義也○保也者慎其身以輔翼之而歸諸道者也保是護也輔相也翼助也謂護慎世子之身輔相翼助使世子而歸於道案老子先道後德則道尊德卑此師喻諸德保歸諸道先德後道者以道德無

定據各有大小老子謂無爲自然之道故在先德謂人所法行故在後皆謂大道大德也此謂教世子之身先須於事得理若身之有德乃可通達流行故德先道後謂小道小德也已具上曲禮疏○記曰虞夏商周有師保有疑丞注記所云謂天子也取以成說○正義曰此作記之人更言記曰則是古有此記作記者引之耳注記所云據天子也必知據天子者以有師保疑丞下則云四設輔三公故知天子也後人作記者取此古記天子之事以成世子之記耳○

四輔及三公不必備唯其人語使能也語言也得能則用之無則已不必備其官也小人處其位不如且闕君子曰德德成而教尊教尊而官正官正而國治君之謂也【疏】設四至能也○正義曰設四輔及三公不必備唯其人此皆古記之文語使能一句是後作記者解前記之人所言以四輔三公不必須備惟擇好人者語使能也語言也言古記如此言四輔三公必使能也其四輔者案尚書大傳云古者天子必有四鄰前曰疑後曰丞左曰輔右曰弼天子有問无以對責之疑可志而不志責之丞可正而不正責之輔可揚而不揚責之弼其爵視卿其祿視次國之君也

仲尼曰昔者周公攝政踐阼而治抗世子法於伯禽所以善成王也聞之曰爲人臣者殺其身有益於君則爲之況于其身以善其君乎周公優爲之聞之者聞之於古也于讀爲迂迂猶廣也大也○治直吏反下而治國治並同于依注作迂音同又音紆【疏】仲尼至爲之○正義曰此一節是第三節中覆說周公教成王爲世子之事及在學行一物而有三善之事故云抗世子法於伯禽所以善成王也○況于其身以善其君乎周公優爲之者仲尼聞古之言爲人臣者殺其身有益於君不辟殺害猶尚爲之況周公于其身于廣大也今乃廣大其身謂其身得廣大以善其君乎周公優爲之其周公比殺身之人則優饒爲之言周公自優饒光益也所以光益者古人益君則身處危亡周公益君身居尊顯又古人益君則勤苦周公益君

則逸樂是於身有優饒於德又廣大也○注于讀至大也○正義曰于是語辭迂爲迴遠故讀于爲迂從廣大之義也○是故知爲人子然後可以爲人父知爲人臣然後可以爲人君知事人然後能使人成王幼不能涖阼以爲世子則無爲也以爲世子若爲世子時○【疏】是故至爲也○正義曰凡教世子之法必須對父成王既幼未能涖阼爲人君應須教以世子之法然後能爲人君成王既無父今若以成王爲世子時則無爲世子之處故抗世子法於伯禽使伯禽與成王居令成王學之知父子君臣之義也○注以爲至子時○正義曰武王既崩則成王非復是世子今經云以爲世子則是周公全用世子禮教之故云若爲世子時言雖爲君未能涖阼與世子時無異故云以爲世子則無爲也以實則不爲世子也是故抗世子法於伯禽使之與成王居亦學此禮於成王側欲令成王之知父子君臣長幼之義也君之於世子也親則父也尊則君也有父之親有君之尊然後兼天下而有之是故養世子不可不慎也處君父之位覽海內之士而近不能教其子則其餘不足觀矣○令力呈反○行一物而三善皆得者唯世子而已其齒於學之謂也物猶事也故世子齒於學國人觀之曰將君我而與我齒讓何也曰有父在則禮然然而衆知父子之道矣其二曰將君我而與我齒讓何也曰有君在則禮然然而衆著於君臣之義也其三曰將君我而與我齒讓何也曰長長也然而衆知長幼之節矣故父在斯爲子君在斯謂之臣居子與臣之節所以尊君親

親也故學之爲父子焉學之爲君臣焉學之爲長幼焉學教○學音效下及注同父子君臣長幼之道得而國治語曰樂正司業父師司成一有元良萬國以貞世子之謂也司主也一一人也元大也良善也貞正也周公踐阼亦題上事疏行一至踐阼○正義曰物猶事也謂與國人齒讓之一事而三善者謂衆知父子衆知君臣衆知長幼是其三善則下經所云者是也俗本皆云著於君臣之義而定本無著字義亦通云父在則禮然君在則禮然直云長長不云兄在則禮然者於世子無兄故不云兄在也故世子齒於學國人觀之曰將君我而與我齒讓何也者國人謂不知禮者疑而發問○曰有父在則禮然者是知禮曉其意而荅之言父在則禮然者父在之時恆須謙退不敢居人之前故云父在則禮當如此○然而衆知父子之道矣者國人見世子雖貴尚屈降於人則知父尊彌甚故云衆知父子之道父子天性自然故云道君臣以義相合故云義長幼有等級上下故云節以幼時事父成人事君故先父子後君臣長幼輕於君臣故在下父子長幼親屬易明故云知君臣以義和合於後始顯故云著也此世子齒於學者唯在學受業時與國人齒若朝會飲食則各以位之尊卑諸子職云辨其等正其位注云位朝位是也○故父在斯爲子君在斯謂之臣○國人聞世子爲君父之在而居臣子之禮不敢自尊於是各知尊其君父故世子所以父在爲子禮君在爲臣禮也斯語辭也然父子天性故云爲子也君臣以義相合不云爲臣而云謂之臣者世子於君雖曰君臣異於義合故云謂之臣也○注司主至正也○正義曰一司是職司故爲主謂樂正主大子詩書之業父師主大子成就其德行也云一一人也一人謂世子也元大也良善也貞正也言世子有大善則萬國以正此經謂世子也何直云一一人者恐爲一時之事故云一人謂世子也釋詁文元是首故爲大也論語云溫良恭儉讓漢有賢良方正故良爲善易文言云貞固足以幹事故貞爲正也○周公踐阼○從上三王教世子至此皆周公踐阼之事故注云亦題上事也庶子之

正於公族者教之以孝弟睦友子愛明父子之義長幼之序正者政也庶子司馬之屬掌國子之倅爲政於公族者○弟大計反倅音七對反副也其朝于公內朝則東面北上臣有貴者以齒內朝路寢庭○朝直遙反後不出者並同其在外朝則以官司士爲之外朝路寢門之外庭司士亦司馬之屬也掌羣臣之班正朝儀之位也其在宗廟之中則如外朝之位宗人授事以爵以官宗人掌禮及宗廟也以爵貴賤異位也以官官各有所掌也若司徒奉牛司馬奉羊司空奉豕

【疏】庶子至以官○正義曰此一節是第四節中之上節也論庶子之官治理公族朝祭燕食吉凶刑罰之事各隨文解之○注正者至族者○正義曰以經之正字乃是正定之正今案在下皆論公之接待族人及犯罪公之赦宥刑殺皆君之所爲非庶子所正故知在庶子唯主其政令而已故讀爲政也庶子司馬之屬掌國子之倅者案周禮諸子下大夫二人屬夏官司馬諸侯謂之庶子職掌與諸子同故周禮序官鄭注云或曰庶子掌國子之倅者倅副也鄭注諸子云國子是公卿大夫士之副貳也言副貳於父也○其朝至以齒○此公族之等若朝於公之內朝內朝謂路寢庭朝也公族內朝則西方東面北上○臣有貴者以齒者皆同姓之臣不得踰越父兄皆以昭穆長幼爲齒謂父兄雖賤而在上子弟雖貴而處下○注內朝至寢庭○正義曰知路寢庭者以下云其在外朝司士爲之○案周禮司士掌路寢門外之朝則知此內朝是路寢庭朝也○其在外至爲之○外朝謂路寢門外之朝也若公族在於外朝與異姓同處位位次之時則以官之上下不復以年齒也○司士爲之者謂司士之官主爲朝位之次外朝位既司士主之則內朝庶子主之也上文內朝不云庶子爲之者以文承庶子之下主之可知故不言也○注外朝至位也○正義曰以言司士亦司馬之屬也掌羣臣之班正朝儀之位也案周禮司士掌正朝儀之位王族故士虎士在路門之右南面大僕從者在路門之左南面是在路門外也故知此外朝路門外之朝也此對路寢庭朝

為外朝若對庫門外朝朝士所掌三槐九棘之朝則此路門外朝亦為內朝也故玉藻云朝於內朝朝辨色始入君日出而視之退適路寢是也其朝位天子之朝三公北面東上孤東面北上卿大夫西面北上其士門西東面北上若諸侯之朝案大射卿西面北上大夫北面東上士門西東面北上與天子不同周禮司士屬司馬故云亦司馬之屬司馬掌羣臣之班正朝儀之位皆司士職文○其在至以官○此論同姓公族在宗廟之禮故云其在宗廟之中則如外朝之位也言立位所在如外朝之位也○宗人授事以爵以官者宗人掌禮之官及宗廟授百官之事以爵者隨爵之尊卑貴者在前賤者在後又以官之職掌各供其事○注宗人至奉豕○正義曰言宗人掌禮及宗廟者別言及宗廟則掌禮謂宗廟之外諸禮皆掌也云若司徒奉牛司馬奉羊司空奉豕者以經云以官謂祭祀之時官官各司其事更無正文故引司徒奉牛以下證之案周禮司徒奉牛牲司馬奉羊牲其司空奉豕無文此云知奉豕者案周禮雞人屬宗伯羊人屬司馬故此云司馬奉羊犬人屬司寇案五行傳云牛屬土雞屬木羊屬火犬屬金豕屬水司空冬官其位當水故鄭注周禮司空奉豕與案五行傳馬屬火而周禮司馬羞馬牲者以其主馬故特使供之此注直云奉牛奉羊奉豕者據諸侯三卿以言之故不云雞犬及馬

其登餕獻受爵則以上嗣上嗣君之適長子以特牲饋食禮言之受爵謂上嗣舉奠也獻謂舉奠洗爵酌入也飲謂宗人遣舉奠盥祝命之餕也大夫之嗣無此禮辟君也○餕音俊適丁歷反盥音管

【疏】正義曰此亦公族廟中之禮論貴適子之事案特牲禮尸食之後主人主婦賓長等獻尸三獻禮畢主人獻賓及獻眾賓畢主人酬賓賓奠不舉主人獻長兄弟及獻眾兄弟內兄弟等訖長兄弟洗觚酌尸為加爵眾賓長又為加爵畢嗣子乃舉奠奠者初尸未入之前祝酌奠于鉶南尸入祭奠不飲至此乃嗣子舉之必嗣子舉奠者鄭注特牲云將傳重累之者又云大夫之嗣子不舉奠則此舉奠者天子諸侯及士之子禮特牲云嗣舉奠盥入北面再拜稽首尸執奠嗣子進受復位再拜稽首尸答拜嗣子卒觶拜尸尸答拜則此經所謂受爵也特牲又云嗣舉奠先酌入尸拜受嗣子

答拜則此經所謂獻也特牲又云無算爵之後禮畢尸謖而出宗人遣嗣子及長兄弟相對而餕所謂餕也以特牲言之則先受爵而後獻獻而後餕今此經先云餕者以餕爲重舉重者從後以嚮先逆言之故云其登餕獻受爵也登謂登堂無事之時嗣子在堂下餕時登堂獻時亦登堂受爵之時亦登堂此一登之文包此三事以經文連於上宗廟之中宗人授事以爵以官謂衆官皆爲其事○則以上嗣○其登餕獻不用衆官唯用上嗣故云則以上嗣案特牲餕時雖有長兄弟以上嗣爲主○注上嗣至君也○正義曰言適長子者是適子之中長也凡適皆可以嗣今云上嗣是嗣中最上云受爵謂上嗣舉奠者以特牲無受爵之文唯有嗣子舉尸之奠爵受而飲之故此經謂之受爵也云獻謂舉奠洗爵酌入也者亦以特牲無嗣獻之文故將此爲獻也舉奠謂嗣子也名此嗣子爲舉奠嗣子既飲尸前爵畢乃更洗爵酌入以進尸此謂士禮若天子諸侯除此酌入之數外子孫別有獻尸故鄭注小雅云天子則有子孫獻尸之禮云大夫之嗣無此禮辟君也者案少牢饋食無嗣子舉奠大夫尊於士而不舉奠故知辟正君也

庶子治之雖有三命不踰父兄治之治公族之禮也唯於內朝則然其餘會聚之事則與庶姓同○一命齒于鄉里再命齒于父族三命不齒不齒者特爲位不在父兄行列中○行戶剛反

其公大事則以其喪服之精麤爲序雖於公族之喪亦如之以次主人。大事謂死喪也其爲君雖皆斬衰序之必以本親也主人主喪者次主人者主人恆在上主人雖有父兄猶不得下齒

若公與族燕則異姓爲賓同宗無相賓客之道膳宰爲主人君尊不獻酒公與父兄齒親親也族食世降一等親者稠疏者希○稠直由反密也

疏庶子至父兄○正義曰庶子治之謂治此公族朝於內朝之時也既不計官之大小故雖有三命之貴而列位不得踰越在無爵父兄之上也然此句應承第二條前臣有貴者以齒之下其外朝既云司士爲之則內朝自然庶子治之也所以在此者當是簡札遺脫故在此也鄭不言者略耳○

注治之至。行列中○正義曰治之治公族之禮也唯於內朝則然者鄭恐外朝亦爾故云唯於內朝則然云其餘會聚之事則與庶姓同者其餘謂非內朝則皆並計官也云一命齒于鄉里者引黨正文解三命不踰父兄之事也一命尙卑若與鄉里長宿燕食則猶計年也云再命齒于公族者再命漸尊不復與鄉里計年唯官高在上但父族爲重而猶與之計年爲列也云三命不齒者三命大貴則不復與父族計年若應有燕會則別席獨坐在賓之東也○其公至主人○此謂君喪而庶子官掌之事也大事謂君喪其臣雖皆斬衰其庶子列次之時則以其本服之精麤爲序衰麤者在前衰精者在後○雖於公族之喪亦如之者言非但公喪如此雖於公族之內有死喪之事相爲亦如之爲死者服麤者居前服精者居後故云亦如之○以次主人者謂雖有庶長父兄尊於主人仍次於主人之下使。主人在上。居喪主也○注大事至下齒○正義曰以其經云則以其喪服之精麤故知大事謂死喪也云序之必以本親也者案喪服臣爲君斬衰今言服之精麤爲序故知必以本親服之精麤謂衰服縷布精麤也皇氏云以爲喪服以麤爲精故鄭注雜記云臣爲君三升半微細焉則屬於麤是知斬爲精齊爲麤若如皇氏說總麻小功爲極麤斬衰爲極精也書傳何處謂斬衰爲精乎但斬衰於麤之外別更稱斬見其哀痛之甚故於。齊衰而稱麤也云微細焉則屬於麤者謂得入齊衰之限不復稱斬耳豈謂斬衰以細乎皇氏之說非也云主人雖有父兄猶不得下齒者言主喪之人當在於上以爲喪主雖族人父兄尊。則主人。猶不得。在。父。兄。之下。而齒列。焉○若公至一等○正義曰此明公與族人燕食之禮庶子掌之也則異姓爲賓燕飲必須禮儀獻酬交酢故宜立賓以行禮也但公欲與族人相親若使族人爲賓賓禮疏隔故用異姓爲賓也膳宰爲主人者既有其賓賓必對主人而君尊不宜敵賓故使供膳之宰以爲主人對於賓使得抗禮酬酢也若與異姓燕飲則燕禮云宰夫爲獻主故注云君尊不獻酒○使公與父兄齒者公既不爲主族人又不爲賓故列位在父兄之坐上與族人相齒見親親也○族食世降一等者族食謂與族人燕食也族人既有親疏燕食亦隨世降殺也○注親者。至者希○正義曰假令本是齊衰一年四會食若大功則一年三會食小功則一年二會食總麻則一年一會食是世降一等也○其在軍則守於公禰謂從軍者公禰行主也所以遷主言禰在外親也公若有出疆之政○謂朝覲會同也疆居良反○庶子以公族之無事者守於公宮正室守大廟○正室適子也大廟大祖之廟守如字又手又反下同○諸父守貴宮貴室謂守路寢○守貴室本或作守貴宮貴室諸子諸孫守下宮下室下宮親廟也下室燕寢或言宮或言廟通異語

疏其在軍至下宮下室○正義曰此一節明庶子從行在軍及公行庶子留守之事則守於公禰者公禰謂遷主載在齊車隨公行者也庶子官既從在軍故守於公齊車之行主也行主是遷主而呼爲禰者既在國外欲依親親之辭○注謂朝覲會同也○正義曰上云在軍謂庶子之官從公出行此云公若出疆庶子不從公行在國掌其留守對上在軍故知此出疆是朝覲會同非出軍也其庶子之官公有朝覲會同不從公行既掌留守公宮若征伐出軍庶子不從公行亦是所掌留守之事○注正室至之廟○正義曰經云庶子以公族之無事者守於公宮者與下文爲總正室守大廟以下文各言其別無事謂不從行及無職事者正室適子也者謂公卿大夫之適子也案公羊傳云周公稱大廟周公是魯之始祖故知其餘諸侯大廟皆大祖之廟也○注謂守路寢○正義曰以下云下宮上云大廟此貴宮貴室既非大廟又非下宮下室唯當路寢也指其院宇謂之宮指其所居之處謂之室爾雅云宮謂之室室謂之宮此貴宮貴室總據路寢皇氏云或俗本無貴宮者定本有貴宮○注下宮至異語○正義曰上云大廟此云下宮除大廟之外唯有親廟高祖以下故云下宮親廟也上云貴室此又云下室故知燕寢也云或言宮則下宮也或言廟則大廟也故春秋云立武宮明堂位云武公之廟武世室也是通異語也此云諸父及諸子諸孫者未審爲是君之諸父及諸子孫之行爲當是見任卿大夫者之諸父子孫也然鄭解正室適子不云世子則卿大夫之適子則諸父子孫亦謂卿大夫之諸父子孫也不云諸兄諸

弟者蓋諸兄從諸父諸弟從子孫也○五廟之孫祖廟未毀雖爲庶人冠取妻必告死必赴練祥則告赴告於君也實四廟孫而言五廟者容顯考爲始封子也○冠古亂反取七喻反後放此族之相爲也宜弔不弔宜免不免有司罰之弔謂六世以往免謂五世○爲于僞反下爲君同免音問下及注同至于賵賻承含皆有正焉承讀爲贈聲之誤也正正禮也○賵芳鳳切下同賻音附承音贈出注含胡暗反本又作唅賵賻唅襚皆贈喪之物也車馬曰賵布帛曰賻珠玉曰唅衣服曰襚緫謂之贈贈猶送也

疏五廟至有正焉○正義曰此論族人雖或至賤吉凶必須相告弔賵含贈皆當有正禮庶子掌其正焉○皆有正焉者正謂正禮庶子之官治之使賵賻贈含隨其親疏各有正禮○注實四至子也○正義曰經云祖廟未毀謂同高祖若高祖以下唯有四廟今云五廟故云容顯考爲始封子是高祖爲四世也其五世祖是始封之君自五世以下其廟不毀故爲五廟也○注弔謂至五世○正義曰六世以往者從六世以至百世但有弔禮故言以往四世同高祖有緦麻之親五世則親盡但有袒免故云免謂五世也○注承讀至禮也○正義曰承文在賻含之間則贈含之類故以承爲贈云正正禮也者謂庶子之官正之以禮非訓正爲禮也庶子之官治之使賵賻隨其親疏各有正禮賵賻含襚皆贈喪之物賵車馬賻財帛含珠玉襚衣服緫謂之贈贈送也。

公族其有死罪則磬于甸人不於市朝者隱之也甸人掌郊野之官縣縊殺之曰磬○甸大遍反縣音玄縊一智反○其刑罪則纖剸亦告于甸人纖讀爲殲。殲刺也。剸割也。宮割臏墨劓刖皆以刀鋸刺割人體也告讀爲鞫讀書用法曰鞫○纖依注音鍼之林反徐子廉反注本或作纖讀爲殲者是依徐音而改也剸之免反告依注作鞫久六反刺七以反又七智反下同臏頻忍反徐扶忍反鋸徐音據公族無宮刑宮割淫刑獄成有司讞于公其死罪則曰某之罪在大辟其刑罪則曰某之罪在小辟成平也讞之言白也辟亦罪也○讞徐魚列反言也辟婢亦反後不音者放此公曰宥之宥寬也欲寬其罪出於刑也○宥音又有司又曰在辟公又曰宥之又復也○復扶又反下不復復自行皆同有司又曰在辟及三宥不對走出致刑于甸人對答也先者君每言宥則答之以將更寬之至於三罪定不復答走往刑之爲君之恩無已公又使人追之曰雖然必赦之有司對曰無及也罪既正不可宥乃欲赦之重刑殺其類也反命于公白已刑殺公素服不舉爲之變如其倫之喪無服素服於凶事爲吉於吉事爲凶非喪服也君雖不服臣卿大夫死則皮弁錫衰以居往弔當事則弁絰於士蓋疑衰同姓則緦衰以弔之今無服者不往弔也倫謂親疏之比也素服亦皮弁矣○爲之于僞反下不爲服爲忝祖注非爲又爲之舞同比必利反親哭之不往弔爲位哭之而已君於臣使有司哭之○

疏公族至哭之○正義曰此一節論公之同族有死刑之罪有司行法之事及公爲之貶降之禮○公族其有死罪則磬于甸人者甸人掌郊野之官又云磬盡也磬謂縣縊殺于甸人之官令其性命磬盡也○其刑至甸人○謂族人犯刑罪者欲纖剌劓割之時亦鞫讀刑法之書於甸人之官也○公族無宮刑者雖犯宮刑不得行宮刑○獄成有司讞于公者成平也讞言白也謂獄斷既平定其罪狀有司以此成辭言白於公若其所犯死罪白公之時則曰某之罪在大辟其犯刑罪則曰某之罪在小辟公若曰宥之○死罪公既得有司之白此公族之親則公更言曰寬宥之以法商量使從其寬也有司又曰在辟○有司既得公言更往平審理無可出也有司又更白公言罪在大辟公又曰宥之有司又曰在大辟○及三宥○有司執法又曰在大辟公又曰宥之凡三宥也初有司白公公令寬宥則答公將更寬宥及公遣三宥之後爲公意無已有司不復對公則走出致此刑死之事於甸人也○公又使人追之○謂追止行刑殺之人云雖然必赦之然猶如是雖罪重如是必更寬宥赦其刑殺也有司對曰

無及也言其追之不可及也公素服不舉爲之變如其倫之喪無服者謂公身著素服衣裳皆素不舉饌食爲之變其常禮如其親疏倫輩之喪身不往弔無弔服也乃親自哭之於異姓之廟○注縣縊殺之曰磬○正義曰磬謂磬盡也左傳云室如縣。磬杜預云。磬盡也皇氏云如縣樂器之磬也○注纖讀至曰鞫○正義曰案魯語云小刑用鑽鑿次刑用刀鋸案墨刑刻其面是用鑽鑿也其宮劓之屬則劓割也故云宮割臏墨劓刖皆以刀鋸刺割人體也云告讀爲鞫讀書用法曰鞫者以刑之殺人皆於甸師氏何得唯告而已故以爲鞫漢書每云鞫獄是也讀書讀因人之所犯罪狀之書用法。謂其法律平斷其罪鞫盡也謂推審其罪狀令盡也今言公族雖。無宮刑但髡去其髮也○注罪既至類也○正義曰罪既正定不可宥謂罪當正條無可赦宥之理君今乃更欲赦之者是重慎刑殺其族類也○注白至刑殺○正義曰公不遣刑而云反命于公者祗謂行刑者反迴而來告已刑殺之命言於公○注素服至弁矣○正義曰案下曲禮重素鄭云重素衣裳皆素謂之重素素爲衣裳也此素服亦然也於凶事爲吉者人以凶事用布今乃用素是比於凶事爲吉也於吉事爲凶者吉時皮弁服白布深衣素積裳以采爲領緣今唯素服衣裳是比吉事爲凶也非如五服之限故云非喪服也云君雖不服至弁絰者並服問文也云於士蓋疑衰同姓則緦衰以弔之者案司服云王爲三公六卿錫衰爲諸侯緦衰爲大夫士疑衰是疑緦衰輕於錫衰諸侯爲卿大夫既錫衰士宜卑降故疑衰但士有同姓異姓故以同姓爲緦衰異姓爲疑衰知諸侯亦有三衰者以司服王有三衰又云上公如王之服轉次相加故知諸侯亦有三衰也此云君弔士疑衰案士喪禮公視斂注云主人成服之後往則錫衰者彼謂士有俊選於君有師友之恩與常士不同故錫衰也或於諸侯弔士無文因諸侯弔必錫衰無明文故注士喪禮爲錫衰也云素服亦皮弁矣者諸侯亦爲卿大夫弔服皮弁錫衰今此但云素服不言素冠故云亦皮弁也譙周云此素服著素冠非鄭義也○注君於至哭之○正義曰案檀弓云天子之哭諸侯爵弁絰紂衣或曰使有司哭之是也

○公族朝于內朝內親也雖有貴者

以齒明父子也【謂以宗族事會】外朝以官體異姓也【體猶連結也】宗廟之中以爵爲位崇德也【崇高也○】宗人授事以官尊賢也【官各有能】登餕受爵以上嗣尊祖之道也【上嗣君之正統】喪紀以服之輕重爲序不奪人親也【紀猶事也】公與族燕則以齒而孝弟之道達矣【以至尊不自異於親之列】其族食世降一等親親之殺也【殺差也○殺色戒反徐所例反差初佳反徐初宜反】戰則守於公禰孝愛之深也【行主君父之象】正室守大廟尊宗室而君臣之道著矣【以其不敢以庶守君所重】諸父諸兄守貴室子弟守下室而讓道達矣【以其貴者守貴賤者守賤上言父子孫此言兄弟互相備也○】

疏公族至達矣○正義曰此謂第三節中之下節覆明在上公族九條之義○公族朝于內朝內親也此覆釋前第一條言公族所以朝于內朝者其內親也○欲使親在其內故於內朝也○雖有貴者以齒明父子也者此覆釋在上第二條言宗族在內朝雖貴猶與賤者計年以爲齒列者欲明父子昭穆之本恩故也○外朝以官體異姓也者此覆釋在上第三條也若族人在外朝則不復計年各隨官爲次者外朝主尊別不得以私恩爲異故雖族人悉以計爵爲位是欲與異姓相連結以爲體也○宗廟之中以爵爲位崇德也者覆釋上第四條也所以在廟中行禮時不計年而以官爵列位者爵以德序而廟中行禮時是先祖尊嚴之所所主在德不可私恩故列爵爲位是崇高於有德也○宗人授事以官尊賢也者此覆釋廟中所以授事必隨官序司徒奉牛之屬者官由賢能而與今欲尊崇此賢故授事以表之也○登餕受爵則以上嗣尊祖之道也者此覆釋所以登餕受爵用適子者夫祭祀是尊嚴於祖也適子是先祖之正體故使受爵於尸及升餕尸餕是尊祖之道理也喪紀以服之輕重爲序不奪人親也者此覆釋前第五條臣服君皆斬而已又以本輕者爲下本重者爲上不計

爵尊卑爲次序者是不奪人本親之恩故輕重爲序也○公與族燕則以齒而孝弟之道達矣者此覆釋前第六條公所以降己尊而與族人燕會齒列是欲使孝弟之道通達於下也君尚有親而與族人燕則民有親屬者豈得相。棄此孝弟之道達於下也○其族至殺也者此覆釋族食之事近者食稠遠者食希每世降一等是親親之殺也○戰則守於公禰孝愛之深也者此覆釋前第七條公在軍戰伐之事而載遷主將行又使庶子官主守之者是爲孝愛情深故也載主將行示不自專是孝也使守而尊之是愛也乃是孝愛之深也○正室守大廟尊宗室者此覆釋所以遣適子守大廟適子是宗室之正大廟是祖之正用適子守大廟是尊於宗及廟之室故也○而君臣之道著矣者臣下不敢以庶賤之人守君所重是君臣之道著明也○諸父諸兄守貴室子弟守下室而讓道達矣者此覆釋前諸父諸子諸孫守貴宮下室之事而貴者守貴賤者守賤賤者讓於貴貴者不相陵犯是讓道達也

○五廟之孫祖廟未毀雖及庶人冠取妻必告死必赴不忘親也親未絕而列於庶人賤無能也敬弔臨賻賵睦友之道也古者庶子之官治而邦國有倫邦國有倫而衆鄉方矣鄉方言知所鄉○臨如字徐力鴆反治直吏反鄉許亮反注同公族之罪雖親不以犯有司正術也所以體百姓也犯猶干也術法也○百姓本或作異姓非○刑于隱者不與國人慮兄弟也弗弔弗爲服哭于異姓之廟爲忝祖遠之也素服居外不聽樂私喪之也骨肉之親無絕也公族無宮刑不翦其類也翦割截也○遠于萬反

【疏】○五。廟。至。類。也○正義曰此覆釋前第八條祖廟未毀雖及庶人冠取妻必告死必赴之事所。以告必赴者君不以貴仍統於親故族人有事告赴是不忘親也○親未絕而列於庶人賤無能也○此解既與君有親何得爲庶人者賤

其無能也○敬弔臨賻賵睦友之道也者此覆釋前宜弔不弔宜免不免及賵賻必有正焉之事言君敬重弔臨賵賻不使闕失者是君親睦和友之道也○古者庶子之官治而邦國有倫者此合結須庶子官義也不待於第九條覆而先在第八結者第九是罪惡之事今結邦國之功不宜與罪惡相連故於此結也倫理也言庶子官治則邦國治理也○邦國有倫而衆鄉方矣者若邦國治理則天下之人衆皆知其所鄉之方矣○公族之罪雖親不以犯有司正術也者此釋前第九條也犯干也有司獄官也術法也公族之親有罪公應宜放赦之而猶在五刑者國立有司之官以法齊治一切今不可以私親之罪而干壞有司之正法也○所以體百姓也者此解公所以不干有司正法義也法無二制故雖公族之親猶治之與百姓爲一體不得獨有私也○刑于隱者不與國人慮兄弟也者此覆釋上致刑于甸人之事若異姓則刑之於市此同姓刑於甸師隱僻之處者不與國人謀慮兄弟也○弗弔弗爲服哭于異姓之廟爲忝祖遠之也者此覆釋上無服及公親哭之事所以不弔无服哭於異姓之廟者爲其犯罪忝辱先祖於公法合疏遠之也素服居外不聽樂私喪之也骨肉之親無絶也者覆釋上君爲之素服爲之變之事所以素服居在外寢不在內又不聽樂爲之變常者以其實是己親私心喪之事也所以私喪之者骨肉之親雖犯刑戮無斷絶之理故也○公族無宮刑不翦其類也者覆釋上公族無宮刑所以無宮刑者不可翦其同類也上公族無宮刑在哭與素服之前此在哭與素服之後此覆說刑殺之後君則哭之及素服文相連接待其事終然後別釋公族無宮刑故在後也○注翦割截也○正義曰公族既無宮刑當髡去其髮故掌戮云髡者使守積鄭康成注。法云謂同族不宮者是也

○天子視學大昕鼓徵所以警衆也早昧爽擊鼓以召衆也警猶起也周禮凡用樂大胥以鼓徵學士○昕音欣說文云旦明日將出也讀若希警音景衆至然後天子至乃命有司行事興秩節祭先師先聖焉興猶舉也秩常也節猶禮也使有司攝其事舉常禮祭先師先聖不親祭之者視學觀禮耳非爲彼報也

有司卒事反命告祭畢也祭畢天子乃入始之養也又之養老之處凡大合樂必遂養老是以往焉言始始立學也○養如字徐羊
尚反後皆依徐音處昌慮反下同○適東序釋奠於先老親奠之者己所有事也養老東序則是視學於上庠遂設三老五
更羣老之席位焉三老五更各一人也皆年老更事致仕者也天子以父兄養之示天下之孝。悌也名以三五者取象三辰五星天所因以
照明天下者羣老無數其禮亡以鄉飲酒禮言之帝位之處則三老如賓五更如介羣老如衆賓必也○更江衡反注同蔡作叟音系口反○適饌省
醴養老之珍具親視其所有○遂發咏焉退脩。之以孝養也發咏謂以樂納之退脩之謂既迎而入獻之以醴獻
畢而樂闋反登歌清廟反謂獻羣老畢皆升就席也反就席乃席。正於西階上歌清廟以樂之○既歌而語以成之也言
父子君臣長幼之道合德音之致禮之大者也既歌謂樂正告。正歌備也語談說也歌備而旅旅而說父子君
臣長幼之道諸合樂之所美以成其意鄉射記曰古者於旅也語下管象舞大武大合衆以事達有神興有德
也象周武王伐紂之樂也以管播其聲又爲之舞皆於堂下衆謂所合學士也達有神明天授命周家之有神也興有德美文王武王有德師樂爲用前歌
後舞正君臣之位貴賤之等焉而上下之義行矣由清廟與武也有司告以樂闋闋終也告君以
歌舞之樂終此所告者謂無算樂○王乃命公侯伯子男及羣吏曰反養老幼。于。東序終之以仁
也羣吏鄉遂之官王於燕之。末而命諸侯時朝會在此者各反養老如此禮是終其仁心孝經說所謂諸侯歸各帥於國大夫勤於朝州里𨠬於邑是也○
𨠬皇音冀冀及也本又作愷又作駿駿亦作驥【疏】天。子。視。學。大。昕。鼓。所。以。警。衆。也。至。之。以。仁。也。○正義曰此一節是第四節中之上節論天子視學必遂養

老之法則養老既畢乃命諸侯羣吏令養老之事天子視學者謂仲春合舞季春合樂仲秋合聲於此之時天子親往視學也大昕鼓徵者謂視學之晨大猶
初也昕猶明也徵猶召也謂初始昕明擊鼓以召學士所以警衆者初昕擊鼓警動衆人令早起也○衆至然後天子至者衆人既聞鼓聲而起先至會聚之
處然後天子始至尊者體盤故也○乃命有司行事興秩節者天子既至乃命遣有司行此釋奠之事興舉也秩常也節禮也謂興舉尋常舊禮以祭先師先
聖焉有司則詩書禮樂之教官也○有司卒事反命者卒事謂終卒釋奠之事行事畢而反命於天子于時天子視學在虞庠之中有司釋奠既畢天子乃從
虞庠入反於國明日乃之東序而養老故云始之養也○適東序釋奠於先老者若其尋常視學則於東膠中唯行養老之禮若始立學既視學畢則適之養
老之處東序之中天子親自釋奠於先世之老祀先老既畢遂設三老五更羣老之席位焉○禮先老畢遂之於東序中設三老五更羣老之席位焉若非始
立學則不釋奠於先老也○適饌省醴養老之珍具者布席既畢天子親適陳饌之處省視醴酒并省視養老之珍具遂發咏焉者省具既畢出迎三老五更
將入門之時遂作樂。聲發其歌咏以樂納之也○退脩之以孝養。也謂三老五更入而即位於西階下天子乃退酌醴獻之以脩行孝養之道也○反登歌清
廟者反謂反席三老五更羣老初受獻畢皆立於西階下東面今皆反升就席乃使工登堂上西階北面歌清廟之詩以樂之也既歌而語以成之也者謂既
歌清廟之後則至旅酬之節語謂談說善道以成就天子養老之義也○言父子君臣長幼之道者所談說善言論父子君臣長幼尊卑上下之道理也○合德
音之致者德音謂歌清廟之詩文王道德之音致謂致極也言說父子君臣長幼之道理合會清廟文王道德音聲理之至極也○禮之大者也言登歌清廟
語說父子君臣之道是禮之大者也○下管象舞大武者謂登歌之後笙人立於堂下象謂象武王伐紂之樂堂下管中奏此象武之曲庭中舞此大武之舞
大武卽象也變文耳○大合衆以事者衆謂大會聚學士以登歌下管之事○達有神者謂歌舞其樂明達上天授命周家之有神也興有德者興謂發。起文

王武王之有德使衆前歌後舞也○正君臣之位貴賤之等焉者登歌清廟文王詩也君詩在上下管象是武王詩臣詩在下是正君臣之位貴賤之等也○而上下之義行矣者既以此教上下衆知之是上下之義行於衆庶也○有司告以樂闋者闋終也謂養老之末無算樂之終也有司告王以樂終○王乃命公侯伯子男及羣吏者於時諸侯及鄉遂之吏在此席王燕末乃告之令其養老幼也○曰反養老幼于東序者此則王所告諸侯之辭也令其各反其國養老幼如我於東序之禮也○終之以仁也者謂仁恩王家恆自養老是仁恩也又令諸侯州里而行養老是○終之以仁謂仁恩之心也○注早昧至學士○正義曰經云大昕昕明也恐是盛明之時故云早昧爽之前凡物以初爲大以末爲小必知早昧爽者以云鼓徵衆至然後天子至若其盛明始召學士則晚矣○注興猶至報也○正義曰秩常也釋詁文也云舉常禮祭先師先聖者此謂因大合樂之時在虞庠之中祭先師先聖也若四時常奠各於其學之中又不祭先聖也云視學觀禮耳非爲彼報也者解天子不親釋奠之意所以視學者觀看有司行禮耳非是爲彼學士而報先聖先師也○注凡大至學也○正義曰言凡大合樂必遂養老者爲其養老是以往焉大合樂者鄭前注春合舞秋合聲爲大大合樂其實月令季春合樂亦是也云言始始立學也者以上文稱云始立學故以此始爲始立學者若然立學則之養老而尋常視學則不養老何得云凡大合樂必遂養老者然此云始之養也爲下釋奠於先老之學故云始立學也若非始立學之後則視學凡養老於東膠不釋奠於先老也皇氏云若尋常視學則養老於東膠若始立學則養老於東序以爲周立三代之學又立周之大學於東謂之東膠立小學於西郊謂之虞庠故以東膠別也○注三老至必也○正義曰三老五更各一人蔡邕以爲更字爲叟叟老稱又以三老爲三人五更爲五人非鄭義也今所不取云皆年老更事致仕者三老亦有更名五更亦有老稱但尊此老名特屬三老耳以其天子父兄所事故知致仕者知天子以父兄養之者以天子冕而總干而舞執醬而饋是父兄事也云取象三辰五星者三辰謂日月星五星謂東方歲星南方熒惑西方大白北方辰星中

央鎮星其三辰之星者二十八宿及諸星也云三老如賓五更如介者案鄉飲酒注敷席賓席牖前南面介席西階上東面是也云羣老如衆賓必也者三老既如賓五更既如介故羣老如衆賓以其無文故云必也案鄉飲酒注席衆賓於賓之西南面各特焉是也○注發咏以至樂闋○正義曰此文承設席省醴之後也云發咏以大射之禮約之當納賓之節案大射賓入及庭奏肆夏此養老既尊故用兩君敵禮入門即奏肆夏故仲尼燕居云入門而縣興是也云退脩之謂既迎而入獻之以醴者謂迎老更就位主人乃退酌醴獻之也○注反就至樂之○正義曰知反就席乃席工於西階上者約鄉飲酒禮文知之也○注既歌至也語○正義曰案鄉飲酒登歌之後乃下管間歌合樂之後樂正告云正歌備定本云正歌云工歌備誤也工當爲正也云歌備而旅者案鄉飲酒之禮告正歌備後作相爲司正賓取觶酬主人主人酬衆賓是歌備而旅酬也旅酬之時則語說合於樂之所美以成其意者解經合德音之致樂之所美謂清廟之詩所美文王有君臣父子長幼之德今於旅之時論說君臣父子之道合會清廟所美之事以成就其升歌清廟之意○注象周至後舞○正義曰案詩維清奏象舞是武王作樂稱象也故左傳云見舞象箾南籥必知此是武王伐紂樂者以上文云登歌清廟此云下管象下云正君臣之位上下之義故知此象爲武王樂在堂下也云師樂爲用前歌後舞者今文是泰誓之文也○注由清廟與武也○正義曰登歌清廟爲下管象父詩在上子詩在下故得正君臣之位貴賤之等也○注此所告者謂無算樂○正義曰以上云登歌清廟次下管象此云告以樂闋下即云王乃命諸侯反養老是燕末之事故知樂闋者謂無算樂也○注羣吏至是也○正義曰經云乃命公侯伯子男又云及羣吏諸侯既爲畿外故知羣吏謂畿內鄉遂之官也云各反養老如此禮是終其仁心者此是王命諸侯羣吏使之養老如此禮謂如王家於東序之禮是終竟其仁心也云孝經說以下者孝經援神契文云諸侯歸各帥於國者諸侯還歸帥行於國云大夫勤於朝者大夫勤力行之於朝云州里𩪘於邑者州長里宰之官希𩪘慕仰行之於邑是也謂此在下奉行在上之事也

○是故聖人

之記事也慮之以大謂先本於孝弟之道愛之以敬謂省其所以養老之具○行之以禮謂親迎之如見父兄脩之以孝養謂親獻之薦之紀之以義謂既歌而語之終之以仁謂又以命諸侯歸於國復自行之○疏○是。故。至。以。仁。○正義曰此一節是第四節中之下節中說視學養老之義是故聖人之記事。也。者方釋養老之義記事謂聖人親行養老之禮記序前代之事也慮之以大者先解初時謀慮養老之時也慮謀也大謂孝弟也言謀慮於養老之事是本於孝弟故也故云慮之以大也○愛之以敬者解適饌省醴是愛而又敬之也○行之以禮者解遂發咏焉而自迎之如見父兄之禮也○脩之以孝養者解既迎又親獻醴薦饌是脩於孝養故也○紀之以義者解既歌而語是紀錄德音之義亦有天下之大義也○終之以仁者解樂闋而又命諸臣令歸國各行此禮是終之以仁心也○是故古之人一舉事而衆皆知其德之備也古之君子舉大事必慎其終始而衆安得不喻焉言其爲之本末露見盡可得而知也喻猶曉也兌命曰念終始典于學兌當爲說說命書篇名殷高宗之臣傅說之所作典常也念事之終始常於學學禮義之府○兌注作說同音悅○疏○是。故。至。于。學。○正義曰此亦是第四節中之下節覆說養老而在下衆庶知道德之備其在學乎一舉事而衆皆知其德之備者謂一舉養老之事以示於下而衆皆知其在上道德備具其備具者則上慮之以大愛之以敬行之以禮之屬是也○古之君子舉大事必慎其終始者大事謂養老初則慮之以大是慎其始末則終之以仁是慎其終也而衆安得不喻焉聖人養老既慎其本末終始一一露見盡以示衆庶而衆何得不曉喻焉言衆皆曉喻養老之德也○兌命曰念終始典于學者兌命尚書篇名殷高宗之臣傅說所作錄記者既美養老終始而衆得曉喻是由學而來故引兌命學爲可重之事以結之云念終始者言人君念錄事之終始常在於學中念之以學爲禮義之府故聖人於中而行養老之禮是念終始常於學也○注兌當至之府○正義曰案尚書序云高宗夢傅說得諸傅岩作說命三篇故知兑當爲說也典常也釋詁文世子之記曰朝夕至于大寢之門外問於內豎曰今日安否何如朝夕朝朝暮夕也日中又朝文王之爲世子非禮之制世子之禮亡言此存其記○朝夕至于直遥反旦曰朝暮曰夕舊如字朝朝上如字下文朝夕之食上同下直遥反○內豎曰今日安世子乃有喜色其有不安節則內豎以告世子世子色憂不滿容色憂憂淺也不及文王行不能正履內豎言復初然後亦復初朝夕之食上世子必在視寒煖之節食下問所膳羞必知所進以命膳宰然後退羞必知所進必知親所食○上時掌反○若內豎言疾則世子親齊玄而養親猶自也養疾者齊玄玄冠玄端也○齊側皆反注同○膳宰之饌必敬視之疾者之食齊和所欲或異○齊才細反和胡臥反○疾之藥必親嘗之試毒味也嘗饌善則世子亦能食善謂多於前○嘗饌寡世子亦不能飽又不及武王一飯再飯以至于復初然後亦復初復常所服

【疏】世。子。至。復。初。○正義曰此第三節也以文王爲世子是聖人之法也不可以爲常行故此記尋常世子之禮也○則世子親齊玄而養者內豎既言有疾則世子親自齊戒衣玄冠玄端而養也○注親猶至端也○正義曰經云親齊恐是世子親視齊戒之事非身自爲故云親猶自也以其玄冠而養是世子自養故知齊是世子自齊也云齊玄玄冠玄端也以經直云齊玄故知冠衣皆玄也是以爲玄冠玄端此則齊服故玉藻云玄冠丹組纓諸侯之齊冠也玄冠綦組纓士之齊冠也玄端其衣則緇布衣也謂之端者端正也其制正幅袂二尺二寸袪尺二寸鄭注玉藻云天子諸侯玄端朱裳大夫素裳士冠禮上士玄端玄裳中士玄端黃裳下士玄端雜裳齊必用玄者玄是陰之色陰氣靜齊亦靜故用玄也

附釋音禮記注疏卷第二十

禮記注疏卷二十校勘記　阮元撰盧宣旬摘錄

附釋音禮記注疏卷第二十　惠棟校宋本禮記正義卷第二十八

文王世子第八

論在上教下說庠序　閩監毛本同浦鏜校說改設

文王之爲世子節　惠棟校云文王節食上節宋本合爲一節

文王至復初　閩監毛本同惠棟校宋本復初作日三

食上節

食上必在視寒煖之節　閩監本同石經同岳本同嘉靖本同衛氏集說同毛本煖作暖

武王不說冠帶而養　閩監毛本同石經同岳本同嘉靖本同衛氏集說同釋文出不稅云本亦作脫又作說正義本作說○按依說文當作捝从手兌聲

食上必在視寒煖之節食下問所膳至乃問　閩監毛本同惠棟校宋本作食上至後退五字

是庶幾爲慕尚之義　閩監本同毛本是誤尚考文云宋板是字同惠棟校宋本慕作尊

其間有空隙故云　惠棟校宋本如此衛氏集說同此本隙下衍病字閩監毛本同

文王謂武王曰節

夢帝與我九齡　閩監毛本同石經同岳本同嘉靖本同衞氏集說同釋文出九聆云本亦作齡正義以皇氏解九齡爲鈴鐸而云徧驗書本齡皆從齒

言與爾三者　閩監毛本同岳本同嘉靖本同衞氏集說同釋文出予爾

文王至而終　惠棟校宋本無此五字

注言天氣也至成之　閩監毛本同惠棟校宋本無氣也二字

俱有零落之義　監毛本作零是也此本零誤齒惠棟校宋本作齡閩本同

成王幼節

不能涖阼　閩監毛本同石經同岳本同嘉靖本同衞氏集說同釋文涖作莅注同

成王幼不能至子也　惠棟校宋本無此八字

凡學世子節　惠棟校云此節疏則四夷之樂皆教之也四字起至下節疏養老乞言及合語之禮語字止宋本闕

四時各有宜學　岳本同嘉靖本同考文引宋板古本足利本同閩監毛本宜上有所字衞氏集說同盧文弨云所字當有宜字絕句否則學字當重

干盾也本盾作楯閩監毛本同岳本同嘉靖本同衞氏集說同釋文出干楯考文引古

戈句矛戟也文出句孑閩監毛本作孑岳本同衞氏集說同此本孑誤矛嘉靖本同釋

小樂正學干樂誤學惠棟校宋本同石經同岳本同嘉靖本同衞氏集說同閩監毛本

舍菜合舞采同閩監毛本同岳本同嘉靖本同衞氏集說同釋文出舍采云後舍

於功易成也字閩監毛本同岳本同嘉靖本同衞氏集說同惠棟校宋本無成

凡學至上庠惠棟校宋本無此五字

此一節是第二節閩監毛本同惠棟校宋本是上有還字

謂大學也閩監毛本同衞氏集說同惠棟校宋本大作入按入字非

鄭引詩左手執籥考文引宋板如此此本鄭引二字倒閩監毛本同

故謂之大樂正也小樂正也衞氏集說同閩監毛本同惠棟校宋本無小樂正也四字

是小雅鼓鍾之詩樂考文引宋板同衞氏集說同閩監本鍾作鐘毛本鍾誤

播彼詩之音節考文引宋板同閩監毛本彼作被

以湯伐桀閩本同監毛本伐作放

又此學虞學也閩監毛本同許宗彥校改作又此學書於虞學

凡祭與養老乞言節惠棟校云宋本分大樂正以下另爲一節

師氏掌以美詔王岳本同嘉靖本同考文引古本足利本同閩監毛本美作媺與周禮合衛氏集說同疏同

云合語謂鄉射鄉飲酒大射燕射之屬也者閩監毛本同惠棟校宋本也作三

大樂至授數閩監毛本同惠棟校宋本無此五字

大司成論說在東序閩監毛本同惠棟校宋本無此八字

凡侍坐於大司成者節

凡侍至不問惠棟校宋本無此五字

辟後來問者列事未盡不問者閩監毛本列上有○

凡學節

春官釋奠于其先師閩監本同石經同岳本同嘉靖本同衛氏集說本同毛本于作於下必釋奠于先聖先師儐于東序同杜氏通典亦並作于

凡學至如之惠棟校宋本無此五字

頗能記其鏗鎗鼓舞閩本同惠棟校宋本同監毛本鎗作鏘

凡始立學者節

凡始至以幣惠棟校宋本無此五字

天子命之使立學者惠棟校宋本同閩監毛本使作始衞氏集說同

按釁器用幣閩監毛本同惠棟校宋本按上有今字續通解同

若諸侯正立時王一代之學閩監毛本同衞氏集說正作止

凡釋奠者節惠棟校云凡釋奠節宋本分大合樂以下另爲一節

若唐虞有夔伯夷岳本同嘉靖本同惠棟校宋本同考文引古本足利本同閩監毛本夔下衍龍字衞氏集說同正義有龍字蓋亦衍文通典五十三引亦作夔伯夷無龍字

明日乃息司正徵唯所欲閩監毛本同嘉靖本同衞氏集說同岳本同正下衍云字

凡釋至養老惠棟校宋本無此五字

凡大合樂必遂養老惠棟校宋本無此八字

凡語于郊者節

曲藝爲小技能也閩監毛本同岳本同嘉靖本同衞氏集說爲作謂

謂小小技術閩監毛本同惠棟校宋本術下有也字

始立學者節惠棟校云始立學節教世子節宋本合爲一節

始立學者既興器用幣至可也惠棟校宋本無此十二字

凡三王教世子節惠棟校云凡三王節設四輔節昔者周公節知爲人子節抗世子法節行一物節宋本合爲一節盧文弨校云按疏只當合設四輔爲一節其仲尼曰至行一物另爲一節

樂所以脩內也閩監本同石經同岳本同衞氏集說同毛本脩作修嘉靖本同下脩外同

立大傅少傅以養之惠棟校宋本同石經同宋監本同岳本同嘉靖本同衞氏集說同閩監毛本大作太釋文上出大師云音泰下大學大傅大祖大寢皆同石經考文提要云宋大字本宋本九經南宋巾箱本余仁仲本劉叔剛本皆作大下大傅並同

以有四人維持之閩監毛本同岳本同嘉靖本同衞氏集說同考文引宋板有作其

凡三至疑丞惠棟校宋本無此五字

此一節是第三節中閩監毛本同盧文弨校三改二云卷首疏分析甚明此尙是第二節按盧文弨校是也下仲尼曰節疏當同此

設四輔節

正義曰設四輔及三公　惠棟校宋本無正義曰三字

行一物節

然而衆知父子之道矣　閩監本同石經同岳本同嘉靖本同衞氏集說同毛本之誤知

然而衆著於君臣之義也　各本同正義云俗本皆云著於君臣之義而定本無著字義亦通

行一至踐阼　閩監毛本同惠棟校宋本踐阼作謂也

庶子之正節　惠棟校云庶子節其登餕節庶子治之節其在軍節五廟節宋本合爲一節

庶子至以官　惠棟校宋本無此五字

此一節是第四節中之上節也　閩監毛本同浦鏜校四改三盧文弨校云四當作三

內朝至寢庭　閩監毛本同惠棟校宋本至作路是也

王族故士虎士　惠棟校宋本亦作故按鄭注司士云故士故爲士晚退留宿衞者閩監本故誤旅衞氏集說同毛本誤族

故云亦司馬之屬司馬　閩監毛本同浦鏜校云下司馬二字當衍文

官官各司其事　閩監毛本同惠棟校宋本其作故

其登餕節

其登至上嗣○閩監毛本有此五字一○此本脫按○下諸本有正義曰三字惠棟校宋本無

庶子治之節

以次主人宋監本惠棟校宋本亦並作次閩監本同石經同岳本同嘉靖本同衞氏集說同考文引宋板古本足利本同毛本次誤俟

正義曰庶子治之惠棟校宋本無上三字

治之至行列中閩監毛本同惠棟校宋本無行字

使主人在上居喪主也閩監本同毛本上主誤王嚴杰按居疑爲字之誤

故於齊衰而稱麤也惠棟校宋本作齊此本齊誤斬閩監毛本同

則主人猶不得在父兄之下而齒列焉閩監毛本同浦鏜校作然主人亦不得下而與之序齒列

親者至者希閩監毛本同惠棟校宋本作親者稠疏者希

其在軍節

正室守大廟閩監毛本同岳本同嘉靖本同衞氏集說同石經大作太

諸父守貴宮貴室閩監毛本同石經同岳本同嘉靖本同衞氏集說同正義同釋文出諸父守貴室云本或作守貴宮貴室正義云皇氏云

或俗本無貴宮者定本有貴宮

及諸子孫之行　閩監毛本同衞氏集說同惠棟校宋本行作後

五廟之孫節

冠取妻必告　閩監毛本同石經同岳本同嘉靖本同衞氏集說同惠棟校宋本妻下有者字考文引古本足利本取作娶無者字

贈送也　惠棟校宋本此下標禮記正義卷第二十八終記云凡二十七頁

公族其有死罪節　惠棟校宋本自此節起至言假復問曰如此乎禮之急也節止爲第二十九卷卷首題禮記正義卷第二十九

纖讀爲殲殲刺也　閩監毛本同岳本同嘉靖本同衞氏集說同惠棟校宋本上殲作鍼案釋文上出則纖云依注音鍼之林反刺也徐子廉反注本或作纖讀爲殲者是依徐音而改也下出鍼刺九經古義云案釋文則當云纖讀爲鍼故下注訓爲刺今本皆從徐音誤爲殲盧文弨校云兩殲字俱當從釋文作鍼

宮割臏墨劓刖　閩監毛本同岳本同嘉靖本同衞氏集說同盧文弨校云通考作刺割此宮字誤公族無宮刑也疏作宮

欲寬其罪出於刑也　閩監毛本同岳本同嘉靖本同衞氏集說同考文引宋板欲作欽

公族至哭之　惠棟校宋本無此五字

又云磬盡也 閩監本同考文引宋板同毛本盡字闕

左傳云室如縣罄 惠棟校宋本同閩監毛本罄作磬下杜預云罄盡也同

用法謂其法律平斷其罪 閩監毛本同衞氏集說謂下有用字

公族雖無宫刑 閩監毛本同浦鏜校無改犯

公族朝于內朝節 惠棟校云公族節五廟之孫節宋本合爲一節

公族至達矣 惠棟校宋本無此五字

外朝主尊別 閩監毛本同衞氏集說同許宗彥別改卑

豈得相遺棄 惠棟校宋本作遺此本遺誤責閩本同監毛本遺誤背衞氏集說云不相遺棄

五廟之孫節

五廟至類也 閩監毛本同惠棟校宋本類作親○按諸本此下有○及正義曰三字惠棟校宋本無

所以必告必赴者 惠棟校宋本如此此本上必字脫閩監毛本同

鄭康成注云 惠棟校宋本如此此本注下衍法字閩監毛本同

天子視學節

示天下之孝悌也閩監毛本同岳本同嘉靖本同惠棟校宋本悌作弟衛氏集說同考文云古本之作以通典六十七亦作示天下之孝悌也

退脩之閩監本同石經同岳本同衛氏集說同毛本脩作修嘉靖本同注同通典引經文亦並作脩

乃席正於西階上閩監毛本作工岳本同衛氏集說同此本工誤正嘉靖本同考文引古本足利本同通典亦作席工

既歌謂樂正告正歌備也閩監毛本同岳本同嘉靖本同衛氏集說同正義云定本云正歌云工歌備誤也工當爲正也

反養老幼于東序閩監本同石經同岳本同嘉靖本同衛氏集說同毛本于作於陳澔集說引馮氏曰石梁先生於此經塗去幼字今按疏有其義而鄭注無養幼之文疑是訛本竄入一字按此校是也通典六十七正作反養老于東序無幼字

王於燕之末閩監毛本同岳本同衛氏集說同嘉靖本末誤未

天子視學大昕鼓所以警衆也至之以仁也閩本同監毛本作天子視學至終之以仁也惠棟校宋本無此十七字

遂作樂發其歌咏惠棟校宋本如此衛氏集說同此本樂下衍聲字閩監毛本同

退脩之以孝養也閩監毛本同惠棟校宋本也作者

興謂發起文王武王之有德閩監毛本同惠棟校宋本謂發起下有謂起發三字

無算樂之終也閩監毛本同衞氏集說同惠棟校宋本之作已

王家但自養老惠棟校宋本作但此本但作恆閩監毛本同

是父兄事也閩監毛本同衞氏集說事下有之字

云取象三辰五星者三辰謂日月星閩監毛本同考文引宋板無五星者三辰五字

今文是泰誓之文也閩監毛本同浦鏜校云是字當在今文上

是故聖人之記事也節

是故至以仁惠棟校宋本無此五字

是故聖人之記事也者閩監本同毛本也者二字倒

是故古之人節

是故至于學惠棟校宋本無此五字

世子之記曰節

又不及武王一飯再飯閩監毛本同岳本同嘉靖本同衞氏集說同考文引古本武王作文王盧文弨校云作文王是疏只言文王

世子至復初惠棟校宋本無此五字

故知冠衣皆元也閩監毛本同惠棟校宋本皆作俱

附釋音禮記注疏卷第二十終惠棟校宋本禮記正義卷第二十九宋監本禮記卷第六經五千七百六十四字注五千五百字嘉靖本禮記卷第六經五千七百七十二字注五千五百二十五字

禮記注疏卷二十校勘記

附釋音禮記注疏卷第二十一

禮運第九○陸曰鄭云禮運者以其記五帝三王相變易及陰陽轉旋之道○疏正義曰按鄭目錄云名曰禮運者以其記五帝三王相變易陰陽轉旋之道此於別錄屬通論不以子游爲篇目者以曾子所問事類既煩雜不可以一理目篇子游所問唯論禮之運轉之事故以禮運爲標目耳

禮記　鄭氏注　孔穎達疏

昔者仲尼與於蜡賓蜡者索也歲十二月合聚萬物而索饗之亦祭宗廟時孔子仕魯在助祭之中○與音預蜡仕嫁反祭名夏曰清祀殷曰嘉平周曰蜡秦曰臘字林作䄍索所百反事畢出遊於觀之上喟然而嘆觀闕也孔子見魯君於祭禮有不備於此又覩象魏舊章之處感而嘆之○觀古亂反注同喟去位反又苦怪反說文云大息處昌慮反下同處同仲尼之嘆蓋嘆魯也言偃在側曰君子何嘆言偃孔子弟子子游孔子曰大道之行也與三代之英丘未之逮也而有志焉大道謂五帝時也英俊選之尤者逮及也言不及見志謂識古文不言魯事爲其大切廣言之○逮音代一音代計反選宣面反下文皆同爲于僞反下文爲已皆同○疏昔者至而嘆○正義曰皇氏云從昔者仲尼以下至於篇末此爲四段自初至是謂小康爲第一明孔子爲禮不行而致發嘆發嘆所以最初者凡說事必須因漸故先發嘆後使弟子因而怪問則因問以答也又自言偃復問曰如此乎禮之急至天下國家可得而正也爲第二明須禮之急前所嘆之意正在禮急故以禮急次之也又自言偃復問曰夫子之極言禮也至此禮之大成也爲第三明禮之所起前既言禮急急則宜知所起之義也又自孔子曰嗚呼哀哉訖篇末爲第四更正明孔子嘆意也以前始發一未得自言嘆意而言偃有問即隨問而答答事既畢故更備述所懷也今此第一段明

孔子發嘆遂論五帝三王道德優劣之事各隨文解之○昔者仲尼與於蜡賓者謂仲尼與於蜡祭之賓也事畢者謂蜡祭畢了○出遊於觀之上者謂出廟門往雉門雉門有兩觀皇氏云登遊於觀之上熊氏云謂遊目看於觀之上喟然而嘆者喟是嘆之形貌言口輔喟然而爲嘆也○注蜡者至之中○正義曰蜡者索也歲十二月合聚萬物而索饗之者郊特牲文十二月者據周言之若以夏正言之則十二月以殷言之則十一月謂建亥之月也以萬物功成報之云亦祭宗廟者以月令孟冬云祈來年于天宗大割祠于公社及門閭臘先祖五祀以臘先祖故云亦祭宗廟總而言之謂之爲蜡若析而言之祭百神曰蜡祭宗廟曰息民故鄭注郊特牲云息民與蜡異此據總而言之故祭宗廟而云與於蜡賓也廣雅云夏曰清祀以清絜祭祀殷曰嘉平嘉善也平成也以歲終萬物善成就而報功其蜡與臘名已具於上知此蜡是祭宗廟者以下云出遊於觀之上故知是祭宗廟也云時孔子仕魯在助祭之中者以其與蜡祭故知仕魯也魯臣而稱賓者以祭祀欲以賓客爲榮故雖臣亦稱賓也○注觀闕至嘆之○正義曰爾雅釋宮云觀謂之闕孫炎云宮門雙闕者舊縣法象使民觀之處因謂之闕熊氏云當門闕處以通行路既言雙闕明是門之兩旁相對爲雙熊氏得焉白虎通云闕是闕疑義亦相兼案何休注公羊天子兩觀外闕諸侯臺門則諸侯不得有闕魯有闕者魯以天子之禮故得有之也公羊傳云設兩觀乘大路此皆天子之禮是也案定二年雉門災及兩觀魯之宗廟在雉門外左孔子出廟門而來至雉門遊於觀此觀又名象魏以其縣法象魏巍也其處巍巍高大故哀三年桓宮災季桓子至御公立于象魏之外命藏象魏曰舊章不可亡也熊氏云天子藏舊章於明堂諸侯藏於祖廟知者以天子視朔于明堂諸侯於祖廟故也穀梁傳云天子班告朔于諸侯諸侯受乎禰廟非鄭義也云感而嘆之者一感魯君之失禮二感舊章廢棄故爲嘆也○仲尼至何嘆○作記者言其所嘆之由又言其所嘆之事故云仲尼之嘆蓋嘆魯也言蓋者謙爲疑辭不即指正也於時言偃在側而問之曰君子何嘆言嘆恨何事不云孔子而云君子者以論語云君子坦蕩蕩不應有嘆也故云君子何嘆○注言偃

至子游○正義曰案仲尼弟子傳云姓言名偃字子游。魯人也○孔子至志焉○孔子既見子游所問若指言魯失禮恐其大切故廣言五帝以下及三王盛
衰之事此一經孔子自序雖不及見前代而有志記之書披覽可知自大道之行至是謂大同論五帝之善自大道既隱至是謂小康論三王之後今此經云
大道之行也謂廣。大。道。德之行五帝時也○與三代之英者英謂英異弁與夏殷。周。三代英異之主若禹湯文武等○丘未之逮也者未猶。不。也。逮猶及也言
生於周衰身不及見上代不能備知雖然。不。見。大道三代之事而有志記之書焉披覽此書尚可知於。前。代。也○注大道至言之○正義曰以下云禹湯文武
成王。周。公。此。大。道在禹湯之前故爲五帝時也云英俊選之尤者案辨名。記。云倍人曰茂十人曰選倍選曰俊千人曰英倍英曰賢萬。人。曰傑倍傑曰聖毛詩
傳又云萬人爲英是英皆多於俊選。是俊選之尤異者卽禹湯文武三王之中俊異者云志謂識古文者志是記識之名古文見古代之文籍故周禮云掌四
方之志春秋云其善志皆志記之書也

大道之行也天下爲公選賢與能講信脩睦公猶共也禪位授聖不家之睦親也○禪善面反○故人不獨親其親不獨子其子孝慈之道廣也使老有所終壯有所用幼有所長矜寡孤獨廢。疾者皆有所養無匱乏也○長丁丈反矜古頑反匱其魏反○男有分分猶職也○分扶問反注同○女有歸皆得良奧之家○奧烏報反○貨惡其弃於地也不必藏於己。力惡其不出於身也不必爲己勞事不憚施無吝心仁厚之教也○惡烏故反下同憚大旦反吝力刃反又力覲反是故謀閉而不興盜竊亂賊而不作尙辭讓之故也故外戶而不閉禦風氣而已○是謂大同同猶和也平也

疏大道。至同○正義曰既云見其遺記此以下說記中之事故此先明五帝時也○天下爲公謂天子位也爲公謂揖讓而授聖德不私傳子孫卽廢朱均而用舜禹是也○選賢與能者

𤔲明不私傳天位此明不世諸侯也國不傳世唯選賢與能也黜四凶舉十六相之類是也鄭注鄉大夫云賢者有德行者能者有道藝者四凶共工驩兜鯀三苗十六相八元謂伯奮仲堪叔獻季仲伯虎仲熊叔豹季貍八愷謂蒼舒隤敳檮戭大臨尨降庭堅仲容叔達也○講信脩睦者講談說也信不欺也脩。習睦親也世淳無欺談說輒有信也故哀公問周豐云有虞氏未施信於民而民信之是也又凡所行習皆親睦也故孝經云民用和睦是也○故人不獨親其親不獨子其子者君既無私言信行睦故人法之而不獨親己親不獨子己子使老有所終者既四海如一無所獨親故天下之老者皆得贍養終其餘年也○壯有所用者壯謂年齒盛壯者也所用謂不愛其力以奉老幼也亦重任分輕○任幷班白者不提挈是也○壯幼有所長者無所獨子故天下之幼皆獲養長以成人也○矜寡孤獨廢疾者皆有所養者壯不愛力故四者無告及有疾者皆獲恤養也○男有分者分職也無才者耕有能者仕各當其職無失分也○女有歸者女謂嫁爲歸君上有道不爲失時故有歸也若失時者則詩衛女淫奔期我乎桑中要我乎上宮是失時也故注云皆得良奧之家○貨惡其弃於地也不必藏於己者貨謂財貨也既天下共之不獨藏府庫但若人不收錄弃擲山林則物壞世窮無所資用故各收寶而藏之是惡棄地耳非是藏之爲己有乏者便與也○力惡其不出於身也不必爲己者力謂爲事用力言凡所事不憚劬勞而各竭筋力者正是惡於相欺惜力不出於身耳非是欲自營贍故云不必爲己也○是故謀閉而不興者興起也夫謀之所起本爲鄙詐今既天下一心如親如子故圖謀之事閉塞而不起也盜竊亂賊而不作者有乏輒與則盜竊焉施有能必位則亂賊何起作也○故外戶而不閉者扉從外闔也不閉者不用關閉之也重門擊柝本禦暴客既無盜竊亂賊則戶無俟於閉也但爲風塵入寢故設扉耳無所捍拒故從外而掩也○是謂大同者率土皆然故曰大同○注禪位至親也○正義曰禪位授聖。謂堯授舜也不家之者謂不以天位爲己家之。有授子也天位尚不爲己有諸侯公卿大夫之位灼然與天下共之故選賢與能也己子不才可捨子立他人之子則廢朱均而禪舜禹是也然己親不賢豈可廢己親而事他人之親但位是天位子是卑下可以捨子立他人之子親是尊高未必有位無容廢己之親而事他親但事他親有德與己親同也案祭法有虞氏禘黃帝而郊嚳祖顓頊而宗堯配天事重不以瞽叟爲祖。宗此亦不獨親之義也○注勞事至教也○正義曰以經云力惡其不出於身欲得身出氣力是勞事無憚也憚難也謂不難勞事云施無吝心者經云不必藏於己財貨欲得施散是無。吝。留之心先釋力然後釋財便文無義例也○

今大道既隱隱猶去也天下爲家傳位於子傳丈專反○各親其親各子其子貨力爲己俗狹嗇○狹音洽嗇音色大人世及以爲禮城郭溝池以爲固亂賊繁多爲此以服之也大人諸侯也禮義以爲紀以正君臣以篤父子以睦兄弟以和夫婦以設制度以立田里以賢勇知以功爲己故謀用是作而兵由此起以其違大道敦朴之。本。也。教令之稠其弊則然老子曰法令滋章。盜。賊。多有○知音智朴普角反稠直由反○禹湯文武成王周公由此其選也由用也能用禮義成治○治直吏反○以此六君子者未有不謹於禮者也以著其義以考其信著有過刑仁講讓示民有常考成也刑猶則也○刑如有不由此者在埶者去衆以爲殃埶埶位也去罪退之也殃猶禍惡也○埶音世本亦作勢去羌呂反注同是謂小康康安也大道之人以禮於忠信爲薄言小安者失之則賊亂將作矣

疏今大至小康○。正。義。曰前明五帝已竟此明三代俊英之事孔子生及三代之末故稱今也隱去也干戈攻伐各私其親是大道去也○天下爲家者父傳天位與子是用天下爲家也禹爲其始也○各親其親各子其子者君以天位爲家故四海各親親而子子也○貨力爲己者藏貨爲身出力贍己○大人世及以爲禮者大人謂諸侯也世及諸侯傳位自與家也父子曰世兄弟曰及

謂父傳與子無子則兄傳與弟也以此爲禮也然五帝猶行德不以爲禮三王行爲禮之禮故五帝不言禮而三王云以爲禮也城郭溝池以爲固者城內郭外。也溝池城之。壍既私位獨傳則更相爭奪所以爲此城郭溝池以自衞固也〇禮義以爲紀者紀綱紀也五帝以大道爲紀而三王則用禮義爲紀也〇以正君臣以篤父子以睦兄弟以和夫婦者緣此諸事有失故並用禮義爲此以下諸事之紀也君臣義合故曰正父子天然故云篤篤厚也兄弟同氣故言睦夫婦異姓故言和謂親迎合巹之事〇以設制度者又用禮義設爲宮室衣服車旗飲食上下貴賤各有多少之制度也〇以立田里者田稱穀稼之所里居宅之地貴賤異品〇以賢勇知者賢猶崇重也既盜賊並作故須勇也〇更相欺妄故須知也所以勇知之士皆被崇重也〇以功爲己者立功起事不爲他人也〇故謀用是作而兵由此起者故姦詐之謀用是貨力爲己而興作而戳爭之兵由此貨力爲己而發起禹湯文武成王周公由此其選也者以其時謀作兵起遞相爭戰禹湯等能以禮義成治故云由此其選由用也此謂禮義也用此禮義教化其爲三王中之英選也此六君子者未有不謹於禮者也禮言此聖賢六人皆謹慎於禮以行下五事也〇以著其義者此以下皆謹禮之事也著明也義宜也民有失所則用禮義裁斷之使得其宜也〇以考其信考成也民有相欺則用禮成之使信也著有過者著亦明也過罪也〇民有罪則用禮以照明之也〇刑仁者刑則也民有仁者用禮賞之以爲則也〇講讓者民有爭奪者用禮與民講說之使推讓也〇示民有常者以禮行上五德是示見民下爲常法也然此五德即仁義禮知信也能明有罪是知也能講推讓即是禮也〇如有不由此者在執者去衆以爲殃者由用也去罪退之殃禍惡也若爲君而不用上謹於禮以下五事者雖在富貴。執位而衆人必以爲禍惡共以罪黜退之〇是謂小康者康安也行禮自衞乃得不去執位及不爲衆所殃而比大道爲劣故曰小安也〇注大人諸侯也〇正義曰上既云天下爲家是天子之治天下也以大人世及而爲禮明大人非天子又云世及復非卿大夫故以爲諸侯凡文各有所對易革卦大人虎變對君子豹變故大人爲天子士相見禮云與大人言言事君對士。文云事君故以大人爲卿大夫○注教令之稠其弊則然○正義曰以三王之時教令稠數徵責繁多在下不堪其弊則致如此然謂謀作兵起也案史記黃帝與蚩尤戰于涿鹿之野尚書舜征有苗則五帝有兵今此三王之時而云兵由此起者兵設久矣但上代之時用之希少時有所用故雖用而不言也三王之時每事須兵兵起煩數故云兵。猶此起也○言偃復問曰如此乎禮之急也孔子曰夫禮先王以承天之道以治人之情故失之者死得之者生詩曰相鼠有體人而無禮人而無禮胡不遄死相視也遄疾也言鼠之有身體如人而無禮者矣人之無禮可憎賤如鼠不如疾死之愈○復扶又反下復間同相息亮反注同遄市專反○是故夫禮必本於天殽於地列於鬼神聖人則天之明因地之利取法度於鬼神以制禮下教令也既又祀之盡其敬也教民嚴上也鬼者精魂所歸神者引物而出謂祖廟山川五祀之屬也○殽戶教反法也徐戶交反○達於喪祭射御冠昏朝聘民知嚴上則此禮達於下也○冠古亂反朝直遙反故聖人以禮示之故天下國家可得而正也民知禮則易教○易以豉反○疏言。偃。至。正。也。○正義曰言偃既見夫子所云三王得禮則與失禮則亡故云禮之急也故孔子乃答以禮所用既上以承天之道下以治民之情不云承地者承天則承地可知○故失之者死者言失禮則死若桀紂也○得之者生者若禹湯也引詩鄘風者證人。若禮不如速死此詩衛文公以禮化其臣子臣子無。禮之人相視也視鼠有其形體人亦有其形體鼠無禮故賤人有禮故貴若人而無禮何異於鼠鼠之無禮不能損害人之無禮傷害更多故云胡不遄死胡何也遄疾也何不疾死無所侵害既言無禮則死又言禮之所起其本尊大故云夫禮必本於天言聖人制禮必則於天禮從天出故云必本於天非但本於天又殽於地殽效也言聖人制禮又效於地天遠故言本地近故言效○列於鬼。神。言聖。人。制禮布。列。效法於鬼神謂法。於鬼神以制禮聖。人既法天地鬼神以制禮本謂制禮以教民故祀天禋地享宗廟祭山川一則報其禮之所來之功二則教民。報
上之義○達於喪祭射御冠昏朝聘者民既知嚴上之義曉達。喪禮喪有君親知嚴上則哀其君親是曉達喪禮也祭是享祀君親既知嚴上則達於祭也射
御是防衛供御尊者人知嚴上則達於射御冠有著代之義昏有代親之感人知嚴上則達冠昏矣朝是君之敬上聘是臣之事。君民知嚴上則達於朝聘在
下既曉於此八者之禮無教不從故聖人以禮示之故天下國家可得而正也者天下謂天子國謂諸侯家謂卿大夫下既從教不復為邪故得而正也○注
聖人至屬也○正義曰則天之明因地之利昭二十五年左傳。文則天之明者彼傳云為昏媾姻亞杜預云若衆星之共辰極也猶昏媾姻亞繫於家人云因
地之利者彼傳云為君臣上下以則地義是也云取法度於鬼神者下文云降于祖廟之謂仁義謂教令由於祖廟下者謂取仁於禰取義於祖是取仁義法
度於祖禰之鬼神下文云降於山川之謂興作謂教令由山川下者山川有草木鳥獸可以興作器物是取興。作於山川之鬼神也下。也文。又云降於五祀之
謂制度謂教令由於五祀下者此五祀之神始。謂中霤門戶竈行之法後王制禮取之以為制度是取法度於五祀之鬼神也下文。又。云必本於天殽於地之
後乃云祖廟山川五祀此。文本天。效地之下總云列於鬼神則鬼神之文包此三事故鄭注云謂祖廟山川五祀之屬也云以制禮下教令也者謂法天地鬼
神以制禮既。卑下此禮之教令以教民故下文云殽以降命又云命降于社又云降于祖廟又云降於山川又云降于五祀降則下也謂法此等之神以下教
令又祀此等之神教民嚴上故。鄭此云既又祀之盡其敬也教民嚴上也云鬼者精魂所歸神引物而出者謂之宗廟山川五祀據其精魂歸藏不知其所則
謂之鬼宗廟能引出仁義山川能引出興作五祀能引出制度又俱能引出福慶謂之神也三者皆為鬼神故下文云聖。聖人參於天地並於鬼神又云山川
所以儐鬼神是山川稱鬼神也皇氏以此鬼神謂宗廟山川五祀其義非。也○

○言偃復問曰夫子之極言禮也可得

而聞與欲知禮終始所成○極如字徐紀力反與音餘孔子曰我欲觀夏道欲行其禮觀其所成是故之杞杞夏后氏之後也○而不足徵也徵成也無賢君不足與成也○吾得夏時焉得夏四時之書也其書存者有小正○有小正音征本或作有夏小正○我欲觀殷道是故之宋而不足徵也宋殷人之後也吾得坤乾焉得殷陰陽之書也其書存者有歸藏○坤苦門反乾其連反○坤乾之義夏時之等吾以是觀之觀於二書之意【疏】言。偃。至。觀。之○正義曰言偃既見孔子極言禮故問其禮之終始可得聞不孔子曰我欲觀夏道以下至禮之大成答以所成之事但語意既廣非一言可了所答之辭凡有數節今略言之前云大道之行三代之英丘未之逮也而有志焉此我欲觀夏道至以是觀之論披撿二記之書乃知上代之禮運轉之事自夫禮之初至皆從其初論中古祭祀之事及死喪之禮今時所法於前取以行者自昔者先王至皆從其朔論昔者未有宮室火化後聖有作始制宮室炮燔醴酪之事今世取而行之故云皆從其朔但今世一祭之中凡有兩節上節是薦上古中古下節是薦今世之食自玄酒在室至承天之祜總論今世祭祀饌具所因於古及其事義總論兩節祭祀獲福之義自作其祝號至是謂合莫別論祭之上節薦上古中古之食并所用之物自然後退而合亨至是謂大祥論祭之下節薦今世之食此禮之大成一句總結上所陳之言也○我欲觀夏道者我欲行夏禮故觀其夏道可成。以不是故之適於杞欲觀夏禮而與之成○而不足徵者徵成也謂杞君闇弱不堪足與成其夏禮然因往適杞而得夏家四時之書焉夏禮既不可成我又欲觀殷道可成與不是故適宋亦以宋君闇弱不堪足與成其禮吾得殷之坤乾之書謂得殷家陰陽之書也其殷之坤乾之書并夏四時之書吾以二書觀之知上代以來至於今世時代運轉禮之變通即下云夫。禮。之。初。以。下。是。也○注欲行至所成○正義曰言我欲行夏禮觀此夏。禮。堪。成。與不知非直觀其禮而云觀其所成者以下云而不。足。徵。○。注杞夏后氏之後○正義曰案樂記云武王下車而封夏后氏之後於杞又史記云武王伐紂求夏后之後而得東樓公封之於杞是也○注徵成至成也○正義曰徵者徵驗之義故爲成若有賢君
則自然成之當不須孔子而云無賢君不足與成者以杞是夏後雖有賢君欲成夏禮必須聖人贊佐若其君之不賢假令孔子欲往贊助終不能舉行夏禮
雖助無益故論語云夏禮吾能言之杞不足徵則說之在孔子行之在杞君以杞君不能行故不足與成所以不能行者論語云文獻不足故也○注得陰陽
之書○正義曰先言坤者熊氏殷易以坤爲首故先坤後乾○注觀於二書之意正義曰案孔子以大聖之姿無所不覽故脩春秋贊易道定禮樂明舊章今
古墳典無所不載而獨觀此二書始知禮之運轉者以詩書禮樂多是周代之書皇帝墳典又不論陰陽轉運之事而夏之四時之書殷之坤乾之說並載前
王損益陰陽盛衰故觀此二書以知其上代也○夫禮之初始諸飲食其燔黍捭豚汙尊而抔飲蕢桴
而土鼓猶若可以致其敬於鬼神言其物雖質略有齊敬之心則可以薦羞於鬼神鬼神饗德不饗味也中古未有釜甑釋
米捭肉加於燒石之上而食之耳今北狄猶然汙尊鑿地爲尊也抔飲手掬之也蕢讀爲凷聲之誤也凷堛也謂摶土爲桴也土鼓築土爲鼓也○燔音煩捭
卜麥反注作擗又作擘皆同汙烏華反注同一音作烏杯步侯反蕢依注音凷苦對反又苦怪反土塊也桴音浮鼓搥齊側皆反釜本又作鬴音父甑即孕
反燒如字又舒照反鑿在洛反掬九六反本亦作臼音蒲侯反堛普逼反摶徒端反築徐音竹及其死也升屋而號告曰皋某
復招之於天○號音戶毛反皋音羔○然後飯腥而苴孰飯以稻米上古未有火化苴孰取遣奠有火利也苴或爲組○飯扶晚反注同
腥音星苴子餘反苞也徐爭初反遣弃戰反○故天望而地藏也體魄則降知氣在上○地藏謂葬知音智故死
者北首首陰也○首手又反注同生者南鄉鄉陽也○鄉許亮反注同皆從其初謂今行之然也疏夫禮至飲食○正義曰此

一節論上代物雖質略以其齊敬可以致祭神明夫禮之初始諸飲食者從此以下至禮之大成皆是二書所見之事夫者發語之端禮謂吉禮此吉禮元初始諸飲食諸於也始於飲食者欲行吉禮先以飲食爲本但中古之時飲食質略雖有火化其時未有釜甑也其燔黍捭豚者燔黍者以水洮釋黍米加於燒石之上以燔之故云燔黍或捭析豚肉加於燒石之上而孰之故云捭豚○汙尊而抔飲者謂鑿池汙下而盛酒故云汙尊以手掬之而飲故云抔飲蕢桴者又摶土爲桴皇氏云桴謂擊鼓之物故云蕢桴○土鼓築土爲鼓故云土鼓○猶若可以致其敬於鬼神者言上來之物非但可以事生若如也言猶如此亦可以致其恭敬於鬼神以鬼神享德不享味也○注中古至鼓也正義曰伏犧爲上古神農爲中古五帝爲下古若易歷三古則伏犧爲上古文王爲中古孔子爲下古故易緯云蒼牙通靈昌之成運孔演命明道經蒼牙則伏犧也昌則文王也孔則孔子也故易繫辭云易之興也其於中古乎謂文王也若三王對五帝則五帝亦爲上古故士冠禮云大古冠布下云三王共皮弁則大古五帝時大古亦上古也不同者以其文各有所對故上古中古不同也此云中古者謂神農也知者以明堂位云土鼓葦籥伊耆氏之樂又郊特牲云伊耆氏始爲蜡蜡是報田之祭伊耆氏始爲蜡則於時始爲田也今此云蕢桴土鼓故知此謂神農也蕢讀爲凷者以經中蕢字乃是草名不可爲桴桴與土鼓相連凷是土之流類故讀爲凷凷堛也廣雅文土鼓築土爲鼓者以與汙尊抔飲相連貴尚質素故知築土爲鼓周代極文而不爾也故杜注周禮籥章云以瓦爲匡不須築土或以爲桴則摶拊也謂摶土爲摶拊以手擊之而爲樂其築土爲鼓先儒未詳蓋築地以當鼓節不云築地鼓者以經稱土鼓故言築土順經文也經云禮之初始諸飲食謂祭祀之禮故始諸飲食其人情之禮起則遠矣故昭二十六年左傳云禮之可以爲國也久矣與天地並是也○及其至其初○正義曰上言古代質素此言後世漸文謂五帝以下至於三王及其身之死也升上屋而號呼告曰皐某復者謂北面告天曰皐皐引聲之言某謂死者名令其反復魄復魄不復然後浴尸而行含禮於含之時飯用生稻之米故云飯腥用上

古未有火化之法直孰者至欲葬設遣奠之時而用苞裹孰肉以遣送尸法中古脩火化之利也熊氏云升屋而號爲五帝時或爲三王時皇氏云中古也中古未有宮室皇說非也○故天望而地藏也者○天望謂始死望天而招魂地藏謂葬地以藏尸也○體魄則降知氣在上者覆釋所以天望地藏之意所以地藏者由體魄則降故也故以天望招之於天由知氣在上故也○故死者北首生者南鄉者體魄降入於地爲陰故死者北首歸陰之義死者既歸陰則生者南鄉歸陽也○皆從其初者謂今世飯腥直孰與死者北首生者南鄉之等非是今時始爲此事皆取法於上古中古而來故云皆從其初前文云燔黍捭豚謂中古之時次云及其死也似還論中古之死但中古神農未有宮室上棟下宇及在五帝以來此及其死也而云升屋則非神農時也故熊氏云及其死也以爲五帝時或爲三王時皇氏以爲及其死也還論中古時飯腥直孰謂五帝時故云然後其義非也

○昔者先王未有宮室冬則居營窟夏則居橧巢寒則累土暑則聚薪柴居其上○窟苦忽反橧本又作增又作曾同則登反樔本又作巢助交反未有火化食腥也食草木之實鳥獸之肉飲其血茹其毛未有麻絲衣其羽皮此上古之時也○茹音汝衣於既反○後聖有作作起然後脩火之利孰冶萬物范金鑄作器用○鑄之樹反合土瓦瓴甓及甒大○合如字徐音閤瓴音令甓步歷反甒音武大音泰甒大皆樽名以爲臺榭宮室牖戶榭器之所藏也○榭音謝本亦作謝牖音酉以炮裹燒之也○炮薄交反徐扶交反裹音果以燔加於火上○燔音煩以亨煑之鑊也○亨普伻反煑也下合亨同鑊戶郭反以炙貫之火上○炙之石反貫古亂反以爲醴酪烝釀之也酪酢酨○醴音禮酪音洛烝之承反釀女亮反酢七故反酨才再反徐祖冀反治其麻絲以爲布帛以養生送死以事鬼神上帝皆從其朔朔亦初也亦謂今行之然

疏昔者先王至其

朔○正義曰此一節更論上古之事昔者先王既云未有宮室則總是五帝之前云未有火化之事則唯爲伏犧之前以上文中古神農有火故也○冬則居營窟○者營累其土而爲窟地高則穴於地地下則窟於地上謂於地上累土而爲窟○夏則居橧巢者謂橧聚其薪以爲巢○飲其血茹其毛者雖食鳥獸之肉若不能飽者則茹食其毛以助飽也若漢時蘇武以雪雜羊毛而食之是其類也○後聖至其朔○正義曰此一節論中古神農及五帝幷三王之事各隨文解之○後聖有作者謂上古之後聖人作起○然後脩火之利者謂神農也火利言脩者火利先有用之簡少至神農更脩益使多故云脩知者以世本云燧人出火案鄭六藝論云燧人在伏犧之前凡六紀九十一代廣雅云一紀二十六萬七千年六紀計一百六十萬二千年也○范金合土者范金者謂爲形范以鑄金器合土者謂和合其土燒之以作器物○以爲臺榭宮室牖戶者謂五帝時也○以炮以燔以爲醴酪及治其麻絲以爲布帛之屬亦五帝時也○皆從其朔者謂今世所爲范金合土燒炙醴酪之屬非始造之皆倣法中古以來故云皆從其朔○注孰冶萬物○正義曰孰謂亨煑冶謂陶鑄也○注瓦瓴甓及甒大○正義曰檀弓云有虞氏之瓦棺釋器云瓴甋謂之甓○郭注云㼾塼也禮器云君尊瓦甒又明堂云泰有虞氏之尊此等皆燒土爲之○注榭器之所藏也○正義曰知者案宣十六年成周宣榭火公羊云樂器藏焉爾穀梁云樂器之所藏是也

○故玄酒在室醴醆在戶粢醍在堂澄酒在下陳其犧牲備其鼎俎列其琴瑟管磬鍾。鼓脩其祝嘏以降上神與。其先祖以正君臣以篤父子以睦兄弟以齊上下夫婦有所是謂承天之祜此言今禮饌具所因於古及其事義也粢讀爲齊聲之誤也周禮五齊一曰泛齊二曰醴齊三曰盎齊四曰醍齊五曰沈齊字雖異醆與盎澄與沈蓋同物也奠之不同處重古略近也祝祝爲主人饗神辭也嘏祝爲尸致福於主人之辭也祜福也福之言備也○醆側眼反粢依注爲齊才細反注五齊皆同醍音體嘏本或作假古雅反祜音戶粢讀音咨泛芳斂反徐音汎盎烏浪反【疏】故玄至之祜○正義曰此一節明祭祀因於古昔所供之物幷酒之所陳之處○玄酒在室者玄酒謂水也以其色黑謂之玄而大古無酒此水當酒所用故謂之玄酒以今雖有五齊三酒貴重古物故陳設之時在於室內而近北醴醆在戶醴謂醴齊醆謂盎齊以其後世所爲賤之陳列雖在室內稍南近戶故云醴醆在戶皇氏云醴在戶內醆在戶外義或然也其泛齊所陳當在玄酒南醍齊北雖無文約之可知也以熊氏崔氏並云此據禘祭用四齊不用泛齊也○粢醍在堂者以卑之故陳列又南近戶而在堂澄酒在下者澄謂沈齊也酒謂三酒事酒昔酒清酒之等稍卑之故陳在堂下也○陳其犧牲者謂將祭之夕省牲之時及祭日之旦迎牲而入麗於碑案特牲禮陳鼎于門外北面獸在鼎南東首牲在獸西西上北首其天子諸侯夕省牲之時亦陳於廟門外橫行西上○備其鼎俎者以牲貴於鑊鑊在廟門之外鼎隨鑊設各陳於鑊西取牲體以實其鼎舉鼎而入設於阼階下南。北陳之俎。設於鼎西以次載於俎也故云備其鼎俎案少牢陳鼎于廟門之外東方北面北上又云鼎入陳于東方。當序西面北上。俎皆設于鼎西是也○列其琴瑟者琴瑟在堂而登歌故書云搏拊琴瑟以咏是也○管磬鐘鼓者堂下之樂則書云下管鼗鼓笙鏞以間是也其歌鐘歌磬亦在堂下○脩其祝嘏者祝謂以主人之辭饗神嘏謂祝以尸之辭致福而嘏主人也○以降上神與其先祖者上神謂在上精魂之神即先祖也指其精氣謂之上神○指其亡親謂之先祖協句而言之分而爲二耳皇氏熊氏等云上神謂天神也○以正君臣者祭統云君在廟門外則疑於君入廟門則全於臣是以正君臣也○以篤父子者祭統云尸南面父北面而事之是以篤父子也睦兄弟者祭統云昭與昭齒穆與穆齒特牲云主人洗爵獻長兄弟衆兄弟是以睦兄弟也○以齊上下者祭統云尸飲五君洗玉爵獻卿尸飲七以瑤爵獻大夫是也○夫婦有所者禮器云君在阼夫人在房及特牲夫婦交相致爵是也○是謂承天之祜者言行上事得所則。承受天之祜福也○注此言至備也○正義曰今禮饌具所因於古者此玄酒在室及下作其祝號幷然後退而合亨皆是今世祭祀之禮醴醆犧牲之屬是饌具也用古玄酒醴醆是所以因於古故言今禮饌具所因於古也云及其事義者從玄酒以下至其先祖以上是事也以正君臣以下至承天之祜是義也云粢讀爲齊者案爾雅云粢稷也作酒用黍不用稷故知粢當爲齊聲相近而致誤引周禮五齊者是酒正文也鄭注云泛者成而滓浮泛泛然如今宜成醪矣醴猶體也成而汁滓相將如今恬酒矣盎猶翁也成而翁翁然蔥白色如今酇白矣緹者成而紅赤如今下酒矣沈者成而滓沈如今造青矣云醆與盎澄與沈蓋同物者以酒正文醴緹之間有盎此醴醍之間有醆又周禮緹齊之下有沈齊此醍齊之下有澄齊故云醆與盎澄與沈蓋同物也案此注澄是沈齊案酒正注澄酒是三酒二注不同故趙商疑而致問鄭答之云此本不誤轉寫益澄字耳如鄭所答是轉寫酒正之文誤益澄字當云酒三酒也則是與禮運注同然案坊記云醴酒在室醍酒在堂澄酒在下示民不淫也注云淫猶貪也又以澄爲清酒田瓊疑而致問鄭答之云禮運云醴醆醍澄各是一物皆不言酒故推其意澄爲沈齊酒爲三酒坊記云醴也醍也澄也皆言酒故因注云澄酒清酒也其實沈齊也如鄭此言坊記所云醴酒醆酒五齊亦言酒則澄酒是沈齊也是五者最清故云澄酒非。爲三酒之中清酒也是與禮運不異也云奠之不同處重古略近者奠之或在室或在堂或在下是不同處古酒奠於室近酒奠於堂或奠於下是重古略近云祝祝爲主人饗神辭者案特牲少牢禮云祝稱孝孫某用薦歲事于皇祖伯某尚饗是祝爲主人饗神辭云嘏祝爲尸致福於主人之辭者此下云嘏以慈告詩小雅云錫爾純嘏子孫其湛是致福於主人之辭也云祜福也者釋詁文福之言備郊特牲文言嘉慶備具福之道也其用酒之法崔氏云周禮大祫於大廟則備五齊三酒朝踐王酌泛齊后酌醴齊饋食王酌盎齊后酌醍齊朝獻王酌泛齊因朝踐之尊再獻后酌醍齊因饋食之尊諸侯爲賓則酌沈齊尸酢王與后皆還用所獻之齊賓長酳尸酢用清酒加爵亦用三酒大禘則用四齊三酒者醴齊以下悉用之故禮運云玄酒在室醴醆在戶粢醍在堂澄酒在下用四齊者朝踐王酌醴齊后酌盎齊饋食王酌醍齊后酌沈齊朝獻王酌醴齊再獻后還酌沈齊亦尊相因也諸侯為賓亦酌沈齊用三酒之法如祫禮也四時之祭唯二齊三酒則自祫禘以下至四時祭皆通用也二齊醴盎也
故鄭注司尊彝四時祭法但云醴盎而已用二齊者朝踐王酌醴齊后亦酌醴齊饋食王酌盎齊后亦酌盎齊朝獻王還用醴齊再獻后還用盎齊亦尊相因
也諸侯為賓亦酌盎齊三酒同於祫三酒所常同不差者三酒本為王以下飲故尊卑自有常依尊卑之常不得有降祫禘時祭本明所用總有多少故正祭
之齊有差降也魯及王者之後大祫所用。與。五禘之禮同若禘與王四時同用三酒亦同於王侯伯子男祫禘皆用二齊醴盎而已三酒則並用用二齊之法
朝踐君。夫。人酌醴齊饋食君夫人酌盎齊朝獻君還酌醴齊再獻夫人還酌盎齊諸臣為賓酌盎齊尸酢君夫人用昔酒酢諸臣用。事酒加爵皆清酒時祭之
法用一齊故禮器云君親。制祭夫人薦盎鄭云謂朝事時也又云君親割牲夫人薦酒鄭云謂進孰時也其行之法朝踐君。制祭則夫人薦盎為獻進孰時君
親割夫人薦酒朝獻時君酌盎齊以酳尸再獻時夫人還酌酒以終祭也賓獻皆酒加爵如禘祫之禮天子諸侯酌奠皆用齊酒卿大夫之祭酌奠皆用酒其
祫祭之法既備五齊三酒以實八尊祫祭在秋案司尊彝秋嘗冬烝朝獻用兩著尊饋獻用兩壺尊則泛齊醴齊各以著尊盛之盎齊醍齊沈齊各以壺尊盛
之凡五尊也又五齊各有明水之尊凡十尊也三酒三尊各加玄酒凡六尊也通斝彝盛明水黃彝盛鬱鬯凡有十八尊故崔氏云大祫祭凡十八尊其明水
鬱鬯陳之各在五齊三酒之上祭日之旦王服袞冕而入尸亦袞冕祝在後侑之王不出迎尸故祭統云君不迎尸所以別嫌也尸入室乃作樂降神故大司
樂云凡樂。圜鐘為宮九變而。降人鬼是也乃灌故書云王入大室裸當灌之時衆尸皆。同。在。太廟中依次而灌所灌鬱鬯小宰注云尸祭之啐之奠之是為一
獻也王乃出迎牲后從灌二獻也迎牲而入至於庭故禮器云納牲詔於庭王親執鸞刀啓其毛而祝以血毛告於室故禮器云血毛詔於室凡牲則廟各別
牢故公羊傳云周公白牡魯公騂犅案逸禮云毀廟之主昭共一牢穆共一牢於是行朝踐之事尸出於室太祖之尸坐於尸西南面其主在右昭在東穆在

西相對坐主各在其右故鄭注祭統云天子諸侯之祭朝事延尸於戶外是以有北面事尸之禮祝乃取牲膟膋燎于爐炭入以詔神於室又出以墮于主前郊特牲云詔祝於室坐尸於堂是也王乃洗肝於鬱鬯而燔之以制於主前所謂制祭次乃升牲首於室中置於北墉下后薦朝事之豆籩乃薦腥於尸主之前謂之朝踐卽此禮運薦其血毛腥其俎是也王乃以玉爵酌著尊泛齊以獻尸三獻也后又以玉爵酌著尊醴齊以亞獻四獻也乃退而合亨至薦孰之時陳於堂故禮器云設饌於堂乃後延主入室太祖東面昭在南面穆在北面徙堂上之饌於室內坐前祝以斝爵酌奠於饌南故郊特牲注云天子奠斝諸侯奠角卽此之謂也既奠之後又取腸間脂焫蕭合馨薌郊特牲注云奠謂薦孰時當此大合樂也自此以前謂之接祭乃迎尸入室舉此奠斝主人拜以妥尸故郊特牲云舉斝角拜妥尸是也后薦饌獻之豆籩王乃以玉爵酌壺尊盎齊以獻尸爲五獻也后又以玉爵酌壺尊醴齊以獻尸是六獻也於是尸食十五飯訖王以玉爵因朝踐之尊泛齊以酳尸爲七獻也故鄭云變朝踐云朝獻尊相因也朝獻謂此王酳尸因朝踐之尊也后乃薦加豆籩尸酌酢主人主人受嘏王所以獻諸侯於是后以瑤爵因酌饋食壺尊醍齊以酳尸爲八獻也鄭注司尊彝云變再獻爲饋獻者亦尊相因也再獻后酳尸獻謂饋食時后之獻也於時王可以瑤爵獻卿也諸侯爲賓者以瑤爵酌壺尊醍齊以獻尸爲九獻九獻之後謂之加爵案特牲有三加則天子以下加爵之數依尊卑不秖三加也故特牲三加爵别有嗣子舉奠文王世子諸侯謂之上嗣舉奠亦當然崔氏以爲后獻皆用爵又以九獻之外加爵用璧角璧散今案內宰云后祼獻則贊瑤爵亦如之鄭注云瑤爵謂尸卒食王既酳尸后亞獻之始用瑤爵則后未酳尸以前不用也又鄭注司尊彝云王酳尸用玉爵而再獻者用璧角璧散可知此璧角璧散則瑤爵也崔氏乃云正獻之外諸臣加爵用璧角璧散其義非也其禘祭所用四齊者禘祭在夏醴齊盎齊盛以犧尊醍齊沈齊盛以象尊王朝踐獻用醴齊后亞獻用盎齊王饋獻用醍齊后亞獻用沈齊尸卒食王酳尸因朝踐醴齊后酳尸因饋食沈齊諸臣爲賓獻亦用沈齊禘祭無降神之樂熊氏以

為大祭皆有三始有降神之樂又未毀廟者皆就其廟祭之其餘皆如祫祭之禮天子時祭用二齊者春夏用犧尊盛醍齊用象尊盛沈齊秋冬用著尊盛醴齊用壺尊盛盎齊是一齊用一尊司尊彝皆云兩者以一尊盛明水故皆云兩若禘祫之祭其齊既多不得唯兩而已前已備釋也時祭唯用二齊其諸侯用齊及酒皆視天子具如前說其魯及王者之後皆九獻其行之法與天子同侯伯七獻朝踐及饋獻時君皆不獻於九獻之中減二故爲七獻也禮器云君親制祭夫人薦盎君親割牲夫人薦酒是也子男五獻者亦以薦腥饋孰二君皆不獻酳尸之時君但一獻而已九獻之中去其四故爲五此皆崔氏之說今案特牲少牢尸食之後主人主婦及賓備行三獻主婦因獻而得受酢今子男尸食之後但得一獻夫人不得受酢不如卿大夫理亦不通蓋子男饋孰以前君與夫人並無獻也食後行三獻通二灌爲五也禮器所云自據侯伯七獻之制也一曰尸酢侯伯子男亦用所獻之齊也○作其祝號玄酒以祭薦其血毛腥其俎孰其殽與其越席疏布以冪衣其澣帛醴醆以獻薦其燔炙君與夫人交獻以嘉魂魄是謂合莫此謂薦上古中古之食也周禮祝號有六一曰神號二曰鬼號三曰祇號四曰牲號五曰齍號六曰幣號號者所以尊神顯物也腥其俎謂豚解而腥之及血毛皆所以法於大古也孰其殽謂體解而爓之此以下皆所法於中古也越席翦蒲也冪覆尊也澣帛練染以爲祭服嘉樂也莫虛無也孝經說曰上通無莫○祝之六反徐之又反注同殽本或作肴戶交反越音活注同字書作趏杜元凱云結草幂本又作鼏同莫歷反衣於既反澣戶管反示號音祇本又作祇蠶音咨皇云黍稷大音太下大史同爓似廉反染如豔反又如琰反樂音洛也○然後退而合亨體其犬豕牛羊實其簠簋籩豆鉶羹祝以孝告嘏以慈告是謂大祥此謂薦今世之食也體其犬豕牛羊謂分別骨肉之貴賤以爲衆俎也祝以孝告嘏以慈告各首其義也祥善也今世之食於

人道爲善也○鈃本又作鉶音刑盛和羹器形如小鼎羹音庚舊音衡別彼列反下文同此禮之大成也解子游以禮所成也

疏作其祝號至是謂合莫○正義曰此一節明祭祀用上古中古之法也玄酒以祭薦其血毛腥其俎此是用上古也孰其殽以下用中古也作其祝號者謂造其鬼神及牲玉美號之辭。史。祝稱之以告鬼神故云作其祝號○玄酒以祭者謂朝踐之時設此玄酒於五齊之上以致祭鬼神此重古設之其實不用以祭也薦其血毛者亦朝踐時延尸在堂祝以血毛告於室也○腥其俎者亦謂朝踐時既殺牲以俎盛肉進於尸前也○孰其。殽骨體也孰謂以湯爓之以其所爓骨體進於尸前也○與其越席至澣帛皆謂祭初之時越席謂蒲席疏布謂鸁布若依周禮越席疏布是祭天之物此經云君與夫人則宗廟之禮也此蓋記者雜陳夏殷諸侯之禮故雖宗廟而用越席疏布也○衣其澣帛者謂祭服練帛染而爲之醴醆以獻者朝踐之時用醴饋食之時用醆○薦其燔炙者謂燔肉炙肝案特牲禮主人獻尸賓長以肝從主婦獻尸賓長以燔從則此君薦用炙也夫人薦用燔是也皇氏云燔謂薦孰之時焫蕭合馨薌知不然者案詩楚茨云或燔或炙鄭云燔燔肉也炙炙肝也則知此燔炙亦然皇說非也君與夫人交獻第一君獻第二夫人獻第三君獻第四夫人獻是君與夫人交錯而獻也○以嘉魂魄者謂設此在上祭祀之禮所以嘉善於死者之魂魄是謂合莫謂虛無寂寞言死者精神虛無寂寞得生者嘉善而神來歆饗是生者和合於寂寞但禮運之作因魯之失禮孔子乃爲廣陳天子諸侯之事及五帝三王之道其言雜亂或先或後其文不次舉其大綱不可以一代定其法制不可以一槩正其先後若審此理則無所疑惑○注周禮至無莫○正義曰案周禮大祝辨六號一曰神號注若皇天上帝二曰鬼號注若皇祖伯某三曰祇號若后土地祇四曰牲號若牛曰一元大武五曰齍號若稷曰明粢六曰幣號若幣曰量幣是也云號者所以尊神顯物者其神號鬼號祇號是尊神也牲號齍號幣號是顯物也云腥其俎謂豚解而腥之者案士喪禮小斂之奠載牲體兩髀兩肩兩胉幷脊凡七體也士虞禮主人不視豚解注云豚解解前後脛脊脅而已是豚解七體也案特牲少牢以薦孰為始之時皆體解無豚解以無朝踐薦腥故也其天子諸侯既有朝踐薦腥故知腥其俎之為豚解云孰其殽謂體解而爓之者體解則特牲少牢所升於俎以進神者是也案特牲九體肩一臂二臑三肫四胳五正脊六橫脊七長脅八短脅九少牢則十一體加以脡脊代脅為十一體也是分豚為體解此孰其殽謂體解訖以湯爓之不全孰次於腥而薦之堂故祭義曰爓祭祭腥而退是也此則腥以法上古爓法中古也云澣帛練染以為祭服者此亦異代禮也周禮則先染絲乃織成而為衣故玉藻云士不衣織云孝經說曰上通。無莫者孝經緯文言人之精靈所感上通元氣寂寞引之者證莫為虛。無。正本元字作。無謂虛無寂寞義或然也○然後至大祥○正義曰論祭饋之節供事鬼神及祭末獻賓幷祭竟燕飲饗食賓客兄。弟然後退而合亨者前明薦爓既未孰今至饋食乃退取鼎爓肉更合亨之令孰擬更薦尸又尸俎唯載右體其餘不載者及左體等亦於鑊中亨煮之故云合亨體其犬豕牛羊者亨之既孰乃體別骨之貴賤以為衆俎供尸及待賓客兄弟等體其犬豕牛羊謂分別骨之貴賤以為衆俎知非尸前正俎者以此經所陳多是祭末之事若是尸前正俎當云是謂合莫不得云是謂大祥既是人之祥善故為祭末饗燕之衆俎也實其簠簋籩豆鉶羹者此舉事尸之時所供設也若籩豆亦兼據賓客及兄弟之等故特牲少牢賓及衆賓兄弟之等皆有籩豆及俎是也○祝以孝告嘏以慈告者此論祭祀祝嘏之辭案少牢祝曰孝孫某敢用柔毛剛鬣嘉薦普淖用薦歲事于皇祖伯某以某妃配某氏尚饗是祝以孝告少牢又云主人獻尸祝嘏主人云皇尸命工祝。丞致多福無疆于女孝孫來女孝孫使女受祿于天宜稼于田眉壽萬年勿替引之是嘏以慈告言祝嘏於時以神之恩慈而告主人○是謂大祥者祥善也謂饋食之時薦今世之食於人道為善故為大祥○注各首其義者○正義曰首猶本也孝子告神以孝為首神告孝子以慈為首各本祝嘏之義也○

○孔子曰於呼哀哉我觀周道幽厲傷之吾舍魯何適矣政亂禮失以為魯尚愈○於音烏呼好奴反舍音捨下舍禮皆同○魯之郊

禘非禮也周公其衰矣非猶失也魯之郊牛口傷鼷鼠食其角又有四卜郊不從是周公之道衰矣言子孫不能奉行興之○禘大計反鼷音兮【疏】孔子至適矣○正義曰此明孔子歎意前始發歎未言自歎之意子游有問即隨問而答答事既畢故更述其所懷於呼哀哉是傷歎之辭言觀周家文武之道以經幽厲之亂傷此禮儀法則無可觀瞻唯魯國稍可吾捨此魯國更何之適而觀禮乎言魯國尚愈愈勝也言尚勝於餘國故韓宣子適魯云周禮盡在魯矣○魯之郊禘至其衰矣○魯合郊禘也非是非禮但郊失禮則牛口傷禘失禮躋僖公○注非猶至興之○正義曰郊牛口傷宣三年經文鼷鼠食其角成七年經文四卜郊不從僖三十一年經文言子孫不能承奉興行周公之道故致使郊牛有害卜郊不從○杞之郊也禹也宋之郊也契也是天子之事守也先祖法度子孫所當守○契息列反故天子祭天地諸侯祭社稷○祝嘏莫敢易其常古是謂大假假亦大也不敢改其常古之法度是謂大大也將言今不然○【疏】杞之至守也○正義曰杞郊禹宋郊契蓋是夏殷天子之事杞宋是其子孫當所保守勿使有失案祭法云夏郊鯀殷郊冥今杞郊禹宋郊契者以鯀冥之德薄故更郊禹契蓋時王所命也○祝嘏至大假○正義曰言天子諸侯所祭之時祝以主人之辭而告神神以嘏福而與主人二者皆依舊禮無敢易其常事古法是謂大假假大也既不敢易法是於禮法大中之大謂大大之極也○注假亦至不然○正義曰假大也釋詁文以經既有大字故云假亦大也從此以前皆論法於古道則爲善故上文承天之祜次文是謂合莫又次云是謂大祥又次文是謂大假皆論其善也所以論其善者將欲論其惡故也鄭云將言今不然今謂孔子之時也禮廢政壞不如大祥大祥假之等自此以下皆論今時之惡故下云是謂幽國是謂僭君是也○祝嘏辭說藏於宗祝巫史非禮也是謂幽國藏於宗祝巫史言君不知有也幽國闇者君與大夫俱不明也【疏】祝嘏至幽國○正義曰謂主人之辭告神

嘏謂口之辭致福告於主人皆從古法依舊禮辭說當須以法用之於國今乃棄去不用藏於宗祝巫史之家乃更改易古禮自為辭說非禮也而國之君臣
秖闇今日祝嘏之辭不知古禮舊說當是君臣俱闇故云是謂幽國醆斝及尸君非禮也是謂僭君僭禮之君也醆斝先王之
爵也唯魯與王者之後得用之耳其餘諸侯用時王之器而已醆斝古雅反又音嫁爵名也夏曰醆殷曰斝周曰爵【疏】醆斝至僭君○正義曰醆是夏爵斝
是殷爵若是夏殷之後祭祀之時得以醆斝及於尸君其餘諸侯於禮不合今者諸侯等祭祀之時乃以醆斝及於尸君非禮也此諸侯乃是僭禮之君○注
醆斝至用之○正義曰案明堂位云夏曰醆殷曰斝是先王之爵也天子有六代之樂王者之後得用郊天故知唯天子王者之後得用之其餘諸侯用時王
之器而已此醆斝謂祭祀尸未入之時祝酌奠於鉶南者也故郊特牲云舉斝角是也若尋常獻尸則用王爵耳○○冕弁兵革藏於私
家非禮也是謂脅君劫脅之君也冕弁君之尊服兵革君之武衛及軍器也○脅許劫反【疏】冕弁至脅君○正義曰冕弁兵革藏於私
家非禮者私家大夫以下稱家冕是衮冕弁是皮弁冕弁是朝廷之尊服兵革是國家防衛之器而大夫私家藏之故云非禮也○是謂脅君脅劫脅也私藏
公物則見此君恆被臣之劫脅○大夫具官祭器不假聲樂皆具非禮也是謂亂國臣之奢富儗於國君
敗亂之國也孔子謂管仲官事不攝焉得儉○儗音擬焉於虔反○【疏】大夫至亂國○正義曰大夫具官者天子六卿諸侯三卿卿大夫若有地者則置官
一人用兼攝羣職不得官官各須具足如君也故孔子譏管仲云官事不攝焉得儉是也○祭器不假者凡大夫無地則不得造祭器有地雖造而不得具足
並須假借若不假者唯公孤以上得備造故周禮四命受器鄭云此公之孤始得有祭器者也又云王之下大夫亦四命○聲樂皆具者大夫自有判縣之樂
而不得如三桓舞八佾一曰大夫祭不得用樂者故少牢饋食無奏樂之文唯君賜乃有之非禮也者若大夫並為上事則為非禮也○是謂亂國者大夫為

此上諸事與君相敵乃是敗亂之國也○故仕於公曰臣仕於家曰僕三年之喪與新有昏者期不使以衰裳入朝與家僕雜居齊齒非禮也是謂君與臣同國臣有喪昏之事而不歸反服其衰裳以入朝或與僕相等輩而處是謂君臣共國無尊卑也有喪昏不歸唯君耳臣有喪昏當致事而歸僕又不可與士齒○期居其反朝直遙反注同或與僕相息亮反一讀如字則連下爲句等輩卜內反○

疏故。仕。至同。國○正義曰仕於公曰臣者公是諸侯之號臣是至賤之稱今若仕於諸侯其自稱以至賤之辭而曰臣自貶退也○仕於家曰僕者謂卿大夫之僕又賤於臣若仕於大夫之家。卽自稱曰僕彌更卑賤也三年之喪與新有昏者期不使者若君有喪昏則恆在於國不歸臣有喪昏則歸鄉家一期之間不復使役也故云期不使○以衰裳入朝與家僕雜居齊齒非禮也者今臣之有喪乃不致事身著衰裳而入君朝或與家臣之僕錯雜而居齊齒等輩是爲非禮也○是謂君與臣同國者君之喪昏而在國臣有喪昏而不歸家亦在國是君與臣同國又臣是卿大夫與僕雜居且臣是君之臣僕是臣之僕今卿大夫與僕雜居尊卑無別亦是君臣共國也○故天子有田以處其子孫諸侯有國以處其子孫大夫有采。以處其子孫是謂制度言今不然也春秋昭元年秦伯之弟鍼出奔晉刺其有千乘之國不能容其母弟○鍼其廉反又祇廉反乘時證反故天子適諸侯必舍其祖廟而不以禮籍入是謂天子壞法亂紀以禮籍入謂大史典禮執簡記奉諱惡也天子雖尊舍人宗廟猶有敬焉自拱。勑也○壞音怪惡烏路反拱徐居勇反後拱持同○諸侯非問疾弔喪而入諸臣之家是謂君臣爲謔無故而相之是戲謔也陳靈公與孔。寗儀行父數如夏氏以取。弒。焉○謔許約反寗本又作寧案左傳作寗公羊作甯各依字讀父音甫數色角反取殺申志反又如字

疏故。天。子。至。爲謔○正義曰

天子有田以處其子孫者案王制云天子之田方千里是也以處其子孫者謂子孫若有功德者封爲諸侯無功德直食邑於畿內也○諸侯有國以處其子孫者謂諸侯子孫封爲卿大夫若有。其大功德其子孫亦有采地故左傳云官有世功則有官族邑亦如之是處其子孫○大夫有采地以處其子孫者大夫位卑不合割其采地以處子孫但大夫以采地之祿養其子孫故云以處其子孫然從是謂幽國以下皆論其臣惡今此云是謂制度而論其善者此論古之制度如此今日則不然。謂今惡起文故云是謂制度非論今日之好故注云言今不。言然也○注昭元至母弟○正義曰此所引春秋昭元年公羊傳文引之者證諸侯有國處子孫之義譏秦伯不然也○注陳靈至弑焉○正義曰此宣十年左傳文陳靈公與孔寧儀行父通於夏徵舒之母夏姬公謂孔寧儀行父曰徵舒似女行父對曰亦似君徵舒病之公出自其廏射而殺之二子奔楚後楚殺徵舒立成公是取弒也○是故禮者君之大柄也所以別嫌明微儐鬼神考制度別仁義所以治政安君也疾今失禮如此爲言禮之大義也柄所操以治事○柄兵命反儐必刃反治政皇如字徐直吏反下文注以治事同爲于僞反下又爲遂爲皆同操士刀反○故政不正則君位危君位危則大臣倍小臣竊刑肅而俗敝則法無常法無常而禮無列禮無列則士不事也刑肅而俗敝則民弗歸也是謂疵國。又爲言政失君危之禍敗也肅駿也疵病也○倍步內反敝音弊本亦作弊疵才斯反峻恤俊反○【疏】是。故。至。君。也正義曰此一經疾時失禮致此在上禍敗之事故言禮之大義禮者君之大柄者言人君治國須禮如巧匠治物執斤斧之柄○所以別嫌明微者此以下亦並明用禮爲柄之事使寡婦不夜哭是別嫌君子表微是明微也○儐鬼神者以接賓以禮曰儐以郊天祀地及一切神明是儐鬼神也○考制度者考成也制度爲廣狹丈尺以禮成之也○別仁義者仁生義殺各使中禮有分別也○所以治政安君也者用禮爲柄如前諸事故治國得政君獲安存故孝經云安上治民莫善於禮○大臣。至。俗。儆○正義曰大臣謂大夫以上倍謂倍君行私也或有屢諫不聽皆越關倍君而去○小臣竊者小臣士以下竊者盜也職闇位卑但爲竊盜府庫之事○刑肅而俗儆則法無常者肅駿急也儆凋殘也君位已危大臣又倍小臣盜竊愚君無奈此何唯知暴怒急行刑罰故云刑肅上下乖離故云俗儆俗儆刑肅故法教無常○注肅駿也疵病也○正義曰案釋。詁文云肅駿俱訓爲疾是肅爲駿也釋。詁文又云疵病也疵國者君既危於上臣又叛於下刑肅嚴重風俗凋儆皆。國之病故云疵國

○故政者君之所以藏身也於此又遂爲之言政也藏謂。輝光於外而形體不見若日月星辰之神○輝音揮見賢遍反○是故夫政必本於天殽以降命降下也殽天之氣以下教令天有運移之期陰陽之節也○殽戶教反注及下同○之命降于社之謂殽地謂教令由社下者也社土地之主也周禮土會之法有五地之物生○會古外反○降于祖廟之謂仁義謂教令由祖下者大傳曰自禰率而上至于祖遠者輕仁也自祖率而下至于禰高者重義也○上時掌反下上配上生皆同降於山川之謂興作謂教令由山川下者也山川有草木禽獸可作器物共國事○共音恭○降於五祀之謂制度謂教令由五祀下者五祀有中霤門戶竈行之神此始爲宮室制度此聖人所以藏身之固也政之行如此何用城郭溝池之爲○

疏故。政。至。固。也正義曰此一節以上文云政之不正則國亂君危此則廣言政之大理本於天地及宗廟山川五祀而來所來既重故君用之得藏身安固也○故政者君之所以藏身也者故因上起下之辭人君身在於中施。政於外人但見其政不見其身若政之。美盛則君身安靜故云政者所以藏身也鄭云藏謂輝光於外而形體不見若日月星辰之神是也○是故夫政必本於天是故謂政是藏身之固其事既重所施教令必本於天而來天有運移若星辰圍遶北極氣有陰陽若冬夏之有寒暑○殽以降命者殽效也言人君法效天氣以降

下政教之命效星辰運轉於北極爲昏媾姻亞效天之陰陽寒暑爲刑獄賞罰是殽以降命○命降于社之謂殽地者上云政本於天此論政降於地上既云必本於天殽以降命此亦當云必本於地殽以降命但上文既具故此略而變文直云命降于社之謂殽地命者政令之命降下於社謂從社而來以降民也社即地也指其神謂之社指其形謂之地法社以下教令故云謂殽地地有五土生物不同人君法地亦養物不一也○降于祖廟者此亦政教之命降下於民由祖廟而來謂法祖以下政令○之謂仁義者父親仁也祖尊義也言法此父祖施仁義於民也上云命降于社之謂殽地此亦當云命降于祖之謂殽法廟以上文既具故此又略而變文與上不同自下皆然也○降於山川者謂所施政令之命下於民者從山川而來謂法效山川以爲教令也之謂興作者山川有草木鳥獸可作器物人君法山川以興作其物也○降於五祀者所施政令降於民者從五祀而來謂法此五祀之神以施政令也○之謂制度者初造五祀之人既立中霤門戶竈行大小形制各有法度後王所以取爲制度等級也此聖人所以藏身之固也者政既法天地法祖廟山川五祀所重若此謹慎行之所以藏其身而堅固○注殽天至之節○正義曰案昭二十五年左傳云禮者天之經地之義爲父子兄弟昏媾姻亞以象天明爲溫慈惠和以效天之生殖長育爲刑罰威獄以類其震曜殺戮此注云天有運移之期陰陽之節總包之也皆法天之所爲以下教令也○注社土至物生○正義曰下云社者神地之道此云土地之主主則神也土會之法有五地之物生者此大司徒文五地則山林川澤丘陵墳衍原隰各有所生五地總生萬物人君法之施政令亦總養萬民也○注大傳至義也○正義曰引此者證祖禰廟有仁義也云自禰率而上至于祖遠者輕仁也者自用也率循也言用禰之仁依循而上以至於祖遠者恩愛漸輕是據仁恩也自祖率而下至於禰高者重義也者言用祖之義依循而下以至于禰高者尊重是義事也祖廟之中自然有此仁義人君法之施此仁義教令以教下民也○注五祀至制度○正義曰此五祀鄭云有中霤門戶竈行之神此始爲宮室制度者如鄭此言則五祀神者謂初造五祀之神

此人造五祀有其制度後王法此人之神更爲制度此人造五祀非五祀本神也其五祀亦自然有其虛無之神非後王所取法也故此不言之○注政之至之爲○正義曰言政之行若能如此法天陰陽使賞罰得所法地高下令尊卑有序法之祖廟而行仁義法之山川五祀而爲興作制度若能如此則民懷其德禍害不來何所防禦故云何用城郭溝池之爲言不用城郭溝池也

附釋音禮記注疏卷第二十一

禮記注疏卷二十一校勘記

阮元撰盧宣旬摘錄

禮運第九

以曾子所問事類既煩雜　惠棟校宋本同閩本所誤問問事二字闕監毛本所問事誤問篇之

昔者仲尼與於蜡賓節　惠棟校云昔者節大道節今大道節宋本合爲一節

志謂識古文　閩監毛本同岳本同嘉靖本同衛氏集說同考文引古本足利本古下有之字

昔者至而嘆　惠棟校宋本無此五字

舊縣法象使民觀之處　閩本同惠棟校宋本同監本象下衍魏字衛氏集說同毛本衍魏字舊誤二

以其縣法象魏魏巍也　監毛本如此此本一魏字脫閩本同考文引宋板同

字子游魯人也　閩監毛本同齊召南云魯人當作吳人今常熟縣即子游故里

謂廣大道德之行五帝時也　惠棟校宋本同閩監毛本大道德三字闕

幷與夏殷周三代英異之主　考文引宋板同監毛本殷作啓閩本殷周三字闕

未猶不也逮猶及也　監毛本同閩本不也逮三字闕

雖然不見大道　惠棟校宋本同閩監毛本不見大三字闕

尚可知於前代也惠棟校宋本同閩監毛本前代也三字闕

周公此大道在禹湯之前惠棟校宋本同閩監毛本周公此大道五字闕

案辨名記云惠棟校宋本同閩監毛本記云二字闕

萬人曰傑監毛本同考文引宋板同閩本人曰二字闕

是俊選之尤異者惠棟校宋本同閩本是字闕監毛本是誤而

大道之行也節

矜寡孤獨廢疾者閩監毛本同岳本同嘉靖本同石經廢作癈衛氏集說同○按癈爲正字廢爲假借字

不必藏於己閩監毛本同嘉靖本同惠棟校宋本巳作己宋監本同石經同岳本同衛氏集說同下爲己並同

大道至大同閩監毛本如此此本下大字脫

脩習睦親也閩監毛本同惠棟校宋本習下有也字

禪位授聖謂堯授舜也閩監本同毛本謂作是

謂不以天位爲己家之有而授子也惠棟校宋本有而字此本而字脫閩監毛本同

不以瞽叟爲祖宗閩監本同毛本祖宗二字倒

是無吝留之心閩毛本畱作惜監本亦作惜吝誤客

今大道既隱節

敦朴之本也教令之稠宋監本同毛本同岳本同嘉靖本同考文引宋板同衛氏集說同閩本本也教三字闕監本闕本也二字

盜賊多有監毛本同岳本同嘉靖本同衛氏集說同閩本盜賊多三字闕

正義曰前明五帝已竟惠棟校宋本無正義曰三字

此明三代俊英之事閩監毛本同衛氏集說同惠棟校宋本事下有也字

城內城郭外城也監毛本如此衛氏集說同無也字此本外下城字脫閩本同考文引宋板外城作城外

溝池城之壍閩監本同衛氏集說同毛本壍作塹

雖在富貴埶位閩監本同毛本埶作勢

對士文云事君閩本同監毛本文作又

故云兵由此起也監毛本作由此本由誤猶閩本同

言偃復問曰如此乎禮之急也節

言偃至正也惠棟校宋本無此五字

證人若無禮惠棟校宋本如此此本脫無字閩監毛本有無字脫若字

臣子無禮之人閩監毛本同許宗彥校子下增刺字

列於鬼神閩監毛本神下有者字

言聖人制禮閩監毛本人作王下聖人既法同

布列法於鬼神惠棟校宋本如此此本列下有空闕閩監毛本補效字

謂法於鬼神以制禮閩監毛本無於字

教民報上之義補閩監毛本報作嚴

曉達喪禮惠棟校宋本如此衞氏集說同此本脫喪字閩監毛本喪誤於

聘是臣之事君閩監毛本有君字衞氏集說同此本君字闕

昭二十五年左傳文惠棟校宋本如此此本文誤云閩監毛本文下增云字衞氏集說同

是取與作於山川鬼神也閩監毛本與作下有法度二字

下文云降於五祀之謂制度閩監毛本如此此本文上衍也字云上衍又字

始謂中霤門戶竈行之法閩監毛本同浦鏜校謂改爲

下文又云必本於天監毛本如此此本又云作云又惠棟校宋本作又有閩本同

此文本天效地之下毛本同閩監本效作斅惠棟校宋本文作又

以制禮既卑惠棟校宋本同閩監本卑作畢衞氏集說同毛本畢作降

故鄭解此云惠棟校宋本有解字此本解字脫閩監毛本同

聖聖人參於天地補案聖聖誤重

其義非也惠棟校宋本此下標禮記正義卷第二十九終記云凡二十三頁

言偃復問曰夫子之極言禮也節惠棟校云言偃節夫禮節昔者先王節故元酒節作其祝號節宋本合爲一節○惠棟校宋本自此節起至故人者其天地之德節止爲第三十卷卷首題禮記正義卷第三十

言偃至觀之惠棟校宋本無此五字

故觀其夏道可成以不閩本同監毛本以作與

卽下云夫禮之初以下是也惠棟校宋本同閩監本下是也三字闕毛本三字亦闕又禮誤節初誤所

觀此夏禮堪成與不惠棟校宋本同閩監毛本禮堪成與四字闕

以下云而不足徵○注杞監毛本同考文引宋板同閩本足徵○注四字闕

珍倣宋版印

武王下車而封夏后氏之後監毛本同考文引宋板同閩本封夏后氏四字闕

求夏后之後監毛本如此惠棟校宋本后下有氏字

而得東樓公封之於杞惠棟校宋本同閩監毛本東樓公封四字闕

徵驗之義故爲成惠棟校宋本同閩監毛本驗之義故四字闕

而云無賢君不足與成者監毛本同考文引宋板同閩本賢君不足四字闕

先言坤者熊氏云惠棟校宋本有云字此本脫閩監毛本同

黄帝墳典閩監毛本同齊召南校黄改皇按齊校是也孔安國尚書序云三皇之書謂之三墳五帝之書謂之五典

夫禮之初節

以水桃釋黍米閩監毛本桃作洮衞氏集說同

以鬼神享德不享味也閩監毛本享作饗衞氏集說同

凷堛也廣雅文閩監毛本同惠棟校宋本文作云非也

釋所以天望地藏之意閩監本同毛本意作義

故以天望招之於天閩監本同毛本招誤拓考文引宋本故作所

與死者北首　閩監毛本同惠棟校宋本與作及

前文云燔黍捭豚謂中古之時　惠棟校宋本同閩監毛本燔黍捭豚謂中古之八字闕

但中古神農未有宮室上棟下宇　惠棟校宋本同閩監毛本中古神農未有宮室八字闕

及在五帝以來　閩監毛本同浦鏜校及改乃

以爲五帝時或爲三王時皇氏以爲　惠棟校宋本同閩監毛本時或爲三王時皇氏以九字闕

昔者先王節

夏則居橧巢　閩監毛本同石經同岳本同嘉靖本同衞氏集說同釋文出居橧云本又作增又作曾同則登反出樔云本又作巢考文引古本足利本橧作櫓洪頤煊九經古義補云按太平御覽五十五引作櫓家語問禮篇亦作櫓劉熙釋名云櫓露也露上無屋覆也左傳楚子登巢車以望晉軍杜注云巢車車上加櫓孔氏正義引說文云轈兵高車加巢以望敵也櫓澤中守草樓也巢與櫓皆樓之別名今本作橧傳寫之誤

寒則累土暑則聚薪柴居其上　毛本同岳本同嘉靖本同衞氏集說本同閩監本十二字闕按此節閩監本經注多闕合土以下至節末全闕毛本已完補

然後脩火之利　閩監本同石經同岳本同嘉靖本同衞氏集說同毛本脩作修

孰冶萬物　閩監毛本同嘉靖本同衞氏集說同考文引古本足利本冶作治按冶非也此本疏亦作治字之誤也

瓦甒甈及瓶大毛本同岳本同嘉靖本同釋文出令甈及甂大也考文云甂大下有也字

以爲臺榭宮室牖戶石經同岳本同嘉靖本同衛氏集說同毛本牖誤牗

榭器之所藏也此以爲臺榭宮室牖戶注文監本空闕

以炮諸本同監本空闕

裹燒之也此以炮注文諸本同監本空闕

以燔諸本同監本空闕

加於火上此以燔注文諸本同監本空闕

以亨諸本同監本空闕

煑之鑊也此以亨注文諸本同監本空闕

以炙諸本同監本空闕

貫之火上此以炙注文諸本同監本空闕

以爲醴酪諸本同監本空闕

烝釀之也酪酢截此以爲醴酪注文諸本同監本空闕

治具麻絲以爲布帛以養生送死以事鬼神上帝皆從其朔　諸本同監本空闕

朔亦初也亦謂今行之然　此皆從其朔注文諸本同監本空闕

疏　閩監毛本此節疏文多闕此疏字亦闕惟此本及惠棟校宋本完善浦鏜校從儀禮經傳通解續補入亦同

故元酒在室節

管磬鍾鼓　岳本同嘉靖本同衞氏集說同閩監毛本鍾作鐘石經同

與其先祖　閩本同石經同岳本同嘉靖本同衞氏集說同考文引宋板古本足利本同監毛本與誤舉

南北陳之俎設於鼎西　惠棟校宋本同衞氏集說同閩監毛本北誤其設誤豆

當序西面北上俎皆設於鼎西　惠棟校宋本同衞氏集說同閩監毛本當誤堂俎誤此

則承受天之祜福也　考文引宋板同衞氏集說同閩監毛本承誤特

非爲三酒之中清酒也　閩監毛本同盧文弨校云爲當作謂

與五禘之禮同　閩監本同毛本與誤於惠棟校宋本五作王續通解同

朝踐君夫人酌醴齊　閩監毛本同浦鏜校云夫人二字當衍

酢諸臣用事酒　惠棟校宋本作事此本事誤昔閩監毛本同

故禮器云君親制祭閩監本同考文引宋板同毛本制誤致下君制祭同

圜鍾爲宮閩監毛本同惠棟校宋本圜作圓按周禮作圜

九變而致人鬼惠棟校宋本作致續通解同此本致作降閩監毛本同

衆尸皆同在太廟中惠棟校宋本如此此本同在大誤在太太閩本脫同字太字上空闕監毛本脫同字

置於北墉下閩監本同毛本墉誤牖

至薦孰之時陳於堂惠棟校宋本同閩監毛本陳於堂三字闕

乃後延主入室惠棟校宋本作主續通解同此本主誤人閩監毛本主作尸

酌奠於饌南故郊特牲惠棟校宋本同此本奠於饌南故五字闕閩監毛本同

既奠之後又取腸間脂惠棟校宋本同閩監毛本既奠之後又五字闕

謂薦孰時當此大合樂也惠棟校宋本同閩監毛本時當此大合五字闕

主人拜以妥尸惠棟校宋本同閩監毛本主人拜三字闕

崔氏以爲后獻皆用爵閩監毛本同盧文弨校云用下當有瑤字

瑤爵謂尸卒食監毛本同閩本尸卒二字闕

則后未酳尸以前不用也 惠棟校宋本同閩監毛本以前不用也五字闕

用璧角璧散可知 監毛本同考文引宋板同閩本璧角璧散可五字闕

諸臣加爵用璧角璧散 惠棟校宋本同閩監毛本諸臣加爵用五字闕

禘祭在夏醴齊盎齊 惠棟校宋本同閩監毛本在夏醴齊盎五字闕

王朝踐獻用醴齊后亞獻用盎齊 惠棟校宋本同閩監毛本醴齊后亞獻五字闕

王酳尸因朝踐醴齊 惠棟校宋本同閩監毛本王酳尸因朝五字闕又毛本踐誤醆

天子時祭用二齊者 惠棟校宋本同閩監毛本祭用二齊者五字闕

秋冬用著尊盛醴齊用壺尊盛盎齊 惠棟校宋本同閩監毛本尊盛醴齊用五字闕

皆云兩者以一尊盛明水 惠棟校宋本同閩監毛本以一尊盛明五字闕又毛本者作著○按作著與周禮司尊彝合

作其祝號節

疏布以冪 石經作羃岳本同釋文同此本羃誤冪閩監毛本同嘉靖本同衛氏集說同注疏放此○按依說文當作幎从巾冥聲其字亦作冪誤作羃俗作幂

三曰祇號 閩監本同岳本同衛氏集說同毛本祇誤祗嘉靖本同釋文出示號號與周禮大祝合云本又作祇

五曰齋號　嘉靖本同閩監毛本齋作齍岳本同衞氏集說同釋文出齍號按周禮作齍

蒻蒲蓆也　惠棟校宋本有席字宋監本同岳本同嘉靖本同考文引古本同此本蓆字脫閩監毛本同衞氏集說同

上通無莫　閩監毛本同岳本同嘉靖本同衞氏集說同段玉裁校本無改元盧文弨校云按疏此本作元莫正本元作无按作元是也正義云上通元氣寂寞是注當作元莫之明證又云定本元字作无謂虛無寂寞義或然也謂之義或然者是正義本不從定本作无莫也

籩豆鉶羹　閩監毛本同石經同岳本同嘉靖本同衞氏集說同釋文出鈃云本作鉶

史祝稱之以告鬼神　惠棟校宋本同閩監毛本史祝作祝史衞氏集說同

孰其殽骨體也　閩監毛本殽下有者殽二字惠棟校宋本同

上通無莫者　閩監毛本同段玉裁校本無改元

謚莫爲虛無　閩監本同毛本無誤文惠棟校宋本無下有也字

正本元字作無　閩監毛本同惠棟校宋本無作无段玉裁校本云正當作定

此論祭饋之節　惠棟校宋本有此字衞氏集說同此本此字脫閩監毛本同

饗食賓客兄弟也　惠棟校宋本有也字衞氏集說同此本也字脫閩監毛本同

承致多福無疆　閩監毛本作承衞氏集說同此本承作丞

孔子曰於呼哀哉節 惠棟校云孔子節宋本分魯之郊禘另爲一節

孔子至適矣 惠棟校宋本無此五字

杞之郊也節 閩監毛本分祝嘏以下另爲一節

杞之至守也 惠棟校宋本無此五字

祝嘏莫敢易其常節

祝嘏至大假 惠棟校宋本無此五字

言天子諸侯所祭之時 閩監本同毛本諸侯二字誤在所祭下

故上文承天之祜 閩監毛本文作云下次文是謂合莫又次文是謂大假並同

鄭云將言今不然 閩監毛本同考文云宋板鄭上有故字

不如大祥大假之等 閩監本如此此本假上衍祥字毛本如作知

祝嘏辭說節

祝嘏至幽國 惠棟校宋本無此五字

幽闇也 閩監毛本有闇字岳本同嘉靖本同衞氏集說同此本闇字脫

國闇者　閩監毛本同岳本同嘉靖本同衞氏集說同考文古本作闇國者

醆斝及尸節

醆斝至僭君　惠棟校宋本無此五字

冕弁兵革節

冕弁至脅君　惠棟校宋本無此五字

脅劫脅也　閩監毛本同惠棟校宋本無下脅字

故仕於公曰臣節

故仕至同國　惠棟校宋本無此五字

卽自稱曰僕　閩監本同毛本卽作則

故天子有田節

大夫有采以處其子孫　惠棟校宋本宋監本同閩監毛本同石經同岳本同嘉靖本同衞氏集說同考文引古本足利本采下有地字

案地字正義亦有

自拱勑也　閩監本同岳本同嘉靖本同衞氏集說同毛本勑作敕

陳靈公與孔甯閩監毛本同岳本同嘉靖本同惠棟校宋本甯作寗宋監本同衞氏集說同釋文出孔甯云本又作寧案左傳作寧公羊作甯各依字讀

以取弒焉閩監毛本同嘉靖本同衞氏集說同岳本脫焉字釋文出取殺

故天子至爲謔惠棟校宋本無此六字

若有其大功德惠棟校宋本同閩監毛本有其作其有是也

謂今惡起文閩監毛本同浦鏜校云謂疑爲字誤

故注云言今不言然也補案不下言字誤衍

是故禮者節惠棟校云是故節宋本分政不正以下另爲一節

肅駿也閩監毛本同岳本同嘉靖本同衞氏集說同釋文駿作峻

是故至君也惠棟校宋本無此五字

大臣至俗敝惠棟校宋本無此五字

按釋詁文云惠棟校宋本作詁此本詁誤古閩監毛本同下釋詁文又云同

故政者節

謂輝光於外閩監毛本同衞氏集說同岳本輝作煇嘉靖本同釋文出煇光〇按煇輝正俗字

故政至固也惠棟校宋本無此五字

施政於外惠棟校宋本如此衞氏集說同監本毛本施誤則此本施政誤則故

若政之美感閩監本同毛本美誤本衞氏集說亦作美

此亦當云必本於地閩監毛本同惠棟校宋本無必字

故云之謂殺地惠棟校宋本有之字此本之字脫閩監毛本同

所以藏其身而堅固惠棟校宋本同閩監毛本所以藏三字闕

案昭二十五年左傳云監毛本同考文引宋板同閩本五年左三字闕

以象天明監毛本同考文引宋板同閩本象天明三字闕

以類其震曜殺戮監毛本同考文引宋板同閩本其震曜三字闕

皆法天之所爲惠棟校宋本同閩監毛本法天之三字闕

下云社者神地之道惠棟校宋本同閩監毛本社者神三字闕

有五地之物生者監毛本同考文引宋板同閩本之物生三字闕

各有所生五地總生萬物 惠棟校宋本同閩監毛本有所生三字闕

注大傳至義也 考文引宋板同閩本大傳二字闕監毛本大傳誤自禰

言用禰之仁依循而上 監毛本同考文引宋板同閩本仁依循三字闕

以至于禰高者尊重 考文引宋板同衞氏集說同閩本高者二字闕監毛本高誤遠

人君法之施此仁義教令 惠棟校宋本同閩監毛本施此仁義四字闕

此五祀鄭云有中霤 惠棟校宋本同閩監毛本五祀鄭云四字闕

禮記注疏卷二十一校勘記

禮運第九

禮記　　　鄭氏注　　　孔穎達疏

故聖人參於天地並於鬼神以治政也處其所存禮之序也玩其所樂民之治也並弁也謂比方之也存察也治所以樂其事居也○所樂音岳又音洛又五孝反好也注同治直吏反注同下以自治注身治成治皆放此併步頂反

故天生時而地生財人其父生而師教之四者君以正用之故君者立於無過之地也順時以養財尊師以教民而以治政則無過差矣易曰何以守位曰仁何以聚人曰財○差初佳反一音初買反曰仁本亦作人

疏○故聖至地也○○正義曰此一節結上政令之命降于天地宗廟之等使禮儀有序民得治理○○故聖人參於天地者政是聖人藏身之固所以聖人參擬於天地則法于天地是也○並於鬼神者並謂比方鬼神則祖廟山川五祀也言比方祖廟山川五祀而爲事以治政者治謂脩治也言參擬天地比並鬼神以脩治政教也○處其所存禮之序也者存謂觀察也天有運移寒暑地有五土生殖廟有祖禰仁義皆是人之所觀察言聖王能處其人所觀察之事以爲政則禮得次序也○玩其所樂民之治也者謂興作器物宮室制度皆是人之所樂聖人能愛玩民之所樂以教於民則民得治理各樂其事業居處也○故君者立於無過之地也者○正義曰若天不生時地不生財父不生子師不教訓直欲令人君教之不可教誨則君多有過今人君順天時以養財尊師傅以教民因自然之性其功易成故人君得立於無過之地言其功易成無過差也

○故君者所明也非明人者也君者所養也

非養人者也君者所事也非事人者也故君明人則有過養人則不足事人則失位明猶尊也○養羊尚反又如字下同故百姓則君以自治也養君以自安也事君以自顯也故禮達而分定故人皆愛其死而患其生則當為明人之道身治居安名顯則不苟生也不義而死舍義而生是不愛死患生也○則君則音明出注分扶問反後文注除三分去一三分益一皆同舍音捨疏故君至其生○正義曰此一節論政之大體皆下之事上非一上之事下也上下分定人皆以死事上○君者所明也者明猶尊也謂在下百姓所尊奉君使之光顯尊明人君非明人者也者非謂遣君尊明在下之人下云君者所養也非養人者也君者所事也非事人者也並與此義同以所明與所養所事文同相類故鄭以明為尊也○故君明人則有過者君位既尊乃自下嚮尊人於理不順故云則有過養人則不足者君唯一身若養百姓力不能周贍故云養人則不足也事人則失位者君尊在上而屈事於在下之人是失位也○故禮達而分定者達謂曉達分謂尊卑之分以下之事上於禮當然人皆知之是禮之曉達尊者居上卑者處下是上下分定也○故人皆愛其死而患其生者愛謂貪愛患謂恥患人皆知禮上下分定君有危難皆欲救之故人皆貪愛其以義而死競欲致死救之恥患其不義而生不欲苟且生也○注則當為明○正義曰以此則君以自治覆述上文故知則當為明○故用人之知去其詐用人之勇去其怒用人之仁去其貪用知者之謀勇者之斷仁者之施足以成治矣詐者害民信怒者害民命貪者害民財三者亂之原○知音智注同去羌呂反後皆同斷丁亂反施始豉反下施生同○故國有患君死社稷謂之義大夫死宗廟謂之變變當為辯聲之誤也辯猶正也君守社稷臣衛君宗廟者患謂見圍入○之變音辯出注疏故用至之變○正義曰上既禮達分定患其不義而生因上生下故云故也此

論去不義之事○用人之知去其詐者知謂謀計曉達前事詐者不敢爲之故云去其詐用人之勇去其怒者勇謂果敢決斷能除惡人凶暴怒者不敢爲之故云去其怒也○用人之仁去其貪者仁者好施不苟求其財貪者見之心慚止息也故云去其貪也○注用知至之原○正義曰言用此三者足以成治如鄭此言但得知者勇者仁者則足以成治矣何須用詐怒貪者乎故云去之如鄭此言則解之當云選用人知者退去其奸詐者不須用之爲其害民信也用人之勇者去其忿怒不須用之爲其害民命也用人之仁者去其貪殘不須用之爲其害民財也如注之意指當如此先師既爲前解故備載之任後哲擇焉○注變當至闈入○正義曰變與義相對是正禮明變是惡事故讀爲辯辯卽正也以聲相近故致字誤云臣衛君宗廟者恐是臣之宗廟故云衛君宗廟致死按孝經云守其宗廟謂大夫家之宗廟此所以爲君宗廟者以人臣義則進不則退不可致死於己宗廟故爲君宗廟也孝經謂不被黜削恆得守之故爲己宗廟所據意異也

○故聖人耐以天下爲一家以中國爲一人者非意之也必知其情辟於其義明於其利達於其患然後能爲之耐古能字傳書世異古字時有存者則亦有今誤矣意心所無慮也辟開也○耐音能辟婢亦反徐芳益反傳丈專反○【疏】故聖至爲之○正義曰此承上君死社稷以統於下然後能治其國因上生下故云故也聖人耐以天下爲一家以中國爲一人者此孔子說聖人所能以天下和合共爲一家能以中國共爲一人者問其所能致之意○非意之也者釋其能致之理所以能致者非是以意測度謀慮而已須知其諸事謂以下之事○必知其情者謂必知民之情也則下文七情是也○辟於其義者謂開闢其義以教之則下文父慈子孝十者之類是也○明於其利者謂顯明利事以安之則下文講信脩睦是也○達於其患者謂曉達其禍患而防護之則下文爭奪相殺是也○然後能爲之者聖人必知此情義利患然後能使天下爲一家中國爲一人皆感義懷德而歸之○注耐古至開也○正義曰按說文云耐者鬚也鬚謂頤下之毛

象形字也古者犯罪以髡其鬚謂之耐罪故字從寸寸爲法也以不虧形體猶堪其事故謂之耐漢書惠帝紀中具有其事古之能字皆爲此耐字取堪能之義故古之能字皆作耐字後來能字乃假借鼈三足爲能是後世傳書世人殊異耐字悉作能也故云傳書世異今書雖悉作能或有作耐字者則此耐以天下爲一家及樂記云人不耐無樂仍作耐字是古字時有存者云則亦有今誤矣者今書雖存古字爲耐亦有誤不安寸直作而字則易屯象云利建侯而不寧及劉向說苑能字皆爲而也是亦有今誤矣按鄭注樂記耐古能字後世變之此獨存焉古以能爲三台字兩注雖異其意同。矣彼云後世變之即此傳書世異也彼云此獨存焉即此云古字時有存者云古以能爲三台字者謂今世以能字爲堪能之能古者以能字爲三台字是古今異也云意心所無慮者謂於無形之處用心思慮無慮即慮無也宣十二年左傳云前茅慮無是備慮無形之處謂聖人以德義而感天下非是以意豫前無時以惻度思慮故云非意也一云心所無慮謂心無所思慮但知其情等而已○

何謂人情喜怒哀懼愛惡欲七者弗學而能何謂人義父慈子孝兄良弟弟夫義婦聽長惠幼順君仁臣忠十者謂之人義講信脩。睦謂之人利爭奪相殺謂之人患極言人事○惡烏路反下皆同弟弟上如字下音悌長丁丈反爭爭鬭之爭○故聖人之所以治人七情脩十義講信脩睦尚辭讓去爭奪舍禮何以治之唯禮可耳飲食男女人之大欲存焉死亡貧苦人之大惡存焉故欲惡者心之大端也人藏其心不可測度也美惡皆在其心不見其色也欲一以窮之舍禮何以哉言人情之難知明禮之重○度大洛反見賢遍反○

【疏】何。謂。至。以。哉○正義曰此一節以上經情義利患四者聖人皆知之能有天下故此覆釋情義利患必須禮以治之。又明人之欲惡在心難知，若其舍禮無由可化。○喜怒哀懼愛惡欲者，案昭二十五年左傳云天有六氣在人爲六情謂喜怒哀樂好惡，此之喜怒及哀。惡與彼同也，此云欲則彼云樂也，此云愛則彼好也，謂六情之外增一懼而爲七。熊氏云懼則怒中之小別，以見怒而怖懼耳。六氣謂陰陽風雨晦明也。按彼。傳云喜生於風，怒生於雨，哀生於晦，樂生於明，好生於陽，惡生於陰，其義可知也。○何謂人義父慈子孝兄良弟弟夫義婦聽長惠幼順君仁臣忠者，此文先從親者爲始，以漸至疏，故長幼在後，君臣處末。按昭二十六年左傳云君令臣共，父慈子孝，兄愛弟敬，夫和妻柔，姑慈婦聽，與此大同。兄愛即此兄良也，弟敬即此弟弟也，夫和即此夫義也，故彼云夫和而義。妻柔即此婦聽也，君令即此君仁也，以仁恩而號令。臣共即此臣忠也。又隱三年左傳云君義臣行父慈子孝兄愛弟敬，義亦同，但傳之二文皆以國家之事言之，故先君臣後父子，但異人之說，既有多少，不皆同也。○治人七情脩十義講信脩睦者，七情好惡不定，故云治；十義俱是義事，故云脩；信是深隱，故須講；睦恐乖離，故云脩：各隨事立文也。○欲惡者心之大端也者，端謂頭緒，飲食男女是人心所欲之大端緒也，死亡貧苦是人心所惡之大端緒也。○人藏其心不可測度者，言人深心厚貌，內外乖違，包藏欲惡之心，既無形體，不可測度而知，故美惡皆在其心，外邊不見其色。欲一窮之舍禮何以哉者，一謂專一，窮謂窮盡，言人君欲誠慤專一窮盡人美惡之情，若舍去其禮，更將何事以知之哉。禮所以知人心者，有事於中，心貌必見於外，若七情美善，十義流行，則舉動無不合禮；若七情違辟，十義虧損，則動作皆失其法，故云舍禮何以哉。

○故人者，其天地之德，陰陽之交，鬼神之會，五行之秀氣也。言人兼此氣性純也。

【疏】故。人。至。氣。也。○正義曰：上既言禮知人情，從此以下言人感天地鬼神而生，聖王還因天地鬼神作其法則以化人，所以人情萬物可知也。○故人者天地之德者，天以覆爲德，地以載爲德，人感覆載而生，是天地之德也。○陰陽之交者，陰陽則天地也，據其氣謂之陰陽，據其形謂之天地。獨陽不生，獨陰不成，二氣相交乃生，故云陰陽之交也。○鬼神之會者鬼謂形體神謂精靈祭義云氣也者神之盛也魄也者鬼之盛也必形體精靈相會然後物生故云鬼神之會○五行之秀氣也者秀謂秀異言人感五行秀異之氣故有仁義禮知信是五行之秀氣也故人者天地之德陰陽之交是其氣也鬼神之會五行之秀是其性也故注云兼此氣性純也今按下文云鬼神以爲徒覆說此經鬼神不云陰陽鬼神者陰陽鬼神天地中物故不重陳鄭下注鬼神謂山川也此義未知孰是故兩存焉○故天秉陽垂日星秉猶持也言天持陽氣施生照臨下也○地秉陰竅於山川播五行於四時和而后月生也是以三五而盈三五而闕竅孔也言地持陰氣出內於山川以舒五行於四時比氣和乃后月生而上配日若臣功成進爵位也一盈一闕屈伸之義也必三五者播五行於四時也一曰水二曰火三曰木四曰金五曰土合爲十五之成數也○竅除苦弔反播彼佐反舒也五行四時絕句本亦作播五行於四時伸音升五行之動迭相竭也五行四時十二月還相爲本也五聲六律十二管還相爲宮也五味六和十二食還相爲質也五色六章十二衣還相爲質也竭猶負戴也言五行運轉更相爲始也五聲宮商角徵羽也其管陽曰律陰曰呂布十二辰始於黃鍾管長九寸下生者三分去一上生者三分益一終於南呂更相爲宮凡六十也五味酸苦辛鹹甘也和之者春多酸夏多苦秋多辛冬多鹹皆有滑甘是謂六和五色六章畫繢事也周禮考工記曰土以黃其象方天時變火以圜山以章水以龍鳥獸蛇雜四時五色之位以章之謂之巧也○迭大計反又田結反竭義作揭其列反負擔也還音旋下同六和戶臥反注同更古衡反下同徵張里反南事律名京房律始於執始終於南事凡六十繢戶對反圜音環又音圓【疏】故天至質也○正義曰此一節以上經人稟天地陰陽鬼神五行而生此又述明天地之德及五行之氣也以陰陽鬼神是天地中物故不重陳但陳天地與五行耳○故天秉陽垂日星此論大德言天秉

持陽氣垂懸日星以施生照臨於下也〇地秉陰竅於山川此一經總論地之德也謂地秉持於陰氣竅孔也爲孔於山川以出納其氣也播五行於四時者播。謂播散五行金木水火土之氣於春夏秋冬之四時也〇和而后月生也者若四時不和日月乖度寒燠失所則月不得依時而生若五行四時調和道度不失而后月依時而生也是以三五而盈三五而闕者以其依時得節是以三五十五日而得盈滿又三五十五日而虧闕也日無虧闕之理故前經天德直言垂日星地既播五行之氣月有虧盈之理故須備言之故略於天德而詳於地德也〇五行之動迭相竭也前經論天地既畢故此更論五行之動而謂運轉竭謂負載言五行運轉迭相負竭猶若春時木王則水爲終謝迭往王者爲負竭夏火王則負竭於木也〇五行四時十二月還相爲本也猶若孟春則建寅之月爲諸月之本仲春則以建卯之月爲諸月之本是還迴迭相爲本也〇五聲六律十二管還相爲宫也五聲謂宫商角徵羽六律謂陽律也舉陽律則陰呂從之可知故十二管也十一月黄鍾爲宫十二月大呂爲宫是還迴迭相爲宫也〇五味六和十二食還相爲質也五味爲酸苦辛鹹加之以滑與甘爲六和也每月之首各以其物爲質是十二月之食還相爲質也五色六章十二衣還相爲質也五色謂青赤黄白黑據五方也六章者兼天玄也以玄黑爲同色則五中通玄纊。以對五方則爲六色爲六章也爲十二月之衣各以色爲質故云還相爲質也〇注竅孔至數也〇正義曰地持陰氣出納於山川氣有陰氣陽氣皆出於地地體是陰故雖陽氣亦總謂之陰氣也云以舒五行於四時者謂氣在地中含藏聚斂出於地則舒散故云舒五行於四時也定本無於字直云播五行四時謂宣播五行及四時也五行四時者以金木水火各爲一行土無正位分寄四時故云播五行於四時也云此氣和乃后月生而上配日若臣功成進爵位也者此氣謂此五行之氣凡月體之生稟於日光若氣之不和日月行度差錯失於次序則月生不依其時若其五行氣和則月依其時而生上配日也猶若治理得所臣之功成進受爵位上配君也云一盈一闕屈伸之義也者盈謂月光圓滿若臣之進受高位是其伸也闕謂月光虧損若臣之退就下位是其屈也云一曰水二曰火以下是尚書洪範文也積一二三四五總爲十五也○注竭猶至巧也○正義曰竭是擔竭之名故爲負戴負爲背負戴謂頭戴也云言五行運轉更相爲始也者解負戴之義也物之在人上謂之負負戴氣之過去在上者其在下者亦負戴也春爲木王負戴於水夏爲火王爲戴於木秋爲金王負戴於火冬爲水王負戴於金是也更相爲始負戴前氣也云其管陽曰律陰曰呂布十二辰始於黃鍾管長九寸下生者三分去一上生者三分益一皆律歷志文云終於南呂更相爲宮凡六十也者以十二管更相爲宮以黃鍾爲始當其爲宮備有五聲言黃鍾下生林鍾林鍾上生大族大族下生南呂南呂上生姑洗姑洗下生應鍾應鍾上生蕤賓蕤賓上生大呂大呂下生夷則夷則上生夾鍾夾鍾下生無射無射上生中呂此則相生之次也隨其相生之次每辰各自爲宮各有五聲十二管相生之次至中呂而帀黃鍾爲第一宮下生林鍾爲徵上生大族爲商下生南呂爲羽上生姑洗爲角林鍾爲第二宮上生大族爲徵下生南呂爲商上生姑洗爲羽下生應鍾爲角大族爲第三宮下生南呂爲徵上生姑洗爲商下生應鍾爲羽上生蕤賓爲角南呂爲第四宮上生姑洗爲徵下生應鍾爲商上生蕤賓爲羽上生大呂爲角姑洗爲第五宮下生應鍾爲徵上生蕤賓爲商上生大呂爲羽下生夷則爲角應鍾爲第六宮上生蕤賓爲徵上生大呂爲商下生夷則爲羽上生夾鍾爲角蕤賓爲第七宮上生大呂爲徵下生夷則爲商上生夾鍾爲羽下生無射爲角大呂爲第八宮下生夷則爲徵上生夾鍾爲商下生無射爲羽上生中呂爲角夷則爲第九宮上生夾鍾爲徵下生無射爲商上生中呂爲羽上生黃鍾爲角夾鍾爲第十宮下生無射爲徵上生中呂爲商上生黃鍾爲羽下生林鍾爲角無射爲第十一宮上生中呂爲徵上生黃鍾爲商下生林鍾爲羽上生大族爲角中呂爲第十二宮上生黃鍾爲徵下生林鍾爲商上生大族爲羽下生南呂爲角是十二宮各有五聲凡六十聲南呂最處於末故云終於南呂以此言之則南呂爲是然諸本及定本多作終於南事則是京房律法按漢元帝時郎中京房知五音十二律之數上使太子太傅韋玄成等親試問房於樂府房對受學故

小黃令焦延壽。等六十律相生之法以上生下皆三生二以下生上皆三生四陽下生陰陰上生陽終於中呂而十二律畢矣中呂上生執始執始下生去滅上下相生終於南事六十律畢矣夫十二律之變至於六十猶八卦之變至於六十四也宓犧作易紀陽氣之初以爲律法建日冬至之聲以黃鍾爲宮大蔟爲商姑洗爲角林鍾爲徵南呂爲羽應鍾爲變宮蕤賓爲變徵此聲氣之元五音之正也故各統一。日其餘以次運行當月者各自爲宮而商徵以類。定焉禮運篇曰五聲六律十二管還相爲宮此之謂也以六十律分一期之日黃鍾自冬至始及冬至而後陰陽寒燠風雨之占生焉於以檢攝羣音考。以其高下黃鍾下生林鍾黃鍾爲宮大蔟爲商林鍾爲徵一日律九寸色育下生謙待色育爲宮未知商謙待徵六日律八寸。九。分。分微強執始下生去滅執始爲宮時息商去滅徵六日律八寸八分小分。八。弱丙盛下生安度丙盛爲宮屈齊商安度徵六日律八寸七分小分六微弱分。動下。生歸嘉分動爲宮隨期商歸嘉徵六日律八寸六分小分四強質未下生否與質未爲宮。刑晉商否與徵六日律八寸五分小分二。強大呂下生夷則大呂爲宮夾鍾商夷則徵八日律八寸四分小分三弱分否下生解。刑分否爲宮開時商解。刑徵八日律八寸三分小分一。強陵陰下生去南陵陰爲宮。侯嘉商去南徵八日律八寸二分。一。少弱少出下生分積少出爲宮爭南商分積徵六日律八寸小分九強大蔟下生南呂大蔟爲宮姑洗商南呂徵一日律八寸未知下生白呂未知爲宮南授商白呂徵六日律七寸九分小分八強時息下生結躬時息爲宮變虞商結躬徵。二日律七寸八分小分九強屈齊下生歸期屈齊爲宮路時商歸期徵。七日律七寸七分小分九強隨期下生未卯隨期爲宮。刑始商未卯徵六日律七寸六分小分八強。刑晉下生夷汗。刑晉爲宮依行商夷汗徵六日律七寸五分小分八弱夾鍾下生無射夾鍾爲宮中呂商無射徵六日律七寸四分小分九強閉時下生閉掩閉時爲宮南中商閉掩徵。七日律七寸三分小分九微強侯嘉下生鄰齊侯嘉爲宮內負商鄰齊徵。七日律七寸。一分小分九微強爭南下生期保爭南爲宮。總應商期保徵。七日律七寸一分小分九強姑洗下生應鍾姑洗爲宮蕤賓商應鍾徵一日律七寸一分小分一徵弭南授下生分爲南授爲宮南事商分爲徵六日律七寸小分九。大弭變虞下生遲內變虞爲宮盛變商遲內徵六日

律七寸小分。一強路時下生未育路時爲宮離躬商未育徵六日律六寸九分小分二徵強刑始下生遲時刑始爲宮制時商遲時徵五日律六寸八分小分

三弱依行上生色育依行爲宮。嫌待商色育徵七日律六寸七分小分三。大強中呂上生執始中呂爲宮去滅商執始徵八日律六寸六分小分六弱南中上

生丙盛南中爲宮安度商丙盛徵七日律六寸五分小分七徵弱內負上生分勳內負爲宮歸嘉商分勳徵八日律六寸四分小分八。強總應上生質未總應

爲宮否與商質未徵七日律六寸三分小分九。強蕤賓上生大呂蕤賓爲宮夷則商大呂徵一日律六寸三分小分二徵強南事。下生南事窮無商徵不爲宮

七日律六寸三分小分一弱盛變上生分否盛變爲宮解。刑商分否徵七日律六寸二分小分三。大強離。躬上生陵陰離。躬爲宮去南商陵陰徵七日律六寸

一分小分五。徵強制時上生少出制時爲宮分積商少出徵八日律六寸小分七。弱林鍾上生大蔟林鍾爲宮南呂商大蔟徵一日律六寸謙待上生未知謙

待爲宮白呂商未知徵五日律五寸九分小分九弱去滅上生時息去滅爲宮結躬商時息徵七日律五寸九分小分三弱安度上生屈齊安度爲宮歸期商

屈齊徵六日律五寸八分小分四。弱歸嘉上生隨期歸嘉爲宮未卯商隨期徵六日律五寸七分小分六徵強否與上生刑晉否與爲宮夷汗商刑晉徵五日

律五寸六分小分八。強夷則上生夾鍾夷則爲宮無射商夾鍾徵八日律五寸六分小分二弱解。刑上生開時解。刑爲宮閉掩商開時徵八日律五寸五分小

分四強去南上生侯嘉去南爲宮鄰齊商侯嘉徵八日律五寸四分小分六大強分積上生爭南分積爲宮期保商爭南徵七日律五寸三分小分九。強南呂

上生姑洗南呂爲宮應。鍾姑洗徵一日律五寸二分小分三強白呂上生南授白呂爲宮分爲商南授徵五日律五寸三分小分二。強結躬上生變虞結躬爲

宮遲內商變虞徵。七日律五寸二分小分六強歸期上生路時歸期爲宮未育商路時徵六日律五寸一分小分九徵強未卯上生。刑始未卯爲宮遲時商。刑

始徵六日律五寸一分小分二微強夷汗上生依行夷汗爲宮色育商依行徵五。日律五寸小分五強無射上生中呂無射爲宮執始商中呂徵八日律四寸九分小分九。強閉掩上生南中閉掩爲宮丙盛商南中徵八日律四寸九分小分。二弱鄰齊上生內負鄰齊爲宮分動商內負徵七日律四寸八分小分六微強期保上生總應期保爲宮質未商總應徵八日律四寸七分小分九微強應鍾上生蕤賓應鍾爲宮大呂商蕤賓徵一日律四寸九分小分四微強分烏上生南事分爲窮次無徵不爲宮七日律四寸七分小分三微強遲內上生盛變遲內爲宮分否商盛變徵八日律四寸六分小分八弱未育上生離躬未育爲宮陵陰商雜躬徵八日律四寸六分小分一少強遲時上生制時遲時爲宮少出商制時徵六日律四寸五分小分五。弱又京房易云十二律得位者生五子失位者生三子不失不得生四子五律得位各生五子謂黃鍾大蔟姑洗林鍾南呂也五五二十五弁本五凡三十也失位者生三子亦五律謂大呂夾鍾中呂夷則無射三五十五弁本五凡二十二十就三十合成五十也不得不失者生四子謂蕤賓應鍾也二四爲八弁本二爲十也十就五十合爲六十也不言其得位者謂以陽居陽以陰居陰失位者謂以陽居陰以陰居陽不失不得者處陰陽交際之間也又黃鍾大蔟等七律各統一日自爲宮其餘五十三律隨所生日六七等爲其日之宮則周一期日數如京房所述然其所生者則黃鍾生色育執始大呂生分否陵陰之類是也其上生三分益一下生三分損一皆漢書律歷志文云春多酸夏多苦秋多辛冬多鹹皆有滑甘周禮食醫之文以四時有四味皆有滑有甘益之爲六也是爲六和也云五色六章畫繢事也者繢猶畫也然初畫曰畫成文曰繢鄭注司服云畫以爲繢是也云周禮考工記曰至謂之巧也證繢畫有五色六章也土以黃其象方者言若畫作土必黃而四方之象地之黃而方鄭注古人之象無天地也爲此記者見時有之耳云天時變者畫作天則無定色是隨四時色而爲之也鄭司農云畫天隨四時色云火以圜者鄭司農云爲圜形似火鄭康成云形如半環然云山以章者鄭康成云獐山物也云水以龍者鄭云龍水物云鳥獸蛇者鄭康成云所謂華蟲也蟲之毛鱗有文采者云雜四時五色之位以章之謂之巧者鄭康成云章明也績繡皆用五采鮮明之是爲巧庾云鄭注考工記以六章爲當時行非古人之象而引之以會此者明亦周制也其十二管每月各一得有還相爲宮其事可明其食與衣服唯有四時之異故周禮春多酸謂月令食麥與羊春三月其食皆同其夏秋冬亦然無月別之異故月令云春衣青衣夏衣赤衣三月俱同亦無每月之異此云十二食十二衣似月別各別衣食者熊氏云此是異代之法故與周禮月令不同或則每時三月衣食雖同大總言之一歲之中有十二月之異故總云十二也

○故人者天地之心也五行之端也食味別聲被色而生者也此言兼氣性之效也○別彼列反被皮義反徐法義反故聖人作則必以天地爲本以陰陽爲端以四時爲柄以日星爲紀月以爲量鬼神以爲徒五行以爲質禮義以爲器人情以爲田四靈以爲畜天地以至於五行其制作所取象也禮義人情其政治也四靈者其徵報也此則春秋始於元終於麟包之矣呂氏說月令而謂之春秋事類相近焉量猶分也鬼神謂山川也山川助地通氣之象也器所以操事田人所捊治也禮之位賓主象天地介僎象陰陽四面之位象四時三賓象三光夫婦象日月亦是也○柄本又作枋兵命反量音亮下同畜許又反下同始直吏反麟良人反近附近之近操七刀反捊薄侯反徐音普溝反介僎上音界下音遵

疏　故人至爲畜○正義曰此一節以前文論人稟天地五行氣性而生此以下論稟氣性之有效驗各依文解之○故人者天地之心也者天地高遠在上臨下四方人居其中央動靜應天地天地有人如人腹內有心動靜應人也故云天地之心也王肅云人於天地之間如五藏之有心矣人乃生之最靈其心五藏之最聖也○五行之端也者端猶首也萬物悉由五行而生而人最得其妙氣明仁義禮智信爲五行之首也王云端始用五行者也○食味者人既是天地之心五行之端故有此下之事也五行各有味人則並食之別聲者五行

各有聲人則含之皆有分别也○被色者五行各有色人則被之以生也被色謂人含帶五色而生者也五行有此三種最爲彰著而人皆稟之以生故爲五行之端者也然味言食聲言别色言被各别隨義爲言也○注此言兼氣性之効也○正義曰此並是五行彰著之事而人氣性有之故云兼氣性之效也然前注五行秀氣亦言兼此氣性純而此云氣性効者前明之始此明之末以末故云効効猶驗實也即五味五聲五色是其効也○故聖○至○爲○畜○故聖人作則必以天地爲本則法也本根本也人既是天地之心又帶五色五行五味故聖人作法必用天地爲根本也祭帝於郊祭社於國是用天地爲本也然則自此至四靈以爲畜凡十句分爲三重此至五行以爲質七句明聖人制教所法象也又自禮義人情二十句明聖人爲治政之時事也又四靈一句明徵報之功也○以陰陽爲端者端猶首也用天地爲根本又自陰陽爲端首也猶如劍戟以近柄處爲根本以鋒杪爲端首也聖人制法左右法陰陽及賞以春夏刑以秋冬是法陰陽爲端首也○以四時爲柄者春生夏長秋斂冬藏是法四時爲柄也劍戟須柄而用之聖人爲教象須法四時而通也○以日星爲紀者紀綱紀也日行有次度星有四方列宿分部昏明敬授民時是法日星爲綱紀也○月以爲量者量猶分限也天之運行每三十日爲一月而聖人制教亦隨人之才分是法月爲教之限量也○鬼神以爲徒者鬼神謂山川鬼神助地以通氣是以爲地之徒屬聖王象之樹立羣臣助己以施教爲己徒屬也○五行以爲質者質體也五行循迴不停周而復始聖人爲教亦循還復始是法五行爲體也○禮義以爲器者此以下二句明聖人爲治政時事也上既有法象爲先故可執禮義爲器用如農夫之執耒耜也○人情以爲田者禮義以爲器可耕於人情人情得禮義之耕如田得耒耜之耕也○四靈以爲畜者此一句明徵報也聖人既法象天地用禮義耕人情故獲天地應以徵報也四靈並至聖人畜之如人養牛馬爲畜然自天地爲本至此凡十句上四句皆以以字在於事上從月以爲量以下六句以字置於事下者上明天道事遠故以字在事上連於天也後明地道事近故以字居下欲連於人按前經云人者天地之德陰陽之

交鬼神之會五行之秀氣備論四者此經云天秉陽覆說天有日星次經云地秉陰地有四時并有月也次經云五行之動覆說五行也於前天地陰陽鬼神五行之中唯說天地與五行舉其大者此經總覆前事故云以天地爲本以陰陽爲端以四時爲柄以日星爲紀月以爲量鬼神以爲徒五行以爲質皆覆說前事禮義以爲器覆說上舍禮何以哉○人情以爲田覆說上人情也四靈以爲畜一句論若行以前諸事施之得所則四靈報應也○注天地至是也○正義曰天地以至於五行制作所取象也者天地陰陽四時日星月量鬼神五行等皆外物非人所行故云所取象也謂聖人所法象以爲教也云禮義人情其政治也者此是人親自行故云其政治謂聖人行之爲政以治天下也云此則春秋始於元終於麟包之矣者言此一經初以天地爲本終以四靈爲畜是當春秋始於元年終於獲麟也包之者謂春秋元年以後獲麟以前包籠此天地陰陽四時星辰日月之等按春秋書元年春王正月公即位爲五始元者氣之始則天地也春者四時之始則四時也王者政教之始則禮義也正月者十二月之始則月以爲量也公即位者即一國之始亦禮義也熊氏云春秋書郊祭天是天也書地震是地也書冬無冰是陽也書大雨雹是陰也書春夏秋冬是四時也又四時陰陽也隱元年公子益師卒公不與小斂故不書日春秋記事皆書日是日也莊七年恆星不見是星也春秋記事皆有月是月也僖十四年沙鹿崩成五年梁山崩是鬼神也桓二年取郜大鼎是金也成十六年雨木冰是木也桓元年秋大水是水也宣十六年成周宣榭火是火也莊二十九年城諸及防是土也金木水火土即五行也春秋得禮則褒失禮則貶是禮義也桓元年公即位先君被弑而行即位安忍其喪其情惡也莊元年不書即位文姜出不忍行即位之禮其情善也此是人情也哀十四年西狩獲麟是四靈爲畜也云呂氏說月令而謂之春秋事類相近焉者呂氏謂呂不韋也說十二月之令謂爲呂氏春秋事之倫類與孔子所脩春秋相附近焉月令亦載天地陰陽四時日月星辰五行禮義之屬故云相近也云器所以操事者操執也謂操執所爲之事若手秉耒耜耕田之事手操執之云田人所捊治也者捊謂以手捊

聚即耕種耘鋤也即上汗尊而抔飲之類也云禮之位至三光是鄉飲酒義文賓於西北象天主於東南象地介是賓副坐於西南象天嚴凝之氣始於西南僎是主人之黨禮者坐於東北象陽氣之始是介僎象陰陽主人在阼階西面賓在戶西南面介在西階東面僎在房戶之間南面以四者位殊故爲四面之位象四時云三賓者衆賓三人在正賓西南面是爲三賓也禮器云君在阼夫人在房象日月也云亦是也諸以禮之取象其數非一以無正文故取此義而明之故云亦是言亦是法象之義也

以天地爲本故物可舉也物天地所養生以陰陽爲端故情可睹也情以陰陽通也○睹丁古反以四時爲柄故事可勸也事以四時成○以日星爲紀故事可列也事以日與星爲候興作有次第月以爲量故功有藝也藝猶才也十二月各有分猶人之才各有所長也藝或爲倪○倪五計反視也鬼神以爲徒故事有守也山川守職不移五行以爲質故事可復也事下竟復由上始也禮義以爲器故事行有考也考成也器利則事成人情以爲田故人以爲奧也奧猶主也田無主則荒○四靈以爲畜故飲食有由也由用也四靈與羞物爲羣

【疏】以天至由也○正義曰此一節覆明前經諸事若行諸事治理皆應則萬事得成也以天地爲本故萬物可舉也天地生養萬物今本天地而爲政教故萬物可舉而興也○以陰陽爲端故人情可睹也人情與陰陽相通今法陰陽爲教故人情無隱所以可睹見也○以四時爲柄故事可勸也生長收藏隨時無失故民不假督勵而事自勸成也○以日星爲紀故事可列也列猶次第也日中星鳥敬授民時無失早晚故民事有次第也○月以爲量故功有藝也藝猶才也十二月限分猶人才各有所長聖人隨人才而教之則人竭其才之所長而爲功故云功有藝也○鬼神以爲徒故事有守也山川鬼神各有分職不移今爲教引鬼神爲徒屬則事無失業故云事有守也○五行以爲質故事可復也五行

周而復始運迴無窮爲教法則此則事必不絕故云可復復反也○禮義以爲器故事行有考也考成也工欲善其事必先利其器若治國用禮義爲器是器之利者故所治之事行必有成也○人情以爲田故人以爲奥也上人是人民下人是聖人奥主也田無主則荒廢故用人爲主今以人情爲田用聖人以爲田主則人情不荒廢也○四靈以爲畜故飲食有由也由用也靈是衆物之長長既至爲人聖人所。畜則其屬並隨其長而至得以充庖廚是飲食有用也○注情以陰陽通也○正義曰按易文言云同聲相應同氣相求水流濕火就燥是萬物之情因陰陽而通也○注事下竟復由上始也○正義曰五行相次終而復始凡所營爲之事亦終而復始故云事下竟復由上始也謂事於下終末竟了更復從上而始也○注考成至事成○正義曰考成也釋詁文論語云工欲善其事必先利其器是器利則事成也○

何謂四靈麟鳳龜龍謂之四靈故龍以爲畜故魚鮪不淰鳳以爲畜故鳥不獝。麟以爲畜故獸不狘龜以爲畜故人情不失淰之言閃也獝狘飛走之貌也失猶去也龜北方之靈信則至矣○鮪于軌反魚名淰音審徐舒冉反獝字又作獝況必反狘況越反閃失冉反

【疏】。何。謂。至。不。失○正義曰此一經以上有四靈之文更復解四靈之事故記人假問答以明四靈也何謂四靈麟鳳龜龍謂之四靈者問答四靈名也謂之靈者謂神靈以此四獸皆有神靈異於他物故謂之靈○故龍以爲畜故魚鮪不淰者解飲食有由之義也淰水中驚走也魚鮪從龍者龍既來爲人之畜故其屬見人不淰然驚走也○鳳以爲畜故鳥不獝者獝驚飛也鳥從鳳來鳳既來爲人之畜故其屬見人不獝然驚飛也○麟以爲畜故獸不狘狘驚走也獸從麟者麟既來爲人之畜故其屬見人不狘然驚走也龜以爲畜故人情不失以龜知人情龜既來應人知人情善惡故人各守其行其情不失也然上三靈皆言其長來而族至則此應云龜以爲畜而甲族馴狎今獨云其感信而至者與上三族相互也此言感信則上亦感仁義禮而至也但因龜是知人情之易見者故就龜而言耳又初陳四靈麟在初

者孔子獲麟記者隨時所見爲先也後列以龍爲首依四方之舊次也○注淰無之至至矣正義曰已。讀淰爲閃者淰是水中之形狀故字從水閃是忽有忽無故字從門中人也人在門或見或不見獝見飛而獝起狘是狘然驚走故云獝狘飛走之貌也云龜北方之靈信則至矣者按月令冬云其蟲介注云龜鼈之屬則龜爲水蟲水主信故信則至知水主信者易乾鑿度云陽氣合閉信之類故北方水爲信水既爲信則土爲知也故乾鑿度云四時之義皆法中。央中央土者可以兼四方之行知之決也是土爲知但水土二行俱有信知故樂緯云宮致鳳皇身信羽致幽昌身知又中庸注云水神則信土神則知是土水俱有信知龜屬北方水大戴禮及樂緯云介蟲三百六十龜爲長鱗蟲三百六十龍爲長羽蟲三百六十鳳爲長毛蟲三百六十麟爲長按月令春其蟲鱗則龍屬東方木也夏其蟲羽則鳳屬南方火也秋其蟲毛則麟屬西方金也按異義說左氏者以昭二十九年傳云水官不脩故龍不至以水生木故爲脩母致子之說故服虔注獲麟云麟中央土獸土爲信信禮之子脩其母致其子視明禮脩而麟至思睿信立而白虎擾言從又成而神龜在沼聽聰知正則名川出龍貌恭性仁則鳳皇來儀又毛詩傳云麟信而應禮又云騶虞義獸有至信之德則應之皆爲以脩母致子之義也若鄭康成之說則異於此脩當方之事則當方之物來應故異義公羊說哀十四年獲麟此受命之端周亡失天下之異左氏說麟是中央軒轅大角獸孔子脩春秋者禮脩以致其子故麟來爲孔子瑞陳欽說麟西方毛蟲孔子作春秋有立言西方兌兌爲口故麟來許慎謹按公議郎尹更始待詔劉更生等議石渠以爲吉凶不並瑞災不兼今麟爲周亡天下之異則不得爲瑞以應孔子至玄之闇也洪範五事二曰言言作從從作乂乂治也言於五行屬金孔子時周道衰亡已有聖德無所施用作春秋以見志其言。少從以爲天下法故應以金獸性仁之瑞賤者獲之則知將有庶人受命而行之受命之徵已見則於周將亡事勢然也興者爲瑞亡者爲災其道則然何吉凶不並瑞災不兼之有乎如此脩母致子不若立言之說密也如鄭此說從陳欽之義以孔子有立言之教故致其方毛蟲熊氏申鄭義云若人臣官脩則

脩母致子之應左氏之說是也若人君脩其方則當方來應孔子脩春秋爲素
王法以立言故西方毛蟲來應未知然否且具錄焉或以脩母致子康成所以
不用也故異義公羊說麟木精互氏說麟中央軒轅大角之獸陳欽說麟是西
方毛蟲許慎謹按禮運云麟鳳龜龍謂之四靈龍東方也虎西方也鳳南方也
龜北方也麟中央也鄭駮云古者聖賢言事亦有効三者取象天地人四者取
象四時五者取象五行今云麟鳳龜龍謂之四靈是則當四時明矣虎不在靈
中空言西方虎者麟中央得則無近誣乎如鄭此言是麟非土精無脩母致子
之義也四靈配四方如上所說若其取象理有多途虎雖屬西方以其淺毛得
屬中央土也故月令中央土其蟲倮注云虎豹之屬恆淺毛又於陰陽虎屬寅
是也麟屬東方取其性仁則屬木也故公羊說麟者木精鄭云金九以木八爲
妻其性義木性仁得陽氣性似父得陰氣性似母麟毛蟲得木八之氣而性仁
鶡冠子云麟北方玄枵之獸是取象不一也鳳屬南方亦屬中央故樂緯云官
致鳳皇是也龜屬北方亦屬東方五行傳云一曰貌時有龜孽是也龍屬東方
亦屬天五行傳云皇之不極則有龍蛇之孽是也五行傳又云二曰言時則有
介蟲之孽三曰視時則有倮蟲之孽是取象既多理非一槪今以煩而無用故
不備言其數也釋獸云麐麕身牛尾一角京房易傳云麟麕身牛尾馬蹄有五
采腹下黃高丈二廣雅云麒麟狼頭肉角含仁懷義音中鍾呂行中規矩遊必
擇地詳而後處不履生蟲不折生草不羣居不侶行不入陷穽不入羅網文章
斌斌故呼爲大角之獸也○故先王秉蓍龜列祭祀瘞繒宣祝嘏辭說設制度故國有禮
官有御事有職禮有序皆卜筮所造置也埋牲曰瘞幣帛曰繒宣猶揚也繒或作贈○蓍音尸瘞於例反一音於器反繒本又作增同
似仍反又則登反又似登反○故先王患禮之不達於下也患下不信也○疏故先至有序○正義曰此一節論上既言
龜知人情故此言卜筮所造置之事故先王有事秉蓍龜龜既知人情因美龜德也先王聖人將有大事必秉執蓍龜而問吉凶言蓍者凡卜皆先筮故兼言

之也○列祭祀自此至禮有序皆秉蓍龜事也陳列祭祀謂郊廟以下皆用卜筮也瘞繒者瘞埋也謂祀地埋牲也祭法云瘞埋於泰折祭地也幣帛曰繒之言贈也謂埋告又贈神也○宣祝嘏辭說宣揚也祝嘏有舊辭更宣揚告神也○設制度謂造宮室城隍車旗之屬也○故國有禮上諸事既並用卜筮故國家必有其禮也○官有御國既有禮故百官各御其事也○事有職官既有御故百事各有職主也○禮有序者凡所行禮皆有次序也○○故先王患禮之不達於下也○正義曰此一經爲下生文雖並用卜筮而民下猶未見信先王患之更爲下諸事使達下也

○故祭帝於郊所以定天位也祀社於國所以列地利也祖廟所以本仁也山川所以儐鬼神也五祀所以本事也故宗祝在廟三公在朝三老在學王前巫而後史卜筮瞽侑皆在左右王中心無爲也以守至正

此所以達禮於下也教民尊神愼居處也宗宗人也瞽樂人也侑四輔也○儐皇音賓敬也舊必信反朝直遙反下同○筮市制反瞽音古侑音又○

疏。故。宗。至。至正。○正義曰此一節論上云禮有序故記人因說禮須達下之事○一故祭帝於郊所以定天位也者天子至尊而猶祭於郊以行臣禮而事天也是欲使嚴上之禮達於下天高在上故云定天位也亦即是必本於天也○祀社於國所以列地利也者天子至尊而猶自祭社欲使報恩之禮達於下也地出財故云列地利也亦即是命降于社之謂殽地也○祖廟所以本仁也者王在宗廟以子禮事尸是欲使仁義之教達於下也亦即降于祖廟之謂仁義○山川所以儐鬼神也者王自祭山川是欲使儐敬鬼神之教達於下也儐敬也亦即是降於山川之謂興作也○五祀所以本事也者王自祭五祀是欲使本事之教達於下也五祀是制度故云本事也亦即是降於五祀之謂制度也○故宗祝在廟者前明因事鬼神使禮達於下此明因委於人使禮達於下也宗宗伯也祝大祝也王在宗廟則委於宗祝示不自專以達下也○三公在朝者在朝職事則委任三公也

○三老在。學乞言則受之三老○王前巫者若王弔臨則前委於巫也而後史者動則左史書之言則右史書之不敢爲非也既言前巫故云後史也卜筮瞽
侑皆在左右者卜筮主決疑瞽是樂人主和也侑是四輔典於規諫者也亦不自專故並置左右也○王中心無爲也以守至正者既祭祀尊神及委任得人
故中心無爲以守至正之道也○注此所至輔也○正義曰自祭帝於郊至五祀所以本事是祭祀尊神也自宗祝在廟至皆在左右是慎居處也左輔右弼
前疑後丞皆侑勸人君爲善故以侑爲輔其四輔之義已具於文王世子○故禮行於郊而百神受職焉禮行於社
而百貨可極焉禮行於祖廟而孝慈服焉禮行於五祀而正法則焉言信得其禮則神物
與人皆應之百神列宿也百貨金玉之屬○應應對之應宿音秀故自郊社祖。廟山川五祀義之脩。而禮之藏
也脩猶節也藏若其城郭然○藏如字徐才浪反疏故。禮。至。藏。也○正義曰此一節論上文禮既達於下有功而見徵應○故禮行於郊而百神受職焉
者百神天之羣神也王郊天備禮則星辰不忒故云受職○禮行於社而百貨可極。焉王祀社盡禮則五穀豐稔金玉露形盡爲國家之用故云可極焉○禮
行於祖廟而孝慈服。焉王祭廟盡禮而天下皆服行孝慈也詩云無思不服是也王云孝慈之道爲遠近所服也○禮行於五祀而正法則。焉王祭五祀以禮
而天下法則各得其正也然前有山川興作此不言者法則之事包之也故自郊社祖廟山川五祀義之脩而禮之藏也此經覆說祭在上諸神是義之脩飾
禮之府藏也○○是故夫禮必本於大一分而爲天地轉而爲陰陽變而爲四時列而
爲鬼神其降曰命聖人象此下之以爲教令○大音泰下注同○其官於天也官猶法也此聖人所以法於天也○疏是故
至。天。也○正義曰此一節論上言禮既藏於郊社天地之中是故制禮必本於天以爲教也○必本於大一者謂天地未分混沌之元氣也極大曰天未分曰

一其氣既極大而未分故曰大一也禮理既與大一而齊故制禮者用至善之大理以爲教本是本於大一也○分而爲天地者混沌元氣既分輕清爲天在
上重濁爲地在下而制禮者法之以立尊卑之位也○轉而爲陰陽者天地二形既分而天之氣運轉爲陽地之氣運轉爲陰而制禮者貴左以象陽貴右以
法陰又因陽時而行賞因陰時而行罰也○變而爲四時者陽氣則變爲春夏陰氣則變爲秋冬而制禮者吉禮則有四面之坐凶。時有恩理節權是法四時
也列而爲鬼神者鬼神謂生成萬物鬼神也四時變化生成萬物皆是鬼神之功聖人制禮則陳列鬼神之功以爲教也○其降曰命者降下也言聖人制禮
皆仰法大一以下之事而下之以爲教命也○其官於天也者結之也官猶法也言聖人所以下爲教命者皆是取法於天也○夫禮必本於
天本於大一與天之義動而之地後法地也列而之事後法五祀五祀所以本事也變而從時後法四時協。於分
藝協合也言禮合於月之分猶人之才。也合於月之分本或作日月之分日衍字其居人也曰養養當爲義字之誤也下之則爲教令居人
身爲義孝經說曰義由人出○養音義出注○其行之以貨力辭讓飲食冠昏喪祭射御朝聘貨摯幣庭實也
力筋骸強者也不則偃罷○冠古亂反摯本又作贄音至罷音皮疏。夫。禮。至。朝。聘○正義曰此一節論上本說禮從天地四時五行而生也而教於人故
此以下論人用之以行刑罰冠昏朝聘之等皆得其宜也○夫禮必本於天謂本於大一與上天也謂行至誠大道是本大一效天降命是本於天也○動而
之地祀社於國是也○列而之事謂五祀即五祀所以本事是也○變而從時時四時也則四時是以爲柄是也○協於分藝協合也是日月之量也藝人之才
也言制禮以月爲量合人才之長短也○其居人也曰養者養宜也言制度以上諸事之禮居人中身則人得其宜也○其行至朝聘此皆居人身曰義之禮
也謂諸禮皆須義行故云行也貨庭實也力筋力拜伏也辭賓主三辭三讓飲食饗食之屬也冠二十成人而冠昏三十而取射五射御五馭朝五年朝及諸

侯自相朝相見之禮聘謂比年一小聘三年一大聘言人若有義在身則能行此諸禮也○注養當至人出○正義曰知養當爲義者以上云義之脩禮之藏下云聖人陳義以種之又云義者藝之分仁之節故知養當爲義也按聖證論王肅以下云穫而弗食食而弗肥字宜曰養家語曰其居人曰養鄭必破爲義者馬昭云立人之道曰仁與義又此云禮義者人之大端下每云義故知養當爲義也張融謹案亦從鄭說云下之則爲教令居人身爲義者鄭爲此注欲明改養爲義之意言法天地山川下教於民者則爲教令法天地山川居在人身之中者則爲義事是不得爲養也引孝經說曰義由人出者證義從人身而出也

○故禮義也者人之大端也所以講信脩睦而固人之肌膚之會筋骸之束也所以養生送死事鬼神之大端也所以達天道順人情之大竇也竇孔穴也○竇音豆

○故唯聖人爲知禮之不可以已也故壞國喪家亡人必先去其禮言愚者之反聖人也○壞音怪又呼怪反喪息浪反疏故禮至其禮○正義曰此一節論上文說禮爲治理之本故今說禮不可注之事○法竇孔穴也○正義曰按哀元年左傳云逃出自竇又篳門閨竇是竇孔穴也孔穴開通人之出入禮義者亦是人之所出入故云達天道順人情之大竇也

故禮之於人也猶酒之有蘖也君子以厚小人以薄皆得以爲美味性善者醇耳○蘖魚列反醇市春反疏故禮至以薄○正義曰此一節論上云禮不可去故次云禮之在人有厚薄之事○禮之於人也猶酒之有蘖也者禮不可以已之故在人譬如釀酒須用麴蘖則成酒無麴蘖則酒不成人無禮則敗壞也○君子以厚小人以薄者君子譬精米嘉器也小人譬麄米弊器言譬如釀酒共用一麴分半持釀精米嘉器則其味醇和一半釀麤米弊器則其味醨薄亦猶如禮自是一耳行之自有厚薄若君子性識純深得禮而彌深厚小人智慮淺薄得禮自虛薄者也

○故聖王脩義之

柄禮之序以治人情治。者瑕穢養。養菁華也〇菁子丁反故人情者聖王之田也脩禮以耕之和其

剛柔陳義以種之樹以善道講學以耨之存是去非類也耨奴豆反鉏也本仁以聚之合其所盛〇盛市正反又音成

播樂以安之感動使之堅固故禮也者義之實也。協諸義而協協合也合禮於義則與義合不乖剌〇剌力達

反本或作制〇則禮雖先王未之有可以義起也以其合於義可以義起作義者藝之分仁之節也

藝猶才也協於藝講於仁得之者強有義則人服之也仁者義之本也順之體也得之者尊

有人則人仰之也【疏】。故。聖。至。者。尊正義曰此一節論因上君子小人厚薄不同故此論聖人脩禮義治人情以至大順也各依文解之〇故聖王脩義之

柄者柄操也謂執持而用者謂脩理義之要柄脩理禮之次序以治正人情使去其瑕穢之惡養其菁華之善也〇故人情者聖王之田也者土地是農夫之

田人情者亦是聖王之田也〇脩禮以耕之者農夫之田用耒耜以耕之和其剛柔聖人以禮耕人情正其上下〇陳義以種之者農夫耕田既畢以美善種

子而種之聖王以禮正人情既畢用此善道而教之〇講學以耨之者農夫種苗既畢勤力耘鋤去草養苗則苗善矣聖王以善道教民既畢又須講說學習

以勸課之存是去非則善也〇本仁以聚之者農夫既勤耘耨苗稼成孰當本此仁恩愛惜之心以聚集所收勿令浪為費散聖王勸課行善既畢本此仁恩

和親聚集善道使不廢棄也〇播樂以安之者播布也農夫收穫既畢布其歡樂之心共相飲食以安美之聖王既勸民善道備足又說樂感動使其勤行善

道保寧堅固也〇故禮也者義之實也前既明禮耕義種仁聚之今此以下廣明上三者相須也此明禮義相須禮是造物為實義以脩飾為禮之華故云禮

也者義之實也〇協諸義而協者協合也諸之也今將此禮合會於義謂以禮比方於義而協謂禮與義相協會也〇則禮雖先王未之有可以義起也者起

作也禮既與義合若應行禮而先王未有舊禮之制則便可以義作之如將軍文子之子是也先無其禮臨時以義斷之垂涕洟待賓于廟是其以義而作禮也庾云謂先王制禮雖所未有而此事亦合於義則可行之以義與禮合也義者藝之分仁之節也者此明仁須義也義者裁斷合宜也藝才也仁施也人有才能又有仁施若非義裁斷則過失故用義乃得分節也此唯明仁須義而云才者因明一切皆須義斷庾云藝者審其分仁者宜得節皆須義以斷之是義爲藝之分仁之節明義之貴也○協於藝者斷才得分即是義能合藝也講於仁者講猶明也使仁得節是義能明於仁也○得之者強者若能得才分仁節之理則是豪強爲衆所畏服也○仁者義之本也者上云義者藝之分仁之節明義能與仁爲節此言仁者義之本謂仁能與義作本順之體也者仁者施生故爲順之體也○得之者尊既能施生又爲順體故爲人所尊仰也但義主斷割能服於人故得義者強仁是恩施衆所敬仰故得仁者尊也○注協合至乖刺○正義曰合禮於義解經協諸義則與義合者解經而協也云合禮於義者謂將禮比方於義云則與義合者言禮與義相合不乖刺也禮所以與義合者禮者體也統之於心行之合道謂之禮也義者宜也行之於事各得其宜謂之義也是禮據其心義據其事但表裏之異意不相違故禮與義合也○注以其至起作○正義曰云以其合於義者謂此禮以其合會於義故雖當無禮臨事制宜而行禮是可以義起作也衛將軍文子之子既除喪而后越人來弔於時無除喪後受弔之禮主人乃量事制宜練冠垂涕洟待於廟而受弔是以義而起作此禮也

故治國不以禮猶無耜而耕也無以入也○耜音似爲禮不本於義猶耕而弗種也嘉穀無由生也○種之用反不亦作弗何休注公羊云弗者不之深也下皆放此爲義而不講之以學猶種而弗耨也苗不殖草不除講之於學而不合之以仁猶耨而弗穫也無以知收之豐荒也穫戶郭反收如字又手又反合之以仁而不安之以樂猶穫而弗食也

不知味之甘苦安之以樂而不達於順猶食而弗肥也功不見也見賢遍反○四體既正膚革充
盈人之肥也父子篤兄弟睦夫婦和家之肥也大臣法小臣廉官職相序君臣
相正國之肥也天子以德爲車以樂爲御諸侯以禮相與大夫以法相序士以
信相考百姓以睦相守天下之肥也是謂大順大順者所以養生送死事鬼神
之常也常謂皆有禮用無匱乏也車或爲居故事大積焉而不苑並行而不繆細行而不失深而
通茂而有閒連而不相及也動而不相害也此順之至也。言人皆明於禮無有蓄亂滯合者各得其
分理順其職也○苑于粉反積也繆音謬畜丑六反故明於順然後能守危也能守自危之道也君子居安如危小人居危如安易
曰危者安其位【疏】故治至。危也○。正。義。曰此以下顯前譬也人君治人情若無禮猶農夫耕而無耜也○爲禮不本於義猶耕而弗種。也。治。雖用禮不本其
所宜如農夫徒耕而不下種子也○爲義而不講之以學猶種而弗耨也者治國雖用善道所宜而不更爲講學使民知其理道如農夫雖種嘉穀而不耘耔
則苗不滋茂厚實也講之以學而不合之以仁猶耨而弗穫也者治國雖講之以學而不聚其仁行者如農夫雖耘耔成熟而不收穫取之也合之以仁而不
安之以樂猶穫而弗食也者治國雖聚仁若不奏樂和之則仁心不堅如農夫雖聚穀而不食則甘穀空失也○安之以樂而不達於順猶食而弗肥也者前
陳聖人禮耕以至安樂今顯譬農夫耒耜以至食之其事相似今更欲設譬以人身之肥譬家國禮足聖人爲教反覆相明正在此矣言雖奏樂於仁人而不
使知達至順之理亦爲未善猶如人雖食五味而調和溫凊不順則雖食不肥也○四體至常也○此一節明人及國家天下等皆悉肥盛所以養生送死常

事鬼神○膚革充盈者膚是革外之薄皮。革是膚內之厚皮革也○天子以德
爲車以樂爲御率土皆達順故合天下之肥也天子以德爲車謂用孝悌以自
載也德孝悌也以樂爲御謂用要道以行之樂要道也行孝悌之事須禮樂如
車行之須人御也○大順者所以養生送死事鬼神之常也者前雖明國家之
順而皆局有條目而順理廣被無所不在此更總說其事也一切生死鬼神無
不用順爲常也故孔子答孟武伯問無違之言云生事之以禮死葬之以禮是
也養生送死事鬼神無違道之常也○故事至危也皇氏云事大積焉而不苑
者既用順爲常事無苑滯事大者天子事也雖復萬機輻湊而應之有次序不
使苑積也○並行而不繆者並行謂諸侯來朝也既四方隨時貢賦有序雖並
列俱陳而不錯繆也○細行而不失者謂大夫士出聘者也天子不遺小國之
臣是不失也○深而通者深爲九州之外也雖地在遠荒而皆通貢王庭越。常
是也○茂而有間者謂萬國貢賦庭實密茂而國朝之間自不厠雜以國之相
次小則讓大不相及入也萬乘龍趨千乘雷動不相妨害自四體既正至此皆
由王者順之至也熊氏云此普據天下萬事有大有細有深有通有連有動言
人皆明禮順正事無蓄亂滯合各得其分理順於其職所以大小深淺並合得
其宜此順之至結自四體既正以下至此並是順之至極也故明於順然後能
守危。也上言順之至此明順有益明於順然後能守危者既明順道不敢爲非
則能守自危之道謂以危戒慎而自。守。保也○注易曰危者安其位○正義曰
此易上繫文也按易繫。乃云危者安其位者也亡者保其存者也危者安其位
謂所以今日危亡者正爲不知畏懼偷安其位故致危也引之者證人之所居
恆須危
懼也

○故禮之不同也不豐也不殺也所以持情而合危也

豐殺謂天子及
士名位不同禮
亦異數所以拱持其情合安其
危○殺所戒反徐所例反注同

故聖王所以順山者不使居川不使渚者居中原而弗敝也

小洲曰渚廣平曰原山者利其禽獸渚者利其魚鹽中原利其五
穀使各居其所安不易其利勞敝之也民失其業則窮窮。則。濫○

諸之汝反用水火金木飲食必時用水謂漁人以時漁爲梁春獻鼈蜃秋獻龜魚也用火謂司爟四時變國火以救時疾及季春出火

季秋納火也用金謂卝人以時取金玉錫石也用木謂山虞仲冬斬陽木仲夏斬陰木飲食謂食齊視春時羹齊視夏時醬齊視秋時飲齊視冬時○漁音魚

鼈必列反蜃石忍反爟古亂反卝華猛反又瓜猛反徐古猛反夏戶嫁反下同謂食音嗣齊才細反下皆同○合男女頒爵位必當年德謂媒氏令男三十而娶女二十而嫁司士稽士任進退其爵祿也○頒音班當丁浪反媒音梅取音娶本又作娶稽古兮反○用民必順不奪農時故無水旱昆蟲之災民無凶饑妖孽之疾言大順之時陰陽和也昆蟲之災螟螽之屬也○裁音災妖孽又作蠥魚列反妖又作祅說文云衣服歌謠草木之怪謂之祅禽獸蟲蝗之怪謂之蠥螟亡丁反螽徐音終故天不愛其道地不愛其寶人不愛其情言嘉瑞出人情至也故天降膏露地出醴泉山出器車河出馬圖鳳皇麒麟皆在郊棷龜龍在宮沼其餘鳥獸之卵胎皆可俯而闚也膏猶甘也器謂若銀甕丹甑也馬圖龍馬負圖而出也棷聚草也沼池也○澧本又作醴音禮麒麟音其下音栗人反棷素口反徐總會反澤也本或作藪沼之紹反卵力管反胎士才反俯音府窺本又作闚去規反甕本又作罋烏弄反徐於弄反則是無故非有他事使之然也先王能脩禮以達義體信以達順故此順之實也實猶誠也盡也

疏○故。禮。至。實。也○正義曰此一節論上既得明順乃安位此以下說行順以致大平之事各依文解之○故禮之不同也者天子至士貴賤宜順故禮不得同也○不豐也者禮應須少不可求多也○不殺也者禮應須多不可殺少也○所以持情而合危也者能順序如上故使扶持其情合安其危不使危也○故聖王所以順山者不使居川既使天下皆肥由於至順此更廣說順也既欲其順本居山者所利便於禽獸本居川者所利在舟檝故聖人隨而安之不奪宿習不使居山之人居川也不使渚者居中原小洲曰渚渚利魚鹽廣平曰原原利五穀既順安之故不使渚者徙中原〇而弗敝也者必各保其業故恆豐而不敝困也〇用水火金木飲食必時者舉動皆順故必時也水時者謂虞人入澤梁及出入水之屬也火時者鄭注司爟引司農說以鄹子曰春取榆柳之火夏取棗杏之火季夏取桑柘之火秋取柞楢之火冬取槐檀之火釋者。曰榆柳青故春用之棗杏赤故夏用之桑柘黄故季夏時用之柞楢白故秋用之槐檀黑故冬用之金謂金錫石丱也木謂仲冬斬陽木仲夏斬陰木也飲酒必時者謂食齊視春之屬也〇合男女者媒氏仲春令男三十而取女二十而嫁〇須爵位者須分也謂司士稽士任而進退其爵祿也〇必當年德者合男女使當其年須爵位必當其德年謂男三十女二十也當德謂君十卿祿下士食九人等是也〇用民必順者使之以時不奪農務也〇故無水旱昆蟲之災此論聖王用大順之道故致陰陽和調羣瑞並至正由順之誠實故至於此也〇故天不愛其道者此以下明天地爲至順之主下瑞應也四時和甘露降是天不愛其道也〇地不愛其寶者謂五穀豐醴泉生器車出也〇人不愛其情者皆盡孝悌及越常至也〇山出器車按禮緯斗威儀云其政大平山車垂鉤注云山車自然之車垂鉤不揉治而自圓曲〇河出馬圖按中候握河紀堯時受河圖龍銜赤文綠色注云龍而形象馬故云馬圖是龍馬負圖而出又云伏。羲氏有天下龍馬負圖出於河遂法之畫八卦又龜書洛出之也鳳皇麒麟皆在郊棷按中候握河紀云鳳皇巢阿閣今云在郊棷者言鳳皇之衆或郊棷或阿閣也〇其餘鳥獸之卵胎皆可俯而闚也者此飲食有由也各隨其長而至既不狘獝故生乳而衆多也〇俯下頭也鳥不畏人作巢在下故下頭可闚其巢卵也手撫獸背則知有胎也〇則是無故者言致此上事則是更無他故由先王能脩禮達義體信達順之誠盡故致此也〇注器謂若銀甕丹甑也〇正義曰此銀甕丹甑援神契文按援神契德及於天斗極明日月光甘露降德及於地嘉禾生蓂莢起秬鬯出德至八。極則景星見德至草木則朱草生木連理德至鳥獸則鳳皇來鸞鳥舞麒麟

臻白虎動狐九尾雉白首德至山陵則景雲出德至深泉則黄龍見醴泉湧河出龍圖洛出龜書其所致羣瑞非一不可盡也故略記之而已

附釋音禮記注疏卷第二十二

禮記注疏卷二十二校勘記

阮元撰盧宣旬摘錄

禮運

故聖人參於天地節

並於鬼神　閩監本同石經同嘉靖本同衞氏集說同毛本並作竝岳本同注疏倣此

並幷也　閩監毛本同嘉靖本同衞氏集說同岳本幷作併釋文出並併

故聖至治也　閩監毛本治作地不誤惠棟校宋本無此五字

無過差也　閩監毛本同考文云宋板也作矣

故君者所明也節

故君至其生　惠棟校宋本無此五字

故用人之知節

故用至之變　惠棟校宋本無此五字

退去其姧詐者　閩監本姧作姦衞氏集說作奸

故聖人耐以天下爲一家節

故聖至爲之惠棟校宋本無此五字

按說文云耐者鬚也閩監毛本同浦鏜校耐改而是也○按鬚當作須須鬚正俗字

其意同矣閩監毛本同考文云宋板矣作也

何謂人情節

講信脩睦閩監本同石經同岳本同嘉靖本同毛本脩作修衞氏集說同下同

何謂至以哉惠棟校宋本無此五字

及哀惡與彼同也閩監毛本同考文云宋板惡作樂

按彼傳云喜生於風閩監毛本同浦鏜校云按此出賈逵注傳當注字誤

故人者其天地之德節

故人至氣也惠棟校宋本無此五字

故人者其天地之德者惠棟校宋本有其字此本其字脫閩監毛本同

故兩存焉惠棟校宋本著此下標禮記正義卷第三十終記云凡二十六頁

故天秉陽節惠棟校宋本自此節起至故禮之不同節止爲第三十一卷卷首題禮記正義卷第三十一

播五行於四時閩監毛本同石經同岳本同嘉靖本同衛氏集說同釋文出播於五行四時云本亦作播五行於四時正義云定本無於字直云播五行四時

言地持陰氣閩監毛本同岳本同嘉靖本無持字地下空闕二字

五味六和十二食還相爲質也閩監毛本同石經同岳本同嘉靖本同衛氏集說同五經算術下引作五味六和十二食還相爲滑戴震云按鄭注五味酸苦辛鹹甘也和之者春多酸夏多苦秋多辛冬多鹹皆有滑甘是爲六和蓋五味加滑而六內則滫瀡以滑之疏云滫瀡之令柔滑也食味言還相爲滑衣色言還相爲質質如凡畫者丹質之質食味衣色二者語而有別此五經算術所引在唐以前應是古本

竭猶負載也閩監本同毛本載作戴岳本同嘉靖本同衛氏集說同五經算術下引亦作載按戴載古多通同

布十二辰閩監毛本同岳本同嘉靖本同衛氏集說同五經算術布下有在字

終於南呂閩監毛本同岳本同嘉靖本同衛氏集說同惠棟校宋本呂作事釋文出南事云京房律始於執始終於南事凡六十正義本作南呂故疏說終於南呂之義極詳云以此言之則南呂爲是又云諸本及定本多作終於南事則是京房律法五經算術下引亦作終于南呂後又云甄鸞按禮記注一本乃有云始于黃鍾終于南事者

畫繢事也閩監本同岳本同嘉靖本同衛氏集說同毛本繢作繪釋文出畫繢

故天至質也惠棟校宋本無此五字

播謂播散閩本同監毛本謂作爲

中通元續以對五方閩監毛本同衞氏集說同惠棟校宋本以作次

至中呂而帀閩本同惠棟校宋本同衞氏集說帀作匝監毛本帀誤布

上生夾鍾爲商閩監毛本如此此本爲字誤重

房對受學故小黃令焦延壽等閩本監本毛本同齊召南云按後漢志無等字此等字衍

故各統一日閩監毛本同盧文弨校曰改月云算術作各統一月下亦作當月戴震云按後漢書今本訛作各終一日下當月者訛作當日者攷律法十二律分十二月各自爲宮而商徵以類從是一律統一月也疏引作各統一日下仍作當月者爲五經筭術所引無舛誤可據以訂正

而商徵以類定焉閩監毛本定作從五經筭術引亦作類從

考其高下惠棟校宋本如此五經筭術同此本考下衍以字閩監毛本同

謙待徵六日律八寸九分分微強閩監毛本同惠棟校宋本作八寸九分小分八微強按宋本與後漢志合惟九分後漢志作八分

去滅徵六日律八寸八分小分八弱閩監毛本同盧文弨校從續志八弱改七大強

分勳下生歸嘉分勳爲宮　閩本同惠棟校宋本同監毛本勳作動考文引宋板下生下有屈齊商安度徵六日律八寸七分小分六微弱分勳下生二十二字然後接以歸嘉分勳爲宮

刑晉商　閩本同惠棟校宋本同監毛本刑作形下刑晉並同盧文弨校云隋志作形晉

否與徵六日律八寸五分小分二強　閩監毛本同盧文弨校云五經筭術強上有半字是也

分否下生解刑　閩本同惠棟校宋本同監毛本刑作形下解刑徵同

解刑徵八日律八寸三分小分一強　閩監毛本同盧文弨校云當作小分一少強

侯嘉商　閩本同惠棟校宋本同監毛本侯作族下侯嘉並同

去南徵八日律八寸二分一少弱　閩本同監毛本作八寸二分小分一弱

結躬徵二日律七寸八分小分九強　閩本同監毛本二作六強上有少字盧文弨校云少字衍

歸期徵七日律七寸七分小分九強　閩本同監毛本七日作六日強作弱惠棟校宋本作強

刑始商　閩本同惠棟校宋本同監毛本刑作形下刑始並同

閉掩徵七日律七寸三分小分九微強　惠棟校宋本同閩本同監毛本七日作八日強作弱盧文弨校云五經筭術作微強是也

鄰齊徵七日律七寸一分小分九微強 二閩本同監毛本七日作八日一作

摠應商 閩本同惠棟校宋本同監毛本摠作物

期保徵七日 惠棟校宋本亦作七閩本同監毛本七作八

分烏徵六日律七寸小分九大強 閩監毛本同盧文弨校云大當作半

遲內徵六日律七寸小分一強 閩本同考文引宋板同監毛本強上有半字

未育徵六日律六寸九分小分二微強 考文引宋板同閩監毛本二作一齊召南校云依後漢志當作二

嫌待商 閩本同監毛本嫌作謙

色育徵七日律六寸七分小分三大強 閩監毛本同盧文弨校云五經筭術大強作半強是也

分動徵八日律六寸四分小分八強 閩監毛本同盧文弨校云五經筭術作小分八微強是

質未徵七日律六寸三分小分九強 閩監毛本同盧文弨校云強上當有少字

南事下生南事窮 閩監毛本同盧文弨校云筭術下生作不生是孫志祖校云五經筭術作不生六十律終於南事故不生也續志亦誤

分否徵七日律六寸二分小分三大強 閩監毛本同盧文弨校云五經筭術大強作半強是

離躬上生陵陰閩本同惠棟校宋本同監毛本躬作宮下離躬並同盧文弨校云續志作宮

陵陰徵七日律六寸一分小分五微強閩監毛本同盧文弨校云微字衍

少出徵八日律六寸小分七弱閩監毛本同盧文弨校云弱上當有微字

屈齊徵六日律五寸八分小分四弱閩監毛本同盧文弨校云五經算術弱上有微字是

刑晉徵五日律五寸六分小分八強閩監毛本同盧文弨校云強上當有少字

爭南徵七日律五寸三分小分九強閩本同監毛本強上有半字盧文弨校云半當作少

應鍾商姑洗徵閩監毛本如此此本商字脫

變虞徵七日律五寸二分小分六強閩本同監毛本七作六強上有少字盧文弨校云少字衍五經算術作微字亦衍

依行徵五日閩本同監毛本五作七

中呂徵八日律四寸九分小分九強閩監毛本同盧文弨校云強上當有少字

南中徵八日律四寸九分小分二弱閩監毛本二作三

總應徵八日律四寸七分小分九微強閩監毛本同盧文弨校云五經算術微作半是也

分爲窮次無徵不爲宮閩監毛本同考文引宋板次作內孫志祖校云續志作次

制時徵六日律四寸五分小分五弱閩本同惠棟校宋本同監毛本弱作強

以四時有四味惠棟校宋本作時此本時誤肆閩監毛本同衛氏集說亦作四時

似月別各別衣食者考文引宋板如此此本上別誤刑閩本上別字闕監毛本無上別字衛氏集說同

大總言之閩本同惠棟校宋本同監毛本言作攷衛氏集說亦作言

故人者天地之心也節惠棟校云故人節宋本分故聖人作則以下另爲一節

此言兼氣性之效也閩監毛本同岳本同嘉靖本同衛氏集說同惠棟校宋本效作効宋監本同

以四時爲柄閩監本同石經同岳本同嘉靖本同考文引宋板同衛氏集說毛本柄誤端

故人至爲畜惠棟校宋本無此五字

論稟氣性之有効驗閩監毛本効作效衛氏集說同下氣性之効氣性効故云効効是其効並同

故聖至爲畜惠棟校宋本無此五字

用禮義以爲器惠棟校宋本有用字此本用字脫閩監毛本同

覆說上舍禮何以哉閩監毛本同考文引宋板哉下有也字

故情可睹也閩監毛本同石經同岳本同嘉靖本同衞氏集說同考文古本情上有人字

故事有守也惠棟校宋本作有石經同宋監本同岳本同嘉靖本同衞氏集說同考文引古本足利本同此本有誤可閩監毛本同石經考文提要云宋大字本余仁仲本皆作有

以天至由也○正義曰惠棟校宋本無此八字

長既至爲聖人所畜閩監毛本同考文引宋板人所畜下又衍人所畜三字

何謂四靈節

故鳥不獝閩監毛本同石經同岳本同嘉靖本同衞氏集說同釋文出矞云字又作獝正義本亦作獝錢大昕云獝爲鳥飛不應從犬旁釋文獝本作矞周禮大司樂注引此文亦作矞俗本從犬者誤也說文走部有趫字訓狂走卽鳥不矞之矞張衡東京賦捎魑魅斮獝狂薛綜注獝狂惡厲之鬼名埤蒼云獝狂無頭鬼也矞本有狂義因矞狂連文幷矞字亦加犬旁猶展轉之展作輾鈇質之質作鑕也

何謂至不失惠棟校宋本無此五字

讀淰爲閃者惠棟校宋本如此此本讀上衍己字閩監毛本同

皆法中央閩監毛本同考文引宋板央作之非

其言少從閩監毛本同段玉裁校本從詩周南正義少改可盧文弨校云少當作乂

其性義木性仁 惠棟校宋本同閩監毛本其作金

馬蹄有五采 閩監本同毛本采作彩○按彩俗采字

不入檻穽 閩監本同毛本檻作陷

故先王秉蓍龜節 閩監毛本分故先王患禮以下另爲一節

故先至有序 惠棟校宋本無此五字

故先王患禮節

故先王患禮之不達於下也 惠棟校宋本無此十一字

故祭帝於郊節

卜筮瞽侑 閩監毛本同岳本同嘉靖本同衞氏集說同石經卜誤十

故祭至至正 惠棟校宋本無此五字

三老在學 閩監毛本同考文引宋板學下有者字

故禮行於郊節

故自郊社祖廟 閩監本同石經同岳本同嘉靖本同衞氏集說同毛本祖誤宗

義之脩此後凡脩字同閩監本同石經同岳本同嘉靖本同衞氏集説同毛本脩作修注疏倣

故禮至藏也惠棟校宋本無此五字

而百貨可極焉閩監毛本同考文云宋板焉下有者字下而孝慈服焉而正法則焉並同

是故夫禮節

是故至天也惠棟校宋本無此五字

凶時有恩理節權閩本同惠棟校宋本同監毛本時作禮

夫禮必本於天節

協於分藝閩監本同毛本恊作協石經同岳本同嘉靖本同衞氏集説同注疏倣此

猶人之才也此本也下脱一〇閩監毛本遂誤以釋文合於月之分本或作日月之分日衍字十五字爲注文岳本嘉靖本衞氏集説考文皆無此十五字

夫禮至朝聘惠棟校宋本無此五字

辭讓賓主三辭三讓惠棟校宋本如此衞氏集説同此本上讓字脱閩監毛本同

張融謹案亦從鄭説惠棟校宋本同閩監毛本融謹案三字闕

鄭爲此注欲明改養爲義之意惠棟校宋本同閩監毛本注欲明三字闕

則爲教令法天地山川惠棟校宋本同閩監毛本令法二字闕

是不得爲養也引孝經說惠棟校宋本同閩監毛本養也引三字闕

故禮義也者節

而固人之肌膚之會石經同惠棟校宋本同岳本同嘉靖本同閩監毛本上之字脫衛氏集說同石經考文提要云宋大字本宋本九經南宋巾箱本余仁仲本劉叔剛本九經誤字皆有上之字

順人情之大竇也閩監毛本同石經同岳本同嘉靖本同衛氏集說同考文云宋板無也字古本同案上之東也之大端也句末皆有也字此句文法一例無也字非

禮不可去之事○注竇孔穴也惠棟校宋本同閩監毛本事○注三字闕

又篳門閨竇考文引宋板同惠棟校宋本閨作圭衛氏集說同閩監毛本篳門閨三字闕

故禮之於人也節

猶酒之有糱也閩監毛本作蘗岳本同嘉靖本同衛氏集說同此本糱誤蘗疏同石經糱下截米字闕釋文出有糱

人無禮則敗壞也閩監毛本同惠棟校宋本敗壞作壞敗

分半持釀精米嘉器閩監毛本作米衞氏集說同此本米作美

得禮自虛薄者也閩監毛本同惠棟校宋本無者字衞氏集說同

故聖王脩義之柄節惠棟校云故聖王節故治國節宋本合爲一節

治者去瑕穢養菁華也閩監毛本如此岳本同嘉靖本同衞氏集說同此本誤脫去字重養字

協諸義而協閩毛本作協石經同岳本同嘉靖本同衞氏集說同此本協作恊監本同案說文協訓同心之和恊訓衆之同和義不相遠五經文字云案古文作叶則從十者義長今改從十餘放此

故聖至者尊惠棟校宋本無此五字

如將軍文子之子是也惠棟校宋本同閩監毛本上子作氏衞氏集說同

即是義能合藝也閩監本同毛本義藝字互誤衞氏集說亦作義能合藝

故雖當無禮臨事制宜而行禮是可以義起作也衞將軍文子之子既除喪而后越人來弔於時無除喪後受弔之禮主人乃量事制宜練冠垂涕待于廟而受弔是以義而起作此禮也惠棟校宋本同閩監毛本禮臨以下多闕文

故治國不以禮節

嘉穀無由生也惠棟校宋本同宋監本同岳本同嘉靖本同衞氏集說穀作禾閩監毛本嘉穀二字闕

無有蓄亂滯合者各本同釋文出有畜

故治至危也監本毛本作危惠棟校宋本作肥

正義曰此以下惠棟校宋本無正義曰三字

猶耕而弗種也者治國雖用禮惠棟校宋本如此此本者國二字脫閩監毛本同

膚是華外之薄皮閩監本同惠棟校宋本皮下有膚字

越常是也閩監毛本同惠棟校宋本常作裳盧文弨校云常裳俱可通○按說文常下帬也从巾尚聲又云裳常或從衣

然後能守危也監本毛本作危也惠棟校宋本下有者字

而自守保也閩監毛本同惠棟校宋本守保作保守

按易繫乃云閩監毛本乃作辭案疏意以易繫是就既危者言鄭此引是就安不忘危者言斷章取義故說按易繫乃云乃者明易繫不如鄭所引義也三本改乃爲辭失疏意矣

故禮之不同也節

窮則濫閩監毛本同岳本同惠棟校宋本則作斯嘉靖本同衞氏集說作窮斯濫矣考文古本作窮斯濫矣也足利本作窮則斯濫宋監本作窮

斯盜

謂卝人監本作卝岳本同衞氏集說同釋文出卝人此本卝誤丱閩本同嘉 / 靖本同毛本卝誤丱〇按說文則作磺卝假借字說詳前

男三十而娶閩監毛本同岳本同衞氏集說同惠棟校宋本娶作取嘉靖本 / 同釋文出而取云本又作娶正義引亦作取則宋本取字是也

司士稽士任閩監毛本同岳本嘉靖本同衞氏集說同考文引古本任作位 / 非也

地不愛其寶王引之云不愛謂不隱藏也愛之爲隱古人常訓廣雅寶字注作 / 地不藏其寶說詳經義述聞

地出醴泉閩監毛本同石經同岳本同嘉靖本同衞氏集說同釋文出澧云本 / 又作醴

皆可俯而闚也閩監毛本同石經同岳本同嘉靖本同衞氏集說同釋文出而 / 窺云本又作闚〇按依說文當作窺从穴規聲

故禮至實也惠棟校宋本無此五字

釋者曰閩監毛本同惠棟校宋本曰作云

及越常至也閩監毛本同惠棟校宋本常作裳

伏羲氏有天下監毛本同閩本羲作犧

德至八極閩監毛本同惠棟校宋本極作表

附釋音禮記注疏卷第二十二終惠棟校宋本禮記正義卷第三十一終記云 / 凡二十六頁

禮記注疏卷二十二校勘記

附釋音禮記注疏卷第二十三

禮器第十○陸曰鄭云以其記禮使人成器孔子謂子貢瑚璉之器是也疏正義曰案鄭目錄云名爲禮器者以其記禮使人成器之義也故孔子謂子貢汝器也曰何器也曰瑚璉也此於別錄屬制度

禮記　鄭氏注　孔穎達疏

禮器是故大備大備盛德也禮器言禮使人成器如耒耜之爲用也人情以爲田脩禮以耕之此是也大備自耕至於食之而肥

禮釋回增美質措則正施則行釋猶去也回邪辟也質猶性也措置也○錯七路反本又作措又厝音同去起呂反邪似嗟反辟匹亦反

其在人也如竹箭之有筠也如松柏之有心也二者居天下之大端矣故貫四時而不改柯易葉箭篠也端本也四物於天下最得氣之本或柔刃於外或和澤於內用此不變傷也人之得禮亦猶然也○箭節見反筠于貧反鄭云竹之青皮也貫古亂反柯古何反篠西了反徐音小刃而慎反○

故君子有禮則外諧而內無怨人協服也

故物無不懷仁鬼神饗德懷歸也○

疏禮器至饗德○正義曰此一節論禮能使人成器則於外物無不備各依文解之○禮器至德也○言禮能使人成器故云禮器也既得成器則於事無不足故云是故大備也身既成器又能備足則是盛德也此大備者則上禮運所云自人情以爲田脩禮以耕之至食而弗肥是也○禮釋至則行禮釋回此以下用禮爲器以耕人情之事釋去也回邪也用禮爲器能除去人之邪惡也增美質者增益也質性也禮非唯去邪而已人有美性者禮又能益之也措則正者措置也言置禮在身則身正也施則行者施用也若以禮用事事皆行也○其在至

易葉○其在人也如竹箭之有筠也禮道既深此爲設譬也竹大竹也箭篠也言人情備德由於有禮譬如竹箭四時葱翠由於外有筠也筠是竹外青皮顧命云數重箭席鄭云箭析竹青皮也禮記曰如竹箭之有筠按鄭引禮記之筠以爲青皮是知呼竹爲筠如松柏之有心也者又設譬也人經夷險不變其德由禮使然譬如松柏陵寒而鬱茂由其內心貞和故也○二者居天下之大端矣者二者竹松也端猶本也松竹居於天下比於衆物最得氣之本也故貫四時不改柯易葉貫經也既得氣之本故。經四時柯葉無凋改也改易互言也○故君至無怨○。解外諧內無怨者謂於外疏遠之處與人諧和於內親近之處無相怨恨以其有禮接人故內外協服也爲譬既畢此合之也前并舉筠心二事正欲譬於君子內外俱美外柔刃如筠故能與一切物相諧內和澤如松心故能與人無怨經云二者據譬也鄭云四物者析別言之○故物至饗德○故物無不懷仁者懷歸也由。外。內協服故悉歸仁故云物無不懷仁○鬼神饗德者鬼神聰明正直依人而行物既懷仁故神亦饗德也○先王之立禮也有本有文忠信禮之本也義理禮之文也無本不立無文不行言必外內具也○禮也者合於天時設於地財順於鬼神合於人心理萬物者也鬼神所祀事有德也是故天時有生也地理有宜也人官有能也物曲有利也言皆有異故天不生地不養君子不以爲禮鬼神弗饗也天不生謂非其時物也地不養謂非此地所生居山以魚鼈爲禮居澤以鹿豕爲禮君子謂之不知禮不順其鄉之所有也故必舉其定國之數以爲禮之大經定國之數謂地物所出多少○禮之大倫以地廣狹謂貢賦之常差○狹音洽又戶夾反差初佳反徐初宜反禮之薄厚與年之上下用年之豐凶也○上時掌反是故年雖大殺

衆不匡。懼則上之制禮也節矣言用之有節也殺謂穀不孰也匡猶恐也○殺色戒反徐所例反注同恇懼音匡又丘往反恐丘勇反○

疏先。王。至。節。矣○正義曰此一節論因上禮則人外內諧和遂云禮須信義兼說行禮之事各依文解之○忠信禮之本也者禮之爲本卽忠信是也忠者內盡於心也信者外不欺於物也內盡於心故與物無怨外不欺物故與物相諧也義理禮之文也禮雖用忠信爲本而又須義理爲文飾也不得理合宜是其文也無本不立解須本也無忠信則禮不立也無文不行解須文也行禮若不合宜得理則禮不行也○禮也至知禮○此一節論禮者合於天地協於鬼神合於人心而行其禮若不得天時不得地財而行其禮則不知禮也禮也者合於天時者前云忠信爲本易見而義理爲文難覩故此以下廣說義理爲文之事也夫君子行禮必須使仰合天時俯會地理中趣人事則其禮乃行也仰合天時卽依於四時及豐儉隨時也○設於地財者俯會地理財物也所設用物爲禮各是其土地之物也○順於鬼神者鬼神助天地爲化之鬼神也祀之必順不濫逆也○合於人心者中趣人事也雖合天會地順於鬼神又須與人心符合其禮乃行也是以書云謀及卿士謀及庶人謀及卜筮是也○理萬物者也者若能使事事如上則行葦得所豚魚戴賴是萬物各得其理也○是故天時有生也者言天四時自然各有所生若春薦韭卵夏薦麥魚是也○地理有宜也者地之分理自然各有所宜若高田宜黍稷下田宜稻麥是也人官有能也者人居其官各有所能若司徒奉牛司馬奉羊及庖人治庖祝治尊俎是也○物曲有利也者謂萬物委曲各有所利若麴糵利爲酒醴絲竹利爲琴笙皆自然有其性各異也皇氏云有聖人制禮得宜故致天時有生地理有宜之等非其義也○故天不生者既得時財而爲天地人物美功故君子行禮不爲失時非財之事故此以下明之也此是不合天時也天不生謂非時之物若寒瓜夏橘及李梅冬實之屬也○地不養者此是不設地財也地不養若山之魚鼈澤之鹿豕也○君子不以爲禮者此是不合人心也○鬼神弗饗者此是不順鬼神也○居山以魚鼈爲禮居澤以鹿豕爲禮君子謂之不知禮者此翻廣設地財也鹿豕是山養魚鼈是澤物今若非其地所養而設爲禮此是謂爲不知禮也○注鬼神至德也○正義曰以經云順於鬼神先王制禮所
以能順鬼神者以鬼神是有德之人死乃祀爲鬼神禮既合於人心故得順於鬼神也○故必至節矣○此一節以上文制禮因合天時地宜故此論隨地之
所有以制禮也舉其定國之數以爲禮之大經禮物必鄉之所有故有國者必書其國內所生物多少定數以爲國之大法也經法也○禮之大倫以地廣狹
者倫猶例也制禮之大例又宜隨地廣狹爲法謂貢賦之常差也禮之薄厚與年之上下者此廣順天時上猶豐也下猶荒也雖以地廣狹爲制而又皆須隨
於天時也多少隨年豐荒也○是故年雖大殺衆不匡懼者此言得時之美也大殺謂五穀不孰也匡猶恐也雖大凶殺之年則人主隨而省斂狹用故天下
之衆不恐懼也則上之制禮也節矣合結地財天時也廣狹隨地而賦豐凶逐時而斂衆之不恐並由君上制禮有節故也○禮時爲大順
次之體次之宜次之稱次之。言聖人制禮所先後也○稱尺證反後皆同○堯授舜舜授禹湯放桀武
王伐紂時也言受命改制度詩云匪革其猶聿追來孝。革急也猶道也聿述也言文王改作者非必欲急行己之道乃
追述先祖之業來居此爲孝○革紀力反注同○天地之祭宗廟之事父子之道君臣之義倫也倫之言順
也○社稷山川之事鬼神之祭體也天地人之別體也○喪祭之用賓客之交義也義之
言宜也人道之宜○羔豚而祭百官皆足大牢而祭不必有餘此之謂稱也足猶得也稱稱牲之
大小而爲俎此指謂助祭者耳而云百官喻衆也○【疏】禮。時。至。稱。也○正義曰此一節明亦因上制禮得節故以下諸事皆由禮。洽天時今各依文解之○
禮時爲大者揖讓干戈之時於禮中最大故云時爲大也○順次之者雖合天時又須順序故順次之也○體次之者有時有順又須小大各有體別也○宜

次之者大小雖有體行之又須各當其宜也○稱次之者稱猶足也行禮又須各自足也○堯舜至來孝○此釋時爲大也堯舜所以相授者堯舜知子不賢自能遜退而授人此時使之然也桀紂凶虐不能傳立與人湯武救民之災不可不伐亦時使之然也○詩云匪革其猶聿追來孝此大雅文王有聲之篇革急也猶道也聿述也言文王改作豐邑非是急行己之道能述追先祖之業來行孝道於此豐邑時使之然不得不爾釋時之義也今詩本革作棘猶作欲聿作遹字不同者鄭荅炅模云爲記注之時依循舊本此文是也後得毛詩傳而爲詩注更從毛本故與記不同革棘聿遹字異義同詩注來勤也言作豐邑非急成己之欲乃追述王季勤行孝之道也○注革急至述也○正義曰革急聿述並釋言文猶道也釋詁文○天地至倫也○此事皆是下之事上以敬順爲本故云倫也以前經云時爲大順次之故以倫爲順也○社稷至體也○以前經云體次之此覆説體也社稷山川爲天地之別體鬼神是人之別體各有軀體也○注天地至體也○正義曰神是天之別體社稷山川是地之別體鬼是人之別體兼云天者社稷山川雖刑屬於地精靈上連於天也此經鬼神之祭則上宗廟之事而別屬體者宗廟至尊事之須順故屬順也體是人死所爲故後屬體也故云天地人之別體也○喪祭至義也○此釋宜次之也宜義也主人有喪祭之事應須費用而賓客有賻賵之交是人道之宜也故後云喪禮忠之人至賓客用幣義之至也○羔豚至稱也○此釋稱次之羔豚而祭百官皆足足猶得也。夫臣助祭則各有俎祭竟播及胞翟雖復羔豚之小而百官一切皆悉得也大牢而祭不必有餘者假令大牢亦不使有餘也此之謂稱也者小而皆得大而不餘是各稱在體也○注此指至衆也○正義曰按儀禮士祭用特牲大夫祭用少牢皆以成牲不用羔豚此得有羔豚祭者按王制云大夫士有田則祭無田則薦則無地大夫士薦羔豚也無地則無臣助祭故云百官喻衆也○

諸侯以龜爲寶以圭爲瑞家不寶龜不藏圭不臺門言有稱也古者貨貝寶龜大夫以下有貨耳易曰十朋之龜瑞信也諸侯執瑞孤卿以下執摯。闍者謂之臺○堵本又作闍音都又丁古反徐音常邪反 疏 諸侯至稱也○正義曰此一節還明上經稱次之事也但禮主威儀以尊卑大小多少質文各有所宜其稱非一故從此以下更廣明為稱之事各依文解之○諸侯以龜為寶者諸侯有保土之重宜須占詳吉凶故得以龜為寶也○以圭為瑞者圭兼五等玉也諸侯之於天子如天子之於天也天子得天之物謂之瑞故諸侯受封於天子天子與之玉亦謂為瑞也書云輯五瑞又云班瑞于羣后是也此云圭不云璧從可知也○家不寶龜者家卿大夫也大夫卑輕不得寶龜故臧文仲居蔡為僭也○不藏圭者卿大夫不得執玉故不得藏圭○不臺門者兩邊築闍為基基上起屋曰臺門諸侯有保捍之重故為臺門而大夫輕故不得也言有稱者結上得與不得各有所稱○注古者至之臺○正義曰言古者貨貝以貝為貨若今之用錢為貨也貝有五種按食貨志王莽作金銀龜貝錢布之品名曰寶貨大貝四寸八分以上二枚為一朋直二百一十六文壯貝三寸六分以上二枚為一朋直五十文么貝二寸四分以上二枚為一朋直三十文也。也小貝一寸二分以上二枚為一朋直十文也。○不盈寸二分漏度不得為朋率枚直錢三文是為貨貝五品又以龜為寶故云古者貨貝寶龜云易曰十朋之龜者按損卦六五爻云或益之十朋之龜鄭注引爾雅云一曰神龜郭注此當龜以為畜在宮沼者二曰靈龜注云今江東所用卜龜黃靈黑靈者此蓋與天龜靈屬一也三曰攝龜注云以腹甲翕然攝斂頭閉藏之即當周禮地與四方之龜知者以皆有奄斂之義故也四曰寶龜即遺我大寶龜及樂記曰青黑緣者天子之寶龜及公羊定公八年龜青純皆是也五曰文龜注甲有文采者河圖云靈龜負書丹甲青文是也言靈者直是神龜之義非天龜也六曰筮龜注云常在蓍叢下者七曰山龜八曰澤龜九曰水龜十曰火龜注此皆說龜所生處也大凡神靈寶文攝唯五體而已家語臧氏家有守龜名曰蔡文仲三年為一兆武仲三年而為二兆孺子容三年而為三兆此云家不寶龜按三正記白虎通天子之龜尺二寸諸侯一尺大夫八寸者彼謂卜龜士亦有龜故士喪禮卜宅是也龜出於蔡故得以為名也臣瓚注漢書云蔡龜名非也臧氏又有僂句故左氏昭二十五年傳云僂句不余欺是也食貨志云元龜尺二寸直二千一百六十爲大貝十朋公龜九寸以上直五百爲壯貝十朋侯龜七寸以上直三百爲公貝十朋子龜五寸以上直百爲小貝十朋此等皆爲一貝有十朋與十朋之龜義同也云闍者謂之臺爾雅釋宮文○禮有以多爲貴者天子七廟諸侯五大夫三士一天子之豆二十有六諸公十有六諸侯十有二上大夫八下大夫六諸侯七介七牢大夫五介五牢天子之席五重諸侯之席三重大夫再重天子崩七月而葬五重八翣諸侯五月而葬三重六翣大夫三月而葬再重四翣此以多爲貴也豆之數謂天子朔食諸侯相食及食大夫公食大夫禮曰宰夫自東房薦豆六設于醬東。此食下大夫而豆六則其餘著矣聘禮致饔餼於上大夫堂上八豆設于戶西則凡致饔餼堂上之豆數亦如此周禮公之豆四十其東西夾各十有二侯伯之豆三十有二其東西夾各十子男之豆二十有四其東西夾各六諸侯七介七牢者周之侯伯也大夫五介五牢者侯伯之卿使聘者也周禮上公九介九牢侯伯七介七牢子男五介五牢聘儀所云上公七介侯伯五介子男三介乃謂其使者也天子葬五重者謂。杭木與茵也葬者杭木在上茵在下士喪禮下篇陳器曰杭木橫三縮二加杭席三加茵用疏布緇翦有幅亦縮二橫三此士之禮一重者以此差之上公四重○介音界副也後皆同俗讀古賀反非也重直龍反下及注皆同翣所甲反相食音嗣下同餼許既反夾古洽反又古協反使色吏反抗木苦浪反又音剛又戶剛反茵音因縮所六反○【疏】禮有。至爲貴。也正義曰天子七廟尊者誠深孝篤故立廟。乃多世爲稱也諸侯五大夫三士一者德轉薄故廟少爲稱也士一廟者據下士爲言若適士則二廟也○天子之豆二十有六者謂天子朔食也尊者宜備味多乃稱之故多致豆二十有六也○諸公十有六上公也謂更相朝時堂上之豆數也○諸侯十有二者侯伯子男也亦謂相朝時堂上之豆數也○上大夫八下大夫六者皆謂主國食使臣堂上之豆數○諸侯七介七牢者介副也牢大牢也謂諸侯朝天子天子以大牢禮賜之也周禮公九介九牢侯伯七子男五今言七舉中言之也○大夫五介五牢者臣爲君使各降其君二等此五介五牢謂侯伯之卿亦舉中言之○諸侯之席三重者謂相朝時賓主皆然也尊者須温厚故多重乃稱也三重則四席也熊氏云二重則三席也○大夫再重者卑於人君故也○天子崩七月而葬五重者五重謂。抗木與茵也尊者宜堅固故多重也八翣者尊宜多鄭蔽以稱之也○三重六翣者五等同也卑於王故鄭蔽少也然前介及牢不云天子者天子無介牢禮無等及爲賓客之事○再重四翣者諸侯大夫又卑故從而少飾也此以多爲貴也者都結上之文也○注豆之至四重正義曰豆之數謂天子朔食諸侯相食者以文連下大夫六豆上大夫八豆皆食饗大禮明天子諸侯之豆數亦是大禮故爲天子朔食諸侯相食也其天子齊則無文亦當與朔食同也皇氏云天子之豆二十有六者天子庶羞百二十品籩豆各六十今云二十六者說堂上數也堂下東西夾各十七兩十七合三十四三十四就二十六故合六十也今按禮有正羞庶羞故公食大夫禮設韭菹醓醢六豆設于醬東是正羞也將食士羞庶羞設于稻南膷臐膮牛炙之等十六豆謂之庶羞又掌客云公豆四十又云食四十則豆盛正羞食謂庶羞也故鄭注掌客云食者其庶羞美可食者是庶羞與正羞別此上大夫八豆下大夫六豆皆爲正羞而天子二十六豆亦爲正羞故熊氏以爲正羞醓醢百二十罋之等但不知堂夾若爲陳列皇氏以爲庶羞其義非也云公食大夫禮曰宰夫自東房薦豆六設于醬東者鄭引以證下大夫六豆之義云此食下大夫而豆六則其餘著矣者。下大夫六豆設于堂。下則天子之豆二十有六諸公十有六諸侯十有二亦設于堂上顯著可知故云其餘著矣云聘禮致饔餼於上大夫堂上八豆設于戶西者證明此經上大夫八豆之義也按公食大夫禮亦有上大夫八豆之文必引聘禮上大夫者此以公食大夫是食禮聘禮上大夫是致饔餼禮欲見食與饔餼堂上豆數同故鄭此云凡致饔餼堂上豆數亦如此謂亦如此食。下大夫之禮云周禮公之豆四十其東西夾各十有二侯伯之豆三十有二其東西夾各十子男之豆二十有四其東西夾各六此豆數皆周禮掌客文其陳于堂上以東西夾此鄭以意量之按聘禮致饔餼於上大夫堂上八豆西夾六豆東方亦如之此是堂上東西夾各設其豆東西夾又減於堂上之數上公堂上十六豆故知東西夾各十二侯伯堂上十二故知東西夾各十也子男堂上亦十二故知東西夾各六也云諸侯伯七介七牢者周之侯伯也者大行人云上公介九人禮九牢侯伯介七人禮七牢子男介五人禮五牢此獨言侯伯者舉中言也云大夫五介五牢者侯伯之卿使聘者也者按大行人云凡卿大夫士之禮各下其君二等侯伯七介七牢其臣既降二等故卿大夫五介五牢其介數得各下其君二等。君牢則以爵等五等之卿同牢今言五介五牢者唯據侯伯之卿降君二等也其餘牢禮則否云天子葬五重者謂。抗木與茵也者明五重之義云葬者抗木在上茵在下者古者爲椁累木於其四邊上下不周致茵於椁下所以藉棺從上下棺之後又置抗木於椁之上所以抗載於土引士喪禮下篇陳器曰抗木橫三縮二加抗席三加茵用疏布緇翦有幅亦縮二橫三此士之禮一重者引之者證此經葬五重三重之義也皇氏云下棺之後先加折於壙上以承抗席折猶㾊也方鑿連木爲之蓋如牀縮者三橫者五無簀於上加折木抗木之上加抗席三此爲一重如是者五則爲五重茵者藉棺外下。縟用淺色緇布爲之每將一幅輒合縫爲囊將茅秀及香草著其中如今有絮縟也而縮二橫三每爲一重也抗木上橫三下縮二以其在上象天天數奇故上三也下象地地數。偶故下二也茵則上直二下橫三茵既在下下法地也上數二象地下數三象天以天三。合地二人中央也故鄭注士喪禮下篇云謂天三合地二人藏其中焉此皆皇氏之說也今按既夕禮抗木橫三縮二茵縮二橫三鄭注云其用之木三在上茵二在下象天三合地二人藏其中如鄭此注則茵縮二在下皇氏云茵縮二在上橫三在下象天褁於人與鄭注違其義非也云以此差之上公四重者按天子既五諸侯乃三按豆數及棺之重數上公與諸侯不同今諸侯既三明上公四重也熊氏於此明筵之例既是禮之通義今略載

焉熊氏云天子祫祭席五重此文是也禘則宜四重也時祭三重司几筵職是
也受神酢席亦然大朝覲大饗食封國命諸侯皆然知者司几筵職文其平常
則朝覲及燕蓋亦三重席知者以諸侯燕禮有加席故也其臥席則亦下莞上簟
則詩斯干所云是也天子待諸侯則莞筵紛純加繅席畫純待諸侯之孤亦然
故公食大夫禮注云孤爲賓則莞筵紛純加繅席畫純是也待諸侯之卿大夫
則公食云上下大夫蒲筵常緇布純加萑席尋玄帛純注云謂三命大夫是也
公食大夫雖是諸侯之法然天子待之亦然也天子於己臣子孤卿以下蓋亦
然若其燕此上等之人皆單席故燕禮賓無加席注云燕私禮臣屈也然天子
燕臣亦然也祭天則蒲越槀鞂郊特牲云是也自天地以外日月山川五祀則
郊特牲鬼神之祭單席是也及司几筵云甸役則設熊席注表貉所設席亦是
也顧命席鄭注不用生時席新鬼神之事故也諸侯則司几筵云祭祀席蒲筵
繢純加莞席酢席紛純加繅席是祭祀二重也諸侯相朝亦二重也相饗此經
二重及郊特牲云大饗君三重席而酢焉於燕則兩重以介爲賓或可賓亦單
席也待聘卿大夫諸侯自坐蓋亦兩重也其聘者身則禮時及饗食孤則莞筵
藻席卿大夫則蒲筵萑席故聘禮之賓改筵注引公食大夫禮曰蒲筵萑席公
燕則以介爲賓故郊特牲云三獻之介君專席而酢焉此降尊以就卑是也於
己臣子則燕禮賓無加席卿辭重席則司宮徹之諸公亦無加席大射則賓有
加席臣以射辯尊卑故也然則饗食己卿大夫亦重席其祭社稷山川亦單席大
夫士祭祀止一席也故特牲少牢無異席也其卿大夫依法再重席燕禮賓及
卿一席屈也聘賓爲苟敬席屈大射賓雖加席餘卿一席亦屈也然則孤卿大
夫再重正也故鄉射注大夫再重席正也然則鄉飲酒諸公三重席者鄉人特
尊之也故諸公升如賓禮辭一席使人去之注謙自同於大夫是也大夫再重
有諸公則辭加席委于席端主人不徹無諸公則大夫辭加席主人對不去加
席注云大夫席再重也卿大夫爲主人正一重席者以賓鄉人之賢者故下之
也公食賓坐遂卷加席公不辭者注云贊者以告公公聽之重來優賓也凡儀
禮之例一種席皆稱重故燕禮注云重席重蒲筵是也所以鄉射大夫辭加席

亦是一種稱加者以上已云公三重大夫再重故變云加耳若餘經雖異○有席亦稱重則此經是也凡席有兩則稱二重有一則稱一重與楦重別也

以少爲貴者天子無介祭天特牲天子適諸侯諸侯膳以犢諸侯相朝灌用鬱鬯無籩豆之薦大夫聘禮以脯醢天子一食諸侯再大夫士三食力無數大路繁纓一就次路繁纓七就圭璋特琥璜爵鬼神之祭單席諸侯視朝大夫特士旅之此以少爲貴也天子無介無客禮也灌獻也一食再食三食謂告飽也食力謂工商農也大路繁纓一就殷祭天之車也周禮王之五路玉路繁纓十有二就金路九就象路七就革路五就木路翦繁鵠纓圭璋特朝聘以爲瑞無幣帛也琥璜爵者天子酬諸侯諸侯相酬以此玉將幣也大夫特士旅之謂君揖之○犢音獨本亦作特朝直遙反下及注同灌古亂反注同鬯丑亮反脯醢上音甫下音海繁步干反下及注同琥音虎又作虎璜音黃單音丹翦子淺反一音牋鵠胡毒反

疏有。以。至。貴。也。○正義曰此一節明以少爲貴亦是稱之義也○天子無介者爲賓用介而天子以天下爲家既不爲賓客故無介也○祭天特牲者特一也天神尊尊質故止一特也○天子適諸侯諸侯膳以犢者諸侯事天子如天子事天天子事天既用一牛故天子巡守過諸侯境土諸侯奉膳亦止一牛而已也○諸侯相朝灌用鬱鬯者轉卑須味轉多也諸侯相朝謂五等自相朝也灌獻也天子祭天不用鬱鬯諸侯膳天子亦無鬱鬯而自相朝朝享禮畢未饗食之前主君酌鬱鬯之酒以獻賓示相接以芬芳之德不在殽味也何以知朝享畢而灌按司儀職云凡諸公相爲賓將幣畢云儐亦如之鄭云儐謂以鬱鬯禮賓也上於下曰禮敵者曰儐而引禮器諸侯相朝灌用鬱鬯無籩豆之薦謂此朝禮畢儐賓也按大行人云上公五禮再祼而酢則諸侯朝天子天子灌。用鬱鬯此特云諸侯相朝者此經據以少爲貴諸侯於天子無鬱鬯諸侯相朝則設鬱鬯欲見卑者禮多故特舉諸侯相朝也無籩豆之薦者義在少而不在味故唯有巹而無殽也○大夫聘禮以脯醢者大夫出使行聘禮畢主國禮之酌以酒而又有脯醢無芬芳之德故須味稍多也○天子一食者食猶飧也尊者常以德為飽不在食味故每一飧輒告飽而待勸之乃更飧故云一食也○諸侯再者德降天子故至再飧而告飽須勸乃又食○大夫士三者德轉少告轉疏也故少牢特牲禮皆三飯而告飽也○食力無數者食力謂工商農庶人之屬也以其無德不仕無祿代耕故但陳力就業乃得食故呼食力也此等無德以飽為度不須告勸故飧無數也庾云食力力作以得食也○大路繁纓一就者大路殷祭天之車也殷猶質以木為車無別雕飾乘以祭天謂之大路也繁謂馬腹帶也纓鞅也染絲而織之曰罽五色一帀曰就就成也言五色帀一成車既樸素故馬亦少飾止一就也○次路繁纓七就者次路殷之第三路也供卑用故就多也然郊特牲云大路一就先路三就次路五就而此云次路七就鄭注郊特牲以此云七為誤圭璋特者圭璋玉中之貴也特謂不用他物媲之也諸侯朝王以圭朝后執璋表德特達不加物也○琥璜爵者琥璜是玉劣於圭璋者也天子饗諸侯或諸侯自相饗行禮至酬時則有幣將送酬爵又有琥璜之玉將幣故云琥璜爵也琥璜既賤不能特達故附爵乃通也崔氏云諸侯貴者以琥璜則公侯以琥伯子男以璜也○鬼神之祭單席者神道異人不假多重自溫故單席也○諸侯視朝大夫特士旅之者視朝謂日出視諸臣之朝者也特猶獨也旅衆也君行日出路門視諸臣之朝若大夫則君人人揖之若士則不問多少而君衆共一揖之也是大夫貴故人人得揖士賤故衆共得一揖是以少為貴也此諸侯所尊者少故大夫特士旅之若天子之朝所尊者多故司士云孤卿特揖大夫以其等旅揖士旁三揖是也○注天子至揖之○正義曰此云天子無介謂無以客禮陳擯介也其實餘事亦有介副故巹人共介巹是天子臨鬼神使介執巹也云一食再食三食謂告飽也者按儀禮特牲有九飯少牢十一飯鄭云諸侯十三飯天子十五飯此云一食再食與彼不同此據食畢更加飯告飽之數也云食力謂工商農也者以經既云大夫士別云食力大夫士之下唯有工商農故知

食力是工商農也若對文言之則庶人食力故晉語云士食田庶人食力工商食官也云周禮王之五路玉路繁纓十有二就金路九就象路七就革路五就木路蘜繁鵠纓者皆周禮巾車文按巾車云一曰玉路鍚樊纓十有再就建大常十有二斿以祀二曰金路鉤樊纓九就建大旂以賓三曰象路朱樊纓七就建大赤以朝四曰革路龍勒條纓五就建大白以即戎五曰木路前樊鵠纓建大麾以田云圭璋特朝聘以爲瑞無幣帛也者聘禮曰聘君以圭聘夫人以璋是聘也典瑞云公執桓圭侯執信圭伯執躬圭諸侯以相見及朝天子亦無束帛是圭璋朝聘以爲瑞無幣帛按聘禮行享之時則璧以帛琮以錦是加束帛又小行人云以玉合六幣圭以馬注云二王之後享天子璋以皮注云二王之後享后皮馬不上堂唯圭璋特升堂亦是圭璋特義也云琥璜爵者天子酬諸侯諸侯相酬以此玉將幣也者琥璜非爵名經云琥璜爵故知琥璜送爵也按聘禮禮賓之幣束帛乘馬又致饔以酬幣又致食以侑幣鄭云禮束帛乘馬亦不是過也則諸侯於聘賓唯用束帛乘馬皆不用玉今琥璜送爵故知是天子酬諸侯及諸侯自相酬也

○有以大爲貴者宮室之量器皿之度棺椁之厚丘封之大此以大爲貴也

○有以小爲貴者宗廟之祭貴者獻以爵賤者獻以散尊者舉觶卑者舉角五獻之尊門外缶門內壺君尊瓦甒此以小爲貴也凡觴一升曰爵二升曰觚三升曰觶四升曰角五升曰散五獻子男之饗禮也壺大一石瓦甒五斗缶大小未聞也易曰尊酒簋貳用缶○量音亮皿命景反字林音猛散悉旦反注同觶支豉反缶方有反甒音武觚音孤○疏「有以至貴也」○正義曰貴者獻以爵賤者獻以散按特牲云主人獻尸用角角受四升其器小佐食洗散以獻尸散食五升其器大是尊者小卑者大按天子諸侯及大夫皆獻尸以爵無賤者獻以散之文禮文散亡略不具也特牲主人獻尸用角者下大夫也尊者舉觶卑者舉角者崔氏云按特牲少牢禮尸入舉奠觶是尊者舉觶特牲主人受尸酢受角

飲者是卑者舉角此是士禮耳天子諸侯祭禮亡失不具也○五獻之尊者五獻子男之饗禮也凡王饗臣及其自相饗行禮獻數各隨其命子男五命知五獻是子男其饗有酒列尊之法故云尊也○門外缶者缶尊名也列尊之法缶盛酒在門外門內壺者壺亦尊也盛酒陳尊在門內○君尊瓦甒者君尊子男尊也子男用瓦甒爲尊故云君尊瓦甒云君尊則壺缶但飲諸臣也不云內外則陳之在堂人君而尊專惠也○此以小爲貴也者小尊近君大尊在門是不重味故以小爲貴爵也○注凡觴至用缶○正義曰○一升曰爵二升曰觚三升曰觶四升曰角五升曰散者皆韓詩說文按異義今韓詩說一升曰爵爵盡也足也二升曰觚觚寡也飲當寡少三升曰觶觶適也飲當自適也四升曰角角觸也不能自適觸罪過也五升曰散散訕也飲不能自節爲人所謗訕也總名曰爵其實曰觴觴者餉也觥亦五升所以罰不敬觥廓也所以著明之貌君子有過廓然明著非所以餉不得名觴古周禮說爵一升觚二升獻以爵而酬以觚一獻而三酬則一豆矣食一豆肉飲一豆酒中人之食毛詩說觥大七升許愼謹按周禮云一獻三酬當一豆若觚二升不滿一豆又觥罰不過一一飲而七升爲過多鄭駁之云周禮獻以爵而酬以觚觚寡也觶字角旁著氏是與觚相涉誤爲觚也南郡太守馬季長說一獻三酬則一豆豆當爲斗與一爵三觶相應如鄭此言是周禮與韓詩說同一也此周禮一獻三酬按燕禮獻以觚又燕禮四舉酬熊氏云此一獻三酬是士之饗禮也若是君燕禮則行無筭爵非唯三酬而已若是大夫以上饗禮則獻數又多不唯一獻也故知士之饗禮也云壺大一石瓦甒五斗者漢禮器制度文也此瓦甒卽燕禮公尊瓦大也云缶大小未聞也者今以小爲貴近者小則遠者大缶在門外則大於壺矣按禮圖瓦大受五斗口徑尺頸高二寸徑尺大中身銳下平瓦甒與瓦大同引易曰尊酒簋貳用缶易坎卦六四爻辭按六四尊酒簋貳用缶納約自牖終無咎鄭云六四上承九五又互體在震上天子大臣以王命出會諸侯。尊。於簋副設玄酒而用缶也

○有以高爲貴者天子之堂九尺諸侯七尺大夫五尺士三尺天子諸

侯臺門此以高爲貴也○有以下爲貴者至敬不壇埽地而祭天子諸侯之尊廢禁大夫士棜禁此以下爲貴也廢猶去也棜斯禁也謂之棜者無足有似於棜或因名云耳大夫用斯禁士用棜禁。如今方案。隋長局足高三寸○壇大丹反棜於據反去起呂反斯禁如字劉昌宗音賜隋池果反亮如字又古根反【疏】。有。以。至。貴。也○正義曰天子之堂九尺此周法也按考工記殷人重屋堂崇三尺鄭差之云夏亮一尺故知此九尺者周法也○至敬不壇掃地而祭者此謂祭五方之天初則燔柴於大壇燔柴訖於壇下掃地而設正祭此周法也○天子諸侯之尊廢禁者謂廢去其禁司尊彝鬱鬯之尊用舟以承之其犧象等六尊皆無用舟又燕禮諸侯之法瓦大兩有豐是無禁也是天子諸侯廢禁大夫士棜禁者謂大夫用棜士用禁○注棜斯至高三寸○正義曰棜斯禁此文謂之棜按鄉飲酒是大夫禮謂之斯禁也棜長四尺廣二尺四寸深五寸無足赤中畫青雲氣菱苕華爲飾禁長四尺廣二尺四寸通局足高三寸漆赤中。青。雲氣菱苕華爲飾刻其足爲褰帷之形也云謂之棜者無足有似於棜或因名云耳者棜是轝名故既夕禮云設棜於東堂下注云棜今之轝也又注特牲云棜之制如今大木轝矣上有四周下無足今大夫斯禁亦無足似木轝之棜故周公制禮或因名此斯禁云棜耳故少牢司宮尊兩甒于房戶之間同棜是周公時已名斯禁爲棜也今定本無世人二字熊氏以爲後世人因名云耳謂後世作記之人始名爲棜其義非也云大夫用斯禁者按玉藻云大夫側尊用棜則斯禁也按鄉飲酒兩壺斯禁是大夫用斯禁也玉藻云士用禁又士冠禮士昏禮承尊皆用禁是士用禁也謂之禁者鄭注士冠禮云名之禁者因爲酒戒也按鄉射是士禮而用斯禁者以禮樂賢從大夫也按特牲是士禮而云棜禁在東序士亦言棜者鄭注云棜禁者祭尚厭飫故得與大夫同也云禁如今方按隋長局足高三寸者按漢禮器制度而知今按鄭注儀禮棜今無足轝皇氏以爲棜一頭。足一頭無足未知有何憑據且高下不等何以。承尊其義非也○禮有以文爲貴者天子龍衮諸侯黼大夫黻士玄衣纁。裳天子之冕朱綠藻。十有二旒諸侯九上大夫七下大夫五士三此以文爲貴也此祭冕服也朱綠似夏殷禮也周禮天子五采藻○卷本又作衮同古本反黼音甫黻音弗熏字又作纁許云反繅本又作璪亦作藻同子老反注同○有以素爲貴者至敬無文父黨無容大圭不琢大羹不和大路素而越席犧尊疏布鼏。樿杓此以素爲貴也。大圭長三尺杼上終葵首琢當爲篆字之誤也明堂位曰大路殷路也鼏或作。幂樿木白理也○琢字又作瑑文轉反徐又依字丁角反大羹音泰和胡臥反越席音活犧尊鄭素何反王如字幎本又作冪又作鼏莫歷反樿章善反又市戰反杓市約反長直亮反杼直呂反冪音莫○孔子曰禮不可不省也禮不同不豐不殺此之謂也蓋言稱也省察也不同言異也○殺所戒反又所例反下而殺注芟殺皆同

【疏】"禮。有。至。稱。也。"○正義曰天子龍衮諸侯黼大夫黻士玄衣纁裳人君因天之文章以表於德德多則文備故天子龍衮諸侯以下文稍少也然周禮上公亦衮侯伯鷩子男毳孤卿絺大夫玄士爵弁玄衣纁裳今言諸侯黼大夫黻雜明夏殷禮也但夏殷衣有日月星辰山龍今云龍衮者舉多文爲首耳日月之文不及龍也崔云然也○天子之冕朱綠藻十有二旒者亦是夏殷也周藻五采也十二謂旒數也○諸侯九上大夫七下大夫五士三者。亦夏殷也周家旒數隨命數又士但爵弁無旒也○此以文爲貴也者是其稱也○注此祭至采藻正義曰此祭冕服也既漫云龍衮黼黻故鄭云此是祭祀冕服也云朱綠似夏殷禮也周禮天子五采藻者鄭據經非周法也而云似夏殷者夏殷無服禮文今此文非周制故云似也熊氏云朱綠以下是夏殷禮其天子龍衮諸侯黼大夫黻等皆周法無嫌諸侯雜九章七章以下其中有黼也。孤。絺冕而下其中有黻特舉黼黻而言耳故詩采菽云玄衮及黼是特言黼也詩終南美秦襄公黻衣繡裳是特言黻

也熊氏之義踰於皇氏耳○有以素至貴也○至敬無文至敬謂敬之至極謂祭天服用大裘是無文也父黨無容者謂父之族黨是親質素故事之無有折旋揖讓之容○大圭不琢者大圭天子朝日月之圭也尚質之義但抒上終葵首而無琢桓蒲之文也○大羹不和者大羹肉汁也不和無鹽梅也大古初變腥但煮肉而飲其汁未知調和後人祭也既重古故但盛肉汁謂之大羹不和○大路素而越席者大路殷家祭天車也越席蒲席也祭天本質素故素車蒲席也犧尊者先儒云刻尊爲犧牛之形用以爲尊鄭云畫尊作鳳羽婆娑然故謂娑尊也祭天既用陶匏蓋以瓦爲尊畫犧羽於上或可用犧爲尊是夏殷禮也用陶也皇氏以爲犧尊卽周禮犧象也而祭天用陶匏者謂盛牲牢及酌酒器其義非也具在特牲疏疏布冪者疏麤也冪覆也謂郊天時以麤布爲巾以覆尊也故冪人云祭祀以疏布巾冪八尊注云以疏布者天地之神尚質也○樿杓者樿白理木也貴素故用白理木爲杓而鄭注周禮亦云祭天爵不用玉也○注大圭至葵首○正義曰杼殺也長三尺下頭方而殺其上故云杼上終葵首者椎名也於杼上之頭又爲方椎故云終葵首也○孔子至稱也○禮不可不省記者引孔子語證上諸事也省察也禮既有諸事所趣不同不可不察不察則禮道無由可知也禮不同者此是可省之事也不同謂或高下大小文素之異也○不豐者應少不可多是不豐也○不殺者應多不可少也是不殺也此之謂也蓋言稱也者比之謂上諸事也上事各異蓋是各言其有稱故也此經總說在人稱之事也

○禮之以多爲貴者以其外心者也外心用心於其德在表也外德發揚詡萬物詡猶普也徧也○詡況矩反徧音遍大理物博如此則得不以多爲貴乎故君子樂其發也發猶見也樂多其外見也○樂五孝反注同見賢遍反下外見告見皆同

疏禮之至發也○正義曰此一節以上言稱作記之人因廣明稱之事○禮之以多爲貴者此說禮之所以須多爲貴之意以其外心者也謂其用心於外也用心於外謂起自朝廷廣及九州四海也王者居四海之上宜爲四海所畏服故禮須

自多厚顯德於外於外亦以接物也故云以其外心者也隱義云萬物在人外非己所有故以多爲貴也○德發揚詡萬物者此以下解心在外義也詡普也偏也言王者撫有四海宜發揚其德普偏萬物也○大理物博者言王者大領理萬物之事廣博如此則得不以多爲貴乎者結上也既有德發於外偏萬物理。博事。條如此則豈得不貴多乎故貴之也○故君子樂其發也者君子則天子也發見也既須外接故所行事樂得其禮迹發見於外也一云君子謂民下識禮道者也庾云王功被於物君子樂其外見也禮之以少爲貴者以其內心者也內心用心於內其德在內德產之致。也精微致致密也○致直置反注皆同觀天下之物無可以稱其德者萬物皆天所生孰可奉薦以稱也如此則得不以少爲貴乎是故君子愼其獨也少其牲物致誠。慤○殼字又作慤苦角反下文同【疏】。禮之至。獨。也○正義曰此一節亦覆說禮之以少爲貴之意以其內心者也內心謂用心於內也用心於內謂行禮不使外迹彰著也○德產之致也精微者此以下解心在內義也德天地之德也產生也致密也言天地之德生於萬物深密唯精唯微無所遺忘者也盧云天地之德所生至精至微也○觀天下之物無可以稱其德者觀猶覽視也言視天下萬物皆是天地所生若持彼所生以報於彼終非報義故云無可以稱其德者也如此則得不以少爲貴乎者既無物可稱則宜少外多內也是其外迹豈得不貴少乎王云欲偏取萬物以祭天終不能稱其德報其功故以特犢貴誠慤之義也○是故君子愼其獨也者獨少也既外迹應少故君子用少而極敬愼也前云故此云是故者愼之情深故加是也○古之聖人內之爲尊外之爲樂少之爲貴多之爲美是故先王之制禮也不可多也不可寡也唯其稱也【疏】。古。之至。稱。也○正義曰此一節覆說聖人制禮或內或外或少或多然後爲稱也古之聖人內之爲尊者解內心也天不可外報所以內極敬愼而其理爲尊也○外之爲樂者解外心接物須廣大故外極繁富而其事可樂也隱義云樂多其外見者謂衣服萬物悉外見物也己有功德故得使有此物以光輝祀先人爲樂也○少之爲貴者極心於內故外以少爲貴也○多之爲美者極禮迹於表故以外多爲美也是故先王之制禮也不可多也不可寡也唯其稱也者合結多少乃異而以有稱爲禮也

○是故君子大牢而祭謂之禮匹士大牢而祭謂之攘君子謂大夫以上攘盜竊也○樂音洛匹士本或作正士攘如羊反上時掌反疏是故至之攘○正義曰此一節說禮既須稱中者君子大夫以上大夫常祭少牢遣奠及卒哭祔用大牢故祭用大牢而謂之禮也○匹士士大牢而祭謂之攘者匹士士也攘盜也士常祭特豚遣奠卒哭祔加一等少牢若用大牢則是盜竊用君子之禮也然不直言士而言匹士者更云士言其微賤不得特使爲介乃行故謂之匹也白虎通云庶人稱匹夫者匹偶也與其妻偶陰陽相成之義也故論語云匹夫匹婦檢於禮本時有匹字作正字者有通者云天子大夫常祭亦大牢故此文云大夫大牢謂之禮正也若諸侯大夫自常祭少牢加一等乃大牢耳少牢饋食是諸侯大夫禮也崔氏亦用此義然盧王禮本並作匹字矣今定本及諸本並作正字熊氏依此本而爲正字恐誤也

管仲鏤簋朱紘山節藻梲君子以爲濫矣濫亦盜竊也鏤簋謂刻而飾之大夫刻爲龜耳諸侯飾以象天子飾以玉朱紘天子冕之紘也諸侯青組紘大夫士當緇組紘纁邊栭謂之節梁上楹謂之梲宮室之飾士首本大夫達稜諸侯斲而礱之天子加密石焉無畫山藻之禮也○鏤力豆反下音軌紘音宏藻梲章悅反依字當作棳梁上朱儒柱栭音而稜力登反斲陟角反礱力工反疏管仲至濫矣○正義曰此一節明奢而失禮之事管仲鏤簋朱紘者此是不稱之人也管仲齊大夫也簋黍稷器也紘冕之飾用組爲之以其組從下屈而上屬之於兩旁垂餘爲纓此鏤簋朱紘是天子之飾而管仲僭濫爲之也山節者山節謂刻柱頭爲斗栱形如山也藻梲者謂畫梁上短柱爲藻文也此是天子廟飾而管仲僭爲之也鄭

注明堂云山節刻欂盧爲山也藻梲畫侏儒柱爲藻文也○君子以爲濫矣者君子識禮者也謂管仲行此事是爲竊濫也○注鏤簋至禮也○正義曰鏤簋謂刻而飾之鏤謂刻鏤故知刻而飾之云大夫刻爲龜耳者按少牢敦皆南首鄭注云敦有首者尊者器飾也飾蓋象龜周之禮飾器各以其類龜有上下甲也龜簋聲相近故知爲龜形也○云諸侯飾以象者按燕禮有象觚故知飾以象也云天子飾以玉者按周禮九嬪云贊玉齍玉府云共玉敦是也云朱紘天子冕之紘也諸侯青組紘皆祭義文也○云大夫士當緇組紘纁邊者按士冠禮緇組紘纁邊是士也天子諸侯用純大夫當雜故宜與士同也云栭謂之節梁上楹謂之梲者釋宮文其梁上楹謂之梲孫炎云梁上侏儒柱也又云栭謂之節李巡本節作楶謂欂盧一名節皆謂斗栱也熊氏云栭上著木鬚櫨謂之欂盧卽今之榰木也以欂盧與栭異物其說非也云宮室之飾士首本大夫達棱諸侯斲而礱之天子加密石焉者此莊二十四年穀梁傳文彼云大夫斲之士斲本與此異按禮緯含文嘉云大夫達棱謂斲爲四棱以達兩端士首本者士斲去本之首本令細與尾頭相應晉語及含文嘉幷穀梁傳雖其文小異大意略同也此管仲所僭皆天子之禮知者明堂位云山節藻梲天子之廟飾故也

晏平仲祀其先人豚肩不揜豆澣衣濯冠以朝君子以爲隘矣隘猶狹陋也祀不以少牢與無田者同不盈禮也大夫士有田則祭無田則薦澣衣濯冠儉不務新○澣又作浣戶管反濯直角反朝直遙反隘本又作阸於賣反○是故君子之行禮也不可不慎也衆之紀也紀散而衆亂言二大夫皆非也紀絲縷之數有紀【疏】晏平至衆亂○正義曰此一節論儉而不中禮非稱之事○豚肩不揜豆者晏平仲齊大夫也大夫祭用少牢士用特豚而平仲今用豚豚又過小併豚兩肩不揜豆也必言肩者周人貴肩也肩在俎今云豆喻其小假豆言之其實在俎不在豆也澣衣濯冠以朝者大夫須鮮華之美而晏氏澣衣濯冠以朝君是不華也○君子以爲隘矣者隘狹也識禮君子評其大儉褊狹○注祀不至者同○正義曰與無

田。者。謂與無田之士同不關大夫也無田大夫猶用羔。羊也

孔子曰我戰則克祭則受福蓋得其道矣我我知禮者也克勝也

疏孔。子。至。道。矣。○。此一節論孔子述知禮之人自稱戰克祭受福之事我戰則克祭則受福者又引郊特牲語結稱也我謂知禮者克勝也言知禮之人戰必勝祭必受福蓋得其道矣者解所以戰勝而祭受福也戰勝祭受福是所爲得道不多不少隨而稱當也祇爲二大夫之不稱也然此無戰事祇應云祭受福而此連言戰者彼爲二句相連故合引之也且彼因祭之田獵而教戰選兵祭有戰事○注我我知禮者也○正義曰知非孔子自我者君子務在謙光不應自言祭祀受福之事故知述知禮者而言我也

君子曰祭祀不祈祈求也祭祀不爲求福也詩云自求多福福由己耳○爲于僞反下爲母爲父母皆同

不麾。蚤麾之言快也祭有時不以先之爲快也齊人所善。曰麾○摩本又作麾毀皮反齊人謂快爲麾蚤音早

不樂葆大謂器幣也葆之言褒也○葆音保又保毛反本又作保

不善嘉事嘉事之祭致夫人是也禮宜告見於先祖耳不善之而祭

牲不及肥大薦不美多品以禮之義有以小少爲貴也

疏君。子。至。多。品。○正義曰此一節論祭祀之事依禮而行不樂華美祭祀不祈者祈求也凡祭祀之禮本爲感踐霜露思親而宜設祭以存親耳非爲就親祈福報也○不麾蚤者麾快也蚤謂先時也孝子感霜露悽心而思親思親而宜祭不以霜露未至而先時早設爲快也○不樂葆大者葆褒也褒崇高之稱也祭之器幣大小長短自有常宜幣通丈八尺豆盛四升不以貴者貪高大爲之也○不善嘉者嘉事冠昏也人年二十成人自宜冠三十嗣世自宜昏若無親者昏三月祭以告廟冠畢掃地而祭禰並是有爲而然非謂善之而設祭○牲不及肥大者謂郊牛繭栗宗廟角握社稷尺各有所宜不必須並及肥大也○薦不美多品者薦祭品味宜有其定不以多爲美故郊特牲而社稷大牢是也○注祈求至已耳○正義曰按鄭志答趙商問祭祀不祈商按周禮設六祈之科禱禳而祭無不祈故敢問禮記者何義也鄭答云祭祀常禮以序孝

敬之心當專一其志而已禱祈有爲言之主於求福豈禮之常也又鄭發墨守
云孝子祭祀雖致其誠信與其忠敬而已不求其爲而祝尸嘏主人曰皇尸命
工祝承致多福無疆于女孝孫來女孝孫使女受祿于天宜稼于田眉壽萬年
勿替引之若此祭祀內盡己心外亦有祈福之義也○注嘉事至是也○正義
曰按桓三年齊侯使仲年來聘致夫人于時公取文姜三月廟見故仲年來致
夫人于時無祭而云嘉事之祭者當致夫人之時必告廟也故曾子問卿大夫
取妻三月有廟見之禮

○孔子曰臧文仲安知禮夏父弗。綦逆祀而弗止也燔柴於奧

文仲魯公子彄之曾孫臧孫辰也莊文之間爲大夫於時爲賢是以非之不正禮也
文二年八月丁卯大事于大廟躋僖公始逆祀是夏父弗綦爲宗伯之。爲也奧
當爲爨字之誤也或作竈禮尸卒事而祭饎爨饔爨也時人以爲祭火神乃燔
柴○父音甫不綦音忌不亦作弗燔音煩又芳云反奧依注作爨七亂反下同
彄苦侯反大廟音太下注太平下文太廟並同躋
子西反升也本又作躋饎昌志反下七亂反

夫奧者老婦之祭也盛於盆尊於瓶。

老婦先炊者也盆缾炊器也明此祭先炊非
祭火神燔柴似失之○盛音成缾步丁反

【疏】。孔。子。至。於。瓶○正義曰
此以下引仲尼證不得

所宜之人也文仲魯大夫也事莊閔僖文四君時人衆尊爲知禮故孔子證其
不知禮之事以譏時人也○夏父弗綦逆祀而弗止也者此非禮之一事也魯
閔公僖公俱是莊公之子閔適而。小僖庶而大莊公死而立閔爲君僖時爲臣
閔少而死後乃立僖爲君僖死僖公子文公立文二年八月丁卯大事于大廟
是時夏父弗綦爲宗伯典禮佞文公云吾見新鬼大故鬼小使列昭穆以閔置
僖下是臣在君上爲逆亂昭穆時臧文仲爲卿大夫見有此逆祀之事而不諫
使止故云安知禮也○燔柴於奧者此又非禮之事奧音爨爨以爨責爲義也
禮祭至尸食竟而祭爨神言其有功於人人得飲食故祭報之而夏父弗綦爲
禮官謂爨神是火神而遂燔柴祭之此是失禮而文仲又不能諫止之又爲不
知禮也○夫奧者老婦之祭也者既譏燔柴於爨又明祭爨不可以燔柴之義

爨者是老婦之祭其祭卑唯盛食於盆盛酒於瓶卑賤若此何得燔柴祭之也○注文仲至燔柴○正義曰云文仲魯公子彄之曾孫臧孫辰也者按世本孝公生僖伯彄彄生哀伯達達生伯氏瓶瓶生文仲辰是公子彄曾孫也云莊文之閒爲大夫者按莊二十八年臧孫辰告糴于齊文二年縱逆祀是莊文之閒爲大夫云於時爲賢者襄二十四年左傳云先大夫曰臧文仲既沒其言立於後世死猶不朽是於時爲賢也云文二年八月丁卯大事于大廟躋僖公始逆祀者按文二年公羊傳云大事者何大祫也逆祀奈何先禰而後祖也何休云近取法春秋惠公與莊公當同南面西上隱桓與閔僖亦當同北面西上閔僖爲兄弟以繼代言之有父子君臣之道此恩義逆順故云先禰後祖此公羊之義也按外傳云躋僖公弗綦云明爲昭其次爲穆以此言之終文公至惠公七世惠公爲昭隱公爲穆桓公爲昭莊公爲穆閔公爲昭僖公爲穆今躋僖公爲昭閔公爲穆自此以下昭穆皆逆故定公八年順祀先公服氏云自躋僖公以來昭穆皆逆是同國語之說與何休義異公羊董仲舒說躋僖云逆祀小惡也左氏說爲大惡也許君謹按同左氏說鄭駁之云兄弟無相後之道登僖公主於閔公主上不順爲小惡也如鄭此意正以僖在閔上謂之爲昭非昭穆也云奧當爲爨字之誤也者下文云老婦之祭盛於盆尊於瓶故知非奧也奧者夏祀竈神其禮尊以老婦配之耳故中霤禮祭竈先薦於奧有主有尸用特牲迎尸以下略如祭宗廟之禮是其事大也爨者宗廟祭祀尸卒食之後特祭老婦盛於盆尊於瓶是其事小也云或作竈者諸禮記本有作竈字故云或也云禮尸卒食而祭饎爨饔爨也者特牲記注舊說云宗婦祭饎爨亨者祭饔爨用黍肉而已無籩豆俎云時人以爲祭火神乃燔柴者依尸卒食而祭饎爨饔爨當時失禮又以此爲祭火神遂乃燔柴故文云燔柴於奧明失禮也皇氏云弗綦既以逆祀爲是又以燔柴祭爨爲是云祭火神乃燔柴者熊氏云宗伯以實柴祀日月星辰有大火之次故祭火神乃燔柴按異義竈神今禮戴說引此燔柴盆瓶之事古周禮說顓頊氏有子曰黎爲祝融祀以爲竈神許君謹按同周禮鄭駁之云祝融乃古火官之長猶后稷爲堯司馬其尊如是王者祭之但就竈

陘一何陋也祝融乃是五祀之神祀於四郊而祭火神於竈陘於禮乖也如鄭此言則祝融是五祀之神祀於郊奧者正是竈之神常祀在夏以老婦配之有俎及籩豆設於竈陘又延尸入奧爨者宗廟祭後直祭先炊老婦之神在於爨竈此祝融并奧及爨三者所以不同也

○禮也者猶體也若人身體體不備君子謂之不成人設之不當猶不備也禮有大有小有顯有微大者不可損小者不可益顯者不可揜微者不可大也故經禮三百曲禮三千其致一也致之言至也一謂誠也經禮謂周禮也周禮六篇其官有三百六十曲猶事也事禮謂今禮也禮篇多亡本數未聞其中事儀三千○當丁浪反未有入室而不由戶者三百三千皆猶誠也

【疏】禮也至戶者○正義曰此一節論因上禮之有稱故此以下廣明三代之禮皆由誠信乃合亦各依文解之○禮也者猶體也者猶若人身體也體不備君子謂之不成人釋體也人身體髮膚骨肉筋脈備足乃為成人若片許不備便不為成人也設之不當猶不備也者合譬也禮既猶如人之有體體雖備但設之不當則不成人則設禮不當亦不成禮猶人體之不當也所以已祭天地復祭山川社稷已事生人復祭宗廟是備祭之義也禮有大者謂有大及多為貴也有小者謂有小及少為貴也有顯者謂有高及文為貴也有微者謂有素及下為貴也大者不可損小者不可益顯者不可揜微者不可大也者各隨其體而設禮不得不當也○故經禮三百曲禮三千者既設禮大小隨於萬體不可不備故周公制禮遂有三千三百之多也其致一也者致至也一誠也雖三千三百之多而行之者皆須至誠故云一也若損大益小揜顯大微皆失至誠也周公攝政七年制禮作樂為設官分職之法亦名周官有六卿每卿下各有屬官六十凡三百六十經秦焚燒之後至漢孝文帝時求得此書不見冬官一篇乃使博士作考工記補之非上之義唯證周禮三百六十職也○未有入室而不由戶者室猶禮也戶猶誠也入室必由戶行禮必由誠故云未有入室而不由

戶行禮不由誠者言皆由誠也君子之於禮也有所竭情盡慎致其敬而誠若謂以少小下素爲貴也若順也
有美而文而誠若謂以多大高文爲貴也疏君子至誠若○正義曰此經覆明上以少小下素之義有所竭情盡慎致其敬而誠若者
謂所以少小下素爲貴者當求諸於內有所求竭己情盡其戒慎致其恭敬而行至誠和順故以少小下素爲貴也○有美而文而誠若此一經明多大高文
爲貴之義有美而文者謂有威儀之美而文章顯著而行至誠和順者章之於外故須多大高文也言內行誠順則以少小下素求諸內也外行誠順則以多
大高文章之外也君子之於禮也有直而行也謂若始死哭踊無節也有曲而殺也謂若父在爲母期也○期
音基有經而等也謂若天子以下至士庶人爲父母三年有順而討也討猶去也謂若天子以十二公以九侯伯以七子男以五
爲節也○去起呂反下去之同有摲而播也摲之言芟也謂芟殺有所與也若祭者貴賤皆有所得不使虛也○摲所監反又所覽反芟所咸反
有推而進也謂若王者之後得用天子之禮有放而文也謂若天子之服服日月以至黼黻○放方往反下有放同有放
而不致也謂若諸侯自山龍以下○不致本或作不至有順而摭也謂若君沐粱大夫沐稷士沐粱○摭之石反疏君子至摭
也○正義曰此經廣明禮意不同有直而行也者君子於禮一事也直而行謂親始死孝子哀慼哭踊無節直任己天性而行也○有曲而殺也者二事也曲
殺謂服父斬衰三年爲母齊衰期是曲殺也○有經而等也者三事也經常也常而等謂上自天子下至庶人雖尊卑有異而服其父母則貴賤同等也○有
順而討也者四事也順猶順序討猶去也謂天子至尊每十二爲節自此以下轉相降差公九侯伯七子男五順序而稍去之也有摲而播也者五事也摲芟
也播布也謂君祭而羣臣助祭得俎而下至胞翟一切悉有所得是芟上貴之分以布徧於下也○有推而進也者六事也謂二王之後已喪天位而天子必

推而進之使用王禮也〇〇有放而文也者七事也放法也謂天子晝日月星辰於衣服是法天以爲文〇〇有放而不致也者八事也致極也謂諸侯以下亦有放法而不得極也〇有順而摭也者九事也摭猶拾取也謂若君沐粱大夫用稷士用粱士卑不嫌是拾君之禮而用之也

三代之禮一也民共由之或素或青夏造殷因

一也俱趍誠也由用也素尚白黑尚青者也言所尚雖異禮則相因耳孔子曰殷因於夏禮所損益可知也周因於殷禮所損益可知也變白黑言素青者秦二世時趙高欲作亂或以青爲黑黑爲黃民言從之至今語猶存也

疏三代至殷因〇正義曰此一節廣明三代損益不同三代之禮一也者謂三代所行之禮雖各別一皆趍於至誠故云一也民共由之者由用也非唯君行禮用誠如一也民亦共用誠如一也〇或素者前明三代雖異而俱用誠是同此述其迹異也或素尚白也尚白殷世之禮也或青者尚黑夏世之禮也然夏先殷後今先云或素者記是周時今欲見周因於殷殷因於夏禮也〇夏造者往來之禮雖同而先從夏始故云夏造也〇殷因者因於夏禮而用之故云殷因也〇注一也至存也〇正義曰一也俱趍誠也文承上經禮三百曲禮三千其致一也一謂至誠故知此一亦至誠也云青尚黑者也者夏以十三月爲正於時草之萌牙變白而青也夏正尚黑故也青謂黑也云秦二世時趙高欲作亂或以青爲黑黑爲黃民言從之至今語猶存也者按史記秦二世名胡亥於時丞相趙高欲殺二世未知人從己否乃指鹿爲馬人畏趙高皆稱鹿爲馬是其事也其以青爲黑以黑爲黃卽鹿馬之類也鄭去胡亥既近相傳知之此作記之人在胡亥之後故或素或青若王肅之說則異於此故家語云夏后以水德而王色尚黑周以水德王色尚黃舜以土德王色尚白聖證論王肅以爲夏同堯皆尚其紫色舜土德王尚白而尚青者土以生爲功東方生物之始故尚青土既尚青水則辟之青而用白也故殷是水德而尚白王肅此說與檀弓緯候文乖不可用也

附釋音禮記注疏卷第二十三

禮記注疏卷二十三校勘記　阮元撰盧宣旬摘錄

附釋音禮記注疏卷第二十三　惠棟校宋本禮記正義卷第三十二

禮器第十

禮器是故大備節

自耕至於食之而肥　惠棟校宋本同宋監本同岳本同嘉靖本同考文引古本足利本同閩監毛本而誤弗衞氏集說同

措則正　閩監毛本同石經同岳本同嘉靖本同衞氏集說同釋文出錯則云本又作措又作厝〇按措正字厝錯並假借字

而不改柯易葉　岳本同嘉靖本同衞氏集說同閩本葉作葉監本同毛本作枼石經作葉案說文葉从艸枼聲篆文枼亦作枼故唐人避世字諱改葉作枼至毛本作葉非也

用此不變傷也　惠棟校宋本亦作傷宋監本同閩本同岳本同嘉靖本同考文引古本足利本同監毛本傷作易衞氏集說同

禮器至饗德　惠棟校宋本無此五字

禮釋至則行　閩監本同毛本禮釋至三字闕

故經四時柯葉無凋改也　惠棟校宋本作經此本經誤巡閩監毛本同

解外諧內無怨者　閩監毛本同浦鏜校解改則

由外內協服閩監毛本同惠棟校宋本外內作內外

先王之立禮也節

衆不匡懼閩監毛本同石經同岳本同衞氏集說同惠棟校宋本匡作恇注仍作匡嘉靖本同釋文出恇懼云音匡○按恇正字匡假借字

先王至節矣惠棟校宋本無此五字

兼說行禮之事惠棟校宋本同閩毛本事字闕閩監本事誤○

禮時爲大節惠棟校云禮時爲大節諸侯以龜節宋本合爲一節

稱次之閩監毛本作之石經同岳本同嘉靖本同衞氏集說同此本之誤也

聿追來孝閩監本同石經同岳本同嘉靖本同考文引宋板同衞氏集說同毛本追誤道

禮時至稱也惠棟校宋本無此五字

皆由禮洽天時閩監毛本同衞氏集說同齊召南校洽改合

不能傳立與人閩監毛本同考文云宋板立作位

鄭答炅模云閩本同惠棟校宋本同監本炅誤灵毛本因改作靈大謬

詩注來勤也毛本作注此本注誤生閩監本注誤主

上以敬順爲本惠棟校宋本同閩毛本敬字闕監本敬誤〇

社稷山川雖刑屬於地閩監毛本刑作形

夫臣助祭則各有俎閩監毛本同衞氏集說無夫字許宗彥校夫改大

諸侯以龜爲寶節

闍者謂之臺閩監毛本同岳本同嘉靖本同衞氏集說同釋文出堵者云本又作闍

直三十文也也補毛本同按也也誤重

〇不盈寸二分閩監毛本同衞氏集說〇作又〇按段玉裁校食貨志云當作不成貝不盈寸二分詩正義引亦誤此作〇非也

禮有以多爲貴者節

設于醬東此食下大夫而豆六閩監毛本同岳本同嘉靖本同衞氏集說同惠棟校宋本此作北盧文弨校云此惠改爲北非案正義曰云公食大夫禮曰宰夫自東房薦豆六設于醬東者又曰云此食下大夫而豆六則其餘著矣者句讀截然

謂杭木與茵也宋監本同嘉靖本同閩監毛本杭作抗正義同岳本同衞氏集說同釋文出抗木音苦浪反〇按依說文正字當作抗从寸亢聲

禮有至爲貴也惠棟校宋本至作以多二字也作者字

故立廟乃多世爲稱也閩監毛本同浦鏜挍從衞氏集說乃改以

下大夫六豆設于堂上閩監毛本俱作堂上此本堂上誤堂下衞氏集說亦作堂上下大夫上有言字

謂亦如此食下大夫之禮考文引宋板同閩監毛本下作上是也

君牢則以爵等閩監毛本同衞氏集說同惠棟校宋本君作若

於上加抗木惠棟校宋本作抗衞氏集說同此本抗誤折閩監毛本同

茵者藉棺外下縟閩監毛本同衞氏集說同浦鏜校縟改褥下絮縟同案衞氏集說下絮褥字作褥

地數偶閩監毛本同惠棟校宋本偶作耦○按耦字今多借爲偶非也

以天三舍地二考文引宋板同閩監毛本舍作合案下兩引士喪禮下篇鄭注謂天三合地二人藏其中焉文皆作合則此亦當作合字爲是

表貉所設席亦是也閩監毛本同浦鏜校表貉上補祭字○按浦鏜是也

聘賓爲苟敬席屈閩本同惠棟校宋本同監毛本苟敬作敬徹

謙自同於大夫是也閩監本同毛本於字闕

卿大夫爲主人正一重席者閩監毛本同盧文弨校卿改鄉浦鏜校云正當丩字誤

重來優賓也考文引宋板同閩監毛本優作擾

有以少爲貴者節

有以至貴也惠棟校宋本無此五字

天神尊尊質閩監毛本同衞氏集說下尊作貴

故止一特也閩監毛本同齊召南校特改牲

天子灌亦用鬱鬯惠棟校宋本有亦字衞氏集說同此本亦字脫閩監毛本同

言五色帀一成閩監毛本同衞氏集說帀下有則字

行禮至酬時惠棟校宋本同閩監毛本酬下衍酒字衞氏集說同

龍勒條纓五就惠棟校宋本作條此本條作絛閩監毛本同○按周禮作絛注云條讀爲絛正義中凡引詩禮如注讀爲某者卽改爲某字此正義例也

有以大爲貴者節

四升曰曰角補案曰字誤重

有以至貴也惠棟校宋本無此五字

尊於篚副閩監毛本同浦鏜校尊上補主國二字於改棜

有以高爲貴者節

士用棜禁閩監毛本同岳本同嘉靖本同衛氏集說同惠棟云棜字衍案惠棟是也

如今方案閩監毛本同岳本同嘉靖本同衛氏集說如上有禁字宋監本同考文引宋板古本足利本同按正義如上禁字當有

隋長局足閩監毛本同岳本同衛氏集說同釋文出隋長嘉靖本隋誤惰按此本正義作隨

有以至貴也惠棟校宋本無此五字

漆赤中青雲氣菱苕華爲飾毛本同監本誤重雲字閩本青上有畫字衛氏集說同按有畫字是也

棜一頭足一頭無足閩監毛本同惠棟校宋本上足字上有有字

何以承尊毛本同考文引宋板同閩監本承字闕

禮有以文爲貴者節惠棟校云宋本分有以素爲貴下爲一節孔子曰禮不可不爲一節

士元衣纁裳閩監毛本同石經同岳本同嘉靖本同衛氏集說同釋文出熏裳云字又作纁

朱綠藻十有二旒閩監毛本同石經同岳本嘉靖本同衛氏集說同釋文出綠繅云本又作璪亦作藻

犧尊疏布鼏閩監毛本同石經同岳本同嘉靖本同衛氏集說同釋文幎云本又作幂又作鼏

抒上終葵首閩監毛本同岳本抒作杼嘉靖本同衛氏集說同釋文出杼上案正義亦作杼

鼏或作幕閩監毛本同岳本同嘉靖本同衛氏集說同釋文出作幕云音莫考文引足利本幕作冪按釋文經鼏本又作冪若注幕作冪將成冪作冪不可讀矣

禮有至稱也惠棟校宋本無此五字

士三者亦夏殷也閩本同考文引宋板同監毛本亦作言

孤絺冕而下閩本同考文引宋板同監毛本絺作希齊召南校云孤下脫卿字希當作絺

有以素至貴也惠棟校宋本無此六字

後人祭也既重古閩監毛本同盧文弨校云也疑衍案衛氏集說無也字

用陶也閩監毛本同齊召南校用上增周字

故冪人云閩監毛本作冪衛氏集說同此本冪誤幕○按當作冪

孔子至稱也惠棟校宋本無此五字

此經總說在人稱之事也閩監毛本同考文引宋板人作上

禮之以多爲貴者節

禮之至發也惠棟校宋本無此五字

理博事條如此閩本同考文引宋板同監本條作備毛本同又博字誤不

禮之以少爲貴者節

德產之致也精微閩監毛本同石經同岳本同嘉靖本同衞氏集說同釋文出之致云直置反注皆同孫志祖校云文選何敬祖雜詩注引禮記曰德產之緻也精微鄭元曰緻密也疑唐初本如此後傳寫誤耳○按致緻正俗字段玉裁云說文糸部緻字乃徐鉉所增

致誠慤閩監毛本同岳本同嘉靖本同釋文出誠㱿云字又作慤下文同○按依說文當作愨从心㱿聲釋文作㱿假借字

禮之至獨也惠棟校宋本無此五字

古之聖人節

古之至稱也惠棟校宋本無此五字

是故君子大牢節

四士大牢而祭各本同石經亦同釋文出四士云本或作正士按正義云盧王禮本並作四字今定本及諸本並作正字熊氏依此本而爲正字恐誤也

是故至之攘惠棟校宋本無此五字

管仲鏤簋節

鏤簋朱紘閩監本同石經同岳本同嘉靖本同衞氏集說同考文引宋板同毛本紘誤人

大夫達棱閩監毛本同岳本同衞氏集說同釋文出達棱嘉靖本棱誤稜

管仲至濫矣惠棟校宋本無此五字

飾蓋象龜惠棟校宋本同閩監毛本蓋作器

故知爲龜形也惠棟校宋本同閩監毛本作故知刻爲龜也

共玉敦是也云朱紘也云四字闕惠棟校宋本同毛本敦是也誤之服玉閩監本敦是

天子諸侯用純惠棟校宋本同閩監毛本天子諸侯四字闕

大夫當雜閩監毛本同惠棟校宋本雜上有用字

欂謂之𣙖盧卽今之楷木也楷誤楷欂字闕惠棟校宋本同閩監本欂誤穩楷誤楷毛本

晏平仲祀其先人節惠棟校云晏平仲節宋本分是故君子以下合孔子曰我戰則克節爲一節

晏平至衆亂惠棟校宋本無此五字

與無田者閩監毛本同惠棟校宋本者下有同字

無田大夫猶用羔羊也閩監毛本同考文引宋板無此羊字

孔子曰我戰則克節惠棟校宋本無此五字

孔子至道矣惠棟校宋本無此五字

此一節閩監毛本同惠棟校宋本此上有正義曰三字

君子曰祭祀不祈節

不麾蚤閩監毛本同石經同岳本同嘉靖本同衞氏集說同釋文出不摩云本又作麾○按注疏本引釋文作摩是也麾俗摩字

齊人所善曰麾閩監毛本同岳本同嘉靖本曰作爲

君子至多品惠棟校宋本無此五字

孝子祭祀雖致其誠信閩監毛本同許宗彥校雖改維

孔子曰臧文仲節

夏父弗綦各本同石經亦同釋文出不綦云不亦作弗

是夏父弗綦爲宗伯之爲也奧當爲爨字之誤也或作竈禮尸卒食而祭饎爨饔爨也時人以爲祭火神乃燔柴毛本同岳本同嘉靖本同衞氏集說同惠棟校宋本同考文引古本同閩監本

自爲也以下多闕文

尊於瓶各本同石經同釋文瓶作缾○按缾瓶正俗字

孔子至於瓶惠棟校宋本無此五字

閔適而小惠棟校宋本同閩監毛本小作少衞氏集說同

終文公至惠公七世閩監毛本同許宗彥校終改從

非昭穆也閩監毛本同段玉裁校本昭改爲

故知非奧也閩監毛本同考文引宋板無也字

亨者祭爨爨閩本同監毛本亨作烹

禮也者猶體也節惠棟校云禮也者節君子節君子之於禮節三代之禮節宋本合爲一節

一謂誠也閩監本同岳本同嘉靖本同衞氏集說同毛本謂字闕

皆猶誠也閩監毛本同岳本同嘉靖本同衞氏集說猶作由考文引足利本同按毛氏居正云由作猶誤

禮也至尸者惠棟校宋本無此五字

骨肉筋脈閩監毛本同衞氏集說同惠棟校宋本肉作血

猶人體之不當也閩監毛本同惠棟校宋本猶下有如字

是備祭之義也閩監毛本同惠棟校宋本無祭字

○故經禮三百曲禮三千者閩本同監毛本○闕

隨於萬體不可不備故周公制禮惠棟校宋本同閩監毛本於萬體不可不備七字闕

其致一也者致至也一誠也惠棟校宋本同閩監毛本一也者致至也一誠八字闕

皆須至誠故云一也若損大益小揄顯大微惠棟校宋本同閩監毛本誠故云一也若損大益小十字闕

周公攝政七年制禮作樂爲設官分職之法惠棟校宋本同閩監毛本七年制禮作樂爲設官分十字闕

每卿下各有屬官六十凡三百六十惠棟校宋本同閩監毛本各有屬官六十凡三百六十十一字闕

至漢孝文帝時求得此書不見冬官一篇乃使博士惠棟校宋本同閩監毛本求得此書不見冬官一篇乃使十二字闕

非上之義唯證周禮三百六十職也○惠棟校宋本同閩監毛本義唯證周禮三百六十職也○十二字闕

室猶禮也戶猶誠也入室必由戶行禮必由誠 惠棟校宋本同閩監毛本禮也戶猶誠也入室必由戶行十二字闕

未有入室而不由戶行禮不由誠者言皆由誠也 惠棟校宋本同閩本不由戶行禮不由誠者言皆由誠也十四字闕監毛本行誤者禮不由誠以下十字闕

君子之於禮也節

謂以少小下素爲貴也若順也 此注在致其敬而誠若之下惠棟校宋本同毛本同岳本同嘉靖本同閩監本十二字闕

謂以多大高文爲貴也 此注在有美而文而誠若之下惠棟校宋本同毛本同岳本同嘉靖本同衞氏集說同閩監本九字闕毛本也下衍墨釘

正義曰此經覆明上以少小下素之義 惠棟校宋本無正義曰三字閩監毛本覆明上以少小下素之九字闕

而誠若者謂所以少小下素爲貴者 惠棟校宋本同閩監毛本若者謂所以少小下素爲貴十一字闕

盡其戒慎致其恭敬而行至誠和順 惠棟校宋本同閩監毛本盡其戒慎致其恭敬而行至十一字闕

○有美而文而誠若此一經 惠棟校宋本同閩監毛本○有美而文而誠若八字闕

有美而文者謂有威儀之美惠棟校宋本同閩監毛本文者謂有威儀之七字闕

章之於外故須多大高文也惠棟校宋本同閩本監本毛本外故須多大高文七字闕

下素求諸內也外行誠順惠棟校宋本同閩監毛本求諸內也外行誠七字闕

君子之於禮也有直而行也節

服日月以至黼黻閩監毛本同岳本同嘉靖本同惠棟校宋本服作象衞氏集說同考文云古本作服足利本作服象

謂若君沐粱閩監毛本粱作粱岳本同嘉靖本同衞氏集說同下士沐粱放此疏放此

君子至撫也○正義曰惠棟校宋本無正義曰三字

君子於禮一事也閩監毛本於上有之字

直任己天性而行也惠棟校宋本同閩監毛本任字闕

子男五閩監毛本有五字此本五字闕

三代之禮節

三代之禮各本作三此本三誤王

青尙黑者也惠棟校宋本如此宋監本同岳本同嘉靖本同衞氏集說同此本青黑二字互倒閩監毛本同

至今語猶存也閩監毛本同嘉靖本同衞氏集說同岳本也作焉

三代至殷因○正義曰惠棟校宋本無正義曰三字

於時草之萌牙閩監毛本同衞氏集說同考文引宋板牙作不山井鼎曰不疑不誤說文古文櫱从木無頭櫱辥同

變白而青也夏正尚黑惠棟校宋本同衞氏集說同閩監毛本青也夏三字闕

秦二世名胡亥閩監毛本同考文引宋板名作謂

人畏趙高閩監毛本同惠棟校宋本人作民

即鹿馬之類也考文引宋板同續通解同閩監毛本即鹿作鹿爲

鄭去胡亥既近考文引宋板作去衞氏集說同此本去誤云閩監毛本同

在胡亥之後惠棟校宋本同閩監毛本胡亥之三字闕

夏后以水德而王閩監毛本同惠棟校宋本以水作氏金與家語合

周以木德王色尚黃閩監毛本同浦鏜校黃改赤孫志祖云案家語作尚赤又云堯以火德王色尚黃

舜以土德王色尚白閩監毛本同惠棟校宋本白作青與家語合

聖證論王肅以爲夏同堯惠棟校宋本同閩監毛本聖證二字闕

舜土德王尚白而尙青者土以生爲功惠棟校宋本同閩監本而尙青者四字闕毛本而誤闕字餘同

水則辟之青而用白也惠棟校宋本同閩監毛本則辟之青四字闕

不可用也惠棟校宋本此下標禮記正義卷第三十三終記云凡二十九頁

禮記注疏卷二十三校勘記

附釋音禮記注疏卷第二十四

禮器

禮記　鄭氏注　孔穎達疏

周坐尸詔侑武方其禮亦然其道一也言此亦周所因於殷也武當爲無聲之誤也方猶常也告尸行節勸尸飲食無無常若孝子之爲也孝子就養無方詔侑或爲詔。囿。○侑音又本或作宥武音無養羊讓反詔圓音圓下圓丘同本亦作詔圓夏立尸而卒祭夏禮尸有事。乃坐殷坐尸無事猶坐周旅酬六尸使之相酌也后稷之尸發爵不受旅曾子曰周禮其猶醵與合錢飲酒爲醵旅酬相酌似之也王居明堂之禮仲秋乃命國醵○醵其庶反又其約反與音餘

疏○周坐至醵與○正義曰此一節論三代尸不同○周坐尸者此言有周之所因於殷也殷人坐尸周因坐之也○詔侑武方者亦因殷也詔告也侑勸也方常也子事父母就養無方故在宗廟之中禮主於孝凡預助祭者皆得告尸威儀勸尸飲食無常人也其禮亦然者其於周禮侑尸及詔侑無方之禮亦因於殷禮故云亦然也其道一也者其用至誠之道一也○夏立尸而卒祭者此更本殷周所損益相因也夏祭乃有尸但立猶質言尸是人人不可久坐神坐故尸唯飲食暫坐若不飲食時則尸倚立以至祭竟也○殷坐尸者此殷因夏之有立尸而損其不坐之禮益爲恆坐之法也是殷轉文也言尸本象神神宜安坐不辯有事與無事皆坐也○周旅酬六尸者此周之因殷而益之也旅酬六尸謂祫祭時聚羣廟之主於大祖后稷廟中后稷在室西壁東嚮爲發爵之主尊不與子孫爲酬酢餘自文武二尸就親廟中凡六在后稷之東南北對爲昭穆更相次序以酬也殷但坐尸未有旅酬之禮而周益之也然大祫多主而唯云六尸者先儒與王肅並云毀廟無尸但有主也○曾

子曰周禮其猶醵與者會子引世事證周禮旅酬之儀象也醵斂錢共飲酒也凡相敵斂錢飲酒必非忘懷之酌得而遽飲必令平偏不偏頗與周禮次序旅
酬相似也其王肅禮作遽注云會子以爲使六尸旅酬不三獻猶遽而略○告尸至爲也○正義曰告尸行節解經詔也勸尸飲食解經侑也案特牲少牢延
尸及詔侑相尸之禮皆是祝官則是有常而云無常者熊氏云謂就衆祝之中但是祝官皆得爲之不常用一祝也案周禮大祝下大夫二人上士四人小祝
中士八人下士十有六人是皆得相侑尸也○君子曰禮之近人情者非其至者也近人情者褻而遠之者敬○近
附近之近注同遠于萬反郊血大饗腥三獻爓一獻孰郊祭天也大饗祫祭先王也三獻祭社稷五祀一獻祭羣小祀也爓沉肉
於湯也血腥爓孰遠近備古今也尊者先遠差降而下至小祀孰而已○爓似廉反是故君子之於禮也非作而致其情
也作起也敬非已情也所以下彼○下戶嫁反此有由始也有所法也是故七介以相見也不然則已愨
三辭三讓而至不然則已蹙已猶甚也愨蹙原貌大愿則辭不見情無由至也○蹙本又作感子六反又音促愿音願大音泰見
賢遍反下龍見同故魯人將有事於上帝必先有事於頖宮上帝周所郊祀之帝謂蒼帝靈威仰也魯以周公之
故得郊祀上帝與周同先有事於頖宮告后稷也告之者將以配天先仁也。○頖郊之學也詩所謂頖宮也字或爲郊宮○頖本或作泮依注音判晉人
將有事於河必先有事於惡池惡當爲呼聲之誤也呼池。嘔夷幷州川○惡依注音呼又音虖好故反池大河反注同嘔夷烏
侯反齊人將有事於泰山必先有事於配。林配林林名○泰本或作大音同下注放此三月繫七日戒
三日宿。慎之至也繫繫牲於牢也戒散齊也宿致齊也將有祭祀之事必先敬慎如此不敢切也○順之至也順當作慎散齊悉旦反下側

皆反後放此○故禮有擯詔樂有相步温之至也皆爲温藉重禮也擯詔告道賓主者也相步扶工也詔或爲紹○相
息亮反注同温紆運反注同藉徐子夜反道音導疏。君。子。至。至。也○正義曰此一節論一禮以尊遠爲敬近人情爲褻禮之近人情者謂若一獻孰飲食既
孰是人情所欲食啗最近人情也○非其至者也既近人情非是敬之至極也○郊血者以近者爲褻遠者爲敬其事非一今此先從鬼神之事而說也郊用
犢犢有血有肉肉於人食啗之事於人情爲近血於人食啗最遠天神尊嚴不可近同人情故薦遠人情者以爲極敬也○大饗腥者大饗祫祭宗廟也腥生
肉也宗廟爲私比郊爲劣故薦去人情稍近之腥示爲敬降於天也三獻爛者三獻謂祭社稷五祀也其禮三獻故因名其祭爲三獻也爛沈湯肉去人情漸
近而社稷五祀降於宗廟故用爛又明其敬劣也○一獻孰者一獻祭羣小祀小祀卑酒一獻也其用孰肉孰肉是人情所食最爲褻近小祀神爲最輕故以
褻近人之食祭之表其敬又劣也○注郊祭至而已○正義曰知郊祭天者郊特牲云於郊故謂之郊是郊爲祭天也云大饗祫祭先王者也案宗伯以肆獻
裸。饗先王以下宗廟之祭凡有。六。享。此。此云大饗享中最大故爲祫也此大饗之文在郊血之下故知非大饗帝也云三獻祭社稷五祀一獻祭羣小祀也者
以。冕服差之案司服祀四望山川則毳冕毳冕子男之服子男五獻以下差之也祭社稷五祀則絺冕宜三獻也祭羣小祀則玄冕宜一獻也云血腥爛孰遠之
近備古今也者血爲遠腥次之爛稍近孰最近遠者爲古近者爲今一祭之中兼有此事故云備古今也云尊者遠近差降而下至小祀孰而已者郊一祭是尊
而用血是尊者先遠也案宗伯祭廟以裸鬯爲始祭社稷五祀以血爲始此云郊血大饗腥三獻爛者謂祭祀初始降神之外於正祭之時有此郊血大饗腥
之屬也凡郊與大饗三獻之屬正祭之時皆有血有腥有爛有孰此云郊血是郊有血也郊特牲云毛血告幽全是宗廟有血也宗伯云以血祭祭社稷五祀
是三獻有血也周語云禘郊之祀則有全烝是郊祭天有孰也有孰則有腥可知也宗伯云以肆獻裸享先王是大饗有腥有孰也此云三獻爛宗伯云以血

祭社稷五祀既有血有爓明有孰有腥可知也然則郊天與大饗三獻並有血腥爓孰今所以各言者皇氏云此據設之先後郊則先設血也後設腥與爓孰雖以郊爲主其祭天皆然也大饗之時血與腥同時俱薦當朝事迎尸於戶外薦血腥也雖以大饗爲主其宗廟之祭皆然也其三獻之祭血腥與爓一時同薦凡薦爓之時皆在薦腥之後但社稷五祀初祭降神之時已埋血宗伯之文是也至正祭薦爓之時又薦血此文是也若羣小祀之屬唯有薦孰無血腥爓也以其神卑故耳先薦者設之在先後進者設之居後皆皇氏之說義當然也熊氏云宗廟之祭無血鄭注論語云禘祭之禮自血腥始者謂腥肉有血今案詩小雅論宗廟之祭云執其鸞刀以啓其毛取其血膋則是有用血之明文也熊氏云無血其義非也○是故至至也○此一節論君子行禮當降下於彼積漸擯相敬慎之至○非作而致其情也者作起也君子行禮本意所爲上下前人非擯是私自專輒徒起而致其己情也○此有由始也者既非直任我情而凡有所行皆有由以爲始也由謂法天地之道先人後己○是故七介以相見也者行敬既非直起己情皆有所由爲始故陳七介以相見申賓主之情也此言七介者舉中言之也○不然則已慤者已甚也慤愿貌若不如是陳擯介相見則甚爲愿慤言愿慤大甚也○三辭三讓而至者依司儀賓至大門外陳擯介交擯三辭畢君迎賓拜辱至大門三讓入大門主君每門讓賓一辭是三辭三讓而情意相至也○不然則已蹙者謂慤愿急蹙若不爲此三辭三讓則大急蹙情無由達也○故魯人將有事於上帝必先有事於頖宮者明相見有積漸之義有事於上帝○謂祭天也必先有事於頖宮之中告后稷告以將配天也是先告卑然後祭尊也○晉人將有事於河必先有事於惡池者有事於河謂祭河也必先告惡池小川從小而祭也先告從祀者然後祭河也齊人將有事於泰山必先有事於配林者有事於泰山謂祭泰山也先告配林配林是泰山之從祀者也故先告從祀然後祭泰山此皆積漸從小至大之義也○三月繫七日戒三日宿愼之至也者上云先小後大此言事神積漸絜敬之義三月繫謂祭前三月繫牲于牢也七日戒謂祭前十日於七日之中散齊戒愼也三月

日宿者謂祭前三日而嚴宿以致齊也將祭之時以漸如此謹慎至極也禮須積漸不敢切迫也○日故禮有賓詔樂有相步温之至也者禮既不可卒迫故賓主相見有擯相詔告也但作樂之人今既無目有扶相行步所以擯詔輔相者温藉之至極也○注上帝至學也○正義曰上帝周所郊祀之帝謂蒼帝靈威仰也者孝經云郊祀后稷以配天喪服小記云王者禘其祖之所自出以其祖配之周人出自靈威仰則后稷配靈威仰也云魯以周公之故得郊祀上帝與周同者明堂位云祀帝于郊配以后稷天子之禮故知也云先有事於頖宮告后稷也者魯人無后稷之廟今將祭天而於頖宮告后稷也云將以配天先仁也者謂將欲以后稷配天先以仁恩存偶之也云頖宮郊之學也者周人立大學於東郊則天子魯侯大學在公宮東也小學在郊詩云。斯樂泮水薄采其藻則魯以小學爲頖宮頖宮在郊天子。以小學爲辟廱故鄭駁異義云三靈一廱在郊明矣○注呼池嘔夷幷州川○正義曰此夏官職方之文○注繫繫至切也○正義曰充人云祀五帝則繫于牢芻之三月是繫於牢也云戒散齊也宿致齊也者祭義曰散齊七日致齊三日謂之宿者鄭注儀禮云宿是又戒宿之言肅肅敬之義也云不敢切也者以積漸敬慎不敢偪切也○注皆爲至爲紹正義曰皇氏云。温謂。承藉凡玉以物緼裹。承藉君子亦以威儀擯相以自。承藉今定本作温字則當云温潤相。承藉也

禮也者反本脩。古不忘其初者也故凶事不詔朝事以樂二者反本也哭泣由中非由人也朝廷養賢以樂樂之也醴酒之用玄酒之尚割刀之用鸞刀之貴莞簟之安而稾。鞂之設三者脩古穗去實曰鞂禹貢三百里納鞂服○鸞刀端反莞音官一音丸簟徒點反稾字亦作稾古老反鞂江八反是故

先王之制禮也必有主也主謂本與古也故可述而多學也以本與古求之而已【疏】禮。也。至。學。也○正義曰此一節論禮之所設反本脩古故可述而多學反本謂反其本性脩古謂脩習於古定本及諸本作循字當作脩○不忘其初者。也由其反本脩古故不忘其初

也○故凶事不詔者此凶事及朝事是反本也本謂心也凶事喪親之事也詔告也○孝子親喪痛由心發故啼號哭泣不待外告而哀自至是反本還其孝性之本心也○朝事以樂者朝事謂朝廷之事也以樂奏音樂也朝廷是養老尊賢之地爲賢所樂也故臣入門必縣興奏樂之事是反本還其樂朝廷之本心也○醴酒之用玄酒之尚者此下三事是脩古也醴酒五齊第二酒也玄酒是水也尚上也言四時祭祀有醴酒之美而陳尊在玄酒之下以玄酒之尊置在上此是脩古也○割刀之用鸞刀之貴者割刀今之刀也鸞刀古刀也今刀便利可以割物之用古刀遲緩用之爲難而宗廟不用今刀而用古刀亦是脩古故也○莞簟之安而稾鞂之設者莞簟今之席也詩云下莞上簟乃安斯寢言其細精而可安人也稾鞂除穗粒取稈稾爲席郊祭不用莞簟之可安而用設稾鞂之麤席亦脩古也○是故先王之制禮也必有主也者主謂本與古也既初不可忘故先王制禮必有反本脩古之法也○故可述而多學也者禮既反本而脩古若欲述行學習但用本與古以求之則可得也故云可述而多學也○注穗去至鞂服○正義曰案禹貢五百里甸服百里賦納總謂所刈禾也二百里納銍謂刈禾穗也三百里納秸服謂禾去其實唯稾穗也四百里粟五百里米

○君子曰無節於內者觀物弗之察矣節猶驗也欲察物而不由禮弗之得矣故作事不以禮弗之敬矣出言不以禮弗之信矣故曰禮也者物之致也致之言至也極也

疏。君。子。至。致。也○正義曰此一節明作事云爲非禮不可無節於內者觀物弗之察矣者節猶驗也內猶心也物萬物也察猶分辯也言若欲外觀察。先萬物必先內有識驗之明若心內無明則外不能分辯也○欲察物而不由禮弗之得矣者心由內所識是可節是禮也言若外欲觀察萬物而心不由禮則察物不能得也○故曰禮也者物之致也者引舊語結察物必須禮也致猶至極也無禮既不爲民物敬信故禮。所爲萬物之至極也

○是故昔先王之制禮也因其財物而致其義焉

爾故作大事必順天時大事祭祀也春秋傳曰啓蟄而郊龍見而雩始殺而嘗閉蟄而烝○烝之承反爲朝夕必放於日月日出東方月生西方爲高必因丘陵謂冬至祭天於圜丘之上爲下必因川澤謂夏至祭地於方澤之中是故天時雨澤君子達亹亹焉達猶皆也亹亹勉勉也君子愛物見天雨澤皆勉勉勸樂○亹亹亡匪反徐音尾樂音洛

疏是故至亹亹焉○正義曰此一節論必因其財物而事天地○因其財物而致其義焉爾者財物猶云才性也禮既爲一切萬物之至極故聖人制禮因萬物之才性而致其義也故作大事必順天時者自此以下皆因財物之事也但財物大莫過於天故順天時而起也順於天時其事在下○爲朝夕必放於日月者亦順天時也爲朝謂天子春分之日朝日於東門之外爲夕謂天子秋分之夕祀月於西門之外也日是陽故朝旦用事月爲陰故夕晚用事也日旦出自東方故於東方而朝之月初生出自西方故於西方而祀之朝禮有東西之異是放法於日月之始○爲高必因丘陵者爲高謂冬至祭皇天大帝燿魄寶也丘陵謂圜丘天圜而高故祭其天神於圜丘之上也是爲高必因丘陵也○爲下必因川澤者爲下謂夏至祭崐崘之神也川澤方澤也地方而下故祭其神於方澤是爲下必因川澤也○是故天時雨澤君子達亹亹焉者達猶皆也亹亹勉勉勸樂之貌也君子謂天子也天以高圜爲質地以下方爲體天子愛物爲用故天地感祭而降雨澤天子皆愛物生而勉勉勸樂所以與天地合德也○注大事至而烝○正義曰案成十三年左傳云國之大事在祀與戎故知大事謂祭祀也引春秋傳者桓五年左傳文云啓蟄而郊者謂夏正建寅之月蟄蟲啓戶郊祭天也云龍見而雩者謂建巳之月龍星昬而見雩祭天求雨也云始殺而嘗者謂建酉之月陰氣始殺而嘗祭宗廟也云閉蟄而烝者謂建亥之月烝祭宗廟烝衆也萬物皆成可薦者衆

○是故昔先王尚有德尊有道任有能舉賢而置之聚衆而誓之古者將有大事必選賢誓衆重事也是故因天事天

天高因高者以事也因地事地地下因下者以事也因名山升中于天名猶大也升上也中猶成也謂巡守至於方嶽燔柴祭天告以諸侯之成功也孝經說曰封乎泰山考績燔燎禪乎梁甫刻石紀號也○上時掌反守手又反燎力妙反又力弔反禪善戰反梁父音甫本亦作甫因吉土以饗帝于郊吉土王者所卜而居之土也饗帝于郊以四時所兆祭於四郊者也今漢亦四時迎氣其禮則簡升中于天而鳳凰。降龜龍假功成而太平陰陽氣和致象物○假音格至也而饗帝於郊而風雨節。寒暑時五帝主五行五行之氣和而庶徵得其序也五行木為雨金為暘火為燠水為寒土為風○暘音陽燠於六反是故聖人南面而立而天下大治南面立者視朝○治直吏反及下注同

【疏】是。故。至。大。治。○正義曰上經論作大事必順天時故此經明舉賢任能敬事天地遂致龜龍降集寒暑順時○尚有德者謂貴尚有德之人尊有道者謂尊崇有道之士○任有能者謂使任有能之衆○舉賢而置之聚衆而誓之者謂至將祭之時選舉賢能置之在於祭位則射以擇士是也而又聚集其衆而誓戒之則其有不恭則服大刑是也○是故因天事天者謂因天體之高以高處以事天則上文為高必因丘陵是也○因地事地者地體卑下因卑下之處以事地則前文為下必因川澤是也○因名山升中于天者此還因天事天但事天非在一所此謂封禪之時中成也謂天子巡守至方嶽之下因此有名之大山升進諸侯成功之事以告於天○因吉土以饗帝于郊者此謂祭五方之帝因其所卜吉土以為都饗祭五方之帝於都之四郊升中于天而鳳凰降龜龍假者假至也此覆說上文升中于天以天下太平故鳳凰隨德而降龜龍感化而至○饗帝於郊而風雨。寒暑時者覆說前文因吉土以饗帝以陰陽順序故風雨應節寒暑順時然上因天事天因地事地是圓丘方澤不有感致者以圓丘方澤等未太平之時未能感致故不云升中于天此是太平之後故致鳳凰與龜龍吉土饗帝雖未太平已行此禮但功成之後陰陽彌更順之故。舉以言焉若據太平饗帝則致

時和自然圜丘方澤太平之時致祥瑞可知○是故聖人南面而立而天下大治者以其尚德尊賢奉天事地陰陽既合嘉瑞並來以是之故聖人但南面而立朝夕視朝而天下大治○注名猶至號也○正義曰大山謂方嶽也巡守至於方嶽燔柴祭天告以諸侯之成功也此謂封禪也太平乃封禪其封禪必因巡守而爲之若未太平但巡守而已其未太平巡守之時亦燔柴以告至故王制說天子巡守必先柴若太平巡守之時初到方嶽以燔柴告至之後乃考諸侯功績及封土爲壇更燔柴祭天告諸侯之成功也此唯泰山爲之餘嶽則否其巡守則每嶽皆至也而皇氏云太平乃巡守案詩頌時邁巡守告祭柴望時邁武王之詩而有巡守之禮武王未太平何得云太平乃巡守其義非也云孝經說曰至刻石紀號皆孝經緯文也封乎泰山者謂封土爲壇在於泰山之上考績燔燎者謂考諸侯功績燔柴燎牲以告天禪乎梁甫者禪讀爲墠謂除地爲墠在於梁甫以告地也梁甫是泰山之旁小山也刻石紀號也者謂刻石爲文紀錄當代號謚案白虎通云王者易姓而起必升封泰山何報告之義所以必於泰山何萬物之所交代之處也必於其上何因高告高順其類故升封者增高也下禪梁甫之基廣厚也刻石紀號者著己之功迹以自勸也增泰山之高以報天附梁甫之基以報地或曰封者金泥銀繩或曰石泥金繩封之印璽故孔子曰封泰山觀易姓而王可得數者七十有餘三皇禪於繹繹之山五帝禪於亭亭之山三王禪於梁甫之山繹繹無窮之意禪於有德者而居之無窮已亭亭者制度審諦道德著明梁甫者梁信也甫輔也信輔天地之道今案書說禪者除地爲墠而白虎通云以禪讓有德其義非也案史記封禪書齊桓公欲行封禪管仲諫止辭云自古封禪七十二家夷吾所識十有二焉昔無懷氏封泰山禪云云伏犧氏封泰山禪云云神農炎帝黃帝顓頊帝嚳堯舜禹湯周成王皆封泰山唯禹禪會稽成王禪社首其餘皆禪云云云云者亦泰山旁小山名也但白虎通與史記禪處不同未知孰是也白虎通又云王所以巡守何巡者循也守者牧也謂循行天下牧人道德太平恐遠近不同政化幽隱有不得其所者故必自行之謹敬重民之至也熊氏云大平乃巡守其義非也已難於

上○注吉土至則簡○正義曰饗帝于郊以四時所兆祭於四郊者也謂木帝於東郊火帝於南郊金帝於西郊水帝於北郊土帝亦於南郊又王者各祭感生之帝於南郊故小宗伯云兆五帝於四郊謂此也○注五帝至爲風○正義曰五帝主五行五行者即蒼帝靈威仰之屬分主五行各主七十二日故坤靈圖云五帝東方木色蒼七十二日云云是也云庶徵得其序也者即尚書洪範八曰念用庶徵庶衆也徵驗也謂衆行得失之驗云五行木爲雨金爲暘火爲燠水爲寒土爲風案洪範曰肅時雨若乂時暘若哲時燠若謀時寒若聖時風若是五行之氣各有所主也鄭義五行所主如此也○天道至

教聖人至德目下事也廟堂之上罍尊在阼犧尊在西廟堂之下縣鼓在西應鼓在東禮樂之器尊西也小鼓謂之應犧周禮作獻○罍音雷犧素河反注及下同縣音玄應應對之應作獻本又作戲同素河反下同君在阼夫人在房人君尊東也天子諸侯有左右房大明生於東月生於西此陰陽之分夫婦之位也大明日也分扶問反○君西酌犧象夫人東酌罍尊象日出東方而西行也月出西方而東行也周禮曰春祠夏禴祼用雞彝鳥彝皆有舟其朝踐用兩獻尊其再獻用兩象尊皆有罍諸臣之所酢○夏禴戸嫁反下音藥祼古亂反彝徐音夷禮交動乎上樂交應乎下和之至也言交乃和

【疏】天道至至也○正義曰此一節明天道用教以示人聖人則放之以爲德故君立於阼以象日夫人在西房以象月天道至教者謂天垂日月以示人以至極而爲之教○聖人至德者聖人法天之至極而爲德○廟堂之上罍尊在阼犧尊在西者罍尊在阼謂夫人所酌也犧尊在西謂君所酌也○廟堂之下縣鼓在西應鼓在東者縣鼓謂大鼓也在西方而縣之應鼓謂小鼓也在東方而縣之熊氏云此謂諸侯時祭所用之禮故罍尊夫人所酌也若天子之祭則罍尊在堂下故禮運云澄酒在下酒謂三酒在堂下司尊彝云皆有罍諸臣之所酢則君不酌罍也案大射禮建鼓在阼

階西南鼓應鼙在其東一建鼓在南東鼓朔鼙在其北一建鼓在西階之東南面大射禮是諸侯之法此亦諸侯之禮所以大鼓及應所縣不同者熊氏云大射謂射禮也此謂祭禮也是諸侯之法雖同諸侯祭射有異案大射注云應鼙應朔鼙也又云便其先擊小後擊大也以此言之則朔鼙應鼙。皆大鼓之旁先擊朔鼙次擊應鼙乃擊大鼓以其相近故云便也以其稱朔朔始也故知先擊朔鼙以其稱應故知應朔鼙也又大射稱建鼓此云縣鼓大射應鼓既在大鼓之旁此應鼓在東乃與縣鼓別縣者皆謂祭與射別也○君西酌犧象夫人東酌罍尊者案上云罍尊在阼當阼階堂上而設之則犧尊在西當西階堂上而陳之故君於阼階西嚮酌犧尊夫人於西房之前東嚮酌罍尊○禮交動乎上者謂君與夫人酌獻之禮交相動於堂上也○樂交應乎下者謂縣鼓應鼓相應在於堂下○和之至也者謂。堂上下禮樂交相應會和諧之至極也○注禮樂至作獻○正義曰禮樂之器尊西。者。也鄭據此經而論犧尊貴於罍尊而犧尊在西縣鼓。大於。於應鼓而縣鼓在西故云禮樂之器尊西云犧周禮作獻者案周禮司尊彝兩犧尊字作兩獻尊鄭云獻讀爲犧○注人君至右房○正義曰此以經云君在阼夫人在房故。云君尊東云天子諸侯有左右房者以卿大夫以下唯有東房故鄉飲酒鄉射尊於房戶閒賓主夾之無西房也知天子諸侯有左右房者以士喪禮主婦髽于室在主人西喪。是紀君之喪婦人髽帶麻于房中亦當在男子之西故彼注亦云則西房也又顧命云天子有左右房此云夫人在房又云夫人東酌罍尊是西房也故云天子諸侯有左右房○注象日至所酢○正義曰引周禮司尊彝者證罍尊與此經中夫人東酌罍尊不同故引以明之見其不同之意春祠夏禴祼用雞彝鳥彝之屬其義具於明堂疏於此略之

○禮也者反其所自生自由也制禮者本己所由得民心也樂也者樂其所自成作。樂緣民所樂於己之功舜之民樂其紹堯而作大韶湯武之民樂其濩伐而作。濩武○護戶故反又作濩是故先王之制禮也以節事動反本也脩樂以道志勸之善也○道音導故觀其禮樂而

治亂可知也國亂禮慢而樂淫也蘧伯玉曰君子之人達觀其禮樂則知治亂也蘧伯玉衛大夫也名瑗○蘧其居反瑗于卷反故觀其器而知其工之巧觀其發而知其人之知也禮樂亦猶是○知音智故曰君子慎其所以與人者將以是觀

【疏】○禮也至人者○正義曰前經明禮樂相交故此經更論先王制禮樂以節事道志化民治下也○禮也者反其所自生者自由也言王者制禮各反其本王業所由生以制禮也猶若殷周爲民除害以得民心初生王業其制禮還以得民心之事而爲禮本○樂也者樂其所自成者自亦由也言王者制樂樂己所由成者以制樂若殷周之等民樂其用武除殘討惡以成王業故作樂以尙其威武也但禮之與樂俱是象其王業所由但禮據王業之初樂據王業之末但太平功成治定之後制禮本論其初故云反其所自生作樂論其末故云樂其所自成○是故先王之制禮也以節事者以禮爲反本故用禮以節萬事動皆反本以初生王業用此禮以得民心故用民心之義以節事宜○脩樂以道志者王者脩治所作之樂以道達己志由己用此樂以成王業故脩正其樂以勸道己志使行之不倦○故觀其禮樂而治亂可知也者若能以禮節事以樂道志則國治也若不以禮節事不以樂道志則國亂也故云治亂可知也○蘧伯玉曰君子之人達者達謂通達言有德君子自達義理觀其禮樂則知治亂蘧伯玉先有此言故記者引之結成治亂可知之事○故觀其器而知其工之巧者此又工匠之事譬喻禮樂觀其器之善惡而知工匠巧拙器善則工巧器惡則工拙○觀其發而知其人之知者此又以人事譬喻禮樂觀其人之發動所爲而知其人之有知若發而皆中則知有知若發而不中則知無知禮樂亦猶是也若禮正而樂和則知其國治若禮慢而樂淫則知其國亂也○故曰君子慎其所以與人者禮樂既爲人之所觀以此之故君子治國以謹慎其所以與人相接者謂禮樂之事此禮樂者謂與人交接之具故慎之言將以見觀之○注自由至心也○正義曰制禮者本己所由得民心者若舜元由能紹堯之功得民心而初王業全制禮之

時還基本初時得民心之事而制禮若舜質素初則陶於河濱後制禮則尚質素故考工記云有虞氏尚陶是也禹則治水始立溝洫後制禮則尚其工匠之事夏后氏尚匠是也湯則以桀荒淫器物失所湯以制禮樂之器而得民心殷人尚梓是也周武王以紂昏淫尊卑無敘故尚文物車服之屬而得民心周人尚輿是也此皆本其所以得民心是也○注作樂至濩武○正義曰作樂者緣民所樂於己之功作樂章功成之事己之功成人之所樂故云所樂於己之功也舜之民樂舜紹堯而作大韶湯武之民樂其濩伐而作濩武者此亦因其所由與禮之不異但禮雖治定乃作則本其初始得民心之時樂以成功乃爲卽歌當時喜樂之事所以與禮異也但禮是初始得民心而己樂是樂其末故其民心樂其紹堯樂其濩伐○注動反本也○正義曰王者治國動皆反本。萬。事。皆以禮節之○注勸之善也○正義曰經云脩樂以道志。樂。是功成之極故王者作樂之後恆脩治此樂。以。勸道己志行善不忘故云勸之善也

○太。廟之內敬矣君親牽牲大夫贊幣而從納牲於庭時也當用幣告神而殺牲○從才用反下同君親制祭夫人薦盎親制祭謂朝事進血膋時所制者制肝洗於鬱鬯以祭於室及主○盎烏浪反膋了彫反君親割牲夫人薦酒親割謂進牲。孰。體時卿大夫從君命婦從夫人洞洞乎其敬也屬屬乎其忠也勿勿乎其欲其饗之也勿勿猶勉勉也○洞音慟屬之玉反納牲詔於庭血毛詔於室羹定詔於堂三詔皆不同位蓋道求而未之得也肉謂之羹道猶言也○定徐丁磬反一音如字設祭于堂設祭之饌於堂人君禮焉爲祊乎外祊祭明日之繹祭也謂之祊者於廟。門之旁因名焉其祭之禮既設祭於室而事尸於堂孝子求神非一處也周禮曰夏后氏世室門堂三之二室三之一詩頌絲衣曰自堂徂基○祊百彭反繹音亦處昌慮反故曰於彼乎於此乎不知神之所在也

疏。太。廟。至。此。乎○正義曰此一節

論祭宗廟之事○太廟之內敬矣者舉大祫之祭故云大廟其實諸廟亦皆敬矣此章所論謂侯伯子男祭廟之禮○君親牽牲大夫贊幣而從者此謂祼鬯既訖君出廟門以迎牲牽牲而入納○於庭之時也於時須告神以殺牲大夫則贊佐執幣而從君君乃用幣以告神○君親制祭夫人薦盎者此謂殺牲已畢進血腥之時斷制牲肝洗以鬱鬯入以祭神於室於此之時夫人薦盎齊以獻之侯伯子男之君朝踐君不獻故夫人薦盎○君親割牲夫人薦酒者謂薦孰時君親割牲體於時君亦不獻故夫人薦酒○卿大夫從君命婦從夫人者謂制祭割牲之時則卿大夫從君也薦酒之時命婦從夫人也○洞洞其敬也者洞洞質慤之貌言君與夫人卿大夫之等皆容貌洞洞然其爲恭敬也○屬屬乎其忠也者屬屬專一之貌其心則屬屬然專一盡其忠誠也○勿勿乎其欲其饗之也者勿勿猶勉勉也言中心勉勉乎欲望神之歆饗○納牲詔於庭者詔告也謂牲入在庭以幣告神故云詔於庭○血毛詔於室者謂殺牲取血及毛入以告神於室○羹定詔於堂者羹肉湆也定孰肉也謂煑既孰將欲迎尸主入室乃先以俎盛之告神於堂是薦孰未食之前也三詔皆不同位蓋道求而未之得也者道言也所以三詔皆不同位者蓋言求而未之得也故於三處告之○設祭於堂者謂薦腥爓之時設此所薦饌在於堂○爲祊乎外者祊謂明日繹祭在廟門之旁謂之祊言爲此祊祭在於廟門外之西也○故曰於彼乎於此乎者以其不知神之所在或祭之於堂或祭之於外不知此於彼堂乎於彼室乎於此祊乎以古語有此故記者引以結之○注納牲至殺牲○正義曰下云納牲詔於庭此有大夫贊幣故知納牲於庭之時用幣以告神○注親制至及主○正義曰親制祭謂朝事進血膋時者案郊特牲云取膟膋燔燎升首報陽也又祭義取膟膋之後又爓祭祭腥則膟膋所用在腥爓之前故知血膋是朝事時也云所制者制肝洗於鬱鬯者約漢禮而知也知祭於室及主者郊特牲云詔祝於室是也○注親割至體時○正義曰皇氏以爲謂薦孰之時進牲之孰體也熊氏禮本牲爲腥也謂薦腥體孰體薦腥體謂朝踐薦腥時孰體謂饋食薦孰時案經文君親制祭夫人薦盎君親割牲夫人薦酒薦酒薦盎

既不得同時則割牲何得薦腥兼薦孰熊氏之説非也○注肉謂之羹○正義曰爾雅釋器文○注設祭至禮焉○正義曰知者特牲少牢皆設饌在奧此言設饌於堂故知人君禮也○注祊祭至徂基○正義曰此云爲祊乎外稱外故知明日繹祭也郊特牲云索祭祝于祊不云外故鄭彼注不云明日繹祭也云謂之祊者於廟門外之旁因名焉者以釋宫云廟門謂之祊今日繹祭於廟門外之西旁因以廟門爲稱故云因名焉云其祭之禮既設祭於室而事尸於堂者以正祭設饌在室故知繹祭亦設饌在室案有司徹上大夫賓尸侑於堂酌而獻尸故知人君繹祭亦事尸於堂也但卿大夫賓尸禮略不設祭於室又不在廟門異於君也云夏后氏世室堂三之二室三之一者證廟門之旁有室有堂也又引詩頌絲衣之篇者證繹祭在堂事尸也絲衣之篇論繹祭之時從堂上往於堂下之基故云自堂徂基○注不知至在也○正義曰案郊特牲云不知神之所在於彼乎於此乎此文唯云於彼乎於此乎故鄭引彼上文爲注以會此文明是以一也○一獻質謂祭羣小祀也三獻文謂祭社稷五祀五獻察察明也謂祭四望山川也七獻神謂祭先公

疏○一獻至獻神○正義曰此一節明祭諸神獻數之差取義各別○一獻質者謂祭羣小祀最卑但一獻而已其禮質略○三獻文者謂祭社稷五祀其神稍尊比羣小祀禮儀爲文飾也○五獻察者謂祭四望山川其神既尊神靈明察○七獻神者謂祭先公之廟禮又轉尊神靈尊重也○注謂祭先公○正義曰鄭知然者案周禮司服職玄冕一章祭羣小祀故知一獻當祭羣小祀絺冕三章祭社稷五祀故知三獻祭社稷五祀也毳冕五章祀四望山川故知五獻祭四望山川也鷩冕七章享先公故知七獻祭先公也案此社稷三獻卑於四望山川而大宗伯職云以血祭祭社稷五嶽又大司樂祭社稷奏大蔟祀四望奏姑洗又禮緯云社稷牛角握五岳四瀆角尺以此言之則社稷尊於四望山川而獻與衣服卑者熊氏云獻與衣服從神之尊卑其餘處尊者以其有功與地同類故進之在上從國中之神莫貴於社稷之類直以功見尊其實卑也以是地別神故不爲尊也○大饗其王事與盛其饌與貢謂

祫祭先王事與音餘○三牲魚腊四海九州之美味也籩豆之薦四時之和氣也此饌諸侯所獻
○腊音昔內金示和也此所貢也內之庭實先設之金從革性和荊揚二州貢金三品○內音納束帛加璧尊德也貢享所執
致命者君子於玉比德焉龜爲前列先知也龜知事情者陳於庭在前荊州納錫大龜金次之見情也金炤物金有兩義先
入後設○見賢遍反下注世一見同炤音照本亦作照丹漆絲纊竹箭與衆共財也萬民皆有此物荊州貢丹兗州貢漆絲豫
州貢纊揚州貢篠簜○纊音曠綿也劉昌宗古曠反簜大黨反其餘無常貨各以其國之所有則致遠物也其餘
謂九州之外夷服鎮服蕃服之國周禮九州之外謂之蕃國世一見各以其所貢寶爲摯周穆王征犬戎得白狼白鹿近之○蕃本亦作藩方煩反下同近附
近之近其出也肆夏而送之蓋重禮也出謂諸侯之賓也禮畢而出作樂以節之肆夏當爲陔夏○肆依注作陔古來反注
又作祴音同【疏】大饗至禮也○正義曰此一節明天子大饗之事諸侯各貢其方物奉助祭之禮○大饗其王事與者饗謂饗祭先王饗中之大謂祫也
其王家之事與與是語辭也諸侯雖有祫祭不可致有九州之物唯王者乃然故云其王事與也三牲魚腊四海九州之美味也者言此等是諸侯所貢故云
九州之美味也○籩豆之薦四時之和氣也者此亦諸侯所貢實於籩豆是四時和氣所生故云四時和氣也○內金示和也者謂諸侯所貢納金以爲庭實
示其柔和也以金能從革故也○束帛加璧尊德也者謂朝而行享之時以束帛加璧於上尊崇其德也以君子之德與玉相似故尊之也龜爲前列先知也
者此謂布庭實之時龜在衆物之前而爲列先其有知也以龜有靈知故云先知也○金次之見情也者陳列此金次在龜後所以次在龜後者以金能炤物
露見其情○丹漆絲纊竹箭與衆共財也者龜金之後布陳丹之與漆也絲也纊也竹也箭也與天下衆人共有此財也故諸侯之朝來而貢之陳列在下其

餘無常貨各以其國之所有則致遠物也者知以上所陳謂九州之內諸侯此
言其餘者謂九州之外其於四海之國無常貢之貨各於其國之當時所有而
貢之則招致遠物也其出也肆夏而送之蓋重禮也者肆夏當爲陔夏其諸侯
之賓禮畢而出去則奏陔夏之樂而送之蓋貴重於禮雖禮畢而出猶陔夏而
戒之使不失禮○注盛其至先王○正義曰盛其饌者卽三牲魚腊籩豆是也
貢者則內金示和龜爲先列之屬是也謂祫祭先王者以有三牲魚腊則非祭
天以內金布庭實又非饗賓饗賓時無此庭實故也知非朝而貢物謂之大饗
者以朝而貢物不名大饗孝經云四海之內各以其職來助祭故知此大饗是
祫祭也以饗中最大故稱大饗○注此所至三品○正義曰知爲庭實者左傳
云庭實旅百奉之以玉帛故知金爲庭實今先設金者發首先云內金故知先
設金云荊楊二州貢金三品者禹貢文鄭注以爲金銀銅三品者三色也○注
貢饗至德焉○正義曰知束帛加璧行享之時所執致命者覲禮文也○云君
子於玉比德焉者謂諸侯執玉來貢欲自勖勵以玉比德又示敬王以玉比王
○注龜知至大龜○正義曰龜能豫知吉凶故云知事情云陳於庭在前者據
與所陳衆物最在前仍在馬之後故覲禮匹馬卓上九馬隨之鄭注云初享以
馬若皮然後乃陳龜金竹箭之等是也○注金炤至後設○正義曰金炤物者
解經見情金有兩義者一示和二是見情故云兩義云先入後設者此經先云
內金示和是先入陳在龜後是後設○注萬民至篠蕩○正義曰荊州貢丹兗
州貢漆絲豫州貢纊楊州貢篠蕩皆禹貢文也○注其餘至近之○正義曰其
餘謂九州之外夷服鎮服蕃服之國者案周禮大行人陳六服之貢乃云九州
之外謂之蕃國各以其所貴寶爲摯其六服之外於九州言之唯有夷鎮蕃三
服是九州之外也云周穆王征犬戎得白狼白鹿近之者案周語穆王征犬戎
祭公謀父諫不從遂往征之得四白狼四白鹿言近之者彼因征而得非因貢
而來故云近之近者謂近其貢寶也○注出謂至陔夏○正義曰肆夏當爲陔
夏者案大司樂云王出入奏王夏尸出入奏肆夏牲出入奏昭夏大饗不入牲
其宅皆如祭祀今破爲陔夏者以大司樂之文大饗諸侯則諸侯出入奏肆夏

此經是助祭之後無算爵禮畢客醉而出宜奏陔夏故燕禮大射賓出奏陔夏明不失禮也○祀帝於郊敬之至也言就而祭之不敢致也宗廟之祭仁之至也仁恩也父子主恩也喪禮忠之至也謂哭踊袒襲也○袒襲音但下音習備服器仁之至也謂小斂大斂之衣服葬之明器賓客之用幣義之至也謂來賻賵故君子欲觀仁義之道禮其本也言禮有節於內可以觀也疏○祀。帝。至。本。也。○正義曰此一節總明祭祀死喪賓客之等所以禮為備具人道之至也○祀帝於郊敬之至也者天尊彌遠祭之宜極盡於敬故云敬之至也○宗廟之祭仁之至也者宗廟主親祭之必極盡於仁愛故云仁之至也○喪禮忠之至也者親戚之喪必盡忠心追念故云忠之至也○備服器仁之至也者此亦據喪禮備此小斂大斂之衣服及葬之明器亦是仁愛之親故云仁之至也○賓客之用幣義之至也者此。亦喪禮賓客用幣帛以相賻賵於事合宜故云義之至也○故君子欲觀仁義之道禮其本也者言君子欲觀其人行仁義之道必須用禮為其本若行合於禮則有仁義若不合於禮則無仁義故云禮其本也案前文有仁有義有敬有忠此不言敬與忠者舉仁義則忠敬可知也君子曰甘受和白受采忠信之人可以學禮苟無忠信之人則禮不虛道是以得其人之為貴也道猶由也從也○和戶臥反疏○君。子。至。貴。也。○正義曰前文觀仁義之道禮為其本此經明學禮之人唯。須有忠信○甘受和白受采者記者舉此二物喻忠信之人可得學禮甘為衆味之本不偏主一味故得受五味之和白是五色之本不偏主一色故得受五色之采以其質素故能包受衆味及衆采也○忠信之人可以學禮者心致忠誠言又信實質素為本不有雜行故可以學禮也○苟無忠信之人則禮不虛道者苟猶誠也道猶從也言人若誠無忠信為本則禮亦不虛空而從人也言雖學禮而不得也○是以得其人之為貴也者其人即忠信之人也學禮得忠信之人則是禮道為貴也○

孔子曰：誦詩三百，不足以一獻；一獻之禮，不足以大饗；大饗之禮，不足以大旅；大旅具矣，不足以饗帝。誦詩三百喻習多言而不學禮也大旅祭五帝也饗帝祭天毋輕議禮。謂若誦詩者不可以強言禮○強其丈反

疏孔子至議禮○正義曰此一節明禮之爲貴貴於衆事○誦詩三百不足以一獻者假令習誦此詩雖至三百篇之多若不學禮此誦詩之人不足堪爲一獻之祭言一獻祭羣小祀不學禮則不能行也○一獻之禮不足以大饗者言雖習一獻小祀其禮既小不堪足以行大饗之禮大饗謂祫祭宗廟也大饗之禮不足以大旅者大饗其禮雖繁仍是去人不遠其禮可知大旅是總祭五帝之天與人道隔其禮轉難故雖能行大饗之禮不堪足以行大旅事天○大旅具矣不足以饗帝者大旅雖總祭五帝是有故而祭其禮簡略不如饗帝正祭之備故云大旅具矣不堪足以正饗天帝謂郊祭天也故典瑞云四圭有邸以祀天旅上帝是祀天重於旅帝又郊特牲云郊之祭大報天而主日是郊爲祭天之重○毋輕議禮者若不學於禮無得輕脫論議于禮猶如誦詩三百篇不能行小祀禮也○注大旅至祭天○正義曰知大旅五帝者案典瑞云兩圭有邸以祀地旅四望與上四圭有邸以祀天旅上帝其文相對祀地云旅四望則知上云旅上帝是旅五帝也云饗帝祭天者經既云大旅又云饗帝是饗帝與大旅不同故知此饗帝是常祀祭天也鄭直云祭天則感生之帝與圜丘俱包之也

○子路爲季氏宰，宰治邑吏也季氏祭，逮闇而祭，日不足，繼之以燭，謂舊時也雖有強力之容、肅敬之心，皆倦怠矣，以其久也有司跛倚以臨祭，其爲不敬大矣。偏任爲跛依物爲倚○跛彼義反注同倚於綺反注同他日祭，子路與，室事交乎戶，堂事交乎階，質明而始行事，晏朝而退。室事祭時堂事儐尸○與音豫朝直遙反又張遙反孔子聞之曰：「誰謂由也而不知禮乎？

多其知禮。疏子路至禮乎○正義曰前經既明禮爲其重故記者引子路能行禮之事○季氏祭逮闇而祭者逮及也言季氏祭於宗廟逮至日闇而行祭禮○日不足繼之以燭者謂祭祀未終日已昏沒故云日不足繼日明而以燭也○有司跛倚以臨祭者以其事久有司倦怠故皆偏跛邪倚於物臨於祭祀其爲不敬甚大矣○他日祭子路與者言往舊以來所祭之時恆皆如此他日謂別日其後別日而祭子路與在行禮之中○室事交乎戶者室事謂正祭之時事尸在室故云室事交乎戶外人將饌至戶內人於戶受饌設於尸前相交承接在於戶也○堂事交乎階者謂正祭之後儐尸之時尸於堂故云堂事交乎階謂堂下之人送饌至階堂上之人於階受取是交乎階○質明而始行事晏朝而退者質正也晏晚也謂正明之時而始行事朝正嚮晚禮畢而退言敬而能速也○孔子聞之曰誰謂由也而不知禮乎者子路好勇時人多不尚其所爲故孔子以此明之誰謂由也而不能知禮乎言其知禮也以其禮從宜寧可禮略而敬不可禮煩而怠也

附釋音禮記注疏卷第二十四

禮記注疏卷二十四校勘記　阮元撰盧宣旬摘錄

附釋音禮記注疏卷第二十四 惠棟校宋本禮記正義卷第三十三此卷至四十卷考文云宋板闕所校係補本

禮器

周坐尸節

勸尸飲食無常 惠棟校宋本亦作無岳本同嘉靖本同衞氏集說同毛本同考文引古本足利本同此本無誤若閩監本無誤者通典四十八引亦作勸尸飲食無常

詔侑或爲韶囿 岳本同嘉靖本同閩監毛本韶作詔釋文作詔圜云本亦作詔圜考文云古本足利本囿作圜按段玉裁云韻會二蕭引亦作韶囿

夏禮尸有事乃坐 惠棟校宋本作乃宋監本同岳本同嘉靖本同衞氏集說同考文引古本足利本同此本乃誤則閩監毛本同通典四十八引亦作夏禮尸有事乃坐

周坐至醵與 惠棟校宋本無此五字

論三代尸禮不同 閩監毛本有禮字衞氏集說同此本禮字脫

此言有周之所因於殷也 閩監毛本無有之二字惠棟校宋本作此言周所因於殷也續通解同

其於周禮侑尸惠棟校宋本同閩監毛本侑作坐

爲發爵之主祭閩監毛本作主衞氏集說同此本主誤至考文云補本發作

必令平偏不偏頗閩監毛本同惠棟校宋本偏上有使字

君子曰禮之近人情者節爲一節惠棟云君子節宋本分是故君子之於禮下

頖郊之學也惠棟校宋本頖下有宮字宋監本同岳本同嘉靖本同衞氏集說同考文引古本足利本同此本宮字脫閩監毛本同

呼池漚夷岳本同嘉靖本同閩監毛本漚作嘔衞氏集說同釋文作嘔夷

必先有事於配林各本同石經同惠棟九經古義云何休注公羊引作蜚林蜚聲近妃古配字作妃聲之誤也

慎之至也各本同石經同釋文出順之至也云順亦作慎

温之至也各本同石經同釋文出温之云紆運反注同考文云古本温作蕴按正義云今定本作温字則當云温潤相承藉是正義本亦不作蕴也

內則釋文云温本又作蕴

君子至至也惠棟校宋本無此五字

按宗伯以肆獻祼饗先王閩監毛本同衞氏集說同惠棟校宋本饗作享

凡有大享此此云大饗惠棟校宋本不重此字上大作六衞氏集說同此本誤重此字六誤大閩本六字不誤上此改者字

監毛本六享此云誤作大饗者此云

以冕服差之 閩監毛本同衞氏集說同惠棟校宋本冕作祭考文引補本同

以薦其毛 閩監毛本薦作啓

是故至至也 惠棟校宋本無此五字

此一節 惠棟校宋本此字上有正義曰三字

所爲上下前人 閩監毛本同惠棟校宋本上作中考文引補本同

皆有所由以爲始也 惠棟校宋本有所字衞氏集說同此本所字脫閩監毛本同

此言七介者 閩監毛本同孫志祖云按集說引此上有周禮上公九介侯伯七介子男五介十四字諸本俱脫

三月繫七日戒 閩本監本毛本同惠棟校宋本戒字下有者字

謂祭前十日於七日之中 惠棟校宋本同閩監毛本十誤七於誤齊衞氏集說十誤七於字不誤

斯樂泮水 補案詩斯當作思

天子以小學爲辟廱 閩監毛本同惠棟校宋本以上有亦字

温謂丞藉 閩監毛本丞作承衞氏集說同下丞藉皆同盧文弨校温改緼

禮也者反本脩古節

反本脩古 各本同石經同正義云定本及諸本作循字當作脩

而橐鞂之設 閩監毛本作槀石經同岳本同衞氏集說同此本槀誤橐嘉靖本同

禮也至學也 惠棟校宋本無此五字

不忘其初者也 惠棟校宋本也下有者字

君子曰無節於內者節

君子至致也 惠棟校宋本無此五字

言若欲外觀察先萬物 閩監毛本同惠棟校宋本無先字是也

故禮所爲萬物之至極也 惠棟校宋本同閩監毛本所下有以字

是故昔先王之制禮也節

月生西方 宋監本生改出

祭天於圜丘之上 閩監本同岳本同嘉靖本同衞氏集說同毛本圜作圓

是故至疊焉 惠棟校宋本無此五字

但財物大莫過於天　閩監本同毛本財作萬

天子愛物爲用　閩監毛本同惠棟校宋本愛上有以字

龍星昏而見雩　閩監毛本同惠棟校宋本而見作見而

是故昔先王尚有德節

而鳳凰降　石經凰作皇宋監本同岳本同嘉靖本同衞氏集說同此作凰俗字閩監毛本同

而風雨節寒暑時　閩監毛本同岳本同嘉靖本同衞氏集說同石經無節字按月令正義引禮器饗帝於郊而風雨寒暑時郊特牲下兩引皆無節字

是故至大治　惠棟校宋本無此五字

饗帝於郊而風雨寒暑時者　閩監毛本雨下有節字

故舉以言焉　閩監毛本同惠棟校宋本舉作奉盧文弨云宋本作奉非也

陰陽既合　閩本同惠棟校宋本同監毛本既作相

以燔柴告至之後　閩監毛本同惠棟校宋本以作亦

及封土爲壇　閩監本同毛本及誤乃惠棟校宋本及作又

主爲風閩監毛本同惠棟校宋本風下有者字

天道至教節

目下事也閩本作目惠棟校宋本同宋監本同岳本同衞氏集說同此本目誤日監毛本同嘉靖本誤自

天道至至也惠棟校宋本無此五字

皆在大鼓之旁惠棟校宋本有在字此本在字脫閩監毛本同

謂堂上下閩監毛本同惠棟校宋本堂下有之字衞氏集說同

禮樂之器尊西者也按者也當作也者

縣鼓大於於應鼓閩監本於字不重此本誤衍毛本大誤木

故云人君尊東惠棟校宋本有人字此本人字脫閩監毛本同

喪是記君之喪閩監毛本同衞氏集說是作大

禮也者反其所自生節

作樂者緣民所樂於己之功惠棟校宋本有者字宋監本同岳本同嘉靖本同考文引古本足利本同此本者字脫閩監毛本同

而作濩武　各本同釋文出作護云本亦作濩

禮樂亦猶是也　閩監毛本同岳本同嘉靖本猶作由

禮也至人者　惠棟校宋本無此五字

言將以是觀之　惠棟校宋本同閩監毛本亦作是此本作見非也考文引古本足利本亦作見

萬事皆以禮節之　惠棟校宋本同閩監毛本萬事皆誤脩古而

脩樂以道志樂是功成之極　惠棟校宋本同閩監毛本樂是誤者言

恒脩治此樂以勸道己志　惠棟校宋本同閩監毛本以勸誤章以

太廟之內敬矣節

太廟之內　監毛本同石經太作大閩本同岳本同嘉靖本同衞氏集說同

謂進牲孰體時　各本同正義云熊氏禮本牲爲腥也

於廟門之旁因名焉　閩監毛本同岳本同嘉靖本同衞氏集說同浦鏜校從疏門下補外字

太廟至此乎　惠棟校宋本無此五字

斷制牲肝　閩監毛本同浦鏜從衞氏集說斷上補君字

洞洞乎其敬也者閩監毛本有乎字此本乎字脫

謂爨既孰惠棟校宋本爨下有肉字衞氏集說同此本誤脫閩監毛本同

不知此於彼堂乎惠棟校宋本此下有神字衞氏集說同此本誤脫閩監毛本同

以釋宮云廟門謂之祊閩監毛本同浦鏜云廟衍字孫志祖云按今本爾雅作閍謂之門疑誤也當以此疏所引爲正兼有郊特牲疏足相證明

今日繹祭於廟門外之西旁惠棟校宋本亦作日作西於作在閩監毛本日作曰閩本西字不誤監毛本誤兩

一獻質節

一獻至獻神惠棟校宋本無此五字

謂祭先公之廟閩監毛本同惠棟校宋本先上有至字

以血祭社稷五嶽閩監毛本同衞氏集說重祭字與周禮大宗伯合

大饗其王事與節

荆楊二州閩監本同嘉靖本同衞氏集說同毛本楊作揚岳本同按下注楊州貢篠簜毛本亦作楊疏放此

各以其所貢寶爲摯惠棟校宋本同宋監本同岳本同嘉靖本同考文引古本足利本同閩監毛本貢作貴衞氏集說同正義引注

亦足貴○按作貴與周禮大行人同

大饗至禮也　惠棟校宋本無此五字

鄭注以爲金銀銅　閩監毛本同段玉裁校本銀改者字是也以三品爲金銀銅乃書孔傳及王肅說耳非鄭義也

祀帝於郊節

祀帝至本也　惠棟校宋本無此五字

此亦謂喪禮賓客　惠棟校宋本有謂字此本謂字脫閩監毛本同

君子曰甘受和節

君子至貴也　惠棟校宋本無此五字

唯須有忠信　閩監毛本同惠棟校宋本須下有必字

孔子曰誦詩三百節

孔子至議禮　惠棟校宋本無此五字

知大旅祭五帝者　惠棟校宋本有祭字此本祭字脫閩監毛本同

子路爲季氏宰節

子路至禮乎　惠棟校宋本無此五字

尸於堂　惠棟校宋本尸上有事字衞氏集說同此本事字脱閩監毛本同

謂堂下之人　惠棟校宋本謂下有在字此誤脱閩監毛本同

附釋音禮記注疏卷第二十四終　惠棟校宋本此下標禮記正義卷第三十三終又記云凡二十二頁宋監本禮記卷第七經五千一百九十一字注五千六百九十五字　經四千九百二十一字注五千七百四十字嘉靖本禮記卷第七經五千一百

禮記注疏卷二十四校勘記

附釋音禮記注疏卷第二十五

郊特牲第十一○陸曰鄭云以其記祭天用騂犢之義也郊者祭天之名用一牛故曰特牲疏正義曰案鄭目錄云名郊特牲者以其記郊天用騂犢之義此故別錄屬祭祀

禮記　　鄭氏注　　孔穎達疏

郊特牲而社稷大牢天子適諸侯諸侯膳用犢諸侯適天子天子賜之禮大牢貴誠之義也故天子牲孕弗食也祭帝弗用也犢者誠慤未有牝牡之情是以小爲貴也孕任子也易曰婦孕不育○膳市戰反犢音獨孕餘證反慤苦角反大路繁纓一就先路三就次路五就此因小說以少爲貴者禮器言次路七就與此乖字之誤也○繁步干反郊血大饗腥三獻爓一獻孰至敬不饗味而貴氣臭也血腥爓祭用氣○爓本又作爓夕廉反諸侯爲賓灌用鬱鬯灌用臭也大饗尙腶脩而已矣亦不饗味也此大饗饗諸侯也○灌本又作祼古喚反腶丁喚反鍛脯加薑桂曰腶脩疏○郊特至已矣○正義曰此一節論少小及薄味爲貴各依文解之既以郊祭名篇先儒說郊其義有二案聖證論以天體無二郊即圜丘圜丘即郊鄭氏以爲天有六天丘郊各異今具載鄭義兼以王氏難鄭氏謂天有六天天爲至極之尊其體秖應是一而鄭氏以爲六者指其尊極清虛之體其實是一論其五時生育之功其别有五以五配一故爲六天據其在上之體謂之天天爲體稱故說文云天顚也因其生育之功謂之帝帝爲德稱也故毛詩傳云審諦如帝故周禮司服云王祀昊天上帝則大裘而冕祀五帝亦如之五帝若非天何爲同服大

裘又小宗伯云兆五帝於四郊禮器云饗帝于郊而風雨寒暑時帝若非天焉能令風雨寒暑時又春秋緯紫微宮爲大帝又云北極耀魄寶又云大微宮有五帝坐星青帝曰靈威仰赤帝曰赤熛怒白帝曰白招拒黑帝曰汁光紀黃帝曰含樞紐是五帝帝與。大帝六也又五帝亦稱上帝故孝經曰嚴父莫大於配天則周公其人也下即云宗祀文王於明堂以配上帝帝若非天何得云嚴父配天也而賈逵馬融王肅之等以五帝非天唯用家語之文謂大皞炎帝黃帝五人之帝屬其義非也又先儒以家語之文王肅私定非孔子正旨又王肅以郊丘是一而鄭氏以爲二者案大宗伯云蒼璧禮天典瑞又云四圭有邸以祀天是玉不同宗伯又云牲幣各放其器之色則牲用蒼也祭法又云燔柴於泰壇用騂犢是牲不同也又大司樂云凡樂之圜鍾爲宮黃鍾爲角大蔟爲徵姑洗爲羽冬日至於地上之圜丘奏之若樂六變則天神皆降上文云乃奏黃鍾歌大呂舞雲門以祀天神是樂不同也故鄭以云蒼璧蒼犢圜鍾之等爲祭圜丘所用以四圭有邸騂犢及奏黃鍾之等以爲祭五帝及郊天所用王肅以郊特牲周之始郊日以至與圜丘同配以后稷鄭必以爲異圜丘又以帝嚳配者鄭以周郊日以至自是魯禮故注郊特牲云周衰禮廢儒者見周禮盡在魯因推魯禮以言周事鄭必知是魯禮非周郊者以宣三年正月郊牛之口傷是魯郊用日至之月案周郊祭天大裘而冕郊特牲云王被袞戴冕璪十有二旒故知是魯禮非周郊也又知圜丘配以帝嚳者案祭法云周人禘嚳而郊稷禘嚳在郊稷之上稷卑於嚳以明禘大於郊又爾雅云禘大祭也大祭莫過於圜丘故以圜丘爲禘也圜丘比郊則圜丘爲大祭法云禘嚳是也若以郊對五時之迎氣則郊爲大故大傳云王者禘其祖之所自出故郊亦稱禘其宗廟五年一祭比每歲常祭爲大故亦稱禘也以爾雅唯云禘爲大祭是文各有所對也后稷配天見於周頌故思文云思文后稷克配彼天周若以嚳配圜丘詩頌不載者后稷周之近祖王業所基故配感生之帝有勤功用故詩人頌之嚳是周之遠祖爲周無功徒以遠祖之尊以配遠尊天帝故詩無歌頌或可詩本亦有也但後亦遺落故正考甫得商之遺頌十二篇至孔子之時唯五篇而已以此言之明詩有遺落也皇氏云天有六天歲有六祭冬至圓丘一也夏正郊天二也五時迎氣五也通前爲七也九月大饗八也雩與郊禖爲祈祭不入數崔氏以雩爲常祭九也凡祭天其服皆大裘周禮司服文其尸服亦大裘故節服氏云郊祀裘冕送逆尸是也其樂除圓丘所用圜鍾爲宮之外皆奏黃鍾歌大呂舞雲門故大司樂云乃奏黃鍾歌大呂以祀天神注云天神謂五帝及日月星辰也王者又各以夏正月祀其所受命之帝於南郊是也冬至圓丘用蒼璧夏正郊天用四圭有邸其五時迎氣東方用青圭南方用赤璋西方用白琥北方用玄璜其中央無文先師以爲亦用黃琮熊氏以爲亦用赤璋鄭注宗伯云璧圓象天琮八方象地圭銳象春物初生半圭曰璋象夏物半死琥猛象秋嚴半璧曰璜象冬月閉藏地上無物唯天半見其牲幣各放其玉之色案天色玄而用蒼犢者但天色雖玄遠望則蒼取其遠色故用蒼也其祭天之器則用陶匏陶瓦器以薦菹醢之屬故詩生民之篇述后稷郊天云于豆于登注云木曰豆瓦曰登是用薦物也匏酌獻酒故詩大雅美公劉云酌之用匏注云儉以質祭天尚質故酌亦用匏爲尊皇氏云祭天用宗廟犧尊皇氏又云祭天既用犧尊其陶匏者是盛牲牢之器今案陶匏所用如上所陳而皇氏以匏爲盛牲之器義無此理其說非也其祭天之處冬至則祭於圓丘圓丘所在雖無正文應從陽位當在國南故魏氏之有天下營委粟山爲圓丘在洛陽南二十里然則周家亦在國南但不知遠近者其五時迎氣則在四郊故小宗伯云兆五帝於四郊鄭云春迎青帝於東郊夏迎赤帝於南郊季夏迎黃帝亦於南郊秋迎白帝於西郊冬迎黑帝於北郊司馬法百里遠郊鄭注書序云近郊半遠郊去國五十里謂今河南洛陽相去則然是天之郊去國皆五十里也其夏正祭感生之帝亦於南郊知者孝經緯云祭帝於南郊就陽位是也其雩祭五天帝亦於國城南故鄭注論語云沂水在魯城南雩壇在其上是也其九月大饗五帝則在明堂鄭駁異義云明堂在國之南丙巳之地三里之外七里之內其圓丘之祭崔氏云其初先燔柴及牲玉於丘訖次乃埽丘下而設正祭若夏正及五郊初則燔柴及牲玉於壇故祭法云燔柴於泰壇祭天也次則於壇下埽地而設正祭故禮

器云至敬不壇掃地而祭是也其所配之人虞夏商周用人各異文具祭法圓
丘之祭用人則以嚳配之祭法禘嚳是也其感生之帝則以后稷配之五時迎
氣及雩祭則以五方人帝配之九月大饗五帝則以五人帝及文武配之以文
王配五天帝則謂之祖以武王配五人神則謂之宗崔氏云皆在明堂之上祖
宗通言故祭法云祖文王文王稱祖孝經云宗祀文王於明堂是文王稱宗文
王既爾則武王亦有祖宗之號故云祖宗通言其祭天之樂皆用雷鼓故鼓人
云以雷鼓鼓神祀是也其圓丘之祭皇氏云祭日之旦王立丘之東南西鄉燔
柴及牲玉於丘上升壇以降其神故韓詩內傳云天子奉玉升柴加於牲上詩
又云圭璧既卒是燔牲玉也次乃奏圜鍾之樂六變以降其神天皇之神爲尊
故有再降之禮次則掃地而設正祭置蒼璧於神坐以禮之其神在先燔者亦蒼
璧也次則以豆薦血腥祭天無祼故鄭注小宰云唯人道宗廟有祼天地大神
至尊不祼莫稱焉然則祭天唯七獻也故鄭注周禮云人大事于大廟備五齊三
酒則圓丘之祭與宗廟祫同朝踐王酌泛齊以獻是一獻也后無祭天之事大
宗伯次酌醴齊以獻是爲二獻也王進爵之時皆奏樂但不皆六變次薦孰王
酌盎齊以獻是爲三獻也宗伯次酌醍齊以獻是爲四獻也次尸食之訖王酌
朝踐之泛齊是爲五獻也又次宗伯酌饋食之醍齊以獻是爲六獻也次諸臣
爲賓長酌泛齊以獻是爲七獻也以外皆加爵非正獻之數其尸酢王以清酒
酢宗伯以昔酒酢諸臣以事酒其祭感生之帝則當與宗廟禘祭同唯有四齊
無泛齊又無降神之樂惟燔柴升煙一降神而已王朝踐獻以醴齊宗伯亞獻
以盎齊次饋孰王獻以醍齊宗伯又獻以沈齊尸食訖王獻以朝踐醴齊宗
伯獻以饋孰之沈齊諸臣爲賓長亦獻以沈齊不入正數其五時迎氣與宗廟
時祭同其燔柴以降神及獻尸與祭感生之帝同但二齊醴盎而已諸臣終獻
亦用盎齊從上至此皆皇氏所說皇氏以圓丘之祭賓長終獻不取沈齊而取
泛者以禮運約之沈齊當在堂丘下不可用之故更上取泛齊案禮運沈齊在
廟堂之下尚得酌之升堂以獻又皇氏祭感生帝及五時迎氣沈齊亦在壇下
賓長皆得用之升堂以獻何爲圓丘沈齊獨不可用乎若以圓丘高遠不可下

取沈齊凡齊泛醴爲尊盎醍爲卑賓長終獻祇可以次用。醴齊何得反用泛齊乎今謂圓丘賓長之獻用沈齊也以其賓長是臣助祭終獻遠下於君故用從丘下酌沈齊又崔氏云以清酒酢王昔酒酢后案司尊彝云皆有罍諸臣之所酢也鄭注云酌罍以自酢不敢。王之神靈共尊罍盛三酒唯云諸臣所酢不云酢王酢后崔氏所說於義疑也皇氏於此經之首廣解天地百神用樂委曲及諸雜禮制繁而不要非此經所須又隨事曲解無所憑據今皆略而不載其必有所須者皆於本經所須處各隨而解之他皆倣此熊氏云四時迎氣及諸神小祀等並有降神之樂則大司樂分樂而序之以下降神正祭同用其樂亦是一義也然此郊特牲以下至降尊以就卑文承禮器之下覆說以少爲貴之事郊所以用特牲者郊謂於南郊祭感生之帝但天神至尊無物可稱故用特牲郊與配坐皆特牲故下文云養牲必養二帝牛不吉以爲稷牛又召誥云用牲於郊牛二是也然祭天初有燔燎後有正祭皆須有牲故大宗伯云實柴祀日月星辰鄭司農云實牛柴上也鄭康成云實牲體焉郊唯一特牲得供燔燎正祭二處所用者熊氏皇氏等以爲分牲體供二處所用其實一特牲也而月令郊禖用大牢者彼是求子之祭不與常祭同故不用犢我將祀文王於明堂經云維羊維牛者據文武配祭得用大牢也若孔安國之義后稷配天亦用大牢故召誥云后稷貶於天有羊豕案羊人云釁積共其羊牲注云積積柴則祭天用羊者熊氏云謂祭日月以下故燔燎用羊也祭日月以下既用羊小司徒云凡小祭祀奉牛牲鄭注云小祭祀王玄冕所祭然則王者之祭無不用牛又禮緯云六宗五嶽四瀆之牛角尺則日月以下之祀皆用牛者蓋日月以下常祀則用羊王親祭則用牛故小司徒注云玄冕所祭據王親祭也此郊特牲指用而言故下文云用騂犢故牧人云陽祀用騂牲毛之注云陽祀祭天於南郊及宗廟以此約之夏殷以上祭感生之帝各用其正之色其迎五方之帝其牲上已備陳帝牛稷牛其牲雖異其色宜同凡配祭之人牲與天同色也其四月大雩九月大饗其天及配人其牲各依當方之色其文武汎配則用大牢其牲色無文周人尚赤當用騂也論語云敢用玄牡敢昭告於皇皇后帝注云帝謂大微五

帝用玄牡者彼謂告祭也其四鎮五岳之等各用當方之色故牧人云望祀各
以其方之色牲毛之若尋常山川時祭以下則用純物不隨四方之色若國外
表貉磔禳之等則用雜色故牧人云凡。特祀之牲。則用牷物凡外祭毀事用尨
可也其常祀之牲則皆用。祈禱之祭或用牝唯孟春禁之故月令孟春犧牲無
用牝其日月以下及五祀之等常祀用羊王親祭則用牛具如前說○而社稷
大牢者社五土揔神稷是原隰之神功及於人人賴其功故以大牢報祭其牲
則黝色牧人云陰祀用黝牲注云陰祀祭地北郊及社稷也則神州亦用黝牲
也其崐崙地祇用黃犢故大宗伯黃琮禮地牲幣各放其器之色是也其社稷
與神州其樂用大蔟與應鍾故大司樂云乃奏大蔟歌應鍾以祭地祇注云謂
神州之神及社稷其玉神州則用兩圭有邸其社稷無文崔氏云玉當神州同
用兩圭有邸以四望亦用兩圭故也其服社稷則絺冕神州與崐崙服無明文
崔氏云用大裘爲崐崙之神玉則用黃琮鄭注宗伯琮八方象地其樂則用函
鍾爲宮故大司樂云凡樂函鍾爲宮大蔟爲角姑洗爲徵南呂爲羽夏日至於
澤中之方丘奏之若樂八變則地示皆出可得而禮矣是也其夏至祭方澤之
禮齊酒獻數與圜丘同其神州獻數與夏正郊天同而社稷之祭尊用大瓦罍
三獻文具崔氏義宗於此煩而不錄也○天子適諸侯諸侯膳用犢○謂天子
巡守至諸侯之國諸侯致膳於天子則用犢也○諸侯適天子天子賜之禮大
牢○謂諸侯朝天子天子賜之禮用大牢熊氏云大牢者則掌客云殷膳大牢
非是飧積饔餼之等皇氏云此直云大牢則總包饔餼飧積之等雖牢數多少
有異皆用大牢。今謂此經說以小爲貴天子少而諸侯多又膳文與殷膳同則
熊氏皇氏未知孰是也○貴誠之義也○釋郊所以用特牲天子所以膳用犢
之意郊之特牲亦是犢也貴此犢之未有牝牡之情貴其誠慤之心故云貴誠之
義也然社稷及諸侯大牢非是貴誠而載之者言社稷大牢以明郊用特牲言
諸侯大牢以明天子用犢顯其是貴誠也不取大牢之意○故天子牲孕弗食也
祭帝弗用也○天子尊極貴其誠慤之心故因上起下之辭是以云故○注易
曰婦孕不育○正義曰此易漸卦九三爻辭云夫征不復婦孕不育案漸卦艮

下巽上九三上與九五互體爲離離爲大腹孕之象也又互體爲坎坎爲丈夫坎爲水水流而去是夫征不復也夫既不復則婦人之道顛覆故孕而不育引之者證經孕是懷任之意也○大路至五就○因貴誠重小故說以少爲貴也大路殷祭天車也用以祭天故曰大路五采一成曰就天質慤故止一就也故明堂位云大路殷路是也先路三就者先路亦殷路也殷則有三路其世猶質故以少飾爲先先相次爲言對次故稱先也每加以兩大路一先路三也次路故五就也○注禮器至誤也○正義曰今此經大路一就先路三就次路五就是節級相降以二案禮器大路一就次路七就無先路之文若以先路爲三則於次路七就非加兩之差若以先爲五則於大路一就又非加兩之差故知此經次路五就爲是禮器云次路七就爲誤也○郊血至臭也○因貴少更說不貴味也所進血腥如禮器中說崔氏云周禮之法郊天燔柴爲始宗廟以祼地爲始社稷以血爲始小祀疈辜爲始此云郊血大饗腥三獻爓一獻孰者謂正祭之時薦於尸坐之前也○至敬不饗味而貴氣臭也者此解郊血義血氣也夫孰食有味味者爲人道人道卑近而天神尊貴事宜極敬極敬不褻近故用血也用血是貴氣而不重味故云貴氣臭也而宗廟敬降於天故用腥腥稍近味社又降於宗廟故用爓爓又稍近味○諸侯至已矣○此一一經亦明貴氣義也○諸侯爲賓灌用鬱鬯者灌猶獻也謂諸侯來朝在廟中行三享竟然後天子以鬱鬯酒灌之也故大行人云上公之禮廟中將幣三享王禮再祼而酢侯伯之禮廟中將幣三享王禮壹祼而酢諸子諸男之禮廟中將幣三享王禮壹祼不酢鄭注云王禮王以鬱鬯禮賓也禮者使宗伯攝酌圭瓚而祼王既拜送爵又攝酌璋瓚而祼后又拜送爵是謂再祼再祼賓乃酢王也禮侯伯一祼而酢者祼賓賓酢王而已后不祼也禮子男一祼不酢者祼賓而已不酢王也○灌用臭也者覆說諸侯爲賓灌用鬱鬯之意鬱鬯是臭故云灌用臭也此亦明貴氣之禮○大饗尚腶脩而已矣者謂諸侯行朝享及灌以後而天子饗燕食之也若上公則三饗三食三燕若侯伯則再饗再食再燕若子男則壹饗壹食壹燕也南本或云侯伯亦三饗誤也其行饗之時雖設大牢之饌于時先薦腶

脩於籩前然後始設餘饌故云尙腶脩而已矣此亦明不饗味之義也○注此大至侯也○正義曰以文承上大饗腥之下上大饗謂祫祭恐此大饗者亦是祫祭故云饗諸侯也必知饗諸侯者以此經前云諸侯爲賓下云大饗君三重席而酢。然皆論待諸侯之事故以爲饗諸侯也○大饗君三重席而酢焉言諸侯相饗獻酢禮敵也○重直龍反下注同酢才各反三獻之介君專席而酢焉此降尊以就卑也三獻卿大夫來聘主君饗燕之以介爲賓賓爲苟敬則徹重席而受酢也專猶單也○介音界注同單音丹下文注同

疏大。饗。至。酢。焉○正義曰此一節論尊卑之席各依文解之○此大饗謂諸侯相朝主君饗賓主禮敵故主君設三重之席而受酢焉○注言諸至敵也○正義曰知非諸侯朝天子天子饗之而云諸侯相饗者以經云君三重席而酢三重席是諸侯之禮而又稱君故知諸侯相饗也案周禮司几筵諸侯莞筵紛純加繅席畫純上有二席得爲三重重者皇氏云三重者有四席爲三重謂鋪莞筵三上加繅席一熊氏以爲席之重數異於棺也三重止三席也云獻酢禮敵也者以賓與主人俱是諸侯並有三重之席無所降下對下三獻之介君專席而酢降尊就卑之義是尊卑不敵也故此云獻酢禮敵也○三獻之介君。尊專席而酢焉。至。此以就卑也○此謂諸侯遣卿來聘卿禮三獻其副既是大夫與卿爲介謂之三獻之介此介是大夫大夫席雖再重今爲介降一席秖合專席主君若受此介之酢爵雖是諸侯合三重之席必徹去重席單席而受此介之酢爵焉所以然者降諸侯之尊以就介之卑故也○注三獻至單也○正義曰三獻卿大夫者以五等諸侯有九獻七獻五獻故五等諸侯之卿皆三獻也大夫卿之總號若春秋之時則與此禮有異若大國之卿則禮同子男故昭元年鄭人饗趙孟具五獻籩豆杜元凱注云朝聘之制大國之卿五獻其侯伯次國其卿與大國大夫同故昭六年季武子如晉晉人享之武子辭云下臣得貺不過三獻杜云大夫三獻是也云來聘主君饗燕之以介爲賓賓爲苟敬者案燕禮記云若以四方之賓燕賓爲苟敬席於阼階之西北而其介爲賓注云主國君饗時親進醴于賓今

燕又宜獻焉人臣不敢褻煩尊者至此升堂而辭讓欲以臣禮燕爲恭敬也於是席之如獻諸公之位言。苟敬者賓實主國所宜敬如鄭此言則燕爲時賓爲。苟敬饗時則否今此注云饗燕之賓爲。苟敬連言饗者因燕而連言饗其實饗時賓自爲賓不爲。苟敬也案燕禮注介門西北面西上公降迎上介以爲賓揖讓升乃命宰夫爲主人獻賓於西階上其有媵爵羣臣入即位如燕禮案禮主人與賓俱升自西階主人酌於賓筵前獻賓賓西階上拜筵前受爵反位主人賓右拜送爵賓就筵祭酒西階上卒爵。賓酢主人主人於賓右北面受酢此是使宰夫爲主人與賓。客相獻之。禮據燕禮之文唯有賓酢主人無賓酢主君之禮今此主君專席而受賓酢者案燕禮無賓酢公禮至於說屨升堂坐之後賓降洗升媵觚于公公受賓爵飲以賜下此云受酢蓋謂此也或可燕已臣子賓不酢公若與鄰國賓燕以介爲賓賓得酢公也但禮不具耳皇氏以介爲賓宰夫爲主人賓與主人席於西階上主人在東賓在西俱北面又席主君於堂中南面今案鄭注燕禮主君迎上介爲賓宰夫爲主人獻賓之後如燕禮如是則事事如燕禮案燕禮筵賓于戶西南面席公于阼階上西面背薦主人于洗北西面燕禮席位分明如此而皇氏乃云主人與賓俱席西階上北面主君堂中南面未審何所馮據而知之

○饗禘有樂而食嘗無樂陰陽之義也凡飲養陽氣也凡食養陰氣也故春禘而秋嘗春饗孤子秋食耆老其義一也而食嘗無樂言義同而或用樂或不用樂也此禘當爲禴字之誤也王制曰春禴夏禘○饗禘音藥下春禘同食音嗣夏戶嫁反飲養陽氣也故有樂食養陰氣也故無聲凡聲陽也

疏饗禘至陽也○正義曰此一節論饗禘食嘗有樂無樂之異饗禘有樂者饗謂春饗孤子禘謂春祭宗廟也以其在陽時故有樂○而食嘗無樂者食謂秋食耆老嘗謂秋祭宗廟以其在陰時故無樂○陰陽之義也者無樂爲陰有樂爲陽故云陰陽之義也○凡飲養陽氣也凡食養陰氣也者此覆釋上文饗有樂而食無樂之義以飲是清虛養陽氣

故有樂而食是體質養陰氣故無樂○故春禘而秋嘗春饗孤子秋食耆老者此明饗禘在春爲陽食嘗在秋爲陰也○其義一也者禘之與嘗俱是追慕饗之與食同是賞功其事無殊故云一也○而食嘗無樂者文承秋食耆老之下以秋是陰時故云食嘗無樂重結之也舉食嘗無樂亦應重結饗禘有樂不言者略可知也○飲養陽氣也故有樂者更覆釋上文飲養陽氣饗有樂也○食養陰氣也故無聲者覆釋上文食養陰氣故無樂也○凡聲陽也者釋所以饗有樂食無樂凡聲是陽也陽時爲饗故有樂陰時爲食故無樂也○注禘至夏禘○正義曰依禮三代無春禘之文周則春曰祠王制夏殷之禮云春曰禴今云春曰禘故知禘當爲禴此經所論謂夏殷禮也熊氏云此夏殷禮秋嘗無樂而下文云殷人先求諸陽則秋嘗亦有樂者謂殷人春夏祭時有樂秋冬即無也舉春見夏舉秋見冬也若周則四時祭皆有樂故祭統云内祭則大嘗禘升歌清廟下管象是秋嘗有樂也案王制夏后氏養老以饗禮則夏家養老用春時有樂無秋食之禮殷人養老以食禮而秋時不作樂無春饗之禮周人脩而兼用之則周人養老春夏用饗禮秋冬用食禮四時皆用樂故文王世子云凡大合樂必遂養老注云春合舞秋合聲下云養老之禮遂發咏焉登歌清廟是秋時養老亦用樂也皇氏云春是生養之時故饗孤子取長養之義秋是成熟之時故食耆老取老成之義熊氏云春饗孤子亦饗耆老。食耆老亦食孤子而皇氏云此既破禘爲禴故於祭統春禘秋嘗不復更破從此可知也○

鼎俎奇而籩豆偶陰陽之義也籩豆之實水土之品也水土之品言非人常所食○奇居宜反下鼎俎奇同

不敢用褻味而貴多品所以交於旦明之義也旦當爲神篆字之誤也○褻息列反旦音神出注篆直轉反

【疏】鼎。俎。至。義。也○正義曰此一節論鼎俎籩豆所法陰陽之事○鼎俎奇者以其盛牲體牲體動物動物屬陽故其數奇○籩豆偶者其實兼有植物植物爲陰故其數偶故云陰陽之義也○籩豆之實水土之品也者謂籩豆所充實之物皆是水土所生品類非人所常食也○不敢用褻味而貴多品者覆釋籩豆所以用水土品族之意言不敢用褻美食味而貴重衆多品族也何意如此所以交接神明之義也神道與人既異故不敢用人之食味神以多大爲功故貴多品鼎俎奇者案聘禮牛一羊二豕三魚四腊五腸胃六膚七鮮魚八鮮腊九也是鼎鼎九其數奇也又有陪鼎膷一也臐二也膮三也亦其數奇也正鼎九鼎別一俎俎亦九也又少牢陳五鼎羊一豕二膚三魚四腊五其腸胃從羊五鼎五俎又肵俎一非是正俎也特牲三鼎牲鼎一魚鼎二腊鼎三亦有三俎肵俎一非正俎不在數是皆一鼎俎奇也有司徹陳六俎者尸及侑俎主人主婦各一俎俎其餘二俎者司馬以一俎羞羊肉湆其一俎司士羞豕肉湆此二者益肉之俎也此云鼎俎奇者謂一處並陳又籩豆偶者案掌客云上公豆四十侯伯三十二子男二十四又禮器云天子之豆二十有六諸公十有六諸侯十有二上大夫八下大夫六案禮籩與豆同是籩豆偶也鄉飲酒義六十者三豆七十者四豆八十者五豆而奇數者彼是年齒相次非正豆也士喪禮注小斂一豆一籩者降於大斂又不同於吉故也籩人饋食之籩棗栗桃乾䕩榛實凡有五物似五籩者熊氏云乾䕩之中有桃諸梅諸則爲六物實六籩也

○賓入大門而奏肆夏示易以敬也賓朝聘者易和說也○易以豉反注同朝直遙反下注朝覲朝服同卒爵而樂闋孔子屢。歎之美此禮也○闋苦穴反止也婁力住反本又作屢奠酬而工升歌發德也以詩之義發明賓主之德歌者在上匏竹在下貴人聲也匏笙也○匏步交反竹篪笛也樂由陽來者也禮由陰作者也陰陽和而萬物得得得其所

疏賓。入。至。物。得○正義曰此一節論朝聘之賓及己之臣子有王事勞者設燕饗之禮奏樂之節各依文解之饗禮既亡無可憑據今約大射及燕禮解其奏樂及樂闋之節案大射禮主人納。賓是己之臣子又無王事之勞故賓入不奏肆夏賓入及庭公升即席乃奏肆夏於是主人引賓升主人酌獻賓賓拜受爵坐啐酒拜告旨樂闋賓飲卒爵酢主人主人受酢畢主人盥洗獻于公公拜受爵乃奏肆夏公飲卒爵拜主人荅

拜樂闋主人洗爵受酢於公主人受酢畢主人又盥洗媵觚于賓所謂酬也主人飲畢爵以酢賓賓筵前受酬奠于薦東不舉下大夫二人於阼階下媵爵于公公取一大夫所媵爵以立飲卒爵酬賓賓受爵請旅大夫公許賓以旅大夫于西階上大夫受旅爵畢主人洗獻卿于西階上獻卿徧又二大夫媵爵于公公又行一爵若賓若長唯公所賜以旅于西階上大夫受旅畢主人又洗升獻大夫于西階上大夫受獻畢乃席工升歌歌鹿鳴三終主人獻工乃管新宫此是大射賓入門至工升歌之節也燕禮記云若以樂納賓則賓及庭奏肆夏賓拜酒主人荅拜而樂闋公拜受爵而奏肆夏公卒爵而樂闋鄭注云卿大夫有王事之勞則奏此樂此是己之臣子有王事之勞賓及庭而奏肆夏也其餘與大射禮同以大射禮燕禮而言之此云賓入大門謂朝聘之賓行朝聘既畢。燕。亨之時燕則大門是寢門也饗則大門是廟門也〇而奏肆夏示易以敬也者樂主和易今奏此肆夏大門樂者示主人和易嚴敬於賓也〇卒爵而樂闋者賓至庭樂作乃至主人獻賓賓受爵啐酒拜告旨而樂止賓飲訖酢主人主人受酢畢主人獻公而樂作公飲卒爵而樂止是卒爵而樂闋也此卒爵謂兼賓及主君也依大射禮主人受酢不作樂若其享時主君親獻賓賓親酢主君賓主俱作樂也〇孔子屢歎之者孔子見禮入門而縣興卒爵而樂闋屢數也數數歎美此禮善其和易恭敬之義〇奠酬而工升歌者據大射禮獻卿之後大夫媵觶於公所謂酬也公奠置此酬而未舉於時工升歌也或可饗時主君親酬賓賓初奠酬薦。東於時即工升歌也大射與燕禮異也〇發德也者所以奠酬升歌歌詠其詩發明賓主之德案燕禮記賓。〇及庭奏肆夏此入大門即奏肆夏者熊氏云燕禮燕己之臣子此謂朝聘之賓故入即奏肆夏也皇氏云鍾師奏九夏一曰王夏大司樂云王出入所奏二曰肆夏大司樂云尸出入所奏三曰昭夏大司樂云牲出入所奏也四曰納夏注云四方賓來所奏也五曰章夏注云臣有功所奏也六曰齊夏注云夫人祭所奏也七曰族夏注云族人侍所奏也八曰陔夏注云客醉。出所奏也九曰驁夏注云公出入所奏也皇氏又云襄四年左氏傳云三夏天子所以。享元侯文王大明緜兩君相見之樂也燕禮歌鹿鳴合鄉樂凡合樂降於升歌一等王享燕元臣升歌三夏三夏卽頌合樂降一等卽合大雅也元侯自相享亦歌頌合大雅故仲尼燕居兩君相見歌清廟是也侯伯子男相見既歌文王合鹿鳴也準約元侯則天子享燕侯伯子男亦歌文王合鹿鳴也諸侯燕臣子歌鹿鳴合鄉樂燕禮是也其天子燕在朝臣子工歌鹿鳴合鄉樂故鄭作詩譜云天子諸侯燕羣臣及聘問之賓皆歌鹿鳴合鄉是也升歌合樂所以異者案鄉酒禮及燕禮工升自西階歌鹿鳴四牡皇皇者華歌訖笙入立於堂下奏南陔白華華黍奏訖乃間歌魚麗笙由庚歌南有嘉魚笙崇丘歌南山有臺笙由儀間歌訖乃合鄉樂周南關雎葛覃卷耳召南鵲巢采蘩采蘋間者謂堂上堂下一歌一吹更遞而作合者上下之樂並作此其所以異也皇氏云此經卒爵樂闋之義主人受酢之時作樂今案大射禮宰夫爲主人受酢之時不作樂皇氏說非也皇氏又云卒爵而樂闋作樂三闋也一是賓飲畢樂闋也二是主人受酢飲畢樂闋也三是賓奠酬之後工升歌畢將旅酬之時樂闋也今案此經初云入門而奏肆夏次云卒爵而樂闋下云奠酬而工升歌所陳之事依先後次第則樂闋之中不得幷數奠酬升歌樂闋也且工升歌之後則有笙入奏南陔之等及間歌合樂無樂闋之文何得卒爵樂闋之中數之爲三闋皇氏非也案鍾師九夏皆夏文在下而南本納夏獨夏文在上其義疑也皇氏云天子燕享己之臣子與燕合諸侯同歌文王合鹿鳴今案詩譜云天子諸侯燕羣臣及聘問之賓歌鹿鳴合鄉樂皇說非也○歌者在上匏竹在下貴人聲也者解所以不升堂之義也匏笙也竹簫笛也歌是人聲人聲可貴故升之在堂匏竹可賤故在下然瑟亦升堂者瑟工隨歌工故也○樂由至物得○此因上有賓主禮樂之事遂說禮樂之義樂由陽來者也者此明樂也陽天也天氣化故作樂象之樂以氣爲化是樂由陽來者也陽化謂五聲八音也○禮由陰作者也者陰地也地以形生故制禮象之禮以形爲教是禮由陰作也形教謂尊卑大小拜伏之事也○陰陽和而萬物得者和猶合也得謂各得其所也若禮樂由於天地天地與之和合則萬物得其所也

○旅幣無方所以別土地之宜而節遠邇

之期也旅衆也邇近也○別彼別反下注無別同龜爲前列先知也以鐘。次之以和居參之也。鐘金也獻

金爲作器。鐘其大者以金參居庭實之間示和也○爲作于僞反下文爲君同虎豹之皮示服猛也束帛加璧往。德也

疏旅。幣。至。德。也○正義曰此一節明朝聘貨賄庭實之物○旅幣無方者旅衆也幣庭實也衆國貢獻幣物非止一方故云無方○所以別土地之宜者五

方各殊所出有異所以分別土地所生之宜○而節遠邇之期也者邇近也六服有遠近或嬪或貨所貢之屬各有期也○龜爲前列先知也者此即旅幣無

方之事也龜是靈知之物陳之於庭則列龜最在前故云先知也○以鐘次之者鐘金也陳金則次於龜後也不謂之爲金而謂之爲鐘者。賁金以供王之鑄

器器之大者莫大於鐘故言以鐘次之也○以和居參之也者解以金次龜義也金性柔和從時變革也。金列庭實前龜後皮帛以金參廁居龜帛之中間故

云以和居參之也○虎豹之皮示服猛也者釋庭實有皮義也虎豹是威猛之獸今得其皮來列在王庭是表示君臣之德能服四方之威猛者也○束帛加

璧往德也者解享用束帛帛上又加璧之義也玉以表德今將玉加於束帛或錦繡黼黻之上是以表往歸於德故也謂主君有德而往歸之南本及定本皆

作往德北本爲任德熊氏云任用德恐非也○庭燎之百由齊桓公始也僭天子也庭燎之差公蓋五十侯伯子男皆三十○

往皇如字徐于況反燎力妙反徐力弔反僭子念反後同大夫之奏肆夏也由趙文子始也僭諸侯趙文子晉大夫名武○

疏庭。燎。至。始。也○正義曰自此以下至夷王以下總論朝聘失禮之事各隨文解之○庭燎之百者謂於庭中設火以照燎來朝之臣夜入者因名火爲庭

燎也禮天子百燎上公五十侯伯子男三十齊桓公是諸侯而僭用百後世襲之是失禮從齊桓公爲始○注僭天至三十○正義曰此數出大戴禮也但崇

。翺問引大戴禮也何以言蓋。沈闇對曰言蓋無別意猶如禮運云仲尼之歎蓋歎魯也亦無別意百者皇氏云作百炬列於庭也或云百炬共一束也○注僭

諸至名武○正義曰案大射禮公升卽席奏肆夏燕禮云若以樂納賓則賓及庭奏肆夏是諸侯之禮今文子亦奏之故云僭諸侯此謂納賓樂也若登歌下管正樂則天子用三夏以饗元侯元侯相饗亦得用之周禮九夏王夏者天子所用其餘八夏諸侯皆得用之其陔夏卿大夫亦得用之故鄉飲酒客醉而出奏陔夏但非堂上正樂所用也

○朝覲大夫之私覿非禮也大夫執圭而使所以申信也其君親來其臣不敢私見於主國君也以君命聘則有私見○覿大力反下同使色吏反見賢遍反下同不敢私覿所以致敬也而庭實私覿何爲乎諸侯之庭非其君無別爲人臣者無外交不敢貳君也私覿是外交也

疏○朝覲至君也○正義曰此一節論大夫從君朝覲行私覿非禮之事○朝覲大夫之私覿非禮也者朝覲謂君親往鄰國行朝覲之禮大夫從君而行○輒行私覿是非禮也○大夫執圭而使所以申信也者既從君而行不可私覿若專使而出則可爲之故云大夫執圭而使謂受命執圭專使鄰國得行私覿所以申己之誠信也○不敢私覿所以致敬也者覆明從君而行不敢行私覿所以致敬於己君也○而庭實私覿何爲乎諸侯之庭者當周衰之後有臣從君而行設庭實私覿於主國之庭作記者譏之庭實私覿何得爲乎諸侯之庭譏其與君無別也○爲人臣者無外交不敢貳君也者解所以從君而行不敢私覿之意爲人之臣既無外交唯專一事君既從君而行不敢貳心於他君所以不行私覿之禮○注其君至私見○正義曰案聘禮臣出使有私覿今云私覿非禮也故知從君行也且經朝覲是君親行之事云以君命聘則有私見者解經文執圭而使所以申信也約聘禮有私覿故云以君命聘則有私見也

○大夫而饗君非禮也其饗君強且富也由大夫強而君殺之義也由三桓始也三桓魯桓公之子公之弟公子慶父公子牙公子友慶父與牙通於夫人以脅公季友以君命鴆牙後慶父弒二君又死也○慶父音甫鴆直陰反弒音試天子無客禮莫敢

爲主焉君適其臣升自阼階。不敢有其室也明饗君非禮也○升自阼才路反本又作升自阼階覲禮天子不下堂而見諸侯正君臣也下堂而見諸侯天子之失禮也由夷王以下夷王周康王之玄孫之子也時微弱不敢自尊於諸侯

疏大。夫。至。始。也○正義曰大夫富強專制於君召君而饗之非禮也大夫強而君殺之義。者大夫強盛則干國亂紀而君能殺之是鉏絕惡。源得其義也○由三桓始也者從三桓以後有能誅殺強臣由三桓而來故云由三桓始也○注三桓至死也○正義曰案春秋公子慶父公子牙公子友皆莊公弟是桓公子也云慶父與牙通於夫人以脅公者案莊公二十七年公子友如陳葬原仲公羊云辟內難內難者何公子慶父公子牙通乎夫人以脅公何休云公病問後於牙牙對曰魯一生一及君已知之牙欲立慶父是脅公也云季友以君命鴆牙者案莊三十二年左傳云公疾問後於叔牙對曰慶父材問於季友對曰臣以死奉般公曰鄉者牙曰慶父材成季使以君命命僖叔待于鍼巫氏使鍼季酖之是也後慶父弒二君者莊公三十二年左氏云八月癸亥公薨于路寢子般即位冬十月己未共仲使圉人犖賊子般于黨氏閔二年秋八月辛丑共仲使卜齮賊公于武闈是弒二君也云又死也者案左氏云成季以僖公適邾共仲奔莒乃入立之以賂求共仲于莒莒人歸之及密使公子魚請不許哭而往共仲曰奚斯之聲也乃縊是慶父又死也案三桓之前齊有公孫無知作亂衛有州吁宋有長萬皆以強盛被殺而云由三桓始者熊氏云據魯而言猶如論語云十世五世希不失矣三桓之後若襄仲季孫意如雖強君不能殺據時有能殺者言之然此經注並公羊文以左氏傳爲解耳○注明饗君非禮也○正義曰天子無客禮莫敢爲主焉君適其臣升自阼階臣不敢有其室臣既不敢爲主明饗君非禮結上文也春秋之時則有諸侯饗天子故莊二十一年鄭伯享王于闕西辟樂備亂世非正法也○覲禮至以下○案覲禮天子負斧依南面侯氏執玉入是不下堂見諸侯也若春朝夏宗則以客禮待諸侯以車出迎熊氏云春夏受三饗之時乃有迎

法義或然也故齊僕云各以其等爲車送逆之節注云節謂王乘車迎賓客及送相去遠近之數是也○由夷王以下者夷王下堂而見諸侯自此以後或有。然故云以下○注夷王至子也○正義曰案世本康王生昭王昭王生穆王穆王生恭王恭王生懿王懿王崩弟孝王立孝王崩懿王大子燮立是爲夷王懿王是康王之玄孫夷王是懿王之子故云玄孫之子也

○諸侯之宮縣而祭以白牡擊玉磬朱干設錫。冕而舞大武乘大路諸侯之僭禮也言此皆天子之禮也宮縣四面縣也干盾也錫傅其背如龜也武萬舞也白牡大路殷天子禮也○縣音玄注及下同錫音陽注同盾本亦作楯純尹反又音尹傅音附背補佩反臺門而旅樹反坫繡黼丹朱中衣大夫之僭禮也言此皆諸侯之禮也旅道也屏謂之樹樹所以蔽行道管氏樹塞門塞猶蔽也禮天子外屏諸侯內屏大夫以簾士以帷反坫反爵之坫也蓋在尊南兩君相見主君既獻於反爵焉繡黼丹朱以爲中衣領緣也繡讀爲綃綃繒名也詩云素衣朱綃又云素衣朱襮襮黼領也○坫丁念反繡依注作綃音消注或作綃亦同黼音甫簾音廉於反爵焉本或作賓反爵焉領緣移絹反繒似陵反襮音博故天子微諸侯僭大夫強諸侯脅於此相貴以等相覿以貨相賂以利而天下之禮亂矣言僭所由諸侯不敢祖天子大夫不敢祖諸侯而公廟之設於私家非禮也由三桓始也言仲孫叔孫季孫氏皆立桓公廟魯以周公之故立文王廟三家見而僭焉

疏。諸。侯。至。始。也○正義曰此一節總論諸侯及大夫奢僭強盛之事各依文解之○諸侯之宮縣者諸侯唯合軒縣今乃有宮縣又諸侯祭用時王牲今用白牡又諸侯擊石磬今擊玉磬又諸侯得舞大武故詩云方將萬舞宣八年萬入去籥是也但不得朱干設錫冕服而舞今朱干設錫冕而舞大武諸侯合乘時王之車今乃乘殷之大路並是諸侯僭禮也○注言此至禮也○正義曰案小胥天

子宮縣案文十三年公羊傳云周公用白牡又明堂位云祀周公於太廟牲用白牡擊玉磬則臯陶謨云鳴球是也祭統云朱干玉戚冕而舞大武明堂云魯君孟春乘大路其祭統明堂所云皆天子禮樂特賜周公故云皆天子之禮魯唯文王周公廟得而用之若用於他廟則爲僭也若他國諸侯非二王之後祀受命之君而用之皆爲僭也云錫傅其背如龜也者詩云鏤錫謂以金飾之則此錫亦以金飾也謂用金琢傅其盾背盾背外高龜背亦外高故云如龜也詩見漢禮然也白牡是殷之正色大路與白牡同文故知白牡大路是殷天子之禮也○臺門至禮也○此一經明大夫僭諸侯禮臺門者兩邊起土爲臺臺上架屋曰臺門○而旅樹者旅道也樹立也人君當門道立屏蔽內外爲蔽也○反坫者反爵之坫也若兩君相享則設尊兩楹間坫在其南坫以土爲之○繡黼丹朱中衣者綃繒也黼刺繒爲黼文也丹朱赤色謂染繒爲赤色也中衣謂以素爲冕服之裏衣猶今中衣單也○大夫之僭禮也者自臺門以下於時大夫皆有此事故言僭禮也○注言禮至領也○正義曰旅道也所行處故以爲道也云屏謂之樹釋宮文引管氏樹塞門者據經旅樹之義云禮天子外屏諸侯內屏大夫以簾士以帷者禮緯文南本云及定本皆然或云大夫以帷士以簾誤也云反坫反爵之坫也者以明堂云反坫出尊則坫爲尊而設故知反坫反爵也以言出尊故云蓋在尊南也鄉飲酒是卿大夫之禮尊於房戶間燕禮是燕己之臣子故尊於東楹之西若兩君相敵則尊於兩楹間故其坫在兩楹間云兩君相見主君既獻於反爵焉者案論語云邦君爲兩君之好有反坫故知兩君相見也故注云其獻酬之禮更酌酌畢則各反爵於坫上故云主君既獻於反爵焉謂於此坫上而反爵焉熊氏云主君獻賓賓筵前受爵飲畢反此虛爵於坫上於西階上拜主人於阼階上荅拜賓於坫取爵洗爵酌以酢主人主人受爵飲畢反此虛爵於坫上主人阼階上拜賓荅拜是賓主飲畢反爵於坫上也而論語注酌畢各反爵於坫上者文不具耳其實當云飲畢或可初酌之時則奠於坫與鄉飲酒禮異也義有疑故具存焉云繡黼爲領丹朱以爲中衣領緣也者中衣謂冕及爵弁之中衣以素爲之繡黼爲領丹朱爲緣云繡讀爲綃

綃繒名也者案注昏禮引詩云素衣朱綃魯詩亦以爲綃綃綺屬以魯詩既爲綃字又五色備曰綃白與黑曰黼繡黼不得共爲一物故以繡爲綃也謂於綃上而刺黼文也引詩云素衣朱綃者證以繡爲綃又引詩素衣朱襮者證黼領也案釋器黼領謂之襮故云襮黼領也案玉藻云以帛裏布非禮也此素衣是絲當爲冕及爵弁之中衣禮朝燕之服皆以布爲之皇氏云此素爲中衣兼爲朝燕服之中衣非也案禮公之孤四命則爵弁自祭也則天子大夫四命亦當爵弁自祭則中衣得用素但不得用綃黼爲領丹朱爲緣耳熊氏云此云大夫僭謂非四命大夫而著素衣爲僭今爲四命得著素衣但以綃黼丹朱猶爲僭也其大夫士助祭於君服爵弁以上雖中衣用素亦不得用綃黼丹朱以爲領緣以其是諸侯之服故唐詩揭之水刺晉昭公微弱云素衣朱綃從子于鵠國人欲進此服去從桓叔爲諸侯也○於此相貴以等相覿以貨○謂臣下不畏懼於君而擅相尊貴以等列故庾云擅相封爵也○相覿以貨者大大私相覿以貨賄不辟君○注魯以至僭焉○正義曰知魯得立文王廟者案襄十二年秋吳子壽夢卒臨於周廟禮也注云周廟謂文王廟也此經云諸侯不敢祖天子而文二年左傳云宋祖帝乙鄭祖厲王大夫不敢祖諸侯而莊二十八年左傳云凡邑有宗廟先君之主曰都與此文不同者此據尋常諸侯大夫彼據有大功德者故異義禮戴引此郊特牲云云又匡衡說支庶不敢薦其禰下士諸侯不得專祖於王古春秋左氏說天子之子以上德爲諸侯者得祖所自出魯以周公之故立文王廟左傳宋祖帝乙鄭祖厲王猶上祖也又曰凡邑有宗廟先君之主曰都以其有先君之主公子爲大夫所食采地亦自立所出宗廟其立先公廟準禮公子得祖先君公孫不得祖諸侯許慎謹案周公以上德封於魯得郊天兼用四代之禮樂知亦得祖天子諸侯有。德祖天子者知大夫亦得祖諸侯鄭氏無駁與許氏同也其王子母弟無大功德不得出封食采畿內賢於餘者亦得采地之中立祖王廟故都宗人家宗人皆爲都家祭所出祖王之廟也。

○天子存二代之後猶尊賢也尊賢不過二代過之遠難法也二或爲三○過古臥反○〔疏〕天。子。至。二代○正義曰此一節論王者立二王後尊賢之事○天子存二代者天子繼世而立子孫以不肖滅亡見在子孫又無功德仍須存之所以存二代之後者猶尙尊其往昔之賢所能法象○尊賢不過二代者所以尊賢之事取其法象但代異時移今古不一若皆法象先代今則不可盡行故所尊之賢不過取二代而已若過之遠難爲法也案異義公羊說存二王之後所以通天三統之義引此文古春秋左氏說周家封夏殷二王之後以爲上公封黃帝堯舜之後謂之三恪許愼謹案云治魯詩丞相韋玄成治易施讎等說引外傳曰三王之樂可得觀乎知王者所封三代而已不與左氏說同鄭駮之云所存二王之後者命使郊天以天子之禮祭其始祖受命之王自行其正朔服色恪者敬也敬其先聖而封其後與諸侯無殊異何得比夏殷之後如鄭此言公羊自據二王之後左氏兼論三恪義不乖異也熊氏云周之三恪越少昊高辛遠存黃帝者取其制作之人故易繫辭云神農氏沒黃帝堯舜氏作義當然也

諸侯不臣寓公故古者寓公不繼世寓寄也寄公之子非賢者世不足尊也寓或爲託○寓音遇

疏○諸侯至繼世○正義曰此一節論寄公之子爲臣之事○注寓寄至尊也○正義曰案喪服傳云寄公者何也失地之君也或天子削地或被諸侯所逐皆爲失地也諸侯不臣者不敢以寄公爲臣也

○君之南鄉荅陽之義也臣之北面荅君也荅對也○鄉許亮反下君南鄉同

○大夫之臣不稽首非尊家臣以辟君也辟國君也○辟音避注同

疏○大夫至君也○正義曰此一節論大夫君辟正君之事諸侯則稽首於天子大夫則稽首於諸侯皆盡其臣禮以事君今大夫家臣於大夫之處拜時不爲稽首非是尊敬此家臣不令稽首所以不稽首者以辟國之正君臣於國君已皆稽首今大夫之臣又稽首於大夫之君便是一國兩君故云以辟君也大夫得稽首於諸侯不辟天子者謂諸侯有大功德出封畿外專有其國故大夫得專盡臣禮事之也

大夫有獻弗親君有賜不面拜爲君之荅己也不面拜者於外告小臣小臣受

以入也小臣掌三公孤卿之復逆也【疏】大。夫。至。已。也○正義曰此經論君尊大夫之事○大夫有獻弗親者謂大夫有物獻君使人獻之不親來獻○君有賜不面拜者謂君有物賜大夫大夫不面自來拜所以然者恐為君之答己故不自來不報而去○注小臣至逆也○正義曰案大僕掌諸侯之復逆御僕掌羣吏之逆及庶民之復皆無大夫之文即此小臣所掌孤卿中兼之故鄭云復謂奏事也逆謂受下奏也○

鄉人裼，裼強鬼也謂時儺索室。毆疫逐強鬼也裼或為獻或為儺○裼音傷鬼名也強其丈反難乃多反下同本又作儺索色百反○下文注皆同毆又作驅同起居反孔子朝服立于阼存室神也。神依人也【疏】鄉。人。至。神。也○正義曰此一節論孔子存神之事○鄉人裼者庾云裼是強鬼之名謂鄉人驅逐此強鬼孔子則身著朝服立于阼階之上所以然者以時。驅逐強鬼恐己廟室之神時有驚恐故著朝服立于廟之阼階存安廟室之神使神依己而安也所以朝服者大夫朝服以祭故用祭服以依神○

孔子曰：射之以樂也，何以聽，何以射？多其射容與樂節相應也孔子曰：士使之射，不能則辭以疾，縣弧之義也。男子生而設弧於門左示有射道而未能也女子設帨○弧音胡帨始銳反【疏】孔。子。至。義。也○正義曰此一節論歎美祭廟擇士之射必使容體合樂故云射之以樂○何以聽者言何以能聽此樂節使與射容相應○何以射者言何以射能使射與樂節相應故。各善其兩事相應故鄭注射義云何以言其難也○孔子曰士使之射不能則辭以疾縣弧之義也者孔子既美射之與樂相應又論身之不可不習為士之法理合能射今使之射若其不能便是乖於為士之義則當辭以疾病縣弧之義也者以男子初生縣弧於門左示有射道而未能也今士亦有射道以其疾病而不能與男子初生縣弧相似故云縣弧之義也○注男子至設帨○正義曰案內則云子生男子設弧於門左女子設帨於門右男子所以設弧者示其有射道所以縣之者以其未能也長大不得不能故辭以疾也

孔子曰：三日齊，一日用之，猶恐不敬；

二日伐鼓何居居讀爲姬語之助也何居怪之也伐猶擊也齊者止樂而二日擊鼓則是成一日齊也○齊本又作齋同側皆反後放此何居音姬

疏孔子至何居○正義曰此一經論祭之失禮之事祭前宜齋而專一不得伐鼓也凡祭必散七日致齊三日不樂不弔致齊三日專其一心用以祭祀猶恐爲敬不足故云猶恐不敬也于時祭者在致齊三日之中而二日伐鼓使祭者情散意逸以違禮故譏而問之二日伐鼓何姬姬是語助之辭也○

孔子曰繹之於庫門內祊之於東方朝市之於西方失之矣祊之禮宜於廟門外之西室繹又於其堂神位在西也此二者同時而大名曰繹其祭禮簡而事尸禮大朝市宜於市之東偏周禮市有三期大市日側而市百族爲主朝市朝時而市商賈爲主夕市夕時而市販夫販婦爲主○繹音亦祊百彭反賈音古販甫萬反

疏孔子至之矣○正義曰此一經論魯失禮之事○繹之於庫門內者繹祭之禮當於廟門外之西堂今乃於庫門內○祊之於東方者祊當在廟門外西室今乃於廟門外東方○朝市之於西方者朝市謂朝時而市當於市內東方謂市內近東也今乃於市內西方○失之矣者言此三事皆違於禮故言失之矣○注祊之至爲主○正義曰祊之禮宜於廟門外之西室者下文索祭祝于祊是爲祭設故當在廟門外又釋宮云閍謂之門孫炎云謂廟門外又引詩云祝祭於祊故知廟門也知廟門外者禮器云爲祊乎外故知在外也以西是鬼神之位室又求神之處故知在廟門外之西室云繹又於其堂者祊是求神之名繹是接尸之稱求神在室接尸在堂故云繹又於其堂云此二者同時而大名曰繹者祊是室內求神繹是堂上接尸一時之事故云二者同時案春秋宣八年壬午猶繹繹者云繹又祭詩絲衣云繹賓尸但有繹名而無祊稱是大名曰繹云其祭禮簡而事尸禮大者案儀禮有司徹是上大夫儐尸也但於堂上獻尸獻侑全無室中之事又絲衣云自堂徂基自羊徂牛是祭神也下云兕觥其觩旨酒其柔是接尸也故知祭神禮簡事尸禮大天子諸侯謂之爲繹其祭之明日於廟門外西室及堂而行禮也上大夫曰儐尸與祭同日於廟堂之上而行

禮也下大夫及士雖有獻尸及賓等相酬酢行禮於廟之事不謂之儐尸也引周禮大市日側而市以下皆周禮司市文日中百族為主者注云百族必容來去商賈為主謂商賈家在外市城販夫販婦朝資夕賣凡日中朝夕百族商賈及販夫販婦皆言為主者據其多耳皇氏以為日側日將中而末中猶在東側故鄭注彼云日昃昳中也

○社祭土而主陰氣也君南鄉於北墉。下荅陰之義也牆謂之墉北墉社內北牆○庸本亦作墉音容日用甲用日之始也國中之神莫貴於社天子大社必受霜露風雨以達天地之氣也大社王為羣姓所立○大音太下文注大社大王大廟大古大王皆同為于僞反下文為社為焚皆同是故喪國之社屋之不受天陽也薄社北牖。使陰明也絕其陽通其陰而已薄社殷之社殷始都薄○喪息浪反薄本又作亳步各反牖音酉社所以神地之道也地載萬物天垂象取財。於地取法於天是以尊天而親地也故教民美報焉家主中霤而國主社示本也中霤亦土神也唯為社事單出里單出里皆往祭社於都鄙二十五家為里唯為社田國人畢作唯社丘乘共粢盛。所以報本反始也畢作人則盡行非徒羨也丘十六井也四丘六十四井曰甸或謂之乘乘者以於車賦出長轂一乘乘或為鄰○乘時證反注同又徒偏反共音恭粢音資甸徒練反又繩證反

【疏】社祭至始也○正義曰此一節總論社神之義兼明所祭之禮○社祭土而主陰氣也者土謂五土山林川澤丘陵墳衍原隰也以時祭之故云社祭土土是陰氣之主故云而主陰氣也○君南鄉於北墉下荅陰之義也者墉牆也社既主陰陰宜在北故祭社時以社在南設主壇上北面而君來在北牆下而南鄉祭之是對陰之義也○日用甲用日之始也者社是國中之貴神甲是旬日之初始故用之也○天子大社必受霜露風雨以達天

地之氣也者是解社不屋義也達通也風雨至則萬物生霜露降則萬物成故不爲屋以受霜露風雨霜露風雨至是天地氣通也故云達天地之氣也是故喪國之社屋之不受天陽也者喪國社者謂周立殷社也立以爲戒不生成天是生法其無生義故屋隔之令不受天之陽也白虎通云王者諸侯必有誡社者何示有存亡也明爲善者得之爲惡者失之○薄社北牖使陰明也者卽喪國社也殷始都薄故呼其社爲薄社也周立殷社爲戒而屋之塞其三面唯開北牖示絶陽而通陰陰明則物死也社所以神地之道也者言立社之祭是神明於地之道故也發此句爲下張本也○地載萬物者釋地所得神之由也地之爲德以載萬物爲用故也○天垂象者欲明地之貴故引天爲對也地有其物天上皆垂其象所謂在天成象在地成形也○取財於地者地須。産財並在地。出爲人所取也○取法於天者人知四時早晚皆倣日月星辰以爲耕作之候是取法於天○是以尊天而親地也者所取法者故尊而祭之天子祭天是也所取財者故親而祭之一切親地而共祭社是也○故教民美報焉者此結祀社也地既爲民所親故與庶民祭之以教民美報故也○家主中霤者中霤謂土神卿大夫之家主祭土神在於中霤○而國主社者謂天子諸侯之國主祭土神於社○示本也者以土神生財以養官之與民故皆主祭土神示其養生之本也唯爲社事單出里者社事祭社事也單盡也里居也社既爲國之本故若祭社則合里之家並盡出故云單出里也此唯每家出一人不人人出也○唯爲社田國人畢作者田獵也畢盡也作行也既人人得社福故若祭社先爲社獵則國中之人皆盡行無得住家也○唯社丘乘共粢盛者嚮說祭社用牲此明祭社用米也丘乘者都鄙井田也九夫爲井四井爲邑四邑爲丘四丘爲乘唯祭社而使丘乘共其粢盛也粢稷也稷曰明粢在器曰盛庾蔚云粢盛所須者少故丘乘共之也皇氏云若天子諸侯祭社則用藉田之穀大夫以下無藉田若祭社則丘乘之民共之示民出力也○所以報本反始也者結美報也皇氏云國人畢作是報本而丘乘共粢盛是反始言粢盛是社所生故云反始也熊。氏祭社稷之神爲報本祭所配之人爲反始未知孰是故兩存焉○注大社至所立○正義曰知爲羣姓所立者祭法文但社稷之義先儒所解不同鄭康成之說以社爲五土。之神稷爲原隰之神句龍以有平水土之功配社祀之稷。播。五。穀之功配稷祀之鄭必以爲此論者案郊特牲云社祭土而主陰氣又云社所以神地之道又禮運云命降于社之謂殽地又王制云祭天地社稷爲越紼而行事據此諸文故知社即地神稷是社之細別別名曰稷稷乃原隰所生故以稷爲原隰之神若賈逵馬融王肅之徒以社祭句龍稷祭后稷皆人鬼也非地神故聖證論王肅難鄭云。禮。運云祀帝於郊所以定天位祀社於國所以列地利社若是地應云定地位而言列地利故知社非地也爲鄭學者馬昭之等通之云天體無形故須云定位。地有形不須云定位故唯云列地利肅又難鄭云祭天牛角繭栗而用特牲祭社用牛角尺而用大牢又祭天地大裘而冕祭社稷絺冕又唯天子令庶民祭社社若是地神豈庶民得祭地乎爲鄭學者通之云以天神至尊而簡質事之故牛角繭栗而用特牲服著大裘天地至尊天子至貴天子祭社是地之別體有功於人報其載養之功故用大牢貶降於天故角尺也祭用絺冕取其陰類庶人蒙其社功故亦祭之非是方澤神州之地也肅又難鄭云召誥用牲于郊牛二明后稷配天故知二牲也又云社于新邑牛一羊一豕一明知唯祭句龍更無配祭之人爲鄭學者通之云是后稷與天尊卑。所別不敢同天牲句龍是上公之神社是地祇之別尊卑不甚縣絶故云配同牲也肅又難鄭云后稷配天孝經有配天明文后稷不稱天也祭法及昭二十九年傳云句龍能平水土故祀以爲社不云祀以配社明知社即句龍也爲鄭學者通之云后稷非能與天同功唯尊祖配之故云不得稱天句龍與社同功故得云祀以爲社而得稱社也肅又難鄭云春秋說伐鼓於社責上公不云責地祇明社是上公也又月令命民社鄭注云社后土也孝經注云。后稷土也句龍爲后土鄭既云社后土則句龍也是鄭自相違反爲鄭學者通之云伐鼓責上公者以日食臣侵君之象故以責上公言之句龍爲后土之官其地神亦名后土故左傳云君戴皇天而履后土地稱后土與句龍稱后土名同而無異也鄭注云后土者謂。土神也非謂句龍也故中庸云郊社之禮注云社祭地神又鼓人云以靈鼓鼓社祭注云社祭祭地祇也是社爲地祇也其社稷制度白虎通云天子之社壇方五丈諸侯半之說者又云天子之社封五色土爲之若諸侯受封各割其方色土與之則東方青南方赤之類是也上。皆以黄土也其天子諸侯皆有二社者祭法云王爲羣姓立社曰大社王自爲立社曰王社諸侯爲百姓立社曰國社諸侯自爲立社曰侯社是各有二社又各有勝國之社故此云喪國之社屋之是天子有之也案春秋亳社災公羊云亡國之社蓋揜之揜其上而柴其下是魯有之也襄三十年左傳云鳥鳴于亳社是宋有之也此是天子諸侯二社之義其所置之處小宗伯云右社稷左宗廟鄭云庫門內雉門外之左右爲羣姓立社者在庫門內之西自爲立者在藉田之中其亡國之社穀梁傳云亡國之社以爲廟屏戒或在廟或在庫門內之東則亳社在東也故左傳云間于兩社爲公室輔魯之外朝在庫門之內東有亳社西有國社。朝廷執政之處故云間於兩社也其卿大夫以下案祭法云大夫以下成羣立社曰置社注云大夫不得特立社與民族居百家以上則共立一社今時里社是也如鄭此言則周之政法百家以上得立社其秦漢以來雖非大夫民二十五家以上則得立社故云今之里社又鄭志云月令命民社謂秦社也自秦以下民始得立社也其大夫以下所置社者皆以土地所宜之木則論語云夏后氏以松殷人以柏周人以栗故大司徒云而樹之田主各以其野之所宜木是也其天子大社之等案尚書。無逸篇曰大社唯松東社唯柏南社唯梓西社唯栗北社唯槐其天子諸侯大夫等皆有稷也故注司徒田主田神后土田正之所依也田正則稷神也田主尚然故知天子諸侯社皆有稷其亡國之社亦有稷故士師云若祭勝國之社稷則爲之尸是有稷也但亡國之社稷故略之用刑官爲尸則其祭餘社爲尸不用刑官也其社之祭一歲有三仲春命民社一也詩云以社以方謂秋祭二也孟冬云大割祠于公社是三也其社主用石故鄭注宗伯云社之主蓋用石案條牒論稷壇在社壇西俱北嚮營並壇共門或曰在社壇北其用玉無文不可強言今禮用兩圭有邸異義今孝經說曰社者土地之主土地廣博不可徧敬封五土以爲社古左氏說共工爲后土后土為社許君謹案亦曰春秋稱公社今人謂社神為社公故知社是上公非地祇鄭駮之云社祭土而主陰氣又云社者神地之道謂社神但言上公失之矣今人亦謂雷曰雷公天曰天公豈上公也異義稷今孝經說稷者五穀之長穀衆多不可徧敬故立稷而祭之古左氏說列山氏之子曰柱死祀以為稷稷是田正周棄亦為稷自商以來祀之許君謹案禮緣生及死故社稷人事之既祭稷穀不得但以稷米祭稷反自食同左氏義鄭駮之云宗伯以血祭祭社稷五嶽四瀆社稷之神若是句龍柱棄不得先五嶽而食又引司徒五土名又引大司樂五變而致介物及土祇土祇五土之總神即謂社也六樂於五地無原隰而有土祇則土祇與原隰同用樂也又引詩信南山云畇畇原隰下之黍稷或云原隰生百穀黍為之長然則稷者原隰之神若達此義不得以稷米祭稷為難○注單出里皆往祭社於都鄙二十五家為里畢至轂一乘○正義曰單出里皆往祭社於都鄙者案周禮都鄙公卿大夫采地公卿大夫祭社其里之人皆往就祭此據采地言之故云往祭社於都鄙必知據采地者以經云唯社丘乘丘乘是采地井田之制故舉采地言焉其公邑之民所屬酇鄙縣遂有祭社社之事則亦往酇鄙中助之其六鄉之內族祭酺黨祭禜雖滿百家以上不祭社也唯其州祭社其所屬閭民祭社祭禜祭酺之時亦皆往也但此文主於社故特言社耳云人則盡行非徒羨也者案周禮小司徒云凡起徒役毋過家一人以其餘為羨則家一人之外皆為羨也此云人則盡行非徒羨似羨外更有人者若六鄉上劑致民一人為正卒又一人為羨卒其餘為餘夫則據都鄙及六遂之外羨卒外有餘夫故云非徒羨也云丘十六井也以下皆司馬法文○

○季春出火為焚也謂焚萊也凡出火以火出建辰之月火始出○然後簡其車賦而歷其卒伍而君親誓社以習軍旅左之右之坐之起之以觀其習變也簡歷謂算具陳列之也君親誓社誓吏士以習軍旅既而遂田以祭社也言祭社則此是仲春之禮也仲春以火田田止弊火然後獻禽至季春火出而民乃用火今云季春出火乃牧誓社記者誤也社或

爲省○卒祖忽反○算思管反省思淺反○而流示之禽而鹽諸利以觀其不犯命也流猶行也行行田也鹽讀爲豔行田示之以禽使歆豔之觀其用命不也謂禽爲利者凡田大獸公之小禽私之○鹽依注音豔行行上如字下及下行田皆下孟反歆許金反○求服其志不貪其得失伍而獲猶爲犯命故以戰則克以祭則受福○天子適四方先柴所到必先燔柴有事於上帝也書曰歲二月東巡守至于岱宗柴○燔音煩守手又反岱音代

疏。季。春。至。先。柴。○正義曰此一節論仲春祭社之前田獵取禽以祭社獲福之事○季春出火爲焚也者祭社既用仲春此出火爲焚當在仲春之月今云季春者記者以季春之時民始出火記者錯誤遂以爲天子諸侯用焚亦在季春故誤爲季春當爲仲春也爲焚者謂焚燒除治宿草然後簡其車賦者謂既焚之後簡選車馬及兵賦器械之屬○而歷其卒伍者謂歷其百人之卒五人之伍○而君親誓社者謂君親自誓此士衆以習軍旅既而遂田以所得之禽獸因以祭社故云親誓社左之右之坐之起之者謂戒勑之以習軍旅之事或左或右或坐或起○以觀其習變也者謂君親自觀於習武變動之事○而流示之禽者流行也謂教陳訖而行田禮謂驅禽於陳前以示士卒也○而鹽諸利者鹽豔也諸者於也利則禽也所以驅禽示之而歆豔之以小禽之利○以觀其不犯命也者於此之時觀其士卒犯命與不犯軍命者○以求服其志不貪其得者所以觀其犯命與否者求欲服其士卒之志使進退依禮不欲貪其犯命苟得於禽言失伍得禽猶爲犯命不免罰也○故以戰則克以祭則受福者以其所爲得禮戰則克勝祭則受福○注爲焚至始出○正義曰出火以火出者案春秋火出爲夏三月此出火者謂出陶冶之火故左氏昭六年鄭人鑄刑書火未出而用火故晉士文伯譏之若田獵之火則昆蟲蟄後得火田以至仲春也○注歷至誤也○正義曰簡歷謂算具陳列之者經云左之右之軍或須左或須右坐之起之謂須坐須起崔氏云謂士卒至前表而坐將行而起崔氏所言是仲冬大閱之禮未知春時亦然以否云言祭社則此是仲春之禮也者此經無祭社之文以連前經祭社之事故云此是仲春之禮云仲春以火田田止弊火者周禮大司馬職文引之者證仲春火弊而田止云至季春出火而民乃用火者案司爟云季春出火民咸從之故民乃用火云今云季春出火乃誓社記者誤也者謂作記之人見季春民之出火謂爲焚萊祭社故稱季春○注鹽讀至私之○正義曰鹽豔聲相近歆豔是愛欲之言故讀從豔也云大獸公之小禽私之二者大司馬文○天子適四方先柴○正義曰此一節明天子巡守祭天之禮○天子適四方先柴者謂巡守至方嶽先燔柴以告天是尊天故也○注書曰至宗柴○正義曰此虞書舜典文案鄭注尚書以爲別有舜典之篇將此爲堯典與古文異也此祭上帝謂祭當方帝皇氏云謂祭感生帝義非也

附釋音禮記注疏卷第二十五

禮記注疏卷二十五校勘記　阮元撰盧宣旬摘錄

附釋音禮記注疏卷第二十五　惠棟校宋本禮記正義卷第三十四

郊特牲第十一

郊特牲而社稷大牢節

次路五就　各本同毛本就誤路

郊特至已矣　惠棟校宋本無此五字

論小少及薄味爲貴　惠棟校宋本作小少此本小少二字倒閩監毛本同

是五帝與大帝六也　惠棟校宋本同閩監毛本大作天

郊祀裘冕送逆尸　閩本同惠棟校宋本同衞氏集說同監毛本逆作迎

秖可以次用醴齊　閩監毛本醴作醍是也

不敢與王之神靈共尊　惠棟校宋本有與字此本與字脫閩監毛本同

凡特祀之牲　閩監毛本同惠棟校宋本特作時

則用牷物　按周禮則作必

其常祀之牲則皆用牡 惠棟校宋本有牡此本牡字脱閩監毛本同

皆用大牢也 惠棟校宋本有也字此本也字脱閩監毛本同

殷則有三路 閩監毛本同惠棟校宋本無有字

君三重席而酢然 惠棟校宋本然作焉是也閩監毛本並誤

大饗君三重席節

賓爲苟敬 閩本同惠棟校宋本同正義同宋監本同岳本同嘉靖本同考文引古本足利本同○按儀禮正作賓爲苟敬監毛本苟誤尊衞氏集說同疏中六苟敬字皆放此

大饗至酢焉 惠棟校宋本無此五字

三獻之介君尊專席而酢焉至此以就卑也 閩監毛本無至字專上無尊字此下有降尊二字惠棟校宋本作三獻至卑也

席於阼階之西北而其介爲賓 閩監毛本同惠棟校宋本而作面按燕禮記是面字

西階上卒爵賓酢主人 閩監毛本同惠棟校宋本賓作以

與賓客相獻之禮 閩監毛本同惠棟校宋本無客字禮下有也字

饗禘有樂節

饗禘至陽也 惠棟校宋本無此五字

食耆老亦食孤子 惠棟校宋本句上有秋字此誤脫也閩監毛本同

鼎俎奇而籩豆偶節

鼎俎至義也 惠棟校宋本無此五字

賓入大門節

孔子屢歎之 各本同石經同釋文出婁歎云本又作屢○按婁屢古今字

賓入至物得 惠棟校宋本無此五字

主人納賓是己之臣子 惠棟校宋本賓字重此本脫一賓字閩監毛本同衞氏集說同

燕享之時 惠棟校宋本燕上有受字此本脫閩監毛本同享作饗

賓初奠酬薦東 閩監毛本同衞氏集說同按東字不誤考文云補本東作東非也

案燕禮記賓○及庭 案及上○誤衍閩監毛本不誤

客醉出所奏也 閩監毛本同惠棟校宋本出上有而字

天子所以享元侯 惠棟校宋本同閩監毛本享作饗下王享燕元臣元侯自相享同

皆歌鹿鳴合鄉是也 惠棟校宋本鄉下有樂字衞氏集說同此本樂字脫閩監毛本同

案鄉酒禮及燕禮 閩監本鄉下有飲字此誤脫也毛本飲誤射

而南本納夏獨夏文在上 閩本同惠棟校宋本同監毛本文誤又惠棟云南本儀禮納夏作夏納

竹箎笛也 閩監毛本同惠棟校宋本箎作篪

匏竹可賤故在下 惠棟校宋本在下有堂字衞氏集說同此本誤脫閩監毛本同

天氣化 閩監毛本同衞氏集說天下有以字

旅幣無方節

以鐘次之 閩監毛本同岳本同嘉靖本同石經鐘字右角壞闕衞氏集說鐘作鍾陳澔集說同石經考文提要云宋本九經南宋巾箱本至善堂九經本皆作鍾

鐘金也 閩監毛本同岳本同嘉靖本鐘作鍾衞氏集說同下鐘其大者同

往德也 各本同石經同釋文出往德正義云南本及定本皆作往德北本爲任德

旅幣至德也 惠棟校宋本無此五字

貴金以供王之鑄器閩監毛本同衞氏集說貴作貢

金列庭實閩監毛本同浦鏜校云金當作今字誤

庭燎之百節

庭燎至始也惠棟校宋本無此五字

但崇翱問引大戴禮也何以言蓋沈閣對曰閩監毛本同許宗彥云曲禮疏有崇精月令疏有汜閣

朝覲節

朝覲至君也惠棟校宋本無此五字

旦經朝覲惠棟校宋本作經云此本云字脫閩監毛本同

大夫而饗君節

公之弟各本作莊公此本莊字脫

後慶父弑二君各本同釋文弑作殺

升自阼階閩監毛本同石經同岳本同嘉靖本同衞氏集說同釋文出升自阼云本又作升自阼階

大夫至始也惠棟校宋本無此五字

大夫強而君殺之義者 惠棟校宋本作也者此本也字脫閩監毛本同

是銷絕惡源 閩監本同毛本源作原

各以其等爲車送逆之節 閩本同惠棟校宋本同衞氏集說同監毛本逆作迎○按周禮作逆

自此以後或有然 惠棟校宋本作然者衞氏集說同此本者字脫閩監毛本同

諸侯之宮縣節

朱干設鍚 閩監本同石經同岳本同衞氏集說同毛本鍚誤錫嘉靖本同釋文出設鍚云音陽注同

諸侯至始也 惠棟校宋本無此五字

明堂云魯君孟春乘大路 惠棟校宋本堂下有位字此本位字脫閩監毛本同下其祭統明堂位所云以明堂位云反坫並同

此一經明大夫僭諸侯禮 閩本同惠棟校宋本同監毛本經作節

坫在其南 閩本同惠棟校宋本同監毛本其作尊

諸侯有德祖天子者 閩監毛本同盧文弨云德當作得

祖王之廟也 惠棟校宋本此下標禮記正義卷第三十四終記云凡二十二頁

天子存二代之後節惠棟校宋本自此節起至野夫黃冠節止爲第三十五卷卷首題禮記正義卷第三十五

天子至二代惠棟校宋本無此五字

所能法象閩監毛本能作取

諸侯不臣寓公節

諸侯至繼世惠棟校宋本無此五字

大夫之臣節

大夫至君也惠棟校宋本無此五字

此一節論大夫君閩監毛本同惠棟校宋本節作經衞氏集說同

大夫有獻節

大夫至己也惠棟校宋本無此五字

鄉人裼節

謂時儺閩監毛本同岳本同嘉靖本同衞氏集說同釋文出時難云下同本又作儺

鄉人至神也惠棟校宋本無此五字

謂鄉人敺逐此强鬼閩本同監毛本敺作驅按五經文字云驅作敺訛可見唐人已有書驅作敺者下敺逐同注索室敺疫釋文出敺疫云字又作驅据疏二驅字是正義本注文當作驅疫

孔子曰射之以樂也節

孔子至義也惠棟校宋本無此五字

故各善其兩事相應閩監毛本同考文引補本各作多

孔子曰三日齊節

孔子至何居惠棟校宋本無此五字

凡祭必散七日閩監毛本散下有齊字此誤脫也

孔子曰繹之於庫門內節

孔子至之矣惠棟校宋本無此五字

又繹宮云閍謂之門惠棟校宋本同閩監毛本作門謂之祊衞氏集說同

釋者云繹又祭閩監毛本同衞氏集說同惠棟校宋本者作天是也

旨酒其柔閩監毛本其作思衞氏集說同其字誤

其祭之明日於廟門外　閩監毛本其作在衛氏集說同

社祭土節

君南鄉於北墉下　各本同石經同釋文出北庸云本亦作墉惠棟校宋本作庸注同

薄社北牖　閩監本作牖石經同岳本同嘉靖本同此本牖誤墉毛本誤牗衛氏集說同按釋文出北牖云音酉是作牖字是也五經文字云牖作牗非是唐人已有書牖作牗者故此本疏中牖亦皆作牗

取財於地　閩本同惠棟校宋本同石經同宋監本同岳本同嘉靖本同衛氏集說同監毛本財誤材

邱乘共粢盛　閩監毛本同石經同岳本同嘉靖本同衛氏集說同釋文出共粢坊本共作供石經考文提要云宋大字本宋本九經南宋巾箱本余仁仲本劉叔剛本並作共

地須產財並在地出　閩監毛本同惠棟校宋本產作財出作上

熊氏祭社稷之神　惠棟校宋本氏下有云字此本誤脫閩監毛本同

以社爲五土之神　閩監毛本之作揔衛氏集說同

稷播五穀之功　閩監毛本作稷有播種之功衛氏集說同

禮運云祀帝於郊　閩毛本同監本禮運二字闕

地有形惠棟校宋本地下有體字此誤脫也閩監毛本同
尊卑所別閩監毛本所作旣
孝經注云后稷土也閩監毛本同惠棟校宋本作社后土也
后土者謂土神也監毛本同閩本土作地惠棟校宋本同
上皆以黄土也閩監毛本同盧文弨校云皆當作冒
朝廷執政之處惠棟校宋本同衞氏集說同閩監毛本朝廷誤廟庭
按尚書無逸篇曰閩監毛本同齊召南云按無字衍此尚書逸篇文也見後漢志注
異義稷今孝經說惠棟校宋本稷下有神字此本誤脫閩監毛本同
下之黍稷或云閩監毛本同浦鏜云當作下云黍稷或或之誤
注單出里皆往祭社於都鄙二十五家爲里畢至畿一乘閩監毛本同惠棟校宋本無出里至里畢十六字
季春出火節惠棟校云季春節宋本分天子適四方下另爲一節
至季春火出而民乃用火閩監毛本同岳本同嘉靖本同衞氏集說同惠棟校宋本火出作出火

季春出火乃牧誓社惠棟校宋本無牧字岳本同嘉靖本同考文引古本足利本同此本誤衍閩監毛本同衞氏集說作乃親誓社

季春至先柴惠棟校宋本無此五字

當在仲春也惠棟校宋本作在此本在誤爲

謂士卒至前表而坐惠棟校宋本同閩監毛本表作列

禮記注疏卷二十五校勘記

附釋音禮記注疏卷第二十六

郊特牲

禮記　　鄭氏注　　孔穎達疏

郊之祭也迎長日之至也易說曰三王之郊一用夏正夏正建寅之月也此言迎長日者建卯而晝夜分分而日長也○正音征下同【疏】郊之至至也○正義曰此一節總明郊祭之義○迎長日之至也者明郊祭用夏正建寅之月意以二月建卯春分後日長今正月建寅郊祭通而迎此長日之將至○注易說至長也○正義曰此易緯乾鑿度文必用夏正彼文云方此之時天地交萬物通所以順四時法天地之道按書傳云迎日謂春分迎日也即引寅賓出日皆謂春分知此迎長日非春分者此云兆於南郊就陽位若是春分朝日當在東郊故知非也又下云帝牛不吉以為稷牛故知祭天非唯祭日也大報天而主日也大猶偏也天之神日為尊○偏音遍兆於南郊就陽位也日太陽之精也【疏】大報至位也○正義曰大猶偏也雖特尊所出之帝而又偏報天之一切神而天之諸神唯日為尊故此祭者日為諸神之主故云主日也不用所出之帝為主而主日者所出尊不與諸神為賓主也猶如君燕羣臣使膳宰為主人不以君為主也○注大猶至為尊○正義曰天之諸神莫大於日祭諸神之時日居諸神之首故云日為尊也凡祭日月之禮崔氏云一歲有四迎氣之時祭日於東祭月於西故小宗伯云兆五帝於四郊四望四類亦如之是其一也春分朝日秋分夕月是其二也此等二祭日之與月各祭於一處日之與月皆為壇而祭所謂王宮祭日夜明祭月皆為燔柴也夏正郊天之時而主日配以月祭義云大報天而主日配以月是其三也孟冬大蜡之時又祭日月故月令孟冬祈來年于天宗是其四也此二祭幷祭日月共在一處則祭日於壇祭月於坎壇則實

柴坎則瘞埋也其牲皆用犢故小司徒云凡小祭祀奉牛牲鄭云小祭祀王玄冕所祭是也若所祈禱則用少牢故祭法云埋少牢於泰昭祭時及日月等鄭
注云凡以此下皆祭用少牢是也皇氏云以爲日月合祭之時用犢分祭之時用少牢其義非也掃°地而祭於其質也器用陶
匏以象天地之性也觀天下之物無可以稱其德○稱尺證反於郊故謂之郊牲用騂尚赤也用犢
貴誠也尚赤者周也○騂息營反徐呼營反【疏】掃°地°至°誠°也○正義曰燔柴在壇正祭於地故云掃地而祭陶謂瓦器謂酒尊及豆簋之屬故周禮
旊人爲簋匏謂酒爵此等已具解於上郊°之用辛也周之始郊日以至言日以周郊天之月而至陽氣新用事順之而用辛
日此說非也郊天之月而日至魯禮也三王之郊一用夏正魯以無冬至祭天於°圓丘之事是以建子之月郊天示先有事也用辛日者凡爲人君當°齊戒自
新耳周衰禮廢儒者見周禮盡在魯因推魯禮以言周事○圜本又作圓音員凡爲如字或於僞反非也【疏】郊°之°至°以°至○正義曰王肅用董仲舒劉向之
說以此爲周郊上文云郊之祭迎長日之至謂周之郊祭於建子之月而迎此冬至長日之至也而用辛者以冬至陽氣新用事故用辛也周之始郊日以至
者對建寅之月又祈穀郊祭此言始者對建寅爲始也鄭康成則異於王肅上文云迎長日之至自據周郊此云郊之用辛據魯禮也言郊用辛日者取齋戒
自新周之始郊日以至者謂魯之始郊日以冬至之月云始者對建寅之月天子郊祭魯於冬至之月初始郊祭示先有事故云始也○注言日至周事○正
義曰日以周郊天之月而至者謂日體以周郊天建子之月而南至云陽氣新用事順之而用辛日者以冬至一陽生故云新用事而用辛日云此說非也者
謂日以周禮郊天之月而日至陽氣新用事此等之說非也謂董仲舒劉向而爲此說所以非者按周禮冬至祭天圜丘不論郊也又此下云戴冕璪十有二
旒周禮祀昊天上帝則大裘而冕是服不同周禮玉路以祀天此下云乘素車是車不同也祭法云燔柴於泰壇用騂犢周禮蒼璧禮天牲從玉色是牲不同

也爾雅曰非人爲之丘泰壇則人功所作是圓丘與泰壇別也以是知郊與圓丘所祭非一故云此說非也云郊天之月而日至魯禮也者言此經始郊日以至是魯國之禮必知魯禮者以明堂云魯君孟春乘大路載弧韣旂十有二旒日月之章祀帝于郊又雜記云正月日至可以有事於上帝故知冬至郊天魯禮也云三王之郊一用夏正者證明天子之郊必用夏正魯既降下天子不敢郊天與周同月故用建子之月而郊天欲示在天子之先而有事也但魯之郊祭師說不同崔氏皇氏用王肅之說以魯冬至郊天至建寅之月又郊以祈穀故左傳云啓蟄而郊又云郊祀后稷以祈農事是二郊也若依鄭康成之說則異於此也魯唯一郊不與天子郊天同月轉卜三正故穀梁傳云魯以十二月下辛卜正月上辛若不從則以正月下辛卜二月上辛若不從則以二月下辛卜三月上辛若不從則止故聖證論馬昭引穀梁傳以答王肅之難是魯一郊則止或用建子之月郊則此云日以至及宣三年正月郊牛之口傷是也或用建寅之月則春秋左傳云郊祀后稷以祈農事是也但春秋魯禮也無建丑之月耳若杜預不信禮記不取公羊穀梁魯唯有建寅郊天及龍見而雩云周衰禮廢儒者見周禮盡在魯者欲見經文實是魯郊而爲周○字故云因推魯禮以言周事誤作周也從上說郊是周禮自此以下是魯禮爲此周禮雜亂也按聖證論王肅難鄭云郊特牲曰郊之祭迎長日之至下云周之始郊日以至玄以爲迎長日謂夏正也郊天日以至玄以爲冬至之日說其長日至於上而妄爲之說又從其始郊日以至於下非其義也玄又云周衰禮廢儒者見周禮盡在魯因推魯禮以言周事若儒者愚人也則不能記斯禮也苟其不愚不得亂於周魯也鄭玄以祭法禘黃帝及嚳爲配圓丘之祀祭法說禘無圓丘之名周官圓丘不名爲禘是禘非圓丘之祭也玄既以祭法禘嚳爲圓丘又大傳王者禘其祖之所自出而玄又施之於郊祭后稷是亂禮之名實也按爾雅云禘大祭也繹又祭也皆祭宗廟之名則禘是五年大祭先祖非圓丘及郊也周立后稷廟而嚳無廟故知周人尊嚳不若后稷之廟重而玄說圓丘祭天祀大者仲尼當稱昔者周公禘祀嚳圓丘以配天今無此言知禘配圓丘非也又詩思文后

稷配天之頌無帝嚳配圓丘之文知郊則圓丘圓丘則郊所所在言之則謂之郊所祭言之則謂之圓丘於郊築泰壇象圓丘之形以丘言之本諸天地之性故祭法云燔柴於泰壇則圓丘也郊特牲云周之始郊日以至周禮云冬至祭天於圓丘知圓丘與郊是一也言始郊者冬至陽氣初動天之始也對啓蟄及將郊祀故言始孔子家語云定公問孔子郊祀之事孔子對之與此郊特牲文同皆以爲天子郊祭之事如聖證論之言王肅所據經傳分明鄭必別爲其說者按聖證論馬昭申鄭云易緯云三王之郊一用夏正則周天子不用日至郊也夏正月陽氣始升日者陽氣之主日長而陽氣盛故祭其始升而迎其盛月令天子正月迎春是也若冬至祭天陰氣始盛祭陰迎陽豈爲理乎周禮云冬日至祭天於地上之圓丘不言郊則非祭郊也言凡地上之丘皆可祭焉無常處故不言郊周官之制祭天圓丘其禮王服大裘而冕乘玉路建大常明堂位云魯君以孟春祀帝于郊服袞服乘素車龍旂衣服車旗皆自不同何得以諸侯之郊說天子圓丘言始郊者魯以轉卜三正以建子之月爲始故稱始也又禮記云魯君臣未嘗相弒禮俗未嘗相變而弒三君季氏舞八佾旅於泰山婦人髽而相弔儒者此記豈非亂乎據此諸文故以郊丘爲別冬至之郊特爲魯禮按聖證論王肅與馬昭之徒或云祭天用冬至之日或云用冬至之月據周禮似用冬至之日據禮記郊日用辛則冬至不恆在辛似用冬至之月按張融謹按郊與圓丘是一又引韓詩說三王各正其郊與王肅同又魯以轉卜三正王與鄭玄同周禮圓丘服大裘此及家語服袞冕家語又云臨燔柴脫袞冕著大裘象天臨燔柴輟祭脫袞著大裘象天恭敬之義既自不同是張融以家語及此經郊祭並爲魯禮與鄭玄同融又爲圓丘是祭皇天孟春祈穀於上帝及龍見而雩此五帝之等並是皇天之佐其實天也融又云祀。大神率執事而卜日圓丘既卜日則不得正用冬至之日此是張融之說鄭此注云以建子之月郊天用辛日者當齋戒自新如鄭此言是亦不用冬至日也但郊丘大事王鄭不同故略陳二家所據而言之也按聖證論及異義皆同穀梁之義魯轉卜三正之內一郊則止而崔氏皇氏以爲魯冬至郊天夏至又郊凡二郊非鄭義也卜郊受命于祖廟作龜于禰宮尊祖親考之義也受命謂告之退而卜[疏]卜郊至義也○正義曰郊事既尊不敢專輒故先告祖後乃卜亦如受命也故禮器云魯人將有事於上帝必先有事於頖宮是也○作龜于禰宮者作灼也禰宮禰廟也先告祖受命又至禰廟卜之也○尊祖親考之義也者考亦禰也尊祖故受之命命宜由尊者出親禰故作龜作龜是事事宜就親近者也卜之日王立于澤親聽誓命受教諫之義也澤澤宮也所以擇賢之宮也既卜必到澤宮擇可與祭祀者因誓敕之以禮也禮器曰舉賢而置之聚衆而誓之是也○可與如字一音預○[疏]卜之至義也○正義曰澤澤宮也王在於澤宮中於其宮以射擇士故因呼為澤宮也王卜已吉又至澤宮射以擇賢者為助祭之人故云王立於澤也禮器云舉賢而置之是也然王者獵在囿而主皮射亦在澤故鄭注鄉射記引尚書傳主皮射陳於澤然後卿大夫相與射也又云嚮之取也於囿中勇力之取也今之取也於澤宮揖讓之取也澤習禮之處○云親聽誓命者因以澤宮中又使有司誓敕舊章齋戒之禮王又親聽受命之故禮器云聚衆而誓之是也○受教諫之義也者釋前義也告祖作禰是受教義也又立澤聽誓是受諫義也獻命庫門之內戒百官也大廟之命戒百姓也王自澤宮而還以誓命重相申敕也庫門在雉門之外入庫門則至廟門外矣大廟者祖廟也百官公卿以下也百姓王之親也入廟戒親親也王自此還齋路寢之室庫或為廏○還音旋下同重直用反廏九又反祭之日王皮弁以聽祭報示民嚴上也報猶白也夙興朝服以待白祭事者乃後服祭服而行事也周禮祭之日小宗伯逆粢省鑊告時于王告備于王也○鑊戶郭反[疏]獻命至上也○正義曰王自澤宮而還至欲致齊之時有司獻王所以命百官之事王乃于庫門之內戒百官大廟之內戒百姓百官疏故在公朝重戒之百姓王之親屬故在大廟而重戒之○注百姓至之室○正義曰以上有百官之文故以百姓為王之親也王親謂之百姓也者皇氏云姓者生

也並是王之先祖所生云王自此還齋路寢之室者卜法必在祭前十日祭義云散齋七日致齋三日又云七日戒三日齋○鄭既云王自此還齋路寢之室則此經戒百官百姓則祭前三日欲致齋之時以誓命重相申勑也○祭之日王皮弁以聽祭報者○報白也郊日之朝天子早起服皮弁服以聽之小宗伯告日時早晚及牲事之備具也未郊故未服大裘而衣當且服日視朝之服也○示民嚴上也者結早朝著皮弁朝服以聽祭報之義示教人尊嚴其君上之義也○注周禮至王也○正義曰引之者證小宗伯既有告事王皮弁聽之是也

喪者不哭不敢凶服汜埽反道鄉爲田燭謂郊道之民爲之也反道剗令新土在上也田燭田首爲燭也汜芳劍反本亦作汎埽素報反剗初產反徐又初展反令力呈反○弗命而民聽上化王嚴上

疏喪。者。至。聽。上○正義曰郊祭之旦人之喪者不哭又不敢凶服而出以干王之吉祭也○汜埽反道者汜埽廣埽也反道剗路之土反之令新土在上也郊道之民家家各當界廣埽新道也○鄭氏曰鄉者鄉謂郊內六鄉也六鄉之民各於田首設燭照路恐王祭郊之早○弗命而民聽上者合結喪者不哭以下至此並非王命而民化王嚴上故也然周禮蜡氏云凡國之大祭祀令州里除不蠲禁刑者任人及凶服者以及郊野而此云不命者蜡氏所云有司常事至郊祭之時王不特命故云不命且作記之人盛美民之聽上之義未必實然也蜡氏云除不蠲及刑者任人等此不言者文不備也

祭之日王被袞以象天謂有日月星辰之象此魯禮也周禮王祀昊天上帝則服大裘而冕祀五帝亦如之魯侯之服自袞冕而下也○被皮義反卷本又作袞同古本反注卷冕同冕亡展反字林亡辨反戴冕璪十有二旒則天數也天之大數不過十二○戴丁代反本亦作戴璪音早過古和反乘素車貴其質也旂十有二旒龍章而設日月以象天也設日月畫於旂上素車殷路也魯公之郊用殷禮也天垂象聖人則之郊所以明天道也則謂則之以示人也

疏祭之至道

也○正義曰當祭之日王被衮冕衮冕有日月星辰以象天也首戴衮冕其璪十二旒法則天數也○乘素車者乘殷之朴素之車貴其象天之質也所建之旂十有二旒畫龍爲章而設日月以象天也者旂十有二旒象天數十二也龍爲陽氣變化日月以光照下皆是象天也○聖人則之郊所以明天道也者總結上王被衮冕以下之事言天垂日月之象○各有其數故聖人則之郊天象日月所以光明天之道以示於人故事事則之○注謂有至下也○正義曰此明被衮象天明堂位云日月之章故衮有日月星辰也與周不同故云此魯禮也引周禮以下者證王禮與魯禮不同云魯侯之服自衮冕而下也者證魯侯得著衮冕故經云衮也魯公得稱王者作記之人既以魯禮而爲周郊遂以魯侯而稱王也皇氏云書用王禮故稱王或亦當然也○注天之大數不過十二○正義曰此哀七年左氏傳文○注素車至禮也○正義曰明堂位云大路殷路也乘路周路也又此上文云大路繁纓一就此云乘素車故知殷路也云魯公之郊用殷禮也者公羊傳云周公用白牡魯公用騂犅周公既用殷之白牡故知用殷禮也

帝牛不吉以爲稷牛養牲必養二也帝牛必在滌三月稷牛唯具所以別事天神與人鬼也滌牢中所搜除處也唯具遭時又選可用也○滌范音迪徐徒嘯反別彼列反所搜本又作廋所流反處昌慮反下之處同處皆同

【疏】帝牛至鬼也○正義曰郊天既以后稷爲配故養牲養二以擬祭也若帝牛不吉或死傷以爲稷牛者爲猶用也爲用稷牛而爲帝牛其祭稷之牛臨時別取牛用之○帝牛必在滌三月稷牛唯具者此覆說上文帝牛不吉而取稷牛之事以帝牛既尊必須在滌三月今帝牛不吉故取稷牛已在滌三月也其祀稷之牛臨時別取故云稷牛唯具天神既尊故須在滌人鬼稍卑唯具而已是分別天神與人鬼不同○注養牲必養二也○正義曰按春秋宣三年正月郊牛之口傷改卜牛牛死乃不郊公羊云曷爲不復卜養牲養二卜帝牲不吉則扱稷牲而卜之何休云先卜帝牲養之有災更引稷牲卜之以祭天牲養之凡當二卜爾復不吉則止不郊○注滌牢至用也○正義曰滌牢中所搜除者

搜謂搜埽清除故周禮掌掌馬者謂之廋人云唯具遭時又選可用也者遭時謂帝牲遭災之時既取稷牲而用之其祀稷之牲臨時選其可者凡帝牲稷牲
尋常初時皆卜取其牲繫於牢芻之三月若臨時有故乃變之也 萬物本乎天人本乎祖此所以配上帝也 言俱
本可以配 郊之祭也大報本反始也 疏 萬。物。至。始。也○正義曰此一經論祖配天之義人本於祖物本於天以配本故也郊之祭
也大報本反始也○此一經釋所以郊祭天之義天為物本祖為王本祭天以祖配。此所以報謝其本反始者反其初始以財言之謂物為本以終言之謂初
為始謝其。財謂之報歸其初謂之反大義同也皇氏云上文社稷下直云報本反始此文天神尊故加大字義或然也 ○天子大蜡八 所祭
有八神也○蜡八仕詐反蜡祭有八神先嗇一司嗇二農三郵表畷四貓虎五坊六水庸七昆蟲八 伊耆氏始為蜡 伊耆氏古天子號也○者
巨夷反或云即帝堯是也 蜡也者索也 謂求索也 歲十二月合聚萬物而索饗之也 歲十二月周之正。數謂建
亥之月也饗者祭其神也萬物有功加於民者神使為之也祭之以報焉造者配之也 蜡之祭也主先嗇而祭司嗇也 先嗇
若神農者司嗇后稷是也 祭百種以報嗇也 嗇所樹。蓺之功使盡饗之○種之勇反下之種也同 疏 天。子。至。嗇。也○正義曰此一節論蜡
祭之事各依文解之○大蜡八者即鄭注云先嗇一司嗇二農三郵表畷四貓虎五坊六水庸七昆蟲八所祭之神合聚萬物而索饗之但以此八神為主蜡
云大者是天子之蜡對諸侯為大天子既有八神則諸侯之蜡未必八也謂若先嗇古之天子諸侯未必得祭也知諸侯亦有蜡者禮運云仲尼與於蜡賓是
諸侯有蜡也按周禮大司樂云六變而致象物及天神鄭云有象在天所謂日月此神不數象物及日月者先嗇司嗇並是。一神有益於人水庸之屬在地益
其稼穡故索而祭之急其近者故也天神象物去人縣遠雖祭不為八神之數○注伊耆氏古天子號也○正義曰明堂云土鼓葦籥伊耆氏之樂禮運云夫

禮之初始諸飲食蕢桴而土鼓俱稱土鼓則伊耆氏神農也以其初爲田事故爲蜡祭以報天也下云主先嗇神農卽爲始蜡豈自祭其身以爲先嗇乎皇氏云神農伊耆一代總號其子孫爲天子者始爲蜡祭祭其先祖造田者故有先嗇也○注歲十二至之也○正義曰知是周十二月者下云既蜡而收民息已收謂收斂則詩所謂十月納禾稼又月令孟冬祈來年于天宗足知蜡周建亥之月三代皆然此經文據周故爲十二月皇氏以爲三代各以十二月爲蜡其義非也已具於月令疏云饗者祭其神也者解經合聚萬物而索饗之萬物非所饗但饗其萬物之神所以饗其神者萬物所以能功加於民者神使爲之故云祭之以報焉云造者配之也者賀瑒云謂造此蜡祭配此八神而祭○注先嗇至是也○正義曰若神農者若是不定之辭以神農比擬故云若司嗇后稷無所疑故不言若直云后稷是也經言主先嗇而祭司嗇者以先嗇爲主司嗇從祭種曰稼斂曰嗇不云稼而云嗇者取其成功收斂受嗇而祭也○祭百種以報嗇也者○此一經爲下饗農及郵表畷起文百種則農及郵表畷禽獸等所以祭之者報其助嗇之功使盡饗焉

饗。農及郵表畷禽獸仁之至義之盡也農田畯也郵表畷謂田畯所以督約百姓於井間之處也詩云爲下國畷郵禽獸服不氏所教擾猛獸也○郵本亦作尤有周反字或作卸畷丁劣反又丁衞反畯音俊督約因妙反擾而沼反馴也

古之君子使之必報之迎貓爲其食田鼠也迎虎爲其食田豕也迎而祭之也迎其神也○貓字又作貓音苗爲于僞反下同

祭坊與水庸事也水庸溝也○坊音房後注同

疏饗。農。至。事。也。○正義曰此一經總明祭百種之事農謂古之田畯有功於民郵表畷者是田畯於井間所舍之處郵若郵亭屋宇處所表田畔畷者謂井畔相連畷於此田畔相連畷之所造此郵舍田畯處焉禽獸者卽下文云貓虎之屬言禽獸者貓虎之外但有助田除害者皆悉包之下特云貓虎舉其除害甚者○仁之至義之盡也者不忘恩而報之是仁有功必報之是義也蜡祭有仁義之至盡也○注詩云至獸也正義曰

所引詩者齊魯韓詩也鄭謂民之鄭舍言成湯施布仁政為下國諸侯在畯民之處所使不離散今毛詩作綴旒在商頌長發之篇云禽獸服不民所教擾猛獸也者若非猛獸不能殺害於物以助天故也○注迎其神也○正義曰恐迎貓虎之身故云迎其神而祭之○祭坊與水庸事也者是營為所須之事故云事也坊者所以畜水亦以鄣水庸者所以受水亦以泄水謂祭此坊與水庸之神

曰。土反其宅水歸其壑昆蟲毋作草木歸其澤此蜡祝辭也若辭同則祭同處可知矣壑猶坑也昆蟲暑生寒死螟螽之屬為害者也○壑火各反祝之六反又之又反坑苦衡反螟莫經反螽音終又作蝩

皮弁素服而祭素服以送終也葛帶榛杖喪殺也疏。曰。土。至。殺。也○正義曰此以下皆蜡祭之祝辭土即坊也反歸也宅安也土歸其。安則得不崩○水歸其壑者水即水庸壑坑坎也水歸其壑謂不汎溢昆蟲毋作者昆蟲螟螽之屬也得陰而死得陽而生故曰昆蟲毋作謂不為災○草木歸其澤者草苔稗木榛梗之屬也當各歸生藪澤之中不得生於良田害嘉穀也蜡祭乃是報功故亦因祈禱有此辭也一云祝辭言此神由有此功故今得報非祈禱也○注此蜡至可知矣○正義曰蜡有八神恐祭處各別故言則祭同處可知也陳辭有水土昆蟲草木者以其無知故特有辭也而先嗇之屬有知故不假辭也據此祭草木有辭則草木當有神八蜡不數之者以草木徧地皆是不如坊與水庸之屬各指一物故不數

蜡。之祭仁之至義之盡也送。終喪。殺所謂老物。也素服衣裳皆。素○榛杖側巾反以榛木為杖也殺所界反徐所例反注及下之殺並同德

黃衣黃冠而祭息田夫也祭謂既蜡臘先祖五祀也於是勞農以休息之論語曰黃衣狐裘○臘力合反勞力報反疏。蜡。之。至。夫。也○正義曰素服送終是仁恩也故云仁之至葛帶榛杖示陰氣喪殺斷割其理是義也故云義之盡也○注送終至皆素○正義曰送終喪殺所謂老物者按周禮籥章云國祭蜡則龡豳頌擊土鼓息老物以物老故素服物老將終故葛帶榛杖素服衣裳皆素者謂白素衣積素裳經直

云素服以送終不云皮弁者從上省文也○注祭謂至狐裘○正義曰上云蜡此云祭故知既蜡臘先祖五祀對文蜡臘有别總。其俱名蜡也故月令孟冬祈來年于天宗大割祠于公社及門閭臘先祖五祀鄭注云此周禮所謂蜡是也公於是勞農以休息之者即經文息田夫是也勞農王制文

野。夫黃冠黃冠草服也言祭以息民。服象其時物之色季秋而草木黃落

疏野夫至服也○正義曰此解上息田夫用黃衣黃冠之意田夫則野夫也野夫著黃冠黃冠是季秋之後草色之服故息田夫而服之。也

○大。羅氏天子之掌鳥獸者也諸侯貢屬焉草笠而至尊野服也諸侯於蜡使使者戴草笠貢鳥獸也詩云彼都人士臺笠緇撮又曰其餉伊黍其笠伊糾皆言野人之服也○笠音立使使上音史下及下使者皆色吏反撮七活反又七括反餉始尚反糾居黝反

羅氏致鹿與女而詔客告也以戒諸侯曰好田好女者亡其國詔使者使歸以此告其君所以戒之○好呼報反下好女可好皆同天子樹瓜華不斂藏之種也華果蓏也又詔以天子樹瓜蓏而已戒諸侯以蓄藏蘊財利也○蓏力果反蓄丑六反又許六反蘊於粉反

疏大。羅。至。種。也○正義曰此一節因上蜡祭廣釋歲終蜡時之事天子掌鳥獸之官謂大羅也謂爲大羅者鄭云能以羅捕鳥獸者也周禮羅氏掌羅鳥鳥蜡則作羅襦鄭司農云襦細密之羅也解者云順秋冬殺物故羅氏用細密之羅網以捕禽鳥矣然周禮不云掌獸此云獸者以其受貢獸故也○諸侯貢屬焉者大羅氏既以羅爲名能張羅得鳥獸故四方諸侯有貢獻鳥獸於王者皆入屬大羅氏也○草笠而至者草笠以草爲笠也此諸侯所使貢獻鳥獸之使者著草笠而至王庭也○尊野服也者草笠是野人之服今歲終功成是由野人而得故重其事而尊其服○羅氏致鹿與女而詔客告也者詔亦告也客謂貢鳥獸之使者羅氏先受貢畢使者臨去羅氏又以鹿及女子致與使者而宣天子之詔於使者令使者反還其國以告戒其君故云詔客告也○以戒諸侯曰好田好女者亡其國者

此宣詔所告之言也令使者還其國以如此告汝君曰不得好田獵及女色使國亡也言鹿是田獵所得之物女是亡國之女而王所以獲者也故與之鹿女明以此爲戒也一云豈每國輒與女鹿邪正當羅氏以鹿與女示使者爾○天子樹瓜華不斂藏之種也者瓜今之瓜華果蓏也言天子唯樹瓜與果蓏所以唯樹植此瓜華者是供一時之食不是收斂久藏之種若其可久藏之物則不樹之不務。畜藏與民爭利令使者歸告其君亦當如此不得。畜藏與民爭利○注詩云至伊糾○正義曰彼都人士臺笠緇撮是小雅都人士篇也毛詩箋云臺夫須都人以臺夫須爲笠緇布爲冠云又曰其餉伊黍其笠伊糾者此周頌良耜之篇也引此二詩者證笠是野人所著之服○注戒諸至利也○正義曰天子可畜聚斂藏之物既不種殖戒諸侯不可畜藏蘊積財利也

八。蜡以記。四方四方方有祭也四方年不順成八蜡不通以謹民財也其方穀不。熟則不通於蜡焉使民謹於用財蜡有八者先嗇一也司嗇二也農三也郵表畷四也貓虎五也坊六也水庸七也昆蟲八也順成之方其蜡乃通以移民也移之言羨也詩頌豐年曰爲酒爲醴烝畀祖妣以洽百禮此其羨之與○移以豉反注同羨才箭反又辭見反烝之承反畀必利反妣必履反與音餘既蜡而收民息已故既蜡君子不興功收謂收斂積聚也息民與蜡異則黃衣黃冠而祭爲臘必矣○既蜡而收絕句積聚並如字徐上音茲賜反下方樹反

疏。八。蜡。至。與。功○正義曰此一節論天子蜡祭四方不同豐荒有異兼記臘祭宗廟息民之事各依文解之○八蜡以記四方者言蜡祭八神因以明記四方之國記其有豐稔有凶荒之異也○四方年不順成八蜡不通者謂四方之內年穀不得和順成熟則當方八蜡之神不得與諸方通祭所以然者以謹慎民財欲使不熟之方萬民謹慎財物也○順成之方其蜡乃通者因四方之內有順成之方其蜡之八神乃與諸方通祭所以然者以蜡祭豐饒皆醉飽酒食使民歆羨也皇氏以此一節皆據諸侯之國而爲蜡祭以記其功當國不成則不爲蜡成則爲蜡義亦通也○注蜡有至

八也○正義曰鄭數八神約上文也王肅分猫虎爲二無昆蟲鄭數昆蟲合猫虎者昆蟲不爲物害亦是其功猫虎俱是除田中之害不得分爲二不言與故合爲一也○注詩頌至百禮○正義曰所引詩者周頌豐年之篇烝進也畀與也言豐年多黍多稌故爲酒醴進與祖妣謂烝嘗於廟之祭也○注息民至必矣○正義曰上文雖云黃衣黃冠而祭不云臘之與蜡似爲一此文云既蜡而收民息已先蜡後息民是息民爲臘與蜡異也前黃衣黃冠在蜡祭之下故知是臘也是以云爲臘必矣故月令臘在祈天宗之下但不知臘與蜡祭相去幾日唯隋禮及今禮皆蜡之後日經云既蜡不與功者謂不與農功若其土功則左氏傳云龍見而畢務戒事也火見而致用水昏正而栽日至而畢土功建亥之月起日至而畢也○恆豆之菹水草之和氣也其醢陸產之物也加豆陸產也其醢水物也此謂諸侯也天子朝事之豆有昌本麋臡茆菹麇臡饋食之豆有葵菹蠃醢。豚拍魚醢其餘則有雜錯云也○菹爭居反醢音海麋音眉臡字又作䑋乃兮反字林作腝人兮反茆音卯又力首反麇九倫反蠃力戈反拍音博

籩豆之薦。水土之品也不敢用常褻味而貴多品所以交於神明之義也非食味之道也言禮以異爲敬○藨郎見反又作薦同或作廌非先王之薦可食也而不可耆也。卷冕路車可陳也而不可好也武壯而不可樂也宗廟之威而不可安也宗廟之器可用也而不可便其利也所以交於神明者不可以同於所安樂之義也武萬舞也○耆市志反路本亦作輅音同樂皇音洛下同徐五孝反便婢面反徐比絹反酒醴之美玄酒明水之尚貴五味之本也黼黻文繡之美疏布之尚反女功之始也莞簟之安而蒲越稾鞂之尚明之也大

羹不和貴其質也大圭不琢美其質也丹漆雕幾之美素車之乘尊其樸也貴其質而已矣所以交於神明者不可同於所安褻之甚也如是而后宜尚質貴本其至如是乃得交於神明之宜也明水司烜以陰鑑所取於月之水也蒲越稾鞂神席也明之者神明之也琢當爲篆字之誤也幾謂漆飾沂鄂也○莞音官徐音丸簟六點反越音活注同稾又作藁古老反鞂簡八反徐古八反和胡臥反琢依注爲丈轉反雕多調反又作彫幾巨依反注同乘時證反樸普角反烜音毁鑑古暫反藉字夜反沂魚斤反鄂五各反

鼎俎奇而籩豆偶陰陽之義也牲陽也庶物陰也○奇居宜反黄目鬱氣之上尊也黄者中也目者氣之清明者也言酌於中而清明於外也黄目黄彝也周所重於諸侯爲上也祭天埽地而祭焉於其質而已矣醯醢之美而煎鹽之尚貴天產也割刀之用而鸞刀之貴貴其義也聲和而后斷也

【疏】恆豆至斷也○正義曰此一節總明祭祀籩豆酒醴莞簟尊彝醯醢鸞刀之屬明其尚質所用之宜自恆豆之菹至之道也徧明諸侯祭祀之禮○恆豆之菹者謂朝事恆常所薦之豆所盛之菹是水草和羹之氣若昌本茆菹是也其所盛之醢陸地所產之物也○加豆陸產也者謂祭末酳尸之後其菹陸地產生之物而爲之若葵菹豚拍之屬是也○其醢水物也者加豆所盛之醢用水中之物若蠃醢魚醢是也○籩豆之薦水土之品也者其籩豆所薦之物或水或土所生品類也前文唯云豆此連言籩者籩是配豆之物所盛亦有水土所生也而周禮籩人云天子朝事之籩其實有麷蕡白黑則土所生也鮑魚則水物也但籩之所盛陸產甚多也○不敢用常褻味而貴多品者言所薦之物不敢用常褻美味貴其多有品類言物多而味不美也○所以交於神明之義也非食味之道也者解所以物多不美之意所以交接神

明之義取恭敬質素非如人事飲食美味之道也○注此謂至云也○正義曰
知此謂諸侯者以其與周禮天子豆物不同故知是諸侯也按醢人加豆謂尸
食訖酳尸所加之豆則此恆豆者謂朝事及饋食俱爲恆豆也諸侯菹悉用水
物醢悉用陸產與天子不同故引天子朝事之豆以下不同之事以明之天子
朝事之豆有昌本麋臡茆菹麇臡與此經同其菁菹。鹿臡其菁菹非水物與此
經異也天子饋食之豆有葵菹蠃醢豚拍魚醢與諸侯加豆不同其天子加豆
有芹菹兔醢深蒲醓醢菭菹鴈醢筍菹魚醢芹菹與深蒲及菭菹等非陸產也
鹿與醢醢非水物也與此經異也又天子饋食有蜃蚳醢蜃爲水物亦與此經
不同故鄭總云其餘則有雜錯是天子與諸侯異也○先王至義也○此以下
總明祭祀之物不可同於尋常安樂之義○而不可嗜者祭祀薦羞質而無味
不可散嗜○而不可好也者衮冕路車尊嚴不可尋常乘服以爲榮好也○武
壯而不可樂也者武是萬舞大武也以示壯勇之容不可常爲娛樂○宗廟之
威而不可安也者言宗廟尊嚴肅敬不可寢處其中以自安也○而不可便其
利也者宗廟之器。供事神明之道不可。迴便以爲私利也○所以交於神明者
不可以同於所安樂之義也是總結上文○酒醴至后宜○此明祭祀所用之
物不可尙繁華皆取尙質貴本玄酒明水之尙者玄酒謂水也明水謂取於月中
水也陳列酒尊之時明水在五齊之上玄酒在三酒之上是玄酒明水之尙謂
尊尙其古故設尊在前也○在疏布之尙者冪人云疏布冪八尊禮器云犧尊疏
布冪是也○蒲越稾鞂之尙者凡常而居下莞上簟祭天則蒲越稾鞂之上也
○明之也者釋所以祭天用蒲越稾鞂之意是神明矣此祭天不敢用褻美味
故用質也○丹漆雕幾之美素車之乘尊其樸也者雕謂刻鏤幾謂沂鄂言尋
常車以丹漆雕飾之以爲沂鄂而祭天以素車之乘者尊其樸素○貴其質而
已矣者此一句包上酒醴以下諸事言祭祀之時不重華飾唯質素而已故用
玄水疏布稾鞂之屬○所以交於神明者不可同於所安褻之甚也者解所以
諸事貴質者以其交接神明不可同於尋常身所安褻之甚極。也。者若其安褻
之不甚者亦得同之○如是而后宜者言尙質尙儉如是而后得交神明之義

也○注尚質至鄂也○正義曰尚質則大羹不和大圭不琢素車之乘是也貴本則玄酒明水之尚及疏布之尚是也云明水司烜以陰鑑所取於月之水也者周禮秋官司烜氏文也云蒲越稾鞂藉神席也者今禮及隋禮稾鞂爲祭天席蒲越爲配帝席俱藉神也云幾謂漆飾沂鄂也者幾與畿字相涉畿是畿限之所故以幾爲沂鄂也○注牲陽也庶物陰也○正義曰按宗伯云以天產作陽德注云天產者動物謂六牲之屬也動物故爲陽也庶物陰也者庶物雖出於牲體雜以植物相和非復牲之全體故爲陰也然聘禮陳醓醢在碑東醓在碑西鄭云醓穀陽也醢肉陰也與此不同者醓是穀物所爲其體清輕故爲陽也醢是肉物所爲肉有形質故爲陰也文各有所對故不同也○黃目至外也○黃目黃彝也以黃金鏤其外以爲目因取名也因將貯鬱鬯酒故云鬱氣也祭祀時列之最在諸尊之上故云上也故鄭注司尊彝云黃目以黃金爲目是也○黃者中也目者氣之清明者也解用黃目之義也黃是中方色目是氣之清明者也○言酌於中而清明於外也者又解必用中及清明義也言酒清明在尊中而可斟酌示人君慮於祭事必斟酌盡於中也目在尊外而有清明示人君行祭必外盡清明絜淨也○注黃目至上也○正義曰按明堂位云夏后氏以雞彝殷以斝周以黃目是周所造也天子則黃彝之上有雞彝鳥彝備前代之器諸侯但有黃彝故云於諸侯爲上也○祭天至斷也○此所論亦尚質及貴天產及聲和之義○貴天產也者餘物皆人功和合爲之鹽則天產自然故云貴天產也言煎者煎此自然之鹽鍊治之也言煎鹽之尚者皇氏云設之於醓醢之上故云尚熊氏云煎鹽祭天所用故云尚義俱通也○貴其義也者言割刀之用必用鸞刀貴其聲和之義○聲和而后斷也者必用鸞刀取其鸞鈴之聲宮商調和而後斷割其肉也○冠義始冠之緇

布之冠也始冠三加先加緇布冠也○醓呼兮反本又作醯同斷丁亂反冠義古亂反下文注始冠冠冠而敝之而冠冠於阼冠而字之冠禮士禮冠皆同大古冠布齊則緇之其緌也孔子曰吾未之聞也太古無飾非時人緌也雜記曰大白緇布之冠不緌

大白卽太古白布冠今喪冠也齊則緇之者鬼神尚幽闇也唐虞以上曰太古也○齊側皆反緌耳佳反上時掌反後以上皆同冠而敝之可也此重古而冠之耳三代改制齊冠不復用也以白布冠質以為喪冠也○敝本亦作弊婢世反徐又房列反弃也復扶又反適子冠於阼以著代也東序少北近主位也○適丁歷反近附近之近醮於客位加有成也每加而有成人之道也成人則益尊醮於客位尊之也○醮子妙反三加彌尊喻其志也始加緇布冠次皮弁次爵弁冠益尊則志益大也冠而字之敬其名也重以未成人之時呼之委貌周道也章甫殷道也毋追夏后氏之道也常所服以行道之冠也或謂委貌為玄冠也○毋追上音牟下多雷反周弁殷冔夏收齊所服而祭也○冔況甫反字林作縟火于反三王共皮弁素積所不易於先代無大夫冠禮而有其昬禮。古者五十而后爵何大夫冠禮之有言年五十乃爵為大夫也其有昬禮或改取也諸侯之有冠禮夏之末造也言夏初以上諸侯雖有幼而卽位者猶以士禮冠之亦五十乃爵命也至其衰末未成人者多見簒弒乃更卽位則爵命之以正君臣而有諸侯之冠禮○簒初患反弒音試天子之元子士也天下無生而貴者也儲君副主猶云士也明人有賢行著德乃得貴也○行下孟反下德行同繼世以立諸侯象賢也賢者子孫恆能法其先父德行以官爵人德之殺也。言德益厚官益尊也死而謚。今也古者生無爵死無謚古謂殷以前也大夫以上乃謂之爵死有謚也周制爵及命士雖及之猶不謚耳今記時死則謚之非禮也禮之所尊尊其義也言禮所以尊尊其有義也失其義陳其數祝史之事也故其數可陳也其義難知也知其義而敬守

之天子之所以治天下也言政之要盡於禮之義

[疏]冠。義。至。下。也○正義曰此一節總明尊卑加冠因明官爵及禮義之意各依文解之○冠義者一節總論初冠之義以儀禮有士冠禮正篇此說其義故云冠義如下篇有燕義昏義與此同皇氏云冠義秖明用緇布重古之義其說非也○始冠緇布之冠也者謂人之加冠必三加初始所加之冠緇布之冠也大古冠布齊則緇之者此釋有緇布冠之由大古之時其冠唯用白布常所冠也若其齊戒則染之爲緇今始冠重古先冠之也○其緌也孔子曰吾未之聞也者以緇布之冠古禮不合有緌而後世加緌故記者云其今世加緌非禮故引孔子之言云我未之聞也言未聞緇布冠有緌之事○冠而敝之可也者言緇布之冠初加暫用冠之麄冠則敝棄之可也以其古之齊冠後世不復用也○注始冠至冠也○正義曰鄭云此者解經始冠之義始冠者謂三加之時以緇布冠爲始故云先加緇布冠先加卽始也○注大古至古也正義曰大古無飾緇布冠無緌也云雜記曰大白緇布之冠不緌者孔子云吾未之聞是非緌時人加緌也引雜記文者證緇布冠無緌而玉藻云緇布冠續緌則緇布冠有緌者皇氏云此經所論謂大夫士故緇布冠無緌諸侯則位尊盡飾故有緌也云大白卽大古白布冠今喪冠也禮運云後世有絲麻雖絲麻同出尚質故用白布也云齊則緇之者鬼神尚幽闇也者謂祭前齊時著緇布冠正祭則著服有虞氏皇而祭是也云唐虞以上曰大古也者以下云三王共皮弁素積三王之前云大古故云唐虞以上曰大古與易之大古別也○注三代改制齊冠不復用也○正義曰唐虞既用之爲齊冠三代改唐虞之制齊冠不復用之以委貌章甫牟追三代去緇布冠其唐虞白布冠三代用之爲喪冠緇布冠既棄而不用所以詩彼都人士臺笠緇撮注云緇撮緇布冠者彼謂儉且質故著古冠耳○注東序至位也○正義曰按士冠禮冠者在主人之少北是近主位也其庶子則冠於房戶外南面○注醮於至之也○正義曰客位謂戶牖之閒南面此謂適子也若夏殷醮用酒冠一加則一醮於客位周則用醴三加畢乃一醴於客位其庶子則皆醮於房戶外○三加彌尊喻其志也○言三加者初加

緇布冠次加皮弁是益尊至三加爵弁是彌尊所以尊者曉喻其冠者之志意令其志意益大初加緇布冠欲其尙質重古次加皮弁欲其行三王之德後加爵弁欲其行敬事神明是志益大也○注始加緇布冠次皮弁次爵弁○正義曰此皆約士冠禮文按士冠禮三加者謂冠時三徧加冠也至冠日賓至而主人設冠身之席于阼階上近主人之北又設笄纚櫛具于席南冠身立于東房賓揖冠身出就位佐冠爲冠身梳頭著纚畢賓洗手爲正髻正髻畢往西階至第一等受取緇布冠還至冠席前跪爲冠身著冠畢冠身起入東房著玄端玄裳士子皆隨其父朝夕之服朝用玄衣素裳夕用上士玄裳中士黃裳下士雜裳雜裳前黃後玄若大夫以上至天子當同上士玄裳也畢又揖冠身出就位就位畢賓又下西階至第二等受皮弁冠還爲冠身著冠然後又著爵弁其儀皆如緇布冠也○注重以至呼之○正義曰賀氏云重難也難未成人之時呼其名故以字代之按冠禮冠身旣冠○見母畢立于西階東南面賓東面字之曰伯某甫是也○委貌至素積○此下三代恆所服行道之冠然三代乃俱用緇布而其形自殊周爲委貌之形殷則爲章甫之形夏則爲毋追之形故云委貌周道也鄭注士冠禮委安也言所以安正容貌章明也殷質言所以表明丈夫毋發聲追猶推也夏后氏質以其形名之○周弁殷冔夏收者鄭注冠禮記云弁名出於槃槃大也言所以自光大冔名出於幠幠覆也言所以自覆飾也收言所以收斂髮也其制之異亦未聞○三王共皮弁素積者以其質素故三王同服無所改易也○注常所至冠也○正義曰行道謂養老燕飲燕居之服若視朝行道則皮弁也此云委貌而儀禮記稱玄冠故云或謂委貌爲玄冠○注齊所服而祭也○正義言齊及祭時所服也若三命以下齊祭同冠四命以上齊祭則異冠委貌一條論三加始加之冠周弁一條論第三所加之冠皮弁一條論第二所加之冠在後言皮弁者以其三王共同故在後言之○無大至之有○前所明悉士禮故無大夫冠禮也所以然者二十而冠五十爵爲大夫故無大夫冠禮也然四十強而仕亦應無士冠禮而云士有冠禮者士是有識之目故立禮悉用士爲正所以五等並依士禮冠子也若試爲大夫者亦用士禮

故鄭注〇冠禮記云周之初禮年未五十而有賢才者試以大夫之事猶服士服
行士禮〇冠而有其昏禮者言有大夫昏禮也然禮三十而昏五十乃爲大夫亦
應無大夫昏禮而云有者是改取也〇古者五十而后爵何大夫冠禮之有者
記者無覆解無大夫冠禮所由也〇注言〇夏至冠禮〇正義曰諸侯雖有幼而即
位者猶以士禮冠之知用士禮者以儀禮冠禮是士之正禮於冠禮之末云公
侯之有冠禮夏之末造也者明夏初以前諸侯未有冠禮與士冠同其夏末以
來諸侯有冠禮與士禮異故大戴禮有公冠篇加玄冕爲四加也皇氏云諸侯
亦三加與大戴禮違其義非也此經直明諸侯不云天子又下云天子之元子
猶與士同則天子與士異也然則天子之冠禮其來已久但無文以言之玉藻云
玄冠朱組纓天子之冠也鄭注云始冠之冠也是天子別有冠禮〇注儲君至
貴也〇正義曰此文繫冠禮之下皇氏云天子元子唯冠同於士其餘則與士
不同也〇故喪服諸侯之兄弟得行大夫之禮也〇繼世以立諸侯象賢也者〇士
此釋夏末以來有諸侯冠禮之意也〇以官爵人德之殺也者〇此明所以無
大夫冠義也言官爵之授隨德隆殺也大夫以上雖以德授爵猶無冠禮兼明無
士又德薄而無爵也〇死而至無謚〇此一經明士禮此是士冠禮記之文也
以士士爲主故此論士死而加謚是爲記之時一加謚故云今也〇古者生無爵死
無謚者古謂殷以前士生時無爵謂爵不及也死時無謚謂不制謚也〇注周
制至謚耳〇正義曰按典命云小國之君其卿三命其大夫再命其士一命士
既有命命即爵也故知爵及命士猶不謚者檀弓云士之有誄自此始也既從
縣賁父卜國爲始明以前無誄也無誄即無謚也〇禮之至下也〇此經所論
因上論冠義下論昏義故記人因上起下於中說重禮之義也禮之所尊尊其
義也者言禮之所以可尊重者尊其有義理也〇失其義陳其數祝史之事也
者若不解禮之義理是失其義惟知布列籩豆是陳其數其事輕故云祝史之
事也〇故其數可陳其義難知也者謂籩豆事物之數可布陳以其淺易故也
其禮之義理難以委知以其深遠故也〇知其義而敬守之天子所以
治天下也者言聖人能知其義理而恭敬守之是天子所以治天下也〇天地

合而后萬物興焉目禮之義夫昏禮萬世之始也取於異姓所以附遠厚別也同姓或取多相褻也○取音娶本又作娶遠皇于萬反別兵列反下及注皆同幣必誠辭無不腆誠信也腆猶善也○腆大典反告之以直信直猶正也此二者所以教婦正直信也信事人也信婦德也事猶立也○信事側吏反又如字注同壹與之齊終身不改故夫死不嫁齊謂共牢而食同尊卑也齊或爲醮男子親迎男先於女剛柔之義也天先乎地君先乎臣其義一也先謂倡道也○迎魚敬反先悉見反下及注同倡昌亮反道音導執摯以相見敬章別也言不敢相褻也摯所奠鴈也○贄音至本亦作摯男女有別然後父子親父子親然後義生義生然後禮作禮作然後萬物安言人倫有別則氣性醇也無別無義禽獸之道也言聚麀之亂類也○麀音憂壻親御授綏親之也親之也者親之也言己親之所以使之親己敬而親之先王之所以得天下也先王若太王文王出乎大門而先男帥女女從男夫婦之義由此始也先者車居前也○出乎大門而先如字絶句又悉遍反婦人從人者也幼從父兄嫁從夫夫死從子從謂順其教令夫也者夫也夫也者以知帥人者也夫之言丈夫也夫或爲傅○知音智玄冕齊戒鬼神陰陽也將以爲社稷主爲先祖後而可以不致敬乎玄冕祭服也陰陽謂夫婦也共牢而食同尊卑也故婦人無爵從夫之爵坐以夫之齒爵謂夫命爲大夫則妻爲命婦器用陶匏尚禮然也此謂大古

之禮器也三王作牢用陶匏言大古無共牢之禮三王之世作之而用太古之器重夫婦之始也厥明婦盥饋舅姑卒
食婦餕餘私之也私之猶言恩也○盥音管饋其位反一本無婦盥饋三字餕音俊舅姑降自西階婦降自阼
階授之室也明當為家事之主也昏禮不用樂幽陰之義也樂陽氣也幽深也欲使婦深思其義不以陽散
之也昏禮不賀人之序也序猶代也疏天。地。至。序。也○正義曰此一節論聖人重昏禮之事各依文解之○天地合而后萬物興焉者
言天氣下降地氣上騰天地合配則萬物生焉若夫婦合配則子胤生焉此與
下昏禮為目故鄭云目禮之義也皇氏云禮之所尊尊其義也以下結上爵德
之事其義非也○所以附遠厚別也者取異姓者所以依附相疏遠之道厚重
分別之義不欲相褻故不取同姓也○幣必至德也幣必誠者誠謂誠信幣帛
必須誠信使可裁制。勿令。虛。濫。○辭無不腆者腆善也。謂之傳辭無自謙退云
幣不善不詐飾也告之以直信者所以幣必信辭必直欲告戒婦人以正直誠
信也○信事人也者事立也言婦人立身之道非信不立信婦德也者言貞信
是婦人之德○注此二至信也○正義曰二者謂辭也幣也辭不虛飾是正也
幣不濫惡是信也故昏禮記云辭無不腆皮帛必可制鄭注云賓不稱幣不善
此二者正也信也下唯云信事人信婦德不云正者正是信之小別信則兼之
○執摯以相見敬章別也者摯鴈也章明也壻親迎入門而先奠鴈然後乃與
婦相見是先行敬以明夫婦禮有分別不妄交親○壻親至之也○按昏禮婦
降自西階壻親御婦車授綏是壻親御授綏也○親之也者謂壻御婦車授綏
欲親愛於婦也故云親之也○言壻所以親其婦者欲令婦之親己也故云親
之也者親之也○玄冕至敬乎玄冕齊戒廣陳敬事也玄冕謂助祭服也五冕
通玄故合為玄冕也今用助祭之服以親迎也齊戒者齊戒自整勑也○鬼神
陰陽也者陰陽謂夫婦也著祭服而齊戒親迎是敬此夫婦之道如事鬼神故
云鬼神陰陽也將以為社稷主為先祖後而可以不致敬乎者釋所為者重故

宜用敬所以冕而親迎也妻爲內主故有國者是爲社稷內主也始此嗣廣後
世故云先祖後也明如此之重可以不致敬乎言宜敬也○注玄冕祭服也○
正義曰按昏禮士昏用上服以爵弁爵弁是士服之上者則天子以下皆用上
服以五冕色俱玄故總稱玄冕也器用陶匏尚禮然也者謂共牢之時俎以外
其器但用陶匏而已此乃貴尚古之禮自然也陶是無飾之物匏非人功所爲
皆是天質而自然也○厥明至序也○厥其也其明謂共牢之明日也舅姑卒
食謂明日婦見舅姑訖婦乃盥饋特豚舅姑食特豚之禮竟也食餘曰餕婦餕
餘謂舅姑食竟以餘食與之也而禮本亦有云厥明婦盥饋者也○私之也者
解婦餕餘義也私猶恩也所以食竟以餘食賜婦者此示舅姑相恩私之義也
○舅姑降自西階婦降自阼階授之室也者謂適婦也婦見餕餘之禮畢舅姑
從賓階而下婦從主階而降是示授室與婦之義也按昏禮旣昏之後夙興贊
見婦于舅姑席于阼舅卽席席于房外南面姑卽席婦執笲棗栗奠于舅席又
執腶脩奠于姑席訖贊者醴婦席于戶牖閒贊者酌醴以醴婦薦脯醢婦受醴
畢取脯醢降出授人于門外舅姑入于室共席于奧婦盥饋特豚無魚腊無稷
卒食一酳席于北墉下婦徹設於席前婦卽席餕姑之餘卒食姑酳之此士禮
也其大夫以上牲牢則異也○昏禮不用樂幽陰之義也樂陽氣也昏禮所以
不用樂者幽深也欲使其婦深思陰靜之義以脩婦道樂陽氣也者陽是動散若其用樂則令婦人志意動散故不用樂也○有虞氏之祭
也尚用氣血腥爓祭用氣也尚謂先薦之爓或爲腤○腤直輒反○殷人尚聲臭味未成滌蕩其
聲樂三闋然後出迎牲聲音之號所以詔告於天地之閒也滌蕩猶搖動也○滌音狄徐又同弔反三如字徐息暫反
周人尚臭灌用鬯臭鬱合鬯臭陰達於淵泉灌以圭璋用玉氣也既
灌然後迎牲致陰氣也蕭合黍稷臭陽達於牆屋故既奠然後焫蕭合羶薌灌謂

以圭瓚酌鬯始獻神也已乃迎牲於庭殺之天子諸侯之禮也奠謂薦孰時也特牲饋食所云祝酌奠于鉶南是也蕭薌蒿也染以脂。合黍稷燒之詩云取蕭
祭脂膻當爲馨聲之誤也奠或爲薦○灌用鬯臭絕句庾以鬯字絕句鬱字又作鬱同合鬯絕句焫蕭如悅反下音蕭合如字徐音閤膻依注同馨許經反薌
音香瓚在旦反鉶音刑蒿呼毛反染如琰反膻當失然反凡祭慎諸此魂氣歸于天形魄歸于地故祭求諸
陰陽之義也殷人先求諸陽周人先求諸陰此其所以先後異也詔祝於室坐尸於堂謂朝
事時也朝事延尸于戶西南面布主席東面取牲膟膋燎于爐炭。先肝于鬱鬯而燔之入以詔神於室又出以墮于。主主人親制其肝所謂制祭也時尸薦以
籩豆至薦孰乃更延主于室之奧尸來升席自北方坐于主北焉○祝之六反下及注並同又之又反膟音律膋力彫反燎力妙反又力弔反下文同爐音盧
墮許恚反或許垂反奧烏報反用牲於庭謂殺之時升首於室制祭之後升牲首於北墉下尊首。尚氣也○墉音容直祭祝于
主謂薦孰時也如特牲少牢饋食之爲也直正也祭以孰爲正則血腥之屬盡敬心耳索祭祝于祊索求神也廟門曰祊謂之祊者以於繹祭
名也不知神之所在於彼乎於此乎室與堂與○室與堂與並音餘下遠者與同本作室與堂也與則如字讀或諸遠
人乎祭于祊尚曰求諸遠者與尚庶幾也○遠人徐于萬反祊之爲言倞也倞猶索也倞或爲諒○倞音諒
肵之爲言敬也爲尸有肵俎此訓也○肵音祈爲尸于僞反富也者福也人君嘏辭有富。此訓之也或曰福也者備也○嘏古
雅反首也者直也訓所以升首祭也直或爲犆也○犆徒得反相饗之也相謂詔侑也詔侑尸者欲使饗此饌也特牲饋食禮曰主
人拜妥尸尸答拜執奠祝饗○相息亮反注及下之相幷注同侑音又妥他果反嘏長也大也主人受祭福曰嘏此訓也○長直良反徐知兩

反尸陳也尸或詁爲主此尸神象當從主訓之言陳非也○詁音古毛血告幽全之物也幽謂血也告幽全之物
者貴純之道也純謂中外皆善血祭盛氣也祭肺肝心貴氣主也氣主氣之所舍也周祭肺殷祭肝夏祭心
祭黍稷加肺祭齊加明水報陰也祭黍稷加肺謂綏祭也明水司烜所取於月之水也齊五齊也五齊加明水則三酒加玄
酒也○齊才細反注及下涚齊弁注同綏許恚反取膟膋燔燎升首報陽也膟膋腸間脂也與蕭合燒之亦有黍稷也明水
○涚齊貴新也涚猶清也五齊濁泲之使清謂之涚齊及取明水皆貴新也周禮㡛氏以涚水漚絲涚齊或爲汎齊○說齊始銳反字又作涚泲子
禮反下同㡛莫剛反漚烏豆反汎本又作泛同凡涚新之也新之者敬也其謂之明水也由主人之絜著此
水也著猶成也言主人齊絜此水乃成可得也○齊側皆反篇末文注同君再拜稽首肉袒親割敬之至也敬之
至也服也拜服也稽首服之甚也肉袒服之盡也割解牲體祭稱孝孫孝子以其義
稱也謂事祖禰稱曾孫某謂國家也謂諸侯事五廟也於曾祖以上稱曾孫而已祭祀之相主人自致其
敬盡其嘉而無與讓也相謂詔侑尸也嘉善也腥肆爓腍祭豈知神之所饗也主人自盡
其敬而已矣治肉曰肆腍熟也爓或爲膶○肆勑歷反注同腍而審反膶直輒反舉斝角詔妥尸古者尸無事則
立有事而后坐也尸神象也祝將命也妥安坐也尸始入舉奠斝若奠角將祭之祝則詔主人拜妥尸使之坐尸即至
尊之坐或時不自安則以拜安之也天子奠斝諸侯奠角古謂夏時也○斝古雅反坐才臥反縮酌用茅明酌也謂泲醴齊以明酌也周禮

曰醴齊縮酌五齊醴尤濁和之以明酌。泲之以茅縮去滓也明酌者事酒之上也名曰明者。事酒今之醳酒皆新成也春秋傳曰爾貢包茅不入王祭不共。泲以。酌酒酌猶斟也酒已泲則斟之以實尊彝昏禮曰酌玄酒三注于尊凡行酒亦爲酌也○縮所六反注同齊才細反下皆同去起呂反醳音亦共音恭斟章金反彝音夷注之樹反

醆酒涚于清 謂泲醆酒以清酒也醆酒盎齊盎齊差清和之以清酒泲之而已泲盎齊必和以清酒者皆久味相得○醆側產反盎烏浪反差初賣反又初佳反

汁獻涚于醆酒 謂泲秬鬯以醆酒也獻讀當爲莎齊語聲之誤也秬鬯者中有煑鬱和以盎齊摩莎泲之出其香汁因謂之汁莎不以三酒泲秬鬯者秬鬯尊也○汁之十反獻依注爲莎素何反下注同

猶明清與醆酒于舊澤之酒也 猶若也澤讀爲醳舊醳之酒謂昔酒也泲醴齊以明酌泲醆酒以清酒泲汁獻以醆酒天子諸侯之禮也天子諸侯禮廢時人或聞此而不審知云若今明酌清酒與醆酒以舊醳之酒泲之矣就其所知以曉之也泲清酒以舊醳之酒者爲其味厚腊毒也○澤依注讀爲醳音亦徐詩石反爲其于僞反腊毒上音昔隱義云腊久也久酒有毒

祭有祈焉 祈猶求也謂祈福祥求永貞也 有報焉 謂若穫禾報社 有由辟焉 由用也辟讀爲弭謂弭災兵遠罪疾也○辟依注作弭亡婢反遠于萬反

齊之玄也以陰幽思也故君子三日齊必見其所祭者 齊三日者思其居處思其笑語思其志意思其所樂則見之也

疏。有。虞。至。祭。者○正義曰此一節總論祭祀之事各依文解之○有虞氏之祭也尚用氣者尚謂貴尚其祭祀之事先薦用氣物也○血腥爓祭用氣也者此解用氣之意血謂祭初以血詔神於室腥謂朝踐薦腥肉於堂爓謂沈肉於湯次腥亦薦於堂祭義云爓祭祭腥而退是也今於堂以血腥爓三者而祭是用氣也以其並未熟故云用氣也○注尚謂先薦之○正義云言先薦者對合享饋熟爲先也此虞氏尚氣殷人尚聲周人尚臭皆謂四時常祭也若其大祭祫周人仍先用樂也故大司樂云若樂九變則人鬼可得而禮矣鄭云先奏。六樂以

致其神而後祼焉推此言之虞氏大祭亦先作樂也故鄭注大司樂引虞書云
戞擊鳴球搏拊琴瑟以詠祖考來格簫韶九成鳳皇來儀此宗廟九奏之。郊此
虞氏大祭與周同樂九奏夏殷大祭雖無文或當與周同熊氏以爲殷人先求
諸陽謂合樂在灌前周人先求諸陰謂合樂在灌後與降神之樂別熊氏又云
凡大祭並有三始祭天以樂爲致神始以煙爲歆神始以血爲陳饌始祭地以
樂爲致神始以腥爲歆神始以血爲陳饌始祭宗廟亦以樂爲致神始以灌爲
歆神始以腥爲陳饌始義或然也按禮宗廟之祭先薦血後薦腥熊云宗廟腥
爲陳饌始於義未安也熊氏又云社稷以下之祭皆有三始於義非也○殷。人。
至。聞。也○殷人尚聲者帝王革異殷不尚氣而尚聲謂先奏樂也不言夏或從
虞也○臭味未成滌蕩其聲者臭味未成謂未殺牲也滌蕩猶搖動也。殷尚聲
故未殺牲而先搖動樂聲以求神也樂三闋然後出迎牲者闋止也奏樂三徧
止乃迎牲入殺之○聲音之號所以詔告於天地之間也者解所以先奏樂之
義言天地之間虛豁亦陽也言鬼神在天地之間聲是陽故用樂之音聲號呼
告於天地之間庶神明聞之而來是先求陽之義也○周人至羶薌○周人尚
臭者周禮變於殷故先求陰尚臭也○灌用鬯臭者臭謂鬯氣也未殺牲先酌
鬯酒灌地以求神是尚臭也○鬱合鬯者鬱鬱金草也鬯謂鬯酒煑鬱金草和
之其氣芬芳調鬯也又以擣鬱汁和合鬯酒使香氣滋甚故云鬱合鬯也鄭注
鬱人云鬱鬱金香草宜以和鬯盧云言取草芬芳香者與秬黍鬱合釀之成必
爲鬯也馬氏說鬱草名如鬱金香。草合爲鬯也庾氏讀句則云臭鬱合鬯○臭
陰達於淵泉者用鬱鬯灌地是用臭氣求陰達於淵泉也○灌以圭璋用玉氣
也者王肅云以圭璋爲瓚之柄也瓚所以斟鬯也玉氣。絜潤灌用玉瓚亦求神
之宜也玉氣亦是尚臭也周言用玉則殷不用圭瓚○既灌然後迎牲者先求
神後迎牲也○致陰氣也者解所以先灌是先求陰也先致氣於陰故云致陰
氣也蕭合黍稷者周人後求陽也取蕭草及牲脂膋合黍稷燒之也此謂饋食
時也○臭陽達於牆屋者謂以蕭合黍稷之臭氣求陽達於牆屋也○故既奠
然後焫蕭合羶薌者明上焫蕭之時節也既奠謂薦孰時也堂上事尸竟延尸

尸內更從。此始也於薦熟時祝先酌酒奠於鉶羹之南訖尸未入於是又取香
蒿染以腸間脂合黍稷燒之於宮中此又求諸陽之義也馨香謂黍稷○注天
子至燒之○正義曰知此經所云天子諸侯禮者以儀禮少牢特牲是大夫士
之禮無臭鬱灌鬯之事故也云奠謂薦熟時也特牲饋食禮所云祝酌奠于鉶
南是也者尸未入之前當饋熟之始饋熟有黍稷此云蕭合黍稷既奠然後焫
蕭故知當饋熟之時也云染以脂合黍稷燒之者此云蕭合黍稷是蕭與黍稷
合詩云取蕭祭脂是蕭與脂合也故知有蕭及脂黍稷合馨香也○詔。祝。至。於
堂。○詔祝於室謂朝事時也詔告也祝呪也天子諸侯朝事之時坐尸於堂戶
西南面坐主在西方東面尸主之前則薦用籩豆也祝乃取牲膟膋燎於爐炭
入告神於室又出墮於主當此時。王乃親洗肝於鬱鬯而燔之以制於主前今
云詔祝於室是燎於爐炭入告於室也○坐尸於堂者既灌鬯。之後尸出堂坐
戶西而南面也○注謂朝至北焉○正義曰謂朝事時者以下云用牲於庭升
首於室此云詔祝於室當殺牲之初故知當朝事時也云朝事延尸于戶西南
面布主席東面取牲膟膋燎於爐炭洗肝于鬱鬯而燔之者此等並於堂上而
燔燎之故始云入以詔神明以前在堂也云入以詔神於室又出以墮於主前
者墮謂墮祭也謂分減肝膋以祭主前也云主人親制其肝所謂制祭也者制
割也謂割其肝而不相離按禮器云君親制祭夫人薦盎此云詔祝於室下云
用牲於庭故知制祭當此節也云時尸薦以籩豆者卽是朝事籩豆也云至薦
熟乃更延主于室之奧者約少牢特牲饋食在奧室也云尸來升席自北方坐
于主北焉者以在奧東面以南為尊主尊故在南主既居南故尸來升席自北
方也尸主各席故朝事延尸於戶外尸南面主席于東面是也鄭之此注雖參
禮記及少牢特牲而言之亦約漢時祭宗廟之禮言也故其事委曲也○注制
祭至氣也○正義曰知在制祭後者熊氏云見下文升首在燔燎下故知在制
祭後也又知在北墉下者見下云升首以報陽明是當戶北墉可知此升首非
說有虞氏祭以首者故羊人云祭祀割羊牲登其首則三牲之首皆升也○直
祭祝于主○祭直正也祭以薦熟為正言薦熟正祭之時祝官以祝辭告于主若

儀禮少牢敢用柔毛剛鬣用薦歲事于皇祖伯某是也○注謂薦至心耳○正義曰知薦熟時者以上文云詔祝於室次云用牲於庭升首於室下云索祭祝于祊以文次之知此當薦熟之節也○索祭祝于祊○索求也廣博求神非但在廟又爲求祭祝官行祭在於祊也祊謂廟門祭于廟門凡祊有二種一是正祭之時既設祭於廟又求神於廟門之內詩楚茨云祝祭于祊注云祊門內平生待賓客之處與祭同日也二是明日繹祭之時設饌於廟門外西室亦謂之祊卽上文云祊之于東方注云祊之禮宜于廟門外之西室是也今此索祭于祊當是正祭日之祊矣知者禮器云爲祊乎外以其稱外故注云祊祭明日之繹祭鄭又注上祊之于東方云祊之禮宜於廟門外之西室此經直云祊不云外又注直云廟門曰祊亦不云外是據正祭日祊也故下云肵之爲言敬也相饗之也假大也血毛告幽全之物是皆據正祭之日明此祊亦正祭日○注廟門至名也○正義曰廟門曰祊爾雅釋宮文云謂之祊者以於繹祭名也者此既正祭日於廟門內求神應總稱云廟而謂之祊者以祊是廟門明日繹祭稱祊雖今日之正祭假以明日繹祭祊名同稱之曰祊也○不知神之所在於彼乎於此乎者○此解正祭在廟之時或設饌在室或設饌在堂不知神之所在之處爲於彼室乎爲於此堂乎故兩處設饌也○或諸至者與○此解索祭所爲祊之時或諸遠人乎者諸是語辭其神靈或遠離於人不在廟乎○祭于祊尚曰求諸遠者與者尚是庶幾也言正祭之時祭於廟門祊者庶幾求於遠處者與言於遠處求神也○祊之至陳也○此皆訓祭祀所爲之事○注爲尸有肵俎○正義曰按特牲少牢設饌之後尸祭饌訖祝取牢心舌載于肵俎設于饌北尸每食牲體反置于肵俎是主人敬尸之俎也○注人君至備也○正義曰少牢云皇尸命工祝承致多福無疆于女孝孫使女受祿于天宜稼于田眉壽萬年勿替引之此是大夫嘏辭也人君則福慶之辭更多故詩楚茨云永錫爾極時萬時億卜爾百福如幾如式是也○注訓所至犆也○正義曰經云首者直也直正也言首爲一體之正○相饗之也相謂詔侑所以立祝詔侑尸者欲尸歆饗此饌○注特牲至祝饗○正義曰引特牲者證饗尸時節延尸初入主

人拜妥尸尸答拜訖執此鉶南之奠祝則設辭以饗之欲尸饗此奠也尸遂祭與啐之嘏長也大也○執尸嘏主人欲使長久廣大也○注尸或至非也○正義曰此經尸爲陳諸本尸爲主尸是神象當從主主是人所主事陳是器物陳列今訓之爲陳故云非也○毛血至道也○此謂祝初薦血毛於室時也血是告幽之物毛是告全之物告幽者言牲體肉裏美善告全者牲體外色完具所以備此告幽全之物者貴其牲之純善之道也故鄭云純謂中外皆善言中善則血好外善則毛好也○血祭至主也此是堂上制祭後又薦血腥時也○祭肺肝心貴氣主也此三者並爲氣之宅故祭時先用之是貴於氣之主故也血是氣之所舍故云盛氣也三者非即氣故云氣之主也○祭黍至水也○祭黍稷加肺者謂尸既坐綏祭之時祭黍稷加之以肺言兼肺而祭故云加肺也○祭齊加明水者謂於正祭之時陳列五齊之尊上又加明水之尊故云祭齊加明水也○報陰也者解加肺加明水之意肺是五臟在內水又屬北方皆是陰類又親形魄歸地是陰以陰物祭之故云報陰也○取膟膋燔燎升首者此謂朝踐時祝取膟膋燎于爐炭入以告神於室出以綏於主前又升首於室至薦孰之時祝更取膟膋及蕭以黍稷合燒之是臭陽達於牆屋也○報陽也者言膟膋黍稷並是陽氣之物首又是牲體亦是陽親之魂氣在天爲陽今以陽物祭之故云報陽也○明水涚齊貴新也者明水謂以陰鑑取月中之水也涚猶清也謂涚五齊使清故云涚齊所以說明水及涚齊者貴其新潔之義也○凡涚新之也者釋涚齊之意言所以涚此齊者以敬於鬼神故新潔之也○其謂之明水也由主人之潔著此水也者此釋明水之意所以謂之清明之水者著成也由主人清潔成就此水乃成可得而用也○注祭黍至酒也○正義曰祭黍稷加肺謂綏祭者按特牲禮云祝命綏祭尸左執觶右取菹擩于醢祭于豆間佐食取黍稷肺祭授尸尸祭之是尸綏祭之時有黍稷肺也少牢亦然皇氏以爲尸綏祭之時無黍稷至主人綏祭之時乃有黍稷解此祭爲主人綏祭也違背儀禮正文其義非也云五齊加明水則三酒加玄酒也者崔氏云五齊尊上加明水之尊五齊重明水亦重故加明水三酒輕玄酒亦輕故云三酒加玄酒

也此云玄酒對明水直謂水也若總而言之明水亦名玄酒故禮運云玄酒在室及司烜注云明水以爲玄酒是也此經祭齊加明水之文謂總據祭時而用五齊非謂綏祭之時也故鄭云祭黍稷加肺謂綏祭不云祭齊也按儀禮綏祭之後亦祭酒必知此祭齊非綏祭者以鄭云三酒加玄酒三酒本非綏祭之用故也○注與蕭至稷也○正義曰凡祭血腥之時已有膟膋燔燎故前文詔祝於室鄭注云取牲膟膋燎于爐炭洗肝于鬱鬯而燔之是也至薦熟之時又取膟膋而燔之故上經云蕭合黍稷故既奠然後焫蕭合馨香故鄭此注云與蕭合燒之謂饋熟時也云亦有黍稷也者非但有蕭與膟膋兼有黍稷故云亦也○敬之至盡也○敬之至也服也者言君所以再拜稽首肉袒者是恭敬之至極恭敬之至極乃是服順於親也此總結上再拜稽首肉袒之文下又各釋拜稽首肉袒之事○拜服也者釋再拜之文拜者是服順於親也○稽首服之甚也者釋稽首之文拜既是服而稽首頭至於地是服之甚極也肉袒服之盡也者釋肉袒之文言心雖內服外貌不盡今肉袒去飾○是服之竭盡也○祭稱至家也熊氏云祭稱孝孫對祖爲言稱孝子對禰爲言○是以其義稱也者義宜也事祖禰宜行孝道是以義而稱孝也○稱曾孫某謂國家也者國謂諸侯家謂卿大夫既有國家之尊不但祭祖禰而已更祭曾祖以上但自曾祖以上唯稱曾孫而已言己是曾重之孫○注謂諸至而已○正義曰熊氏云經既稱國家則兼諸侯及大夫今注直云諸侯者注文略也大夫三廟亦事曾祖而得稱曾孫也其諸侯大夫事祖禰之時亦稱孝子孝孫事曾祖以上雖是內事則同於外稱故下曲禮云諸侯內事曰孝子某侯某外事曰曾孫某侯某是也此記不云某侯者略也○上士二廟祖禰各一廟中下士一廟祖禰共廟前經注云謂祖禰據上士也○祭祀至讓也○解爲相之法也相謂詔侑也嘉善也庾氏云賓主之禮相告以揖讓之儀祭祀之禮則是主人自致其敬盡其善故詔侑尸者不告尸以讓是其無所與讓也○腥肆至已矣腥肆爓腍祭者肆剔也腍熟也言祭或進腥體或薦解剔或進湯沈或薦煮熟故云腥肆爓腍祭也○豈知神之所饗也主人自盡其敬而已矣者四種之薦豈知神適所饗邪正是主人自

盡敬心而求索之心不一耳○舉斝至命也○斝角爵名也天子曰斝諸侯曰角若依此則饋食薦熟之時尸未入祝先奠爵于鉶南尸入卽席而舉之如特牲禮陰厭後尸入舉奠焉也但云舉斝角恐非周禮耳崔云是周也○詔妥尸者詔告也妥安也尸始卽席舉奠斝角之時既始卽席至尊之坐未敢自安而祝當告主人拜尸使尸安坐也○古者尸無事則立有事而后坐也者古夏時也夏立尸唯有飲食之事時乃坐若無事則倚立也由世質故耳○尸神象也者尸是神象故無事則立有事而后坐也○祝將命也者祝以傳達主人及神之辭令也○縮酌至酒也○正義曰此一節記人總釋周禮司尊彝泲二齊及鬱鬯之事○縮酌用茅明酌也者縮泲也酌是斟酌謂醴齊既濁泲而後可斟酌故云縮酌也用茅者謂泲醴齊之時而用茅也明酌也者謂事酒之上酒色清明謂之明酌言欲泲醴齊時先用明酌和此醴齊然後用茅泲之不云泛齊者與醴齊同○注謂泲至酌也○正義曰謂泲醴齊以明酌者言泲醴齊之時以明酌和之引周禮醴齊縮酌者證此經縮酌是醴齊也云五齊醴尤濁者以醴比盎齊醍齊沈齊以次漸清故云尤濁其實泛齊亦濁也云明酌者事酒之上也者周禮三酒一曰事酒二曰昔酒三曰清酒三酒之中事酒尤濁三齊之內醴齊尤濁醆酒清於醴齊清酒又清於事酒故知以事酒泲醴齊也明謂清明故知是事酒之上清明者也云事酒今之醳酒皆新成也者言古之事酒正是漢之醳酒事酒與醳酒皆是新作而成故鄭注周禮云事酒酌有事者之酒謂為事而新作者醳是和醳醞釀之名卽今卒造之酒也引春秋傳者僖四年左傳文證此用茅是縮酒也云酒已泲則斟之以實尊彝者以別器泲之泲訖取之以實尊彝也言彝者通鬱鬯而言也引昏禮曰酌玄酒三注于尊者證實尊稱酌之意云凡行酒亦為酌也者言非但實尊為酌凡以爵行酒亦為酌故儀禮鄉飲酒燕禮賓爵與人皆稱為酌也○醆酒涚于清醆酒盎齊也涚泲也謂泲之以清酒盎齊差清先和以清酒而後泲之泲謂泲漉也以其差清不用茅其醍齊沈齊泲之與醆酒同鄭注司尊彝云泛從醴緹沈從盎此記不言五齊獨舉醴盎二齊者以司尊彝涚時祭二齊三酒與鬱故此言記者釋之天子

時祭所用尤多故特言之○注醆酒至相得正義曰醆酒盎齊者周禮云盎齊涗酌此云醆酒涗于清涗文是同又周禮醴齊之後有盎齊禮運醴後有醆故知醆謂盎齊也云皆久味相得者盎齊既清作之必久清酒又冬釀接夏而成故云皆久味相得也○汁獻涗于醆酒獻謂摩莎涗謂泲也秬鬯之中既有煮鬱又和以盎齊摩莎泲之出其香汁是汁莎泲以醆酒也○注不以至尊也○正義曰既以事酒泲醴齊清酒泲盎齊則泲秬鬯應亦用三酒今泲秬鬯乃用盎齊故曰不以三酒泲秬鬯者秬鬯以其尊故用五齊泲之五齊卑故用三酒泲之事相宜也○猶明清與醆酒于舊澤之酒也○猶若也明謂明酌清謂清酒醆酒謂盎齊作記之時呼明酌及清酒與醆酒等皆泲於舊醳之酒謂以舊醳昔酒和此明酌清酒等三者而泲之作記之時其道如此古禮廢亡恐人不知泲醴齊以明酌泲醆酒以清酒泲汁莎以醆酒之意故記者云泲此醴齊之等猶若今時明清醆酒泲於舊醳之酒也就其今日所知以曉古者難知之事○注天子至毒也○正義曰天子諸侯禮廢者謂祭禮廢則今日見存此經所云泲酒皆天子諸侯之事以其禮廢其事難知故舉今事以譬曉之云泲清酒以舊醳之酒者爲其味厚腊毒也者舊醳之酒謂昔酒作雖久成比清酒爲薄故用薄酒泲此清酒爲其清酒是冬釀夏成其味厚久腊毒害故以薄酒泲之故國語云高位寶疾顛厚味寶腊毒鄭之此注解記時清酒泲於舊醳之酒○祭有至辟焉○正義曰有所祈者謂求福祥也有報焉者謂獲福而報之有由辟焉者由用也辟弭也謂用此祭之以弭止災兵罪戾之事○注辟讀至疾也○正義曰祭既有祈有報除祈福之外唯有攘除凶惡故解爲弭災兵遠罪疾取周禮小祝之文也○齊之至祭者○正義曰解齊服所以用玄冠之衣義也玄陰色鬼神幽陰故齊者玄服以表心思幽陰之理故云陰幽思也○故君子三日齊必見其所祭者解思陰義也三日謂致齊時也所祭者謂親也爲親而祭故云所祭者也鬼神居陰故三日齊思其親之居處笑語故祭時如見其所祭之親也

附釋音禮記注疏卷第二十六

禮記注疏卷二十六校勘記　阮元撰盧宣旬摘錄

郊特牲

郊之祭也節

郊之至至也惠棟校宋本無此五字

大報天而主日也節

大猶徧也閩監毛本同岳本同衞氏集說同嘉靖本徧誤偏

大報至位也惠棟校宋本無此五字

埽地而祭節

埽地而祭此閩監本同岳本同嘉靖本同毛本埽作埽石經同衞氏集說同疏放此

埽地至誠也惠棟校宋本無此五字

郊之用辛也節

魯以無冬至祭天於圜丘之事閩監本同岳本同嘉靖本同毛本圜作圓衞氏集說同考文引足利本同釋文出圓丘云本又作圓

當齊戒自新耳惠棟校宋本亦作齊宋監本同岳本同嘉靖本同衞氏集說同閩監毛本齊作齋

郊之至以至惠棟校宋本無此五字

實是魯郊而爲周字惠棟校宋本同閩監毛本字作事

融又云祀大神惠棟校宋本同閩監毛本大作天

卜之日節

因誓勑之以禮也閩監本同岳本同嘉靖本同毛本勑作勅衞氏集說同他放此

卜之至義也惠棟校宋本無此五字

喪者不哭節

喪者至聽上惠棟校宋本無此五字

鄭氏曰鄉者閩監毛本作鄉爲田燭者是也

以及野郊惠棟校宋本野郊作郊野與周禮蜡氏合衞氏集說同此本誤倒閩監毛本同

祭之日節

王被衮以象天各本同石經同釋文出卷云本又作袞注卷冕同

戴冕璪各本同石經同釋文出戴云本亦作戴

祭之至道也惠棟校宋本無此五字

萬物本乎天節

萬物至始也惠棟校宋本無此五字

祭天以祖配此所以報謝其本閩監毛本此作之衞氏集說同

謝其財謂之報閩監毛本財作恩衞氏集說同

天子大蜡八節

周之正數閩監毛本同岳本同嘉靖本同衞氏集說數作朔

嗇所樹蓺之功各本同岳本蓺作藝○按依說文當作埶唐人樹埶字作蓺六埶字作藝說見經典釋文

天子至嗇也惠棟校宋本無此五字

先嗇司嗇並是一神惠棟校宋本一作人衞氏集說同

足知蜡周建亥之月閩監毛本同惠棟校宋本足作是續通解同

饗農及郵表畷節

饗農至事也惠棟校宋本無此五字

總明祭百種之事惠棟校宋本作種此本種作穀閩監毛本同

曰土反其宅節

曰土至殺也惠棟校宋本無此五字

土歸其安則得不崩閩本同惠棟校宋本同監毛本安作宅衞氏集說同

蜡之祭節

送終喪殺閩監毛本同按此注十五字當在上皮弁節下岳本嘉靖本此蜡之祭一節與上皮弁一節本連故注在此疏放此

蜡之至夫也惠棟校宋本無此五字

總其俱名蜡也閩監毛本同浦鏜校云其下脫義字

公於是勞農以休息之者惠棟校宋本同閩監毛本公誤云

野夫黄冠節

服象其時物之色閩監本同岳本同嘉靖本同衞氏集說同毛本服誤物

故息田夫而服之也惠棟校宋本此下摽禮記正義卷第三十五終記云凡二十二頁

大羅氏節惠棟校宋本自此節起至有虞氏之祭也節止爲第三十六卷卷首題禮記正義卷第三十六

大羅至種也 惠棟校宋本無此五字

不務畜藏 惠棟校宋本同閩監毛本畜作蓄下畜藏與並同

八蜡以記四方節

八蜡以記四方 各本同石經同齊召南校云按鄭引此文以解大宗伯而誤云祀四方賈疏云祀字誤也孫志祖校云按祀字亦可通觀注云四方方有祭也疑鄭所據本爲祀字與唐初疏家所據本有不同賈氏不達乃以爲誤耳

其方穀不熟 閩監毛本同衞氏集說同岳本熟作孰嘉靖本同惠棟校宋本宋監本並同

八蜡至興功 惠棟校宋本無此五字

水昏正而栽 閩監本作裁毛本裁作栽衞氏集說同

恆豆之菹節

豚拍 閩監毛本同岳本同衞氏集說同嘉靖本豚作腞釋文出腞拍

籩豆之薦 閩監本同石經同岳本同嘉靖本同衞氏集說同毛本薦作藨釋文出藨云又作薦同按正義作薦

而不可耆也 閩監毛本同岳本同衞氏集說同石經耆作嗜惠棟校宋本同宋監本同嘉靖本同釋文出可耆疏並作嗜

丹漆雕幾之美各本同石經同釋文出彫云又作雕字○按依說文當作琱段玉裁云凡琱琢之成文則曰彫假借字

是水草和羹之氣閩本作美惠棟校宋本同衞氏集說同此本美作羹監毛本同

其菁菹麏臡閩監毛本麏作鹿是也

供事神明之道閩監毛本供作共衞氏集說同

不可迴便以爲私利也閩監毛本同惠棟校宋本迴作回衞氏集說回作因

不可同於尋常身所安褻之甚極也者閩監毛本也者作者也惠棟校宋本無也字

殷以以斝補案以字誤重

冠義節

毋追石經同岳本同釋文同閩監毛本毋作母嘉靖本同衞氏集說同

而有其昏禮閩監本同石經同岳本同嘉靖本同毛本昏作昬衞氏集說同餘放此○按依說文當作婚

官益尊也閩監毛本同岳本同嘉靖本同衞氏集說官作爵

死而謚閩監本同石經同嘉靖本同毛本謚作諡岳本同衞氏集說同餘放此

冠義至下也惠棟校宋本無此五字

乃一醴於客位閩本同惠棟校宋本同監毛本醴作醮衞氏集說同

爲冠身著冠畢冠身起入東房閩監毛本同惠棟校宋本著冠二字重

追猶推也惠棟校宋本同閩本推作椎監毛本推作堆衞氏集說同

天地合而后萬物與焉節

執摯以相見各本同釋文出執贄云本亦作摯石經贄字闕

婦盥饋各本有此三字石經同釋文出婦盥饋云一本無婦盥饋三字按正義云而禮本亦有云厥明婦盥饋者也云禮本亦有是正義本本無也盧文弨亦云婦盥饋三字注疏本無

天地至序也惠棟校宋本無此五字

勿令虛濫毛本同衞氏集說同閩監本勿誤初通解虛濫作濫惡

謂之傳辭無自謙退閩監毛本同考文引補本謂作賓衞氏集說同

厥明至序也閩本監本毛本如此惠棟校宋本序也二字作餕餘者

有虞氏之祭也節

爛或爲膶閩監毛本同岳本同嘉靖本同衞氏集說同釋文出爲膶云直輒反段玉裁校本云有司徹疏引此注爛或爲熸

染以脂含黍稷燒之監毛本含作合岳本同嘉靖本同衞氏集說同此本誤閩本同

先肝于鬱鬯而燔之閩監毛本同嘉靖本同岳本先作洗宋監本同衞氏集說同考文引古本足利本同按正義本亦作洗

又出以墮于主各本同宋監本主下有人字盧文弨云他書所引主下有前字按正義則前字當有

尊首尚氣也閩本同惠棟校宋本同岳本同嘉靖本同衞氏集說同監毛本尚作上

此訓之也閩監本同岳本同嘉靖本同衞氏集說同毛本此誤比

明水涚齊各本同石經同釋文出說齊云字又作涚

涚之以茅惠棟校宋本作涚宋監本同岳本同嘉靖本同續通解同考文引古本足利本同此本涚誤藉閩監毛本同衞氏集說同浦鏜校云

論語譎正章疏引作涚

名曰明者閩監毛本同岳本同嘉靖本同衞氏集說同考文引古本足利本下有神明之也四字

涚以酌酒監毛本同閩本涚作無酌作縮惠棟校宋本同宋監本同岳本同嘉靖本同衞氏集說同

有虞至祭者惠棟校宋本無此五字

先奏六樂以致其神惠棟校宋本六作是是也閩監毛本並誤

此宗廟九奏之郊續通解郊作效○按作效與周禮大司樂注合此本效誤郊閩本郊字闕毛本郊作節

殷人至間也閩監毛本同惠棟校宋本無此五字

殷尚聲故未殺牲監毛本同衞氏集說同閩本殷作既惠棟校宋本同

如鬱金香草合爲鬯也閩監毛本同考文云補本草作矣

玉氣絜潤惠棟校宋本亦作絜閩本同監毛本絜作潔衞氏集說同

延尸戶內更從此始也監毛本同衞氏集說同閩本此作孰惠棟校宋本同

詔祝至於堂監本祝誤室惠棟校宋本無此五字

王乃親洗肝於鬱鬯而燔之閩監本同衞氏集說同毛本王誤主續通解王作主人

坐尸於堂者既灌鬯之後惠棟校宋本無鬯字衞氏集說同此誤衍也閩監毛本同

祝取牢心舌載于肵俎閩本同惠棟校宋本同監毛本肵誤肝

祭黍至水也閩監毛本同惠棟校宋本此五字無

敬之至盡也惠棟校宋本無此五字

是恭敬之至極閩監毛本同衞氏集說同惠棟校宋本無極字

腥肆至已矣惠棟校宋本無此五字

舉斝至命也監本毛本如此惠棟校宋本至命也三字作角者

醆酒涚于清監本毛本如此惠棟校宋本清下有者字

泲於舊醳之酒也惠棟校宋本醳作澤也下有者字此本澤誤醳者字脱閩監毛本同

所祭之親也惠棟校宋本此下摽禮記正義卷第三十六終記云凡二十六頁

禮記注疏卷二十六校勘記

附釋音禮記注疏卷第二十七

內則第十二○陸曰鄭云以其記男女居室事父母舅姑之法 疏 正義曰按鄭目錄云名曰內則者以其記男女居室事父母舅姑之法此於別錄屬子法以閨門之內軌儀可則故曰內則

禮記　　鄭氏注　　孔穎達疏

后王命冢宰降德于衆兆民 后君也德猶教也萬億曰兆天子曰兆民諸侯曰萬民周禮冢宰掌飲食司徒掌十二教今一云冢宰記者據諸侯也諸侯幷六卿為三或兼職焉○后王鄭云后君也謂諸侯也王天子也盧云后王后也王天子也孫炎王肅云后王君王也幷必政反兼如字一音古念反

疏 后王至兆民○正義曰此一經論子事父母由此后王之教使之然故先云施教之法○后王者后君也君謂諸侯王謂諸侯王謂天子不先云王者辟天子妃后之嫌故言后王也○命冢宰者若天子則天官為冢宰不若諸侯則司徒為冢宰今記者據諸侯為文命此司徒之冢宰○降德于衆兆民者降下也德教也諸侯命冢宰降下教令於羣衆兆民也既據諸侯當云萬民而云兆民者此經雖以諸侯為主雜以天子言之故又稱王又稱兆民也○注后君至職焉○正義曰后君也釋詁文云萬億曰兆者依如算法億之數有大小二法其小數以十為等十萬為億十億為兆也其大數以萬為等萬至萬是萬萬為億又從億而數至萬億曰兆故詩頌毛傳云數萬至萬曰億數億至億曰秭兆在億秭之間是大數之法鄭以此據天子天下之民故以大數言之詩魏風刺在位貪殘魏國褊小不應過多故以小數言之故云十萬曰億云天子曰兆民諸侯曰萬民者閔元年左傳文周禮是天子之法每云萬民者據畿內言之或可通稱也鄭引此者明天子諸侯之異經云兆民互明天子也云周禮冢宰掌飲食司徒掌十二教者欲明飲食教令所掌各有別官

不得獨云家宰云今一云家宰記者據諸侯也者今此內則之篇既有飲食又有教令則經文當云命家宰司徒兩官備言之今唯一云家宰不兼言司徒者是司徒兼冢宰冢宰之事故云記者據諸侯而言之云諸侯并六卿爲三或兼職焉者此明司徒兼冢宰之事意疑而不定故稱或焉盧氏云后謂天子之妃者不定后妃唯主內事不得降德于衆兆民孫炎王肅皆云后王君王謂天子也此經論教訓法則是司徒所掌不可獨據冢宰盧與孫王之說其義皆非故鄭以爲據諸侯言也但雜陳王事耳

○子事父母雞初鳴咸盥漱櫛縰笄總拂髦冠緌纓端韠紳搢笏咸皆也縰韜髮者也總束髮也垂後爲飾拂髦振去塵著之髦用髮爲之象幼時鬌其制未聞也緌纓之飾也端玄端士服也庶人深衣紳大帶所以自紳約也搢猶扱也扱笏於紳笏所以記事也○盥音管洗手漱所救反徐素遘反漱漱口也下同櫛側乙反梳也縰所買反徐所綺反黑繒韜髮笄古兮反總子孔反髦音毛緌耳佳反韠音必紳音申搢徐音箭又如字音晉插也笏音忽韜吐刀反去起呂反著丁略反下文及注同鬌多果反扱本又作捷又作插初洽反徐采協反左右佩用自佩也必佩者備尊者使令也○令力呈反○左佩紛帨刀礪小觿金燧紛帨拭物之佩巾也今齊人有言紛者刀礪小刀及礪礱也小觿解小結也觿貌如錐以象骨爲之金燧可取火於日○紛芳云反或作帉同帨始銳反佩巾也觿許規反本或作鑴音同解結錐燧音遂火鏡拭音識礱力工反右佩玦捍管遰大觿木燧捍謂拾也言可以捍弦也管筆彄也遰刀鞞也木燧鑽火也○捍戶旦反謂射捍遰時世反徐作滯彄苦侯反鞞必頂反鑽子官反偪偪行縢○偪本又作幅彼力反縢徒登反屨著綦綦屨繫也○屨九具反綦其記反注及下同○

疏子事至著綦○正義曰自此以下至不敢私祭以上總論在內法則子事父母婦事舅姑男女出入之禮長幼相事之法其文既多各隨事節而解之自子至著綦以上還論子事父母之法也此子謂男子知者以經云端韠紳搢笏故也或盥漱者盥謂洗手漱謂漱口此據年稍長者

若其孺子則晏起而不能雞初鳴也笄者著纚既畢以笄插之熊氏云此笄謂安髻之笄以纚韜髮作髻既訖橫施此笄於髻中以固髻也故士喪禮云笄用桑長四寸纋中是也纋中謂殺其中使細非固冠之笄故文在冠上且玄冠有纓約士冠禮有纓者無笄問喪云親始死雞斯之時去玄冠而有笄纚是知笄縰不得為冠總者裂練繒為之束髮之本垂餘於髻後故以為飾也此經所陳皆依事先後櫛訖加縰。縰訖加笄笄。訖加總然後加髦著冠冠畢然後服玄端著韠又加大帶也○左佩紛帨刀礪小觿金燧者皇氏云左旁用力不便故佩小物○右佩玦捍管遰大觿木燧者皇氏云以右廂用力為便故佩大物○注纚韜至事也○正義曰纚韜髮者也士冠禮云緇纚長六尺鄭云纚一幅長六尺足以韜髮而結之矣盧云所以裹髻承冠以全幅疊而用之未知孰是盧說為優云緌纓之飾也者結纓頷下以固冠結之餘者散而下垂謂之緌云端玄端士服也者特牲禮士祭服玄端故云士服也云庶人深衣者以深衣是服之最下者庶人是人之賤者故知服深衣也云紳大帶者其制備於玉藻云笏所以記事也者玉藻文其制亦備於玉藻○注紛帨至於日○正義曰鄭恐人不識佩巾當鄭之時齊人呼佩巾為紛故鄭指而言之云今齊人有言紛者是也云刀礪小刀及礪礱也者鄭恐刀礪是一物故明之云小刀及礪礱也知小刀者與小觿連文故知也○注捍謂至火也○正義曰拾斂也故鄉射大射將射謂之遂射罷謂之拾拾是收斂之意也云遰刀鞞也者此刀大於左廂刀也云木燧鑽火也者皇氏云晴則以金燧取火於日陰則以木燧鑽火也○注綦屨繫也○正義曰皇氏云屨頭施繫以為行戒未知然否或可著屨之時屨上自有繫以結於足也故鄭注士冠禮黑屨青絇云絇之言拘也以為行戒○

○婦事舅姑如事父母雞初鳴咸盥漱櫛縰笄總衣紳笄今簪也衣衣紳衣而著紳○如父母一本作如事父母衣紳如字又於既反注同簪徐側林反又作南反左佩紛帨刀礪小觿金燧右佩箴管線纊施縏袠大觿木燧縏小囊也縏袠言施明為箴管線纊有之○箴之林反線本又

作綫息賤反纊音曠縏字又作槃同步干反袠陳乙反又作帙囊奴郎反又作橐徐音託明爲于僞反○衿纓。綦屨衿猶結也婦人有纓示繫屬也
○衿纓本又作紟其鴆反注同嬰又作纓疏婦。事。至。綦。屨○正義曰此一節論女事父母婦事舅姑所服之衣所佩之物皆異於男子之事各依文解之○
注笄今至著紳○正義曰云笄今簪也者謂婦人之笄異於上男子笄縱故於此始云笄今簪也則與士冠禮男子爵弁笄皮弁笄同故鄭注冠禮亦云笄今
之簪也則喪服女子。吉笄尺二寸也云衣紳衣而著紳者鄭恐經云衣紳謂衣著此紳故云衣而著紳謂加玄端綃衣而後著紳帶此異於男子故不有冠緌
端韠紳搢笏之屬○注縏小至有之○正義曰熊氏云袠刺也以針刺袠而爲縏囊故云縏袠也餘物皆不言施獨於箴管線纊之下而言施縏。袠明爲四物
而施矣○注衿猶至屬也○正義曰按鄭注昏禮云婦人十五許嫁笄而禮之因著纓明有繫。蓋以五采爲之其制未聞鄭注昏禮既云笄而著纓則未笄無
纓也下男女未冠笄亦云衿纓者彼未冠笄之纓用之以佩容臭故下注云容臭香物以纓佩之故童子男女皆有之與此婦人既笄之纓別也以適
父母舅姑之所之適及所下氣怡聲問衣燠寒疾痛苛癢。而敬抑搔之怡說也苛疥也抑按
搔摩也○燠本又作奥同於六反暖也苛音何養本又作癢以想反搔素刀反說音悅疥音界說文云搔瘍也出入則或先或後而敬
扶持之先後之隨時便也○便婢面反進盥少者奉槃長者奉水請沃盥盥卒授巾槃承盥水者巾以帨
手○少詩召反後皆同奉芳勇反本或作捧下同長丁丈反後皆同帨始銳反拭手也本又作挩同問所欲而敬進之柔色以溫
之溫藉也承尊者必和顏色○溫本又作蘊又作慍同於運反注同藉字夜反○饘酏酒醴芼羹菽麥蕡稻黍粱秫唯
所欲酏粥也芼菜也蕡熬。枲實○饘之然反厚粥也酏羊皮反薄粥也芼毛報反蕡字又作黂扶云反徐扶畏反大麻子注同粱音良秫音述粥之六反

又羊六反熬五羔反枲思里反棗栗飴蜜以甘之堇荁枌榆免薨滫瀡以滑之脂膏以膏之謂用調和飲食也荁堇類也冬用堇夏用荁榆白曰。枌免新生者薨乾也秦人溲曰滫齊人滑曰瀡也○飴羊之反餳也堇音謹菜也荁音丸似堇而葉大也枌扶云反免音問注同薨字又作槀苦老反滫思酒反溲也瀡音髓滑也滑胡八反又于八反諸卷皆同膏之古報反調如字又徒弔反和如字又胡臥反夏用戶嫁反溲所九反父母舅姑必嘗之而后退敬也疏。以。適。至。后。退○正義曰此一節論子事父母婦事舅姑至其處所奉。扶沃盥之儀奉進酒醴膳羞之事各依文解之○注苛疥也○正義曰苛疥者以其苛與癢共文故知苛疥也○注温藉也○正義曰藉者所以承藉於物言子事父母當和柔顏色承藉父母若藻藉承玉然○注酏粥至枲實○正義曰酏既爲粥粥是薄者則饘爲厚者故左傳云饘於是注云饘鬻也爾雅釋言云餬饘也郭景純謂糜也芼菜者按公食大夫禮三牲皆有芼者牛藿羊苦豕薇也是芼乃爲菜也用菜雜肉爲羹云蕡熬枲實者釋草云黂枲實也此中蕡豆以下供尊者所食悉皆須孰或煑或熬故云熬枲實也○棗栗至膏之以甘之者謂以此棗栗飴蜜以和甘飲食○以滑之者謂用堇用荁及枌榆及新生乾薨相和滫瀡之令柔滑之○脂膏以膏之者凝者爲脂釋者爲膏以膏沃之使之香美此等總謂調和飲食也○注冬用至瀡之○正義曰按士虞禮記夏用葵冬用荁鄭玄云荁堇類也乾則滑夏秋用生葵冬春用乾荁與此不同者此經堇荁相對故冬用堇夏用荁士虞禮葵與荁相對故夏用葵冬用荁也所對不同故注有異云榆白曰枌者釋木云榆白枌孫炎云榆白者名枌郭景純曰枌榆先生葉卻著莢皮色白云免新生者薨乾也者按庵人云共鱻薨之物鱻薨相對此經以免對薨薨既是乾故知免爲新生此免薨於周禮據肉爲言熊氏皇氏皆云文承堇荁枌榆之下據堇荁等爲免薨義或爲然○男女未冠笄者雞初鳴咸盥漱櫛縰拂髦總角衿纓皆佩容臭總角收髮結之容臭香物也以纓佩之爲迫尊者給

小使也○冠古亂反爲迫于僞反昧爽而朝後成人也○朝直遙反下朝同後如字徐胡豆反下同問何食飲矣若已食
則退若未食則佐長者視具具饌也【疏】男。女。至。視。具○正義曰此一節論未冠笄者事親之禮○注容臭至使也○正義曰
臭謂芬芳臭物謂之容者庾氏云以臭物可以脩飾形容故謂之容臭以纓佩之者謂纓上有香物也○凡內外雞初鳴咸盥漱
衣服斂枕簟灑掃。室堂及庭布席各從其事斂枕簟者不使人見己褻者簟席之親身也○衣如字又於既反簟
徒玷反灑本又作洒所買反又所賣反埽素報反○孺。子蚤寢晏起唯所欲食無時又後未成人者孺子小子也○孺如
樹反蚤音早【疏】凡。內。至。無。時○正義曰此一經總論子婦之外卑賤之人爰及僕隸之等故云斂枕簟灑掃室堂及庭布席之屬○由命士
以上父子皆異宮昧爽而朝慈以旨甘日出而退各從其事日入而夕慈以旨。
甘。異宮崇敬也慈愛敬進之日出乃從事食祿不免農也士以上以或作已上時掌反後放此【疏】由命至旨甘○正義曰此一經論命士以上事親異
於命士以下之禮○○父母舅姑將坐奉席請何鄉將衽長者奉席請何趾。少者執牀與
坐將衽謂更臥處○奉芳勇反下同鄉許亮反衽而鴆反又而甚反臥席也止本又作趾足也處昌慮反御者舉几斂席與簟縣
衾篋枕斂簟而襡之須臥乃斂之也襡韜也○縣音玄篋口協反襡音獨【疏】父。母。至。襡。之○正義曰此一節論父母舅姑將坐將臥奉
席之禮及未臥之前且斂枕簟衾篋舉藏須臥乃鋪御者舉几者謂早且親起之後侍御之人則奉舉其几以進尊者使馮之○斂席與簟者斂此所臥在下
大席與上襯身之簟又縣其所臥之衾以篋貯所臥之枕也○斂簟而襡之者簟既襯身恐其穢汙故斂此細簟以襡韜之言簟則韜藏席則否○父

母舅姑之衣衾簟席枕几不傳杖屨祇敬之勿敢近傳移也○傳丈專反注同近附近之近○敦牟卮匜非餕莫敢用餕乃用之牟讀曰堥也卮匜酒漿器敦牟黍稷器也○敦音對又丁雷反牟木侯反齊人呼土釜為牟卮音支匜羊支反一音以氏反杜預注左傳云沃盥器也餕音俊堥字又作蝥木侯反與恆食飲非餕莫之敢飲食餕乃食之恆常也旦夕之常食

疏父母至飲食○正義曰此一節論父母舅姑所服用之物子婦不得輒用所恆飲食之饌不得輒食○衣衾簟席枕几不傳者侍御之人停貯常處子婦不得輒更傳移令嚮他處○杖屨祇敬之勿敢近者杖屨是尊者服御之重彌須恭敬故云祇敬之勿敢偪近也○與恆食飲非餕莫之敢飲食者與及也接上敦牟之文非但不敢用及父母恆食飲食非因餕時莫敢飲食○注牟讀至漿器○正義曰敦則周禮有玉敦今之杯盂也隱義曰堥土釜也今以木為器象土釜之形卮酒器也匜盛酒漿之器故春秋僖二十三年左傳云懷嬴奉匜沃盥是也

○父母在朝夕恆食子婦佐餕婦皆與夫餕也既食恆餕每食餕而盡之末有原也父沒母存冢子御食羣子婦佐餕如初御侍也謂長子侍母食也侍食者不餕其婦猶皆餕也○旨甘柔滑孺子餕

疏父母至子餕○正義曰此一節論父母之食子婦佐餕餘之禮也○子婦佐餕者謂長子及長子之婦佐餕者食必須盡以父母食不能盡故子婦佐助餕食之使盡勿使有餘恐再進故注云末有原也末無也原再也無使有餘而再設也○羣子婦佐餕如初者冢子既侍母而食羣子婦謂冢子之弟婦及衆弟婦而佐餕如初者如上父母在子婦佐餕之禮故云如初也○注侍食至餕也○正義曰經云冢子御食則云羣子婦佐餕不云冢子故知侍食者不餕冢子無父故得侍母而食冢婦既不侍食故云猶皆餕也○

○在父母舅姑之所有命之應唯敬對進退周旋慎齊齊莊也○唯于癸反徐伊水反齊側皆反升降出入揖遊不

敢噦噫嚔咳欠伸跛倚睇視不敢唾洟。睇傾視也易曰明夷睇于左股○噦於月反噫於界反嚔音帝咳苦愛反欠丘
劍反伸音申跛彼義反倚於義反又其寄反睇大計反視如字徐市志反唾吐臥反涕本又作洟同吐細反○寒不敢襲癢不敢搔襲謂
重衣○重直龍反不有敬事不敢袒裼父黨無容○袒音但裼思歷反不涉不撅撅揭衣也○撅居衞反揭起例反又起列
反一音起言反褻衣衾不見裏爲其可穢○見賢遍反下同爲于僞反穢紆廢反又烏會反○父母唾洟不見輒刷去之○刷
色劣反去丘呂反冠帶垢和灰請漱衣裳垢和灰請澣手曰漱足曰澣和漬也○垢古口反漱素侯反後皆同澣本又
作浣戶管反漬似賜反○衣裳綻裂紉箴請補綴綻猶解也○綻字或作䘺直莧反徐治見反裂本又作列紉女陳反徐而陳反下
之林反綴丁劣反又丁衞反解胡賣反又佳買反五日則燂湯請浴三日具沐其間面垢燂潘請靧足
垢燂湯請洗潘米。瀾也○燂詳廉反温也潘芳煩反淅米汁靧音悔洗面瀾力旦反少事長賤事貴共帥時共猶皆也
帥循也時是也禮皆如此也疏在。父。至。帥。時。正義曰此一節論事父母舅姑在尊者之所畏敬之法幷論漱澣沐浴幷明少事長賤事貴如事父母舅姑
○注睇傾至左股○正義曰明夷睇于左股者是明夷六二爻辭彼注云旁視爲睇六二辰在酉酉是西方又下體離離爲目九三體在震震東方九三又在
辰辰得巽氣爲股此謂六二有明德欲承九三故云睇于左股引之者證睇爲旁視也○注撅揭衣也○正義曰言於尊所不因涉水不敢揭衣○注手曰漱
足曰澣○正義曰以冠帶既尊故以手漱之用力淺也衣裳既卑故以足澣之用力深也此據士故冠帶得漱晏子是大夫故譏其澣衣濯冠也此漱澣對文
爲例耳散則通也故上曲禮云諸母不漱裳是裳亦漱也詩周南箋云澣謂濯之耳亦是不用足○○男不言內女不言外謂事業之

次序非祭非喪不相授器祭嚴喪遽不嫌也○遽其據反其相授則女受以篚其無篚則皆坐奠之而后取之奠停地也○篚非鬼反○外內不共井不共湢浴不通寢席不通乞假男女不通衣裳內言不出外言不入湢浴室也○湢彼力反本又作偪○男子入內不嘯不指夜行以燭無燭則止嘯讀爲叱叱嫌有隱使也○嘯依注音叱尺失反○女子出門必擁蔽其面夜行以燭無燭則止擁猶障也○障音章道路男子由右女子由左地道尊右

疏男。不。至。由。左。○正義曰此經論男子女子殊別之宜○注祭嚴喪遽不嫌也○正義曰以經云非祭非喪不相授器則是祭與喪時得相授器所以得者祭是嚴敬之處喪是促遽之所於此之時不嫌男女有。婬邪之意○注嘯讀至使也○正義曰嘯是自嘯叱謂叱人經言不嘯與不指連文而指既指物明嘯是叱人故以嘯爲叱矣云嫌有隱使者若其常事以言語處分是顯使人也如有姦私恐人知聞不以言語但諷叱而已是幽隱而使故云叱嫌有隱使也○子婦孝者敬者父母舅姑之命勿逆勿怠恃其孝敬之愛或。則違。解○解佳賣反下解倦同○若飲食之雖不耆。必嘗而待待後命而去也○飲於鴆反食音嗣者市志反去起呂反本又作而食之加之衣服雖不欲必服而待待後命釋藏也加之事人待之己雖弗欲謂難其妨己業○難乃旦反○姑與。之而姑使之而後復之遠懟怨於勞事姑猶且也○姑與以渚反下同遠于萬反○懟直類反本又作懟子婦有勤勞之事雖甚愛之姑縱之而寧數休之不可愛此而移苦於彼也○縱本又作從足用反數色角反○子婦未孝未敬勿庸疾怨庸之言用也○姑教之若不可教而後怒之怒譴

責也○譴弃戰反○不可怒子放婦出而不表禮焉表猶明也猶為之隱不明其犯禮之過也○為于僞反疏○子婦至禮
焉○正義曰此一節論子婦事父母舅姑受飲食衣服之事并明父母舅姑接
待子婦之禮子婦孝者敬者父母舅姑之命勿逆勿怠者子孝於父母婦敬於
舅姑或恐倚恃孝敬之心違逆其命意有怠惰其身故戒令勿逆勿怠也○若
飲食之雖不耆必嘗而待者謂尊者以飲食與己己雖不嗜愛必且嘗之而待
尊者後命令己去之而後去之○加之衣服雖不欲必服而待者為尊者加己
衣服己雖不欲必且服之而待後命而藏去之加之事人代之己雖弗欲者謂
尊者言加己以事業事業欲成尊者又使人代己此事既嚮成不欲他人代己
而難其妨己之業○姑與之而姑使之者姑且也且與代己者之事而且使代
己者為之而后復之者待代己者休解而后復本事業於己身也○子婦有勤
勞之事雖甚愛之者從此以下論尊者接待卑者之禮有勤勞之事者謂子婦
有辛苦勤勞之事雖甚愛之者謂父母舅姑素來雖甚愛此勤勞之子婦○姑
縱之者姑且也所愛子婦既有勤勞且緩縱之○而寧數休之者寧可數數休
息此所愛子婦不可移此勤勞於他不愛之子婦也○子婦未孝未敬勿庸疾
怨者庸用也子婦既不孝敬勿用憎疾怨惡之○姑教之者姑且也且教誨之
○若不可教而后怒之者不可教謂教而不從然後責怒之○不可怒者謂雖
責怒之而不從命者○子放婦出而不表禮焉者既不可責怒子被放逐婦被
出棄表明也雖被出棄猶為之隱不顯明言其犯禮之過也父母有過下氣怡色柔聲以諫諫若不入起敬
起孝說則復諫子事父母有隱無犯起猶更也○說音悅下同不說與其得罪於鄉黨州閭寧孰諫子從
父之令不可謂孝也周禮曰二十五家為閭四閭為族五族為黨五黨為州五州為鄉也父母怒不說而撻之流血不敢疾
怨起敬起孝撻擊也○撻吐達反疏○父母至起孝○正義曰此一節論父母有過子諫諍之禮○不說者謂父母有過子犯顏諫諍使父母不

說也○與其得罪於鄉黨州閭者。謂子恐父母不說不敢孰諫使父母有過得罪於鄉黨州閭謂鄉黨州閭所共罪也○寧孰諫者犯顏而諫使父母不說其罪輕畏懼不諫使父母得罪於鄉黨州閭其罪重二者之間寧可孰諫不可使父母得罪孰諫謂純孰殷勤而諫若物之成孰然

父母有婢子若庶子庶孫甚愛之雖父母沒沒身敬之不衰婢子所通賤人之子子有二妾父母愛一人焉子愛一人焉由衣服飲食由執事毋敢視父母所愛雖父母沒不衰由自也○子甚宜其妻父母不說出宜猶善也子不宜其妻父母曰是善事我子行夫婦之禮焉沒身不衰

【疏】父。母。至。不。衰。○正義曰此一節謂父母有婢子庶子庶孫父母所愛己亦愛之幷明己有妻妾被父母之所愛己亦當愛之○由衣服飲食由執事毋敢視父母所愛者由自也爲自己身所愛妾衣服飲食及執事毋敢比於父母所愛者故鄭云由自也子甚宜其妻者宜謂與之相善而寵愛○子不宜其妻者謂不與之相善被疏薄○父母曰是善事我者言此妻汝雖疏薄是善能事我子當行夫婦之禮焉子雖寵愛其妻父母不說出者出謂出去也按大戴禮本命云婦有七出不順父母去無子去淫去妬去有惡疾去口多言去竊盜去不順父母爲逆德也無子爲其絕世也淫爲亂其族也妬爲亂其家也有惡疾爲其不可共粢盛也口多言爲其離親也竊盜爲其反義也大戴禮又云婦有三不去有所受無所歸不去曾經三年喪不去前貧賤後富貴不去何休又云喪。婦長女不娶無教戒世有惡疾不娶棄於天世有刑人不娶棄於人亂家女不娶類不正逆家女不娶廢人倫也按周易同人六二鄭注云天子諸侯后夫人無子不出則猶有六出也其天子之后雖失禮亦不出故鼎卦初六鄭注云嫁於天子雖失禮無出道廢遠而已若其無子不廢遠之后尊如其犯六出則廢之○父母雖沒將爲善思貽父母令名必果將爲不善思貽父母羞

辱必不果貽遺也果決也○貽以之反遺以季反○【疏】父母至不果○正義曰此一節論子事父母雖沒思行善事必果決爲之若爲不善
思遺父母羞辱必不得果決爲之○舅沒則姑老謂傳家事於長婦也○傳丈專反冢婦所祭祀賓客每事必
請於姑婦雖受傳猶不敢專行也介婦請於冢婦以其代姑之事介婦衆婦○介音界注及下同舅姑使冢婦毋怠
雖有勤勞不敢解。倦勸本又作倦其卷反○不友無禮於介婦衆婦無禮冢婦不友之也兄弟爲友姊姒猶兄弟也善舅姑若
使介婦毋敢敵耦於冢婦雖有勤勞不敢掉磬○掉磬徒弔反隱義云齊人以相絞許爲掉磬崔云北海人謂相激事爲掉磬也○
不敢並行不敢並命不敢並坐下冢婦也命爲使令○下戶嫁反令力呈反○凡。婦不命適私室不敢
退婦待舅姑者也婦將有事大小必請於舅姑不敢專行子婦無私貨無私畜無私器不敢
私假不敢私與家事統於尊也○畜許六反又許又反又尺六反○婦或賜之飲食衣服布帛佩帨茝蘭
則受而獻諸舅姑舅姑受之則喜如新受賜或賜之謂私親兄弟○茝本又作芷昌改反韋昭注漢書云香草
也昌以反又說文云虈也虈火喬反齊人謂之茝昌在反若反賜之則辭不得命如更受賜藏以待乏。待舅姑之
乏也不得命者不見許也婦若有私親兄弟將與之則必復請其故賜而后與之【疏】父母至與之正
義曰此一節論婦事舅姑之禮幷明冢婦介婦相。於之節又明婦有私親賜之美物當獻於舅姑也○注謂傳至婦也○正義曰若舅姑未沒年七十以上傳
家事於長子其婦亦從夫知家事也若舅沒姑未老則其婦不得專知家事也故經云姑老若其不老則不得知也○注衆婦至弟也○正義曰衆婦無禮冢

婦不友之也者以其無禮故○冢婦疏薄之此無禮謂非七出之罪者若其七出自當棄之若冢婦無禮罪非七出衆婦當友之以適婦尊故也○注雖有至掉磬○正義曰庾氏云齊人謂之差許崔氏云北海人謂相激之事爲掉磬隱義云齊人謂相絞訐爲掉磬○注命爲使令○正義曰謂介婦不敢與冢婦並有教令之命下冢婦也○注或賜至兄弟○正義曰以下文云婦若有私親兄弟將賜之此云或賜之獻諸舅姑故知私親兄弟賜也雖藏之以待舅姑之乏若舅姑不乏私親兄弟既貧將欲以物與之不敢别請其財則必於舅姑舅姑處復請其故賜所藏之物舅姑既許然後取而與之

○適子庶子祇事宗子宗婦祇敬也宗大宗○復扶又反適丁歷反○雖貴富不敢以貴富入宗子之家雖衆車徒舍于外以寡約入入謂入宗子家子弟猶歸器衣服裘衾車馬則必獻其上而后敢服用其次也猶若也子弟若有功德以物見饋賜當以善者與宗子也若非所獻則不敢以入於宗子之門謂非宗子之爵所當服也不敢以貴富加於父兄宗族加猶高也若富則具二牲獻其賢者於宗子賢猶善也夫婦皆齊而宗敬焉當助祭於宗子之家○齊側皆反終事而后敢私祭祭其祖禰

疏適子至私祭○正義曰此一節論族人敬事宗子之禮○適子庶子祇事宗子宗婦者適子謂父及祖之適子是小宗也庶子謂適子之弟宗子謂大宗子宗婦謂大宗子之婦言小宗及庶子等敬事大宗子及宗婦也○子弟猶歸器衣服裘衾車馬者猶若也歸謂遺也子弟若有功德被尊上歸遺衣服裘衾車馬則必獻其善者於宗子○若富則具二牲獻其賢者於宗子者賢猶善也善者獻宗子使祭之不善者私用自祭也○夫婦皆齊而宗敬焉者大宗子將祭之時小宗夫婦皆齊戒以助祭於大宗以加敬焉謂敬事大宗之祭○終事而后敢私祭者謂大宗終竟祭事而后敢以私祭祖禰也此文雖主事大宗子其大宗之外

事小宗子者亦然○飯目諸飯也黍稷稻粱白黍黃粱稰穛孰穫曰稰生穫曰穛黍黃黍也○稰思呂反穛側角反○膳
目諸膳也膷臐膮醢牛炙醢牛胾醢牛膾羊炙羊胾醢豕炙醢豕胾芥醬魚膾雉兔
鶉鷃此上大夫之禮庶羞二十豆也以公食大夫禮饌校之則膮牛炙間不得有醢醢衍字也又以鷃爲鴽也○膷音香牛臛也臐許云反羊臛也膮許
堯反豕臛也字林云豕羹也火攸反炙章夜反下同胾側吏反膾古外反芥徐姬邁反鶉順倫反鷃音晏食音嗣酏食糝食並同鴽音如下文同○飲
目諸飲也重醴稻醴清糟黍醴清糟粱醴清糟重陪也糟醇也清泲也致飲有醇者有泲者陪設之也○重直龍反注同
糟子曹反徐但到反醇常倫反泲子禮反或以酏爲醴釀粥爲醴黍酏酏粥漿酢䤠○酢七故反䤠才載反水醷梅漿○醷
本又作臆於紀反徐於力反濫以諸和水也以周禮六飲校之則濫涼也紀莒之閒名諸爲濫○濫力暫反以諸乾桃乾梅皆曰諸○酒目諸酒也
清白白事酒昔酒也○羞目諸羞也糗餌粉酏糗擣熬穀也以爲粉餌與餈此記似脫周禮羞籩之實糗餌粉餈羞豆之實酏食糝食此
酏當爲餰以稻米與狼臅膏爲餰是也○糗起九反又昌紹反餌音二下同酏讀曰餐又作餰之然反又之善反擣本又作擣丁老反下同餈本又作粢自私
反下同糝西感反臅昌錄反徐又音燭○食目人君燕食所用也○食音嗣飯也下菰食麥食食齊皆同徐如字蝸醢而苽食雉羹
麥食脯羹雞羹析。稌犬羹兔羹和糝不蓼苽彫胡也稌稻也凡羹齊宜五味之和米屑之糝蓼則不矣此脯所謂析
乾牛羊肉也○蝸力戈反苽音孤字又作菰同雉羹絕句麥食脯羹雞羹絕句折之列反稌音杜徐他古反和糝上胡臥反下三敢反注同蓼音了齊才細反
下文同析星歷反下同濡豚包。苦實蓼濡雞醢醬實蓼濡魚卵醬實蓼濡鱉醢醬實蓼凡濡

謂亭之以汁和也苦苦荼也以包豚殺其氣卵讀爲鯤鯤魚子或作。攔也○濡音而下同苞伯交反醢音海一本作醓呼兮反次下句同卵依注音鯤古門反亭普彭反責也荼音徒攔音關本又作捫音門

腶脩蚳醢腶脩捶脯施薑桂也蚳。蚍蜉子也○腶丁亂反蚳直其反蟻子也捶徐之樂反蜱本又作蚍音毗蜉本又作蜉音浮

脯羹兔醢麋膚魚醢魚膾芥醬麋腥醢醬桃諸梅諸卵鹽。自蝸醢至此。二十六物似皆人君燕所食也其饌則亂膚切肉也膚或爲胖卵鹽大鹽也○卵力管反胖音判

○凡食齊視春時飯宜溫也羹齊視夏時羹宜熱也○夏戶嫁反下放此醬齊視秋時醬宜涼也飲齊視冬時飲宜寒也○凡和春多酸夏多苦秋多辛冬多鹹調以滑甘多其時味以養氣也

○牛宜稌羊宜黍豕宜稷犬宜粱鴈宜麥魚宜苽言其氣味相成

○春宜羔豚膳膏薌夏宜腒鱐膳膏臊秋宜犢麛膳膏腥冬宜鮮羽膳膏羶此八物四時肥美也爲其大盛煎以休廢之膏節其氣也牛膏薌犬膏臊鷄膏腥羊膏羶腒乾雉也鱐乾魚也鮮生魚也羽鴈也○薌音香腒其居反盧云雉腊說文云北方謂鳥腊曰腒鱐本又作鱐所求反臊素刀反麛音述鹿子也腥音星雞膏也說文作胜云犬膏臭也羶升然反爲于僞反大盛音太

○牛脩鹿脯田豕脯麋脯麕。脯麋鹿田豕麕。皆有軒雉兔皆有芼脯皆析乾。肉也軒讀爲憲憲謂藿葉切也芼謂菜釀也軒或爲胖○麕九倫反本又作麇又作麏下田豕麏同軒音憲出注後放此

爵鷃蜩范蜩蟬也范蜂。也○蜩范上音條下音犯范蠭也蠭本又作蜂芳凶反

芝栭蔆椇棗栗榛柹。瓜桃李梅杏楂。棃薑桂蔆芰也椇枳椇也。椇。蘗之不臧者自牛脩至此三十一物皆人君燕食所加庶羞也周禮天子羞用百有二十品記者不能次錄○芝音之栭音而本又作檽蔆音陵椇

音矩榛側巾反柿音俟祖側加反芰其寄反枳居氏反疏飯。黍。至。薑。桂。正義曰此一節總論飯飲膳羞調和之宜又明四時膳食所用弁明善惡治擇之等又顯貴賤所食之別各依文解之○飯黍至稰穛此飯之所載凡有六種下云白黍則上黍是黃黍也下言黃粱則上粱是白粱也按玉藻諸侯朔食四簋黍稷稻粱此則據諸侯其天子則加以麥苽為六但記文不載耳○注孰穫至曰穛○正義曰穛是斂縮之名明以生穫故其物縮斂也稰既對穛故為孰穫○膷至鶉鷃此一節論豆上所盛美膳謂羹與胾醢之屬也○注此上至鴽也○正義曰知上大夫之禮庶羞二十豆者按公食大夫禮文云二十豆者膷一謂牛。臛也臐二謂羊。臛也膮三謂豕。臛也牛炙四炙牛肉也此依公食大夫禮所陳設此等四物共為一行最在於北從西為始醢五謂肉醬也牛胾六謂切牛肉醢七牛膾八此等四物又為第二行陳之從東為始羊炙九羊胾十醢十一豕炙十二此等四物為第三行陳之從西為始醢十三豕胾十四芥醬十五魚膾十六此等四物為第四行陳之從東為始以上十六豆是下大夫之禮也雉十七兔十八鶉十九鷃二十此等四物為第五行陳之從西為始此是上大夫所加二十豆按公食大夫禮膮之下牛炙之上無醢字故云以公食大夫禮饌校之則膮牛炙閒不得有醢醢衍字也又公食大夫禮以鷃為鴽按釋鳥云鴽鴾母。某氏云謂鶕鴾李巡云鴽一云鴾母郭景純云鶕青州呼為鴾母皇氏用賀氏之說鴽蝙蝠其義未聞熊氏云此經醢文豕牛羊之下則是牛肉羊肉之醢以其庶羞故得用三牲為醢若其正羞則不得用三牲故醢人職無云牲之醢也○其飲重至醷濫此一節明諸飲之物也○注重陪至之也○正義曰此稻黍粱三醴各有清糟以清糟相配重設故云重醴凡致飲之時有清者有糟者按周禮漿人共王之六飲有水漿醴涼醫酏不云糟也共夫人致飲于賓客之禮清醴醫酏糟注云三物有清有糟夫人不體王得備之若后之致飲於賓客之有糟無清故酒正共后之致飲于賓客之禮醫酏糟注云后致飲無醴醫酏不清者與王同體屈也○注以諸至為濫○正義曰按漿人六飲有涼注云涼今寒粥若糗飯雜水也康成以涼與濫是一物矣則此以諸和水謂以諸雜糗飯之屬和水也諸者衆雜之辭按漿人六飲一曰水則此經水一也二曰漿則此經漿一也三曰醴則此經重醴一也但用清耳四曰涼則此經濫一也五曰醫則此經或以酏爲醴一也六曰酏則此經黍酏一也除六飲之外此經別有醷也若鄭司農之意醷與醫爲一物卽以酏爲醴者非康成義也鄭必知醷爲梅漿者見下文云調之以醯醯及若醯醷則醷是醯之類也又云獻用梅故知梅漿也按酒正云一曰清則此醴也二曰醫則此以酏爲醴也三曰漿則此漿也四曰酏則此黍酏也但無水涼二物鄭云無厚薄之齊故酒正不辨矣○酒清白此一節論酒之所用清謂清酒白謂事酒昔酒以二酒俱白故以一白標之配清酒則三酒故鄭云白事酒昔酒也此無五齊者五齊是祭祀獻神所飲非人常用故也○羞糗餌粉酏按周禮羞籩之實糗餌粉餈鄭注云合蒸曰餌餅之曰餈此二物皆粉稻米黍米爲之糗者擣粉熬大豆爲餌餈之黏著故以粉糗。擣之據周禮粉下有餈今無者記人脫漏更以酏益之爲酏者於周禮羞豆之實故周禮云羞豆之實酏食糝食酏請餈也○注此酏當爲餰○正義曰上以黍酏是粥知此酏當爲餰者按周禮酏食共糝食文連則酏是糝之般類此內則作糝與餰其事相連故云此酏當爲餰若其黍酏非膳羞所用且餰雖雜以狼臅膏亦粥之般類也○食蝸至卵鹽此一節總明人君燕食所用蝸醢而苽食雉羹者謂以蝸爲醢以苽米爲飯以雉爲羹此三者味相宜○麥食脯羹雉羹者謂以麥爲飯析脯爲羹又以雞爲羹此三者亦味相宜也○析稌犬羹兎羹者稌稻也謂細析稻米爲飯以犬兎爲羹此三者亦味相宜也○和糝不蓼者此等之羹宜以五味調和米屑爲糝不須加蓼也○濡豚包苦實蓼者濡謂亨煑以其汁調和言濡豚之時苞裹豚肉以苦菜殺其惡氣又實之以蓼○濡雞醢醬實蓼者言亨濡此雞加之以醢及醬又實之以蓼濡魚卵醬實蓼者卵謂魚子以魚子爲醬濡亨其魚又實之以蓼○濡鼈醢醬實蓼者謂亨其鼈加醢及醬又實之以蓼凡言實蓼者皇氏云謂破開其腹實蓼於其腹中又更縫而合之○腶脩蚳醢者腶脩謂腶脯也言食腶脯之時以蚳醢配之○脯羹兎醢者脯羹卽上析脯爲羹以兎醢配之○麋膚魚醢者麋膚謂麋肉外膚食之以魚醢配之○麋腥醢醬者腥謂生肉言食麋生肉之時還以麋醢配之此云麋腥卽上麋膚謂孰也○桃諸梅諸卵鹽者言食桃諸梅諸之時以卵鹽和之王肅云諸菹也謂桃菹梅菹卽今之藏桃也藏梅也欲藏之時必先稍乾之故周禮謂之乾穣鄭云桃諸梅諸是也○注卵讀至魚子○正義曰知卵讀爲鯤者以鳥卵非爲醬之物蚳醢是蚍蜉之子今卵醬承濡魚之下宜是魚之般類故讀爲鯤鯤是魚子也○注自蝸至鹽也○正義曰自蝸醢至此二十六物者皇氏云蝸一也苽食二也雉羹三也麥食四也脯羹五也雞羹六也析稌七也犬羹八也兎羹九也濡豚十也濡雞十一也濡魚十二也濡鼈十三也自此以上醢之與醬皆和調濡漬雞豚之屬爲他物而設之故不數矣自此以下醢及醬各自爲物但相配而食故數之腶脩十四也蚳醢十五也脯羹重出兎醢十六也麋膚十七也魚醢十八也魚膾十九也芥醬二十也麋醢二十一也醢二十二也醬二十三也桃諸二十四也梅諸二十五也卵鹽二十六也諸儒更無所說今依用之云似皆人君燕所食也者按周禮掌客云諸侯相食皆鼎簋十有二其正饌與此不同其食臣下則公食大夫禮具有其文與此又異故疑是人君燕食也云其饌則亂者按上陳庶羞有膷臐膮有牛炙牛胾始云牛炙家炙而依牲大小先後而陳此則先云雉羹後云脯羹又先云雞羹後云犬羹不依牲之次第又飯食在簋醢羹之屬在豆是上下雜亂故云其饌則亂也云膚切肉也者以其與醢醬相類在豆之物故爲切肉若其正膚則在俎故少牢特牲膚皆在俎也云卵鹽大鹽也者以其鹽形似鳥卵故云大鹽也○注多其至氣也○正義曰依經方春不用食酸夏不用食苦四時各減其時味也此云多其時味以養氣者經方所云謂時氣壯者減其時味以殺盛氣此經所云食以養人恐氣虛羸故多其時味以養氣也○注言其氣味相成○正義曰此云牛宜稌上云析稌用犬羹又云犬宜粱而以犬羹配析稌者此牛宜稌之屬據尊者正食上之所云據人君燕食以滋味爲美故與此不同○春宜至膏羶○上文食齊視春時至魚宜苽皆周禮食醫之文記者載之於此論調和食飲之法此春宜羔豚一經又記庖人論四時煎和膳食之宜以王相休廢相參其味

乃善○春宜羔豚膳膏薌者春爲木王膏薌牛膏也牛中央土畜春東方木木剋土木盛則土休廢用休廢之膏故用牛膏也○夏宜腒鱐膳膏臊者腒乾雉鱐乾魚膏臊犬膏也犬屬西方金夏南方火火剋金火盛則金休廢故用犬膏也○秋宜犢麛膳膏腥者膏腥謂雞膏也雞屬東方木秋西方金金剋木金盛則木休廢故用雞膏也○冬宜鮮羽膳膏羶者鮮魚羽鴈膏羶謂羊膏也羊屬南方火冬水王水剋火水盛則火休廢故用羊膏也周禮庖人文與此同鄭彼注云羔豚物生而肥犢與麛物成而充腒鱐暵熱而乾魚鴈水涸而性定此八物者得四時之氣尤盛爲人食之弗勝是以用休廢之脂膏煎和膳之義與此同○注牛膏至鴈也○正義曰按洪範五行傳云思之不睿則有牛禍牛屬土也言之不從則有犬禍犬屬金也貌之不恭則有雞禍雞屬木也視之不明則有羊禍羊屬火也今四時各有所剋脂膏而和膳食故知牛膏薌犬膏臊雞膏腥羊膏羶也云腒乾雉也者士相見禮云冬執雉夏執腒故知腒爲乾雉云鱐乾魚也者周禮籩人云膴鮑魚鱐鱐與鮑相對鮑爲濕魚故知鱐是乾魚也云鮮生魚也者鱐既爲乾魚故鮮爲生魚也月令云季冬獻魚又王制云獺祭魚然後虞人入澤梁是冬魚成也云羽鴈也者羽族既多而冬來可食者唯鴈故知羽鴈也庖人云春行羔豚行謂行用此云宜謂氣味相宜其事同也○牛脩至薑桂○麋鹿田豕麕皆有軒者言此等非但爲脯又可腥食腥食之時皆以藿葉起之而不細切故云皆有軒不云牛者牛唯可細切爲膾不宜大切爲軒故不言之○雉兔皆有芼者爲雉羹兔羹皆有芼菜以和之○芝栭者庾蔚云無華葉而生者曰芝栭盧氏云芝木芝也王肅云無華而實者名栭皆芝屬也庾又云自牛脩至薑桂凡三十一物則芝栭應是一物也今春夏生於木可用爲菹其有白者不堪食也賀氏云栭軟棗亦云芝木椹也以芝栭爲二物鄭下注云三十一物則數芝栭爲一物也賀氏說非也○○注蔆芰至次錄○正義曰椇棃之不臧者相是棃屬其味不善故云不臧也○○云自牛脩至此三十一物者牛脩一鹿脯二田豕脯三麋脯四麕脯五麋軒六鹿軒七田豕軒八麕軒九雉芼十兔芼十一爵十二鷃十三蜩十四范十五芝栭十六蔆十七椇十八

棗十九栗二十榛二十一柿二十二瓜二十三桃二十四李二十五梅二十六杏二十七。柤二十八梨二十九薑三十桂三十一云皆人君燕食所加庶羞也者以下文云大夫燕食有膾無脯故知此是人君燕食也按周禮籩人醢人正羞惟有棗栗榛桃無以外雜物故知所加庶羞也引周禮天子羞用百有二十品以下者證天子庶羞既多不惟三十一物而已云記者不能次錄者謂作記之人不能依次條錄天子之事但錄諸侯燕食三十一物而已亦不能依次也

○大夫燕食有膾無脯有脯無膾。士不貳羹胾。庶人耆老不徒食。尊卑差也【疏】。大夫至。徒食。○正義曰此一經接上人君燕食因明大夫士庶人燕食不同○有脯無膾者言大夫燕食若有脯則不得有膾按鄭志云脯非食殽此燕得食脯者脯非食殽謂食不專用脯以為食殽若有餘饌兼之則得有脯○士不貳羹胾者謂士燕食也若朝夕常食則下云羹食自諸侯以下至於庶人無等

附釋音禮記注疏卷第二十七

禮記注疏卷二十七校勘記

阮元撰盧宣旬摘錄

附釋音禮記注疏卷第二十七 惠棟校宋本禮記正義卷第三十七

內則第十二

后王命冢宰節

后王至兆民 惠棟校宋本無此五字

君謂諸侯王謂諸侯王謂天子 閩監毛本同案王謂諸侯四字誤衍惠棟校宋本不誤衛氏集說作后謂諸侯王謂天子亦無王謂諸侯四字

不定后妃唯主內事 補監毛本不定作若是

子事父母節

笄總 石經同岳本同嘉靖本同衛氏集說同釋文同閩監毛本總作緫石經考文提要云宋大字本宋本九經南宋巾箱本余仁仲本劉叔剛本皆作緫注下同

自佩也 閩監毛本同岳本同嘉靖本同衛氏集說同考文引足利本自作目

紛帨拭物之佩巾也 閩監毛本同衛氏集說同惠棟校宋本無佩字宋監本同岳本同嘉靖本同考文引古本足利本同

遰刀鞞也閩毛本同岳本同衞氏集說同監本鞞誤鞸嘉靖本鞞作鞸按釋文鞞音必頂反當作鞞

子事至著綦惠棟校宋本無此五字

縰訖加笄笄訖加總閩監本同毛本縰誤縱下訖誤紇

婦事舅姑節

如事父母各本同石經亦有事字釋文出如父母云一本作如事父母

衿纓各本同石經同釋文出衿嬰云嬰又作纓

婦事至綦屨惠棟校宋本無此五字

則喪服女子吉笄尺二寸也閩本同衞氏集說亦作吉監本吉字殘闕毛本吉誤古

而言施縏袠惠棟校宋本作袠衞氏集說同此本袠字模糊閩監毛本袠誤囊

明有繫閩監毛本同衞氏集說同惠棟校宋本繫下有也字

以適父母舅姑之所節

疾痛苛癢各本同石經同釋文出苛養云本又作癢

蕡熬枲實閩毛本同岳本同嘉靖本同衞氏集說同監本枲誤臬不成字

榆白曰枌閩毛本同岳本同嘉靖本同衞氏集說同監本枌誤粉

以適至后退惠棟校宋本無此五字

至其處所奉扶沃盥之儀閩監毛本同衞氏集說同惠棟校宋本扶作持

男女未冠笄者節

男女至視具惠棟校宋本無此五字

謂纓上有香物也閩監毛本同衞氏集說有作著

凡內外節

灑掃室堂閩監本同嘉靖本同毛本掃作埽石經同岳本同衞氏集說同釋文同

孺子蚤寢晏起各本同石經同釋文孺作⿰子烏

凡內至無時惠棟校宋本無此五字

由命士以上節

日入而夕慈以旨甘各本同毛本旨甘二字誤倒

食祿不免農也惠棟校宋本同宋監本同岳本同嘉靖本同衞氏集說同考文引補本足利本同古本免作勉閩監毛本免誤荒

父母舅姑將坐節

長者奉席請何趾各本同石經同釋文出何止云本又作趾○按說文有止字無趾字

須臥乃斂之也惠棟校宋本同宋監本同岳本同嘉靖本同衞氏集說同閩本斂字殘闕監毛本斂誤歛

父母至䙝之惠棟校宋本無此五字

父母舅姑之衣衾節

牟讀曰堥也閩監毛本同衞氏集說同正義亦作堥岳本作鍪嘉靖本同釋文出如堥云字又作鍪

父母至飲食惠棟校宋本無此五字

父母在朝夕恆食節

旨甘滑補各本皆作柔滑此誤脫柔字

父母至子餕惠棟校宋本無此五字

子婦餕餘之禮也閩監毛本同惠棟校宋本無也字衞氏集說同

在父母舅姑之所節

不敢唾洟閩監毛本洟誤作咦石經同岳本同嘉靖本同衞氏集說同釋文出唾涕云本又作洟通典六十八亦作洟

潘米瀾也閩監毛本作瀾岳本同嘉靖本同衞氏集說同釋文同此本瀾誤瀾盧文弨校云瀾說文作瀾

在父至帥時惠棟校宋本無此五字

男不言內節

男不至由左惠棟校宋本無此五字

不嫌男女有婬邪之意閩監本同毛本婬作淫衞氏集說同

子婦孝者敬者節

或則違解惠棟校宋本同岳本同嘉靖本同考文引古本足利本同閩監毛本則誤時衞氏集說同釋文出解也衞氏集說解下亦有也字

雖不耆閩監毛本同岳本同衞氏集說同釋文出不耆石經耆作嗜嘉靖本同惠棟校宋本同宋監本同按疏出經文亦作嗜通典六十八引亦作嗜○按古多假耆爲嗜

姑與之而姑使之各本同石經同釋文與作予○按予與古今字

子婦至禮焉惠棟校宋本無此五字

父母有過節

子從父之令閩監本同岳本同嘉靖本同衞氏集說同毛本令作命通典引亦作令

父母至起孝　惠棟校宋本無此五字

謂子恐父母不説　閩監毛本作謂此本謂字模糊考文云補本謂作諫

父母有婢子節

父母至不衰　惠棟校宋本無此五字

喪婦長女不娶　閩本監本同毛本婦作父盧文弨云婦字是父字非

舅沒則姑老節

不敢解倦　各本同釋文出解勌云本又作倦

凡婦不命適私室　石經同岳本同嘉靖本同衞氏集説同閩監毛本凡誤几

藏以待乏　閩本同石經同岳本同嘉靖本同衞氏集説同監毛本乏誤之通典六十八亦作藏以待之

父母至與之　惠棟校宋本無此五字

姅明冢婦介婦相於之節　惠棟校宋本同閩監毛本於作與衞氏集説同

故○冢婦疏薄之補　故下○誤

析稌　嘉靖本同閩監毛本析作折石經同岳本同衞氏集説同釋文同段玉裁校本云折當析之誤析同淅汏米也陸云之列反非

包苦實蓼各本同石經同釋文包作苞

或作攔也閩監毛本同岳本同衞氏集說同嘉靖本攔誤攔釋文出作攔云本又作捫考文引古本攔作欄

蚳蚍蜉子也各本同釋文出蜱云本又作蚍

卵鹽各本同石經同石經考文提要云坊本譌卵醬

自蝸醢至此二十六物惠棟校宋本同宋監本同岳本同嘉靖本同衞氏集說同考文引古本足利本同閩監毛本二誤一

麏脯各本同石經同釋文出麏云本又作麇又作麕下田豕麏同

脯皆析乾肉也惠棟校宋本肉上有其字宋監本同岳本同嘉靖本同此本誤脫閩監毛本同衞氏集說同

范蜂也各本同釋文出蠭云本又作蜂

柿瓜閩監毛本同嘉靖本同衞氏集說同石經柿作梯宋監本同岳本同釋文同石經考文提要云宋大字本劉叔剛本作柿

樝棃嘉靖本同閩監毛本同衞氏集說同惠棟校宋本樝作柤石經同岳本同宋監本同案釋文亦作柤石經考文提要云宋大字本劉叔剛本並作柤

椇藜之不臧者閩監毛本同嘉靖本藜作棃衞氏集說同岳本椇藜作柤棃宋監本同考文引補本古本足利本作樝棃按椇當作柤困學紀聞引內則注椇藜之不臧是誤字

飯黍至薑桂惠棟校宋本無此五字

謂牛臛也惠棟校宋本同衞氏集說同閩監毛本臛誤膗下羊臛豕臛同○按依說文當作脽臛俗字

按釋鳥云鴽鴾母某氏云閩本同惠棟校宋本同監毛本某誤郭

故以粉糗擣之閩監毛本同惠棟校宋本擣作摶衞氏集說同○按依本經注當作擣

析稌七也監毛本同衞氏集說同閩本析作折惠棟校宋本同

牛中央土畜春春東方木木剋土閩本同惠棟校宋本同惟春字不重衞氏集說同監本畜春春東方木六字闕毛本六字亦脫

犢與麋物成而充閩監本同毛本充誤克○按周禮注作與麛是也麛鹿子麋乃麋鹿字

椇棃之不臧者惠棟校宋本椇作柤此本誤也閩監毛本同下柤是棃屬放此

柤二十八惠棟校宋本同閩監毛本柤作樝衞氏集說同

亦不能依次也惠棟校宋本此下標禮記正義卷第三十七終記云凡二十一頁

大夫燕食節惠棟校宋本自此節起至女子十年不出節止爲第三十八卷卷首題禮記正義卷第三十八

庶人耆老不徒食各本同毛本徒誤從

大夫至徒食閩本同監毛本徒誤從按惠棟校宋本無此五字

禮記注疏卷二十七校勘記

附釋音禮記注疏卷第二十八

內則

鄭氏注　孔穎達疏

膾春用葱。秋用芥豚春用韭秋用蓼芥芥醬也脂用葱。膏用薤。脂肥凝者釋者曰膏○薤戶界反俗本多作薤非也三牲用藙藙煎茱萸也漢律會稽獻焉爾雅謂之椴○藙魚氣反會古外反稽古兮反椴色八反似茱萸而實赤小和用醯畜與家物自相和也○和戶臥反注皆同注又如字醯呼兮反酢也畜許又反又許六反獸用梅亦野物自相和鶉羹。雞羹鴽釀之蓼釀謂切雜之也鴽在羹下烝之不羹也○鶉雞羹本又作鶉羹雞羹魴鱮烝雛燒雉薌無蓼薌蘇荏之屬也燒煙於火中也自膾用葱至此言調和菜釀之所宜也○魴鱮上音房下音敘烝皇絕句之丞反雛字又作雛仕俱反又匠俱反賀讀魴鱮烝雛為句燒如字一音焦皇絕句雉皇此一句一讀雉薌為句蘇荏而甚反調徒弔反○不食雛鱉狼去腸狗去腎狸。去正脊兔去尻。狐去首豚去腦魚去乙鱉去醜皆為不利人也雛鱉伏乳者乙魚體中害人者名也今東海容魚有骨名乙在目旁狀如篆乙食之鯁人不可出醜謂鱉竅也○去起呂反下並同尻苦刀反腦奴老反為于偽反下皆為同伏扶又反乳而樹反鰫音容篆直轉反鯁本又作哽古猛反字林云鯁魚骨也又工孟反竅苦叫反○肉曰脫之魚曰作之棗曰新之栗曰撰之桃曰膽之柤梨。曰攢之皆治擇之名也○膽丁敢反攢再官反本又作鑽○○牛夜鳴則庮羊泠毛而毳羶狗赤股而躁臊鳥皫。色而沙鳴鬱豕望視而交睫腥馬黑脊而般臂漏雛尾不盈握弗食舒鴈翠鵠鴞胖舒鳬翠雞肝鴈腎鴇奧鹿胃亦皆爲不利人也廇惡臭也春秋傳曰一薰一廇泠毛毳毛別聚於不解者也赤股股裏無毛也䐁色毛變色也沙猶嘶也鬱腐臭也望視視遠也腥當爲星聲之誤也星肉中如米者般臂前脛般般然也漏當爲螻如螻蛄臭也舒鴈鵞也翠尾肉也鵠鶂胖謂脅側薄肉也舒鳬鶩也鴇奧脾。胑也鵠或爲鶂也○廇音由泠音零泠結毛如氈也毳昌銳反躁早報反膲本又作䐁劉昌宗音普保反徐芳表反又普表反沙如字一音所嫁反注同䁥音接腥依注作星說文云腥星見食豕令肉中生小息肉也字林音先定反般音班臂本又作擘必避反徐力避反漏依注音螻力侯反鵠胡篤反鶂于驕反胖音判鴇音保奧於六反胃音謂字又作膶同薰許云反或作焄又作葷解胡買反嘶音西字又作斯音同腐扶甫反脛胡定反蛄音姑鵞五何反鶩音木脾扶移反胑昌私反○

○肉腥細者爲膾大者爲軒言大切細切異名也膾者必先軒之所謂聶而切之也○腥音星字林作胜云不熟也先丁反聶本又作攝又作牒皆之涉反下同或曰麋鹿魚爲菹麕爲辟雞野豕爲軒兎爲宛脾切葱若薤實諸醯以柔之此軒辟雞宛脾皆菹類也釀菜而柔之以醯殺腥肉及其氣今益州有鹿䐁者近由此爲之矣菹軒聶而不切辟雞宛脾聶而切之軒或爲胖宛或作鬱○麕爲九倫反辟必益反徐芳益反注同宛于晚反脾婢支反醯徐呼兮反本或作醢䐁於僞反益州人取鹿殺而埋之地中令臭乃出食之名鹿䐁是也近附近之近

○羹食自諸侯以下至於庶人無等羹食食之主也庶羞乃異耳食音嗣注羹食幷下文食禮同○大夫無秩膳謂五十始命未甚老也秩常也大夫七十而有閣有秩膳也閣以板爲之庋食物也○庋又作庪九委反或居彼反本亦作處○天子之閣左達五右達五公侯伯於房中五大夫於閣三士於坫一達夾室大夫言於閣與天子同處天子二五倍諸侯也五者三牲之肉及魚腊也○坫丁念反

夾古洽反又古協反處昌慮反【疏】膾。春。至。無。蓼○正義曰此一節論調和飲食之宜鶉羹雞羹者謂用鶉用雞爲羹鴽者唯烝煑之而已不以爲羹故文在羹下釀之蓼者釀謂切雜和之言鶉羹雞羹及烝之等三者皆釀之以蓼○鮒鱮烝者鮒鱮二魚皆烝熟之雛燒者雛是鳥之小者火中燒之然後調和若今之臛也○雉者文在烝燒之下或燒或烝或可爲羹其用無定故直云雉薌無蓼者薌謂蘇荏之屬言鮒鱮烝及雛燒幷雉等三者調和唯以蘇荏之屬無用蓼也○注芥芥醬也○正義曰上云魚膾芥醬則謂秋時用芥芥辛於秋宜也○注藙煎至之樧○正義曰賀氏云今蜀郡作之九月九日取茱萸折其枝連其實廣長四五寸一升實可和十升膏名之藙也○不食至攢之○正義曰此一節論治擇肉物惡者及果實之屬○肉曰脫之者皇氏云治肉除其筋膜取好處故李巡注爾雅釋器云肉去其骨曰脫郭云剝其皮也○魚曰作之者皇氏云作謂動搖也凡取魚搖動之視其鮮餒餒者不食李巡注爾雅云作之魚骨小无所去郭氏爾雅今本作斮之注云謂削鱗也○棗曰新之者棗易有塵埃恆治拭之使新○栗曰撰之者栗蟲好食數數布。陳撰省視之○桃曰膽之者桃多毛拭治去毛令色青滑如膽也或曰膽謂苦桃有苦如膽者擇去之○柤梨曰攢之者恐有蟲故一一攢看其蟲孔也○牛。夜。至。鹿。胃。○正義曰此一節論腥臊羶臭及諸物不可食者從牛夜鳴至般臂漏皆與周禮內饔職文同○牛夜鳴則庮者庮是臭惡之氣牛。夜鳴則其肉庮臭○經羊泠毛而毳羶者羶謂羶氣泠謂毛本稀泠毳謂毛頭毳結羊若如此其肉羶氣○狗赤股而躁臊者臊謂臊惡赤股股裏無毛躁謂舉動急躁狗若如此其肉臊惡○鳥皫色而沙鳴鬱者鬱謂腐臭也皫色其色變無潤澤沙鳴者沙嘶也謂鳴而聲嘶鳥若如此其肉腐臭○豕望視而交睫腥者腥謂肉結如星望視謂豕視望揚交睫謂目睫毛交豕若如此則其肉似星也○馬黑脊而般臂漏者漏謂螻蛄臭黑謂馬脊黑般臂謂馬之前脛其色般般然馬若如此其肉如螻蛄臭也雛尾不盈握弗食者雛謂小鳥尾盈一握然後堪食若其過小未盈握不堪食也自此以下因廣言不堪食之物○舒鴈翠者舒鴈鵝也翠謂尾肉也言鵝尾之肉不堪食也○鵠鴞胖者胖謂脅側薄肉也謂鵠鳥鴞鳥脅側薄肉不可食○舒鳧翠者舒鳧謂鵞鵞即是鴨其翠不可食雞肝鴈腎亦不可食鴇奧者奧謂脾胵謂藏之深奧處鴇奧及鹿胃亦不可食凡此皆為不利人也○注庮惡至一鴇也○正義曰引春秋傳者僖四年左傳文論晉獻公卜娶驪姬其繇曰一薫一蕕十年尚猶有臭薫謂香草蕕謂臭草薫蕕一時相和十年臭氣尚在言善易銷惡難除也。蕕比於驪姬之惡也云沙猶嘶也者嘶謂酸嘶古之嘶字單作斯耳云腥當為星者謂肉中白點似星也故不得為腥臊之字也云漏當為螻者以漏非臭惡氣名故謂為螻也云舒鴈鵝舒鳧鶩也者爾雅釋鳥文某氏云在野舒翼飛遠者為。鵝李巡云野曰鴈家曰鵝李巡又云野曰鳧家曰鶩○。或。曰至。柔。之○正義曰此一節明齏菹之異用肉不同言或曰者作記之人為記之時無菹軒辟雞宛脾之制作之未審舊有此言記者承而用之故稱或曰○麋鹿魚為菹者凡大切若全物為菹細切者為齏其牲體大者菹之其牲體小者齏之用此麋鹿魚為菹及野豕為軒是菹也麕為辟雞兔為宛脾者是齏也故鄭注醢人云細切為齏全物若牒為菹少儀曰麋鹿為菹野豕為軒皆牒而不切麕為辟雞兔為宛脾皆牒而切之是菹大而齏小也按少儀不云魚此云魚者記者異聞也此魚與麋鹿相對是魚之大者故以為菹其辟雞宛脾及軒之名其義未聞○切葱若薤實諸醯以柔之者此亦少儀文也或用葱或用薤故云切葱若薤肉與葱薤置諸醋中故云實諸醯物置醯中悉皆濡熟故云柔之○注釀菜至切之○正義曰此經云葱薤是釀菜而柔之故鄭注醢人云齏菹之稱菜肉通也云今益州有鹿矮者近由此為之矣者鄭以今益州人有將鹿肉畜之矮爛謂之鹿矮附近由此名古之菹軒而為此鹿矮也云菹軒聶而不切辟雞宛脾聶而切之者皆少儀文聶則牒也聲相近耳○。羹。食。至。坫。一○正義曰此一節論天子諸侯及大夫士等尊卑膳食節級之等差○注羹食至異耳○正義曰食謂飯也言羹之與飯是食之主故諸侯以下無等差也此謂每日常食若非是依常禮食之外或別有牛羊豕之肉隨時得為羹也其黍稷稻粱之屬依禮正食之外隨等別有稼穡收穫皆得為飯故云羹食無等若依禮正食天子日食卽周禮膳夫王日一舉鼎十有二物皆有俎及天子八簋諸侯六簋大夫四簋此等卽尊卑亦有差降也言羹食食之主也者凡人所食羹飯爲主助以雜物醬是衆食所須故曲禮云醯醬處內注云近醯醬者食之主又按公食大夫禮宰夫自東房授醯醬公設之注云以其爲饌本是也又牲與黍稷亦諸食之本故掌客云鼎簋十有二注云合言鼎簋者牲與黍稷俱食之主也雖文各有所施大理不異云庶羞乃異耳者公食大夫禮下大夫十六豆上大夫二十豆又周禮掌客云上公食四十侯伯食三十二子男食二十四鄭注云食謂庶羞羹可食者是庶羞乃異也○注謂五至常也○正義曰知五十始命未甚老也者以下云六十宿肉是有常秩此經云無秩膳故知是五十也秩常祿詁文○注有秩至物也○正義曰此經云七十而有閣故知有秩膳也然則六十者比五十者則有常肉比七十者則有無肉時也○注達夾至腊也○正義曰崔氏云宮室之制中央爲正室正室左右爲房房外有序序外有夾室天子尊庖廚遠故左夾室五閣右夾室五閣諸侯卑庖廚宜稍近故於房中減降於天子唯在一房之中而五閣也大夫既卑無嫌故亦於夾室而閣三也三者豕魚腊也士卑不得作閣但於室中爲土坫庋食也云五者三牲之肉及魚腊也者以天子腊用六牲今云五閣是不一牲爲一閣以魚腊是常食之物故知三牲及魚腊也

○凡養老有虞氏以燕禮夏后氏以饗禮殷人以食禮周人脩而兼用之凡五十養於鄉六十養於國七十養於學達於諸侯八十拜君命一坐再至瞽亦如之九十者使人受五十異粻六十宿肉七十二膳八十常珍九十飲食不違寢膳飲從於遊可也六十歲制七十時制八十月制九十日脩唯絞紟衾冒死而后制五十始衰六十非肉不飽七十非帛不煖八十非人不煖九十

雖得人不煖矣五十杖於家六十杖於鄉七十杖於國八十杖於朝九十者天子欲有問焉則就其室以珍從七十不俟朝八十月告存九十日有秩五十不從力政六十不與服戎七十不與賓客之事八十齊喪之事弗及也五十而爵六十不親學七十致政凡自七十以上唯衰麻爲喪凡三王養老皆引年八十者一子不從政九十者其家不從政瞽亦如之凡父母在子雖老不坐有虞氏養國老於上庠養庶老於下庠夏后氏養國老於東序養庶老於西序殷人養國老於右學養庶老於左學周人養國老於東膠養庶老於虞庠虞庠在國之西郊有虞氏皇而祭深衣而養老夏后氏收而祭燕衣而養老殷人哻而祭縞衣而養老周人冕而祭玄衣而養老記王制有此○粻知良反糧也字林云量也絞古交反紟其鳩反本又作衿同冒亡報反煖乃管反朝直遙反下同珍從才用反又如字與音預下同齊側皆反衰七回反膠音交哻況甫反縞古老反又古報反疏○凡養至養老○正義曰此一節皆王制文記者重而錄之後人雖知其重因而不去慎疑不敢刪易也○

○曾子曰孝子之養老也樂其心不違其志樂其耳目安其寢處以其飲食忠養之孝子之身終終身也者非終父母之身終其身也是故父母之所愛亦愛之父母之所敬亦敬之至於犬馬盡然

而況於人乎賤喻貴也○樂音洛下同養羊亮反疏曾子至人乎○正義曰此一節因上陳養老之事遂陳孝子事親之禮孝子之身終者謂
安樂其親之心不違其志樂其耳目安其寢處以其飲食中心養之是孝子事親之身終也○終身也者非終父母之身終其身也者作記之人既云孝子之
身終恐人不解謂言孝子事親至親身終故解云終身也者非終竟父母之身也終其孝子之身也言父母雖沒終竟是身而行孝道與親在無異至於犬馬
盡然而況於人乎者言父母所敬愛犬馬之屬盡須愛敬而況於父母所敬愛人乎凡養老五帝憲憲法也養之爲法其德行三王有
乞言有讀爲又又從之求善言可施行也五帝憲養氣體而不乞言有善則記之爲惇史三王亦
憲既養老而后乞言亦微其禮皆有惇史惇史史惇厚是也微其禮者依違言之求而不切也○惇音敦疏凡養
至惇史○正義曰此一節論五帝三王養老之禮○五帝憲者憲法也言五帝養老法其德行○三王有乞言者言三王其德漸薄非但法其德行又從求乞
善言○五帝憲養氣體而不乞言者覆說上五帝憲之法奉養老人就氣息身體恐其勞動故不乞言有善則記之爲惇史者惇厚也言老人有善德行則記
錄之使衆人法則爲惇厚之史亦微其禮皆有惇史者言三王養老既法德行又從之乞言其乞言之禮亦依違求之而不偪切三代皆法其德行善言爲惇厚
之史故云皆皆者皆三代也○淳熬煎醢加于陸稻上沃之以膏曰淳熬淳沃也熬亦煎也沃煎成之以爲名
○淳之純反下熬五羔反下及注同淳毋煎醢加于黍食上沃之以膏曰淳毋毋讀曰模模象也作此象淳熬○毋
依注音模莫胡反下同食音嗣疏淳熬至淳毋○正義曰此一節論養老須飲食如養親之事明八珍之饌幷明羞豆糝𩜾之等淳熬者是八珍之內一珍
之膳名也淳謂沃也則沃之以膏是也熬謂煎也則煎醢是也○陸稻者謂陸地之稻也謂以陸地稻米熟之爲飯煎醢使熬加于飯上恐其味薄更沃之以

膏使味相湛漬曰淳熬○注。毋讀至淳熬○正義曰以經云淳。毋。毋是禁辭非膳羞之體故讀為模模象也法象淳熬而為之但用黍為異耳經云黍食飯
也謂以黍米為飯不言陸者黍皆在陸無在水之嫌故不言陸 炮取豚若將封之刲之實棗於其腹中編萑以
苴之塗之以謹塗炮之塗皆乾擘之濯手以摩之去其皽為稻粉糔溲之以為
酏以付豚煎諸膏膏必滅之鉅鑊湯以小鼎薌脯於其中。使其湯毋滅鼎三日
三夜毋絕火而后調之以醯醢 炮者以塗燒之為名也將當為。牂。牂。牡羊也封刲博異語也謹當為墐聲之誤也墐塗塗有穰
草也皽謂皮肉之上魄莫也糔溲亦博異語也糔讀與滫瀡之滫同薌脯謂煑豚若羊於小鼎中使之香美也謂之脯者既去皽則解析其肉使薄如為脯然
唯豚全耳豚羊入鼎三日乃內醢醢可食也○炮步交反將依注音牂子郎反封苦圭反刲口孤反又口侯反編必縣反又步典反萑音丸蘆也苴子餘反苞
裹也謹依注作墐音斤徐如字炮之絕句塗皆乾絕句塗本亦作塗擘之必麥反絕句濯直角反去起呂反注同皽章善反糔息酒反又相流反又息了反溲
所九反付徐音賦鉅音巨其據反鑊戶郭反使湯一本作使其湯穰如羊反草也魄莫上普伯反或普博反下亦作膜武博反析星厤反 ○擣珍取
牛羊麋鹿麕之肉必脄每物與牛若一捶反側之去其餌孰出之去其皽柔其
肉 脄脊側肉也捶擣之也餌筋腱也柔之為汁和也汁和亦醢。醢與○脄音每徐亡代反夾脊肉餌音二本或作皽下句作餌筋音斤腱徐其偃反皇紀偃
反一音其言反隱義云筋之大者王逸注楚詞云筋頭也與音餘 ○漬取牛肉必新殺者薄切之必絕其理湛。
諸美酒期朝而食之以醢若醯醷 湛亦漬也○湛子潛反直蔭反又將鴆反一音陟鴆反注同期音朞【疏】炮取至醢醷○

正義曰：炮取豚若將者，言爲炮之法或取豚或取牂，故云取豚若將封刳其腹實香棗於其腹中○編萑以苴之者，萑是亂草也，苴裹也，編連亂草以裹而豚牂，裹之既畢，塗之以謹塗之謂穰草相和之塗也，以此墐塗而泥塗之，炮之塗皆乾擘之之者，謂擘去乾塗也○濯手以摩之去其皽者，手既擘泥不淨，其肉又熱，故濯手摩之去其皽莫○○爲稻粉糔溲之以爲酏者，付全豚之外，煎之於膏，若羊則解析肉以粥和之○○膏必滅之者，滅沒也，小鼎盛膏，以膏煎豚牂，膏必沒此豚牂也○鉅鑊湯以小鼎薌脯於其中者，謂以大鑊盛湯，以小鼎之香脯實於大鑊湯中○○使其湯毋滅鼎者，使鑊中之湯無得沒此小鼎，若湯沒鼎，恐湯入鼎中令食壞也○三日三夜毋絕火者，欲令用火微熱勢不絕○注將當至全耳○正義曰：以經云取豚若將，則將是豚類，故知將當爲牂，牂聲相近，又字體一邊相似。云封刳博異語也者，按易云士封羊，又云刳木爲舟，意同而語異。云謹當爲墐者，以謹非泥塗之物，以聲相近，故爲墐也。云墐塗塗有穰草也者，用之炮豚須相黏著，故知塗有穰草也。云糔溲亦博異語也者，亦上封刳之豚封刳既博異語，故云糔溲亦博異語也。云唯豚全耳者，按周禮封人有毛炮之豚，豚形既小，故知全體。周禮鄭注云：毛炮豚者，爛去其毛而炮之。豚既毛炮，則此牂或亦毛炮，既無正文，不敢定也○注胑脊至醢與○正義曰：知胑是脊側肉者，以脊側肉美，今擣以爲珍，宜取美處，故爲脊側肉。云餌筋腱也者，以經云去其餌，又曰去其皽，皽既爲皮莫，則餌非復是皮莫，故以爲筋腱，腱即筋之類。云汁和亦醢醢與者，以上炮豚炮牂調以醢醢，下漬亦食之以醢若醢，故知擣珍和亦用醢醢○

○爲熬：捶之，去其皽，編萑，布牛肉焉，屑桂與薑，以洒諸上而鹽之，乾而食之。施羊亦如之，施麋、施鹿、施麕皆如牛羊。欲濡肉則釋而煎之以醢，欲乾肉則捶而食之。熬於火上爲之也，今之火脯似矣。欲濡欲乾，人自由也。醢或爲醯。此七者，周禮八珍，其一肝膋是也。○洒，所買反，徐西見反。鹽音豔，又如字。乾而食，一本無「而食之」三字。濡音儒，下同。膋音遼，徐音勞。

疏 爲熬

至食之○正義曰此一經論作熬之法○施羊亦如之者爲熬之法於牛如上所陳若施設於羊亦如牛也○欲濡肉則擇而煎之以醢者言食熬之時唯人
所欲若欲得濡肉則以水潤釋而煎之以醢也○注此七至是也○正義曰七者謂第一淳熬也第二淳模也第三第四炮取豚若牂也第五擣珍也第六漬
也第七熬也云其一肝膋者則此糝下肝膋也但作記之人文不依次故在糝下陳之○○糝取牛羊豕之肉三如一小切
之與稻米稻米二肉一合以爲餌煎之此周禮糝食也○食音嗣下酏食同○肝膋取狗肝一幪
之以其膋濡炙之舉燋。其膋不蓼膋腸間脂舉或爲巨○幪音蒙燋焦字又作燋子消反取稻米舉糔溲之
小切狼臅膏以與稻米爲酏。狼臅膏臆中膏也以煎稻米則似今膏屡矣此周禮酏食也此酏當從餰○酏讀爲饘之然反又之
善反注饘同臆音憶屡本又作饘又作屡並同之然反音旃○疏糝取至煎之○正義曰三如一者謂取牛羊豕之肉等分如一稻米二肉一者謂二分稻
米一分肉也○注此周禮糝食也○正義曰按周禮醢人云羞豆之實酏食糝食故云然也此先陳糝食者亦記人不次○注膋腸至爲巨○正義曰舉皆也
謂炙膋皆燋也○注以煎至從饘○正義曰則似今膏屡矣者似漢時膏屡以膏煎稻米鄭舉時事以說之云此酏當從饘者此內則及周禮酏之字當從饘
字以酏是粥非是膏煎稻米故改酏從饘也○禮始於謹夫婦爲宮室辨外內男子居外女子居內
深宮固門閽寺守之男不入女不出閽掌守中門之禁也寺掌內人之禁令也○閽音昏男女不同椸。枷
不敢縣於夫之楎椸不敢藏於夫之篋笥不敢共湢浴竿謂之椸楎杙也○枷本又作椸以支反枷音
嫁縣音玄楎音輝笥息吏反竿音干杙音弋夫不在斂枕篋簟席襡器而藏之不敢褻也少事長賤事貴

咸如之咸皆也○夫婦之禮唯及七十同藏無閒衰老無嫌及猶至也○閒徐閒廁之閒皇如字讀故妾雖老年未滿。五十必與五日之御五十始衰不能孕也妾閉房不復出御矣此御謂侍夜勸息也五日一御諸侯制也諸侯取九女姪娣兩兩而御則三日也次兩媵則四日也次夫人專夜則五日也天子十五日乃一御○年未五十本又作年未滿五十與音預復扶又反下文夫復同姪大結反娣大計反媵羊證反又繩證反將御者齊漱澣慎衣服櫛縰笄總角拂髦衿纓綦屨其往如朝也角衍字也拂髦或爲繆髦也○齊側皆反下皆同澣音浣朝直遙反下文朝服注朝於君皆同繆居糾反○雖婢妾衣服飲食必後長者人貴賤不可以無禮○後胡豆反○妻不在妾御莫敢當夕辟女君之御日也○辟音避下辟人雖辟皆同

【疏】禮。始至。當夕。正義曰此一節論夫婦男女及內外之別又明妾與適妻尊卑相降之等各依文解之○注竿謂之椸楎杙也○正義曰按爾雅釋宮云樴謂之杙郭景純注云樴音杙李巡曰謂橛杙也釋宮又云在牆者謂之楎郭景純引禮云不敢縣於夫之楎椸植曰楎橫曰椸然則楎椸是同類之物橫者曰椸則以竿爲之故云竿謂之椸○唯及七十同藏無閒者○閒別也夫婦唯至七十同處居藏無所閒別以其衰老無所嫌疑故也夫七十則婦六十以上若夫雖七十婦唯六十以下則猶閒居也詩傳云男女不六十不閒居據婦人言之若其宗子雖七十無妻猶得更娶故曾子問宗子雖七十無無主婦是必須有主婦也○注五十至一御○正義曰此經據妾言之未滿五十必與五日之御五十以上則不與也然則妻雖五十以上猶得與也云姪娣兩兩而御則三日也者以夫人及二媵各有姪娣凡六人故三日也云次兩媵則四日也者如鄭此言夫人姪娣卑於兩媵若望前卑者在前尊者在後望後乃反之知者約天子御法云天子十五日乃一御者按九嬪注云女御八十一人當九夕世婦二十七人當三夕九嬪九人當一夕三夫人當一夕后當一夕亦十五日而徧云自望後反之

是也○注女君之御日也○正義曰此謂卿大夫以下故經云妻而注云女君大夫一妻二妾則三日御徧士一妻一妾則二日御徧妾恆辟女君之御日非但不敢當女君之御日縱令自當君之御日猶不敢當夕而往故詩小星云肅肅宵征夙夜在公注引此云凡妾御於君不當夕是也○妻將生子及月辰居側室側室謂夾之室次燕寢也夫使人日再問之作而自問之妻不敢見使姆衣服而對至于子生夫復使人日再問之作有感動○見賢遍反下及注同姆音茂字林亡又反女師也一音母又音亡久反夫齊則不入側室之門若始時使人問子生男子設弧於門左女子設帨於門右表男女也弧者示有事於武也帨事人之佩巾也○三日始負子男射女否始有事也負之謂抱之而使鄉前也○鄉許亮反下文西鄉皆同○疏妻。將。至。女。否。○正義曰從此以下終篇末論國君以下至庶人生子之禮及適庶差別妻妾異等所生男女養教之法從此妻將生子至男射女否則明大夫以下未生子之前夫問之宜及生子設弧矢之法○注側室至寢也○正義曰夫正寢之室在前燕寢在後側室又次燕寢在燕寢之旁故謂之側室妻既居側室則妾亦當然也故春秋傳云趙有側室曰穿是妾之子也生子不於夫正室及妻之燕寢必於側室者以正室燕寢尊故也經云及月辰謂生月之辰初朔之日也○注若始時使人問○正義曰夫不齊之時未動作之前夫使人日再問之今雖動作之後以其齊故但使人問之故云若始時使人問之也○國君世子生告于君接以大牢宰掌具接讀爲捷捷勝也謂食其母使補虛強氣也○接依注音捷字妾反下接子同食音嗣下注食子食乳皆同三日卜士負之吉者宿齊朝服寢門外詩負之射人以桑弧蓬矢六射天地四方詩之言承也桑弧蓬矢本大古也天地四方男子所有事也○射天地食亦反承如字徐音拯救之拯大音泰保受乃負之代士也保保母宰醴負子賜之束帛醴當爲禮聲之誤也禮以一獻之禮酬之以幣也卜士之妻大夫之妾使食子食子不使君妾適妾有敵義不相褻以勞辱事也士妻大夫之妾謂時自有子〇嫡本亦作適同丁歷反疏國君至食子〇正義曰此一經論國君世子生及三日負子及食之法〇注接讀至氣也〇正義曰王肅杜預並以爲接待夫人以大牢鄭必讀爲捷爲補虛強氣者以婦人初產必困病虛羸當產三日之內必未能以禮相接應待負子之後今在前爲之故知補虛強氣宜速故也〇注詩之至事也〇正義曰詩含神霧云詩者持也以手維持則承奉之義謂以手承下而抱負之云桑弧蓬矢本大古也者以桑與蓬皆質素之物故知本大古也云天地四方男子所有事也者男子上事天下事地旁禦四方之難故云所有事然射禮唯四矢者謂天地非射事所及唯禦四方故止四矢蓬是禦亂之草桑衆木之本〇注禮以至幣也〇正義曰此約士昏禮禮賓酬幣之法此士負子故禮之還用士禮〇注士妻至有子〇正義曰使其食子須有乳汁故知時自有子者皇氏云士之妻大夫之妾者隨課用一人故桓六年左傳云卜士負之士妻食之不云有大夫妾文略也〇凡接子擇日雖三日之內尊卑必皆選其吉焉〇冢子則大牢天子世子也冢大也冢子猶言長子通於下也庶人特豚士特豕大夫少牢國君世子大牢皆謂長子其非冢子則皆降一等謂冢子之弟及衆妾之子生也天子諸侯少牢大夫特豕士特豚庶人猶特豚也〇疏凡接至一等〇正義曰此一節論國君以下至庶人以上接子牲牢之異幷適庶不同〇注天子至下也〇正義曰此云冢子大牢下云國君世子大牢既別言國君世子故知此冢子大牢謂天子世子也云冢子猶言長子通於下也者喪服父爲長子是上下通稱長子故云通於下鄭云此者以天子特云冢子則大牢恐冢子之名唯施天子世子故云通於下必知冢子通於下者以下文云庶人特豚士特豕大夫少牢國君大牢下即云其非冢子則皆降一等明冢子之名庶人

大夫士等皆有其號○注庶人猶特豚也○正義曰以冢子庶人特豚士特豕大夫少牢國君大牢庶子既降一等天子諸侯少牢大夫特豕士特豚則庶人全應無牲今以禮窮欲與士同故云猶特豚此是三日接子之禮故牲牢如此若三月名子之時則與此異故下文云具視朔食注云朔食天子大牢諸侯少牢大夫特豕士特豚也與此接子適庶參差不同○
○異為孺子室於宮中特掃一處以處之○一處尺御反擇於諸母
與可者必求其寬裕慈惠溫良恭敬慎而寡言者使為子師其次為慈母其次
為保母皆居子室此人君養子之禮也諸母衆妾也可者傅御之屬也子師教示以善道者慈母知其嗜欲者保母安其居處者士妻食乳
之而已○者市志反他人無事不往為兒精氣微弱將驚動也○為士僞反下為改為大溫皆同○疏。異。為。至。不。往○正義曰此一節謂三
日負子之後三月名子之前諸侯養子選擇諸母及養子之法此文雖據諸侯其實亦兼大夫士也但士不具三母耳大夫以上則具三母故喪服小功章中
君子為庶母慈己者鄭注引此內則三母獨言慈母舉中以見上下是知大夫有三母也為之服小功若諸侯之子三母則不服也又此雖在三月之前其實
三月之後養子亦當然也○注士妻食乳之而已○正義曰既有子師慈母保母各為其事故知士妻但食乳之而已○三月之末擇日翦
髮為鬌男角女羈否則男左女右鬌所遺髮也夾。囟曰角午達曰羈也○鬌丁果反徐大果反囟音信又思忍反是曰
也妻以子見於父貴人則為衣服由命士以下皆漱澣貴人大夫以上也由自也男女夙興
沐浴衣服具視朔食朔食天子大牢諸侯少牢大夫特豕士特豚也夫入門升自阼階立于阼西鄉妻
抱子出自房當楣立東面入門者入側室之門也大夫以下見子就側室見妾子於內寢辟人君也○楣音眉疏。三。月。至。東。面○

正義曰此一節明三月之末卿大夫以下名子之法又書名藏之州府妻遂適寢夫入與妻䴵食之事各依文解之○鬌所至羈也○正義曰三月翦髮所留不翦者謂之鬌云夾。囟曰角者。囟是首腦之上縫故說文云。十其字象小兒腦不合也夾。囟兩旁當角之處留髮不翦云午達曰羈也者按儀禮云度尺而午注云一從一橫曰午今女翦髮留其頂上縱橫各一相交通達故云午達不如兩角相對但縱橫各一在頂上故曰羈羈者隻也文一雖據大夫士天子諸侯之子亦當然也○注入門至君也○正義曰知入側室之門也者上文云妻將生子居側室至此三月之末未有妻出之文則知但在側室此云夫入門謂入側室之門但側室在燕寢之旁亦南鄉故有阼階西階夫立於阼西鄉但卿大夫之室唯有東房妻抱子出自房者出東房當楣東面立與夫相對云大夫以下見子就側室者見子謂見適妻子就側室則此文是也云見妾子於內寢者則下文云妾將生子三月之末漱澣夙齊見於內寢是也鄭注云內寢適妻寢也大夫所以見適子於側室見庶子於適妻寢者辟人君也人君則見適子於路寢見庶子於側室故云辟人君也知人君見世子於路寢者下文云世子生則君沐浴朝服夫人亦如之皆立於阼階西鄉世婦抱子升自西階既著朝服又東西階相對故知在路寢也又知人君見庶子在側室者下云公庶子生就側室三月之末其母見於君擯者以其子見是就側室也然大夫見妾子於內寢諸侯見妾子於側室何以下文適子庶子見於外寢注云此適子謂世子弟也庶子妾子也外寢君燕寢也又是人君見妾子於外寢不在側室者但人君世子之弟見於外寢妾子見於側室但庶子撫首咳而名之與世子弟同故連文云見於外寢其實在側室也○熊氏皇氏俱為此說故今從焉○

姆先相曰母某敢用時日祗見孺子某妻姓若言姜氏也祗敬也或作振○相息亮反

夫對曰欽有帥父執子之右手咳。而名之欽敬也帥循也言教之敬使有循也執右手明將授之事也○孩字又作咳戶才反

妻對曰記有成遂左還授師記猶識也識夫之言使有成也師子師也○還音旋轉也

子師辯告諸婦諸母名後告諸母若名成於尊○辯音遍下同妻遂適寢復夫之燕寢○夫告宰名宰辯告諸男名書曰某年某月某日某生而藏之宰謂屬吏也春秋書桓六年九月丁卯子同生宰告閭史閭史書爲二其一藏諸閭府其一獻諸州史州史獻諸州伯州伯命藏諸州府四閭爲族族百家也閭胥中士一人五黨爲州州二千五百家也州長中大夫一人也皆有屬吏獻猶言也○夫入食如養禮夫入已見子入室也其與妻食如婦始饋舅姑之禮也○養羊尚反

【疏】姆先至適寢。正義曰此一節論母以子見父及父名子妻遂適寢之事○姆先相者妻既抱子當楣東面而立傅姆在母之前而相佐其辭曰母某氏敢用時日祗見孺子祗敬也孺稚也謂恭敬奉見稚子夫對曰欽有帥者欽敬也帥循也夫對妻言當教之令其恭敬使有循善道對妻既訖父遂執子右手咳而名之謂以一手執子右手以一手承子之咳而名之○妻對曰記有成者當記識夫言教之使有成就○遂左還授師者妻對既訖遂左嚮迴還轉身西南以子授子師也○子師辯告諸婦諸母名者諸婦謂同族卑者之妻諸母同族尊者之妻後告諸母欲名成於尊○注某妻至敬也○正義曰祗敬及下注欽敬帥循皆釋詁文也○注宰謂至同生○正義曰此經所陳謂卿大夫以下故以名徧告同宗諸男也若諸侯既絕宗則不告諸男也此舉諸男舉其卑者卑者尚告則告諸父可知此既據卿大夫以下而引春秋桓六年子同生者欲證明子生年月日之事彼謂諸侯也直云子同生不云世子者杜元凱云不云世子書始生言始生之時未立爲世子也經云書名而藏之者謂以簡策書子名而藏之家之書府○注四閭至屬吏○正義曰四閭爲族以下皆周禮地官文云皆有屬吏者閭之屬吏則有閭史也州之屬吏則有州史也州伯則州長也州府是州長之府藏○注夫入至禮也○正義曰夫入已見子入室也者夫既就側室而見子見子既畢從側室而入正室云其與妻食如婦始饋舅姑之禮也者經云如養禮是如養舅姑之禮按士昏禮婦始饋舅姑特豚合升側載右胖載之舅俎左胖載之姑俎其大夫以上則无文必知如婦始饋舅姑者以下文云妾生子及三月之末見子之禮如始入室明知此如養禮如始入室養舅姑之禮也○世子生則君沐浴朝服夫人亦如之皆立于阼階西鄉世婦抱子升自西階君名之乃降子升自西階則人君見世子於路寢也見妾子就側室凡子生皆就側室諸侯夫人朝於君次而褖衣也○褖通亂反○疏世子至乃降○正義曰此一節明人君見世子及適庶之禮各依文解之○注子升至衣也○正義曰凡子生皆就側室者按上文妻將生子居側室是卿大夫生子居側室此文人君見世子在路寢經云世婦抱子升自西階是世婦抱子從外而入其內寢是君之常居之處夫人不可於此寢生子故知亦在側室也云夫人朝於君次而褖衣也者按內司服注云后六服后從王祭先王則服褘衣祭先公則服揄翟祭羣小祀則服闕翟鞠衣黃桑服也展衣以禮見王及賓客褖衣御于王之服諸侯夫人以下所得之服各如王后之服則夫人亦如王后也此既在路寢與君同著朝服則是以禮見君合服展衣此云次而褖衣者此謂見子又見子若訖則當進入君寢侍御於君故服進御之服異於尋常以禮見君故不服展衣也次者首飾次第髮爲之則少牢禮髲鬄是也鄭注云古者或剔賤者刑者之髮爲之其褘衣揄翟闕翟首服副副者覆首爲飾鄭注云若今步繇矣鞠衣展衣首服編鄭云編列髮爲之若今假紒矣○適子庶子見於外寢撫其首咳而名之禮帥初無辭此適子謂世子弟也庶子妾子也外寢君燕寢也無辭辭謂欽有帥記有成也○適丁歷反注及下同○疏適子至無辭○正義曰此一節明人君見世子弟及妾子之禮○適子庶子見於外寢者適子謂大子之弟見於外寢庶子則見側室但撫首咳名無辭之事與世子之弟同故與適子連文同云見於外寢其實庶子見於側室也○禮帥初無辭者禮謂威儀也帥循也初謂前文世子生見於路寢君夫人皆西鄉言見適子庶子威儀依循初世子之法但無勑戒之辭

然夫人所生之子容可如世子見禮君與夫人俱西鄉若妾之見子則不得與夫人同當與卿大夫之妻見適子同但不親抱子耳○注外寢至成也○正義曰燕寢當在內而云外寢者對側室而爲外耳側室在旁處內故謂燕寢爲外寢也云無辭辭謂欽有帥記有成也者按前世子生直云世婦抱子升自西階君名之乃降亦無辭也而云適子庶子無辭者以前文卿大夫妻見適子之時既有父執右手咳而名之及戒告之辭其文既具故於見世子之禮略而不言其實世子亦執右手咳而名之及戒告也故鄭引前文卿大夫見子之辭而言之也

○凡名子不以日月不以國終使易諱○易以豉反不以隱疾諱衣中之疾難爲醫也大夫士之子不敢與世子同名尊世子也其先世子生亦勿爲改

【疏】○凡名至同名○正義曰此一節論子名之法尊卑上下同有諱辟又大夫士之名子辟世子之名○注其先至爲改○正義曰知先世子生亦勿爲改者按春秋衛襄公名惡其大夫有齊惡明齊惡先衛侯生故得與衛侯同名是知先生者不改也

妾將生子及月辰夫使人日一問之子生三月之末漱澣夙齊見於內寢禮之如始入室君已食徹焉使之特餕遂入御內寢適妻寢也禮謂已見子夫食而使獨餕也如始入室始來嫁時妾餕夫婦之餘亦如之既見子可以御此謂大夫士之妾也凡妾稱夫曰君○三月之末一本作子生三月之末

【疏】○妾將至入御○正義曰此一節論大夫妾生子之禮異於適子之法○君已食徹焉者君謂夫也以妾賤故謂夫爲君○使之特餕者尋常夫食之後衆妾共餕今以其生子故使之特餕也○注內寢至曰君○正義曰知內寢適妻寢者以其稱內故知是適妻寢也凡宮室之制前有路寢次有君燕寢次夫人正寢卿大夫以下前有適室次有燕寢次有適妻之寢但夫人燕寢對夫人及適妻之寢及側室等其燕寢在外亦名外寢故前注云外寢君燕寢是也云妾餕夫婦之餘亦如之者按昏禮夫婦同牢之後媵餕夫餘御餕婦餘故謂正妻若妾初嫁始來夫婦共食初來

之妾特餕其餘今妾已見子之後夫婦共食令生子之妾特餕其餘亦如始來時故云亦如之云既見子可以御此謂大夫士之妾也者以前文大夫之妻見子之後妻遂適夫寢未即進御後始云夫入食如養禮是夫始入與妻食乃後進御此文云見子遂入御故謂云此大夫士之妾也言其異正妻也

○公庶子生就側室三月之末其母沐浴朝服見於君擯者以其子見君所有賜君名之衆子則使有司名之擯者傅姆之屬也人君尊雖妾不抱子有賜於君有恩惠也有司臣有事者也魯桓公名子問於申繻也○繻音須【疏】公庶至名之○正義曰此一經明君庶子生處及三月見父異於世子之禮前文已云適子庶子見於外寢異於世子今此更重出者以前文庶子與適子連文恐事事皆同適子故以此經特見庶子之法按前注云凡子生皆就側室則世子亦就側室今特云庶子就側室者舉庶子世子可知也○君所有賜○君名之者謂生子之妾君所特有恩賜偏所愛幸者則自名其子故云君名之○衆子則使有司名之者衆子謂衆妾之子不特寵御則使有司以名其子也○注人君至繻也○正義曰人君尊雖妾不抱子者以經云其母朝服見於君乃云擯者以其子見於君是擯者抱子也故知妾不抱子引春秋問名於申繻者證有司名之一邊同耳其實異也春秋所云謂世子也

○庶人無側室者及月辰夫出居羣室其問之也與子見父之禮無以異也夫雖辟之至問妻及見子禮同也庶人或無妾【疏】庶人至異也○正義曰此一經論庶人之禮○庶人無側室者及月辰夫出居羣室者以無側室妻在夫寢妻將生子故夫出辟之若有側室則妻在側室夫自居正寢不須出居羣室也○其問之也與子見父之禮無以異也者與及也言夫問妻及子見父之禮無以異於卿大夫士言與卿大夫士同也亦夫使人日再問之作而自問之其見父之時父亦執子之右手咳而名之及有戒告之事一如上矣○

凡父在孫見於祖祖亦名之禮如子見父無辭見子於祖

家統於尊也父在則無辭有適子者無適孫與見庶子同也父卒而有適孫則有辭與見冢子同父雖卒而庶孫猶無辭也○疏○凡父至無辭○正義曰此
一節論孫見祖之禮卿大夫以下之事故鄭注云家統於尊所以無辭者若父之於子有傳重之事故有戒告之辭今孫見於祖而隔於父故無辭也○注父
在至辭也○正義曰所以無辭者適子既在其孫猶爲庶孫無所傳重故云有適子者無適孫與見庶子同若所生適子其父既卒則適孫與長子相似當有
辭也故云父卒而有適孫則有辭與見冢子同若庶孫父雖卒見祖亦無辭也○食子者三年而出見於公宮則劬劬勞
也士妻大夫之妾食國君之子三年出歸其家君有以勞賜之○食音嗣注及下文食母同勞力報反大夫之子有食母選於傅御之中
喪服所謂乳母也○士之妻自養其子賤不敢使人也疏食子至其子○正義曰此一節論國君以下及大夫士適妻養子之人尊卑有
別○由命士以上及大夫之子旬而見旬當爲均聲之誤也有時適妾同時生子子均而見者以生先後見之既見乃
食亦辟人君也易說卦坤爲均今亦或作旬也○旬音均出注冢子未食而見必執其右手適子庶子已食而
見必循其首天子諸侯尊別世子雖同母禮則異矣未食已食急正緩庶之義也○別彼列反下其別同疏由命至其首○正義曰此一節
論大夫及命士適妻與妾同時生子見之先後差異之別幷明天子諸侯見冢子及適子庶子緩急之儀○旬而見者旬均也謂大夫命士適妾生子皆以未
食之前均齊見又先生者先見後生者後見雖見有先後同是未食之前故云均而見冢子未食而見必執其右手者此謂天子諸侯之禮未食謂未與后夫
人禮食而先見冢子是急於正也故先見乃食也○適子庶子已食而見者謂先與后夫人禮食之後然後始見適子庶子是緩於庶也○必循其首者言見
適子庶子之時必以手撫循其頭首示恩愛之情也○注易說卦坤爲均○正義曰引易說卦者證此經旬爲均義按易說卦以坤爲均象地之均平今易之

文或以均爲旬者是均得爲旬也皇氏云母之禮見子象地之生物均平故引易以爲均若然按周禮均人職云上年公旬用三日鄭注亦引易坤爲均豈是母見子之禮皇氏說非也○注天子至世子○正義曰知此經是天子諸侯者以上文命士以上及大夫之子適庶均見此則有食前食後見之不同又前文云世子生其次云適子庶子見於外寢是國君之禮此經亦云適子庶子故知是天子諸侯也○子能食食教以右手能言男

唯女俞男鞶革女鞶絲俞然也鞶小囊盛帨巾者男用韋女用繒有飾緣之則是鞶裂與詩云垂帶如厲紀子帛名裂繻字雖今異意實同也○食食上如字下音嗣唯于癸反徐以水反俞以朱反鞶步干反盛音成緣于絹反裂音列或音厲與音預厲音列○【疏】子能至鞶絲○正義曰此一節論男女自幼少之時教之言語及鞶革鞶絲之事也○注鞶小至同也○正義曰此鞶是小囊盛帨巾男用韋爲之女用繒帛爲之云有飾緣之則是鞶裂與者言男女鞶囊之外更有繒帛之物飾而緣之則是春秋桓二年所稱鞶裂者與疑而未定故稱與按傳作鞶厲鄭此注云鞶裂厲是裂義同也秪謂鞶囊裂帛爲之飾又引詩云垂帶如厲者證厲是鞶囊裂帛之飾也此詩小雅都人士之篇也按彼注云而如也而厲如鞶厲也鞶必垂厲以爲飾厲字當作裂謂彼都之士垂此紳帶如似鞶囊之裂是以厲爲裂也又引紀子帛名裂繻者雖引毛詩以厲爲裂其義未顯故引紀子帛名裂繻者以證之言帛必分裂也此隱二年經稱紀子帛莒子盟于密又紀裂繻來逆女云字雖今異意實同也者言古時厲裂通爲一字今時厲裂字義俱異大意是同故云字雖今異意實同言同爲分裂之義也此是鄭康成之義若如服虔杜預則以鞶爲大帶厲是大帶之垂者故服氏云鞶大帶杜云紳大帶厲是大帶之垂者詩毛傳亦云厲帶之垂者並與鄭異○六年教之數與方名方名東西七年男女不同席不共食蚤其別也八年出入門戶及即席飲食必後長者始教之讓示以廉恥後胡豆反○九年教之數日朔望與六甲也○數

所主反○十年出就外傅居宿於外學書記。衣不帛襦袴禮帥初朝夕學幼儀請肆。簡諒外傅教學之師也不用帛爲襦袴爲大溫傷陰氣也禮帥初遵習先日所爲也肆習也諒信也請習簡謂所書篇數也請習信謂應對之言也○襦字又作襦音儒袴苦故反肆本又作肆同以二反大音泰勺章略反注同十有三年學樂誦詩舞勺成童舞象學射御先學勺後學象文武之次也成童十五以上○二十而冠始學禮可以衣裘帛舞大夏惇行孝弟博學不教內而不出大夏樂之文武備者也內而不出謂人之謀慮也○冠古亂反衣於既反行如字又下孟反弟音悌三十而有室始理男事博學無方孫友視志室猶妻也男事受田給政役也方猶常也至此學無常在志所好也孫順也順於友視其所志也○孫音遜注同好呼報反○四十始仕方物出謀發慮道合則服從不可則去方猶常也物猶事也○去如字五十命爲大夫服官政統一官之政也七十致事致其事於君而告老○凡男拜尚左手左陽

【疏】。六。年。至。左。手○正義曰此一節論男子教之從幼及長居官至致事之事衣不帛襦袴者謂下以帛爲襦袴○禮帥初者帥循也行禮動作皆帥循初日所爲○朝夕學幼儀者言從朝至夕學幼少奉事長者之儀請肆簡諒者肆習也簡禮篇章也諒信也謂言語信實言請長者習學篇章簡禮及應對信實言語也○舞勺者熊氏云勺。籥也言十三之時學此舞。籥之文舞也○成童舞象者成童謂十五以上舞象謂。舞。武也熊氏云謂用干戈之小舞也以其年尚幼故習文武之小舞也○可以衣裘帛者二十成人血氣強盛無慮傷損故可以衣裘帛也○舞大夏者大夏是禹樂禪代之後在干戈之前文武俱備故二十習之也博學不教者唯須廣博學問不可爲師教人○內而不出者唯蘊畜其德在內而不得出言爲人謀慮始理男事者三十丁壯受其田土供給征役始

理男事故韓詩說三十受兵若口率出泉國中則二十野則十五也孫友視志者言孫順朋友視其志意所尙○四十始仕方物出謀發慮者方常也物事也言年壯仕宦行其當事。无謙孫出其謀計發其思慮以爲國也○女子十年不出恆居內也姆教婉娩聽從婉謂言語也娩之言媚也媚謂容貌也○婉紆晚反徐紆顯反娩音晚徐音萬執麻枲治絲繭織紝組紃學女事以共衣服紃條○枲思理反繭古典反紝女金反又如林反組音祖紃音巡共音恭條他刀反觀於祭祀納酒漿籩豆菹醢禮相助奠當及女時而知○相息亮反○知十有五年而笄謂應年許嫁者女子許嫁笄而字之其未許嫁二十則笄○應應對之應二十而嫁有故二十三年而嫁故謂父母之喪聘則爲妻聘問也妻之言齊也以禮則問則得與夫敵體奔則爲妾妾之言接也聞彼有禮走而往焉以得接見於君子也奔或爲街○見賢遍反街古縣字本又作御字魚據反凡女拜尚右手右陰也○疏女子至右手○正義曰此一節論女子自幼及嫁爲女事之禮○注婉謂至貌也○正義曰按九嬪注云婦德貞順婦言辭令婦容婉娩婦功絲枲則婉娩合爲婦容此分婉爲言語娩爲容貌者鄭意以此上下備其四德以婉爲婦言娩爲婦容聽從爲婦順執麻枲以下爲婦功○注紃條○正義曰組紃俱爲條也紝爲繒帛故杜注左傳紝謂繒帛皇氏云組是綬也然則薄闊爲組似繩者爲紃○注當及女時而知○正義曰下云十有五年而笄此觀於祭祀是未嫁之前故云及女時而知經云納酒漿籩豆菹醢謂於祭祀之時觀看須於廟外納此酒漿籩豆菹醢之等置於神坐一納之文包此六事言之也○聘則爲妻者妻齊也奔則爲妾者妾接也接見於君子也○女拜尚右手者右陰也漢時行之也○

附釋音禮記注疏卷第二十八

禮記注疏卷二十八校勘記　阮元撰盧宣旬摘錄

內則

膾春用葱節　惠棟校云宋本分不食雛鼈以下至柤梨曰攢之爲一節牛夜鳴以下至鹿胃爲一節肉腥以下至柔之爲一節羹食以下爲一節

春用葱　石經同岳本同嘉靖本同衛氏集說同閩監毛本葱作蔥下葱字同

膏用薤　閩監本同石經同岳本同衛氏集說同惠棟校宋本宋監本毛本薤並作䪥嘉靖本同釋文出用䪥云俗本多作薤非也浦鏜校云薤當從毛本作䪥

鶉羹雞羹　各本同石經同釋文出鶉雞羹云本又作鶉羹雞羹

狸去正脊　閩監毛本同嘉靖本同衛氏集說同石經狸作貍岳本同惠棟校宋本同宋監本同

兔去尻　石經同岳本同嘉靖本同釋文亦作尻閩監毛本尻誤尻衛氏集說同

柤梨曰攢之　閩監本同石經同嘉靖本同衛氏集說同毛本棃作黎岳本同

烏皫色而沙鳴　各本同石經同釋文出麃云本又作皫

鴇奥脾肶也　閩監毛本同岳本同嘉靖本同衛氏集說同考文引古本肶作肶釋文亦作肶段玉裁校云肶作肶者誤

膾春至無蓼　惠棟校宋本無此五字

數數布陳撰省視之　閩本同惠棟校宋本同監毛本陳作揀衞氏集說同

牛夜至鹿胃　惠棟校宋本無此五字

牛好夜鳴　惠棟校宋本有好字衞氏集說同此本好字脫閩監毛本同

蕕比於驪姬之惡也　閩監毛本同惠棟校宋本蕕作猶

在野舒翼飛遠者爲鶬　閩監毛本同段玉裁校本鶬改雁

或曰至柔之　惠棟校宋本無此五字

羹食至坫一　惠棟校宋本無此五字

凡養老有虞氏以燕禮節

凡養至養老　惠棟校宋本無此五字

曾子曰節

曾子至人乎　惠棟校宋本無此五字

凡養老五帝憲節

惇史史惇厚是也　閩監毛本同岳本是作者嘉靖本同考文引補本古本足利本同惠棟校宋本亦作者惇厚作孝厚宋監本同浦鏜從大雅行葦疏校是亦改者通典六十七引此注作惇史史孝厚者也

凡養至惇史　惠棟校宋本無此五字

淳熬節　惠棟校云淳熬節炮取豚節擣珍節爲熬節糝取牛節宋本合爲一節

淳毋　閩本同石經同岳本同嘉靖本同衞氏集說同監毛本毋誤母注疏放此石經考文提要云按正義毋是禁辭非膳羞之體故讀從模宋本九經南宋巾箱本並作毋

淳熬至淳毋　惠棟校宋本無此五字

使其湯　各本同石經同釋文出使湯云一本作使其湯

將當爲牂牂牡羊也　閩監毛本同岳本同嘉靖本同衞氏集說同惠棟校宋本牂牂牡作牂牂牝宋監本同考文引古本足利本牡亦作牝

汁和亦醢醢與　各本同釋文出醢與是釋文無醢字

湛諸美酒　各本同釋文亦作湛石經湛闕筆作湛顧炎武云避敬宗諱

正義曰炮取豚若將者　惠棟校宋本無正義曰三字

或取豚或取牂　閩本同惠棟校宋本同監毛本牂作牂下豚牂牂聲則此牂並同

小鼎盛膏以膏煎豚牂　閩監毛本同浦鏜從衛氏集說膏煎改煎熬

此周禮糝食也　各本同釋文糝作糝

舉燋其膋　各本同石經同釋文出舉焦云字又作燋

以與稻米為酏　各本同石經同釋文出為酏段玉裁云經文酏字鄭時本作餈周官醢人注引內則正作餈字正義引雜問志云內則餈次糝又云內則有餈無酏周禮有酏無餈明酏餈是一故破酏從餈然則周禮注本作酏當為餈今脫當為二字而內則餈字淺人改為酏字不知注內此酏正謂周禮酏字而誤會也又云糗餌粉酏注云此酏當為餰以稻米與狼臅膏為餰是也本篇更可證記文酏字之誤注此酏當從餈此字謄謂周禮之酏當從內則作餈前注云此酏者以別于黍酏也

正義曰三如一者　惠棟校宋本無正義曰三字

禮始於謹夫婦節

男女不同椸枷　各本同石經同釋文出同杝云本又作椸

年未滿五十　各本同石經同釋文出年未五十云本又作年未滿五十

禮始至當夕　惠棟校宋本無此五字

妻將生子節

側室謂夾之室次燕寢也閩監毛本同嘉靖本同衞氏集說同惠棟校宋本夾作夫岳本同考文引古本同通典六十八亦作夫之室

妻將至女否惠棟校宋本無此五字

國君世子生節

國君至食子惠棟校宋本無此五字

凡接子擇日節

凡接至一等惠棟校宋本無此五字

異爲孺子室於宮中節

必求其寬裕慈惠閩監本同石經同衞氏集說同毛本裕誤裕岳本同嘉靖本同

異爲至不往惠棟校宋本無此五字

三月之末節惠棟校云三月之末節姆先相節宋本合爲一節

夾㘟曰角惠棟校宋本同岳本同嘉靖本同閩監本㘟作囟衞氏集說同考文引古本足利本同釋文出夾囟毛本㘟誤自盧文弨云作囟是

○按依說文當作𡿺其字象小兒腦不合段玉裁曰說文人部兒下亦云从儿上象小兒頭腦未合也九經字樣云說文作𡿺隸變作囟今字多譌作囱所謂象小兒腦不合者不可見矣

三月至東面　惠棟校宋本無此五字

云夾囟曰角者　惠棟校宋本同閩監毛本囟作匈下囟是首腦夾囟兩旁並同

故說文云十其字象小兒腦不合也　閩監毛本同衛氏集說同段玉裁校十改兒

姆先相曰節

咳而名之　閩監毛本同石經同岳本同嘉靖本同衛氏集說同惠棟校宋本咳作孩釋文出孩而云字又作咳讀書脞錄續編云按孝經聖治章疏引內則孩而名之說文云孩小兒笑也謂指其頭下令其笑而爲之名當作孩而爲是衆經音義九云咳古文作孩按孫志祖說是也通典六十八引亦作孩而名之

姆先至適寢○正義曰　惠棟校宋本無正義曰三字

世子生節　惠棟校云世子生節適子節宋本合爲一節

世子至乃降　惠棟校宋本無此五字

則少牢禮髮鬄是也　惠棟校宋本髮作髲此本誤閩監毛本同衛氏集說同浦鏜云經文作被錫注云讀爲髲鬄○按段玉裁

云髮鬌當作髮鬋

適子庶子節

適子至無辭○正義曰 惠棟校宋本無正義曰三字

凡名子節

諱衣中之疾難爲醫也 閩監毛本同岳本同嘉靖本同衞氏集說同通典六十八引作謂衣中之疾難以醫也

凡名至同名 惠棟校宋本無此五字

此一節論子名之法 閩監毛本同衞氏集說子名作名子

妾將生子節

妾將至入御 惠棟校宋本無此五字

但夫人燕寢 閩監毛本同惠棟校宋本人作之衞氏集說亦作之

子能食食節

子能至鞶絲 惠棟校宋本無此五字

謂彼都人之士垂此紳帶 惠棟校宋本有人字此本人字脫閩監毛本同

六年教之數節

學書記毛本同嘉靖本同閩監本記作計惠棟校宋本同石經同岳本同衞氏集說同考文引古本足利本同記字誤也

請肄簡諒各本同石經同釋文出請肆云本又作肄

左陽閩監本同岳本同嘉靖本同考文引古本同毛本陽下衍也字

六年至左手惠棟校宋本無此五字

熊氏云勺篇也閩監本篇改籥是也惠棟校宋本同毛本勺籥誤一篇

學此舞籥之文舞也閩監本作籥考文引宋板同衞氏集說同此本籥字闕毛本籥作勺

舞象謂舞武也考文引宋板同閩監毛本舞武作武舞衞氏集說同

无謙孫惠棟校宋本无作無無下有所字衞氏集說同通解同此本誤脫閩監毛本無所誤要字

女子十年不出節

以禮則問惠棟校宋本則作見宋監本同岳本同嘉靖本同通解同考文引補本古本足利本同閩監毛本作聘衞氏集說同

女子至右手惠棟校宋本無此五字

附釋音禮記注疏卷第二十八終惠棟校宋本此下標禮記正義卷第三十八終記云凡二十七頁宋監本禮記卷第八經

六千六百八十三字注七千一百七字嘉靖本禮記卷第八六千七百四十三字注七千三十三字

禮記注疏卷二十八校勘記

附釋音禮記注疏卷第二十九

玉藻第十三○陸曰鄭云以其記服冕之事也冕之旒以藻紉貫玉爲飾因以名之【疏】正義曰按鄭目錄云名曰玉藻者以其記天子服冕之事也冕之旒以藻紉爲之貫玉爲飾此於別錄屬通論

禮記　鄭氏注　孔穎達疏

天子玉藻十有二旒前後邃延龍卷以祭祭先王之服也雜采曰藻天子以五采藻爲旒旒十有二前後邃延者言皆出冕前後而垂也天子齊肩延冕上覆也玄表纁裏龍卷畫龍於衣字或作袞○藻本又作璪音早旒力求反邃雖醉反深也注同延如字徐餘戰反字林作綖弋善反卷音袞古本反注同玄端而朝日於東門之外聽朔於南門之外閏月則闔門左扉立于其中端當爲冕字之誤也玄衣而冕冕服之下朝日春分之時也東門南門皆謂國門也天子廟及路寢皆如明堂制明堂在國之陽每月就其時之堂而聽朔焉卒事反宿路寢亦如之閏月非常月也聽其朔於明堂門中還處路寢門終月凡聽朔必以特牲告其帝及神配以文王武王○端音冕出注下諸侯玄端同朝直遙反篇內除下注朝之餘皆同闔胡獵反扉音非一本作則闔門左扉【疏】天子至其中○正義曰從天子玉藻至食無樂此一節總論天子祭廟朝日及日視朝之弁饌食牲牢酒醴及動作之事弁明凶年貶降之禮○天子玉藻者藻謂雜采之絲繩以貫於玉以玉飾藻故云玉藻也○十有二旒者天子前之與後各有十二旒○前後邃延者言十二旒在前後垂而深邃以延覆冕上故云前後邃延○龍卷以祭者卷謂卷曲畫此龍形卷曲於衣以祭宗廟○注祭先至作袞○正義曰知祭先王之服者以司服云享先王則袞冕故也云天子齊肩者以天子之旒十有二就每一就貫以玉就

間相去一寸則旒長尺二寸故垂而齊肩也言天子齊肩則諸侯以下各有差降則九玉者九寸七玉者七寸以下皆依旒數垂而長短爲差旒垂五采玉依飾射侯之次從上而下初以朱次白次蒼次黃次玄五采玉既貫徧周而復始其三采者先朱次白次蒼二色者先朱後綠皇氏沈氏並爲此說今依用焉後至漢明帝時用曹褒之說皆用白旒珠與古異也云延冕上覆也者用三十升之布染之爲玄覆於冕上出而前後冕謂以板爲之以延覆上故云延冕上覆也但延之與板相著爲一延覆在上故云延冕也故弁師注延冕之覆在上是以名焉與此語異而意同也皇氏以弁師注冕延之覆在上以弁師經有冕文故先云冕延之覆在上此經唯有延文故解云延冕上覆今刪定諸本弁師注皆云延冕之覆在上皇氏所讀本不同者如皇氏所讀弁師冕延之覆在上是解冕不解延今按弁師注意云延冕之覆在上是解延不解冕也皇氏說非也云玄表纁裏者纁是朱之小別故周禮鍾氏云三入爲纁鄭注士冠禮云朱則四入與是纁朱同類故注弁師朱裏與此不異云字或作袞者按司服作袞字故云或作袞是字或作袞也但禮記之本或作卷字其正經司服及覲禮皆作袞字故鄭注王制云卷俗讀其通則曰袞是也○其六冕玉飾上下貴賤之殊並已具王制疏於此略而不言○注端當至武王○正義曰知端當爲冕者凡衣服皮弁尊次以諸侯之朝服次以玄端按下諸侯皮弁聽朔朝服視朝是視朝之服卑於聽朔今天子皮弁視朝若玄端聽朔則是聽朔之服卑於視朝與諸侯不類且聽朔大視朝小故知端當爲冕謂玄冕也是冕服之下按宗伯實柴祀日月星辰則日月爲中祀而用玄冕者以天神尚質按魯語云大采朝日少采夕月孔晁云大采謂袞冕少采謂黼衣而用玄冕者孔氏之說非也故韋昭云大采謂玄冕也少采夕月則無以言黼之云朝日春分之時也者以春分日長故朝之然則夕月在秋分也按書傳略說云祀上帝於南郊卽春迎日於東郊彼謂孟春與此春分朝日別朝事儀云冕而執鎭圭帥諸侯朝日於東郊此云朝日於東門者東郊在東門之外遙繼門而言之也云東門南門皆謂國門也者以朝事儀云朝日東郊故東門是國城東郊之門也孝經緯云明堂在國之

陽又異義淳于登說明堂在三里之外七里之內故知南門亦謂國城南門也云天子廟及路寢皆如明堂制者按考工記云夏后氏世室鄭注云謂宗廟殷人重屋注云謂正寢也周人明堂鄭云三代各舉其一明其制同也又周書亦云宗廟路寢明堂其制同。文按明堂位大廟天子明堂魯之大廟如明堂則知天子大廟亦如明堂也然大廟路寢既如明堂則路寢之制上有五室不得有房而顧命有東房西房又鄭注樂記云文王之廟爲明堂制按覲禮朝諸侯在文王廟而記云凡侯于東箱者鄭答趙商云成王崩時在西都文王遷豐鎬作靈臺辟廱而已其餘猶諸侯制度焉故知此喪禮設衣物有夾有房也周公攝政制禮作樂乃立明堂於王城如鄭此言是成王崩時路寢猶如諸侯之制故有左右房也覲禮在文王之廟而記云凡侯于東箱者是記人之說誤耳或可文王之廟不如明堂制但有東房西房故魯之大廟如文王廟明堂經云君卷冕立于阼夫人副褘立于房中是也樂記注稱文王之廟如明堂制有制字者誤也然西都宮室既如諸侯制按詩斯干云西南其戶箋云路寢制如明堂是宣王之時在鎬京而云路寢制如明堂則西都宮室如明堂也故張逸疑而致問鄭答之云周公制于土中洛誥云王入大室祼是顧命成王崩於鎬京承先王宮室耳宣王承亂又不能如周公之制如鄭此言則成王崩時因先王舊宮室至康王已後所營依天子制度至宣王之時承亂之後所營宮室還依天子制度路寢如明堂也不復能如周公之時先王之宮室也若然宣王之後路寢制如明堂按詩王風右招我由房鄭答張逸云路寢房中所用男子而路寢又有左右房者劉氏云謂路寢下之燕寢故有房也熊氏云平王微弱路寢不復如明堂也異義明堂制今禮戴說禮盛德記曰明堂自古有之凡有九室室有四戶八牖三十六戶七十二牖以。草蓋屋上圓下方所以朝諸侯其。外名曰辟廱明堂月令書說云明堂高三丈東西九仞南北七筵上圓下方四堂十二室室四戶八牖宮方三百步在近郊近郊三十里講學大夫淳于登說明堂在國之陽丙巳之地三里之外七里之內而祀之就陽位上圓下方八窗四闥布政之宮周公祀文王於明堂以配上帝上帝五精之帝大微之庭中有五帝座星

其古周禮孝經說明堂文王之廟夏后氏世室殷人重屋周人明堂東西九筵
筵九尺南北七筵堂崇一筵五室凡室二筵蓋之以茅謹按今禮古禮各以其
義說。說無明文以知之玄之聞也禮戴所云雖出盛德記及其下顯與。本。異。章
九室三十六戶七十二牖似秦相呂不韋作春秋時說者所益非古制也四堂
十二室字誤本書云九室十二堂淳于登之言取義於援神契援神契說宗祀
文王於明堂以配上帝曰明堂者上圓下方八窗四闥布政之宮在國之陽帝
者諦也象上可承五精之神五精之神實在大微於辰為巳是以登云然今。說
立明堂於。巳由此為也水木用事交於東北木火用事交於東南火土用事交
於中央金土用事交於西南金水用事交於西北周人明堂五室帝一室合於
數如鄭此言是明堂用淳于登之說禮戴說而明堂辟廱是一古周禮孝經說
以明堂為文王廟又僖五年公既視朔遂登觀臺服氏云人君入大廟視朔告
朔天子曰靈臺諸侯曰觀臺在明堂之中又文二年服氏云明堂祖廟並與鄭
說不同者按王制云小學在公宮南之左大學在郊又云天子曰辟廱辟廱是
學也不得與明堂同為一物又天子宗廟在雉門之外孝經緯云明堂在國之
陽又此云聽朔於南門之外是明堂與祖廟別處不得為一也孟子云齊宣王
問曰人皆謂我毀明堂孟子對曰夫明堂者王者之堂也王欲行王政則勿毀
之矣是王者有明堂諸侯以下皆有廟又知明堂非廟也以此故鄭皆不用具
於鄭駮異義也云每月就其時之堂而聽朔焉者月令孟春居青陽左个仲春
居青陽大廟季春居青陽右个以下所居各有其處是每月就其時之堂也云
卒事反宿路寢亦如之者路寢既與明堂同制故知反居路寢亦如明堂每月
異所反居路寢謂視朔之一日也其餘日即在燕寢視朝則恆在路門外也云
閏月非常月也者按文六年云閏月不告月猶朝于廟公羊云不告月者何不
告朔也曷為不告朔天無是月也閏月矣何以謂之天無是月是月非常月也
何休云不言朔者閏月無告朔禮也穀梁之義與公羊同左氏則閏月當告朔
按異義公羊說每月告朔朝廟至于閏月不以朝者閏月殘聚餘分之月無政
故不以朝經書閏月猶朝廟譏之左氏說閏以正時時以作事事以厚生生民

之道於是乎在不告閏朔棄時政也許君謹按從左氏說不顯朝廟告朔之異謂之朝廟而因告朔故鄭駮之引堯典以閏月定四時成歲閏月當告朔又云說者不本於經所譏者異其是與非皆謂朝廟而因告朔似俱失之朝廟之經在文六年冬閏月不告月猶朝於廟辭與宣三年春郊牛之口傷改卜牛牛死乃不郊猶三望同言猶者告朔然後當朝廟郊然後當三望今廢其大存其細是以加猶譏之論語曰子貢欲去告朔之餼羊周禮有朝享之禮祭然則告朔與朝廟祭異亦明矣如此言從左氏說又以先告朔而後朝廟鄭以公羊閏月不告朔爲非以左氏告朔爲是二傳皆以先朝廟而因告朔二者皆失故鄭云其是與非皆謂朝廟而因告朔俱失之也鄭必知告朔與朝廟異者按天子告朔於明堂其朝享從祖廟下至考廟故祭法云曰考廟曰王考廟皆月祭之是也又諸侯告朔在太廟而朝享自皇考至考故祭法云諸侯自皇考以下皆月祭之是告朔與朝廟不同又天子告朔以特牛諸侯告朔以羊其朝享各依四時常禮故用大牢故司尊彝朝享之祭用虎彝蜼彝大尊山尊之等是其別也云聽其朔於明堂門中還處路寢門終月者以閏非常月無恆居之處故在明堂門中按太史云閏月詔王居門終月是還處路寢門終月謂終竟一月所聽之事於一月中耳於尋常則居燕寢也故鄭注大史云於文王在門謂之閏是閏月聽朔於明堂門反居路寢門皇氏云明堂有四門路寢亦有四門閏月各居其時當方之門義或然也云凡聽朔必以特牲告其帝及神配以文王武王者論語云告朔之餼羊注曰天子特牛與以其告朔禮略故用特牛按月令每月云其帝其神故知告帝及神以其在明堂之中故知配以文王武王之主亦在明堂以汎配五帝或以武王配五神於下其義非也

皮弁以日視朝遂以食日中而餕奏而食日少牢朔月大牢餕。食。朝。之。餘。也。奏。奏。樂。也。○餕音俊五飲上水漿酒醴酏上水水爲上餘其次之○酏以支反卒食玄端而居天子服玄端燕居也動則左史書之言則右史書之其書春秋尚書。其存者御瞽幾聲之上下瞽樂人也幾猶察也察其哀樂○瞽音古上時掌反哀樂音洛年不順成則天子素服乘素車食無樂自貶損也疏皮弁至無樂○正義曰此一節明天子每日視朝皮弁食之禮遂以食者既著皮弁視朝遂以皮弁而朝食所以敬養身體故著朝服○日中而餕者至日中之時還著皮弁而餕朝之餘食○奏而食者言餕餘之時奏樂而食餕尙奏樂而。食。餕。尙。奏。樂即朝食奏樂可知也○朔月大牢者以月朔禮大故加用大牢按鄭志趙商問膳夫云王日一舉鼎十有二物皆有俎。有三牲備商按玉藻天子之食日少牢朔月大牢禮數不同請問其說鄭答云禮記後人所集據時而言或諸侯同天子或天子。同諸侯等所施不同。故。鄭。據王制之法與周異者多當以經爲正如鄭此言記多錯雜不與經同按王制云諸侯無故不殺牛及楚語云天子舉以大牢祀以會孔晁云四方來會助祭也又云諸侯舉以特牛祀以大牢大夫舉以特牲祀以少牢士食魚炙祀以特牲庶人食菜祀以魚此等與周禮及玉藻或合或否異人之說皆不可以禮論按周禮大司樂云王大食令奏鐘鼓鄭注云大食朔月月半是也周禮六飲此以下五飲亦非周法也○注其書至存者○正義曰經云動則左史書之春秋是動作之事故以春秋當左史所書左陽陽主動故記動經云言則右史書之尙書記言。語之事故以尙書當右史所書右是陰陰主靜故也春秋雖有言因動而言其言少也尙書雖有動因言而稱動亦動爲少也周禮有五史有內史外史大史小史御史無左史右史之名者熊氏云按周禮大史之職云大師抱天時與大師同車又襄二十五年傳曰大史書曰崔杼弑其君是大史記動作之事在君左廂記事則大史爲左史也按周禮內史掌王之八。枋其職云凡命諸侯及孤卿大夫則策命之僖二十八年左傳曰王命內史叔興父策命晉侯爲侯伯是皆言誥之事是內史所掌在君之右故爲右史是以酒誥云矧大史友內史友鄭注大史內史掌記言記行是內史記言大史記行也此論正法若其有闕則得交相攝代故洛誥史逸命周公伯禽服虔注文十五年傳云史佚周成王大史襄三十年鄭使大史命伯石爲卿皆大史主爵命以內史闕故也以此言之若大史有闕則內史亦攝之按覲禮賜諸公奉篋服大史是右者彼亦宣行王命故居右也此論正法若春秋之時則特置左右史官故襄十四年左史謂魏莊子昭十二年
楚左史倚相藝文志及六藝論云右史。紀事左史記言。與此正反於傳記不合其義非也○御瞽幾聲之上下○御者侍也以瞽人侍側故云御瞽幾聲之上
下幾察也瞽人審音察樂聲上下哀樂若政和則樂聲樂政酷則樂聲哀察其哀樂防君之失○天子素服乘素車者此由年不順成則天子恆素服素車食
無樂也若大札大災則亦素服故司服云大札大荒大烖素服此是天子諸侯罪己之義故素服此素服者謂素衣故下文諸侯年不順成君衣布與此互文
也若其臣下卽不恆素服唯助君禱請之時乃素耳故司服云士服玄端素端注云素端者爲札荒有所禱請也 ○諸侯玄端以祭 祭先
君也端亦當爲冕字之誤也諸侯祭宗廟之服唯魯與天子同 裨冕以朝 朝天子也裨冕公袞侯伯鷩子男毳也○裨婢支反鷩必列反毳昌銳反
皮。弁。以。聽。朔。於。大。廟。 皮。弁。下。天。子。也○大音泰後大廟同下戶嫁反 朝服以日視朝於內朝 朝服冠玄端素裳也
此內朝路寢門外之正朝也天子諸侯皆三朝 朝辨色始入 羣臣也入入應門也辨猶正也別也○辨如字徐扶免反別彼列反 君日出
而視之退適路寢聽政使人視大夫大夫退然後適小寢釋服 小寢燕寢也釋服服玄端 又
朝服以食特牲三俎祭肺 食必復朝服所以敬養身也三俎豕魚腊○復扶又反 夕深衣祭牢肉 祭牢肉異於始
殺也天子言日中諸侯言夕天子言餕諸侯言祭牢肉互相挾○挾戶頰反 朔月少牢五俎四簋。 五俎加羊與其腸胃也朔月四簋則
日食粱稻各一簋而已○簠音甫本或作簋腈也音胃 子卯稷食菜羹 忌日貶也○食音嗣 夫人與君同庖 不特殺也○庖
步交反徐扶交反下同【疏】諸侯至同庖○正義曰此一節論諸侯自祭宗廟及朝天子自視朝食飲牢饌之禮與天子不同之事○注祭先至子同○正

義曰知祭先君者與上天子龍卷以祭其文相類故知祭先君也云端亦當爲
冕者以玄端賤於皮弁下文皮弁聽朔於大廟不應玄端以祭先君先君故知亦當
爲玄冕云唯魯與天子同者按明堂位云君卷冕立于阼夫人副褘立于房中
是也熊氏云此謂祭文王周公之廟得用天子之禮其祭魯公以下則亦玄冕
故公羊云周公白牡魯公騂犅羣公不毛是魯公以下與周公異也二王之後
祭其先王亦是用以上之服二王之後不得立始封之君廟則祭微子以下亦
玄冕○注朝天至毳也○正義曰知朝天子者按覲禮云侯氏裨冕鄭注裨之
爲言埤也天子六服大裘爲上其餘爲埤是以總云裨冕○注皮弁下天子也
○正義曰以天子用玄冕諸侯用皮弁故云下天子也。此諸侯聽朔於大廟熊
氏云周之天子于洛邑立明堂唯大享帝就洛邑耳其每月聽朔當在文王廟
也以文王廟爲明堂制故也此聽朔於大廟穀梁傳云諸侯受乎禰廟與禮乖
非也凡每月以朔告神謂之告朔即論語云告朔之餼羊是也則于時聽治此
月朔之事謂之聽朔此玉藻文是也聽朔又謂之視朔文十六年公四不視朔
是也告朔又謂之告月文六年閏月不告月是也行此禮天子於明堂諸侯於
大祖廟訖然後祭於諸廟謂之朝享司尊彝云朝享是也又謂之朝廟文六年
云猶朝于廟是也又謂之朝正襄二十九年釋不朝正于廟是也又謂之月祭
祭法云皆月祭之是也○注朝服至三朝○正義曰按王制云周人玄衣而養
老注云玄衣素裳天子之燕服爲諸侯朝服彼注云玄衣則此玄端也若以素
爲裳則是朝服此朝服素裳皆得謂之玄端故論語云端章甫注云端玄端諸
侯朝服若上士以玄爲裳中士以黃爲裳下士以雜色爲裳天子諸侯以朱爲
裳則皆謂之玄端不得名爲朝服也云此內朝路寢門外之正朝也者以下文
云君日出而視之退適路寢故知此路寢門外朝也云天子諸侯皆三朝者大
僕云掌燕朝之服位注云燕朝朝於路寢之庭是一也司士云正朝儀之位注
云此王日視朝事於路門外是二也朝士云掌外朝之灋注云外朝在庫門之
外皋門之內是三也諸侯三朝者文王世子云公族朝於內朝路寢朝是一也
世子又云其在外朝司士爲之與此視朝於內朝皆謂路寢門外每日視朝是

二也此但云內朝對中門外朝謂爲內也文王世子云外朝者對路寢庭爲外此據路寢門外而稱內朝明知中門之外別更有朝也諸侯三門是中門外大
門內又有外朝是三朝也已具於文王世子疏○注臯世至門也○正義曰應門之內則路門之外謂尋常諸侯中門爲應門外有臯門若魯則庫雉路入者
則入雉門也○注釋服服玄端○正義曰此經文據君故服玄端也若卿大夫釋服服深衣也○注食必至魚腊○正義曰此經云朝服以食謂釋服之後將
食之時又者又如朝時服朝服以食然則上天子云遂以食者亦退於小寢釋服至將食之時又朝服互相明也云三俎豕魚腊者約特牲禮故知豕魚腊也
○注祭牢至相挾○正義曰早起初殺之時將食先祭肺以周人重肺至夕將食之時切牢肉爲小段而祭之故云異於始殺也云互相挾者以天子言日中
諸侯亦當。有日中諸侯言夕則天子亦言夕天子言餕則諸侯亦餕諸侯言祭牢肉則天子亦祭牢肉以諸侯之夕挾天子日中故云互相挾○注五俎至而
已○正義曰知五俎加羊與其腸胃者約少牢禮五俎但少牢祭神加羊與膚爲五此皆人君所食無膚而有腸胃也云朔月四簋則日食粱稻各一簋而已
者以朔月四簋故知日食二簋以粱稻美物故知各一簋詩云每食四簋注云四簋黍稷稻粱是簋盛稻粱也且此文諸本皆作簋字皇氏以注云稻粱以簠
宜盛稻粱故以四簋爲四簠未知然否以此而推天子朔月大牢當六簋黍稷稻粱麥苽各一簋若盛舉則八簋故小雅陳饋八簋當加以稻粱也按公食大
夫禮簠盛稻粱此用簋者以其常食異於禮食又禮食其數更多故公食下大夫黍稷六簋上大夫八簋其以稻粱上下大夫俱兩簋又聘禮饔餼上大夫堂上
八簋東西夾各六簋是其數多也其諸侯按掌客上公簠十侯伯八子男六簋則俱同十二其祭禮則天子八簋故祭統云八簋之實注云天子之祭八簋然
則諸侯六簋祭統諸侯禮云四簋黍稷者見其偏於廟中不云六簋二簋留之厭故也大夫祭則當四敦少牢禮是也士則二敦特牲禮是也其諸侯與大夫
食亦四簋故秦詩云每食四簋熊氏更說卿大夫以下日食及朔食牲牢及敦數多少上下差別並無明據今皆略而不言也○注忌日貶也○正義曰紂以

甲子死紂以乙卯亡以其無道被誅後王以爲忌日稷食者食飯也以稷穀爲飯以菜爲羹而食之故云忌日貶也○注不特殺也○正義曰諸侯夫人與君同庖則后亦與王同庖舉諸侯天子可知

君無故不殺牛大夫無故不殺羊士無故不殺犬豕故謂祭祀之屬

君子遠庖廚凡有血氣之類弗身踐也踐當爲翦聲之誤也翦猶殺也○遠于萬反踐音翦子淺反出注○

至于八月不雨君不舉爲旱變也此謂建子之月不雨至建未月也春秋之義周之春夏無雨未能成災至其秋秀實之時而無雨則雩雩而得之則書雩喜祀有益也雩而不得則書旱明災成也○爲于僞反下皆爲猶爲明爲爲失皆同夏戶嫁反

疏君無至不舉○正義曰自此以下終篇末或論天子或論諸侯或論大夫士所爲尊卑之異隨文爲義無復揔。科今各隨文解之○注故謂祭祀之屬○正義曰此君非一據作記之時言之此君得兼天子以天子日食少牢若據周禮正法言之此君唯據諸侯以天子日食大牢無故得殺牛也大略此文謂諸侯也○大夫無故不殺羊者亦諸侯大夫也若天子大夫有故得殺牛故知此據諸侯○大夫言祭祀之屬者若待賓客饗。食亦在其中故云祭祀之屬○注踐當爲翦○正義曰此謂尋常若祭祀之事則身自爲之故楚語云禘郊之事天子自射其牲又封羊擊豕是也○注爲旱至成也○正義曰此謂建子之月至建未月也者按文公十年自正月不雨至于秋七月傳云不曰旱不爲災者據周正言之既言秋七月不雨云不爲災明八月不雨則爲災此據文十年自正月不雨故云謂建子之月也按僖公三年傳云自十月不雨至于五月不曰旱不爲災文十三年自正月不雨至於秋七月此經直云至于八月不雨不云初不雨之月鄭必知自建子之月者以周之歲首陽氣生養之初又文十年有自正月不雨之文故據而爲說云雩而得之則書雩喜祀有益也雩而不得則書旱明災成也者按僖十一年穀梁傳云得雨曰雩不得雨曰旱范甯云喜其有益也則春秋經諸書雩皆是得雨不得雨曰旱者僖二十一年夏大旱宣七年秋大旱是也然傳云至秋七月不雨不爲災僖

二十一年夏大旱則是周之夏也建卯建辰建巳之月而書大旱者至秋仍不雨而追書于夏故云夏大旱

年不順成君衣布搢本關梁不租山澤列而不賦土功不興大夫不得造車馬皆爲凶年變也君衣布者謂若衞文公大布之衣大帛之冠是也搢本去珽荼珮士笏也士以竹爲笏飾本以象關梁不租此周禮也殷則關恆譏而不征列之言遮列也雖不賦猶爲之禁不得非時取也造謂作新也○衣於既反注君衣布同搢徐音箭又如字去丘呂反下刷去同珽他頂反荼音舒笏音忽遮支奢反

疏 年不至車馬○正義曰前經論天子素服素車此論諸侯及大夫遭凶年之禮君衣布者謂身衣布衣也搢本者本謂士笏以竹爲之以象飾本君遭凶年搢插士笏故云搢本○關梁不租者關謂關門梁謂津梁租謂課稅以其凶年故不課稅此周禮殷則雖非凶年亦不課稅也山澤列而不賦者列謂遮列但遮列人不得非時而入恐有損傷於物不賦斂也○土功不興者謂人食不得滿二鬴之歲若人食二鬴則猶興土功也故均人云豐年旬用三日中年用二日無年用一日廩人云人食四鬴上三鬴中二鬴下是無年猶有一日之役○注若衞至不征○正義曰按春秋閔二年狄入衞後衞文公大布之衣大帛之冠爲國之破亂與凶年同故引之云殷則關恆譏而不征者按王制云關譏而不征譏謂呵察但呵察其非不征稅王制是殷禮故云殷也

○卜人定龜謂靈射之屬所當用者○射音亦周禮作繹爾雅作謝史定墨視兆坼也坼勑白反○君定體視兆所得也周公曰體王其無害

疏 卜人至定體○正義曰此一經論君卜龜所定之異定龜者按龜人云天龜曰靈屬地龜曰繹屬東龜曰果屬西龜曰雷屬南龜曰獵屬北龜曰若屬各以其方之色與其體辨之鄭云屬言非一也色謂天龜玄地龜黃東青西白南赤北黑也龜俯者靈仰者繹前弇果後弇獵左倪雷右倪若定之者其所當用謂卜祭天用靈祭地用射射則繹也春用果秋用雷之屬也○史定墨者凡卜必以墨畫龜求其吉兆若卜從墨而兆廣謂之下從周禮占人注云墨兆廣也但拆是從墨而裂其旁岐細出謂之

爲璺。拆故占人云君占體大夫占色史占墨卜人占。拆注云體兆象也色兆氣也墨兆廣也拆。兆璺也是大坼稱爲兆廣小坼稱爲兆。璺。也○君定體者謂五
行之兆象既得兆體君定其體之吉凶尊者視大卑者視小○注視兆至無害○正義曰此尚書金縢文以武王有疾周公代其請命卜得吉兆周公爲此言
也○君羔幦虎犆幦覆苓也犆讀皆如直道而行之直直謂緣也此君齋車之飾○幦音覓徐苦狄反犆依注音直下同苓本又作軨音零
緣尹絹反後文注皆放此齊側皆反下文注皆同大夫齊車鹿幦豹犆朝車士齊車鹿幦豹犆臣之朝車與齊
車同飾
疏君羔至豹犆○正義曰此一節論君及大夫士等齊車朝車所飾之物尊卑不同○注幦覆至之飾○正義曰苓即式也但車式以苓爲之有
豎者有橫者故考工記注云轛式之植者衡者也此云幦覆苓詩大雅鞹鞃淺幭毛傳云幭覆式幭即幦也又周禮巾車作複但古字耳三者同也知幦是覆
苓者少儀云負良綏申之面拖諸幦是也云犆讀皆如直道而行之直者按論語云三代之所直道而行故讀如之云此君齊車之飾者以大夫及士皆云齊
車故知此君齊車之飾此經或有齊字者。若誤也若有齊字鄭不須此注皇氏云君謂天子諸侯也詩云淺幭以虎皮爲幭彼據諸侯與玄衮赤舄連文則亦
齊車之飾此用羔幦者當是異代禮或可詩傳據以虎皮飾幦謂之淺幭也○注臣之至同飾○正義曰據此注言之則君之朝車與齊車異飾也但無。文以
言之○君子之居恒當戶鄉明○鄉許亮反○寢恒東首首生氣也○首手又反注同○若有疾風迅雷甚
雨則必變雖夜必興衣服冠而坐敬天之怒○迅音峻又音信衣於既反下衣布同又如字日五盥沐稷而
靧粱櫛用樿櫛髮晞用象櫛進禨進羞工乃升歌晞乾也沐靧必進禨作樂盈氣也更言進羞明爲羞籩豆
之實○盥音管靧音悔櫛則乙反樿章善反禨其既反浴用二巾上絺下綌刷去垢也○絺丑疑反綌去逆反刷色劣反垢古口反

出杅履蒯席連用湯杅浴器也蒯。席澁便於洗足也連猶釋也○杅音雩蒯苦怪反連力旦反猶也注同澁所戢反便婢面反履蒲
席衣布晞身乃屨進飲進飲亦盈氣也○屨九具反本又作履○將適公所宿齊戒居外寢沐浴史
進象笏書思對命思所思念將以告君者也對所以對君者也命所受君命。者也書之於笏為失忘。也既服習容觀玉聲
玉佩乃出揖私朝煇如也登車則有光矣私朝自大夫家之朝也揖其臣乃行○煇音暉疏君子至光矣○正義曰此
一節明卿大夫以下所居處及盥浴弁將朝君之義○日五盥者盥洗手也○沐稷而靧粱者沐沐髮也靧洗面也取稷粱之。潘汁用將洗面沐髮並須滑故
也然此大夫禮耳。又人君沐靧。皆粱也○櫛用樿櫛者樿白理木也櫛梳也沐髮為除垢膩故用白理。澁木以為梳○髮晞用象櫛者晞乾燥也沐已燥則髮
澁故用象牙滑櫛以通之也○進禨進羞者禨謂酒也故少儀注云沐而飲酒曰禨是沐畢必進禨酒又進羞羞謂羞籩羞豆之實知非庶羞者庶羞為食而
設今進禨則飲酒之進為飲設羞故知是羞籩羞豆是以籩人羞籩之下注引少牢主人酬尸宰夫羞房中之羞是酬尸之後而有羞籩羞豆也故知非庶羞
是進羞也○工乃升歌者又進羞之後樂工乃升堂以琴瑟而歌所以進禨進羞乃歌者以其新沐體虛補益氣也皇氏云進禨謂飲與少儀注違非其義也
○出杅者杅浴之盆也浴時入盆中浴浴竟而出盆也○履蒯席者履踐也蒯菲草席。澁出杅而脚踐履。澁草席上刮去垢也○連用湯者連猶釋也言釋去
足垢而用湯。蘭也○史進象笏者史謂大夫亦有史官也熊氏云按下大夫不得有象笏有象字者誤也熊氏又解與明山賓同云有地大夫故用象皇氏載
諸所解皆不同以此為勝故存之耳○書思對命者思謂意所思念將以告君對謂君有所問以事對君命謂所受君命將以奉行以笏書此三事故云書思
對命也○既服習容觀玉聲者既服著朝服已竟也服竟而私習儀容又觀容聽已珮鳴使玉聲與行步相中適玉佩玉也○乃出者習儀竟而出也○揖私

朝煇如也者私朝大夫自家之朝也煇光儀也大夫行出至己之私朝揖其屬臣煇如也○登車則有光矣者揖竟出登所乘之車有光煇矣而往適君朝矣

天子搢珽方正於天下也此亦笏也謂之珽珽之言珽然無所屈也或謂之大圭長三尺杼上終葵首終葵首者於杼上又廣其首方如椎頭是謂無所屈後則恆直相玉書曰珽玉六寸明自炤○長直亮反後放此杼直呂反葵如字終葵椎也椎直追反下同相息亮反珽他頂反本又作珵音呈炤音照

諸侯荼前詘後直讓於天子也荼讀爲舒遲之舒舒懦者所畏在前也詘謂圜殺其首不爲椎頭諸侯唯天子詘焉是以謂笏爲荼○荼音舒詘丘勿反後如字徐胡豆反懦乃亂反又奴臥反怯懦也又作儒人于反弱也皇云學士圜音員殺色界反徐所例反篇內皆同○

大夫前詘後詘無所不讓也大夫奉君命出入者也上有天子下有己君又殺其下而圜

疏○天子至讓也○正義曰此一節論天子以下笏制不同之事○方正於天下也者言珽然無所詘示己之端平正直而布於天下○諸侯荼前詘後直者前詘謂圜殺其首後直下角正方○讓於天子也者降讓於天子故前詘也大夫前詘後詘無所不讓也者大夫上有天子下有己君上下皆須謙退故云無所不讓也○注此亦至自炤○正義曰以下文云笏天子以球玉故知此珽亦笏也云或謂之大圭長三尺杼上終葵首者或者玉人文也玉人注大圭或謂之珽或者或此文也云終葵首者於杼上又廣其首方如椎頭者終葵首謂椎頭也故許慎說文玉椎擊也齊人謂之終葵首言所杼之上又廣其首廣於珽身頭頭方如椎頭故云終葵首引相玉書珽玉六寸明自炤者證珽是玉也餘物皆光炤於外此珽玉光自炤於內內含明也○注荼讀至爲荼○正義曰舒懦者所畏在前也者按說文懦柔也所畏在前多舒緩故云舒懦者所畏在前也○注又殺至而圜○正義曰知又殺其下者以經云前後詘故知又殺其下故下注云大夫士文杼其下首廣二寸半是也

○侍坐則必退席不退則必引而去君之黨引卻也黨鄉之細者退謂旁側也辟君之親黨也○

黨鄉之細也退謂旁側也一本或作黨鄉之細者謂旁側也避君之親黨登席不由前爲躐席升必由下也○爲于偏反本又如字躐力輒反徒坐不盡席尺示無所求於前不忘謙也讀書食則齊豆去席尺讀書聲當聞尊者食爲汚席也○爲于僞反下爲大有同汙汚穢之汚烏臥反○若賜之食而君客之則命之祭然後祭雖見賓客猶不敢備禮也侍食則正不祭先飯辯嘗羞飲而俟俟君食而後食也君將食臣先嘗之忠孝也○飯扶晚反下至三飯及注皆同辯嘗音遍若有嘗羞者則俟君之食然後食飯飲而俟不祭侍食不敢備禮也不嘗羞膳宰存也飯飲利將食也君命之羞羞近者辟食味也○辟音避命之品嘗之然後唯所欲必先徧嘗之○徧音遍本又作備○凡嘗遠食必順近食從近始也君未覆手不敢飧覆手以循咡已食也飧勸食也○覆芳服反注同飧音孫注及下同咡耳侍反君既食又飯飧不敢先君飽○先息薦反下同飯飧者三飯也臣勸君食如是可也君既徹執飯與醬乃出授從者食於尊者之前當親徹也○從才用反

疏侍坐至從者○正義曰自此以下至士側尊用禁此一節廣論臣之侍坐於君之儀幷顯君賜食賜酒肉飲之節兼明與凡人飲食之禮○侍坐則必退席者若側旁有別席則退就側席○不退則必引而去君之黨者不退謂旁無別席可退或雖有別席君不命之使退則必引而去君之黨黨是鄉之細者而屬於鄉居其鄉之旁側今借之爲喻言臣侍君坐若不退席則引而卻去君之旁側也黨謂君之親黨則君命令與君之親黨同席則卑讓卻引而去離君之親黨在君之親黨之下而坐故注云辟君之親黨也登席不由前爲躐席者庾云失節而踐爲躐席應從於下升若由前升是躐席也按鄉飲酒禮賓席于戸西以西頭爲下主人席于阼階介席于西階皆北頭爲下賓升席自西方注云升由下也又。按鄉飲酒記云主人介凡升席自北方降自南方注云席南上升由下降由上由便則主人升席自北方降席自南方按鄉飲酒禮主人受獻自席前適阼階是主人降席自北方者以其受獻正禮須席末啐酒因從北方降也故注云啐酒席末。因從北方降由便也若其尋常無事則升由下而降由上若賓則升降皆由下也○徒坐不盡席尺者徒空也空坐謂非飲食及講問時也不盡席之前畔有餘一尺示無所求於前不忘謙也○讀書食則齊者讀書聲則當聞尊者食爲其汙席坐則近前與席畔齊○豆去席尺者解食所以近前之意以設豆去席一尺不得不前坐就豆或云讀書聲當聞尊者故人頭臨前一尺食爲汙席人頭臨豆與豆齊故云齊豆其豆徑一尺與去席尺亦一也○若賜至從者○正義曰此一節論人君賜食之禮○而君客之則命之祭然後祭者此廣明侍坐法也祭祭先也禮敵者共食則先祭若降等之客則後祭若臣侍君而賜之食則不祭若賜食而君以客禮待之則得祭雖得祭又先須君命之祭後乃敢祭也○先飯辯嘗羞者飯食也謂君未食而臣先食徧嘗膳也所以爾者示猶行臣禮爲先嘗食之義也○飲而俟者禮食未飧必前啜飲以利滑喉中不令澁噎君既未飧故臣亦不敢飧而先嘗羞嘗羞畢而歠飲以俟君飧臣乃敢飧○若有嘗羞者此謂臣侍食得賜食而非君所客者也既不得爲客故不得祭亦不得嘗羞則。君使膳宰自嘗羞故云有嘗羞者也○則俟君之食然後食者既不祭不嘗則俟君食後己乃食也○云飯飲而俟者飯飲者飲之也雖不嘗羞亦先飲飲則利喉以俟君也○君命之羞羞近者猶是君所不客者也雖君已食己乃後食而猶未敢食羞故又須君命雖得君命又猶未自專嘗先食近其前者一種而止也所以然者若越次前食遠者則爲貪好味也○命之品嘗之然後唯所欲者品猶徧也既未敢越次多食故君又命徧嘗而已乃徧嘗之後則隨己所欲不復次第也○凡嘗遠食必順近食者客與不客悉皆如此故云凡也意在嘗遠者且從近始辟貪味也○君未覆手不敢飧者侍食者悉然也覆手者謂食飽必覆手以循口邊恐有殺粒汙著之也飧謂用飲澆飯於器中也禮食竟更作三飧以勸助令飽實使不虛也君既食又飯飧者既猶畢竟也飯飧也君食畢竟而又飧則臣乃敢飧明不先君而飽也○飯飧者三飯也者三飯並謂飧也謂三度飧也君既徹者既已也謂君食竟已徹饌也○執飯與醬乃出授從者謂君饌已徹則臣乃自徹己饌以授從者飯醬是食之主故自執之此食合己之所得故授從者○注食於至徹也○正義曰此經食不客故君既徹之後執飯與醬乃出授從者若君與己禮食則但親徹之不敢授己之從者也故公食大夫禮賓北面坐取粱與醬以降西面坐奠于階西注云不以出者非所當得食也若非君臣但降等者則徹以授主人相者故曲禮云客若降等又云卒食客自前跪徹飯齊以授相者注云謙也相者主人贊饌者以非己所得故授主人之相若賓主敵者則徹於西序端故公食大夫禮云大夫自相食徹于西序端注云亦親徹是也

○凡侑食不盡食食於人不飽謙也○侑音又唯水漿不祭若祭爲己偞。卑水漿非盛饌也己猶大也祭之爲。或有所畏迫臣於君則祭之○偞虛涉反厭也大音泰下同下瓦大亦同

【疏】凡侑至偞卑○正義曰此一節以上文明侍君之食因明凡人相敵爲食之禮○凡侑食不盡食者此明勸食於尊者之法○食於人不飽者此通包食於尊者及禮敵之人所以不盡食○不飽者謙退不敢自足唯水漿不祭者言食於禮敵之人所設水漿不以祭先○若祭爲己偞卑者己大也偞厭也此解不祭水漿之意若祭水漿爲大厭降卑微有所畏迫也○注臣於君則祭之○正義曰所以知者按公食大夫禮宰夫執觶漿以進賓受坐祭遂飲故知之也

○君若賜之爵則越席再拜稽首受登席祭之飲卒爵而俟君卒爵然後授虛爵不敢先君盡爵君子之飲酒也受一爵而色洒如也洒如肅敬貌洒或爲察○洒先典反又西禮反王肅作察云明貌也二爵而言言斯言言和敬貌斯猶耳也○言言魚斤反注同禮已三爵而油油油油說敬貌○油油音由本亦作由王肅本亦作二爵而言注云飲二爵可以語也又云言斯禮注云語必以禮也三爵而油注云說敬貌無己及下油字也說音悅以退

體飲過三爵則敬殺可以去矣退則坐取屨隱辟而后屨坐左納右坐右納左隱辟俛逡。巡而退著屨也○辟
匹亦反徐房亦反注同而后屨一本作而後屨俛音免逡七巡反遁音巡著屨丁略反○凡尊必上玄酒不忘古也唯君面尊
面猶鄉也燕禮曰司宮尊于東楹之西兩方壺左玄酒南上公尊瓦大兩有冪在尊南。南上○鄉諱亮反唯饗野人皆酒蜡飲故不備禮○蜡
鋤駕反大夫側尊用棜士側尊用禁○棜斯禁也無足有似於棜是以言棜棜於據反注同斯如字又音賜疏君若至用
禁○正義曰此一節論臣於君前受賜爵之禮○飲卒爵而俟君卒爵然後授虛爵者俟君飲盡己乃。授虛爵與相者也必在君前先飲者亦示其賤者先卽
事後授虛爵者亦不敢先君盡爵然此謂朝夕侍者始得爵也若其大禮則君先飲而臣後飲故曲禮云長者舉未釂少者不敢飲燕禮公卒爵而後飲是也
此經云再拜稽首受於尊所曲禮云拜受於尊所此經先再拜稽首而後受燕禮與受爵降下奠爵再拜稽首則先受而後再拜與此不同者熊氏云文雖不
同互以相備皆先受而後再拜今刪定以爲燕禮據大飲法故先受爵而後奠爵再拜此經據朝夕侍君而得賜爵故再拜而後受必知此經非饗燕大飲者
以此下云受一爵以至三爵而退明非大饗之飲也若燕禮非惟三爵而已○受一爵而色洒如也者言初受一爵而顏色肅敬洒如也如者如此義謂如似
洒然故論語云申申如也夭夭如也及踧踖如也皆謂容色如此○二爵而言言斯者此事上恆敬既受。二爵顏色稍和故言言斯斯耳也耳是助句之辭皇
氏云讀言爲誾義亦通也○禮已三爵而油油者言侍君小燕之禮唯。已。止三爵顏色和說而油油說敬故春秋左氏傳云臣侍君宴過三爵非禮也○退則
坐取屨隱辟而後屨者坐跪也初跪說屨堂下爲敬故退而跪取屨起而逡巡隱辟而著之坐左納右者納猶著也若坐左膝則著右足之屨若坐右膝則著
左足之屨唯君面尊者面鄉也謂人君燕臣子專其恩惠故尊鼻鄉君故引燕禮燕臣子之法以解之若兩君相見則尊鼻於兩楹間在賓主之間夾之不得

面鄉尊也○唯饗野人皆酒者饗野人。謂。蜡。祭。時也野人賤不得比士又無德又可飽食則宜貪味故唯酒而無水也○大夫側尊用棜士側尊用禁者側謂旁側在賓主兩楹。間旁側夾之又東西橫行異於君也若側尊近於君南北列之則燕禮所云者是也大夫士側尊者鄉飲酒義云尊於房戶之間賓主共之也據大夫士旁著一尊亦曰側尊故士冠禮云側尊一甒醴在服北注云無偶曰側與此側別○注棜斯至言棜○正義曰按鄉飲酒禮設兩壺于房戶間有斯禁彼是大夫禮此云大夫用棜故知棜是斯禁也按特牲禮注云棜今木轝上有四周下無足今斯禁亦無足故云有似於棜是以言棜也○

○始冠緇布冠自諸侯下達冠而敝之可也本太古耳非時王之法服也○冠古亂反下冠而注始冠同敝音弊本亦作弊

玄冠朱組纓天子之冠也緇布冠繢緌諸侯之冠也皆始冠之冠也玄冠委貌也諸侯緇布冠有緌尊者飾也繢或作繪緌或作蕤○繢戶內反注繪同緌本又作蕤耳佳反注及下皆同○

玄冠丹組纓諸侯之齊冠也玄冠綦組纓士之齊冠也言齊時所服也四命以上齊祭異冠○齊側皆反下同○綦音其徐其記反雜色也上時掌反下而上同後皆放此○

縞冠玄武子姓之冠也謂父有喪服子為之不純吉也武冠卷也古者冠卷殊○縞古老反又古報反下同為于偽反卷起權反下同

縞冠素紕既祥之冠也紕緣邊也紕讀如埤益之埤既祥之冠也已祥祭而服之也間傳曰大祥素縞麻衣○紕音埤又婢支反間古閑反傳直專反

【疏】始冠至冠也○正義曰自此至魯桓公始也此一節廣論上下及吉凶冠之所用唯五十不散送及親沒不髦記者雜錄廁在其間○始冠緇布冠者言初加冠大夫士皆三加諸侯則四加其初加者是緇布冠○自諸侯下達者自從也從諸侯下達於士始冠緇布冠○冠而敝之可也者言緇布冠重古始冠暫冠之耳非時王之服不復恆著冠而敝去之可也○注皆始至作蕤○正義曰知始冠之冠者以文承上始冠之下故知玄冠朱組纓是天子始

冠也云諸侯緇布冠有緌尊者飾也者按郊特牲及士冠記皆云其緌也吾未
之聞謂大夫士也此云繢緌諸侯之冠故云緇布冠有緌尊者飾也上云始冠
緇布冠自諸侯下達則諸侯緇布冠可知更云緇布冠繢緌諸侯之冠者爲緌
起文也諸侯唯繢緌爲異其頍項青組纓等皆與士同○注言齊至異冠○正
義曰言齊者兼祭祀之時故曲禮云立如齊謂祭祀時恐此齊亦兼祭祀故言
齊時所服其祭諸侯則玄冕也云四命以上齊祭異冠者以諸侯玄冕祭玄冠
齊孤則爵弁祭亦玄冠齊是齊祭異冠也必知孤亦玄冠齊者以諸侯尚玄冠
齊明孤亦玄冠齊也其三命以下大夫則朝服以祭士則玄端以祭皆玄冠也
此云玄冠綦組纓士之齊冠是齊祭同冠也其天子之士與諸侯上大夫同故
深衣目錄云綦士祭以朝服謂天子之士也祭用朝服與諸侯大夫同然則天子
大夫與諸侯孤同亦爵弁祭玄冠齊此是熊氏之說也皇氏以爲天子大夫與
諸侯大夫同但朝服以祭便與鄭注四命以上齊祭異冠於文爲妨皇氏之說
非也其天子之祭玄冕祭則玄冠齊絺冕祭則玄冕齊以次差之可知也此亦
熊氏說此云四命齊祭異冠者謂自祭也若助祭於君則齊祭同冠故鄭志。答
趙商問云以雜記云大夫冕而祭於公弁而祭於己士弁而祭於公冠而祭於
己是爲三命以下齊祭異冠何但四命以上也觀注似若但施於己祭不可通
之也鄭答云齊祭謂齊時一冠祭時。亦一冠四命乃然大夫冕士弁而祭於君
齊時服之祭時服之何以亦異如鄭此言是助祭齊祭同冠故云何以亦異若
然士之助祭齊服應服爵弁而鄭注旅賁氏云王齊服服衮冕則士之齊服服
玄端不服爵弁者熊氏云若士助王祭祀服爵弁若助王受朝覲齊服則服玄
端義或然也○注謂父至卷殊○正義曰姓生也孫是子之所生故。云子姓云
不純吉也者武用玄玄是吉冠用縞縞是凶吉而雜凶故云不純吉也卷用玄
而冠用縞冠卷異色故云古者冠卷殊如鄭此言則漢時冠卷共材○注紕緣
至麻衣○正義曰紕緣邊者謂緣冠卷兩邊及冠卷之下畔其冠與卷身皆用縞
但以素緣耳縞是生絹而近吉當祥祭之時身著朝服首著縞冠以其漸吉故
也不言以素爲紕故喪服小記云除成喪者朝服縞冠注云縞冠未純吉祭服

也雜記曰祥主人之除也於夕爲期朝服鄭云祭猶縞冠未純吉雜記又云既祥雖不當縞者必縞鄭云縞祥祭之服據此兩經二注皆云祥祭縞冠若既祥
之後微申孝子哀情故加以素紕以素重于縞也故此文云既祥之冠間傳曰大祥素縞麻衣檢勘經注分明如此而皇氏以爲縞重素輕祥祭之時以素爲
冠以縞爲紕紕得冠名故云縞冠祥祭之後以縞爲冠以素爲紕亦紕得冠名而云素冠文無所出不知有何憑據也垂緌五寸惰游之
士也惰游罷民也亦縞冠素紕凶服之象也垂長緌明非既祥○惰徒臥反罷音皮玄冠縞武不齒之服也所放不居帥教者
冠屬武謂燕居冠也著冠於武少威儀○屬章欲反著皇直略反徐丁略反自天子下達有事然後緌燕無事者去飾○去
丘呂反下同五十不散送送喪不散麻始衰不備禮○散悉但反注同衰所追反親沒不髦。去爲子之飾○去不髦音毛大帛
不緌帛當爲白聲之誤也大帛謂白布冠也不緌凶服去飾玄冠紫緌自魯桓公始也蓋僭宋王者之後服也緌當用繢○
僭子念反後同疏垂緌至士也○正義曰此亦用既祥冠而加垂緌五寸也○注惰游至既祥○正義曰鄭知惰游罷民者與下不齒相連故知是周禮坐
嘉石之罷民知亦縞冠素紕者以文承上縞冠素紕之下但垂緌爲異○注謂燕居冠也○正義曰燕居之冠屬武於冠冠武相連屬燕居率略少威儀故也
又不加緌若非燕居則冠與武別臨著乃合之有儀飾故也○注送喪至備禮○正義曰始死三日之前要經散垂三日之後乃絞之至葬啓殯已後亦散垂
既葬乃絞五十既衰不能備禮故不散垂及親沒不髦不關冠之義。紀者雜廁其間○注帛當至去飾○正義曰知帛當爲白者以雜記云大白冠緇布冠皆
不緌彼大白與緇布連文故知此大帛謂白布冠也○左傳閔二年衛文公大布之衣大帛之冠白繒冠也與大布相對與此異也○注蓋僭宋王者之後○正
義曰知疑僭宋者以祭周公用白牡乘大路是魯用殷禮故疑魯桓公用紫緌僭宋王者之後云緌當用繢者以上文云緇布冠繢緌諸侯之冠故知也○

朝玄端夕深衣深衣三袪謂大夫士也三袪者謂要中之數也袪尺二寸圍之爲二尺四寸三之七尺二寸○朝直遙反深衣三袪起魚反本或無衣字要一遙反下文注同縫齊倍要縫紩也紩下齊倍要中齊丈四尺四寸縫或爲逢或爲豐○縫音逢齊音咨本又作齎注同紩直巳反徐治栗反○衽當旁衽謂裳幅所交裂也凡衽者或殺而下或殺而上是以小要取名焉衽屬衣則垂而放之屬裳則縫之以合前後上下相變○衽而審反又而鴆反屬音燭下同袂可以回肘二尺二寸之節○袂面世反肘竹丑反○長中繼揜尺其爲長衣中衣則繼袂揜一尺若今褎矣深衣則緣而已○褎音袖下文同袷二寸曲領也袷音劫○袪尺二寸袂口也緣廣寸半飾邊也○緣徐公曠反後放此以帛裹布非禮也中外宜相稱也冕服絲衣也中衣用素皮弁服朝服玄端麻衣也中衣用布○裹音里稱尺證反士不衣織織染絲織之士衣染繒也○衣於既反注及下注同織音志注織染同繒以綾反無君者不貳采大夫去位宜服玄端玄裳○去如字衣正色裳閒色謂冕服玄上纁下○閒閒廁之閒非列采不入公門列采正服振絺綌不入公門表裘不入公門振讀爲袗袗襌也表裘外衣也二者形且褻皆當表之乃出○振依注爲袗之忍反襌音丹下文注同

疏朝玄至公門○正義曰自此以下至弗敢充也一節廣論衣服及裘裼襲之事○○朝玄端夕深衣者謂大夫士早朝在私朝服玄端夕服深衣在私朝及家也○○深衣三袪者袪謂袂末言深衣之廣三倍於袂末○縫齊倍要者齊謂裳之下畔要謂裳之上畔言縫下畔之廣倍於要中之廣謂齊廣一丈四尺四寸要廣七尺二寸○衽當旁者衽謂裳之交接之處當身之畔○袂可以回肘者袂上下之廣二尺二寸肘長尺二寸故可以回肘也○長中繼揜尺者謂長衣中衣繼袂之末揜餘一尺○袷二寸者袷謂深衣曲領廣二寸○袪尺二寸者袪謂深衣袂口謂口之外畔上下尺二寸也故注云袪袂口也○○緣廣寸半者謂深衣

邊以緣飾之廣寸半也○注謂大至二寸○正義曰上文云君朝服日出而視
朝夕深衣祭牢肉此云朝玄端與君不同故知是大夫士也以視私朝故服玄
端若朝君之時則朝服也朝服其衣與玄端無異但其裳以素。耳若大夫莫夕
蓋亦朝服其士則用玄端故士冠禮注云玄端士莫夕於朝之服是也其私朝
及在家大夫士夕皆深衣也皇氏以爲此玄端是朝君之服若然朝禮君臣同
服上文君朝服夕深衣此文與君無異鄭何得注云大夫士也恐皇氏之說非
也云三之七尺二寸者按深衣云幅十有二以計之幅廣二尺二寸一幅破爲
二四邊各去一寸餘有一尺八寸每幅交解之闊頭廣尺二寸狹頭廣六寸。比
寬頭嚮下狹頭嚮上要中十二幅廣各六寸故爲七尺二寸下齊十二幅各廣
尺二寸故爲一丈四尺四寸○注衽謂至相變○正義曰衽謂裳幅所交裂也
者裳幅下廣尺二寸上闊六寸狹頭嚮上交裂一幅而爲之云凡衽者或殺而
下或殺而上者皇氏云言凡衽非一之辭非獨深衣也或殺而下謂喪服之衽
廣頭在上狹頭在下或殺而上謂深衣之衽寬頭在下狹頭在上云是以小要
取名焉者謂深衣與喪服相對爲小要兩旁皆有此衽熊氏大意與皇氏同或
殺而下謂朝祭之服耳云衽屬衣則垂而放之者謂喪服及熊氏朝祭之衽云
屬裳則縫之以合前後者謂深衣之衽云上下相變者上體是陽陽體舒散故
垂而下下體是陰陰主收斂故縫而合之今刪定深衣之上獨得衽名不應假
他餘服相對爲衽何以知之深衣衣下屬幅而下裳上屬幅而上相對爲衽鄭
注深衣鉤邊今之曲裾則宜兩邊而用也但此等無文言之且從先儒之義○
注其爲至而已○正義曰繼袂揜一尺者幅廣二尺二寸以半幅繼續袂口揜
餘一尺云深衣則緣而已者若長衣揜必用素而中衣揜或布或素隨其衣而
然長中制同而名異者所施異故也裏中著之則曰中衣若露著之則曰長衣
故鄭注深衣目錄素紕曰長衣有表謂之中衣○以帛裏布非禮也若朝服用
布則中衣不得用帛也皮弁服朝服玄端服麻衣也中衣用布三衣用麻麻即
十五升布故中衣。並用布也然云朝服又云玄端者朝服指玄衣素裳而玄端
裳色多種或朱裳玄黄雜裳之屬廣言之也而小祥衰裏孰帛中衣者吉凶異

故也○士不衣織○織者前染絲後織者此服功多色重故士賤不得衣之也大夫以上衣織染絲織之也士衣染繒詩庶人得衣錦者禮不下庶人有經而等也故服錦衣。下。云居士錦帶者直以錦帶非爲衣也唐傳云古者有命民有飾車駢馬衣錦者非周法大夫以上得衣織衣而禮運云衣其澣帛謂先代禮尚質故也○注大夫至玄裳○正義曰此謂大夫士去國三月之內服素衣素裳三月之後。別服此玄端玄裳以經云不貳采是有采色但不貳耳采色之中玄最貴也○注謂冕服玄上纁下○正義曰玄是天色故爲正纁是地色赤黃之雜故爲間色皇氏云正謂青赤黃白黑五方正色也不正謂五方間色也綠紅碧紫駵黃是也青是東方正綠是東方間東爲木木色青木刻土土黃並以所刻爲間或綠色青黃也。朱是南方正紅是南方間南爲火火赤刻金金白故紅色赤白也白是西方正碧是西方間西爲金金白刻木故碧色青白也黑是北方正紫是北方間北方水水色黑水刻火火赤故紫色赤黑也黃是中央正駵黃是中央間中央爲土土刻水水黑故駵黃之色黃黑也○注振讀至乃出○正義曰按士昏禮云女從者畢袗玄彼注以袗爲同此云袗禪者以振與袗聲相近袗字從衣故讀從袗蓋袗字得爲同又得爲禪故下曲禮注引論語云當暑袗絺綌是論語本有爲袗字者云形且褻者形解袗絺綌其形露見褻解表裘在衣外可鄙褻二者皆上加表衣乃出也

襲裘不入公門衣裘必當裼也○裼思歷反

纊爲繭緼爲袍衣。有。著之異名也纊謂今之新綿也緼謂今纊及舊絮也○纊音曠繭古典反緼紆粉反又紆郡反袍步羔反絮胥慮反

禪爲絅有衣裳而無裏○絅苦迥反徐又音迥

帛爲褶有表裏而無著○褶音牒裌也

○朝服之以縞也自季康子始也亦僭宋王者之後

疏襲裘至始也○正義曰檀弓云裼裘襲裘謂若子游裼裘而弔曾子襲裘而弔皆謂裘上有裼衣裼衣之上有襲衣襲衣之上有正服但據露裼衣不露裼衣爲異耳若襲裘不得入公門也○注緼謂今纊及舊絮也○正義曰如鄭此言云緼謂今纊者謂好綿也則鄭注之時以好者爲綿惡者爲絮故云緼謂今纊及舊絮也

○注亦僭宋王者之後○正義曰云亦者亦上玄冠紫緌是僭宋王者之後知宋朝服以縞者按王制云殷人縞衣而養老燕服則爲朝服宋是殷後故朝服以縞

孔子曰朝服而朝卒朔然後服之謂諸侯與羣臣也諸侯視朔皮弁服曰國家未道則不充其服焉謂若衛文公者未道未合於道

疏孔子至服之○正義曰朝服緇衣素裳而朝謂每日朝君○卒朔然後服之者卒朔謂卒告朔之時服皮弁告朔禮終脫去皮弁而後服朝服也○注謂諸侯與羣臣也○正義曰知非天子之朝服而云諸侯與羣臣者以上文次皆云不入公門下云唯君有黼裘又云君衣狐白裘皆據諸侯之禮故知此亦據諸侯也○

唯君有黼裘以誓省大裘非古也僭天子也天子祭上帝則大裘而冕大裘羔裘也黼裘以羔與狐白雜爲黼文也省當爲獮獮[illegible]田也國君有黼裘誓。獮田之禮時大夫。又有大裘也○黼音甫省依注作[illegible]息典反秋獮名

疏唯君至古也○正義曰君諸侯也黼裘以黑羊皮雜狐白爲黼文以作裘也誓者告勅也獮秋獵也大裘天子郊服也禮唯許諸侯服黼裘以誓軍衆田獵耳不得用大裘常時有者非但諸侯用大裘又有大夫僭用大裘者故譏之云非古也○注時大夫又有大裘也○正義曰經直云黼裘以誓獮大裘非古而云大夫用大裘者以經云唯君則知時臣亦爲之故言唯君以譏之也冬始裘而秋云裘者爲秋殺始誓衆須威故秋而用黼爲裘也。

附釋音禮記注疏卷第二十九

禮記注疏卷二十九校勘記　阮元撰盧宣旬摘錄

附釋音禮記注疏卷第二十九　惠棟校宋本禮記正義卷第三十九

玉藻第十三

天子玉藻節

閏月則闔門左扉　各本同石經同釋文出則闔左扉云一本作闔門左扉

東門南門皆謂國門也　宋監本亦作謂惠棟校宋本同岳本同嘉靖本同考文引補本古本足利本同閩監毛本謂誤爲衛氏集說同

皆用白旒珠　閩毛本同衛氏集說同惠棟校宋本旒作旋監本亦作旒用誤周

用三十升之布染之　惠棟校宋本作用衛氏集說同此本用字闕閩監毛本用誤以

但延之與板　閩監本同考文引宋板同毛本與誤於衛氏集說同

是解延不解冕也　惠棟校宋本同閩監毛本是字脫

其制同文按明堂位　惠棟校宋本文作又考文引補本同是也閩監毛本並誤

以草蓋屋　閩監毛本同盧文弨據明堂位疏云草當作茅

其外名曰辟廱閩監毛本同盧文弨據明堂位疏外下增有水二字

謹按今禮古禮各以其義說說無明文以知之閩監本同毛本以誤有考文引宋板亦作以盧文弨云說字不當重齊召南云說無明文當作經無明文

及其下顯與本異章閩監毛本同盧文弨校云本異章疑是本書異

今說立明堂於巳由此爲也閩監毛本同齊召南校云按以明堂位疏推之當作今漢立明堂於丙巳此疏說字係漢字之訛巳上又脫丙字

皮弁以日視朝節

餕食朝之餘也奏奏樂也閩監毛本同岳本同嘉靖本同盧文弨校云注十字宋本在日少牢下

春秋尚書其存者惠棟校宋本同嘉靖本同續通解同考文引補本古本足利本同閩監毛本其作具岳本同衞氏集說同

而食餕尚奏樂卽朝食奏樂可知也閩本同監毛本無而食餕尚奏樂六字

皆有俎有三牲備閩監毛本同衞氏集說下有作則

或天子同諸侯等所施不同故鄭據閩監毛本同按同諸侯之同當作與孫志祖云同周禮膳夫疏作與是也又云禮數不同難以據也此疏故鄭二字疑誤惠棟校云故鄭據三字衍浦鏜校作故難據也

尙書記言語之事閩監毛本同衞氏集說同惠棟校宋本作言誥考文引補本亦作誥按下是皆言誥之事並作誥則此處語字亦當作誥

內吏掌王之八枋惠棟校宋本同閩監毛本枋作柄○按周禮以枋爲柄古音方聲丙聲同部字

右史紀事左史記言與此正反閩監毛本紀作記閩監本與字同毛本與誤於考文引宋本亦作與

諸侯元端以祭節

皮弁以聽朔於太廟閩監毛本同石經同岳本同嘉靖本同衞氏集說同惠棟校云皮弁以聽朔於太廟經注十四字宋本皆脫

五俎四簋各本同石經同釋文出四簋云本或作簋

加羊與其腸胃也各本同釋文出腸也云音胃

此諸侯聽朔於大廟閩監毛本同惠棟校宋本此作故盧文弨云宋作故非

諸侯亦當有日中閩監毛本同衞氏集說有作言

君無故不殺牛節

無復㧾科惠棟校宋本同考文引補本同閩監毛本科作別衞氏集說同

饗食亦在其中惠棟校宋本同衞氏集說同考文引補本同閩監毛本食誤飯

殷則關恆譏而不征惠棟校宋本亦作恆宋監本同岳本同嘉靖本同考文引補本古本足利本同閩監毛本恆誤但衛氏集說同

殷字各本不誤監本誤殷

亦不課稅也閩監毛本如此此本也字闕惠棟校宋本無也字

卜人定龜節

視兆坼也惠棟校宋本宋監本亦皆作坼岳本同衛氏集說同釋文出兆坼閩本坼誤拆監毛本誤圻嘉靖本同

定之者定其所當用惠棟校宋本如此衛氏集說同此本下定字脫閩監毛本同

但拆是從墨閩本同監毛本拆作坼下拆字倣此

小坼稱爲兆璺也閩毛本同監本璺誤亹

君羔幦虎犆節

此經或有齊字者若誤也閩監毛本同惠棟校宋本無若字續通解同○按無若字者是也

則亦齊車之飾惠棟校宋本作則衛氏集說同此本則字闕閩監毛本則誤知

君子之居恆當戶節

蒯席澀閩監毛本作澀岳本同衛氏集說同此本澀作澁嘉靖本同疏放此

命所受君命者也　閩監毛本同衛氏集說同惠棟校宋本無者字考文引古本足利本同宋監本同

爲失忘也　惠棟校宋本作也宋監本同岳本同嘉靖本同衛氏集說同考文引古本足利本同閩監毛本也誤反

取稷粱之瀋汁　惠棟校宋本同閩監毛本瀋作湯衛氏集說同

又人君沐頮皆粱也　閩監毛本同通解又作若惠棟校宋本皆作者

言釋去足垢而用湯闌也　閩監毛本同衛氏集說同惠棟校宋本闌作爛

天子搢珽節

珽之言珽然無所屈也　閩監毛本同岳本同嘉靖本同衛氏集說同段玉裁校本云珽然之珽當作挺

珽玉六寸明自炤　各本同釋文出珽云本又作珵惠棟云王逸引之作珵

終葵首謂椎頭也　閩監毛本同考文引補本首作者

故許慎說文玉椎擊也　閩監毛本同段玉裁校本玉改云

廣於珽身頭頭方如椎　閩監毛本同盧文弨云頭字不當重浦鏜校云一頭字疑在廣字上

大夫士文杼其下首廣二寸半也是　惠棟校宋本文作又也是作是也閩監本與此同誤毛本亦同惟是也二字不倒

侍坐則必退席節

黨鄉之細者退謂旁側也辟君之親黨也○ 閩監毛本同岳本同嘉靖本同衞氏集說同釋文出黨鄉之細也退謂傍側也云一本或作黨鄉之細者謂傍側也辟君之親黨今注疏本與釋文二本並不同此本親黨也下隔○列釋文閩監毛本誤以釋文爲注惠棟校宋本亦無○下二十八字也

又按鄉飲酒記云 惠棟校宋本無按字衞氏集說同此誤衍按字閩監毛本同

啐酒席末因從北方降 惠棟校宋本同閩監毛本因誤自

則君使膳宰自嘗羞 閩監毛本同惠棟校宋本君下有若字

凡侑食不盡食節

若祭爲己傑卑 閩監毛本同石經同嘉靖本同衞氏集說同岳本傑作偞考文引古本足利本同釋文出己偞石經考文提要云宋本九經南宋巾箱本並作偞

祭之爲或有所畏迫 閩監本同惠棟校宋本或作大岳本同嘉靖本同衞氏集說同毛本同是也考文引古本足利本大作太亦誤釋文出猶大云下同正謂此大是釋文本亦作大字也

君若賜之爵節

隱辟而后屨各本同石經同釋文出而屨云一本作而後屨

俛逡巡而退著屨也各本同釋文出巡作遁云音巡○按遁正字巡假借字

在尊南南上閩監本作南上岳本同嘉靖本同衞氏集說同毛本南上誤面上此本訛脫

己乃授虛爵與相者也惠棟校宋本同考文引補本同閩監毛本授誤受

既受二爵顏色稍和毛本同衞氏集說亦作二閩監本二誤三

唯己止三爵閩監毛本同惠棟校宋本止作上衞氏集說作唯止三爵無己字按止字是

謂蜡祭時也閩監本如此衞氏集說同考文引宋板同此本時字在謂蜡祭三字闕毛本時誤是

在賓主兩楹閒旁側夾之惠棟校宋本作閒衞氏集說同考文引補本同此本閒字脫閩監毛本閒誤之

始冠緇布冠節惠棟校云始冠節垂緌節宋本合爲一節

故鄭志答趙商問云閩監毛本同惠棟校宋本無荅字

祭時亦一冠孔廣森云亦疑當作又

故云子姓閩監毛本同惠棟校宋本云作曰

垂緌五寸節

親沒不髦〔各本同石經同釋文出不旄〕

紀者雜廁其閒〔閩監毛本同惠棟校宋本紀改記〕

以祭周公用白牡〔惠棟校宋本作白牡衞氏集說同此本白字不誤牡誤牲閩監本同毛本白牡誤八牲〕

袂口也〔閩本同惠棟校宋本同岳本同嘉靖本同衞氏集說同監本袂誤袂毛本袂誤袪〕

袂尺二寸者袪謂深衣袂口〔惠棟校宋本作袪尺袪謂毛本同監本袪字並誤作袂〕

但其裳以素耳〔惠棟校宋本同閩監毛本耳作爾衞氏集說同〕

比寬頭繼下〔閩監毛本同衞氏集說比作此〕

故中衣並用布也〔惠棟校宋本同衞氏集說同閩監毛本並誤幷〕

士衣染繒〔此本繒字不誤染誤也閩監毛本染字不誤繒誤繪衞氏集說作染繒惠棟校宋本同〕

下云居士錦帶者〔惠棟校宋本如此考文引補本同此本下字闕閩監毛本云誤文〕

三月之後別服此元端元裳〔閩監毛本同衞氏集說別作則〕

朱是南方正〔惠棟校宋本作朱考文引補本同此本朱誤未閩監毛本朱作赤衞氏集說同〕

襲裘不入公門節〔惠棟校云襲裘節孔子節宋本合爲一節〕

衣有著之異名也閩本如此惠棟校宋本同宋監本同岳本同嘉靖本同考文引古本同監毛本有誤者衞氏集說同此本有字不誤

著誤者

孔子曰朝服而朝節

以上文次皆云閩監毛本同惠棟校宋本文作之

唯君有黼裘節

國君有黼裘誓獮田之禮閩毛本同岳本同嘉靖本同衞氏集說同監本獮誤獮

時大夫又有大裘也閩監本同岳本同嘉靖本同衞氏集說同毛本又誤猶

而用黼爲裘也惠棟校宋本此下標禮記正義卷第三十九終記云凡二十七頁

禮記注疏卷二十九校勘記

附釋音禮記注疏卷第三十

玉藻

禮記　鄭氏注　孔穎達疏

君衣狐白裘錦衣以裼之君衣狐白毛之裘則以素錦爲衣覆之使可裼也袒而有衣曰裼必覆之者裘褻也詩云衣錦絅衣裳錦絅裳然則錦衣復有上衣明矣天子狐白之上衣皮弁服與凡裼衣象裘色也○衣於既反下文不衣同復扶又反與音餘君之右虎裘厥左狼裘衛尊者宜武猛士不衣狐白辟君也狐之白者少以少爲貴也○辟音避【疏】君衣至狐白○正義曰君謂天子以狐之白毛皮爲裘其上用錦衣以裼之○注詩云至色也○正義曰鄭引詩者證錦衣之上更有衣覆之以無正文故引詩云然則錦衣復有上衣明矣云天子狐白之上衣皮弁服與者亦以無正文故言皮弁服與與爲疑辭也必知狐白上加皮弁服者以狐白既白皮弁亦白錦衣。白三者相稱皆爲白也云凡裼衣象裘色也者狐白裘用錦衣爲裼狐青裘用玄衣爲裼羔裘用緇衣爲裼是裼衣與裘色相近也天子視朝服皮弁服則天子皮弁之下有狐白錦衣也諸侯於天子之朝亦然故秦詩曰君子至止錦衣狐裘此經云君則天子兼諸侯也凡在朝君臣同服然則三公在天子之朝執璧與子男同則皮弁之下狐白錦衣與子男同也其天子卿大夫及諸侯卿大夫在天子之朝亦狐白裘以下云士不衣狐白則卿大夫得衣狐白也其裼則不用錦衣故下注云非諸侯則不用錦衣爲裼熊氏云當用素衣爲裼其天子之士及諸侯之士在天子之朝既不衣狐白熊氏云用麛裘素裼也諸侯朝天子受皮弁之。裼歸來饗國則亦錦衣狐裘以告廟則秦詩云君子至止錦衣狐裘是也告廟之後。則服之其在國視朔則素衣。麛裘卿大夫士亦皆然故論語注云素衣。麛裘視朔之服是也其受外國聘享亦素衣麛裘故聘禮公裼降立注引玉藻云麛裘青豻褎絞衣以裼之又引論語云素衣麑裘皮弁時或素衣如鄭此言則裼衣或絞或素不定也熊氏云臣用絞君用素皇氏云素衣爲正記者亂言絞耳

君子狐青裘豹褎玄綃衣以裼之君子大夫士也綃綺屬也染之以玄於狐青裘相宜狐青裘蓋玄衣之裘○豹包教反綃音消

麛裘青豻褎絞衣以裼之豻胡犬也絞蒼黃之色也孔子曰素衣麛裘○麛音迷豻音岸胡地野犬絞戶交反

羔裘豹飾緇衣以裼之飾猶褎也孔子曰緇衣羔裘

狐裘黃衣以裼之黃衣大蜡時臘先祖之服也孔子曰黃衣狐裘○蜡仕嫁反臘力合反

錦衣狐裘諸侯之服也非諸侯則不用錦衣爲裼

犬羊之裘不裼質略亦庶人無文飾

【疏】君子至不裼○正義曰君子謂大夫士也以狐青爲裘豹皮爲褎用玄綃之衣以覆裼之○注君子至之裘○正義曰知君子大夫士者以其上文已云君此文云君子故知是大夫士也云蓋玄衣之裘者皇氏云玄衣謂玄端也皇氏又云畿內諸侯朝服用緇衣畿外用玄衣此狐青又是畿外諸侯朝服之裘皇氏又云凡六冕及爵弁無裘先加明衣次加中衣冬則次加袍襺夏則不袍襺用葛也次加祭服若朝服布衣亦先以明衣親身次加中衣冬則次加裘裘上加裼衣裼衣之上加朝服夏則中衣之上不用裘而加葛葛上加朝服此皆皇氏之說熊氏云六冕皆有裘此云玄謂六冕及爵弁也則天子諸侯皆然而云大夫士者君用純狐青大夫士雜以豹褎熊氏又以內外諸侯朝服皆緇衣以羔爲裘不用狐青也狐青既是冕服之裘周禮司裘謂之功裘者以在冕服之內人功微麤不如糲裘大裘之美故故謂之功耳劉氏云凡六冕之裘皆黑羔裘也故司服云祭昊天大裘而冕以下冕皆不云裘是皆用羔裘也又論語注緇衣羔裘皆祭於君之服是祭服用羔裘也劉氏又以此玄衣爲玄端與皇氏同今刪定三家之說雖各有通塗皆互有長短皇氏以畿內諸侯緇衣畿外諸侯玄衣按王制直云玄衣而養老不辨外內之異又詩唐風羔裘豹袪卿大夫之服檜風云羔裘逍遙鄭玄云朝

燕之服也論語云緇衣羔裘注云諸侯之朝服羔裘者必緇衣爲裼唐檜魯非畿內之國何得並云羔裘若此玄衣爲畿外諸侯則鄭注此何得云君子大夫
士也又祭服無裘文無所出皇氏之說非也劉氏以六冕皆用大裘按鄭志大裘之上有衣則與玄冕無異是以小祭與昊天服同此則劉氏之說非也今彼
此商量以熊氏之說踰於二家論語注云緇衣祭於君之服者謂助君祭朝服而祭也亦卿大夫祭於君之服也○注豻胡犬也○正義曰熊氏以豻胡犬謂
胡地野犬一解此胡作狐字謂狐犬雜未知孰是也○注黃衣至狐裘○正義曰按郊特牲云黃衣黃冠而祭所以息田夫者文在蜡祭之下又云旣蜡而收
民息已是蜡祭之後爲息民之祭也此息民謂之臘故月令孟冬云臘先祖五祀是黃衣爲臘先祖之服皇氏用白虎通義云天子狐白諸侯狐黃大夫狐蒼
士羔並與經傳不同鄭所不取裘乃各有所施皇氏說非也不文飾也不裼裼主於有文飾之事【疏】不文飾也不裼○正義曰按聘禮使
臣行聘之時主於敬不主於文故襲裘也是不文飾之事不裼裘也至行享之時主於文故裼裘也裘之裼也見美也君子於事以見美爲
敬○見賢遍反注下注及下文同【疏】裘之裼也見美也○正義曰裘之裼者謂裘上加裼衣裼衣上雖加他服猶開露裼衣見裼衣之美以爲敬也弔
則襲不盡飾也喪非所以見美【疏】弔則襲不盡飾也○正義曰凡此弔襲謂主人旣小斂之後若未斂之前則裼裘也故檀弓云子游裼裘
而弔是也君在則裼盡飾也臣於君所【疏】君在則裼盡飾也○正義曰凡君在之時則露此裼衣盡其文飾之道以敬於君也服之
襲也充美也充猶覆也所敬不主於君則襲【疏】服之襲也充美也○正義曰此謂君之不在臣所加上服揜襲裼衣○充猶覆也謂覆蓋裼衣之
美以君不在敬心殺故也○注所敬至則襲○正義曰凡敬有二體一則父也二則君也父是天性至極以質爲敬故子於父母之所不敢袒裼君非血屬以
文爲敬故臣於君所則裼若平敵以下則亦襲以其質略故也所襲雖同其意異也聘禮行聘致君命亦襲者彼是聘享相對聘質而享文欲文質相變故裼

襲不同也是故尸襲尸尊疏是故尸襲○正義曰尸處尊位無敬於下故襲也執玉龜襲重寶瑞也疏執玉龜襲○正義曰凡執
玉得襲故聘禮執圭璋致聘則襲也若執璧琮行享雖玉裼此執玉或容非聘享尋常執玉則亦襲也龜是享禮庭實之物執之亦裼若尋常所執及卜則襲
敬其神靈也無事則裼弗敢充也謂已致龜玉也疏無事至充也○正義曰謂行禮已致龜玉之後則裼不敢充覆其美也亦謂在
君之前故裼也若不在君所故無事則襲前文云者是也○笏天子以球玉諸侯以象大夫以魚須文竹士
竹本象可也球美玉也文猶飾也大夫士飾竹以爲笏不敢與君並用純物也○球音求魚須文竹崔云用文竹及魚班也隱義云以魚須飾文
竹之邊須音班見於天子與射無說笏入大廟說笏非。古。也言凡吉事無所說笏也大廟之中唯君當事說笏也
○說本又作稅同他活反下及注同小功不說笏當事免則說之免悲哀哭踊之時不在於記事也小功輕不當事可以搢笏也
○免音問注同既搢必盥雖有執於朝弗有盥矣搢笏輒盥爲必執事○爲于僞反凡有指畫於君前
用笏造受命於君前則書於笏笏畢用也因飾焉畢盡也○畫呼麥反 造皇七報反舊七刀反笏度
二尺有六寸其中博三寸其殺六分而去一殺猶杼也天子杼上終葵首諸侯不終葵首大夫士又杼其下首廣
二寸半○去起呂反 下注去上則去去飾同疏笏天至去一○正義曰此一節明天子以下笏之所用之物并明用笏之事及闊狹長短○大夫以魚須
文竹者文飾也庾氏云以鮫魚須飾竹以成文士竹本象可也者士以竹爲本質以象牙飾其邊緣飾之可也言可者通許之辭○注球美至物也○正義曰
按釋地云西北之美者有崐崙虛之璆琳琅玕焉李巡孫炎郭璞等並云璆琳美玉此之球字則與璆同故云球是美玉也云文猶飾也謂以魚須文飾其竹

盧云以魚須及文竹爲笏非鄭義也云大夫士飾竹以爲笏者大夫以魚須士用象○注言凡至笏也○正義曰經總云見於天子則諸侯事在其間故云言凡吉事無所說笏凡者非一之辭下文云小功不說則大功以上皆說之故云惟吉事無說笏也云大廟之中唯君當事則說笏也者以臣見君無不執笏明大廟之中雖當事之時亦執笏也君則大廟之中當事之時則說笏時臣驕泰僭傚於君當事之時亦說笏故記者明之云臣入大廟當事說笏非古禮也是當時之僭記者據時而言故鄭云唯君當事說笏也必知當事說者以下文云小功不說笏當事免則說之明君入大廟當事則亦說耳凡臣見君皆執笏笏所以記事射所以正威儀獨云見於天子者以天子尊極恐臣下畏懼不敢執笏故特言見於天子明臣下見於君皆然○既搢至盥矣○言既搢笏必盥者謂有執事於朝須預絜淨故既搢笏於帶必盥洗其手於後雖有執事於朝更不須清絜不須盥矣以其初盥已畢○造受至飾焉○造受命謂造詣君前而受命則書記於笏○笏畢用也者畢盡也謂事事盡用笏記之○因飾焉者謂因其記事所須而飾以爲上下等級焉○其中博三寸者天子諸侯上首廣二寸半其天子椎頭不殺也大夫士下首又廣二寸半唯笏之中央同博三寸故云其中博三寸也其殺六分而去一者天子諸侯從中以上稍稍漸殺至上首六分三寸而去其一分餘有二寸半在大夫士又從中以下漸漸殺至下首亦六分而去一○注殺猶至寸半○正義曰按玉人云天子杼上此云殺故知殺猶杼也云諸侯不終葵首者以玉人云天子終葵首則諸侯不終葵首可知也云大夫士又杼其下者以經特云其中博三寸明笏上下二首不博三寸諸侯既南面之君同殺其上大夫士北面之臣宜俱殺其下也

而素帶終辟大夫素帶辟垂士練帶率下辟居士錦帶弟子縞帶并紐約用組

而素帶終辟謂諸侯也諸侯不朱裏合素爲之如今衣帶爲之下天子也大夫亦如之率繂也士以下皆禪不合而繂積如今作幧頭爲之也辟讀如裨冕之裨裨謂以繒采飾其側人君充之大夫裨其紐及末士裨其末而已居士道藝處士也此自而素帶

亂脫在是耳宜。承朱裏終辟○帶音戴辟依注爲裨婢支反下同徐又音卑下緇辟終辟皆放此率音律注及下同綼必政反紐女久反組音祖下戶嫁反繂音律繅七絹反又七曹反【疏】而素帶終辟○正義曰自此以下至皆從男子明帶及韠載王后以下衣服等差其文雜陳又上下爛脫今一依鄭注以爲先後天子素帶朱裏終辟而素帶終辟大夫素帶辟垂士練帶率下辟居士錦帶弟子縞帶并紐約用組三寸長齊于帶紳長制士三尺有司二尺有五寸子游曰參分帶下紳居二焉紳韠結三齊大夫大帶四寸雜帶君朱綠大夫玄華士緇辟二寸再繚四寸凡帶有率無箴功此等總論帶之義也今依而解之○天子素帶朱裏者以素爲帶用朱爲裏終辟則裨也終竟帶身在要及垂皆裨故云終辟○而素帶終辟者謂諸侯也以素爲帶不以朱爲裏亦用朱綠終裨○大夫素帶辟垂者大夫亦用素爲帶不終裨但以玄華裨其身之兩旁及屈垂者○士練帶率下辟者士用孰帛練爲帶其帶用。單帛兩邊繂而已繂謂緶緝也下裨者但士帶。至者必反屈嚮上又垂而下大夫則總皆裨之士則緇唯裨嚮下一垂者○居士錦帶者用錦爲帶尚文也○弟子縞帶者用生縞爲帶尚質也○并紐約用組者并並也紐謂帶之交結之處以屬其紐約之以物穿紐約結其帶謂天子以下至弟子之等其所紐約之物並用組爲之故云并紐約用組三寸者謂紐約之組闊三寸也○長齊于帶者言約紐組餘長三尺與帶垂者齊故云長齊於帶○紳長制士三尺有司二尺有五寸紳謂帶之垂者紳重也謂重屈而舒申其制士長三尺有司長二尺五寸○子游曰參分帶下紳居二焉記者引子游之言以證紳之長短人長八尺大帶之下四尺五寸分爲三分紳居二分焉紳長三尺也○紳韠結三齊者紳謂紳帶韠謂蔽膝結謂約紐餘組三者俱長三尺故云三齊也○大夫大帶四寸謂合素爲之廣四寸○雜帶君朱綠大夫玄華士緇辟者雜猶飾也謂飾帶君用朱綠大夫用玄華士用緇也○士緇辟二寸再繚四寸謂用單練廣二寸繚繞也再度繞要亦四寸也○凡帶有率無箴功者凡帶謂有司之帶有繂謂其帶既禪亦以箴緶緝其側但繂襵之而已無別裨飾之箴功故云無箴功○注而素至終辟○正義曰以文承天子素帶終辟故知素帶謂諸侯以經不云朱裏故云諸侯不朱裏下天子也云率繂也士以下皆禪不合而繂積者以率非縫繞之事故讀爲繂繂與碑繂同也知士以下皆禪者以經云士練帶率繂是縫緶之名以縫旁邊故知禪也云辟讀如禪冕之禪者讀如曾子問大祝禪冕之禪也云人君充之者充滿也人君謂天子諸侯飾帶從首及末徧滿皆飾故云充之云大夫禪其紐及末者大夫卑但飾其帶紐以下至於末也云士禪其末而已者士又卑但禪其一條下垂者故云禪末而已云宜承朱裏終辟者以下文云天子素帶朱裏終辟此文即云素帶終辟次云大夫故知宜承天子素帶之下文相次也○注三寸至爲衿○正義曰知三寸約帶紐組之廣者以帶廣四寸此云三寸長齊於帶承上紐約用組之下故知是紐廣也云言其屈而重也者解垂帶名紳之意申重也云宜承約用組者以此經直云三寸長齊于帶非發語之端明知有所承次故以爲宜承約用組之下○注雜猶至三齊○正義曰上云禪此云雜故知雜即上之禪也云君禪帶上以朱下以綠者君謂天子諸侯崔氏熊氏並云據要爲正飾帶外邊上畔以朱朱是正色故在上也下畔以綠綠是間色故在下也云大夫禪垂外以玄內以華華黃色也者熊氏云近人爲內遠人爲外玄是天色故在外以華對玄故以爲黃也黃是地色故在內也云士禪垂之下外內皆以緇者士既練帶而士冠禮謂之緇帶據禪色言之故謂之緇帶以禪之外內皆用緇也云宜承紳韠結三齊者以下文三寸長齊于帶合承上紐約用組之後則此大夫大帶一經不得廁在其間故知宜承下紳韠結三齊之後也

韠君朱大夫素士爵韋此玄端服之韠也韠之言蔽也凡韠以韋爲之必象裳色則天子諸侯玄端朱裳大夫素裳唯士玄裳黃裳雜裳也皮弁服皆素韠○韠音必圜殺直目韠制○圜音圓天子直四角直無圓殺公侯前後方殺四角使之方變於天子也所殺者去上下各五寸大夫前方後挫角圜其上角變於君也韠以下爲前以上爲後○挫作臥反士前後正士賤與君同不嫌也正直方之間語也天子之士則直諸侯之士則方韠下

廣二尺上廣一尺長三尺其頸五寸肩革帶博二寸頸五寸亦謂廣也頸中央肩兩角皆上接革帶以繫之肩與革帶廣同凡佩繫於革帶○頸吉井反又吉成反大夫大帶四寸雜帶君朱綠大夫玄華士緇辟二寸再繚四寸凡帶有率無箴功雜猶飾也即上之。裨也君裨帶上以朱下以綠終之大夫裨垂外以玄內以華華黃色也士裨垂之下外內皆以緇是謂緇帶大夫以上以素皆廣四寸士以練廣二寸再繚之凡帶有司之帶也亦繂之如士帶矣無箴功則不裨之士雖繂帶裨亦用箴功凡帶不裨下士也此又亂脫在是宜承紳韠結三齊○繚音了箴音針下士崔如字或戶嫁反一命緼韍幽衡再命赤韍幽衡三命赤韍葱衡此玄冕爵弁服之韠尊祭服異其名耳韍之言亦蔽也緼赤黃之間色所謂韎也。衡佩玉之衡也幽讀爲黝黑謂之黝青謂之葱周禮公侯伯之卿三命其大夫再命其士一命子男之卿再命其大夫一命其士不命○緼音溫韍音弗幽讀爲黝出注幼糾反黑也下同韎莫拜反又音妹天子素帶朱裏終辟謂大帶也疏韠君至終辟○正義曰此一經總明韠韍上下尊卑之制唯有大夫大帶一經廁在其間已於帶條說訖○注此玄至素韠○正義曰知此玄端服之韠也者按士冠禮玄端玄裳黃裳雜裳爵韠謂士玄端之韠此云士爵韋故知是玄端之韠也云天子諸侯玄端朱裳者以韠從裳色君既用朱故知裳亦朱色也然天子諸侯祭服玄衣纁裳知此朱韠非祭服韠者若其祭服則君與大夫士無別同是赤色何得云大夫素士爵韋且祭服之韠大夫以上謂之韍士爵弁謂之韎韐不得稱韠也云大夫素裳者大夫玄端以素爲裳故素韠也此則大夫士朝君之服大夫既以素裳爲朝服又以玄端服禮窮則同故也云唯士玄裳黃裳雜裳也者士冠禮謂玄端之裳也士朝服則素裳故鄭注士冠禮朝服則玄端之衣易其裳耳云皮弁服皆素韠者按士冠禮皮弁服素韠云皆者君與大夫士皮弁皆然故云皆也○注目韠制○正義曰經云圜則下文大夫前方後挫角則圜也經云殺則下文公侯前後方方則殺也經云直則下文云天子直是目韠制也○注殺四至五寸○正義曰以經云前後方是殺四角也上下各去五寸所去之處以物補飾之使方變於天子也云所殺者去上下各五寸者按雜記云韠會去上五寸是上去五寸又云紕以爵韋六寸不至下五寸是去下五寸鄭注雜記云會謂上領縫也領之所用蓋與紕同如鄭此言即上去五寸是領也以爵韋爲領故云上領之所用與紕同下云所去五寸純以素故鄭注雜記云純紕所不至者五寸然則上去五寸是領也下去五寸是純也若然唯去上畔下畔而云殺四角者蓋四角之處別異之使殊於餘邊也其會之下純之上兩邊皆紕以爵韋表裏各三寸故雜記云韠長三尺下廣二尺上廣一尺會去上五寸紕以爵韋六寸不至下五寸純以素紃以五采韠制大略如此但古制難知不可委識或據禮圖天子韠制形如要鼓也以今參驗不附人情故今依附記文參驗情事而爲此說以俟後賢○注圜其至爲後○正義曰以經云後挫角謂殺上角使圜不令方也○注正直方之間語也○正義曰正謂不衺也直而不衺謂之正方而不衺亦謂之正故云正直方之間語○注頸五至革帶○正義曰云頸五寸亦謂廣者鄭恐上下長五寸故云亦謂廣也其上下及肩與革帶俱二寸也云凡佩繫。之革帶者以韠繫於革帶恐佩繫於大帶故云然以大帶用組約其物細小不堪縣韠佩故。也○注此玄至不命○正義曰以上經云君朱大夫素士爵韋是玄端服之韠故云此玄冕爵弁服之韠言異於上也此據有孤之國以卿大夫雖三命再命皆著玄冕若無孤之國則三命再命之卿大夫皆絺冕不得唯玄冕也爵弁則士所服云尊祭服異其名耳者他服稱韠祭服稱韍是異其名韍韠皆言爲蔽取蔽鄣之義也知祭服稱韍者按易困卦九二朱紱方來利用享祀是祭祀稱韍也按詩毛傳天子純朱諸侯黄朱黄朱色淺則亦名赤韍也則大夫赤韍色又淺耳有虞氏以前直用皮爲之後王漸加飾焉故明堂位云有虞氏服韍夏后氏山殷火周龍章彼注云天子備焉諸侯火而下卿大夫山士韎韐而已云緼赤黄之間色所謂韎也者按此云一命緼韍一命謂公侯伯之士士冠禮爵弁韎韐此緼韍則當彼韎韐故云所謂韎也毛詩云韎韐茅蒐染齊人謂茅蒐爲韎韐聲也茅蒐則蒨草也以蒨染之其色淺赤則緼爲赤黃之間色若子男大夫但名緼韍不得爲韎韐也以其非士故耳云黑謂之黝青謂之葱者周禮牧人云陰祀用黝牲又孫炎注爾雅云黝青黑葱則青之異色三命則公之卿。玄冕侯伯之卿。絺冕皆赤韍葱衡王

后褘衣夫人揄狄褘讀如翬揄讀如搖翬搖皆翟雉名也刻繒而畫之著於衣以爲飾因以爲名也後世作字異耳夫人三夫人亦侯伯之夫人也王者之後夫人亦褘衣○褘音翬許韋反注及下同揄音搖羊消反爾雅云伊洛而南素質五色皆備成章曰翬江淮而南青質五色皆備成章曰鷂鷂音搖謂刻畫此雉形以爲后夫人服也翟直歷反著直略反又竹略反三寸長齊于帶紳長制士三尺有司二尺有五寸子游曰參分帶下紳居二。焉紳韠結三齊三寸謂約帶紐組之廣也長齊于帶與紳齊也紳帶之垂者也言其屈而重也論語曰子張書諸紳有司府史之屬也三分帶下而三尺則帶高於中也結約餘也此又亂脫在是宜承約用組結或爲衿○紳音申本亦作申下同重直龍反君命屈狄再命褘衣一命襢衣士褖衣君女君也屈周禮作闕謂刻繒爲翟不畫也此子男之夫人及其卿大夫士之妻命服也褘當爲鞠字之誤也禮天子諸侯命其臣后夫人亦命其妻以衣服所謂夫尊於朝妻榮於室也子男之卿再命而妻鞠衣則鞠衣襢衣褖衣者諸侯之臣皆分爲三等其妻以次受此服也公之臣孤爲上卿大夫次之士次之侯伯子男之臣卿爲上大夫次之士次之褖或作稅○屈音闕注同褘依注音鞠居六反又曲六反襢張戰反褖吐亂反注作稅音同唯世婦命於奠繭其他則皆從男子奠猶獻也凡世婦已下蠶事畢獻繭乃命之以其服天子之后夫人九嬪及諸侯之夫人夫在其位則妻得服其服矣自君命屈狄至此亦亂脫在是宜承夫人揄狄

【疏】王后至男子○正義曰此一節論王后以下命婦之服唯有三寸長齊于帶一經廁在其間帶事前文已解訖○王后褘衣者褘讀如翬謂畫

翬於衣六服之最尊也〇夫人揄狄者揄搖如搖狄讀如翟謂畫翟之雉於衣謂三夫人及侯伯夫人也〇君命屈狄者君謂女君子男之妻也被后所命故云君命屈狄者屈闕也狄亦翟也直刻雉形闕其采畫故云闕翟也〇再命褘衣者再命謂子男之卿褘當爲鞠謂子男卿妻服鞠衣也〇一命禮衣者禮展也子男大夫一命其妻服展衣也〇士褖衣者謂子男之士不命其妻服褖衣鄭注士喪禮褖之言緣黑衣裳以赤緣之〇唯世婦命於奠繭者世婦謂天子二十七世婦以下也奠獻也獻繭謂世婦及命婦入助蠶畢獻繭也凡夫尊於朝妻貴於室皆得各服其命服今唯世婦及卿大夫之妻並卑雖已被命猶不得即服命服必又須經入助蠶蠶畢獻繭繭多功大更須君親命之著服乃得服耳故云命於奠繭〇其他則皆從男子者其他謂后夫人九嬪及五等諸侯之妻也其夫得命則其妻得著命服不須奠繭之命故云皆從男子〇注褘讀至褘衣〇正義曰按鄭注內司服引爾雅釋鳥伊雒而南素質五色皆備成章曰翬江淮而南青質五色皆備成章曰搖鄭又云王后之服刻繒爲之形而采畫之綴於衣以爲文章褘衣畫翬者揄翟畫搖者闕翟刻而不畫從王祭先王則服褘衣祭先公則服揄翟祭羣小祀則服闕翟鞠衣黃桑服也色如鞠塵服之以告桑展衣以禮見王及賓客褖衣御于王之服闕翟赤搖翟青褘衣玄鞠衣黃展衣白褖衣黑又鄭志云三狄首服副副覆也所以覆首爲之飾其遺象若今步繇矣鞠衣首服編編列髮爲之其遺象若今假紒矣展衣褖衣首服以次第髮長短爲之所謂髲髢若燕居之時則亦褖衣纚笄總而已其六服皆以素紗爲裏故內司服陳六服之下云素紗鄭注云六服皆袍制以白縳爲裏云夫人三夫人亦侯伯之夫人也者以經云王后褘衣則云夫人揄狄其文相次故以夫人爲三夫人但三夫人與三公同對王爲屈三公執璧與子男同則三夫人亦當與子男夫人同故鄭注司服疑而不定云三夫人其闕狄以下乎爲兩解之也云王者之後夫人亦褘衣者以禮記每云君袞冕夫人副褘王者之後自行正朔與天子同故祭其先王服上服也若祭先公則降焉魯祭文王周公其夫人亦褘衣故明堂位云君袞冕立于阼夫人副褘立于房中是也〇

注君女至作稅○正義曰以禮君命其夫后命其婦則子男之妻不得受天子之命故以爲君謂女君是子男之妻受后之命或可女君謂后也命子男妻故云君命云此子男之夫人及其卿大夫士之妻命服也者以典命云子男之卿再命其大夫一命其士不命此云再命禕衣一命禮衣士褖衣又承闕狄下正與子男同故知據子男夫人及卿大夫士之妻也禕衣是王后之服故疑當爲鞠衣云子男之卿再命而妻鞠衣則鞠衣禮衣褖衣者諸侯之臣皆分爲三等其妻以次受此服也者鄭爲此言欲明諸侯臣之妻唯有三等之服云公之臣孤爲上卿大夫次之士次之者以司服云孤絺冕而下卿大夫玄冕而下士皮弁而下此謂上公臣爲三等云侯伯子男之臣卿爲上大夫次之士次之者以此經再命鞠衣一命禮衣士褖衣士與大夫不同又典命子男之卿再命大夫一命士不命尚分爲三等侯伯之卿三命大夫再命士一命是亦三等可知鄭云然也○注奠猶至揄狄○正義曰凡獻物必先奠於地故云奠猶獻也云凡世婦以下蠶事畢獻繭乃命之者三夫人九嬪其位既尊不須獻繭自然得命也世婦以下位卑因獻繭乃得命言以下則女御亦然經唯云世婦舉其貴者

凡侍於君紳垂足如履齊頤霤垂拱視下而聽上視帶以及袷聽鄉任左紳垂則磬折也齊裳下緝也袷交領也○齊音咨本又作齎注同頤以支反霤力救反袷居業反鄉許亮反折之列反又市列反篇末放此緝七入反

凡君召以三節二節以走一節以趨節所以明信輔君命也使使召臣急則持二緩則持一周禮曰鎮圭以徵守其餘未聞也今漢使者擁節○使使上音史下色吏反鎮珍刃反徐音珍守手又反漢使色吏反

在官不俟屨在外不俟車趨君命也必有執隨授之者官謂朝廷治事處也○處昌慮反

疏○凡侍至俟車○正義曰此一節論人臣侍君及被君召之儀○凡侍於君者謂臣侍君法也凡者臣無貴賤皆然也○紳垂者紳大帶也身直則帶倚磬。倚則帶垂足如履齊者齊裳下緝也身折則裳前下緝委地故行則足恆如踐履裳下也頤霤者霤屋簷身俯故頭臨前垂頤如屋霤○垂拱者拱沓手也身俯則宜手沓而下垂也○視下而聽上者視高則敖故下矚也聽上謂聽尊者語宜諦聽故仰頭而面鄉上以聽之也○視帶以及袷者視尊者之處也袷交領也○視君之法下不過帶高不過袷故曲禮云凡視上於面則敖下於帶則憂是也○聽鄉任左者此解聽上也庾云聽上及聽鄉任左皆備君教使也鄭注少儀曰立者尊右則坐者尊左也侍君之時君坐故侍者在右是以聽鄉皆以左爲任也此謂臣以左耳近君故云任左○凡君召以三節二節以走一節以趨者節者以玉爲之所以明信輔於君命者也君使使召臣有二節時有一節時故合云三也隨事緩急急則二節臣故走也緩則一節臣故趨也庾氏云君召以三節者謂君召臣急則以二節緩則以一節急緩不出於三耳不謂節盡於三也在官不俟屨在外不俟車者急趨君召也官謂朝廷治事處也外謂其室及官府也在官近不須車故言屨在外遠故云車○注周禮至擁節○正義曰此周禮典瑞文引之者證君召臣之節謂徵召守國諸侯以鎮圭召之云其餘未聞者謂召諸侯之外別召餘臣未聞云今漢使擁節者擁持也漢時使人召臣持節召之也○士於大夫不敢拜迎而拜送禮不敵始來拜則士辟也○辟音避下亦辟辟先辟德皆同士於尊者先拜進面答之拜則走士往見卿大夫卿大夫出迎答拜亦辟也疏士於至則走○正義曰此一節明士於尊者之法士於大夫不敢拜迎者此謂大夫詣士禮既不敵故士不敢迎而先拜大夫雖拜士則辟之○而拜送者按儀禮鄉射鄉飲酒公食聘禮但是主人送賓者皆主人再拜賓不答拜鄭注云不答拜者禮有終故也士於尊者先拜者謂士往詣卿大夫卽先於門外拜之也○進面士先於外拜拜竟乃進面親相見也○答之拜則走者若大夫出迎而答拜於士則士走辟之也士於君所言大夫沒矣則稱謚若字名士與大夫言名士字大夫君所大夫存亦名疏士於至大夫○正義曰此一節論士於君及大夫之所言羣臣之法○士於君所言大夫者謂士在君前與君言論及於大夫也○沒矣則稱謚若

字者君前臣名若彼大夫生則士呼其名若彼大夫已死沒而士於君前言則稱彼謚無謚則稱字不呼其名敬貴故也○名士者士賤雖已死而此生士與君言猶呼死士名也○與大夫言名士字大夫者謂士與大夫言次論及他生大夫士之法也士賤故呼之名大夫貴故呼之字也若大夫士卒則字士謚大

夫於大夫所有公諱無私諱公諱若言語所辟先君之名凡祭不諱廟中不諱謂祝嘏之辭中有先君之名者也凡祭祭羣神廟中上不諱下○嘏古雅反教學臨文不諱爲惑未知者○爲于僞反下爲幼爲起事同

疏於大至不諱○正義曰此一節論諱與不諱之法○有公諱無私諱者謂士及大夫言但諱君家不自私諱父母也崔氏云謂伯叔之諱耳若至親則不得言庾云謂士與大夫言有。音字同己祖禰名字皆不得諱辟敬大夫故不重敬凡祭不諱廟中不諱者謂祝嘏之辭中有先君名者也凡祭祭羣神也謂社稷山川百神也祝嘏辭中有先君之名不諱之也廟中上不諱下若有事於祖則不諱父也有事於父則諱祖○教學臨文不諱者教學。爲師長也教人若諱疑誤後生也臨文謂簡牘及讀法律之事也若諱則失於事正也

○古之君子必佩玉比德焉君子士已上右徵角左宮羽玉聲所中也徵角在右事也民也可以勞宮羽在左君也物也宜逸○徵張里反注同中丁仲反下文同趨以采齊路門外之樂節。也門。外謂之。趨齊當爲楚薺之薺○趨七須反本又作趣齊依注作薺疾私反采薺詩篇名行以肆夏登堂之樂節周還中規○反行也宜圜○還音旋本亦作旋下同圜音圜折還中矩曲行也宜方○折之設反進則揖之退則揚之然後玉鏘鳴也揖之謂小俛見於前也揚之謂小仰見於後也鏘聲貌○鏘七羊反見賢遍反下同故君子在車則聞鸞和之聲行則鳴佩玉是以非辟之心無自入也鸞在衡和在式自由也○辟本又作僻匹亦反又婢亦反徐芳益反○君在不佩玉左結佩右

設佩謂世子也出所處而君在焉則去德佩而設事佩辟德而示即事也結其左者若於事有未能也結者結其綬不使鳴也居則設佩謂所處而君不在焉朝則結佩朝於君亦結左齊則績結佩而爵韠績屈也結又屈之思神靈不在事也爵韠者齊服玄端○齊側皆反注同績側耕反凡帶必有佩玉唯喪否喪主於哀去飾也凡謂天子以至士佩玉有衝牙居中央以前後觸也○衝昌容反君子無故玉不去身君子於玉比德焉故謂喪與災眚○災音栽眚色耿反天子佩白玉而玄組綬公侯佩山玄玉而朱組綬大夫佩水蒼玉而純組綬世子佩瑜玉而綦組綬士佩瓀玟而縕組綬玉有山玄水蒼者視之文色所似也綬者所以貫佩玉相承受者也純當爲緇古文緇字或作絲旁才綦文雜色也縕赤黃○綬音受純讀爲緇側其反瑜羊朱反綦音其瓀而兗反徐又作瑌同玟武巾反字又作砇同縕音溫孔子佩象環五寸而綦組綬謙不比德亦不事也象有文理者也環取可循而無窮

【疏】古之至中矩○正義曰此一節廣明佩玉之事各隨文解之○注比德至巳上○正義曰按詩秦風云言念君子溫其如玉是玉以比德按聘義云溫潤而澤仁也縝密以栗知也廉而不劌義也垂之如隊禮也孚筠旁達信也是玉以比德也按下文云天子佩白玉下至士是君子含士以上也○注玉聲至宜逸○正義曰玉聲所中也者謂所佩之玉中此徵角宮羽之聲云事也民也可以勞者按樂記角爲民徵爲事右廂是動作之方而佩徵角事則須作而成民則供上役使故可勞而在右也云君也物也宜逸者按樂記云宮爲君羽爲物今宮羽在左是無事之方君宜靜而無爲物宜積聚故在於左所以逸也○注路門至之薺○正義曰路寢門外至應門謂之趨於此趨時歌采齊爲節云齊當爲楚薺之薺者按詩小雅有楚茨之篇此作齊字故讀爲楚茨之茨音同耳其義則異○注登堂之樂節○正義曰路寢門內至堂謂之行於行之時則歌

肆夏之樂按雅爾釋宮云。室中謂之時堂上謂之行堂下謂之步門外謂之趨中庭謂之走大路謂之奔此對文耳若總而言之門內謂之行門外謂之趨鄭注樂師云行謂於大寢之中趨謂於朝廷然則王出既服至堂而肆夏作出路門而采薺作其反入至於應門路門亦如之此謂步迎賓客王如有車出之事登車於大寢西階之前反降於阼階之前尚書傳曰天子將出撞黃鐘之鐘右五鐘皆應入則撞蕤賓之鐘左五鐘皆應是也○注反行也宜圜○正義曰反行謂到行反而行假令從北鄉南或從南鄉北○注曲行也宜方○○正義曰曲行謂屈曲而行假令從北鄉南行曲折而東。鄉也○進則至鳴也○○揖俯也皆行前進則身恆小俯俛也○退則揚之者揚仰也卻退還行則身微仰也○然後玉鏘鳴也者若進俯退仰則然後佩離身而直行搖動佩自擊所以玉聲得鏘鏘而鳴也○注揖之至後也○正義曰見於前者謂佩鄉前垂而見之見於後者謂佩鄉後垂而見也是以非辟之心無自入也○謂君子恆聞鸞和佩玉之正聲自由也是以非類邪辟之心無由入於身也○注鸞在衡和在式○正義曰鸞在衡和在式韓詩外傳文也若鄭康成之意此謂平常所乘之車也若田獵之車則鸞在馬鑣也故注秦詩云置鸞於鑣異於乘車鄭於秦詩既已明言故於毛詩傳云在軾曰和在鑣曰鸞鄭不復易毛也又於商頌箋云鸞在鑣同毛氏之說亦不復具言以秦詩箋已明言故也○君在至設佩○○謂世子出所處而與君同在一處則不敢佩玉以表德去之示己無德也○○左結佩者佩亦玉佩既不佩玉而結左佩也鄭云結者結其綬不使鳴也賀云事佩綬且不鳴今云結綬使不鳴則猶在佩玉也○右設佩者結左邊玉佩而設右邊事佩事佩是木燧大觿之屬○注謂世至鳴也○正義曰知謂世子也者以臣之對君則恆佩玉故下云君子無故玉不去身前文云然後玉鏘鳴也是。臣之。去朝君備儀盡飾當佩玉今云君在不佩玉故知非臣下云世子佩瑜玉是以知世子也云出所處而君在焉者以下文朝則結佩謂朝時明此君在非朝處也云去德佩者謂結玉佩不使鳴非謂全去也云而設事佩者大觿木燧之屬也云辟德而示即事也者以辟德不敢當故去德佩而示有勞役之事以奉於上故設事佩佩也。自朝則結佩朝結佩及設佩亦皆謂世子○齊則績結佩此謂總包凡應佩玉之人非唯世子績結佩績屈也謂結其綬而又屈上之也○而爵韠者謂士玄端齊故爵韋爲韠也而熊氏皇氏並謂諸侯以下皆以玄端齊而以爵韋爲韠同士禮以其齊故不用朱韠素韠也義或然也○佩玉有衡牙凡佩玉必上繫於。衡下垂三道穿以蠙珠下端前後以縣於璜中央下端縣以衡牙動則衝牙前後觸璜而爲聲所觸之玉其形似牙故曰衝牙皇氏謂衝居中央牙是外畔兩邊之璜以衝牙爲二物若如皇氏說鄭何得云牙居中央以爲前後觸也○注玉有至赤黃○正義曰玉有山玄水蒼者視之文色所似也者玉色似山之玄而雜有文似水之蒼而雜有文故云文色所似但尊者玉色純公侯以下玉色漸雜而世子及士唯論玉質不明玉色則玉色不定也瑜是玉之美者故世子佩之承上天子諸侯則世子天子諸侯之子也然諸侯之世子雖佩瑜玉亦應降殺天子世子也瓀玟石次玉者賤故士佩之云純當爲緇者以經云玄組朱組皆是色則純亦是色也故讀純爲緇鄭讀純爲緇其側有異若經文絲帛義分明而色不見者卽讀純爲緇媒氏云純帛不過伍兩以有帛字故純爲緇祭統云后夫人蠶事以供純服以其供蠶絲義分明故讀純爲緇論語云麻冕禮也今也純儉稱古用麻今用純則絲可知也以色不見故讀純爲緇若色見而絲不見則不破純字以。義爲絲昏禮女次純衣注云純衣絲衣如此之類是也云綦文雜色也者顧命四人綦弁云綦青黑色鄭風縞衣綦巾注云綦蒼文色是綦爲雜色又說文云綦蒼。文是雜色也○孔子佩象環五寸而綦組綬○孔子以象牙爲環廣五寸以綦組爲綬也所以然者失魯司寇故謙不復佩德佩及事佩示己無德事也佩象環者象牙有文理言己有文章也而爲環者示己文教所循環無窮也五寸法五行也言文教成人如五行成物也

○童子之節也緇布衣錦緣錦紳幷紐錦束髮皆朱錦也童子未冠之稱也冠禮曰將冠者采衣紒也○幷紐必正反下女丑反冠古亂反下並同稱尺證反紒音計

肆束及帶勤者有事則收之走則擁之肆讀

爲肆肆餘也餘束約紐之餘組也勤謂執勞辱之事也此亦亂脫在是宜承無箴功○肆音肆以四反

童子不裘不帛不屨絇無緦服聽事不麻無事則立主人之北南面見先生從人而入皆爲幼少不備禮也雖不服緦猶免深衣無麻往給事也裘帛溫傷壯氣也絇屨頭飾也○絇其俱反見賢徧反少詩照反下少儀同免音問

疏童子至而入○正義曰此一節論童子之儀唯有肆束及帶一經鄭云爛脫廁在其間宜承上無箴功之下今先釋之後論童子之事○肆束及帶者肆餘也謂約束帶之餘組及帶之垂者若身充勤勞之事當有事之時則收斂之爲其事之切迫身須趨走則擁抱之收謂斂持在手擁謂抱之於懷也○童子之節也者謂童稚之子未成人之禮節○緇布衣者謂用緇布爲衣尙質故也○錦緣錦紳幷紐者謂用錦爲緇布衣之緣又用錦爲紳帶幷約帶之紐皆用錦也○錦束髮者以錦爲總而束髮也○皆朱錦也者言童子所用之錦皆用朱色之錦童子尙華示將成人有文德故皆用錦示一文一質之義也○童子不裘不帛者爲大溫傷壯氣也○不屨絇者絇屨之飾也未成人不盡飾爲節也○無緦服者童子唯當室與族人爲禮有恩相接之義故遂服本服之緦耳若不當室則情不能至緦故不服也○聽事不麻者鄭注云雖不服緦猶免深衣無麻往給事也然鄭意是言童子雖不緦猶著免深衣無絰以往給事緦喪使役也王云聽事不麻也庾謂此云無麻不謂不當室也按問喪及鄭注之意皆以童子不當室則無免而此注云猶免者崔氏熊氏並云不當室而免者謂未成服而來也問喪云不當室不免者謂據成服之後也○無事則立主人之北南面者主人喪主也此童子來聽使若有事則使之若無事時在旁謂在主人之北南面而立○見先生從人而入者先生師也童子不能獨爲禮若往見師則隨成人而入也○注雖不服緦猶免深衣○正義曰知猶免深衣者以經但云無緦服是但不著緦服耳猶同初著深衣也知免者以問喪云免者不冠者之服故知未成服童子雖不當室猶著免也

○侍食於先生異爵者後祭先飯謙也○飯扶晚

反客祭主人辭曰不足祭也祭者盛主人之饌也客飧主人辭以疏飧者美主人之食也疏之言麤也○飧音孫注下同及主人自置。其醬則客自徹之敬主人也徹奠于序端一室之人非賓客一人徹同事合居者也賓客則各徹其饌也壹食之人一人徹壹猶聚也為赴事聚食也凡燕食婦人不徹婦人質不備禮疏侍食至不徹○正義曰此一節論侍食及徹饌之節侍食於先生及異爵者此謂凡成人禮異爵謂尊於己。也○後祭先飯者此饌不為己故後祭而先飯者示為尊者嘗食也○客祭者盛主人之饌具故祭之主人辭曰不足祭也者凡主人於客悉皆然也祭是盛主人之饌也故主人致辭云疏食不足備禮也○客飧者若食竟作三飯飧也主人辭以疏者疏麤也飧是已食飽飽猶。食。美故主人見客飧而致辭云麤食傷客不足致飽若欲使更食然也○主人自置其醬則客自徹之者主人敬客則自置其醬則客宜報敬故自徹之曲禮曰主人親饋是也一室之人非賓客一人徹者謂同事而合居一室若賓客則各徹其饌今合居既無的賓主故必少者一人徹饌也○壹食之人一人徹者壹猶聚也謂暫為赴事壹聚共食共食竟則亦不人人徹亦推一人徹也○凡燕食婦人不徹者婦人質不備禮也緣男子有徹義故明婦人禮也○食棗桃李弗致于核恭也○核行隔反瓜祭上環食中弃。所操上環頭忖也○操七刀反忖本又作刌寸本反徐子本反凡食果實者後君子陰陽所成非人事也○後胡豆反火孰者先君子備火齊不得也○先悉薦反齊才細反有慶非君賜不賀唯君賜為榮也有憂者此下絕亡非其句也勤者有事則收之走則擁之此補脫。重○脫音奪重直用反又直龍反疏食棗至擁之○正義曰此一節明食果實及非君賜不賀之事謂其懷核不置於地也○瓜祭上環者食瓜亦祭。先也環者橫斷形如環也斷則有上下環也上環是疐閒下環是脫華處也祭時取上環祭之也

○食中者用上環將祭而食中也○棄所操者操謂手所持者棄之不食忖切謂切瓜頭切去疐此庶人法也○凡食果實者後君子者果實是陰陽所成非關人事故不得先嘗也○火孰者先君子者。人孰和謂是人之所爲恐和齊不備故先於君子而嘗之○有慶非君賜不賀者有慶謂或宗族親戚燕飲聚會雖吉不相賀不足爲榮故也唯受君之賜爲榮故相拜賀故云非君賜不賀也

孔子食於季氏不辭不食肉而飧以其待己及饌非禮也

【疏】孔子至而飧○正義曰凡客將食與辭而孔子不辭者必是季氏進食不合禮也○不食肉而飧者凡禮食先食胾次食殽乃至肩至肩則飽乃飧孔子在季氏家食不食肉而仍爲飧者是季氏饌失禮故也

君賜車馬乘以拜賜衣服服以拜敬君惠也賜君未有命弗敢即乘服也謂卿大夫受賜於天子者歸必致於其君君有命乃服之

君賜稽首據掌致諸地致首於地據掌以左手覆按右手也○覆芳服反

酒肉之賜弗再拜輕也受重賜者拜受又拜於其室也

凡賜君子與小人不同日愼於尊。卑○愼一本作順

【疏】君賜至同日○正義曰此一節論受君賜之法○君賜車馬乘以拜賜衣服服以拜者謂受君賜賜至則拜至明日更乘服所賜往至君所又拜敬重君恩故也○賜君未有命弗敢即乘服也者此使臣雖受賜於王不敢即乘服當歸國獻其君君命與之則臣乃乘服耳若君未有命。即不敢乘服也○君賜者明受君賜拜謝之法也○稽首者頭至地也據掌者據按也謂卻右手而覆左手按於右手之上也致諸地者致至也謂頭及手俱至地左手按於右手之上至地也○酒肉之賜弗再拜者亦謂君賜也再猶重也酒肉輕但初賜至時則拜至明日不重往拜也○凡賜君子與小人不同日者凡於君子小人也不同日者愼尊卑之雜也

○凡獻於君大夫使宰士親皆再拜稽首送之敬也

膳於君有葷桃茢於大夫去茢於士去葷皆造於膳宰膳美食也葷桃茢辟凶邪也大夫用

葦桃茢而已葦薑及辛菜也茢菼帚也造於膳宰既致命而授之葦或作蒹○葦許云反注蒹同茢音列又音例去起呂反下同造七報反注同辟必亦反邪似嗟反菼吐敢反郭璞云烏蓲也取其苗爲帚帚本或作箒之手反大夫不親拜爲君之答己也不敢變動至尊○爲于僞反下注同爲其同

疏○凡獻至己也○正義曰此一節論臣獻君之物及致膳於尊者之義凡獻於君者凡於大夫士也謂大夫士有食獻君法也○大夫使宰者大夫尊恐君拜己之獻故不自往而使己膳宰往獻也○士親者以士賤不嫌君拜故身自親送也○皆再拜稽首送之者雖大夫使人初於家亦自拜送而宰將命及士自送至於君門付小臣之時宰及士皆再拜而送之也○膳於君有葦桃茢者美食曰膳謂天子諸侯之臣獻孰食於君法也恐邪氣干犯故用辟凶邪之物覆之葦謂薑之屬也桃桃枝也茢菼帚也○於大夫去茢者謂大夫之臣以食獻大夫降於正君除去茢餘有葦與桃也○於士去葦者謂士之臣吏以食獻士也又去葦唯餘桃耳○皆造於膳宰者皆於君大夫士也造至也膳宰主飲食官也獻孰食者。操醬齊以致命致命竟而以所獻之食悉付主人之食官也○大夫不親拜爲君之答己也者解大夫所以不自獻義也自獻則屈動君拜答己也故不親也

大夫拜賜而退士待諸而退又拜弗答拜小臣受大夫之拜復以入告大夫拜便辟也○復扶又反下不復同辟音避下辟尊者同大夫親賜士士拜受又拜於其室衣服弗服以拜異於君惠也拜受又就拜於其家是所謂再拜也敵者不在拜於其室謂來賜時不見也見則不復往也○敵本又作適音狄凡於尊者有獻而弗敢以聞此謂獻辭也少儀曰君將適他臣若致金玉貨貝於君則曰致馬資於有司是其類也士於大夫不承賀下大夫於上大夫承賀承受也士有慶事不聽大夫親來賀己不敢變動尊也○聽天丁反親在行禮於人稱父人或賜之則稱父拜之事統於尊

【疏】大夫至拜之○正義曰此一節明尊卑受賜拜謝之禮各隨文解之○大夫拜賜而退者大夫往拜至於門外告君之小臣小臣受其辭入以白君小臣亦入大夫乃拜之拜竟則退不待白報恐君召進答己故也士待諾而退者君不拜士士故於外拜拜竟又待小臣傳君之報諾出以退○又拜者小臣傳君諾出則士又拜君之諾報也○弗答拜者謂君不答士拜也○大夫親賜士士拜受又拜於其室者初亦即拜受又往彼家拜也○衣服弗服以拜者得君賜服服以拜大夫輕故不服其所賜而往拜之也○注拜受至拜也○正義曰所謂再拜也者前云酒肉之賜弗再拜此非酒肉賜○故再拜也○敵者不在拜於其室○其室獻者之家也敵者相獻若當時主人在則主人拜受不復往彼家拜也若獻時主人不在所留物置家主人還必往彼家拜謝獻也若朋友則論語云朋友之饋非祭肉雖車馬不拜也○凡於尊者有獻而弗敢以聞者○凡謂賤者也謂臣有獻於君士有獻於大夫也不敢以聞謂有物以獻尊者其辭不敢云獻聞於尊者但當云致馬資於有司及贈從者之屬也○注此謂至類也○正義曰引少儀者證不敢聞也他他國也君或朝天子或往朝諸侯若臣有金玉貨貝物獻君當但云致馬資於有司不敢言獻君也言君尊恆足應無所乏故也○士於大夫不承賀者承受也不受賀者謂士有慶事不聽大夫親來賀己不敢變動尊者故也○下大夫於上大夫承賀者尊相近故受也

○禮不盛服不充禮盛者服充大事不崇曲敬故大裘不裼乘路車不式謂祭天也周禮王祀昊天上帝則服大裘而冕乘玉路或曰乘兵車不式

【疏】禮不至不式○正義曰此一節明禮盛者不崇小敬○禮不盛服不充者充猶襲也服襲是充美於內唯盛禮乃然也故聘及執玉龜皆襲是爲盛禮故也故大裘不裼者證禮盛服充時也郊禮盛服大裘則無別衣裼之是不見美也○乘路車不式者路車謂玉路郊天車也不式謂乘車從門閭過不式亦是禮盛不爲曲敬之例也

○父命呼唯而不諾手執業則投之食在口則吐之走而不趨至敬○唯于癸反徐以水反親老出

不易方復不過時不可以憂父母也易方爲其不信己所處也復反也親癠色容不盛此孝子之疏節也言非至孝也癠病也○王季有疾文王色憂行不能正履○癠才細反父沒而不能讀父之書手澤存焉爾母沒而杯圈不能飲焉口澤之氣存焉爾孝子見親之器物哀惻不忍用也圈屈木所爲謂卮匜之屬○圈起權反注同卮音支匜以支反

【疏】父命至焉爾○正義曰此一節明子事親之禮○父命呼者父召子也命謂遣人呼非謂自喚也亦云爲父命所呼也○唯而不諾者應之以唯而不偁諾唯恭於諾也手執業則投之食在口則吐之者急趨父命故投業吐食也○走而不趨者趨疾趨也但急走往而不暇疾趨也○親老出不易方者方常也若啓往甲則不得往乙也若覓不見則老人易憂愁也○復不過時者復還也假且啓云日中還不得過中謂若屢易方親忽須見之則不復信己得往常處也此云老者若親未老子出或苟有礙則亦許易方過期也而論語云父母在不遠遊遊必有方亦當謂老者耳○親癠者癠病也謂父母病也○色容不盛者謂親之病孝子當憂愁危懼行不能正履也今親病唯色容不充盛而已不能顛頓憂愁危懼此乃是孝子疏簡之節言孝心不篤也○父沒而不能讀父之書手澤存焉爾者。此孝子之情父沒之後而不忍讀父之書謂其書有父平生所持手之潤澤存在焉故不忍讀也○母沒而杯圈不能飲焉謂口澤之氣存焉爾者言孝子母沒之後母之杯圈不忍用之飲焉謂母平生口飲潤澤之氣存在焉故不忍用之經云不能者謂不能忍爲此事書是男子之所有故父言書杯圈是婦人所用故母言杯圈也

○若入門介拂闑大夫中棖與闑之閒士介拂棖此謂兩君相見也棖門楔也君入必中門上介夾闑大夫介士介鴈行於後示不相沿也君若迎聘客擯者亦然○介音界下及注同闑魚列反門橛也棖直衡反門楔也謂兩旁木楔徐古八反皇先結反行戶剛反沿悅宣反

○賓入不中門不履閾辟尊者所從也此謂聘客也閾門限○閾音域又況

域反公事自闑西聘享也私事自闑東覿面也疏君入至闑東○正義曰此一節論兩君朝聘卿大夫入門之儀各依文解
之○君入門者此一經明朝法也入門謂入大門也君必中門○介拂闑者介謂上介稍近君故拂闑○大夫中棖與闑之間者大夫之介微遠於闑故當棖
與闑之間○士介拂棖者士介卑去闑遠故拂棖闑謂門之中央所豎短木也棖謂門之兩旁長木所謂門楔也介者副也○注此謂至亦然○正義曰以經
云君入門故知兩君相見也云鴈行於後示不相沿也者鴈行參差節級崔氏皇氏並云君必中門者謂當棖闑之中主君在闑東賓在闑西主君上擯在君
之後稍近西而拂闑賓之上介在賓之後稍近東而拂闑大夫擯介各當君後在棖闑之中央義或當然今依用之○賓入不中門不履閾者○前經明朝此
經明聘賓入者賓謂聘賓也不中門謂不當闑西棖闑之中央也而稍東近闑也○不履閾者閾門限足不履踐門限之上以言賓入不中門故注云謂聘客
也○公事自闑西者謂行聘享之禮聘享是奉君命而行故謂之公事自闑西用賓禮也○私事自闑東者謂私覿私面非行君命故謂之私事自闑東者從
臣禮示將爲主君之臣也○君與尸行接武尊者尚徐蹜半迹○蹜呼報反大夫繼武迹相及也士中武迹間容迹徐
趨皆用是君大夫士之徐行也皆如與尸行之。節也疾趨則欲發而手足毋移疾趨謂直行也疏數自若發謂起屨也移
之言靡。匜也毋移欲其直且正欲或爲數○毋移上音無下如字數色角反下同迆羊爾反圈豚。行不舉足齊如流圈轉也豚之言
若有所循不舉足曳踵則衣之齊如水之流矣孔子執圭則然此徐趨也○圈舉遠反又去阮反注同豚本又作豚同大本反徐徒困反注同齊如音咨本又
作齎同踵章勇反席上亦然尊處亦尚徐也○處尺慮反端行頤霤如矢弁行剡剡起屨此疾趨也端直也頤
或爲靁也○頤霤上音夷下力救反弁皮彥反急也剡以漸反字林因冉反霤音夷徐音追執龜玉舉前曳踵蹜蹜。如也著徐

趨之事○宿，宿色六反，本或作蹜，同。【疏】君與至如也○正義曰：此一節明行步廣狹徐趨疾趨之儀○君與尸行接武者，明貴賤與尸行步廣狹不同也。君，天子諸侯也。武，迹也。接武者，二足相躡，每蹈於半，未得各自成迹，故云接武也。尊者舒遲，故君及尸並步遲狹○大夫繼武者，謂大夫與其尸行時，繼武者，謂兩足迹相接繼也。大夫漸卑，故與尸行步稍廣速也○士中武者，謂士與其尸行也。中猶間也，每徙足間容一足地，乃躡之也。士極卑，故及尸行步極廣也。徐趨皆用是者，徐趨，皆遲行也。皆，皆於君大夫士也。是，此也。言皆用此與尸行步之節○疾趨則欲發者，疾趨，謂他事行禮須直身速行時也。發，起也。既無所執持而欲履頭恆起，無復繼接之異，其迹或疏或數，自若尋常，故注云疏數自若，貴賤同然也○而手足毋移者，移謂䴥。匜搖動也。雖履恆欲起，而手足猶宜直正，不得邪低䴥。匜搖動也○圈豚行者，此釋言徐趨之形也。圈，轉也。豚。循也。言徐趨法曳轉足循地而行也○不舉足者，謂足不離地○齊如流者，齊。裳下緝也。足既不舉，身又俯折，則裳下委地，曳足如水流狀也○席上亦然者，然，如是也。言在席上未坐，其行之時亦如是圈豚行，齊如流也○端行頤霤如矢者，此一經覆上疾趨之節也。端行，謂直身而行也。頤霤者，行既疾，身乃小折，而頭直俯臨前，頤如屋霤之垂也○如矢者，矢，箭也。身趨前進，不邪如箭也○弁行者，弁，急也。既是疾趨，宜急行也○剡剡起屨者，剡剡，身起貌也。急行欲速，而身屨恆起也○執龜玉舉前曳踵蹜蹜如也者，此一經論徐趨之事，言執龜玉之時，有此徐趨也○舉前曳踵者，踵謂足後跟也。謂將行之時，初舉足前，後曳足跟，行不離地，蹜蹜如也。言舉足狹數，蹜蹜如也。

○凡行容愓愓，愓愓，直疾貌也。凡行，謂道路也。○愓，音傷，又音陽。直而疾也。○廟中齊齊，恭慤貌也。○齊，才兮反，賀在啓反。朝廷濟濟翔翔。莊敬貌也。○濟，徐子禮反，有威儀也。翔，本又作洋，音詳。【疏】凡行容愓愓廟中齊齊朝廷濟濟翔翔○正義曰：此一節明道路、廟中、朝廷行步之法○凡行容愓愓者，愓愓，直而疾貌也。道路雖速疾，又不忘於直，故其容直而疾也○○廟中齊齊者，齊齊，自收持嚴正之貌也。以對神不敢舒散，故貌恭慤齊齊然○○朝廷濟

濟翔翔者濟濟有威儀矜莊也翔翔行而張拱也並朝廷所須也○君子之容舒遲見所尊者齊遬。謙慤貌也遬猶蹙蹙
也○齊遬一音咨又側皆反下文音速猶蹙蹙子六反足容重舉欲遲也○手容恭高且正也目容端不睇視也○睇大計反
口容止不妄動也聲容靜不噦欬也○噦於厥反欬苦大反頭容直不傾顧也氣容肅似不息也立容德如有予也
○德如字得也徐音置色容莊勃如戰色坐如尸尸居神位敬慎也○燕居告溫溫告謂教使也詩云溫溫恭人【疏】
君子至溫溫○正義曰此一節明君子動止之儀手足口目之節也○君子之容舒遲者舒遲。閑雅也○見所尊者齊遬者君子雖尋常舒遲若見所尊之人
則齊遬齊謂齊齊也遬謂蹙蹙言自斂持迫促不敢自寬奢故注云謙慤貌也是齊遬爲謙敬之貌皇氏云齊謂裳下緝遬謂蹙斂見所尊之人自俯下身裳
下蹙斂則齊蹙是裳之體注何得云謙慤貌也皇氏說非也目容端者目宜端正不邪睇而視之○立容德者德得也立則磬折如人授物與己己受得之形
也賀云德有所施與之名也立時身形小俯嚮前如授物與人時也故注云如有予也會前兩注也○色容莊者欲常矜莊勃如戰色不乍變動也○燕居告
溫溫者燕居謂私燕所居也色尚和善教人使人之時唯須溫溫不欲嚴慄○注詩云溫溫恭人○正義曰此詩小雅小宛之篇刺幽王之詩○凡祭
容貌顏色如見所祭者如。睹其人在此○如覿丁古反【疏】凡祭至祭者○正義曰此一節明祭之時也凡祭謂諸祭也容貌顏色如
見所祭者容貌恭敬顏色溫和如似見所祭之人謂祭如在也○喪容纍纍羸憊貌也○纍良追反羸力皮反憊皮拜反○色容顛
顛憂思貌也○顛字又作蹎音田又丁年反思息嗣反○視容瞿瞿梅梅不審貌也○視容又作目容瞿紀具反又紀力反言容
繭繭聲氣微也○繭古典反【疏】喪容至繭繭○正義曰此一節論居喪容貌言語瞻視之儀○喪容纍纍者謂容貌瘦瘠纍纍然○色容顛顛者顏

色憂思顛顛然不舒暢也○視容瞿瞿梅梅者瞿瞿驚遽之貌梅梅猶微微謂
微昧也孝子在喪所視不審故瞿瞿梅梅然○言容繭繭者繭繭猶緜緜聲氣
微細繭繭然○戎容暨暨果毅貌也暨其記反○言容詻詻教令嚴也詻五格反○色容厲肅儀形貌也視容
清明察於事也○視如字徐市志反立容辨卑毋讇辨讀爲貶自貶卑謂磬折也讇爲傾身以有下也○辨讀爲貶彼檢反字林貶音方
犯反讇音諂舊又音鹽注同有下戶嫁反頭頸必中頭容直山立不搖動也時行時而後行也詩云威儀孔時盛氣顛實
揚休顛讀爲闐揚讀爲陽聲之誤也盛聲中之氣使之闐滿其息若陽氣之躰物也○顛依注讀爲闐音田○玉色色不變也疏戎容至玉
色○正義曰此一節明戎容之體暨暨果毅剛強之貌○言容詻詻者謂教令
嚴猛也軍旅行教令宜嚴猛也○色容厲肅者厲嚴也肅威也軍中顏色尚威
嚴也以義斷割使義形貌故嚴威也視容清明者謂瞻視之容須清察明審○
立容辨卑者謂在軍中立之形容常貶損卑退磬折恭敬不得驕敖忽略士卒
○毋讇者軍中尚威武雖自貶退當有威可畏無得過爲讇曲以屈下於人樂
頭頸必中者頭容直不低迴也○山立者若住立則嶷如山之固不搖動也
記云總干而山立不動搖也○時行者觀時而行也盛氣顛實揚休者顛塞也
實滿也揚陽也休養也言軍士宜怒其氣塞滿身中使氣息出外咆勃如盛陽
之氣生養萬物也玉色者軍尚
嚴肅故色不變動常使如玉也○凡自稱天子曰予一人謙自別於人而已○別彼列反又如字
伯曰天子之力臣伯上公九命分陝者○陝失冉反諸侯之於天子曰某土之守臣某其在邊
邑曰某屏之臣某其於敵以下曰寡人小國之君曰孤擯者亦曰孤邊邑謂九州之外大
國之君自稱曰寡人擯者曰寡君○守手又反疏凡自至曰孤○正義曰此一節明天子以下至士自
稱及擯者傳辭之法也各隨文解之○凡自稱天子

曰予一人者按曲禮下云天子曰余一人予余不同者鄭注曲禮云余予古今字耳蓋古稱予今稱余其義同此云自稱曲禮注云擯者辭則天子與臣下言及遣擯者接諸侯皆稱予一人言我於天下之內但秖是一人而已自謙退言與餘人無異若臣下稱一人則謂率土之內唯有此一人尊之也○伯曰天子之力臣按曲禮云天子之吏不同者此謂自稱謂身自稱於諸侯也言己是天子運力之臣曲禮所云謂二伯擯於天子曰天子之吏鄭注曲禮云擯者辭以此不同也皇氏云所以不同者殷周之異不顧經文繆爲異說其義非也○諸侯至曰孤明諸侯自稱之號○諸侯之於天子曰某土之守臣某者謂諸侯身對天子自稱辭故上文總以自稱冠之若諸侯上介致辭於天子之擯者亦當然也其天子之擯告天子則曰臣某侯某故曲禮云諸侯之於天子曰臣某侯某鄭注曲禮謂嗇夫承命告天子辭也○其在邊邑曰某屏之臣某者謂在九州之外邊鄙之邑自稱於天子云某屏之臣某若使上介告天子之擯亦當然其天子之擯告天子則曰臣某子某某。男某故曲禮云其在東夷北狄西戎南蠻雖大曰子注云入天子之國曰子男者亦曰男是也此與曲禮不同者亦以自稱及擯者不同皇氏皆以爲殷周之異其義非也○其於敵以下曰寡人者謂諸侯於敵以下自稱寡人言以下通及民也。謹。按曲禮云其與民言自稱曰寡人是也○小國之君曰孤擯者亦曰孤者此謂夷狄子男之君自稱及介傳命云某土之孤某故云小國之君曰孤擯者告天子亦應云某孤。云擯者亦曰孤其在國自稱亦曰孤故曲禮云庶方小侯於外曰子自稱曰孤是也○注大國至寡君正義曰按春秋大夫出使之時稱己君爲寡君則知爲君擯者稱己君爲寡君也

上大夫曰下臣擯者曰寡君之老下大夫自名擯者曰寡大夫世子自名擯者曰寡君之適擯者之辭主謂見於他國君下大夫自名於他國君曰外臣某○適丁歷反見賢遍反於公子曰臣孽孽當爲。枿聲之誤○孽音枿五葛反徐五列反士曰傳遽之臣於大夫曰外私傳遽以車馬給使者也士臣於大夫者曰私人

○傳陟戀反注同遠其庶反

大夫私事使私人擯則稱名私事使謂以君命私行非聘也若魯成公時晉侯使韓穿來言汶陽之田歸之于齊之類○使色吏反注同公士擯則曰寡大夫寡君之老大夫有所往必與公士爲賓也謂聘也大聘使上大夫小聘使下大夫公士爲賓謂作介也往之也○賓必刃反注同

疏上大至之適○正義曰此一節明上下大夫世子在己國及出使往他國稱謂之異○上大夫曰下臣者上大夫卿也自於己君之前稱曰下臣君前臣名稱下臣某也○擯者曰寡君之老者謂此上大夫出使他國在於賓館主國致禮上大夫設擯禮待之此擯者稱大夫爲寡君之老雖以擯爲文其實謂介接主君之時辭亦當然擯介通也下大夫自名者謂對己君稱名而已不敢稱下臣卑遠於卿也○擯者曰寡大夫者謂下大夫出使設擯者以待主國此擯者稱下大夫云寡大夫不敢稱寡君之老○世子自名者謂對己國之君稱名○擯者曰寡君之適謂對他國之辭○注擯者至臣某○正義曰擯者之辭主謂見他國君則是出使之臣在客曰介當云介而云擯者謂出使他國在於賓館主國致禮己爲主人故稱擯也且擯介散文則通也云下大夫自名於宅國君曰外臣某者如鄭此言則下大夫自名謂對己君也則經云上大夫曰下臣亦對己君也故熊氏以爲皆對己君而皇氏云對宅國君違鄭注意其義非也公子曰臣孽稱臣謂對己君也若對宅國當云外臣注從枿者枿是樹生之餘故盤庚云若顛木之有由。櫱是也○士曰至外私○遽是促遽士位卑給車馬役使故稱傳遽亦謂對己君也皇氏以爲對宅國君其義亦通○於大夫曰外私者凡大夫家臣稱私此士既不與大夫爲臣故對大夫稱曰外私○注士臣至私人○正義曰此下文云大夫私事使私人擯則稱名故知大夫之臣曰私人也○大夫至稱名○大夫私事使者謂非正聘之禮謂以君之私事而出使○私人擯則稱名者謂以己之屬臣爲擯相雖是上大夫及下大夫擯者則皆稱大夫之名以其非公事正聘故降而稱名也○注若魯至之類○正義曰按成二年晉及魯衛伐齊使齊人歸魯汶陽之田至成八年齊人服晉晉侯使韓穿來言汶陽之田歸之于齊云之類者若乞師告糴故云之類○公士至賓也○前經明大夫以君之私事出使此經明大夫以國之公事○出聘及私問也公士擯者謂正聘之時則用公家之士爲擯不用私人也則曰寡大夫寡君之老者若小聘使下大夫擯者則稱下大夫曰寡大夫若大聘使上大夫擯者則稱上大夫曰寡君之老○大夫有所往必與公士爲賓也者覆明上正聘使公士爲擯之事往謂之適也言大夫正聘者有所往之適之時必與公士爲賓賓介也言使公士作介也○注大聘至大夫○正義曰按聘禮及竟張旜周禮孤卿建旜故知大聘使卿聘禮又云小聘曰問其禮如爲介按大聘大夫爲上介今云如其爲介故知小聘是大夫也

附釋音禮記注疏卷第三十

禮記注疏卷三十校勘記

阮元撰盧宣旬摘錄

附釋音禮記注疏卷第三十惠棟校宋本禮記正義卷第四十

玉藻

君衣狐白裘節

以少爲貴也閩監毛本同嘉靖本同衞氏集說同惠棟校宋本貴作尊岳本同宋監本同

錦衣亦白惠棟校宋本有亦字衞氏集說同此本亦字脫閩監毛本同

諸侯朝天子受皮弁之裼閩監毛本同浦鏜云裼當錫字誤

告廟之後則服之閩監毛本同齊召南云按文義當作告廟之後則不服之之刊本相沿誤脫不字耳秦風錦衣狐裘疏曰諸侯在天子之朝乃服狐白歸國則不服之孔子曰天子賜諸侯冕弁服於大廟歸設奠服賜服然則諸侯受天子之賜服歸則服之以告廟而已於後不復服之足以證此文脫不字矣

其在國視朔則素衣麑裘閩監本同毛本麑誤麛下故論語注云素衣麑裘同

君子狐青裘節

青豻褎各本同石經同釋文豻作犴

羔裘豹飾各本同石經同嘉靖本飾誤飭下文飾經注同

不如黼裘大裘之美故故謂之功耳惠棟校宋本不重故字此本誤重閩監毛本故上衍以字

弔則襲節惠棟校云弔則襲節君在節服之襲節宋本合爲一節

不盡飾也各本同石經同嘉靖本飾誤飭

入大廟說笏非古也惠棟校宋本同石經同宋監本同岳本同嘉靖本同考文引補本古本足利本同閩監本古誤禮衞氏集說同毛本非古誤無禮石經考文提要云宋太字本宋本九經南宋巾箱本余仁仲本劉叔剛本並作非古

而素帶終辟節石經考文提要云坊本陳澔集說自此以下至孔子食於季氏以上多所倒置案岳珂本玉藻篇後附刻與國于氏改定本澔所用乃于氏所改也蔡沈書集傳考定武成猶附經後澔直沒古文又不言出于氏今從諸本按提要是也正義云其文雜陳又上下爛脫今依鄭注以爲先後云云是孔氏不敢輒改移經文但于正義中整齊其次第申其說耳于此見唐人讀經之愼非宋以後人所可及也

宜承朱裏終辟閩監本同岳本同嘉靖本同衞氏集說同毛本承誤同

其帶用單帛閩監本同毛本單誤襌衞氏集說亦作單

但士帶至者必反屈繒上惠棟校宋本至作垂是也衞氏集說同考文引補本同閩監毛本並誤至

故讀爲綍與碑綍同也毛本同閩監本上綍誤繂碑誤裨

故知宜承天子素帶之下文相次也○注三寸至爲衿○正義曰按此本文相次也下尚有注三寸至爲衿及注雜猶至三齊正義二則惠棟校宋本同閩監毛本本節疏文相次也止以注三寸至爲衿正義一則移廁王后褘衣節下注雜猶至三齊正義一則移廁韠君朱節下非孔氏之次也

知三寸約帶紐組之廣者毛本作紐此本紐誤組閩監本同以下三條閩監毛本在十四頁左

云宜承約用組者閩監本同惠棟校宋本同毛本組下衍結字

以此經直云三寸長齊于帶閩本同惠棟校宋本同監本直字空闕毛本直字脫

上云裨此云雜閩本同惠棟校宋本同監毛本裨作韠下上之裨君裨大夫裨士裨並倣此以下二條閩監毛本在十一頁

韠君朱節

必象裳色則天子諸侯閩監毛本同岳本同嘉靖本同惠棟校宋本裳色下又有裳色二字宋監本同

衡佩玉之衡也閩監毛本如此岳本同衛氏集說同嘉靖本上衡誤猶

云凡佩繫之韋帶者閩監毛本同惠棟校宋本之作於是也

故也○注此元至不命閩監毛本故也下廁注雜猶至三齊正義一則

則公之卿元冕侯伯之卿絺冕閩監毛本同衞氏集說同惠棟云希冕在元冕上此互易

王后褘衣節

紳居二焉石經作二而素帶終辟節正義亦作二凡兩見云人長八尺大帶之下四尺五寸分爲三分紳居二分焉紳長三尺也是字當作二之確證也此本二誤一閩監毛本同岳本同嘉靖本同衞氏集說同石經考文提要云宋大字本宋本九經南宋巾箱本儀禮集傳集注禮記纂言至善堂九經本九經誤字並作紳居二焉

結或爲衿惠棟校宋本同岳本同嘉靖本同考文引古本足利本同閩監毛本衿誤袗衞氏集說同

陳六服之下云素紗惠棟校宋本同閩本紗誤紱監本紗誤縛毛本誤縛按周禮作素沙

以白縳爲裏監本同閩毛本縳作縛盧文弨云縛當作縳惠棟云古絹爲縳

立于房中是也閩監毛本此下有注三寸至爲衿正義曰知三寸約帶紐組之廣者以帶廣四寸此云三寸長齊於帶承上紐約用組之下故知是紐廣也云言其屈而重也者解垂帶名紳之意申重也云宜承約用組結者以此經云三寸長齊於帶非發語之端明知有所承次故以爲宜承約用組之下一段此本誤脫

凡侍於君節

磬倚則帶垂閩監本同毛本倚作折衞氏集說同

急緩不出於三耳 惠棟校宋本同衛氏集說同閩監毛本耳誤節

於大夫所節

爲惑未知者 各本同釋文惑作或○按古多假或爲惑

有音字同己祖禰名字 惠棟校宋本同閩監毛本音作名

教學爲師長也 閩監本同毛本爲作謂衛氏集說同

古之君子必佩玉節

路門外之樂節也門外謂之趍 惠棟校宋本作也門外宋監本同岳本同嘉靖本同衛氏集說同考文引補本古本足利本同此本也誤宅閩本同監毛本也門外誤至應門趍字惟嘉靖本與此本同各本俱作趨

視之文色所似也 閩監毛本同岳本同嘉靖本同衛氏集說之作其通典六十三亦作之

孚筠旁達信也 惠棟校宋本同閩監毛本筠作尹衛氏集說同

宮中謂之時 閩監毛本同衛氏集說宮作室是也

曲折而東鄉西鄉也 惠棟校宋本有西鄉二字衛氏集說同此本西鄉二字脫閩監毛本同

是臣之去朝君 閩監本同衛氏集說同毛本臣誤以惠棟校宋本臣字同去作法

自朝則結佩朝結佩閩監毛本同盧文弨云宋本無自字疑當有或是圈隔

凡佩玉必上繫於衡閩監毛本同衞氏集說同考文引補本衡作衡

以義爲絲惠棟校宋本作純考文引補本同此本純作義閩監毛本同

又說文云綦蒼文閩本同惠棟校宋本同考文引補本同監毛本蒼文作蒼艾盧文弨云說文正云蒼艾色鄭箋詩則云綦蒼文

侍食於先生異爵者節

主人自置其醬閩監本同石經同岳本同嘉靖本同衞氏集說同毛本置作致

異爵謂尊於己也閩監毛本同衞氏集說也作者

飽猶食美閩監本同考文引補本食美作美食

食棗桃李節

食中弃所操石經同岳本同嘉靖本同閩監本本弃作棄衞氏集說同

此補脫重字各本同釋文出重也正義本無也字考文云古本重下有者也二

食瓜亦祭先也閩監毛本同衞氏集說同浦鏜從通解先下補圃字

人孰和調閩監毛本同衞氏集說人作火

君賜車馬節

以左手覆按右手也閩毛本同衞氏集說同監本按作案岳本同嘉靖本同釋文出覆案

愼於尊卑閩監毛本同岳本同嘉靖本同衞氏集說卑下有也字考文引古本同釋文出愼乎尊卑也

卽不敢乘服也閩監本同毛本卽作則

凡獻於君節

及致膳於尊者之義閩監毛本同衞氏集說同浦鏜校義改儀

操醬齊以致命閩監本同毛本操作造

父命呼節

手執業則投之各本同毛本投誤受

此孝子之情父沒之後閩監毛本同惠棟校宋本此作凡

君入門節

此一節論兩君朝聘惠棟校宋本同閩監毛本論作明衞氏集說同

君與尸行接武節

皆如與尸行之節也閩監本同岳本同嘉靖本同衛氏集說同考文引古本足利本同毛本行之節誤之行迹

移之言靡匜也惠棟校宋本作迤正義同岳本同嘉靖本同衛氏集說同釋文出靡迤此本迤作匜閩監毛本同疏靡迤並放此

圈豚行各本同石經同釋文出腞云本又作豚注同正義本作豚

蹜蹜如也各本同石經同釋文出宿宿云本或作蹜

豚循也惠棟校宋本同考文引補本同衛氏集說同閩監毛本循誤猪

君子之容舒遲節

見所尊者齊遬石經作遬岳本同此本遬誤從文作遬閩監毛本同嘉靖本同衛氏集說同釋文同

舒遲閑雅也閩監本同毛本閑作閒

凡祭節

如覩其人在此各本同釋文覩作睹

戎容暨暨節

儀形貌也閩監毛本同岳本同嘉靖本同衛氏集說同段玉裁校本儀改義按正義云以義斷割使義形貌正疏此義字之義作義形貌者是也

立容辨卑毋讇各本同石經同釋文出毋讇毛本毋誤無

讇爲傾身以有下也惠棟校宋本亦作有閩本同岳本同嘉靖本同考文引足利本同釋文出有下宋監本同爲作謂監毛本有誤自衞氏集說同

若陽氣之躰物也閩監毛本躰作體岳本躰作休嘉靖本同衞氏集說同考文引補本古本足利本同段玉裁從九經三傳沿革例刪氣字體改休按正義云休養也躰不可訓養當以作休爲是休躰形近故致誤也

凡自稱節惠棟校云凡自稱節上大夫節宋本合爲一節

則曰臣某子某某男某惠棟校宋本同衞氏集說同考文引補本同閩監毛本男上脫一某字

謹按曲禮云其與民言閩監毛本同惠棟校宋本謹按作故字

云擯者亦曰孤閩監毛本同盧文弨云云上當有故字

上大夫曰下臣節

孽當爲枿字之誤毛本作枿岳本同嘉靖本同衞氏集說同此本枿誤析閩監本同按釋文出臣孽云依注音枿是亦作枿字也

若顛木之有由孽是也閩監毛本同衞氏集說孽作櫱

以國之公事○出聘補案此○誤衍

是大夫也惠棟校宋本此下標禮記正義卷第四十終記云凡三十三頁

禮記注疏卷三十校勘記

附釋音禮記注疏卷第三十一

明堂位第十四

○陸曰鄭云以其記諸侯朝周公於明堂所陳列之位○疏 正義曰按鄭目錄云名曰明堂者以其記諸侯朝周公於明堂之時所陳列之位也在國之陽其制東西九筵南北七筵堂崇一筵五室凡室二筵此於別錄屬明堂陰陽按異義今戴禮說盛德記曰明堂者自古有之凡九室室四戶八牖共三十六戶七十二牖以茅蓋屋上圓下方所以朝諸侯其外有水名曰辟雍明堂月令說明堂高三丈東西九仞南北七筵上圓下方四堂十二室室四戶八牖其宮方三百步在近郊三十里講學大夫淳于登說云明堂在國之陽三里之外七里之內丙巳之地就陽位上圓下方八窗四闥布政之宮故稱明堂明堂盛貌周公祀文王於明堂以配上帝五精之神太微之庭中有五帝坐位古周禮孝經說明堂文王之廟夏后氏曰世室殷人曰重屋周人曰明堂東西九筵南北七筵堂崇一筵五室凡室二筵蓋之以茅周公所以祀文王於明堂以昭事上帝許君謹按今禮古禮各以義說無明文以知之鄭駮之云戴禮所云雖出盛德篇云九室三十六戶七十二牖以秦相呂不韋作春秋時說者蓋非古制也四堂十二室字誤本書云九堂十二室淳于登之言取義於孝經援神契說宗祀文王於明堂以配上帝曰明堂者上圓下方八窗四闥布政之宮在國之陽帝者諦也象上可承五精之神五精之神實在大微在辰爲巳是以登云然今漢立明堂於丙巳由此爲之如鄭此言用淳于登之說此別錄所云依考工記之文然先代諸儒各爲所說不一故蔡邕明堂月令章句明堂者天子大廟所以祭祀夏后氏世室殷人重屋周人明堂饗功養老教學選士皆在其中故言取正室之貌則曰大廟取其正室則曰大室取其堂則曰明堂取其四時之學則曰大學取其圓水則曰辟雍雖名別而實同鄭必以爲各異者袁準正論之明堂宗廟大學禮之本物也事義不同各有所爲而世之論者合以爲一體取詩書放逸之文經典相似之語推而致之考之人情失之遠矣宗廟之中人所致敬幽隱清淨鬼神所居而使衆學處焉饗射其中

人鬼慢黷死生交錯囚俘截耳瘡痍流血以干鬼神非其理也茅茨采椽至質之物建日月乘玉路以處其中非其類也夫宗廟鬼神所居祭天而於人鬼之室非其處也王者五門宗廟在一門之內若射在於廟而張三侯又辟雍在內人物衆多殆非宗廟之中所能容也如準之所論是鄭不同之意然考工記明堂南北七筵每室二筵則南北三室居六筵室外南北唯有一筵宗廟路寢制如明堂既殯在路寢室外得容殯者路寢雖制似明堂其室不敢踰廟其實寬大矣故多士傳云天子堂廣九雉三分其廣以二爲內五分其內以一爲高東房西房北堂各三雉是其闊得容殯也或可殯在中央土室之前近西在金室之東不必要在堂簷之下

禮記　鄭氏注　孔穎達疏

昔者周公朝諸侯于明堂之位周公攝王位以明堂之禮儀朝諸侯也不於宗廟辟王也○朝直遙反注及下皆同辟王音避一本作辟正王天子負斧依南鄉而立天子周公也負之言背也斧依爲斧文屏風於戶牖之間周公於前立焉○斧音甫依本又作扆同於豈反注同鄉許亮反偝本又作背音倍屏並經反牖音酉三公中階之前北面東上諸侯之位阼階之東西面北上諸伯之國西階之西東面北上諸子之國門東北面東上諸男之國門西北面東上九夷之國東門之外西面北上八蠻之國南門之外北面東上六戎之國西門之外東面南上五狄之國北門之外南面東上九采之國應門之外北面東上四塞世告至此周公明堂之位也朝之禮不於此周公權用之也朝位之上上近主位

尊也九采九州之牧典貢職者也正門謂之應門二伯帥諸侯而入牧居外而糾察之也四塞謂夷服鎮服蕃服在四方爲蔽塞者。新君卽位則乃朝周禮侯服歲。一見甸服二歲一見男服三歲一見采服四歲一見衛服五歲一見要服六歲一見九州之外謂之蕃國世一見○采七在反塞先代反注同又一先則反此周公明堂之位也本或無周公之字近附近之近藩本又作蕃方元反下同壹見壹又作一下賢遍反下同要一遙反

【疏】。昔。者。至。位。也○正義曰此。下節明周公朝諸侯於明堂之儀及諸侯夷狄所立之處各依文解之○注周公至王也○正義曰周公攝王位者攝代也以成王年幼周公代之居位故云攝王位然周公攝位而死稱薨不云崩魯隱公攝諸侯之位而稱薨同正諸侯者鄭箴膏育云周公歸政就臣位乃死何得記崩隱公見死於君位不稱薨云何又玄發墨守云隱爲攝位周公爲攝政雖俱相幼君攝政與攝位異也云不於宗廟辟王也者按覲禮諸侯受次于廟門外是覲在廟今在明堂故云辟王謂辟成王也○注天子至立焉○正義曰以周公朝諸侯居天子位故云天子周公也故大誥云王若曰鄭云王謂周公居攝命大事則權稱王也王肅以爲稱成王命故稱王與鄭異也王肅以家語之文武王崩成王年十三鄭康成用衛宏之說武王崩時成王年十歲與王肅異也云斧依爲斧文屏風於戶牖之間者釋宮云牖戶之間謂之扆今云斧依故知爲斧文屏風於戶牖間皇氏云在明堂中央大室戶牖間○三公中階之前北面東上此以下一經明朝位之法周公已居天子位餘有二公而云三公者舉國本數言之中階者南面三階故稱中○諸侯之位阼階之東西面北上者侯對伯爲尊故在阼階阼階近主位也按諸伯以下皆云之國此云位者以三公既云中階之前不云位諸侯在諸國之上特舉位言之明以下皆朝位也○九夷之國東門之外西面北上者皇氏云在東門外之南故北上○八蠻之國南門之外北面東上者皇氏云在南門外之西故東上○六戎之國西門之外東面南上者皇氏云在西門外之北故南上○五狄之國北門之外南面東上者皇氏云在北門外之東今按經云東上則宜在北門外之西故東上○九采之國應門之外北面東上皇氏云在應

門外之西此是九州之牧謂之采者以采取當州美物而貢天子故王制云千里之外曰采注云取其美物以當穀稅采亦是事言各掌其當州諸侯之事即此注云牧居外而糾察之是也○四塞世告至者此謂九州之外夷鎮蕃三服夷狄爲四方蕃塞每世一來朝告至或新王即位而來朝或己君初即位故云世告至也○注朝位至一見○正義曰上近主位尊也者三公則東上侯尊於伯故在東子尊於男亦在東是上近主位尊也云正門謂之應門者以明堂更無重門非路門外之應門以爾雅釋宮云正門謂之應門李巡云宮中南嚮大門應門也應是當也以當朝正門故謂之應門但天子宮內有路寢故應門之內有路門明堂既無路寢故無路門及以外諸門但有應門耳云二伯帥諸侯而入者按顧命畢公率東方諸侯入應門右召公率西方諸侯入應門左是也云牧居外而糾察之也者伯既領之入應門故牧居應門外糾察諸侯後入不如儀者引周禮侯服歲一見以下是大行人文也引之者證夷狄世一見則經之四塞世告至是也其夷狄之名此云九夷八蠻六戎五狄按職方云四夷八蠻七閩九貉五戎六狄爾雅釋地文云九夷八狄七戎六蠻謂之四海不同者爾雅釋地所云謂殷代此明堂周公朝諸侯及職方並謂周禮但戎狄之數五六不同故鄭志趙商問曰職方掌四夷八蠻七閩九貉五戎六狄之數注云周之所服國數明堂云朝位服事之國數夷九蠻八戎六狄五禮文事異不違其數故鄭荅云職方四夷謂四方夷狄也九貉即九夷在東方八蠻在南方閩其別也戎狄之數或六或五兩文異爾雅雖有與同皆數爾無別國之名不甚明故不定也如鄭此言夷狄之名既無別國顯其名數或六或五不可知也

明堂也者明諸侯之尊卑也 朝於此所以正儀辨等也 【疏】明堂至卑也○正義曰所以朝諸侯於明堂者欲顯明諸侯之尊卑故就尊嚴之處以朝之○注朝於至等也○正義曰解周公所以朝諸侯在此明堂之意云正儀辨等者大司馬職文彼云設儀辨位以等邦國鄭略言之

昔殷紂亂天下脯鬼侯以饗諸侯 以人肉爲薦羞惡之甚也○紂直九反○ 是以周公相武王以伐紂

武王崩成王幼弱周公踐天子之位以治天下六年朝諸侯於明堂制禮作樂頒度量而天下大服踐猶履也頒讀爲班度謂丈尺高卑廣狹也量謂豆區斗斛筐筥所容受○相息亮反頒音班量徐音亮注同區烏侯反筐音匡筥紀呂反○七年致政於成王成王以周公爲有勳勞於天下致政以王事歸授之王功曰勳事功曰勞

疏○昔。殷。至。天。下○正義云此一節明周公有勳勞之事以殷紂亂天下周公相武王而伐之成王幼不能涖阼周公踐天子之位以攝之有大勳勞於天下所以封周公於魯行天子之禮樂及四代服器○脯鬼侯者周本紀作九侯故庾氏云史記本紀云九侯有女入於紂。侯女不好淫紂怒殺之九與鬼聲相近故有不同也○武王崩成王幼弱者家語云武王崩成王年十三鄭康成則以爲武王崩成王年十歲是幼弱也○六年朝諸侯於明堂制禮作樂頒度量者周公攝政三年天下太平六年而始制禮作樂者書傳云周公將制禮作樂優游三年而不能作將大作恐天下莫我知也將小作則爲人子不能揚父之功烈德澤然後營洛邑以期天下之心於是四方民大和會周公曰示之以力役且猶至而況導之以禮樂乎其度量六年則頒故鄭注尚書康王之誥云攝政六年頒度量制其禮樂成王即位乃始用之故洛誥云王肇稱殷禮祀于新邑是攝政七年冬也鄭云猶用殷禮者至成王即位乃用周禮是也其周公制禮攝政孔鄭不同孔以武王崩成王年十三至明年攝政管叔等流言故金縢云武王既喪管叔及其羣弟流言於國曰公將不利於孺子時成王年十四即位攝政之元年周公東征管蔡後二年克之故金縢云周公居東二年則罪人斯得除往年時成王年十六攝政之三年也故詩序云周公東征三年而歸攝政七年營洛邑封康叔而致政時成王年二十故孔注洛誥以時成王年二十是也鄭則以爲武王崩成王年十歲周書以武王十二月崩至成王年十二十二月喪畢成王將即位稱己小求攝周公將代之管蔡等流言周公懼之辟居東都故金縢云武王既喪管叔等流言周公乃告二公曰我之不辟無以告我先王既喪謂喪服除辟謂辟居東都時成王年十三明年成王盡執拘周公屬黨故金縢云周公居東二年則罪人斯得罪人周公屬黨也時成王年十四至明年秋大熟有雷風之異故鄭注金縢云秋大熟謂二年之後明年迎周公而反反則居攝之元年時成王年十五書傳所謂一年救亂明年誅武庚管蔡等書傳所謂二年克殷明年自奄而還書傳所謂三年踐奄四年封康叔書傳所謂四年建侯衞時成王年十八也故康誥云孟侯書傳云天子天子十八稱孟侯明年營洛邑故書傳云五年營成周六年制禮作樂七年致政於成王年二十一明年乃即政時年二十二也禮既是鄭學故具詳焉○注致政至成曰勞○正義曰致政以王事歸授之者按洛誥云朕復子明辟是以王事歸授之也云王功曰勳事功曰勞者是司勳職文彼注云上功輔成王業若周公也事功曰勞者注云以勞定國若禹也周公則勳勞兼有也○

是以封周公於曲阜地方七百里革車千乘曲阜魯地上公之封地方五百里加魯以四等之附庸方百里者二十四并五五二十五積四十九開方之得七百里革車兵車也兵車千乘成國之賦也詩魯頌曰王謂叔父建爾元子俾侯于魯大啓爾宇為周室輔乃命魯公俾侯于東錫之山川土田附庸又曰公車千乘朱英綠縢○乘繩證反注同卑必爾反本又作俾下同縢大登反

命魯公世世祀周公以天子之禮樂同之於周尊之也魯公謂伯禽

是以魯君孟春乘大路載弧韣旂十有二旒日月之章祀帝于郊配以后稷天子之禮也孟春建子之月魯之始郊日以至大路殷之祭天車也弧旌旗所以張幅也其衣曰韣天子之旌旗畫日月帝謂蒼帝靈威仰也昊天上帝魯不祭

【疏】是以至禮也○正義曰自此以下皆為周公有勳勞之事故成王特賜魯家用天子之禮兼四代服器各隨文解之○注曲阜至綠縢○正義曰云曲阜魯地者按費誓序云魯侯伯禽宅曲阜又按定四年左傳封於少皞之虛臣瓚注漢書云魯城內有曲阜逶迤長八九里云加魯以四等之附庸者魯受上公五百里之封又加四

等附庸四等謂侯伯子男也按大司徒注云公無附庸侯附庸九同伯附庸七同子附庸五同男附庸三同總爲二十四。同謂百里也既受五百里之封五二十五爲二十五同又加二十四同故云積四十九開方計之得七百里云兵車千乘成國之賦也者按左傳云成國不過半天子之軍按論語千乘之賦居地方三百一十六里有畸諸侯之地三百里而下未成國也公則五百里侯四百里計地餘有千乘故謂之成國引詩魯頌以下者詩頌閟宫文也引之者證魯廣開土宇兵車千乘之事云朱英綠縢者言以朱爲英飾以綠爲縢約也○注同之至伯禽○正義曰同之於周者謂同此周公於周之天子云魯公謂伯禽者尚書費誓云魯侯伯禽宅曲阜時伯禽歸魯周公不之魯故公羊文十三年傳封魯公以爲周公也周公拜乎前魯公拜乎後曰生以養周公死以爲周公主然則周公之魯乎曰不之魯也曷爲不之魯欲天下之一乎周也言若周公之魯恐天下歸心於魯故不之魯使天下一心以事周○注孟春至不祭○正義曰知孟春是建子之月者以下云季夏六月以禘禮祀周公若是夏之季夏非禘祭之月卽是周之季夏明此孟春亦周之孟春又雜記孟獻子曰正月日至可以有事於上帝故知此孟春是建子之月也云魯之始郊日以至者郊特牲云周之始郊日以至鄭既破周爲魯故云魯郊日以至云大路殷之祭天車也者以下文云大路殷路知祭天車者以祭天尚質器用陶匏大路一就故知是祭天所用也以尊敬周公故用先代殷禮牲用白牡車乘殷路云弧旌旗所以張幅也者弧以竹爲之其形爲弓以張縿之幅故考工記弧旌枉矢以象弧也注云弧以張縿之幅云其衣曰韣者謂此弓之衣謂之爲韣云天子之旌旗畫日月者周禮日月爲常又云王建大常此云日月之章與天子同也云帝謂蒼帝靈威仰者鄭恐是昊天上帝故明之云靈威仰也知非昊天上帝者以其配后稷后稷唯配靈威仰不配昊天上帝也鄭以此經唯云配以后稷故知昊天上帝魯不祭也○季夏六月以禘禮祀周公

於大廟牲用白牡尊用犧象山罍鬱尊用黄目灌用玉瓚大圭薦用玉豆雕篹

爵用玉琖仍雕加以璧散璧角俎用梡嶡升歌清廟下管象朱干玉戚冕而舞大武皮弁素積裼而舞大夏昧東夷之樂也任南蠻之樂也納夷蠻之樂於大廟言廣魯於天下也

季夏建巳之月也禘大祭也周公曰大廟魯公曰世室羣公稱宮白牡殷牲也尊酒器也犧尊以沙羽爲畫飾象骨飾之。鬱鬯之器也。黃彝也灌酌鬱尊以獻也瓚形如槃容五升以大圭爲柄是謂圭瓚簋籩屬也以竹爲之。彫刻飾其直者也爵君所進於尸也仍因也因爵之形爲之飾也加加爵也散角皆以璧飾其口也梡始有四足也嶡爲之距清廟周頌也象謂周頌武也以管播之朱干赤大盾也戚斧也冕冠名也諸公之服自衮冕而下如王之服也大武周舞也大夏夏舞也周禮。昧師掌教。昧樂詩曰以雅以南以籥不僭廣大也○季夏戶嫁反注及下季夏夏礿皆同禘大計反大廟音泰後大廟皆同犧象素何反注下皆同罍音雷灌古亂反瓚才旦反圭瓚也彫本亦作雕簋息緌反又祖管反琖側眼反夏爵名用玉飾之散先旦反注同梡苦管反虞俎名嶡居衞反又作橛音同夏俎名裼星厤反昧音妹任而林反或而鴆反沙素何反彝音夷直如字柄也盾字又作楯常準反又音允卷本又作衮同音古本反下文同僭七尋反又則念反

【疏】季夏至下也○正義曰此一節明禘禮祀周公於大廟文物具備之儀○牲用白牡者白牡殷牲尊敬周公不可用己代之牲故用白牡○尊用犧象山罍者魯得用天子之尊也犧犧尊也周禮春夏之祭朝踐堂上薦血腥時用以盛醴齊君及夫人所酌以獻尸也象象尊也周禮春夏之祭堂上薦朝事竟尸入室饋食時用以盛盎齊君及夫人所酌以獻尸也山罍謂夏后氏之尊天子於追享朝享之祭再獻所用今褒崇周公於禘祭之時亦雜用山尊但不知何節所用○鬱尊用黃目者鬱謂鬱鬯酒黃目嘗烝所用今尊崇周公故於夏禘用之○灌用玉瓚大圭者灌謂酌鬱鬯獻尸求神也酌之所用玉瓚以玉飾瓚故曰玉瓚也以大圭爲瓚柄故曰大圭也○薦用玉豆者薦謂祭時所薦葅醢之屬也以玉飾豆故

曰玉豆下云殷玉豆是也○彫篹者篹籩也以竹爲之形似筥亦薦時用也彫
鏤其柄故曰彫篹也○爵用玉琖仍彫者爵君酌酒獻尸杯也琖亦夏后氏之爵
名也以玉飾之故曰玉琖仍因也因用爵形而爲之飾故曰仍彫○加以璧散
璧角者加謂尸入室饋食竟主人酌醴齊酳尸名爲朝獻朝獻竟而夫人酌盎
齊亞獻名爲再獻又名爲加于時薦加豆籩也此再獻之時夫人用璧角內宰
所謂瑤爵也其璧散者夫人再獻訖諸侯爲賓用之以獻尸雖非正加是夫人
加爵之後總而言之亦得稱加故此總云加以璧散璧角先散後角便文也俎
用梡嶡者梡嶡兩代俎也虞俎名梡梡形四足如案禮圖云梡長二尺四寸廣
一尺二寸高一尺諸臣加雲氣天子犧飾之夏俎名嶡嶡亦如梡而橫柱四足
中央如距也賀云直有脚曰梡加脚中央橫木曰嶡○升歌清廟者升升堂也
清廟周頌文王詩也升樂工於廟堂而歌清廟詩也下管象者下堂下也管
竹在堂下故云下管也象謂象武詩也堂下吹管以播象武之詩故云下管象
也○朱干玉戚者干盾也戚斧也赤盾而玉飾斧也○冕而舞大武者冕袞冕
也大武武王樂也王著袞冕執赤盾玉斧而舞武王伐紂之樂也○皮弁素積
裼而舞大夏者皮弁三王之服也裼見美也大夏夏禹之樂也王又服皮弁裼
而舞夏后氏之樂也六冕是周制故用冕而舞周樂皮弁是三王服故用皮弁
舞夏樂也而周樂是武武質故不裼夏家樂文文故裼也若諸侯之祭各服所
祭之冕而舞故祭統云諸侯之祭也與竟內樂之冕而總于率其羣臣以樂皇
尸是知用冕服舞也○昧東夷之樂也任南蠻之樂也者周公德廣非唯用四
代之樂亦爲蠻夷所歸故賜奏蠻夷之樂於庭也唯言夷蠻則戎狄從可知也
又一通云正樂既不得六代故蠻夷則唯與二方也白虎通云樂元語曰東夷
之樂曰朝離萬物微離地而生樂持矛舞助時生也南夷樂曰南南任也任養
萬物樂持羽舞助時養也西夷樂曰味味昧也萬物衰老取晦昧之義也樂持
戟舞助時殺也北夷樂曰禁言萬物禁藏樂持干舞助時藏也又曰。唯制夷狄
樂聖王也先王推行道德和調陰陽覆被夷狄故制夷狄樂何不制夷禮禮者
身當履而行之夷狄不能行禮也此東曰昧西曰株離與白虎通正相反者以

春秋二方俱有昧株離之義故白虎通及此各舉其一白虎通云朝離則株離也鉤命決亦云東夷之樂曰昧南夷之樂曰南與此同○納夷蠻之樂於大廟者皆於大廟○奏之○言廣魯於天下也者廣魯欲使如天子示於天下故云廣魯於天下也○注季夏至大也○正義曰羣公稱宮此公羊文十三年傳曰周公稱大廟魯公稱世室羣公稱宮此魯公之廟也曷爲謂之世室世室猶世世不毀也左氏經以爲大室屋壞服氏云大廟之室與公羊及鄭違今所不取云犧尊以沙羽爲畫飾者鄭志張逸問曰明堂注犧尊以沙羽爲畫飾前問曰犧讀如沙沙鳳皇也不解鳳皇何以爲沙答曰刻畫鳳皇之象於尊其形婆娑然或有作獻字者齊人之聲誤耳又鄭注司尊彝云山罍亦刻而畫之爲山雲之形鄭司農注周禮司尊彝云獻讀爲犧犧尊飾以翡翠象尊以象鳳皇或曰以象骨飾尊王注禮器云爲犧牛及象之形鑿其背以爲尊故謂之犧尊阮諶禮圖云犧尊畫以牛形云篹籩屬也以竹爲之雕刻飾其直者也知篹爲籩屬者與豆連文故知籩屬以字從竹故知以竹爲之直柄也篹既用竹不可刻飾今云彫其直者是刻其柄也云仍因也者釋詁文也云加加爵也者以其非正獻故謂之加云散角皆以璧飾其口也者鄭恐散角以璧爲之故云以璧飾其口內宰謂之瑤爵此處謂之璧角者璧是玉名爵是總號璧是玉之形制角是爵之所受之名異其實一物也云梡始有四足也者以虞氏尚質未有餘飾故知始有四足云嶡爲之距者以夏世漸文故知以橫木距於足中云清廟周頌也者以文王有清明之德祭之於廟而作頌也云象謂周頌武也以管播之者按詩維清奏象舞襄二十九年見舞象箾南籥知非文王樂必以爲大武王樂者以經云升歌清廟下管象以父詩在上子詩在下故知爲武王樂也以管播之者謂吹管播散詩之聲也云大武周舞也者上云下管象謂吹大武詩此云舞大武謂爲大武之舞云大夏夏舞也者以大夏是禹樂故爲夏舞引周禮味師者證經之昧樂引詩以雅以南者證經之南夷之樂任郎南也則此詩小雅鼓鐘之詩鄭云雅萬舞也萬也南也籥也三舞不僭言進退之旅也周樂尚武故謂萬舞爲雅○君卷冕立于阼夫人副褘立

于房中君肉袒迎牲于門夫人薦豆籩卿大夫贊君命婦贊夫人各揚其職百官。廢職服大刑而天下大服副首飾也今之步搖是也詩云副笄六珈周禮追師掌王后之首服爲副褘王后之上服唯魯及王者之後夫人服之諸侯夫人則自揄翟而下贊佐也命婦於內則世婦也於外則大夫之妻也祭祀世婦以下佐夫人揚舉也大刑重罪也天下大服知周公之德宜饗此也○褘音輝注同袒音誕搖本又作繇同以昭反珈音加追丁回反揄羊昭反○**疏**。君。卷。至。大。服○正義曰前經明祀周公所用器物此經明祀周公之時君與夫人卿大夫命婦行禮之儀○夫人副褘立于房中者尸初入之時君。待。之於阼階夫人立於東房中魯之大廟如天子明堂得立房中者房則東南之室也總稱房耳皇氏云祭姜嫄之廟故有房按此文承上禘祀周公之下下云天下大服鄭注知周公之德宜饗此也則是祀周公於大廟而云姜嫄廟非辭也○迎牲于門者謂祼鬯之後牲入之時迎於門○夫人薦豆籩者謂朝踐及饋。孰。幷酳尸之時薦豆籩也○卿大夫贊君者贊助也卿大夫助君謂初迎牲幣告及終祭以來之屬也○命婦贊夫人者命婦於內則世婦以下於外則卿大夫妻並助夫人薦豆籩及祭事之屬也○各揚其職百官廢職服大刑者當祭之時。命百官各揚舉其職事如有廢職不供服之以大刑○而天下大服者以祭周公文物備具禮儀整肅百官供命而天下大服明周公之德宜合如此○注副首至此也○正義曰經云副褘副是首飾以其覆被頭首漢之步搖亦覆首故云今之步搖引詩副笄六珈者詩鄘風刺衛宣姜之詩也言宣姜首著副珈而又以笄六玉加於副上引周禮追師者證副者是王后首服言追師掌爲副以供后之首服云褘王后之上服者按周禮云褘衣揄翟闕翟等皆是后之所服但褘衣則是王后服之上者云唯魯及王者之後夫人服之者此經夫人副褘是魯得服之王者之後得行先代天子禮樂是王者之後夫人得服之云諸侯夫人則自揄翟而下者言其餘諸侯夫人不得服褘衣也云命婦於內則世婦也於外則大夫之妻也者按喪服傳云命婦者婦人之爲

大夫妻世婦與大夫位同故知內則世婦也不云女御及士妻者以經云卿大夫贊君士賤略而不言明士妻及女御亦略之○是故夏礿秋

嘗冬烝春社秋省而遂大蜡天子之祭也不言春祠魯在東方主東巡守以春或闕之省讀爲獮獮秋田名也春田祭社秋田祀祊大蜡歲十二月索鬼神而祭之○礿音藥省讀爲獮仙淺反蜡仕嫁反守手又反祊音方本又作方索所白反【疏】○是故至祭也○正義曰此一經明魯得祭之事○注不言至祀祊○正義曰云魯在東方者朝恒用春當朝之年以朝闕祭云王東巡守以春者鄭既明朝時闕春祭又明王巡守之時魯亦闕春祭巡守在於二月不於正月祭者皇氏云諸侯預前待於竟故不得正月祭也云省讀爲獮獮秋田名也者以省獮聲相近大司馬云中秋教治兵遂以獮田故知秋田名也云春田祭社秋田祀祊者大司馬職文彼云秋祀祊鄭云祊當爲方謂四方句芒之屬也○大廟天子明堂庫

門天子皋門雉門天子應門言廟及門如天子之制也天子五門皋庫雉應路魯有庫雉路則諸侯三門與皋之言高也詩云乃立皋門皋門有伉乃立應門應門將將○與音餘伉苦浪反將將七良反【疏】大廟至應門○正義曰此一經明魯之門及廟之制○大廟天子明堂者言周公大廟制似天子明堂○庫門天子皋門○者言魯之庫門制似天子皋門雉門天子應門者言魯之雉門制似天子應門○注言廟至將將○正義曰言廟及門如天子之制也者謂制度高大如似天子耳不必事事皆同故前文祭天不得祭圜丘又郊特牲祭天服衮冕不服大裘是不得盡如天子記者美之云天子之禮耳是知魯之大廟不可一一似明堂也云天子五門皋庫雉應路者此經云天子皋門天子應門是天子有皋門應門顧命有畢門畢門則路門也是天子有路門此經魯有庫門雉門明天子亦有五門云魯有庫雉路則諸侯三門與者此經有庫門雉門又檀弓云魯莊公之喪既葬而絰不入庫門定二年雉門災是魯有庫雉則又有路門可知魯既有三門則餘諸侯亦有三門故云諸侯三門與但其餘諸侯有皋門應門及路門也引詩乃立皋門應門者證諸

侯有臯門應門也所引詩者大雅文王緜之篇也言大王徙居岐周爲殷諸侯立此臯門應門衞亦有庫門故家語云衞莊公反國孔子譏其繹之於庫門內祊之於東方失之矣是衞有庫門也○振木鐸於朝天子之政也天子將發號令必以木鐸警衆○鐸大各反警京領反○

山節藻梲復廟重檐刮楹達鄉反坫出尊崇坫康圭疏屏天子之廟飾也山節刻欂盧爲山也藻梲畫侏儒柱爲藻文也復廟重屋也重檐重承壁材也刮刮。摩也鄉牖屬謂夾戶窗也每室八窗爲四達反坫反爵之坫也出尊當尊南也唯兩君爲好既獻反爵於其上禮君尊于兩楹之間崇高也康讀爲亢龍之亢又爲高坫亢所受圭奠于上焉屏謂之樹今。桴思也刻之爲雲氣蟲獸如今闕上爲之矣○藻本又作繅音早梲專悅反復音福注同重直龍反注同檐以占反刮古八反鄉許亮反注同坫丁念反康音抗苦浪反欂音博又皮麥反一音旁各反徐又薄歷反字林平碧反盧如字本又作櫨音同侏音朱𦑜莫何反爲好呼報反桴思也音浮

【疏】山節。至。飾也○正義曰此一節論魯之大廟之飾○山節謂欂盧刻爲山形○藻梲者謂侏儒柱畫爲藻文也○復廟者上下重屋也○重檐者皇氏云鄭云重檐重承壁材也謂就外檐下壁復安板檐以辟風雨之灑壁故云重檐重承壁材○刮楹者刮摩也楹柱也以密石摩柱○達鄉者達通也鄉謂窗牖也每室四戶八窗窗戶皆相對以牖戶通達故曰達鄉也○反坫者兩君相見反爵之坫也築土爲之在兩楹間近南人君飲酒既獻反爵于坫上故爲之反坫也○出尊者尊在兩楹間坫在尊南故云出尊○崇坫康圭者崇高也亢舉也爲高坫受賓之圭舉於其上也○疏屏者疏刻也屏樹也謂刻於屏樹爲雲氣。蟲獸也○天子之廟飾也者自山節以下皆天子廟飾也反坫亦在廟故合言廟飾也○注山節至之矣○正義曰刻欂盧也者節名欂盧釋宮云檽謂之楶李巡云檽今欂盧也則今之斗拱云畫侏儒柱者按釋宮云杗廇謂之梁其上楹謂之梲李巡曰梁上短柱也云鄉牖屬者詩豳風塞向墐戶是牖屬也云出尊當尊南也者以當近南迴露鄉外爲出今言出尊故

知尊南也云禮君尊于兩楹之間者以燕禮燕臣子列尊于東楹之西今兩君敵體當尊在兩楹之間故鄉飲酒賓主敵體尊于房戶間是也皇氏解此用燕禮之文尊于東楹之西爲兩楹之間失之矣云康讀爲亢龍之亢者按易乾上九亢龍有悔讀從之云屏謂之樹今浮思也者屏謂之樹釋宮文漢時謂屏爲浮思故云今浮思解者以爲天子外屏人臣至屏俯伏思念其事按匠人注云城隅謂角浮思也漢時東闕浮思災以此諸文參之則浮思小樓也故城隅闕上皆有之然則屏上亦爲屋以覆屏牆故稱屏曰浮思或解屏則闕也古詩云雙闕百餘尺則闕於兩旁不得當道與屏別也闕雖在兩旁相對近道大略言之亦謂之當道故讖云代漢者當塗高謂魏闕也云刻之爲雲氣蟲獸如今闕上爲之矣者言古之疏屏似今闕上畫雲氣蟲獸如鄭此言似屏與闕異也

○鸞車有虞氏之路也鉤車夏后氏之路也大路殷路也乘路周路也鸞有鸞和也鉤有曲輿者也大路木路也乘路玉路也漢祭天乘殷之路也今謂之桑根車也春秋傳曰大路素鸞或爲欒也○鉤古侯反乘徐食證反注同欒力九反

疏鸞車至路也○正義曰此一經明魯有四代之車其制各別○鸞車有鸞和也路則車也○○鉤車夏后氏之路也者鉤曲也輿則車牀曲輿謂曲前闌也虞質未有鉤矣○○大路殷路也者大路木路也○乘路周路也者乘路玉路也周王禮故用玉○○注春秋傳曰大路素○正義曰按桓二年左氏云大路越席越席是祀天之席則大路亦祭天之車以祭天尙質故鄭云大路素

○有虞氏之旂夏后氏之綏殷之大白周之大赤四者旌旗之屬也綏當爲緌讀如冠蕤之蕤有虞氏當言綏夏后氏當言旂此蓋錯誤也緌謂注旄牛尾於杠首所謂太麾書云武王左杖黃鉞右秉白旄以麾周禮王建大旂以賓建大赤以朝建大白以卽戎建大麾以田也○綏依注爲緌耳佳反注之樹反旄音毛杠音江麾毁皮反左仗直亮反鉞音越

疏有虞至大赤○正義曰此一經論魯有四代旌旗有虞氏之旂者旂當爲緌但注旄竿首未有旒縿夏后氏之綏者鄭云綏當爲旂夏后氏漸文既

注旂竿首又有旒縿○殷之大白謂白色旗周之大赤者赤色旗此大白大赤各隨代之色無所畫也○注有虞至田也○正義曰知有虞氏當言綏夏后氏當言旂者以虞質於夏故知虞世但注旄夏世始加旒縿知注旄牛尾於杠者爾雅釋天云注旄首曰旌是也云所謂大麾者所謂巾車建大麾以田者是也必知此綏當大麾者彼大麾上有大白大赤此經夏后氏之綏下有大白大赤故知綏當大麾也然巾車注云正色言之大麾夏后氏之旗色黑鄭此注以綏爲有虞氏所建綏則大麾不同者有虞氏但有注旄竿首夏后氏之旗若去旒縿則與虞氏不異同謂之綏也以巾車連大白大赤故以綏麾爲之旗引書曰者牧誓文引之者證白旄以指麾是大麾也引周禮者巾車職文明天子所用然則魯之所用亦當然也

○夏后氏駱馬黑鬣殷人白馬黑首周人黃馬蕃鬣○夏后氏牲尚黑殷白牡周騂剛

順正色也白馬黑鬣曰駱殷黑首爲純白凶也騂剛赤色○駱音洛鬣力輒反蕃鬣字又作番音煩郭璞云兩披髮騂息營反又呼營反正音征又如字爲于僞反

疏○夏后至騂剛○正義曰此一經明魯有三代之馬及牲色不同夏后氏駱馬黑鬣者駱白黑相閒也此馬白身黑鬣故云駱也夏尚黑故用黑鬣也殷人白馬黑首者殷尚白故白馬也純白似凶故黑頭也頭黑而鬣白從所尚也然類三代俱以鬣爲所尚也○周人黃馬蕃鬣者蕃赤也周尚赤用黃近赤也而用赤鬣爲所尚也熊氏以爲蕃鬣爲黑色與周所尚乖非也夏后氏牲尚黑殷白牡周騂剛者魯用三代牲也騂赤色也剛牡也騂言剛則白亦剛白言牡黑亦牡也故殷告天云敢用玄牡從天色也

○泰有虞氏之尊也山罍夏后氏之尊也著殷尊也犧象周尊也

泰用瓦著著地無足○大音太本亦作泰著直略反注同

疏泰。有。至。尊。也。○正義曰此一經明魯用四代尊也虞尊用瓦名泰也然或用三代或用四代者隨其禮存者而用之耳無別義也○山罍夏后氏之尊也者罍爲雲雷也畫爲山雲之形也○著殷尊也者無足而底著地故謂爲著也然殷尊無足則其。餘泰罍犧並有足也○犧象周尊也者畫沙羽及象骨飾尊也然殷名著周名犧象而禮器云君西酌犧象亦是周禮也○注泰用至無足○正義曰以考工記云有虞氏尚陶檀弓又云有虞氏瓦棺故知泰尊用瓦也

○爵夏后氏以琖殷以斝周以爵 爵斝畫禾稼也詩曰洗爵奠斝○斝音嫁又古雅反注同【疏】爵。夏。至。以。爵○正義曰此一經明魯有三代爵並以爵為形故并標名於其上○夏后氏以琖者夏爵名也以玉飾之故前云爵用玉琖仍雕是也○殷以斝者殷亦爵形而畫為禾稼故名斝斝嫁也○周以爵者皇氏云周人但用爵形而不畫飾按周禮太宰贊玉。几玉爵然則周爵或以玉為之或飾之以玉皇氏云周爵無飾失之矣

○灌尊夏后氏以雞夷殷以斝周以黃目○其勺夏后氏以龍勺殷以疏勺周以蒲勺 夷讀為彝周禮春祠夏禴祼用雞彝鳥彝秋嘗冬烝祼用斝彝黃彝龍龍頭也疏通刻其頭蒲合蒲如鳧頭也○勺市灼反下同禴音藥祼古亂反【疏】灌。尊。至。蒲。勺○正義曰此一節明魯有三代灌尊及所用之勺○夏后氏以雞夷者夷即彝彝法也與餘尊為法故稱彝雞彝者或刻木為雞形而畫雞於彝○殷以斝者鄭司農云畫為禾稼周以黃目者以黃金為目皇氏云夏后氏以瓦泰之上畫以雞彝殷著尊畫為稼彝然尊彝別作事不相依而皇氏以當代之尊為彝文無所據假因當代尊為彝則夏后氏當因山罍不得因虞氏瓦泰皇氏之說其義並非也○夏后氏以龍勺者勺為龍頭○殷以疏勺者疏謂刻鏤通刻勺頭○周以蒲勺者皇氏云蒲謂合蒲當刻勺為鳧頭其口微開如蒲草本合而末微開也○注夷讀至頭也○正義曰引周禮春祠夏禴以下司尊彝職之文云春祠夏禴祼用雞彝鳥彝者雞彝盛明水鳥彝盛鬱鬯也秋嘗冬烝祼用斝彝黃彝者義亦然必知一時之祭并用兩彝者以下云朝踐用兩犧尊再獻用兩象尊犧象不可即為二時故知兩彝祇當一節皇氏沈氏並云春用雞彝夏用鳥彝秋用斝彝冬用黃彝春屬雞夏屬鳥秋屬收禾稼冬屬。土。色。黃故用其尊皇氏等此言文無所出謂言及於數非實論也種曰稼斂曰穡秋時不得稱稼月令季秋草

木黄落冬卽色玄不得用黄彝也下追享朝享用虎彝蜼彝追享謂祈禱也朝享謂月祭也若有所法則四時不同何以獨用虎蜼又崔氏義宗廟祫祭用十八尊祫在秋禘祭用十六尊禘在夏也是一時皆數兩彝得爲十八十六若每時用唯有一彝秖十七十五是知皇氏。等。之。說其義非也

○土鼓蕢桴葦籥伊耆氏之樂也

蕢當爲凷聲之誤也籥如笛三孔伊耆氏古天子有天下之號也今有姓伊耆氏者○蕢讀爲凷苦對反桴音浮葦于鬼反籥音藥蕢其位反又苦怪反笛本又作篴音狄

疏 土。鼓。至。樂。也○正義曰此一經明魯用古代之樂土鼓謂築土爲鼓蕢桴以土塊爲桴○葦籥者謂截葦爲籥此等是伊耆氏之樂魯得用也○注蕢當至氏者○正義曰經云蕢者草名與土鼓相對故讀爲凷云伊耆氏古天子有天下之號也者禮運云伊耆氏始爲蜡蜡是報田之祭按易繫辭神農始作耒耜是田起於神農故說者以伊耆氏爲神農。也

拊搏玉磬揩擊大琴大瑟中琴小。瑟四代之樂器也

拊搏以。韋爲之充之以糠形如小鼓揩擊謂柷敔皆所以節樂者也四代虞夏殷周也○拊芳甫反搏音博揩居八反注同大琴徐本作瑟糠音康柷昌六反敔魚呂反本又作圉

疏 拊。搏。至。器。也○正義曰此一經論魯有四代樂器但四代漸文不如土鼓葦籥之質故別起其文也

○魯公之廟文世室也武公之廟武世室也

此二廟象周有文王武王之廟也世室者不毀之名也魯公伯禽也武公伯禽之玄孫也名敖

疏 魯公至室也○正義曰此一經明魯有二廟不毀象周之文武二祧也○文世室者魯公伯禽有文德世世不毀其室故云文世室武世室者伯禽玄孫武公有武德其廟不毀故云武世室○注武公至名敖○正義曰按成六年立武宮公羊左氏並譏之不宜立也又武公之廟立在武公卒後其廟不毀在成公之時此記所云美成王褒崇魯國而已云武公之廟武世室者作記之人因成王褒魯遂盛美魯家之事因武公其廟不毀遂連文而美之非實辭也故下云君臣未嘗相弒禮樂刑法政俗未嘗相變也鄭云亦近誣矣是不實也伯禽玄孫者按世本伯禽生煬

公熙熙生弗弗生獻公具具生武公敖是伯禽玄孫名敖○米廩有虞氏之庠也序夏后氏之序也瞽宗殷學也頖宮周學也庠序亦學也庠之言詳也於以考禮詳事也魯謂之米廩虞帝上孝令藏粢盛之委焉序次序王事也瞽宗樂師瞽矇之所宗也古者有道德者使教焉死則以爲樂祖於此祭之頖之言班也於以班政教也○廩力甚反頖音判委于僞反又作積丁賜反矇音蒙【疏】米廩至學也○正義曰此一經明魯得立四代之學也○米廩有虞氏之庠也者言魯之米廩是有虞氏之庠魯以虞氏之庠爲廩以藏粢盛○序夏后氏之序也者是夏家之學也○注魯謂至祭之○正義曰虞帝上孝者尚書云烝烝又禮記云舜其大孝也與是虞帝上孝也云今藏粢盛之委焉者委謂委積言魯家於此學中藏此粢盛委積按桓十四年御廩災公羊云御廩者何粢盛委之所藏也云古者有道德者使教焉死則以爲樂祖者大司樂文云於此祭之者謂於此瞽宗祭之故大司樂云祭於瞽宗是也

○崇鼎貫鼎大璜封父龜天子之器也崇貫封父皆國名文王伐崇古者伐國遷其重器以分同姓大璜夏后氏之璜春秋傳曰分魯公以夏后氏之璜○貫古喚反璜音黃父音甫注同分魯扶問反【疏】注崇貫至之璜○正義曰知皆國名者春秋宣元年晉趙穿侵崇又書傳有崇侯虎貫與崇連文故知崇貫皆國名定四年左氏傳夏后氏之璜封父之繁弱封父與夏后氏相對故知封父亦國名云文王伐崇者詩大雅文云古者伐國遷其重器以分同姓者按昭十五年左傳云密須之鼓闕鞏之甲以賜晉是遷其重器以分同姓也越棘大弓天子之戎器也越國名也棘戟也春秋傳曰子都拔棘【疏】注越國至拔棘○正義曰以崇鼎貫鼎是崇貫所出之鼎則知越棘是越國所有之棘引春秋傳曰子都拔棘者隱十一年左傳文證棘爲戟棘戟方言文也

○夏后氏之鼓足殷楹鼓周縣鼓足謂四足也楹謂之柱貫中上出也縣縣之簨虡也殷頌曰植我鼗鼓周頌曰應棘縣鼓○縣音玄注及下注同簨本又作筍恤尹反虡音巨植市力反

又音置徐音徒吏反又徒力反鼗音桃應應對之應𨍏音胤【疏】注殷頌至縣鼓正義曰所引殷頌者那之篇鄭注云置讀曰植植鞉鼓引之者證殷楹鼓引周頌有瞽之篇者按周頌有瞽始作樂合於大祖經云應田縣鼓毛傳云田大鼓鄭云田當爲𨍏𨍏小鼓在大鼓之旁引之者證周之縣鼓

○垂之和鍾。叔之離磬女媧。之笙簧

垂堯之共工也女媧三皇承宓。羲者叔未聞也和離謂次序其聲縣也笙簧笙中之簧也世本作曰垂作鐘無句作磬女媧作笙簧○鐘章凶反說文作鐘以此鍾爲酒器字林之用反媧徐古蛙反又古華反共音恭宓音密本又作虙音伏戲音羲句其俱反字又作劬

【疏】垂之至笙簧○正義曰此一經明魯有先代之樂○垂之和鍾者垂之所作調和之鍾○叔之離磬者叔之所作編離之磬○女媧之笙簧者女媧所作笙中之簧言魯皆有之○注垂堯。之。共。工。也。至。女。媧作笙簧○正義曰按舜典垂作共工謂舜時也鄭不見古文故以爲堯時云女媧三皇承宓羲者按春秋緯運斗樞差德序命宓羲女媧神農爲三皇是承宓羲者帝王世紀云女媧氏風姓承。庖。羲制度始作笙簧無所革造故易不載不序於行蛇身人首是也云和離謂次序其聲縣也者聲解和也縣解離也言縣磬之時其磬希疏相離云世本作曰者世本書名有作篇其篇記諸作事云無句作磬者皇氏云無句叔之別名義或然也

○夏后氏之龍簨虡殷之崇牙周之璧翣

簨虡所以縣鍾磬也橫曰簨飾之以鱗屬植曰虡飾之以贏屬羽屬簨以大版爲之謂之業殷又於龍上刻畫之爲重牙以挂縣。紘也周又畫繒爲翣。戴以璧垂五采羽於其下樹於簨之角上飾彌多也以周頌曰設業設虡崇牙樹羽○翣所甲反又作翣植市力反徐徒力反、贏力果反重直龍反挂音卦紘徐音宏載以音戴

【疏】夏。后。至。璧。翣正義曰此一經明魯有三代樂縣之飾○夏后氏之龍簨虡者謂簨虡之上以龍飾之○殷之崇牙者謂於簨之上刻畫木爲崇牙之形以。挂。鍾磬周之璧翣者謂周人於此簨上畫繒爲翣戴之以璧下縣五采羽挂於簨角後王彌文故飾彌多也○注橫曰至樹羽○正義曰橫曰簨飾之以鱗屬植曰虡飾之以贏屬者按考工記筍

飾之以鱗屬。鍾虡飾之以贏屬磬虡飾之以羽屬如考工記之文則筍飾以龍此經弁云虡者蓋夏時簨之與虡皆飾之以鱗至周乃別故云龍簨虡或可因
簨連言虡也云簨以大版爲之謂之業者詩周頌云設業設虡以業虡相對。故知。業則簨也其實簨上更加大版刻崇牙謂之業故詩大雅云虡業惟樅注云
虡也栒也所以縣鍾鼓也設大版於上刻畫以爲飾是也云周又畫繒爲翣戴以璧者翣扇也言周畫繒爲扇戴小璧於扇之上云垂五采羽於其下樹於簨
之角上者按漢禮器制度而知也引周頌者證簨虡及崇牙樹羽之義皇氏云崇牙者崇重也謂刻畫大版重疊爲牙

有虞氏之兩敦夏后氏之四連。殷之六瑚周之八簋皆黍稷器制之異同未聞○敦音對又都雷反連本又作璉同力展反瑚音胡簋音軌

【疏】注皆黍至未聞○正義曰簋是黍稷之器敦與瑚璉共簠簋連文故。云。黍稷器也按鄭注周禮舍人云方曰簠圓曰簋此云未聞者謂瑚璉之器與簋異同未聞也鄭注論語云夏曰瑚殷曰璉不同者皇氏云鄭注論語誤也此言兩敦四璉六瑚八簋者言魯之所得唯此耳○

俎有虞氏以梡夏后氏以嶡殷以椇周以房俎梡斷木爲四足而已嶡之言蹷也謂中足爲橫距之象周禮謂之距椇之言枳椇也謂曲橈之也房謂足下跗也上下兩間有似於堂房魯頌曰籩豆大房○椇俱甫反斷丁亂反又丁管反嶡俱衛反橫古曠反又音光又華盲反枳吉氏反橈音擾跗方于反

【疏】注梡斷至大房○正義曰知梡斷木爲四足者以虞氏尚質未有餘飾故知但有四足而已云謂中足爲橫距之象者以言嶡謂足以橫蹷故鄭讀嶡爲蹷蹷謂足橫辟不正也今俎足間有橫似有橫蹷之象故知足中央爲橫距之象言雖有距以距外物今兩足有橫而相距也云周禮謂之距者非周禮正文言周代禮儀謂此俎之橫者爲距故少牢禮腸三胃三長皆及俎。距是也云椇之言枳椇也謂曲橈之也者椇枳之樹其枝多曲橈故陸機草木疏云。椇曲來巢殷俎似之故云曲橈之也云房謂足下跗也上下兩間有似於堂房者按詩注云其制足間有橫下有跗似乎堂後有房然如鄭此言則俎頭各有兩足

足下各別爲跗足間橫者似堂之壁橫下二跗似堂之東西頭各有房也但古制難識不可。委知南北諸儒亦無委曲解之今依鄭注略爲此意未知是否

○夏后氏以楬豆殷玉豆周獻豆楬無異物之飾也獻疏刻之齊人謂無髮爲禿楬○楬徐苦瞎反注同又苦八反獻素何反禿土木反【疏】注獻疏刻之○正義曰獻音娑娑是希疏疏之義故爲疏刻之

○有虞氏服韍夏后氏山殷火周龍章韍冕服之韠也舜始作之以尊祭服禹湯至周增以畫文後王彌飾也山取其仁可仰也火取其明也龍取其變化也天子備焉諸侯火而下卿大夫山士韎韋而已韍或作黻○黻音弗韎莫拜反【疏】有虞至龍章○正義曰此一經論魯有四代韍制○有虞氏服紱者直以韋爲韍未有異飾故云服韍夏后氏畫之以山殷人增之以火周人加龍以爲文章○注韍冕至而已○正義曰易困卦九二爻辭朱紱方來利用享祀是韍爲祭服也云天子備焉諸侯火而下卿大夫山士韎韋而已者按士冠禮士韎韐是士無飾推此即尊者飾多此有四等天子至士亦爲四等故知卿大夫加山諸侯加火天子加龍○

有虞氏祭首夏后氏祭心殷祭肝周祭肺氣主盛也○夏后氏尚明水殷尚醴周尚酒此皆其時之用耳言尚。非【疏】注此皆至尚非○正義曰夏后氏尚質故用水殷人稍文故用醴周人轉文故用酒故云此皆其時之用耳云言尚非者按儀禮設尊尚玄酒是周家亦尚明水也按禮運云澄酒在下是三酒在堂下則周世不尚酒故知經言尚者非也

○有虞氏官五十夏后氏官百殷二百周三百周之六卿其屬各六十則周三百六十官也此云三百者記時冬官亡矣昬義曰天子立六官三公九卿二十七大夫八十一元士凡百二十蓋謂夏時也以夏周推前後之差有虞氏官宜六十夏后氏宜百二十殷宜二百四十不得如此記也【疏】有虞至三百○正義曰此經明魯家兼有四代之官然魯是諸侯按大宰職諸侯唯有三卿五大夫故公羊傳司徒司空之下各有二小卿司馬之下一小卿是三卿五

大夫也今魯雖被褒崇何得備。立四代之官而備三百六十職者當成王之時褒崇於魯四代官中雜存官職名號是使魯有之非謂魯得盡備其數但記者盛美於魯因舉四代官之本數而言之○有虞氏官五十者鄭差之當為六十○夏后氏官百者鄭差之當為百二十○殷二百者鄭差之當為二百四十○周三百者鄭據記時冬官亡矣故言三百若兼冬官則三百六十也○注周之至記也○正義曰云周之六卿其屬各六十者小宰職文云此云三百者記時冬官亡矣者以此經四代相對各陳其官宜舉實數故云冬官亡矣若文無所對即舉其成數故禮器經禮三百曲禮三千鄭禮序云舉大略小闕其殘者是與此經不同引昬義者欲證明夏官百二十夏倍於虞殷倍於夏殷官既多周不可倍之故但加殷百二十耳按尚書周官云唐虞稽古建官惟百夏商官倍亦克用乂與此數不同者禮是記事之典須委曲備言書是疏通之教故舉大略小

有虞氏之綏夏后氏之綢練殷之崇牙周之璧翣

其綏亦旌旗之綏也夏綢其杠以練為之旒殷又刻繒為。重牙以飾其側亦飾彌多也湯以武受命恆以牙為飾也此旌旗及翣皆喪葬之飾周禮大喪葬巾車執蓋從車持旌御僕持翣旌從遣車翣夾柩路左右前後天子八翣皆戴璧垂羽諸侯六翣皆戴圭大夫四翣士二翣皆戴綏孔子之喪公西赤為志亦用此焉爾雅說旌旗曰素錦綢杠。纁。白縿素升龍於縿練旒九○綏耳佳反注並同綢吐刀反注同徐音韜從才用反下同遣弃戰反夾古洽反柩其久反熏字又作纁香云反縿所銜反

疏有虞至璧翣○正義曰此一經明魯有四代喪葬旌旗之飾有虞氏之綏者則前經注旄於竿首○夏后氏之綢綢練者謂綢杠以練又為之旒○殷之崇牙者謂刻繒為崇牙之形飾旌旗之側○周之璧翣者謂周代以物為翣翣上戴之以璧陳之而鄭柩車之○注綏亦至旒九○正義曰綏亦旌旗之綏者以前經云夏后氏之綏是旌旗之綏故云綏亦旌旗之綏綏謂注旄竿首也云夏綢其杠以練為之旒者既綢杠以練又知以練為旒者以爾雅云練旒九也云湯以武受命恆以牙為飾也者前經云簨虡既以崇牙為飾此旌旗又飾以崇牙故云恆也周亦武取天下

但殷既以牙爲飾周世尚文更取他物飾之不復用牙云此旌旗及翣皆喪葬之飾者以前文崇牙璧翣是飾簨虡此與夏后綢練連文按檀弓綢練設旐夏也是喪葬旌旗故知喪葬之飾引周禮大喪葬巾車執蓋從車持旌御僕持翣者證明葬有旌旗及翣之義云天子八翣皆戴璧者天子八翣禮器文皆戴璧卽此璧翣天子之禮也云諸侯六翣皆戴圭大夫四翣士二翣皆戴緌並喪大記文也引檀弓孔子之喪及爾雅者證明此經是喪葬之飾并明綢練之義

凡四代之服器官魯兼用之是故魯王禮也天下傳之久矣君臣未嘗相弒也禮樂刑法政俗未嘗相變也天下以爲有道之國是故天下資禮樂焉王禮天子之禮也傳世也資取也此蓋盛周公之德耳春秋時魯三君弒又士之有誅由莊公始婦人髽而弔始於臺駘云君臣未嘗相弒政俗未嘗相變亦近誣矣資或爲飫○傳丈專反注同弒本又作殺音試注同誅力軌反髽側瓜反臺音胡駘大來反近如字又附近之近

【疏】凡○四○至○樂○焉○正義曰此一經記者既陳四代服器官於前此經結之後美大魯國也然言士鼓葦籥伊耆氏之樂又有女媧氏笙簧非唯四代而已今此秖言四代者據其多者言之唯舉四代耳其間亦有但舉三代者此四代服器魯家每物之中得有用之不謂事事盡用之○天下以爲有道之國者作記之時是周代之末唯魯獨存周禮故以爲有道之國是故天下資禮樂焉者左傳襄十年云諸侯宋魯於是觀禮宋爲王者之後魯是周公之胤是天下資禮樂焉○注春秋至臺駘○正義曰按隱十一年羽父請殺桓公將以求大宰隱公不許羽父使賊弒隱公是弒一君也莊三十二年慶父使圉人犖賊子般是弒二君也閔二年慶父又使卜齮賊公于武闈是弒三君也云士之有誅由莊公始者檀弓文在左傳莊十年乘丘之役也云婦人髽而弔始於臺駘者亦檀弓文左氏襄四年臧武仲與邾人戰於狐駘被邾人所敗是其事也

附釋音禮記注疏卷第三十一

禮記注疏卷三十一校勘記　阮元撰盧宣旬摘錄

附釋音禮記注疏卷第三十一　惠棟校宋本禮記正義卷第四十一

明堂位第十四

按鄭目錄云名曰明堂者　閩監毛本同衞氏集說堂下有位字

似秦相呂不韋作春秋時說者　閩監毛本作似衞氏集說同此本似誤以按似誤以與玉藻疏同

今漢立明堂於丙巳　閩監毛本同衞氏集說同惠棟校宋本巳作乙

其室不敢踰廟　閩監毛本室作飾

昔者周公節

不於宗廟辟王也　閩監毛本同岳本同嘉靖本同衞氏集說同釋文出辟王云一本作辟正王考文引古本王上有正字按正義云辟王謂辟成王也是正義無正字於字各本同毛本作于

負之言背也　各本同釋文出偝也云本又作背正義本作背

鎮服蕃服　閩監毛本同嘉靖本同衞氏集說同岳本蕃作藩釋文出藩服云本又作蕃下同正義本作蕃○按藩正字蕃假借字

新君卽位　各本同考文引古本足利本作新王新君卽位按正義云或新王卽位而來朝或己君初卽位是世告至兼新王新君二義也○按

考文所謂古本多本之正義

侯服歲一見　各本同釋文出壹見云壹又作一

昔者至位也　惠棟校宋本無此五字

正義曰此下節　閩監本同毛本下作一

明堂云朝位服事之國數　閩監本同毛本位作謂

明堂也者節

明堂至卑也　惠棟校宋本無此五字

昔殷紂亂天下節

昔殷至天下　惠棟校宋本無此五字

侯女不好淫　惠棟校宋本侯上有九字此本誤脫閩監毛本同

罪人謂周公屬黨也　惠棟校宋本有謂字此本謂字脫閩監毛本同

明年秋迎周公而反　惠棟校宋本有秋字此本秋字脫閩監毛本同

是以封周公於曲阜節　惠棟云是以節季夏節君卷節是故夏礿節大廟節振木鐸節山節節鸞車節有虞節夏后節

泰有節爵夏后節灌尊節土鼓節拊搏節魯公節米廩節崇鼎節越棘節夏后節垂之節夏后節有虞節俎有節夏后節有虞節有虞節有虞節有虞節凡四代節宋本合三十節爲一節

俾侯于魯 各本同釋文出卑侯云本又作俾下同○按俾正字卑假借字

是以至禮也 惠棟校宋本無此五字

總爲二十四同謂百里也 閩監毛本同惠棟校宋本重同字衞氏集說同

季夏六月節

雕篹 各本同石經同釋文出彫篹云本亦作雕按正義作彫與釋文本同

朱干玉戚 各本同毛本干誤于

象骨飾之 閩監毛本同岳本同嘉靖本同衞氏集說同考文引古本象骨上有象樽以三字足利本無以字○按段玉裁校本作象尊象骨飾之作樽俗字

鬱鬯之器也黃彝也 閩監毛本同岳本同嘉靖本同衞氏集說同考文引古本足利本鬱鬯上有鬱尊二字黃彝上有黃目二字

彫刻飾其直者也 惠棟校宋本作雕岳本同嘉靖本同衞氏集說同此本雕作彫閩監毛本同

周禮昧師掌教昧樂 閩監毛本同岳本同嘉靖本同衞氏集說昧並作韎○按周禮作韎

唯制夷狄樂聖王也閩監毛本同浦鏜校唯改誰按白虎通作誰制夷狄之樂以爲先聖王也

云犧尊以沙羽爲畫飾者惠棟校宋本同閩監毛本沙作莎下沙羽同

故謂之犧尊惠棟校宋本作象此本象作尊閩監毛本同

角是爵之所受之名異閩監毛本同衞氏集說無下之字孫志祖校云之疑其

君卷冕立于阼節

百官廢職服大刑惠棟校宋本同石經同岳本同嘉靖本同衞氏集說同閩監毛本官作宮

君卷至大服惠棟校宋本無此五字

君待之於阼階毛本同衞氏集說亦作待無之字閩監本待作持

謂朝踐及饋孰弁酳尸之時惠棟校宋本同衞氏集說同閩監毛本孰作熟弁誤拜

命百官各揚舉其職事閩監毛本同衞氏集說命作令

山節藻棁節

刮刮摩也各本同釋文摩作劘嘉靖本同

今桴思也閩監毛本同岳本同嘉靖本同衞氏集說同惠棟校宋本桴作浮續通解同釋文出桴思云音浮

山節至飾也　惠棟校宋本無此五字

爲雲氣蟲獸也　閩監毛本蟲誤蟲下爲雲氣蟲獸畫雲氣蟲獸並同

爲兩楹之閒失之矣　閩監本同毛本爲誤謂考文引宋本無兩字

今浮思也者　考文引宋板同閩監毛本浮作桴下爲浮思今浮思角浮思闕浮思則浮思曰浮思並同

有虞氏之旂節

武王左杖黃鉞　各本同釋文杖作仗○按杖正字仗俗字

有虞至大赤　惠棟校宋本無此五字

泰有虞氏之尊也節

泰有虞氏之尊也　各本同石經同釋文出大云本又作泰

泰有至尊也　惠棟校宋本無此五字

則其餘泰罍犧　閩監本作餘毛本餘誤虞

爵夏后氏以琖節

爵夏至以爵　惠棟校宋本無此五字

贊玉几玉爵惠棟校宋本作几閩監毛本几誤凡

灌尊節

灌尊至蒲勺惠棟校宋本無此五字

冬屬土色黄閩監毛本如此浦鏜校從續通解土色黄改元黄色

是知皇氏等之說閩監本同毛本誤作是知皇氏之等

土鼓蕢桴節

土鼓至樂也惠棟校宋本無此五字

謂截葦爲籥閩本同考文引宋板同監毛本截誤截衞氏集說同

以伊耆氏爲神農也閩監毛本同惠棟校宋本無也字衞氏集說同

拊搏節

中琴小瑟各本同毛本小誤七

拊搏以韋爲之宋監本同岳本同嘉靖本同閩監毛本韋誤葦衞氏集說同

拊搏至器也惠棟校宋本無此五字

垂之和鐘節

垂之和鐘閩監毛本同石經同岳本同嘉靖本同衛氏集說鐘作鍾石經考文提要云宋本九經南宋巾箱本至善堂九經本並作鍾釋文出和鍾云說文作鐘以此鍾爲酒器按此本疏中和鐘字作鍾閩監毛本仍作鐘

女媧之笙簧閩監本同石經同岳本同嘉靖本同衛氏集說同毛本媧誤蝸釋文出女媧

承宓羲者閩監毛本同嘉靖本同衛氏集說羲作犧岳本羲作戲釋文出戲云音羲

垂堯之共工也至女媧作笙簧惠棟校宋本作垂堯至媧作笙簧

承庖羲制度閩監毛本同惠棟校宋本羲作犧衛氏集說同庖作包

夏后氏之龍簨虡節

以挂縣紘也閩監毛本同岳本同嘉靖本同衛氏集說同釋文亦作紘段玉裁校本云詩有瞽疏引作紞爲是釋文作紘非也冠之制紞下垂紞不下垂詩齊風箋正作縣紞

戴以璧閩本同岳本同嘉靖本同衛氏集說同考文引宋板同監毛本戴作載按釋文出戴以云音戴孔陸異本監毛以釋文改正義本非也二本疏中仍作戴

夏后至璧翣惠棟校宋本無此五字

以挂鍾磬閩本鍾字同監毛本鍾作鐘下鍾字同閩監本挂作掛○按掛俗挂字

故知業則簨也閩監本同毛本業字誤倒在故知上

有虞氏之兩敦節

夏后氏之四璉各本同石經同釋文出四連云本又作璉○按依說文當作槤从木連聲段玉裁云周禮管子多以連爲輦韓勑禮器碑胡輦器用即胡連也

故云黍稷器也閩監毛本同浦鏜校云黍上補皆字按衛氏集說作故鄭云皆黍稷器疑皆字當有

俎有虞氏以梡節

皆及俎距是也閩監毛本同惠棟校宋本距作拒

椇曲來巢閩監毛本同段玉裁校本云椇當作枳云枳椇即宋玉賦之枳句又即說文之迟曲

但古制難識不可委知惠棟校宋本同閩監毛本委作悉衛氏集說同

有虞氏祭首節

言尚非閩監毛本同岳本同嘉靖本同衛氏集說同惠棟校宋本非作也考文引足利本作言尚非也

有虞氏官五十節

何得備立四代之官閩監毛本同惠棟校宋本立作爲衞氏集說無立字

有虞氏之綏節

殷又刻繒爲重牙閩監毛本同嘉靖本同岳本重作崇衞氏集說同考文引古本同盧文弨校云按前注亦作崇牙

纁白緣閩監毛本同岳本同嘉靖本同衞氏集說同釋文出熏云字又作纁浦鏜校白字改帛按浦鏜是也

凡四代之服器官節

資或爲飲閩監毛本同岳本同嘉靖本同考文引古本作資或爲諮也○按飲必誤字而古本不可信

凡四至樂焉惠棟校宋本無此五字

此經結之於後惠棟校宋本有於字衞氏集說同此本於字脫閩監毛本同

又有女媧氏笙簧閩監毛本同惠棟校宋本氏作之衞氏集說亦作之蝸作媧

使國人舉賊子般惠棟校宋本同閩監毛本賊誤弑下卜齮賊公于武闈同

附釋音禮記注疏卷第三十一終惠棟校宋本此下標禮記正義卷第四十一終宋監本禮記卷第九經三千六百五十一字注六千三百五十五字嘉靖本禮記卷第九經三千六百三十七字注六千三百四十九字

禮記注疏卷三十一校勘記

附釋音禮記注疏卷第三十二

喪服小記第十五〇陸曰鄭云以其記喪服之小義【疏】正義曰按鄭目錄云喪服小記者以其記喪服之小義也此於別錄屬喪服

禮記　鄭氏注　孔穎達疏

斬衰括髮以麻爲母括髮以麻免而以布母服輕至免可以布代麻也爲母又哭而免〇衰七雷反下並同括古活反爲于僞反注及下注同免音汶篇內同齊衰。惡笄。以終喪笄所以卷髮帶所以持身也婦人質於喪所以自卷持者有除無變〇齊音咨又作齋笄古兮反卷俱免反下皆同男子冠而婦人笄男子免而婦人髽其義爲男子則免爲婦人則髽別男女也〇冠古亂反下同髽側巴反別彼列反下文有別注不服別卑別皆同【疏】斬。衰。至。則。髽。〇正義曰此一節論斬衰齊衰之喪男女括髮免髽之異〇斬衰者主人爲父之服也括髮者爲父未成服之前所服也禮親始死子布深衣去冠而猶有笄纚徒跣扱上衽至將小斂去笄纚著素冠視斂斂訖投冠而括髮括髮者鄭注喪服云括髮以麻者自項以前交於額上卻繞紒如著幓頭焉〇爲母括髮者以麻爲母初喪至小斂後括髮與父禮同故亦云括髮以麻也〇免而以布者此謂爲母與父異者也亦自小斂後而括髮至尸出堂子拜賓。事。之時猶與爲父不異至拜賓竟後子往即堂下之位時則異也若爲父此時猶括髮而踊襲絰帶以至大斂而成服若母喪於此時則不復括髮乃著布免踊而襲絰帶以至成服故云免而以布也〇注母至而免〇正義曰又哭是小斂拜賓竟後即堂下位哭踊時也故士喪禮云卒小斂主人髻髮袒此是初括髮哭踊之時也又云男女奉尸侇于堂訖主人降自西階東即位主人拜賓即位踊襲絰于序東復位此是又哭之節若爲父於此時猶括髮若爲母於此時以免代括髮故云爲母又哭而免〇齊衰惡笄以終喪

○此一經明齊衰婦人笄帶終喪無變之制○惡笄者榛木爲笄也婦人質一笄以卷髮帶以持身於其自卷持者有除無變故要絰及笄不須更易至服竟一除故云惡笄以終喪○男子至則髽○此明男子婦人冠笄髽免相對之節但吉時男子首有吉冠則女首有吉笄是明男女首飾之異故云男子冠而婦人笄若親始死男去冠女則去笄若成服爲父男則六升布爲冠女則箭篠爲笄爲母男則七升布爲冠女則榛木爲笄故云男子冠而婦人笄也○男子免而婦人髽者吉時首飾既異今遭齊衰之喪首飾亦別當襲斂之節男子著免婦人著髽故云男子免而婦人髽免者鄭注士喪禮云以布廣一寸自項中而前交於額上卻繞紒也如著幓頭矣髽者形有多種有麻有布有露紒也其形有異同謂之髽也今辨男女並何時應著此免髽之服男子之免乃有兩時而唯有一種婦人之髽則有三別其麻髽之形與括髮如一其著之以對男子括髮時也前云斬衰括髮以麻則婦人于時髽亦用麻也何以知然按喪服女子子在室爲父髽衰三年鄭玄云髽露紒也猶男子之括髮斬衰括髮以麻則髽亦用麻以麻者自項而前交於額上卻繞紒如著幓頭焉依如彼注既云猶男子括髮男子括髮先去冠繼用麻婦人亦去笄繼用麻故云猶也又同云用麻不辨括髮形異則知其形如一也以此證據則知有麻髽以對男括髮時也又知有布髽者按此云男子免對婦人髽男免既用布則婦人髽不容用麻也是知男子爲母免時則婦人布髽也又若成服後男或對賓必踊髽免則婦人理自布髽對之知有露紒髽者喪服傳云布總箭笄髽衰三年明知此服並以三年三年之內男不恆免則婦人不用布髽故知恆露紒也故鄭注喪服云髽露紒也且喪服所明皆是成服後不論未成服麻布髽也何以然喪服既不論男子之括免則不容說女。服之未成義也既言髽衰三年益知恆髽是露紒也又就齊衰輕期髽無麻布何以知然按檀弓南宮縚之妻之姑之喪夫子誨之髽曰爾無總總爾爾無扈扈爾是但戒其高大不云有麻布別物是知露紒悉名髽也又按奔喪云婦人奔喪東髽鄭云謂姑姊妹女子子也去纚大紒曰髽若如鄭旨既謂是姑姊妹女子子等還爲本親父母等唯云去纚大紒不言布麻當知期以下無麻布也然露紒恆居之髽則有笄何以知之按笄以對冠男在喪恆冠婦則恆笄也故喪服婦爲舅姑惡笄有首以髽鄭云言以髽則髽有著笄者明
矣以兼此經注又知恆居笄而露紒髽也此三髽之殊是皇氏之說今考校以爲正有二髽一是斬衰麻髽二是齊衰布髽皆名露紒必知然者以喪服女子
子在室爲父箭笄髽衰是斬衰之髽用麻鄭注以爲露紒明齊衰髽用布亦謂之露紒髽也○其義爲男子則免爲婦人則髽鄭注以髽者庾蔚云喪服往往寄異以明
義或疑免髽亦有其旨故解之以其義。以。上於男子則免婦人則髽獨以別男女而已非別有義也賀瑒云男去冠猶婦人去笄義盡於此無復別義故云其
義也此經既論括髮免髽之異須顯所著之時崔氏云立義既載五服變除今要舉變除之旨凡親始死將三年者皆去冠笄纚如故十五升白布深衣級上
衽徒跣交手而哭故禮記問喪云親始死雞斯徒跣級上衽又鄭注士喪禮云始死將斬衰者雞斯是也其婦人則去纚衣與男子同級不徒跣不級衽知不徒
跣不級衽者問喪文知去纚者鄭注士喪禮云始死婦人將斬衰者去纚知著白布深衣者曾子問云女改服布深衣縞總以趨喪鄭注云婦人始喪未成服
之服其齊衰以下男子著素冠齊衰以下婦人骨笄而纚知者鄭注士喪禮。文男子婦人皆去屨無絇其服皆白布深衣知者鄭注喪服變除。文至死之明日
士則死日襲明日小斂故士喪禮云小斂主人髻髮若大夫死之明日襲而括髮故鄭注喪服變除云尸襲去纚括髮在二日小斂之前是據大夫也大夫與
士括髮於死者皆俱二日故鄭注問喪云二日去笄纚括髮通明大夫士也始死以後小斂之前大夫與士皆加素冠於笄纚之上故檀弓云叔孫武叔之母
死既小斂舉者出。戶出戶。袒且投其冠括髮是素冠也以其始死哀甚未暇分別尊卑故大夫與士其冠皆同也至小斂投冠括髮之後大夫加素弁士加素
委貌故喪大記云君大夫之喪子弁經又喪服變除云小斂之後大夫以上冠素弁士則素委貌其素弁素冠皆加環經故雜記云小斂環經君大夫士一也
鄭注云大夫以上素爵弁士素委貌是也凡括髮之後至大斂成服以來括髮不改故鄭注。云士喪禮云自小斂以至大斂括髮不改但死之三日說髦之時

以括髮因而壞損更正其括髮故士喪禮既殯說髦喪大記云小斂說髦括髮是正其故括髮也非更爲之但士之既殯諸侯小斂於死者皆三日說髦同也其齊衰以下男子於主人括髮之時則著免故士喪禮小斂主人髻髮衆主人免是也而喪服變除不杖齊衰條云襲尸之時云括髮者誤也其婦人將斬衰者於男子括髮之時則以麻爲髽故士喪禮云主人髻髮婦人髽于室其齊衰者於男子免時婦人則以布爲髽故此經云男子免而婦人髽是也其大功以下無髽也其服斂畢至成服以來白布深衣不改士死後二日襲帶經故士喪禮小斂之前陳直經大鬲下本在左要經小焉散帶垂長三尺牡麻經亦散垂斂訖主人拜賓乃襲經于序東既夕禮三日絞垂鄭注云成服日絞要經之散垂者是主人及衆主人皆絞散垂此襲帶經絞垂日數皆士之禮也其大夫以上成服與士不同其襲帶經之屬或與士同或與士異無文以言之其斬衰男子括髮齊衰男子免皆謂喪之大事斂殯之時若其不當斂殯則大夫以上加素弁士加素冠皆於括髮之上天子七日成服諸侯五日成服大夫士三日成服服之精麤及日月多少及葬之時節皆具在喪服及禮文不能繁說其葬之時大夫及士男子散帶婦人髽與未成服時同其服則如喪服故既夕禮云丈夫髽散帶垂鄭注云爲將啓變也此互文以相見耳諸文言髽見婦人也若天子諸侯則首服素弁以葛爲環經大夫則素弁加環經士則素委貌加環經故下檀弓云弁經葛而葬鄭注云接神不可以純凶天子諸侯變服而葬冠素弁以葛爲環經是王侯與卿大夫士異也至既虞卒哭之時乃服變服故鄭注喪服云天子諸侯卿大夫既虞士卒哭而受服其受服之時首經要帶男子皆以葛易之齊斬之婦人則易首經不易要帶大功小功婦人則易要帶爲葛雖受變麻爲葛卒哭之時亦未說麻至祔乃說麻服葛故士虞禮云婦人說首經不說帶鄭云不說帶齊斬婦人也婦人少變而重帶大功小功者葛帶時亦不說者未可以輕文變於主婦之質也至祔葛帶以即位按文直云婦人不辨輕重故鄭爲此解其斬衰至十三月練而除首經練冠素纓中衣黃裏縓爲領袖緣布帶繩屨無絇若斬母三年者小祥亦然斬衰二十五月大祥朝服縞冠故雜記云

祥主人之除也於夕爲期朝服又喪服小記云除成喪者其祭也朝服縞冠既祥乃服十五升布深衣領緣皆以布縞冠素紕故間傳云大祥素縞麻衣二十七月而禫服玄冠玄衣黃裳而祭祭畢服朝服以黑經白緯爲冠所謂纖冠而練纓吉屨踰月服吉間傳所謂禫而纖父沒爲母與父同父在爲母十一月而練十三月而大祥十五月而禫其服變除與父沒爲母同其不杖齊衰及大功以下服。畢皆初服朝服素冠踰月服吉也此皆崔氏準約禮經及記而爲此說其有乖僻者今所不取

○苴杖竹也削杖桐也疏苴。杖。至。桐。也。○正義曰此一經解喪服苴杖削杖也然杖有苴削異者苴者黯也夫至痛內結必形色外章心如斬斫。故貌必蒼苴所以衰裳經杖俱備苴色也必用竹者以其體圓性。貞履四時不改明子爲父禮中痛極自然圓足有終身之痛故也故斷而用之無所厭殺也○削杖者削殺也削奪其貌不使苴也必用桐者明其外雖被削而心本同也且桐隨時凋落此謂母喪示外被削殺服從時除而終身之心當與父同也

○祖父卒而后爲祖母後者三年祖父在則其服如父在爲母也○苴則七余反削思略反疏祖父至三年○正義曰此一經論適孫承重之服○祖父卒者謂適孫無父而爲祖後祖父已卒今又遭祖母喪故云爲祖母後也事事得申如父卒爲母故三年若祖父卒時父已先亡亦爲祖父三年若祖卒時父在己雖爲祖期今父沒祖母亡時己亦爲祖母三年也○注祖父至母也○正義曰言亦謂無父者若父在則不然也

○爲父母長子稽顙喪尊者及正體不敢不盡禮○爲于僞反下爲夫注爲無後並同長丁丈反篇內並同稽音啓顙素黨反大夫弔之雖緦必稽顙尊大夫不敢以輕待之婦人爲夫與長子稽顙其餘則否恩殺於父母○殺所戒反徐所例反後文注同疏爲父至則否○正義曰此一節論喪合稽顙之事各依文解之○○爲父母長子稽顙者謂重服先稽顙而後拜者也父母長子並重故也其餘期以下先拜後稽顙也○大夫弔之雖緦必稽顙前文爲父母長子稽顙謂平等來弔故先稽顙而後拜若爲不杖

齊衰以下則先拜賓後稽顙今大夫弔士雖是緦麻之親必亦先稽顙而後拜
故皇氏載此稽顙謂先拜而後稽顙若平等相弔小功以下皆不先拜後稽顙
若大夫來弔雖緦麻必爲之先一拜而後稽顙今刪定云小功以下不稽顙文無
所出又此稽顙與上文稽顙是一何得將此爲先拜後稽顙其義非也○婦人
爲夫與長子稽顙其餘則否亦先稽顙而後拜其餘
否者謂父母也以受重他族其恩減殺於父母也○男主必使同姓婦主必
使異姓謂爲無主後者爲主也異姓同宗之婦也婦人外成疏男。主。至。異。姓○正義曰此一經論婦人外成之事庾氏云喪有男主以接男賓女主
以接女賓若父母之喪則適子爲男主適婦爲女主也今或無適子適婦爲正主遺他人攝主若攝男主必使喪家同姓之男若攝婦主必使喪家異姓之女
○注謂爲至外成○正義曰知謂爲無主後者爲主也者以經云必使同姓必使異姓故知。先無主後云異姓同宗之婦也者同宗謂喪家同宗其婦必與喪家
異姓故云異姓同宗之婦云婦人外成者解婦主使異姓之意今與死者同姓婦人不得與喪家爲喪主以其外成適於他族故不得自與己同宗爲主此云
異姓者與夫家爲異姓○○爲父後者爲出母無服不敢以己私廢父所傳重之祭祀○爲出于僞反下注爲其族人爲其兄弟同
傳丈專反下傳重皆同疏爲。父。至。無。服○正義曰此一經論適子承重不得爲出母著服之事出母謂母犯七出爲父所遺而母子至親義不可絕父若
猶在子皆爲出母期若父沒後則適子一人不復爲母服所以然者己係嗣烝嘗不敢以私親廢先祖之祀故無。服○親親以三爲五以
五爲九上殺下殺旁殺而親畢矣己上親父下親子三也以父親祖以子親孫五也以祖親高祖以孫親玄孫九也殺謂親
益踈者服之則輕○己音紀○疏親。親。至。畢。矣○正義曰此一經廣明五服之輕重隨人之親踈著服之節親親以三者以上親父下親子幷己爲三故云
親親以。三。爲。五。者又以父上親祖以子下親孫歸者三今加祖及孫故言五也以五爲九者己上祖下孫則是五也又以曾祖故親高祖曾孫故親玄孫上加

曾高二祖下加曾玄。兩孫以四籠五故爲九也然己上親父下親子合應云以一爲三而云以三爲五者父子一體無可分之義故相親之說不須分矣而分祖孫非己一體故有可分之義而親名著也又以祖親曾祖以孫親曾孫應云以五爲七今言九者曾祖曾孫爲情已遠非己一體所親故略其相親之旨也庾氏云由祖以親曾高二祖由孫以親曾玄二孫服之所同義由於此也○上殺者據己上服父祖而減殺故服父三年服祖減殺至期以次減之應曾祖大功高祖小功而俱齊衰三月者但父祖。及於己是同體之親故依次減殺曾祖高祖非己同體其恩已疏故略從齊衰三月曾高一等所以喪服注云重其衰麻尊尊也減其日月恩殺也不可以大功小功旁親之服加至尊故皆服齊衰也○下殺者謂下於子孫而減殺子服父三年父亦宜報服而父子首足不宜等衰故父服子期也若正適傳重便得遂情故喪服云不敢降是也父服子期孫卑理不得祖報故爲九月若傳重者亦服期也爲孫既大功則曾孫宜五月但曾孫服曾祖三月故曾祖報亦一時也而曾祖是正尊自加齊衰服而曾孫正卑故正服緦麻曾孫既緦麻三月玄孫理不容異且曾孫非己同體故服不依次減殺略同三月○旁殺者世叔之屬是也父是至尊故以三年若據祖期。斷則世叔宜九月而世叔是父一體故加至期也從世叔既疏加所不及據祖期而殺是以五月族世叔又。疏一等故。宜緦麻此外無服也此是發父而旁漸至輕也又祖是父一體故加至期而祖之兄弟非己一體故加亦不及據於期之斷殺便正五月族祖又疏一等故宜緦麻此外無服是發祖而旁漸殺也又曾祖據期本應五月曾祖之兄弟謂族曾祖既疏一等故宜三月也自此以外及高祖之兄弟悉無服矣又至親期斷兄弟至親一體相爲而期同堂兄弟疏於一等故九月從祖兄弟又疏一等故小功族之昆弟又殺一等故宜三月此外無服是發兄弟而旁殺也又父爲子期。而兄弟之子但宜九月而今亦期者父爲其子本應報以三年特爲。尊。是故降至期而兄弟之子爲世叔本應九月但言世叔與尊者一體而加至期世叔旁尊不得自比彼父祖之重無義相降故報兄弟子期且己與兄弟一體兄弟之子不宜隔異欲見猶子之義與己子等所以至期故檀弓云兄弟之子猶子也蓋引而進之是也又同堂兄弟之子服從伯叔無加則從伯叔亦正報五月也族兄弟之子又疏故宜緦耳此發子而旁殺也又孫服祖期祖尊故爲孫大功兄弟之孫服從祖五月故從祖報之小功也同堂兄弟之孫既疏爲之理自緦麻其外無服矣曾祖爲曾孫三月爲兄弟曾孫以無尊降之故亦爲三月○而親畢矣者結親親之義也始自父母終於族人故云親畢矣且五屬之親若同父則期同祖則大功同曾祖則小功同高祖則緦麻高祖外無服亦是畢也

○王者禘其祖之所自出以其祖配之禘大祭也始祖感天神靈而生祭天則以祖配之自外至者無主不上○王如字又于況反下同禘大計反○而立四廟高祖以下與始祖而五○庶子王亦如之世子有廢疾不可立而庶子立其祭天立廟亦如世子之立也春秋時衛侯元有兄縶○兄縶知急反

【疏】「王者至如之」○正義曰此一節論王者庶子之郊天立廟與適子同之義各依文解之○王者禘其祖之所自出者禘大祭也謂夏正郊天自從也王者夏正禘祭其先祖所從出之天若周之先祖出自靈威仰也以其祖配之者以其先祖配祭所出之天○而立四廟者既有配天始祖之廟而更立高祖以下四廟與始祖而五也○庶子王亦如之者天位尊重故雖庶子而爲王者則郊天立祀五廟事事亦如適子爲王也嫌其不得故特明之○注禘大至不上○正義曰禘大祭也爾雅釋天文云自外至者無主不上公羊宣三年傳文外至者天神也主者人祖也故祭以人祖配天神也○注世子至兄縶○正義曰以其庶子爲主明知世子有廢疾不可立也云春秋時衛侯元有兄縶者按昭七年左傳稱長子孟縶之足不良而立次子元元即衛靈公也

○別子爲祖諸侯之庶子別爲後世爲始祖也謂之別子者公子不得禰先君繼別爲宗別子之世長子爲其族人爲宗所謂百世不遷之宗繼禰者爲小宗別子庶子之長子爲其昆弟爲宗也謂之小宗者以其將遷也○禰乃禮反有五世而遷之宗其繼高祖者也謂小宗也小宗有四或繼高祖或繼曾祖

或繼祖或繼禰皆至五世則遷

是故祖遷於上宗易於下尊祖故敬宗敬宗所以尊祖禰也

宗者祖禰之正體

庶子不祭祖者明其宗也

明其尊宗以為本也禰則不祭矣言不祭祖者主謂宗子庶子俱為適士得立祖禰廟者也凡正體在乎上者謂下正猶為庶也○適丁歷反篇內同○

【疏】別子至宗也○正義曰此一節並論尊祖敬宗之義各依文解之○別子為祖者謂諸侯適子之弟別於正適故稱別子也為祖者別與後世為始祖謂此別子子孫為卿大夫立此別子為始祖○注謂之至先君○正義曰鄭云此者決上文庶子王今諸侯庶子乃謂之別子是別為始祖若稱庶子及公子若世子不立則庶子公子皆得有禰先君之義今言別子明適子在故云謂之別子者公子不得禰先君○繼別為宗○謂別子之世世長子恆繼別子與族人為百世不遷之大宗○繼禰者為小宗○禰謂別子之庶子以庶子所生長子繼此庶子與兄弟為小宗謂之小宗者以其五世則遷比大宗為小故云小宗也○有五世而遷之宗其繼高祖者也○五世者謂上從高祖下至玄孫之子此玄孫之子則合遷徙不得與族人為宗故云有五世則遷之宗其繼高祖者此五世合遷之宗是繼高祖者之子以其繼高祖之身未滿五世而猶為宗其繼高祖者之子則已滿五世禮合遷徙但記文要略唯云繼高祖其實是繼高祖者之子也○注謂小至則遷○正義曰言或繼高祖或繼曾祖或繼祖或繼禰者以別子之後族人眾多或有繼高祖者與三從兄弟為宗或有繼曾祖者與再從兄弟為宗或有繼祖者與同堂兄弟為宗或有繼禰者與親兄弟為宗不廢族人一身凡事四宗事親兄弟之適是繼禰小宗也事同堂兄弟之適是繼祖小宗也事再從兄弟之適是繼曾祖小宗也事三從兄弟之適是繼高祖小宗也於族人唯一俱時事四小宗兼大宗為五也又云皆至五世則遷者繼高祖者至子五世繼曾祖者至孫五世繼祖者至曾孫五世繼禰者至玄孫五世也是皆五世不復與四從兄弟為宗故云皆至五世則遷各自隨近相宗然則小宗所繼非一前文獨云繼禰者為小宗雖四初皆繼禰為始據初為元故特云繼禰也○

是故至禰也〇四世之時尚事高祖至五世之時謂高祖之父不為加服是祖遷於。上四世之時仍宗三從族人至五世不復宗四從族人各自隨近為宗是宗易於下宗是先祖正體所以尊祖故敬宗更覆說云敬宗所以尊祖禰覆結尊祖之文也〇庶子不祭祖者明其宗也〇此猶尊宗之義也庶子適子俱是人子並宜供養而適子烝嘗庶子獨不祭者正是推本崇適明有所宗故云明其宗也〇注禰則至庶也〇正義曰鄭據子名對父此言庶子則是父庶父庶即不得祭父何假言祖故云禰則不祭也而記不應言不祭祖祖是對孫今既云庶子不祭祖故知是宗子庶子俱為適士適士得立二廟自禰及祖是適宗子得立祖廟祭之而已是祖庶雖俱為適士得自立禰廟而不得立祖廟祭之故云庶子不祭祖云凡正體在乎上者謂下正猶為庶也者解所以謂禰適為庶子之義也正體謂祖之適也下正謂禰之適也雖正為禰適而於祖猶為庶故禰適謂之為庶也五宗悉然

庶子不為長子斬不繼祖與禰故也尊先祖之正體不二其統也言不繼祖禰則長子不必五世〇正為于偽反下注為君母自為己同

疏庶。子。至。故。也〇正義曰此亦尊宗之義也然此所明與喪服中義同而語異也喪服明父是適為長子斬此明父是庶子不得為長子服斬者也是互相明也但經記文混正不知幾世之適得遂茲極服馬季長注喪服云此為五世之適父乃為之斬也而鄭注此云言不繼祖禰則長子不必五世矣庾氏云用恩則禰重用義則祖重父之與祖各有一重故至己承二重而為長子斬若不繼祖則不為長子斬也。如庾氏此言則。父適二世承重則得為長子三年也而鄭不明言世數者鄭是馬季長弟子不欲正言相非故依違而言曰不必也然孫系於祖乃為長子三年而此不云庶孫不得為長子者孫語通遠嫌或多世今欲明比祖非遠故言子以示近既義須繼禰言不繼祖自足又曰與禰者庾氏云若直云不繼祖恐人謂據庶子長子死者之身不繼祖故更言不繼祖與禰欲明死者之父不繼祖與禰非據死者之身鄭注喪服云此言為父後者然後為長子三年則是父之適子即得為長子三年此經云必為父適祖適乃得為長子斬者但禮有

適子者無適孫雖己是祖正若父猶在則己未成適未成適則不得重長重長必是父沒後者故云爲父後者然後爲長子三年也然己身雖是祖庶而是父適則應立廟立廟則己長子傳重當祭而不爲斬者以是祖庶厭降故不敢服斬且死者其父見在父自供祭然禮爲後者有四條皆不爲斬何者有體而不正有正而不體有傳重而非正體有正體而不傳重是也體而不正庶子爲後是也正而不體適孫爲後是也傳重非正體庶孫爲後是也正體不傳重適子有廢疾不立是也四者皆期悉不得斬也唯正體又傳重者乃極服耳

庶子不祭殤與無後者殤與無後者從祖祔食不祭殤者父之庶也不祭無後者祖之庶也此二者當從祖祔食而已不祭祖無所食之也共其牲物而宗子主其禮焉祖庶之殤則自祭之凡所祭殤者唯適子耳無後者謂昆弟諸父也宗子之諸父無後者爲墠祭之○殤音傷祔徐音附所食音嗣共音恭墠皇音善徐徒丹反○

【疏】庶子至祔食○正義曰此事與曾子問中義同而語異也曾子問中是明宗子所得祭就宗子之家宗子主其禮今此所言是庶子不得在當家祭者也○庶子所者謂父庶及祖庶也殤者未成人而死者也無後謂成人未昏或已娶無子而死者不得祭殤者謂父庶也不祭無後者謂祖庶也○殤與無後者從祖祔食者解庶所以不自祭義也己不得祭父祖而以此諸親皆各從其祖祔食祖廟在宗子之家故己不得自祭之也○注不祭至祭之○正義曰云不祭殤者父之庶者謂己是父之庶子及餘兄弟亦是父之庶子所生之適子爲殤而死者不得自祭之以其己是父庶不合立父廟故不得自祭其子殤也殤尚不祭成人無後不祭可知云不祭無後者祖之庶也者己是祖庶不合立祖廟故兄弟無後者不得祭之己若是曾祖之庶亦不得祭諸父無後者諸父無後當於曾祖之廟而祭己是曾祖庶不合立曾祖之廟故不祭之此直云祖之庶不云曾祖之庶者言祖兼曾祖也此無後者身並是庶若在殤而死則不合祭也云此二者當從祖祔食而已不祭祖無所食之也者一是殤二是無後此二者當從死者之祖而附食祖廟在宗子之家故己不得祭祖無所食以私家不合祭祖無處食

之也云共其牲物而宗子主其禮焉者謂殤者之親共其牲物而宗子直掌其禮庾氏云此殤與無後者所祭之時非唯一度四時隨宗子之家而祭也但牲牢不得同於宗子祭享之禮故曾子問注云凡殤特豚其義具曾子問疏云祖庶之殤則自祭之者己於祖爲庶故謂己子爲祖庶之殤己是父適得立父廟故自祭子殤在於父廟也云無後者謂昆弟諸父也者昆弟謂己之昆弟己是祖庶祭無後昆弟當就祖廟己無祖廟故不祭無後昆弟云諸父也者己是曾祖之庶祭諸父當於曾祖之廟己無曾祖之廟故不祭無後諸父云宗子之諸父無後者爲墠祭之者宗子合祭諸父諸父當於宗子曾祖之廟宗子是士唯有祖禰二廟無曾祖廟故諸父無後者爲墠祭之若宗子爲大夫得立曾祖廟者則祭之於曾祖廟不於墠也若宗子有太祖者不立曾祖廟亦祭之於墠按祭法云先壇後墠今祭之墠者皇氏云以其無後賤之故於墠也

○庶子不祭禰者明其宗也謂宗子庶子俱爲下士得立禰廟也雖庶人亦然

疏 庶。子。至。宗。也○正義曰解庶所以不祭殤義也。禰適故得立禰廟故祭禰。禰庶不得立禰廟故不得祭其禰明其有所宗既無禰廟故不得祭子殤也○注謂宗至亦然○正義曰前文云不祭祖以有祖廟故注云宗子庶子俱爲適士此文云不祭禰唯有禰廟故注云宗子庶子俱爲下士若庶子是下士宗子是庶人此下士立廟於宗子之家庶子共其牲物宗子主其禮雖庶人是有祭義若宗子爲下士是宗子自祭之庶子不得祭也

○親親尊尊長長男女之有別人道之大者也言服之所以隆。殺

疏 親。親。至。者。也○正義曰此一經論服之。降殺之義親親謂父母也尊尊謂祖及曾祖高祖也長長謂兄及旁親也不言卑幼舉尊長則卑幼可知。也男女之有別者若爲父斬爲母齊衰姑姊妹在室期出嫁大功爲夫斬爲妻期之屬是男女之有別也○人道之大者也言此親親尊尊長長男女有別人間道理最大者皇氏云親親結上以三爲五尊尊結上王者禘其祖之所自出長長結上庶子不祭祖按鄭注云言服之所以。降殺爲服發文記者別言其事非是結成上義上文自論尊祖敬宗不論服之。降殺皇

氏說非也○從服者所從亡則已謂若爲君母之父母昆弟從母也○已音以屬從者所從雖沒也服謂若自爲己之母黨妾從女君而出則不爲女君之子服妾爲女君之黨服得與女君同而今俱女君猶爲子期妾於義絕無施服○則不爲于僞反注妾爲猶爲皆同期音朞下文及注不及期皆同施以豉反疏從服至子服○正義曰此一節論從服之事各依文解之○從服者按服術有六其一是徒從者徒空也與彼非親屬空從此而服彼徒中有四一是妾爲女君之黨二是子從母服於母之君母三是妾子爲君母之黨四是臣從君而服君之黨就此四徒之中而一徒所從雖亡則猶服如女君雖沒妾猶服女君之黨其餘三徒則所從亡而已謂君母死則妾子不復服君母之黨及母亡則子不復服母之君母又君亡則臣不服君黨親也其中又有妾攝女君爲女君黨各有義故也今上云所從亡則已已止也止謂徒從亡則止而不服者○注謂若至母也○正義曰鄭此謂略舉一隅也○屬從者所從雖沒也服此明屬從也屬者骨血連續以爲親也亦有三一是子從母服母之黨二是妻從夫服夫之黨三是夫從妻服妻之黨此三從雖沒猶從之服其親也注特云謂若自爲己之母黨者亦舉一隅也○妾從女君而出則不爲女君之子服○云妾服女君之子皆與女君同此云從而出謂姪娣也姪娣從女君而入若女君犯七出則姪娣亦從而出母自爲子猶期姪娣不復服出女君之子已義絕故也

○禮不王不禘禘謂祭天疏禮不王不禘○正義曰此一節論王者郊天之事王謂天子也禘謂郊天也禮唯天子得郊天諸侯以下否故云禮不王不禘此經上下皆論服制記者亂錄不禘之事廁在其間無義例也以承上文王者禘其祖之所自出故知謂郊天也非祭昊天之禘也

○世子不降妻之父母其爲妻也與大夫之適子同世子天子諸侯之適子也不降妻之父母爲妻故親之也爲妻亦齊衰不杖者君爲之主子不得伸也主言與大夫之適子同據服之成文也本所以正見父在爲妻不杖於大夫適子者明大夫以上雖尊猶爲適婦爲主

○其爲妻于僞反注爲妻猶爲皆同伸音申正見賢遍反以上時掌反凡以上皆同○父爲士子爲天子諸侯則祭以天子諸侯其尸服以士服祭以天子諸侯養以子道也尸服士服父本無爵子不敢以己爵加之嫌於卑之○養以尚反父爲天子諸侯子爲士祭以士其尸服以士服謂父以罪誅尸服以士服不成爲君也天子之子當封爲王者後以祀其受命之祖云爲士則擇其宗之賢者若微子者不必封其子爲王者後及所立爲諸侯者祀其先君以禮卒者尸服天子諸侯之服如遂無所封立則尸也祭也皆如士不敢僭用尊者衣物

疏世子至士服○正義曰世子不降妻之父母者世子謂天子諸侯之適子與君連體故不降妻之父母親親之故也○其爲妻也與大夫之適子同者世子既不降妻之父母其爲妻也亦不降與大夫之適子爲妻同也○注世子至爲主○正義曰知世子是天子諸侯之適子者以其春秋王與諸侯適子皆稱世子云爲妻亦齊衰不杖者君爲之主子不得伸也者言世子爲妻亦齊衰不杖亦者亦如大夫之適子爲妻知齊衰不杖者以喪服齊衰不杖者稱大夫適子爲妻○故知齊衰不杖所以不杖者父爲之主其子不得伸今世子爲妻亦不杖故云君爲主子不得伸也云主言與大夫之適子同據服之成文也者此解經所以言世子與大夫適子同齊衰以大夫適子喪服齊衰不杖有成文故云據服之成文也云本所以正見父在爲妻不杖於大夫適子者明大夫以上雖尊猶爲適婦爲主者言本主謂喪服本文也喪服若舉世子爲妻嫌大夫以下有降喪服若舉士子爲妻其士既賤卑本無降理大夫是尊降之首恐其爲適婦而降故特顯之○注祭以至卑之○正義曰云尸服士服者謂尸服玄端若君之先祖爲士大夫則服助祭之服故曾子問云尸弁冕而出是爲君尸有著弁者有著冕者若爲先君士尸則著爵弁若爲先君大夫尸則著玄冕是也若大夫士之尸則服家祭之服故鄭注士虞記尸服卒者之上服士玄端是也○注謂父至衣物○正義曰知謂父以罪誅者以其尸服士服故也以其嘗爲天子諸侯不可以庶人之禮待之士是爵之最卑故服

其士服云若微子者不必封其子者按尚書序云成王既黜殷命殺武庚命微子啓代殷後是擇其賢者不立封紂子是也云祀其先君以禮卒者尸服天子諸侯之服者按左傳云宋祖帝乙帝乙是以禮卒者而宋祀以爲祖明其服天子之服推此則諸侯亦然○婦當喪而出則除之爲父母喪未練而出則三年既練而出則已未練而反則期既練而反則遂之當喪當舅姑之喪也出除喪絶族也○爲于僞反下文不爲注不相爲同疏婦當至遂之○正義曰此一經明婦人遭喪出入之節當喪而出者謂正當舅姑之服時被夫遣出者也恩情既離故出即除服也○爲父母喪未練而出則三年者謂妻自有父母喪時也女出嫁爲父母期若父母喪未小祥而妻被夫遣歸値兄弟之小祥則隨兄弟服三年之受既已絶夫族故其情更隆於父母也故云則三年既練而出則已者已止也若父母喪已小祥而女被遣其期服已除今歸雖在三年內則止不更反服也所以然者若反本服須隨兄弟之節兄弟小祥之後無服變節故女遂止也○未練而反則期者此謂先有父母喪而爲夫所出今喪猶未小祥而夫命已反則還夫家至小祥而除是依期服也○既練而反則遂之者若被遣之還家已隨兄弟小祥服三年之受而夫反命之則猶遂三年乃除隨兄弟故也○再期之喪三年也期之喪二年也九月七月之喪三時也五月之喪二時也三月之喪一時也言喪之節應歲時之氣○應應對之應故期而祭禮也期而除喪道也祭不爲除喪也此謂練祭也禮正月存親親亡至今而期期則宜祭期天道一變哀惻之情益衰衰則宜除不相爲也○衰衰並色追反下益衰同三年而后葬者必再祭其祭之間不同時而除喪再祭練祥也間不同時者當異月也既祔明月練而祭又明月祥而祭必異月者以葬與練祥本異歲宜異時也而除喪已祥則除不禫○禫大感反大功者主人之喪有

三年者則必爲之再祭朋友虞祔而已謂死者之從父昆弟來爲喪主有三年者謂妻若子幼少大功爲之再祭則小功緦麻爲之。練祭可也○必爲于僞反注爲之下注父爲之下爲君皆同少詩照反士妾有子而爲之緦無子則已士卑妾無男女則不服不別貴賤

【疏】再。期。至。喪也○正義曰此一節總明遭喪時節除降之義故期而祭禮也者孝子之喪親應歲時之氣歲序改易隨時。悽感故一期而爲練祭是孝子存親之心故云禮也言於禮當然○期而除喪道也者言親終一期天道改變哀情益衰而除說其喪天道當然故云道也○祭不爲除喪也者言爲此練祭自爲存念其親不爲除喪而設除喪祭自爲天道感殺不爲存親兩事雖同一時不相爲也故云祭不爲除喪也此除喪謂練時除喪也男子除首絰女子除要帶與小祥祭同時不相爲也若至大祥除喪此除喪亦兼之也大祥祭除喪亦與大祥同日不相爲。元意各別也但祭爲存親除喪爲天道之變庾氏賀氏並云祭爲存親幽隱難知除喪事顯其理易識恐人疑之。祭爲除喪而祭故記者特明之云祭不爲除喪也。然祭雖不爲除喪除喪與祭同時總而言之練祭祥祭亦名除喪也故下文云三年而后葬者必再祭其祭之間不同時而除喪也又云除成喪者朝服縞冠是練祥之祭總名除喪○其注禮正至爲也○正義曰按莊元年三月夫人孫于齊公羊傳云其言孫于齊何念母也正月以存君念母以首事是也○三年至除喪○此謂身有事故不得及時而葬故三年而後始葬必再祭者謂練祥祭也既三年未葬尸柩尚存雖當練祥之月不可除親服故三年葬後必爲此練祥○其祭之間不同時者練之與祥本是別年別月今雖三年之後不可同一時而祭當前月練後月祥故云不同時於練祥之時而除喪謂練時男子除首絰婦人除要帶。祥時除。衰杖注再祭至不禮○正義曰知再祭練祥者下云主人之喪有三年者則必爲之再祭朋友虞祔而已再祭非虞祔又雜記云三年之喪則既穎其練祥皆行故知再祭謂練祥也云既祔明月練而祭又明月祥而祭者如鄭此言則虞祔依常禮也必知虞祔依常禮者以經云必再祭恐不爲練祥故特云必再祭明

虞祔依常禮可知云已祥則除不禫者以經直云必再祭故知不禫禫者本爲思念情深不忍頓除故有禫也今既三年始葬哀情已極故不禫也〇禫大功至

而已〇此明爲人主喪法也大功從父兄弟也主人之喪者謂死者無近親而從父昆弟爲之主喪故云主人喪也有三年者謂死者有妻若子妻不可爲主

而子猶幼少未能爲主故大功者主之爲之練祥再祭〇朋友虞祔而已者朋友疏於大功不能爲練祥但爲之虞祔而已然則大功尚爲練祥則虞祔亦爲

之可知〇注大功至可也〇正義曰親重者爲之遠祭親輕者爲之近祭故大功爲之祥及練小功緦麻爲之練朋友但爲之虞祔也皇氏云死者有三年之

親大功主。者爲之練祥若死者有期親則大功主者爲之至練若死者但有大功則大功主者至期小功緦麻至祔若又無期則各依服月數而止故雜記云

凡主兄弟之喪雖疏亦虞之謂無三年及期者也〇注士卑至貴賤〇正義曰云不別貴賤者大夫貴妾雖無子猶服之故喪服云大夫爲貴妾緦是別貴賤

也士妾賤士妾無子則不服不殊別妾之貴賤生不及祖父母諸父昆弟而父稅。喪已則否謂子生於外者也父

以他故居異邦而生己己不及此親存時歸見之今其死於喪服年月已過乃聞之父爲之服己則否者不責非時之恩於人所不能也當其時則服稅讀如

無禮則稅之稅稅喪者喪與服不相當之言〇說喪皇他活反徐他外反注及下同爲君之父母妻長子君已除喪而后

聞喪則不稅臣之恩輕也謂卿大夫出聘問以他故久留降而在緦小功者則稅之謂正親在齊衰大功者。親緦小

功不稅矣曾子問曰小功不稅則是遠兄弟終無服也此句補脫誤在是宜承父稅喪已則否〇補稅音奪近臣君服斯服矣其餘

從而服不從而稅謂君出朝覲不時反而不知喪者近臣閽寺之屬也其餘羣介行人宰史也〇不朝直遙反閽音昬介音界君雖未

知喪臣服已從服者所從雖在外自若服也疏生。不。至。不。稅〇正義曰此一節明稅服之禮〇生不及祖父母諸父昆弟者鄭意云謂父先本

國有此諸親後或隨宦出遊居於他國更取而生此子此。子。生則不及歸與本國祖父以下諸親相識故云不及謂不及歸見也而父稅喪己則否者若此謂親死道路既遠喪年限已竟而始方聞父則稅之謂追服也父雖追服而此子否故云己則否也所以否者鄭言不責非時之恩於人所不能也若時年未竟則稅服其全服然己在他國後生得本國有弟者謂假令父後又適他國更取所生之子則爲己弟故有弟也王云以爲計己之生不及此親之存則不稅若此親未亡之前而己生則稅之也又謂昆弟爲諸父之昆弟也劉知蔡謨等解生義與王同而以弟爲衍字庾氏以爲己謂死者爲昆則謂己爲弟己不能稅昆則昆亦不能稅己昆弟尚不能相稅則餘疏者不稅可知也此等並非鄭義今所不取○注當其至之言○正義曰知當其時則服者以稅是不相當之言若服未除則猶是服內服故知則服謂服其全服按禮論云有服其。喪服者庾氏以爲非也云稅讀如無禮則稅之稅者按左傳僖三十三年秦師襲鄭過周北門超乘者三百人王孫滿尚幼觀之言於王曰秦師輕而無禮必敗輕則寡謀無禮則稅今讀從之也云稅喪者喪與服不相當之言者稅是輕稅或前後不與正時相當故云稅也○降而在緦小功者則稅之此句廣釋檀弓中曾子所說也曾子所云小功不稅是正小功耳若本大功以上降而。在緦小功者則爲稅之本情重故也○注此句至則否○正義曰鄭玄此云一則爲此句。應。連親屬之下不應孤在君服中央也二則若此諸父昆弟在下殤死者則父亦稅之故知宜承父稅喪己則否之下也○爲君至服已○正義曰此一節明臣爲君親稅之與否今各依文解之○爲君之父母者此謂臣出聘不在而君諸親喪而臣後方聞其喪時若君未除則從君服之若君已除則臣不稅之所以然者恩輕故也○近臣君服斯服矣者歸明臣獨行不稅此明賤臣不從君出朝覲在外或遇險阻不時反國比反而君有親喪君自稅之而臣之卑近者則從君服之非稅義也其餘爲臣之貴者羣介行人宰史之屬若君親服限未除而君既服之則臣下亦從而服之也若限已竟而君稅之此臣不從君而稅君雖未知喪臣服已者此謂君出而臣不隨君而君之親於本國內喪君雖未

知而在國之臣卽服之也嫌從君之未服臣不先服故明得先服也○注從服至服也○正義曰若如也謂自如尋常依限著服也凡從服者悉然也

附釋音禮記注疏卷第三十二

禮記注疏卷三十二校勘記　阮元撰盧宣旬摘錄

附釋音禮記注疏卷第三十二　惠棟校宋本禮記正義卷第四十二

喪服小記第十五

斬衰括髮節

齊衰惡笄以終喪閩監毛本同石經同岳本同嘉靖本同衞氏集說同考文引古本足利本齊衰下有帶字段玉裁校本云惡笄下應有帶字按注云笄所以卷髮帶所以持身先釋笄後釋帶是脫帶字不當在惡笄上正義亦云此一經明齊衰婦人笄帶終喪無變之制亦先言笄後言帶是皆惡笄下應有帶字之確證段玉裁是也正義出經文此句二見並脫帶字亦當補○按段玉裁又云儀禮喪服布總箭笄疏引喪服小記云婦人帶惡笄以終喪有帶字而在惡笄之上是各本不同也

斬衰至則髽　惠棟校宋本無此五字

子拜賓事之時閩監毛本同浦鏜校云事衍文按衞氏集說作子拜賓時無事之二字

注母至而免閩監毛本同考文引宋板母下有服字

則不容說女服之未成義也　惠棟校宋本同續通解同閩監毛本服作子

以上於男子則免閩監毛本同盧文弨校云以上以字疑衍上當作止按衞氏集說以上作言

知者鄭注士喪禮文男子惠棟校宋本同閩監毛本文作云下知者鄭注喪服變除文同

舉者出戶出戶袒閩監本同惠棟校宋本上戶作尸非也毛本亦作戶袒誤祖

故鄭注云士喪禮云閩監毛本同惠棟校宋本注下無云字

及大功以下服畢同惠棟校宋本作畢衞氏集說同此本畢誤卑閩監毛本

苴杖竹也節

苴杖至桐也惠棟校宋本無此五字

故貌必蒼苴惠棟校宋本作故衞氏集說同此本故誤破閩監毛本同

以其體圓性貞毛本同衞氏集說同惠棟校宋本同閩監本貞誤真

男主必使同姓節

男主至異姓惠棟校宋本無此五字

故知先無主後閩監毛本同浦鏜校云先當爲字誤

爲父後者節

爲父至無服惠棟校宋本無此五字

故無服閩監毛本同惠棟校宋本服下有也字

親親以三爲五節

親親至畢矣惠棟校宋本無此五字

故云親親以三爲五者惠棟校宋本同毛本三誤二者字閩本監本毛本並誤也

下加曾元兩孫閩監本同毛本兩作二衞氏集說亦作兩

但父祖及於己是同體之親閩監毛本同衞氏集說無及字

若據祖期斷則世叔宜九月惠棟校宋本同衞氏集說同閩監毛本斷作年

族世叔又疏一等故宜緦麻閩監本同毛本宜誤以疏作踈其餘疏字並同

又父爲子期而兄弟之子但宜九月閩監毛本同浦鏜校云而當則字誤按衞氏集說而字無

特爲尊是故降至期閩監本尊作首毛本尊是作首足衞氏集說同惠棟校宋本亦作首足

以無尊降之故亦爲三月惠棟校宋本同衞氏集說同閩監毛本尊作等

終於族人故云親畢矣閩監毛本同衞氏集說同惠棟校宋本矣作也

王者禘其祖之所自出節

世子有廢疾閩監毛本同嘉靖本同衞氏集說同岳本廢作癈○按依說文當作癈假借作廢

王者至如之惠棟校宋本無此五字

外至者天神也主者人祖也閩本同衞氏集說同監本天誤太毛本天誤大祖誤主

別子爲祖節

別子至宗也惠棟校宋本無此五字

爲百世不遷之大宗閩本同惠棟校宋本同監毛本大誤太通典七十三引此疏亦作大宗

於族人唯一俱時事閩監毛本俱時作時俱考文引宋板時俱作俱事盧文弨校云作俱事亦疑有譌

不爲加服是祖遷於上惠棟校宋本同閩監毛本上誤三通典七十三引此疏亦作遷於上

庶子不爲長子斬節

庶子至故也惠棟校宋本無此五字

如庚氏此言則父適二世閩監本同毛本如誤故父誤久

庶子不祭殤節

宗子之諸父無後者閩監毛本同嘉靖本同衞氏集說同岳本之字脫

庶子至祔食惠棟校宋本無此五字

云不祭殤者父之庶者閩監毛本同衛氏集說同浦鏜校本庶下補也字按浦鏜是也

庶子不祭禰者節

庶子至宗也惠棟校宋本無此五字

禰適故得立禰廟惠棟校宋本同衛氏集說同閩監毛本並禰適作稱適

禰庶不得立禰廟閩監本同毛本上禰誤稱

親親尊尊節

言服之所以隆殺閩監毛本同嘉靖本同衛氏集說同岳本隆作降考文引古本足利本同

親親至者也惠棟校宋本無此五字

此一經論服之降殺之義閩監毛本同衛氏集說降作隆按作隆與注合下文並放此

則卑幼可知也閩監毛本同惠棟校宋本無也字衛氏集說同

從服者節

而今俱女君惠棟校宋本俱下有出字宋監本同岳本同嘉靖本同衛氏集說同考文引古本足利本同此本誤脫閩監毛本同

從服至子服惠棟校宋本無此五字

其餘三徒則所從亡而已惠棟校宋本而作則衞氏集說同閩監毛本並誤

又君亡則臣不服君黨親也惠棟校宋本作臣此本臣誤目閩監毛本臣誤自衞氏集說亦作臣服上有復字

二是妻從夫服夫之黨閩本同惠棟校宋本同衞氏集說同監毛本妻誤妾

世子不降節

據服之成文也本所以正見父在爲妻不杖閩監毛本同岳本同嘉靖本同浦鏜從續通解校服上補喪字删正字疏內同

世子至士服惠棟校宋本無此五字

云主言與大夫之適子同惠棟校宋本同閩監毛本云誤如

婦當喪而出節

當舅姑之喪也惠棟校宋本同岳本同嘉靖本同衞氏集說同閩監毛本舅誤喪

婦當至遂之惠棟校宋本無此五字

既已絕夫族惠棟校宋本亦作已閩本同衞氏集說同監毛本作以

而夫反命之 閩監毛本同衞氏集說同盧文弨云反命當倒

再期之喪節

哀惻之情益衰 閩監本作惻岳本同嘉靖本同衞氏集說同考文引宋板同此本惻誤則毛本惻誤側

而除喪已祥則除 惠棟校宋本作已宋監本同岳本同嘉靖本同衞氏集說同閩監毛本已誤者此本喪已二字闕

爲之練祭可也 惠棟校宋本作練宋監本岳本同嘉靖本同衞氏集說同此本練字闕閩監毛本練誤再

再期至喪也 惠棟校宋本無此五字

隨時悽感 惠棟校宋本作悽衞氏集說同此本悽誤棲閩監毛本悽誤傷

自爲天道感殺 閩監毛本同惠棟校宋本感作減通解同

不相爲元意各別也 惠棟校宋本作元此本元字闕閩本同監毛本元誤○通解元作充亦非

恐人疑之祭爲除喪而祭 惠棟校宋本同閩監毛本之祭二字倒

然祭雖不爲除喪 閩監毛本同惠棟校宋本無然字

祥時除衰杖 惠棟校宋本如此衞氏集說亦作祥時除衰杖也此本誤祥持除衰閩本作祥特除衰監毛本作祥特除喪並誤

大功主者爲之練祥 閩監本同毛本者誤人

生不及祖父母節惠棟云生不及祖節宋本分爲君之父母以下爲下卷第一節又云宋本生不至不稅及注謂子至之言疏文二則俱在前注喪與服不相當之言下屬四十二卷又云恩輕故也下接降而在緦小功者正義一則幷注此句至則否正義一則

而父稅喪各本同石經同釋文出說喪云注及下同

故云稅也惠棟校宋本此下標禮記正義卷第四十二終

爲君之父母節惠棟校宋本自此節起至適婦不爲舅後者節止爲第四十三卷卷首題禮記正義卷第四十三

親緦小功不稅矣惠棟校宋本宋監本岳本衞氏集說考文引古本足利本親上並有正字

生不至不稅惠棟校宋本無此五字

此子生則不及歸閩監毛本同考文引宋板無子字按衞氏集說作此子無生字疑宋板亦當無生字非無子字也寫者偶誤耳

按禮論云有服其喪服者閩監毛本同惠棟校宋本喪作殘

若本大功以上降而在緦小功者閩本同惠棟校宋本同監毛本在誤若

一則爲此句應連親屬之下惠棟校宋本同此本應連誤至情閩監毛本作至連考文引宋板至連二字作應字並非

附釋音禮記注疏卷第三十三

喪服小記

禮記　鄭氏注　孔穎達疏

虞杖不入於室祔杖不升於堂哀益衰敬彌多也虞於寢祔於祖廟疏虞杖至於堂○正義曰此一節論哀殺去杖之節也○注虞於寢祔於祖廟○正義曰按士虞禮虞於寢又按檀弓云明日祔於祖是祔於祖廟也

○爲君母後者君母卒則不爲君母之黨服徒從也所從亡則已○不爲于爲反下妾爲君注大夫爲庶子同○疏爲君至黨服○正義曰此經論徒從所從亡則己之事爲君母後者謂無適立庶爲後也妾子於君母之黨悉徒從若君母卒則不服君母之黨今既君母沒爲後者嫌同於適服君母之黨故特明之徒從也所從亡則己謂與不爲後同也○

○經殺五分而去一杖大如經如要經也○去起呂反下去杖弁注同經大結反要一遙反下文要經注上至要皆同疏經。殺。至。如。經○正義曰此一節論一杖大如要經之義經殺者按喪服傳云。苴經大搹左本在下去五分一以爲帶是首尊而要卑卑宜小故五分而去一象服數有五也○杖大如經者謂如要經也鄭所以知然者以其同在下之物故也

○妾爲君之長子與女君同不敢以恩輕輕服君之正統○疏妾爲至君同○正義曰此一經論妾從女君服同女君爲長子三年妾亦爲女君長子三年故云與女君同也

除喪者先重者謂練男子除乎首婦人除乎。帶易服者易輕者謂大喪既虞卒哭而遭小喪也其易喪服男子易乎帶婦人易乎首疏除。喪。至。輕。者○正義曰此一節論服之輕重相易及。除脫之義重謂男首經女要經男重首女重要凡所重者有除無變所以卒哭不受以輕服至小祥各除

其重也謂練男子除乎首婦人除乎帶是也○易服者易輕者易謂先遭重喪後遭輕喪變先者輕則謂男子要婦人首也謂先遭斬服虞卒哭已變葛絰大小如齊衰之麻若又遭齊衰之喪齊衰要首皆牡麻牡麻則重於葛服宜從重而男不變首女不易要以其所重故也但以麻易男要女首是所輕故也男子易乎要婦人易乎首若未虞卒哭則後喪不能變也

無事不辟廟門○鬼神尚幽闇也廟殯宮○辟婢亦反徐扶亦反哭皆於其次無時哭也有事則入即位

【疏】無事至其次○正義曰此一經論在殯無事之時○無事不辟廟門者辟開也廟門殯宮門也鬼神尚幽闇若朝夕入即位哭則暫開之若無事則不開也○哭皆於其次者次謂倚廬唯朝夕哭入門內即位耳若晝夜無時之哭則皆於廬次之中也凡葬前哭晝夜無時若有事謂賓來弔之時則入即位若朝夕哭及適子受弔之事並入門即位而哭

○復與書銘自天子達於士其辭一也男子稱名婦人書姓與伯仲如不知姓則書氏此謂殷禮也殷質不重名復則臣得名君周之禮天子崩復曰皐天子復諸侯薨復曰皐某甫復其餘及書銘則同○如不知姓一本無知姓二字

【疏】復與至書氏○正義曰此一經論復與書銘男女名字之別也書銘謂書亡人名字於旌旗也天子書銘於大常諸侯以下則各書於旌旗也達於士其辭一也者謂士與天子同也○男子稱名者此並殷禮殷質不重名故復及銘皆書稱名也周世則尚文臣不名君天子復曰皐天子復矣諸侯復曰皐某甫復矣婦人書姓與伯仲者與及也復則婦人稱字此云書姓及伯仲是書銘也姓謂如魯姬齊姜也而伯仲隨其次也此亦殷禮也周之文未必有伯仲當云夫人也○如不知姓則書氏者氏如孟孫三家之屬謂書銘亦殷禮也殷無世繫六世而昏故婦人有不知姓者周則不然有宗伯掌定繫世百世昏姻不通故必知姓也若妾有不知姓者當稱氏矣○注其餘至則同○正義曰若周天子諸侯復與殷異其餘謂卿大夫以下書銘則與殷同矣

○斬衰之葛與齊衰之麻同經之大俱七寸五分寸之一帶五寸二十五分

寸之十九

齊衰之葛與大功之麻同經之大俱五寸二十五分寸之十九帶四寸百二十五分寸之七十六

疏斬衰至服之〇正義曰此一節明前遭重喪後遭輕喪麻葛兼服之義〇斬衰之葛與齊衰之麻同者斬衰既虞受服之葛首經要帶與齊衰初喪麻經帶同經則俱七寸五分寸之一帶俱五寸二十五分寸之十九〇齊衰之葛與大功之麻同者齊衰變服之葛與大功初死之麻同經俱五寸二十五分寸之十九帶俱四寸百二十五分寸之七十六〇麻同皆兼服之者皆上斬衰齊衰大功之麻葛之事也兼服謂服麻又服葛也斬衰既虞遭齊衰新喪男子則要服齊衰之麻帶首服斬衰之葛經婦人則首服齊衰之麻經要仍服斬衰之麻帶婦人上下皆麻此云麻葛兼服之謂男子也〇注經之麻至十九〇正義曰知經帶大小如此者按喪服傳云苴經大搹去五分一以爲帶齊衰之經斬衰之帶也去五分一以爲帶大功之經齊衰之帶也去五分一以爲帶喪服所云謂初喪麻之經帶也至既虞變葛之時經帶漸細降初喪一等斬衰葛經帶與齊衰初死麻之經帶同故云經俱七寸五分寸之一所以然者就苴經九寸之中五分去一以五分分之去一分故七寸五分寸之一其帶又五分去一又就葛經七寸五分寸之一之中五分去一故帶五寸二十五分寸之十九也此即齊衰初死之麻經帶矣齊衰既虞變葛之時又漸細降初喪一等與大功初死麻經帶同大功首經與齊衰初死麻帶同俱五寸二十五分寸之十九也其帶五分首經去一就五寸二十五分寸之十九之中去其一分故餘有四寸百二十五分寸之七十六也凡筭之法皆以五乘母乘母既訖納子餘分以爲積數然後以寸法除之但其事繁碎故略舉大綱也〇注皆者至男子〇正義曰二事謂斬衰葛與齊衰麻同齊衰葛與大功麻同故云皆上二事也云男子則經上服之葛帶下服之麻者以前文云易服者易輕者閒傳篇云男子重首則要輕也是男子易要帶不易首經故云則經上服之葛帶下服之麻也云婦人則經下服之麻同自帶其故帶也者以下服初死故服下服之麻故檀弓篇云婦人不葛帶是也前服受服之時不變葛仍服前麻帶故云帶其故帶也云兼服之文主於男子者言婦人

經帶俱麻今經云麻葛兼服之故云主於男子也○報葬者報虞三月而後卒哭報讀爲赴疾之赴謂不及期而葬也既葬卽虞虞安神也卒哭之祭待哀殺也○報依注音赴芳付反下同○疏。報。葬。至。卒。哭○正義曰此一節論不得依常葬之禮也赴猶急疾也急葬謂貧者或因事故死而卽葬不得待三月也急虞虞謂亦葬竟而急設虞。謂是安神故宜急也○三月而后卒哭者雖急卽虞而不卽卒哭卒哭猶待三月所以然者卒哭是奪於哀痛故不忍急而待。齊。哀殺也

○父母之喪偕先葬者不虞祔待後事其葬服斬衰偕俱也謂同月若同日死也先葬者母也曾子問曰葬先輕而後重又曰反葬奠而後辭於殯遂備葬事其虞也先重而後輕待後事謂如此也其葬服斬衰者喪之隆衰宜從重也假令父死在前月而同月葬猶服斬衰不葬不變服也言其葬服斬衰則虞祔各以其服矣及練祥皆然卒事反服重○偕音皆令力呈反疏。父。母。至。斬。衰○正義曰此一節論並遭父母喪虞祔及衣服之制也○父母之喪偕者偕謂同月若同日死也○先葬者不虞祔者雖有同日月死而不得同月葬如曾子問篇中所言葬先輕而後重者謂先葬母也葬母既竟不卽虞祔而更脩葬父之禮也所以不卽虞祔者虞祔稍飾父喪在殯故未忍爲虞祔也○待後事者後事謂葬父也葬母竟不卽虞祔待葬父竟先虞父乃虞母所謂祭先重而後輕也○其葬服斬衰者言父母俱喪而猶服斬者從重也雖葬母亦服斬衰葬之以其父未葬亦不得變服也○注皆俱至服重○正義曰謂同月若同日死者假令父死在前月而同月葬者前月謂母死前之月也或一月或二月三月但是未葬之間皆是前月未必唯母死前之一月也以其父死未葬不變服故也云及練葬皆然者以經云其葬服斬衰直以葬爲文明爲母虞祔練祥皆齊衰也云卒事反服重者卒事之。後。還服父服故云卒事反服重

○大夫降其庶子其孫不降其父祖不厭孫也大夫爲庶子大功○厭一妾反徐於豔反下文注皆同

大夫不主士之喪士之喪雖無主不敢攝大夫以爲主疏。大。夫。至。之。喪○正義

曰此一節論大夫尊降庶子一等兼不爲主之事各依文解之○大夫降其庶子故爲其庶子不爲大夫者服其大功也而喪服條例云父之所不服。其子亦不敢服故大夫不服其妾故妾子爲母大功也今嫌既降其子亦厭其孫故此明雖降庶子而不厭降其孫矣庶子之子不降其父猶爲三年也○大夫不主士之喪謂士死無主後其親屬有爲大夫者尊不得主之

○爲慈母之父母無服恩不能及○爲于僞反下其妻爲爲母之爲妻禫爲庶母爲祖庶母皆同

【疏】爲慈至無服○正義曰此一節論慈母雖如母猶不爲慈母之黨服此慈母即是喪服中慈母者父雖命爲母子而本非骨肉故慈母之子不爲慈母之父母有服者爲恩所不及也

○夫爲人後者其妻爲舅姑大功以不貳。降○降一本作隆

【疏】夫。爲。至。大。功○正義曰此一節論婦人不貳降之義賀云此謂子出時已昏故此婦還則服本舅姑大功若子出時未昏至所爲後家方昏者不服本舅姑以婦本是路人來又恩義不相接猶臣從君而服不從而稅人生不。及。祖之徒而皆不責非時之恩也今按夫爲本生父母期故其妻降一等服大功是從夫而服不論識前舅姑與否假令夫之伯叔在他國而死其婦雖不識豈不從夫服也熊氏云。然恐賀義未盡善。也

○士祔於大夫則易牲不敢以卑牲祭尊也大夫少牢也○

【疏】士。祔。至。易。牲○正義曰謂祖爲大夫孫爲士孫死祔祖則用大夫牲不敢用士牲士牲卑不可祭於尊者之前也祭殤則與無後者不云易牲而此云易牲者前是宗子家爲祭不得同如宗子之禮故殤及無後者依。主人之貴賤禮供之此是士卑許進用大夫牲故曰易牲然又此下云賤不祔貴而此云士祔大夫者謂無士可祔則不得不祔於大夫猶如妾無妾祖姑易牲而祔於女君可也若有士則當祔於士故雜記云士不祔於大夫謂先祖兄弟有爲士者當祔於士不得祔於大夫也

○繼父不同居也者必嘗同居皆無主後同財而祭其祖禰爲同居有主後者爲異居錄恩服深淺也見同財則期同居異財故同居今異居及繼父有子亦爲異居則三

月未嘗同居則不服○見賢遍反○【疏】繼父至異居○正義曰此一經明繼父同居異居之禮此解喪服經中有繼父同居及不同居之文也○繼父者謂母後嫁之夫也若母嫁而子不隨則此子與母繼夫因自路人無繼父之名故自無服也今此言謂夫死妻稚子幼子無大功之親隨母適後夫後夫亦無大功之親後以其貨財為此子同築宮廟四時使之祭祀同其一財計如此則是繼父同居故爲服期若經同居而今異居異居之道其理有三一者昔同今異二者今雖共居而財計各別三者繼父更有子便爲異居異居則服齊衰三月而已今言有主後者爲異居者謂繼父更有子也舉此一條餘亦可知矣然既云皆無主後爲同居則有主後者爲異居則此子有子亦爲異居也爲

○哭朋友者於門外之右南面變於有親者也門外寢門外

○祔葬者不筮宅宅葬地也前人葬既筮之【疏】哭朋至南面○正義曰此一經論哭朋友之處也門外寢門外也右西邊也南面鄉南也鄉南爲主以對答弔賓○注變於至門外○正義曰按檀弓云有殯聞遠兄弟之喪哭于側室無側室哭於門內之右今哭門外是變於有親也云門外寢門外者按檀弓云兄弟吾哭諸廟父之友吾哭諸廟門之外師吾哭諸寢朋友吾哭諸寢門之外是也

○士大夫不得祔於諸侯祔於諸祖父之爲士大夫者其妻祔於諸祖姑妾祔於妾祖姑亡則中一以上而祔祔必以其昭穆士大夫謂公子公孫爲士大夫者不得祔於諸侯卑別也既卒哭各就其先君爲祖者兄弟之廟而祔之中猶間也○亡如字又音無昭常遙反後昭穆皆放此間間廁之間

諸侯不得祔於天子天子諸侯大夫可以祔於士人莫敢卑其祖也○【疏】士大至於士○正義曰此一節論貴賤祔祭之義此謂祔祭也禮孫死祔祖今祖爲諸侯孫爲士大夫而死則不得祔祖謂祖貴宜自卑遠之故也○祔於諸祖父之爲士大夫者諸祖祖之兄弟也既不得祔祖當祔祖之兄弟亦爲大夫士者也○其妻祔於諸祖姑者夫既不得祔祖故妻

亦不得祔於祖姑而可以祔於諸祖姑也諸祖姑是夫之諸祖父兄弟爲士大夫者之妻也若祖無兄弟可祔亦祔宗族之疏不爲諸侯者也然上云士易牲祔於大夫而大夫不得易牲祔於諸侯者諸侯之貴絕宗故大夫士不得輕親也○妾祔於妾祖姑者言妾死亦祔夫祖之妾也○亡則中一以上而祔者亡無也中間也若夫祖無妾則又間曾祖而祔高祖之妾也○祔必以其昭穆者解所以祖無妾不祔曾祖而祔高祖之義也凡祔必使昭穆同曾祖非夫同列也然此下云妾母不世祭於孫否則妾無廟今乃云祔及高祖者當爲壇祔之耳後別釋○諸侯不得祔於天子者亦謂祔祭卑孫不可祔於尊祖也○天子諸侯大夫可以祔於士者祖雖賤而孫雖貴祔之不嫌也若不祔之則是自尊欲卑於祖也

○爲母之君母，母卒則不服。母之君母外祖適母徒從也所從亡則已

【疏】爲母至不服○正義曰此一節論不責恩所不及之事○母之君母者謂母之適母也此親於子爲輕故徒從也己○母若在母爲之服己則服之己母若亡則己不服母之君母矣

○宗子母在爲妻禫。宗子之妻尊也

【疏】宗。子。至。妻。禫○正義曰此一節論宗子妻尊得爲妻伸禫之事宗子爲百世不遷之宗賀瑒云父在適子爲妻不杖不杖則不禫若父沒母存則爲妻得杖又得禫凡適子皆然嫌畏宗子尊厭其妻故特云宗子母在爲妻禫宗子尚然則其餘適子母在爲妻禫可知賀循云出居廬論稱杖者必廬廬者必禫此明杖章尋常之禮謂杖章之內居廬必禫若別而言之則杖有不禫。○禫有不杖者按小記篇云宗子母在爲妻禫則其非宗子其餘適庶母在爲妻並不得禫也小記又云父在爲妻以杖卽位鄭玄云庶子爲妻然父在爲妻猶有其杖則父沒母存有杖可知此是杖有不禫者也小記。篇云庶子在父之室則爲其母不禫若其不杖則喪服不杖之條應有庶子爲母不杖之文今無其文則猶杖可知也前文云三年而后葬者但有練祥而無禫是有杖無禫此二條是杖而不禫賀循又云婦人尊微不奪正服並厭其餘哀如賀循此論則母皆厭其適子庶子不得爲妻。杖也故宗子妻尊母所不厭故特明得禫也

○爲慈母後者爲庶母

可也為祖庶母可也謂父命之為子母者也即庶子為後此皆子也傳重而已不先命之與適妻使為母子也緣為慈母後之義。父之妾無子者亦可命己庶子為後○疏。為。慈。至。可。也○正義曰此一節論為庶母後之事喪服有慈母如母傳曰慈母者何也傳曰妾之無子者妾子之無母者父命為子母而子服此慈母三年此即為慈母後之義也記者見喪服既有妾子為慈母後之例將欲觸類言之則妾子亦可為庶母後也為庶母後者謂妾經有子而子已死者餘他妾多子則父命他妾之子為無子之妾立後與為慈母後同也故云為庶母後可也○為祖庶母可也者又觸類言之此既可為庶母後則亦可為祖庶母之後故云為祖庶母之後可也祖庶母者謂己父之妾亦經有子子死今無也父妾既無子故己命己之妾子與父妾為後故呼己父之妾為祖庶母既為後亦服之三年如己母矣必知妾經有子者若無子則不得立後故也賀瑒云雖有子道服於慈庶母三年而猶為己母不異異於後大宗而降本也○注謂父至為後○正義曰謂父命之為子母者也皇氏云此鄭注總解經慈母庶母祖庶母三條也皆是庶子父命之使事妾母也故云父命為子母也云即庶子為後此皆子也傳重而已不先命之與適妻使為母子也者庾氏云鄭注此一經明庶子為適母後者故云即庶子為後謂為適母後此皆子者此庶子皆適母之子今命之為後但命之傳重而已母道舊定不。須。假父命之與適妻使為母子也云緣為慈母後之義父之妾無子者亦可命己庶子為後者言緣喪服有妾子為慈母後義今起此妾為後之文也然緣喪服慈母而起命二妾之後而注不云命後己妾唯言後父妾者緣己妾既可為慈亦可為庶母後易見不言自顯但以己子後父妾於文難明故特言之也

○為父母妻長子禫。日所為禫者也○為父母于偽反注目所為下文則為其母子為妻下注同恩為己為之變為今死者皆同疏。為。父。至。子。禫○正義曰此一經鄭云。自所為禫者此一人而已然慈母亦宜禫也而下有庶子在父之室為其母不禫則在父室為慈母亦不禫也故不言之妻為夫亦禫也但記文不具

○慈母與妾母不世祭也以其

非正春秋傳曰於子祭於孫止疏慈母至祭也○正義曰此一經論禮有不合世祭之事祭慈母即所謂承庶母祖庶母後者也妾母謂庶子自爲其母也既非其正故唯子祭之而孫則否○注以其至孫止○正義曰春秋傳於子祭於孫止者此穀梁傳隱五年謂魯孝公之妾是惠公之母五年傳九月考仲子之宮考成也成之爲夫人也注云仲子本孝公之妾以其子本孝公之妾子則惠公也惠公立爲仲子之後故成之爲夫人也傳又云禮庶子爲君爲其母築宮使公子主其祭注云公子者長子之弟及妾之子也傳又云於子祭於孫止者此經云妾母不世祭也故鄭引爲注此明不得世祭也

○丈。夫冠而不爲殤婦人笄而不爲殤言成人也婦人許嫁而笄未許嫁與丈夫同○冠古亂反

○爲殤後者以其服服之言爲後者據承之也殤無爲人父之道以本親之服服之疏爲。殤。至。服。之。○正義曰此一。節論宗子殤死族人不得以父道爲後之事○爲殤後者謂大宗子在殤中而死族人爲後大宗而不得後此殤者爲子也以其父無殤義故也既不後殤而宗不可絕今來爲後殤者之人不以殤者之爲父而依兄弟之服服此殤也○注言爲至服之○正義曰言爲後者據承之也者既不與殤爲子則不應云爲後今言爲後是據己承其處爲言也云以本親之服服之者謂既不以父服服殤而今來後其宗事事如子爲彼殤服依其班秩。如本列也爲人後者若子於無後之宗既爲殤者父作子則應服以兄弟之服而云以本親之服服者當在未後之前不復追服不責人以非時之恩。故。推此時本親兄弟亡在未後之前者亦宜終其本服之日月唯爲後及所後如有母亡而猶在三年之內則宜接其餘服不可以吉居凶若出三年則不追服矣

○久而不葬者唯主喪者不除其餘以麻終月數者除喪則已其餘謂旁親也以麻終月數不葬者喪不變也疏久。而。至。則。已。○正義曰此一節論久而不葬不變服之事○久而不葬者謂有事礙不得依月葬者則三年服身皆不得祥除也今云唯主喪者亦欲廣說子爲父妻爲夫臣爲君孫爲祖得爲喪主四者悉不除也○其餘

以麻終月數者其餘謂期以下至緦也麻終月數者主人既未葬故諸親不得變葛仍猶服麻各至服限竟而除也○除喪則已者謂月足而除不待主人葬
除也然此皆藏之至葬則反服之也故下云及其葬也反服其服是也然雖緦亦藏服以其未經葬故也盧曰其下子孫皆不除也以主喪爲正耳餘親者以
麻各終其月數除矣庾云謂昔主要記按服問曰君所主夫人妻大子適婦。故謂此在不除之例定更思詳以尊主卑不得同以卑主尊無緣以卑之未葬而
使尊者長服衰經也且前儒說主喪不除無爲下流之義是知主喪不除唯於承重之身爲其祖曾若子之爲父臣之爲君妻之爲夫此之不除也不俟言而
明。矣盧植云下子孫皆不除蕭望之又云獨謂子皆未善也謂庾。言爲是○箭笄。終喪三年亦於喪所以自卷持者有除無變○疏箭。笄
終。喪。三。年○正義曰此一經論婦人以箭笄終喪之事前云惡笄以終喪是女子爲母也此云箭笄終喪三年謂女子在室爲父也自卷持者有除無變也○
齊衰三月。與大功同者繩屨雖尊卑異於恩有可同也疏。齊。衰。至。繩。屨○正義曰此一經論尊卑屨同之事○大功以。上同名
重服故大功與齊衰三月可同繩屨謂以麻繩爲屨雖尊卑則異於恩有可同者齊衰爲尊大功爲卑而三月爲恩輕九月恩稍重制之在尊卑深淺之間禮
法有常乘權而降在尊既爲深故宜有異也所以衰服殊而爲恩情處爲淺深矣故有可同也所以同其。末屨以表恩。而不同也○○練筮日筮
尸視濯皆要經杖繩屨有司告具而后去杖筮日筮尸有司告事畢而后杖拜
送賓臨事去杖敬也濯謂溉祭器也○濯大角反溉故代反○大祥吉服而筮尸凡變除者必服其吉服以即祭事不以凶臨吉也閒
傳曰大祥素縞麻衣○縞古老反○疏。練。筮。至。筮。尸○正義曰此一經論練祥筮日筮。尸之時所著衣服也練爲小祥也○筮日謂筮占小祥之日筮尸亦
筮占小祥之尸○視濯者謂視小祥之祭器祭器須絜而視其洗濯也○皆要經杖繩屨者爲喪至小祥男子除首經唯有要經而病尚深故猶有杖屨是末

服又變爲繩麻將欲小祥前日豫筮其日而占於尸及視濯器則豫著小祥之服以臨此三事也所以然者此前三事悉是爲祭祭欲吉故豫服也不言衰與冠者亦同小祥矣○有司告具而后去杖者有司謂執事者鄉者變服猶杖今執事之人既告三事辦具將欲臨事故孝子便去杖亦敬生故也○筮日筮尸有司告事畢而后杖拜送賓者筮日與尸二事皆有賓來鄉當臨事時去杖今若執事之人告筮占之事已畢則孝子更執杖以拜送於賓矣不言視濯者視濯輕而無賓故不言也○大祥吉服而筮尸者吉服朝服也大祥之日縞冠朝服今將欲祥亦於前日豫服大祥之服以臨筮日及筮尸視濯今唯云尸不言日及濯者從小祥可知也大祥則幷去絰杖繩屨故不云杖絰屨○注凡變至麻衣○正義曰凡變除者必服其吉服以卽祭事不以凶臨吉也者下云大祥朝服縞冠是祥祭之時唯著朝服此筮尸又在祥祭前已著吉服不以凶臨吉故也引閒傳者以大祥之後著素縞麻衣此云吉服則非祥後之服是朝服也故引以證○庶子在父之室則爲其母不禫妾子父在厭也庶子不以杖卽位下適子也位朝夕哭位也○下適戸嫁反適丁歷反父不主庶子之喪則孫以杖卽位可也祖不厭孫孫得伸也○伸音申父在庶子爲妻以杖卽位可也舅不主妾之喪子得伸也

疏庶子至可也○正義曰此一節論庶子父在應杖及不應杖之節庶子在父之室則爲其母不禫者此謂不命之士父子同宮者也若異宮則禫之如下言則亦猶杖也禫爲服外故微奪之可○庶子不以杖卽位者謂適庶俱有父母之喪也適子得執杖進阼階哭位庶子至中門外而去之以下於適子也然此承前而云杖則似庶子不禫亦不杖如賀言也○父不主庶子之喪則孫以杖卽位可也者父主適子喪而有杖故適子子不得以杖卽位以辟祖故耳非厭也今此父不主庶子喪故庶子子則得杖卽位也祖不厭孫孫得伸也父皆厭子故舅主適婦喪而適子不杖大夫不服賤妾妾子亦厭而降服以服其母也至於祖雖尊貴而並不厭孫故大夫降庶子而其孫不降其父也庾云謂雜記上爲長

子杖則其子不以杖卽位鄭注辟尊者。按祖不厭孫而長子之子不以杖卽位者以祖爲其父主故辟尊不敢俱以杖卽位耳猶如庶子之子。亦非厭也父不爲庶子主故其子以杖卽位可也○父在庶子爲妻以杖卽位可也者此謂庶子也父不主其妻故其子得爲妻以杖卽位也雜記云爲妻父母在不杖亦是庶子而云不杖者亦謂同宮者也又喪服注云爲其妻以杖卽位謂庶子也舅主適婦則適子不得杖舅不主庶婦故庶子爲妻可以杖卽位謂父主妻喪故主適婦所以適子不杖也明主適婦猶於主妻故也父既不主妾喪故不主庶婦所以庶子得杖庶子得杖由於父不主妾故也若妻次子既非正嗣故亦同妾子之限也或問者云但以杖自足何須言卽位言卽位如。似適婦之喪長子亦得有杖祇不得卽位耳答曰庶子爲父母厭下於適子雖有杖不得持卽位今。嫌爲妻亦得杖而不卽位故明之也

○諸侯弔於異國之臣則其君爲主君爲之主弔臣恩爲己也子不敢當主中庭北面哭不拜

○諸侯弔必皮弁錫衰所弔雖已葬主人必免主人未喪服則君亦不錫衰必免者尊人君爲之變也未喪服未成服也既殯成服○疏。諸。侯。至。錫。衰○正義曰此一節明諸侯弔喪衣服之節○弔於異國之臣則其君爲主者君無弔他臣之禮若來在此國遇主國之臣喪時爲彼君之故而弔故主國君代其臣之子爲主諸侯弔必皮弁錫衰者此有二種一云此句因前而發弔必皮弁錫衰謂弔異國臣也若自弔己臣則素弁環絰錫衰也故鄭注國君於其臣弁絰他國之臣皮弁一云此亦爲自弔己臣而未當事則皮弁錫衰至當事乃弁絰耳檀弓已論○所弔雖已葬主人必免。者此承上也謂諸侯來弔主人必爲之重禮凡五服自大功以上爲重重服爲免之節自始死至葬卒哭後乃不復免也小功以下爲輕輕服爲免之節自始死至殯殯後不復免至葬啓殯之後而免以至卒哭如始死今若人君來弔雖非服免時必爲免以尊重人君故也而此云主人必免謂大功以上也小功以下則不然也何以知然下云親者皆免注云大功以上故知之○注君爲至不拜○正義曰云子不敢當

主中庭北面哭不拜者按士喪禮君弔主人出迎于門外見馬首入門右北面君升主人中庭拜稽顙成踊彼爲主人爲主故中庭拜今鄰國君。弔君爲之主拜賓則主人中庭北面哭不拜曾子問稱季桓子之喪衛君來弔魯君爲主季康子立於門右北面拜而後稽顙故譏其喪有二主當唯哭踊而已是於禮不拜也○注必免至成服○正義曰未喪服未成服也者以經云未喪服嫌謂未括髮未散麻帶絰之屬故云未成服云既殯成服者士喪禮既殯三日成服是殯。後乃成服也

○養有疾者不喪服遂以主其喪不喪服求生主吉惡其凶也遂以主其喪謂養者有親也死則當爲之主其爲主之服如素無喪服○香羊尚反惡烏路反○非養者入主人之喪則不易己。之喪服入猶來也謂養者無親於死者不得爲主其有親來爲主者素有喪服而來爲主與素無服者異素無服素有服爲今死者當服則皆三日成也○養尊者必易服養卑者否尊謂父兄卑謂子弟之屬

疏。養。有。至。者。否○正義曰此一節論自有喪服親族有。疾患者養之法各依文解之○養有疾者謂養此親屬有疾者不喪服爲己先有喪服養疾之時不著己之喪服求生主吉惡其凶故也○遂以主其喪者疾者既死無。生後此養者遂以主先來無服之法主其死者之喪也○注不喪至喪服○正義曰云遂以主其喪謂養者有親也者養者若於病者無親疾時雖養死不得爲主今死得爲主故知養者於死者有親也云其爲主之服如素無喪服者身雖先有服養時既去其服今疾者身死己爲之主還與素無服同也○非養至喪服○此謂死者之親屬當死者病時不得來爲養而死時來爲主此主雖身有前喪之服今來爲主則不易己喪服所以然者己既前不養不經變服故今爲新死者不易己之喪服○注入猶至成也○正義曰云謂養者無親於死者不得爲主其有親來爲主者謂養者無親者也病者若死而此養者不得爲主既不得爲主故知死者之親來入主喪者也云素有喪服而來爲主者素猶本也本有喪。謂有前喪之服也己服前喪之服而來主之不易服也云與素無服者異者本無服謂若來爲喪主者身本吉無喪

服既來爲主則爲此死者服始死之服若本有喪服今來爲喪主仍以先喪之服主之故云異也云素無服素有服爲今死者當服則皆三日成也者謂己身若本有服及本無服若與死者有親則皆至三日成服皆爲死者服其服也若本有服重而新死者輕則爲一成服而反前服也若新死重則仍服死者新服也身本吉而來爲主則計今親而依限服之也庾云謂此無主後親族爲其喪主者鄭云養者無親於死者不得爲主謂親族不得養其病朋友養之者又云有其親來爲主謂親族也前云喪服者及其主喪則與素無服者同此明既死而往主卽不易己之喪服故鄭又云與素無服者異也○素養尊至者否○此廣結前文養有疾者不喪服之文尊謂父兄也卑謂子弟也前雖云養有疾者不喪服不分明尊卑故此明之養尊者必易己之喪服也若養卑者不變也庾云前云去喪服而養之遂以主喪是必父兄之行也○

○妾無妾祖姑者易牲而祔於女君可也女君適祖姑也易牲而祔則凡妾下女君一等○適丁歷反下戸嫁反○【疏】妾。無。至。可。也○正義曰此一節明祔祭之法也云妾無妾祖姑者謂妾當祔於妾祖姑若無妾祖姑當祔於高祖妾祖姑故前文云亡則中一以上今又無高祖妾祖姑則當易妾之牲用女君之牲祔於女君可也○注女君至一等○正義曰鄭恐女君是見在之女君故云女君適祖姑也妾與女君牲牢無文既云易牲故云下女君一等下女君一等者若女君少牢妾則特牲若女君特牲妾則特豚也

○婦之喪虞卒哭其夫若子主之祔則舅主之婦謂凡適婦庶婦也虞卒哭祭婦非舅事也祔於祖廟尊者宜主焉

士不攝大夫士攝大夫唯宗子士之喪雖無主不敢攝大夫以爲主宗子尊可以攝之

○主人未除喪有兄弟自他國至則主人不免而爲主親質不崇敬也【疏】婦。之。至。爲。主○正義曰此一節論喪祭爲主之事各依文解之○婦之喪虞卒哭其夫若子主之者虞與卒哭。其在於寢故其夫或子則得主之祔是祔於祖廟其事既重故舅主之婦之所祔者則舅之母也○士不。至。宗。子○此謂

士喪無主不敢使大夫兼攝爲主也○士攝大夫唯宗子者謂若宗子爲士而無主後者可使大夫攝主之也士之喪雖無主不敢攝大夫爲主士卑故也宗子尊則可以攝之也○主人至爲主○主人未除喪者謂在國主人之喪服未除有兄弟自他國至則主人不免而爲主者謂五屬之親從遠歸奔者也夫免必有時若葬後唯君來弔雖非時亦爲之免崇敬欲新其事故也若五屬之親非時而奔則主人不須爲之免也嫌親始奔亦應崇敬爲免如君故明之也○

陳器之道多陳之而省納之可也省陳之而盡納之可也多陳之謂賓客之就器也以多爲榮省陳之謂主人之明器也以節爲禮○省所領反下及注同○疏陳。器。至。可。也正義曰此一節論以明器送葬之事○陳器之道多陳之者謂朋友賓客贈遺明器多陳列之以爲榮也○而省納之可也者雖復多陳不可盡納入壙故省少納之可也以納有常數故也○省陳之而盡納之可也者謂主人所作明器依禮有限故省陳之省陳既少而盡納之於壙可也○注多陳至爲禮○正義曰云謂賓客之就器也者而遺死者謂之就者以其可用故也故既夕禮注云就猶善也贈無常唯玩好所有也總而言之亦曰明器故宰夫云凡弔與其幣器注云器所致明器也是賓客致者亦曰明器也云省陳之謂主人之明器也者此正明器主人所作故上檀弓云旬而布材與明器又檀弓云竹不成用瓦不成沬之屬是也○奔兄弟之喪先之墓而後之家爲位而哭所知之喪則哭於宮而后之墓兄弟先之墓骨肉之親不由主人也宮故殯宮也○疏奔。兄。至。之。墓。○正義曰此一節論奔兄弟之喪之事○注兄弟至宮也○正義曰言骨肉之親不由主人也者解兄弟之喪先之墓之意兄弟骨肉自然相親不由主人故先往之墓若所知之喪由主人乃致哀戚故先哭於宮而後至墓○父不爲衆子次於外○於庶子略自若居寢爲于僞反下注猶來爲下文爲出母爲夫杖同○疏父不至於外○正義曰衆子庶子次謂中門外次也庶子賤略之故父不爲之次自若常居於寢也不爲之處門外爲喪

次也長子則次於外爲喪次也與諸侯爲兄弟者服斬謂卿大夫以下也與尊者爲親不敢以輕服服之言諸侯者明雖在異國猶來
爲三年也【疏】與諸至服斬○正義曰熊氏以爲謂諸侯死凡與諸侯有五屬之親者皆服斬也以諸侯體尊不可以本親輕服服之也○注謂卿至年也○
正義曰謂卿大夫以下也者經云與諸侯爲兄弟服斬恐彼此俱作諸侯爲之服斬故云謂卿大夫以下若俱爲諸侯則各依本服然卿大夫與君自應服斬
而云兄弟者或服本義之服故明之云服斬也以與尊者爲親不敢以輕服服之云言諸侯者明雖在異國猶來爲三年也者鄭以經不云與君爲兄弟而言
與諸侯爲兄弟故知客在異國也然既在異國仕於他君得反爲舊君服斬者以其曾在本國作卿大夫今來他國未仕故得爲舊君反服斬鄭言謂卿大夫
者據本國經爲卿大夫者也或可與諸侯爲兄弟雖在他國仕爲卿大夫得爲舊君服斬異於尋常按下雜記云外宗爲君夫人如內宗注云謂嫁於國中者
此云異國二注不同者雜記據婦人故云嫁於國中此據男子故得云異國是以鄭注云謂卿大夫以下惟謂男子賀循云以鄭二注不同故著要記以爲男
子及婦人皆謂在國內者譙周亦以爲然並非鄭義今所不取也○下殤小功帶澡麻不絕本詘而反以報之報猶
合也下殤小功本齊衰之親其經帶澡率治麻爲之帶不絕其本屈而上至要中合而糾之明親重也凡殤散帶垂○澡麻本又作藻音早一本無麻字不絕
本或作不絕本非也詘丘勿反澡率上音早下所律反又音律上時掌反糾居黝反徐居蚪反散先但反下文注並同○【疏】下殤至報之○正義曰謂本期
親在下殤降在小功者服澡麻爲經帶而斷麻根本示輕故也今若下殤在小功者則但首經無根而要帶猶有根示其重故也故云帶澡麻不絕不絕謂不
斷本也詘而反以報之者凡殤不糾要垂皆散其帶而此下殤則不散垂免麻嚮下又屈反嚮上故云屈而反也屈嚮上合而糾之故云報也○注報猶至帶
垂○正義曰謂合糾爲繩賀瑒云小殤小功男子經牡麻而帶澡婦人帶牡而經澡故小功殤章云牡麻經若依其次不應前帶故知前言男子之帶後言婦

人之經也云湅率治麻爲之者謂戛率其麻使其潔白也云帶不絶其本屈而上至要者其帶本垂今乃屈上至要也云中合而糾之明親重也者謂屈所垂散麻上至於要然後中分麻爲兩股合而糾之以垂纓下也所以然者明親重也云凡殤散帶垂者謂成人大功以下之殤其殤既輕唯散麻帶垂而下不屈而上糾之異於下殤小功故也

婦祔於祖姑祖姑有三人則祔於親者謂舅。之母死而又有繼母二人也親者謂舅所生

○其妻爲大夫而卒而后其夫不爲大夫而祔於其妻則不易牲妻卒而后夫爲大夫而祔於其妻則以大夫牲妻爲大夫夫爲大夫時卒不易牲以士牲也此謂始來仕無廟者無廟者不祔宗子去國乃以廟從○從才用反

○爲父後者爲出母無服無服也者喪者不祭故也適子正體於上當祭祀也

【疏】婦。祔。至。故。也○正義曰此一節明婦人祔祭之事各依文解之○祖姑有三人則祔於親者謂舅之母有三人親者謂舅之所生者言婦祔祖姑則祔於舅之所生者也○其妻爲大夫而卒者謂夫爲大夫時而妻死者也○而后其夫不爲大夫者謂妻死後夫或黜退不復爲大夫而死也而祔於其妻則不易牲者謂夫既不爲大夫死若祔祭此妻但依夫今所得用之牲不得易用昔大夫時牲○妻卒而后夫爲大夫而祔於其妻則以大夫牲者此謂妻死時夫未得爲大夫也妻死後夫乃得爲大夫今既祔祭其妻則得用大夫牲妻從夫之禮故也○注妻爲至廟從○正義曰此謂始來仕無廟者若其有廟則死者當祔於祖不得祔於其妻今夫死祔於其妻故知是無廟者若其宗子去他國乃以廟從則祔於祖矣

○婦人不爲主而杖者姑在爲夫杖姑不厭婦母爲長子削杖。嫌服男子當杖竹也母爲。長子服不可以重於子爲已也女子子在室爲父母其主喪者不杖則子一人杖女子子在室亦童子也無男昆弟使同姓爲攝主不杖則子一人杖謂長女也許嫁及二十而

笄笄爲成人成人正杖也

疏婦。人。至。人。杖○正義曰此一節論婦人應杖之節各隨文解之○姑在爲夫杖者鄭義唯謂出嫁婦人禮也若成人婦人在家爲父母雖不爲主亦杖若在夫家唯爲主乃杖故爲夫與長子雖不爲主亦杖若餘非爲主則不爲杖但夫是移。天之重婦雖不爲主而杖而云姑在者舅主適婦喪則厭適子使不杖今有姑在姑主子喪恐姑既爲主則亦厭婦明今姑雖爲主不厭婦也所以知鄭意然者注下經一人杖云女子子在室亦童子也成人則正杖又喪大記云。主之喪。二日婦人皆杖注云婦人皆杖謂主婦容妾爲君女子子在室者也故喪服傳云婦人何以不杖亦不能病也是爲鄭學者則謂爲童子婦人不能爲父母杖也而難鄭者云鄭以婦人不杖唯謂童子婦人然童女未嫁何以得稱婦人又喪服傳云童子何以不杖不能病乃云婦人何以不杖亦不能病明知婦人非童子也故賀循等以爲婦人不杖謂出嫁之婦人不爲主則不杖其不爲主而杖者唯姑在爲夫杖故此記特明之鄭必以爲童子婦人乃不杖者鄭以此下經云女子子在室爲父母其主喪者不杖則子一人杖既云女子子在室是童女可知云主喪者不杖若主喪者杖則此童女不杖今由主喪者不杖則此童女一人杖鄭據此文故知婦人謂童子之婦人也若其成人出嫁婦人爲主皆杖故喪大記云三日子夫人杖五日授大夫世婦杖喪服傳妻爲夫杖小記云母爲長子杖是成人婦人皆杖也童。女得稱婦人者喪服小功章云爲姪庶孫丈夫婦人之長殤是殤之童得稱婦人未嫁而稱婦人者以其將有適人之端故得稱婦人也○注許嫁至杖也○正義曰知許嫁及二十而笄爲成人正杖者以其許嫁則已有出適人之理非復在室其雖未許嫁已在二十而笄猶男子之冠非復童子故知成人則正杖也

○緦小功虞卒哭則免棺柩已藏嫌恩輕可以不免也言則免者則既殯先啓之間雖有擧不免既葬而不報虞則雖主人皆冠及虞則皆免有故不得疾虞雖主人皆冠不可久無。飾也皆免自主人至緦麻○報音赴下同冠如字又古亂反下及注皆同○爲兄弟既除喪已及其葬也反服其

服報虞卒哭則免如不報虞則除之小功以下○爲于僞反下注爲人君爲母下文爲之小功皆同遠葬者比反哭者皆冠及郊而后免反哭墓在四郊之外○比必利反○君弔雖不當免時也主人必免不散麻雖異國之君免也親者皆免不。散麻者自若絞垂爲人君變貶於大斂之前既啓之後也親者大功以上也異國之君免或爲弔○絞古卯反○

疏總。小。至。皆。免○正義曰此一節論著免之節各隨文解之○總小功虞卒哭則免者言遭總小功之喪棺柩在時則當著免今至虞卒哭之時棺柩雖藏已久至虞卒哭之時亦著免也○注言則至不免○正義曰言則免者則既殯先啓之間雖有事不免者以經云虞卒哭則免明未虞之前則不免也虞前有葬葬是喪之大事棺柩既啓著免可知嫌虞與卒哭棺柩既掩不復著免故特言虞卒哭以明之也○注有故至總麻○正義曰前云赴葬者赴虞於疾葬者疾虞今依時而葬不依時而虞主人以下則皆冠不可久無飾也經云及虞則皆免承上文總小功之下故知主人及總麻皆免也○遠葬至反哭○遠葬者謂葬在四郊外遠處○比反哭者皆冠者既葬在遠處郊野之外不可無飾故至葬訖臨欲反哭之時乃皆著冠○及郊而后免反哭者謂著冠至郊而后去冠著免反哭於廟○君弔至皆免○凡大斂之前著免大功以上散麻大斂以後著冠不散麻糾其垂也至將葬啓殯之後已葬之前亦免大功以上亦散麻若君弔雖不當免時必爲之著免不散麻帶貶於大斂之前及既啓之後○雖異國之君弔君免也親者皆免者己君之來其免如此雖他國君來與己國君同主人爲之著免主人既免大功以上親者皆從主人之免敬異國君也異國君之君尚然己君來弔主人著免則親者亦免可知也○注不散至爲弔○正義曰不散麻者自若絞垂者若如也大斂以前散麻帶垂大斂畢後絞其垂者今人君來弔自如尋常絞垂不散麻也所以然者爲人君變貶於大斂之前及既啓之後也云親者大功以上也者以經云不散麻謂大功以上今云親者皆免明據應合散麻之人故云大功以上也云異國之君免

或爲弔者以經中既免字非一恐皆或爲弔故云異國之君免一字或爲弔也除殤之喪者其祭也必玄。殤無變文不縞。冠玄端黃

裳而祭不朝服未純吉也於成人爲釋禫之服○朝直遙反下文同○除成喪者其祭也朝服縞冠成成人也縞冠未純吉祭

服也既祥祭乃素縞麻衣疏除。殤。至。縞。冠。○正義曰此一節明除殤及成人之喪各依文解之○除殤之喪者謂除長殤中殤下殤之喪其祭也必玄者其除喪祭服必玄冠玄端黃裳異於成人之喪也○注殤無至之服○正義曰殤無變者無虞卒哭及練之變服所以然者文不縟本服既重者意在於質不在繁縟若成人喪服初除著朝服禫祭始從玄端今除殤之喪即從禫服是文不繁縟也故鄭注喪服云縟數也玄冠玄端黃裳而祭不朝服未純吉也者以經云必玄故知玄冠玄端也知黃裳者若其素裳則與朝服純吉同故知黃裳也知不玄裳者以玄黃相對之色故知釋禫之服若云玄裳即與上士吉服玄端同文非釋禫服也○除成喪者其祭也朝服縞冠○成喪謂成人之喪其祥祭也衣朝服而縞冠所以朝服縞冠者未純吉也○注縞冠至服也○正義曰大夫朝服而祭朝服者玄冠緇衣素裳是純吉之祭服也今用縞冠是未純吉不祭服也○

○奔父之喪括髮於堂上袒降踊襲絰于東方奔母之喪不括髮袒於堂上降踊襲免于東方絰即位成踊出門哭止三日而五哭三袒凡奔喪謂道遠已殯乃來也爲母不括髮以至成服一而已貶於父也即位以下於父母同也三日五哭者始至訖夕反位哭乃出就次一哭也與明日又明日之朝夕而五哭三袒者始至袒與明日又明日之朝而三也疏奔父至三袒正義曰此一節論奔喪之法○奔父之喪括髮於堂上者於殯宮堂上不笄纚者奔喪異於初死也○袒降踊襲絰于東方者袒謂堂上去衣降堂阼階東而踊爲踊故袒既畢襲絰于東方襲謂掩所袒之衣帶絰東方謂東方既踊畢升堂襲帶絰于東序東○奔母之喪不括髮者初時括髮至又哭以後至於成服不括髮○袒於堂上降踊者

與父同○襲免于東方者東方亦東序東父則括髮而加絰母則不括髮而加免此是異於父也此東方奔喪禮皆爲東序東○絰卽位成踊者著免加絰已後卽位於阼階之東而更踊故云成踊其卽位成踊父母同於此之時賓來弔者則拜之奔喪禮之所謂反位拜賓成踊是也○出門哭止者出殯宮之門就於廬故哭者止初來一哭與明日又明日朝夕之哭爲五哭也○三祖者初至祖明日朝祖又明日朝祖故爲三祖雖其初死在家之時哭踊無節今聞喪已久奔喪禮殺故三日五哭異於在家也○注凡奔至三也○正義曰此謂已殯而來者若未殯之前而來當與在家同不得減殺也云卽位以下於父母同也者約奔喪禮文故知同也三日五哭三祖鄭約初來及明日又明日朝夕之節而知也

○適婦不爲舅後者則姑爲之小功

謂夫有廢疾他故若死而無子不受重者小功庶婦之服也凡父母於子舅姑於婦將不傳重於適及將所傳重者非適服之皆如庶子庶婦也○疏適婦至小功○正義曰適子之婦不爲舅後者則姑爲之服庶婦小功而已○注謂夫至婦也○正義曰夫有廢疾他故若死而無子不受重者鄭知此者以其經稱適婦明是適子之婦今云不爲舅後明知是夫有廢疾及他故死而無子者也云小功庶婦之服也者以父母於子適者正服期則適婦宜大功庶婦故小功也云將不傳重於適者如上所云廢疾他故死而無子之屬是也云及將所傳重非適者爲無適子以庶子傳重及養他子爲後者也

附釋音禮記注疏卷第三十三

禮記注疏卷三十三校勘記　　阮元撰盧宣旬摘録

喪服小記

經殺五分而去一節

經殺至如經　惠棟校宋本無此五字

苴經大搹　考文引宋板同閩監毛本苴誤首衞氏集說同

除喪者先重者節

婦人除乎帶　惠棟校宋本同宋監本同岳本同嘉靖本同衞氏集說同考文引古本足利本同閩監毛本帶誤要

除喪至輕者　惠棟校宋本無此五字

及除脫之義　惠棟校宋本作除衞氏集說同此本除誤餘閩監毛本同

以其所重故也　惠棟校宋本同衞氏集說同閩監毛本故誤要

但以麻易男要女首　惠棟校宋本如此衞氏集說同此本男要二字闕閩監毛本男要誤故男

復與書銘節

復與至書氏　惠棟校宋本無此五字

故復及銘皆書稱名也 閩監毛本同浦鏜校云書字當在銘字上

若妾有不知姓者當稱氏矣 考文引宋板同衛氏集說同閩監毛本當誤常

斬衰之葛節

麻同皆兼服之 惠棟校宋本有此一句在齊衰之葛節注七十六之下石經同宋監本同岳本同嘉靖本同衛氏集說同陳澔集說同考文引古本足利本同石經考文提要云宋大字本宋本九經南宋巾箱本余仁仲本劉叔剛本至善堂九經本並如此毛本亦有惟同字作葛此本六字脫閩監本同岳本考證云永懷堂本脫此句

皆者皆上二事也兼服之謂服麻又服葛也男子則經上服之葛帶下服之麻婦人則經下服之麻固自帶其故帶也所謂易服易輕者也兼服之文主於男子 此六十一字係麻同皆兼服之注惠棟校宋本有宋監本同岳本同嘉靖本同衛氏集說同惟無皆者皆上二事也七字毛本亦有惟固自帶之帶誤當兼服之文文誤又此本全脫閩監本同

斬衰至服之 惠棟校宋本無此五字

麻同皆兼服之者 惠棟校宋本同衛氏集說同閩監毛本同誤葛

兼服謂服麻又服葛也 惠棟校宋本作又此本又字闕閩監毛本又作兼

案喪服傳云苴絰大搹惠棟校宋本同閩監毛本苴誤首衞氏集說同下就苴絰九寸之中同

凡笄之法閩監毛本同衞氏集說笄作筭浦鏜校笄改笄○按笄俗字也笄又笄之誤

納子餘分以爲積數惠棟校宋本亦作納衞氏集說同閩監毛本納誤約

但其事繁碎惠棟校宋本同衞氏集說同閩監毛本繁誤繫

同自帶其故帶也者閩監毛本同惠棟校宋本同作固

報葬者報虞節

報葬至卒哭惠棟校宋本無此五字

謂是安神惠棟校宋本謂作虞是也閩監毛本並誤謂

而待齊哀殺也惠棟校宋本哀上無齊字此誤衍也閩本同監毛本誤作而待齊衰殺也

父母之喪節

喪之隆衰宜從重也惠棟校宋本作衰考文引古本同此本衰誤哀閩監毛本同岳本同嘉靖本同衞氏集說同

父母至斬衰惠棟校宋本無此五字

卒事之後還服父服閩監毛本同惠棟校宋本後還作日反衞氏集說同

大夫降其庶子節

大夫至之喪　惠棟校宋本無此五字

其子亦不敢服　閩監毛本同惠棟校宋本無其字

夫爲人後者節

以不貳降　考文引宋板作隆衞氏集說同此本隆作降閩監毛本同岳本同嘉靖本同釋文出不貳降云一本作隆盧文弨校云宋本作隆是也

夫爲至大功　惠棟校宋本無此五字

人生不及祖之徒　惠棟校宋本作祖衞氏集說同此本祖誤相閩監本同毛本及祖誤相及

熊氏云然恐賀義未盡善也　閩監本同毛本脫然字惠棟校宋本也作矣

士祔於大夫節

士祔至易牲　惠棟校宋本無此五字

依主人之貴賤禮供之　惠棟校宋本作亡此本亡誤主閩監毛本同

哭朋友者節　閩監毛本祔葬者不筮宅提行別爲一節惠棟云哭朋至南面正義二則宋本接在門外寢門外之下衞氏集說分

節同

哭朋至南面　惠棟校宋本無此五字

以對答弔賓　閩監毛本同惠棟校宋本賓作客衞氏集說同

士大夫不得祔於諸侯節

士大至於士　惠棟校宋本無此五字

諸祖祖之兄弟也　閩本同惠棟校宋本同衞氏集說同監毛本下祖誤祔

宗子母在節

宗子至妻禫　惠棟校宋本無此五字

則杖有不禫禫有不杖者　案不禫字下○誤衍監本同

小記篇云庶子在父之室　閩監毛本同惠棟校宋本篇作又

庶子不得爲妻杖也　惠棟校宋本作禫此本禫誤杖閩監毛本同

爲慈母後者節

父之妾無子者　閩監本岳本嘉靖本衞氏集說同毛本父誤夫

爲慈至可也　惠棟校宋本無此五字

毋道舊定不假須父命之　考文引宋板同閩監毛本假須作須假

爲父母妻長子禫節

日所爲禫者也　惠棟校宋本日作目正義同宋監本同嘉靖本同衞氏集說同考文引古本足利本同此本目誤日閩監毛本目作自岳本同

爲父至子禫　惠棟校宋本無此五字

鄭云自所爲禫者　閩監毛本同惠棟校宋本自作目衞氏集說同

丈夫冠而不爲殤節

丈夫冠而不爲殤　閩監毛本同石經同岳本同嘉靖本同衞氏集說同浦鏜校云丈夫冠賈公彥士冠禮疏及楊復齋儀禮圖喪服殤大功九月七月章引此皆作大夫按文與婦人相對似作丈夫爲正但賈楊所見本不應並誤今此節疏義不存無可考校姑闕所疑以俟達者按集說載山陰陸氏云不言男子女子言丈夫婦人則以冠宜有丈夫之道笄宜有婦德故也審陸此言是宋所見本亦作丈夫也○按賈氏士冠疏誤耳

未許嫁與丈夫同　閩監毛本同岳本同嘉靖本同惠棟校宋本同下有也字衞氏集說同考文引古本同

爲殤至服之　惠棟校宋本無此五字

此一節論宗子殤死　閩監毛本同考文引宋板節作經衞氏集說

以其父無殤義故也　閩監本同衞氏集說同毛本無誤爲

既不與殤爲子　閩本同惠棟校宋本同衞氏集說同監毛本與誤爲

依其班秩如本列也　閩監本同毛本如誤也

不責人以非時之恩　惠棟校宋本同衞氏集說同閩監本恩誤思

故推此時本親兄弟　惠棟校宋本作推衞氏集說同此本推誤折閩監毛本同

久而不葬者節

久而至則已　惠棟校宋本無此五字

故謂此在不除之例　閩監毛本同續通解無故字

不俟言而明矣　閩監本同毛本矣字脫

謂庚言爲是　閩監本同毛本言字脫

箭笄終喪三年節

箭笄終喪三年　閩監毛本同石經同岳本同嘉靖本同衞氏集說同段玉裁校云注自卷持蒙齊衰惡笄帶以終喪而言則此箭笄下亦當有

帶字

箭笄終喪三年惠棟校宋本無此六字

齊衰三月節

齊衰三月閩監本同石經同岳本同嘉靖本同衛氏集說同考文引宋板同毛本月誤日

齊衰至繩屨惠棟校宋本無此五字

大功以上同名重服惠棟校宋本作上衛氏集說同此本上誤下閩監毛本同

所以同其末屨以表恩而不同也考文引宋板同閩監毛本末作麻而作無

練筮日節

練筮至筮尸惠棟校宋本無此五字

此一經論練祥筮日筮尸之時閩監毛本同衛氏集說筮尸下有視濯二字

故孝子便去杖亦敬生故也閩本同考文引宋板同衛氏集說同監毛本生作賓

則非祥後之服閩監毛本同衛氏集說同續通解則作明

故引以證之惠棟校宋本有之字衛氏集說同此本之字脫閩監毛本同

庶子在父之室節

舅不主妾之喪閩監毛本同岳本同嘉靖本同衞氏集說同盧文弨校云足利古本妾作庶妻似當作庶子妻

庶子至可也惠棟校宋本無此五字

禫爲服外故微奪之可惠棟校宋本同閩監毛本可作耳

按祖不厭孫惠棟校宋本同續通解同閩監毛本按誤於

猶如庶子之子亦非厭也惠棟校宋本如此閩本子亦二字闕此本子亦誤者非監毛本同

若妻次子既非正嗣惠棟校宋本作正衞氏集說同此本正誤刀閩監毛本正誤冢

言卽位如似適婦之喪惠棟校宋本同閩監毛本似作依

今嫌爲妻亦得杖惠棟校宋本同閩監毛本嫌誤姑

諸侯弔於異國之臣節

諸侯至錫衰惠棟校宋本無此五字

若自弔己臣惠棟校宋本同衞氏集說同閩監毛本自誤曰

主人必免者此承上也毛本同閩監本者誤著

今鄰國君弔君爲之主 閩毛本同監本弔誤〇

是殯後乃成服也 惠棟校宋本亦作後監毛本後誤也閩本後誤乃

養有疾者節

則不易己之喪服 惠棟校宋本同石經同岳本同衞氏集說同閩監毛本己誤已嘉靖本同

養有至者否 惠棟校宋本無此五字

親族有疾患者養之法 閩監毛本同衞氏集說同盧文弨本疾改病

疾者既死無生後 閩監本同毛本生作主衞氏集說同

本有喪謂有前喪之服也 惠棟校宋本同閩監毛本謂誤服

妾無妾祖姑者節

妾無至可也 惠棟校宋本無此五字

今又無高祖妾祖姑 惠棟校宋本同閩監毛本又作妾

婦之喪虞卒哭節

婦之至爲主 惠棟校宋本無此五字

虞與卒哭其在於寢　按其當作具

士不攝大夫　惠棟校宋本如此此本作士不至宗子閩監毛本同

陳器之道節

陳器至可也　惠棟校宋本無此五字

故既夕禮注云　閩本作夕惠棟校宋本同此本夕誤名監毛本同

奔兄弟之喪節

而後之家　閩監毛本同石經同岳本嘉靖本衞氏集說同惠棟校宋本後作后宋監本同○按經傳多借后爲後

而后之墓　惠棟校宋本同石經同宋監本同岳本嘉靖本衞氏集說同閩監毛本后作後

奔兄至之墓　惠棟校宋本無此五字

與諸侯爲兄弟者節

恐彼此俱作諸侯爲之服斬　惠棟校宋本作彼衞氏集說同此本彼誤經閩監毛本同

或服本義之服　惠棟校宋本義作親是也閩監毛本並誤義

故知客在異國也　閩監毛本同惠棟校宋本客作容衞氏集說同

據本國經爲卿大夫者也閩本同惠棟校宋本同監毛本經作輕

外宗爲君夫人如內宗惠棟校宋本同閩監毛本夫人誤大夫

下殤小功節

帶澡麻不絕本各本同石經同釋文出不絕云本或作不絕本非也按正義云故云帶澡麻不絕不絕謂不斷本也是正義本亦無本字也

澡率治麻爲之此惠棟校宋本作之宋監本同岳本同嘉靖本同衞氏集說同本之誤經閩監毛本同

凡殤散帶垂毛本作帶岳本同嘉靖本同衞氏集說同此本帶誤絕閩監本同釋文出散帶正義同

下殤至報之惠棟校宋本無此五字

服澡麻爲絰帶惠棟校宋本同衞氏集說同閩監毛本絰誤輕

婦祔於祖姑節惠棟云婦祔節宋本分爲父後以下半節合下婦人不爲主節爲一節

謂舅之母死惠棟校宋本作之宋監本同岳本同嘉靖本同衞氏集說同考文引古本足利本同此本之誤姑閩監毛本同

適子正體於上當祭祀也惠棟校宋本作祀岳本同嘉靖本同考文引古本足利本同此本祀誤禮閩監毛本同衞氏集說同

婦祔至故也惠棟校宋本無此五字

婦人不爲主節

母爲長子削杖惠棟校宋本同石經同宋監本同嘉靖本同衛氏集說同閩監毛本杖誤長

母爲長子服各本同釋文無長字

婦人至人杖惠棟校宋本無此五字

但夫是移天之重惠棟校宋本作天衛氏集說同此本天誤夫閩監毛本同山井鼎云宋板爲是唐柳宗元文移天夙喪注女子家則父天嫁則夫天故曰移

又喪大記云主之喪二日閩監本同毛本二作三非考文引宋板主作士是也

童女得稱婦人者惠棟校宋本同閩監毛本女誤子

緦小功節

不可久無飾也惠棟校宋本作飾宋監本同岳本同嘉靖本同衛氏集說同按正義亦作飾此本飾誤節閩監本同

遠葬者比反哭者閩監本同石經同岳本同嘉靖本同衛氏集說同毛本哭誤器

不散麻者自若絞垂毛本同岳本同嘉靖本同衛氏集說同閩監本散誤敢

緦小至皆免惠棟校宋本無此五字

除殤之喪者節

文不縞冠元端　閩監毛本同嘉靖本同衞氏集說同岳本縞作縟釋文出不縟段玉裁校本從九經三傳沿革例作文不縟元冠元端按段是也盧文弨校亦依疏冠上增元字

除殤至縞冠　惠棟校宋本無此五字

適婦不爲舅後者節

適婦不爲舅後者　閩監毛本同石經同岳本同嘉靖本同衞氏集說同陳澔集說舅下衍姑字

皆如庶子庶婦也　閩監毛本同嘉靖本同衞氏集說同惠棟校宋本上庶作衆岳本同考文云足利本下庶作衆

適婦至小功　惠棟校宋本無此五字

則姑爲之服庶婦小功而已　考文引宋板之上無爲字衞氏集說同此誤衍也閩監毛本同

以父母於子適者正服期　閩監本同毛本子適二字倒

爲後者也　惠棟校宋本此下標禮記正義卷第四十三終記云凡二十四頁

禮記注疏卷三十三校勘記

附釋音禮記注疏卷第三十四

禮記　鄭氏注　孔穎達疏

大傳第十六〇陸曰鄭云以其記祖宗人親之大義故以大傳爲篇【疏】正義曰案鄭目錄云名曰大傳者以其記祖宗人親之大義此於別錄屬通論

禮不王不禘王者禘其祖之所自出以其祖配之凡大祭曰禘自由也大祭其先祖所由生謂郊祀天也王者之先祖皆感大微五帝之精以生蒼則靈威仰赤則赤熛怒黃則含樞紐白則白招拒黑則汁光紀皆用正歲之正月郊祭之蓋特尊焉孝經曰郊祀后稷以配天配靈威仰也宗祀文王於明堂以配上帝汎配五帝也〇不王如字又于況反下同禘徒細反下同大微音泰下文注大祖大王皆同熛必遙反樞昌朱反紐女九反拒俱甫反叶本又作汁戶牒反汎配芳劍反

諸侯及其大祖大祖受封君也大夫士有大事省於其君干祫及其高祖大事寇戎之事也省善也善於其君謂免於大難也干猶空也空祫謂無廟祫祭之於壇墠〇省舊仙善反案爾雅云省卽訓善息靖反無煩改字祫徐音洽難乃旦反壇大丹反墠音善

【疏】禮不至高祖〇正義曰此一節論王及諸侯大夫士祭先祖之義各隨文解之〇此禘謂郊祭天也然郊天之祭唯王者得行故云不王不禘也王者禘其祖之所自出以其祖配之者此文具於小記於彼已釋之〇注禮大至帝也〇正義曰案爾雅釋天云禘大祭也此禘謂祭天云王者之先祖皆感大微五帝之精以生者案師說引河圖云慶都感赤龍而生堯又云堯赤精舜黃禹白湯黑文王蒼又元命包云夏白帝之子殷黑帝之子周蒼帝之子是其王者皆感大微五帝之精而生云蒼則靈威仰至汁光紀者春秋緯文耀鉤文云皆用正歲之正

月郊祭之者案易緯乾鑿度云三王之郊一用夏正云蓋特尊焉者就五帝之中特祭所感生之帝是特尊焉注引孝經云郊祀后稷以配天者證禘其祖之所自出以其祖配之又引宗祀文王於明堂以配上帝者證文王不特配感生之帝而汎配五帝矣○諸侯及其大祖大祖始封君也諸侯非王不得郊天配祖於廟及祭大祖耳○大夫士有大事省於其君干祫及其高祖○省善也干空也空祫謂無廟也大夫士知識劣於諸侯故無始封之祖若此大夫士有勳勞大事爲君所善者則此是識深故君許其祫祭至於高祖但無始祖廟雖得行祫唯至於高祖並在於壇空而祫之故云空祫及其高祖也祭法云大夫二廟二壇顯考無廟雖是無廟而有壇爲祈禱而祭之今唯云及高祖是祫不及始祖以卑故也然此對諸侯爲言言支庶爲大夫士者耳若適爲大夫亦有大祖故王制云大夫三廟一昭一穆與大祖之廟而三是也師說云大夫有始祖者鬼其百世若有善於君得祫則亦祫於大祖廟中偏祫大祖以下也○注祭之於壇墠○正義曰案祭法大夫二壇則大夫無墠而此言墠者通言耳或通云上士二廟一壇下士一廟無壇若有功當爲墠而祫祭之也

牧之野武王之大事也既事而退柴於上帝祈於社設奠於牧室柴祈奠告天地及先祖也牧室牧野之室也古者郊關皆有館焉先祖者行主也○遂率天下諸侯執豆籩逡奔走逡疾也疾奔走言勸事也周頌曰逡奔走在廟○逡息俊反注同追王大王亶父王季歷文王昌不以卑臨尊也不用諸侯之號臨天子也文王稱王早矣於殷猶爲諸侯於是著焉○追王于況反亶丁但反父音甫著知慮反

疏牧之至尊也○正義曰此一節論武王伐紂率領諸侯以祭祖廟追王大王王季上尊祖禰之事與前相接也○牧之野武王之大事也者言牧野之戰是武王之事大者也○既事而退者既戰罷而退也○柴於上帝者謂燔柴以告天祈於社者陳祭以告社也設奠於牧室者設此奠祭於牧野之館室以告行主也○遂率天下諸侯者上言告祭既訖遂率領天下諸侯執豆籩疾奔走而往在廟

祭先祖於此之時乃追王大王。大。王名亶父者又追王王季歷及文王昌等爲王所以然者不以諸侯之卑號臨天子之尊也○注古者至主也○正義曰知郊關有館者遺人云凡國野十。里廬。三十里有宿五十里有市道路尙然明郊關亦有館舍鄭言此者證牧野有室云先祖者行主也者案曾子問篇云古者師行必以遷廟主行故甘誓云用命賞于祖此武王所載行主者也案周本。記云載文王木主以其成文王之業故不載遷廟主其社則在野外祭之故不在牧室此社是土地之神故鄭云柴祈告天地也○注周頌至在廟○正義曰周頌所云謂周公攝政。云年祭清廟此經逡奔走謂武王伐紂而還告廟其事不同引之者證奔走不異故引之知執豆籩行還告廟者以此經上云柴祈設奠下云遂率天下諸侯是柴祈禮畢故武成云丁未祀于周廟駿奔走執豆籩而皋氏云爲柴祈奠於牧室之時諸侯執豆籩非此經文之次又與武成。違其義非也○注不用至著焉○正義曰案此武王追王大王亶父王季歷文王昌案合符后云文王立后稷配天追王大王亶。甫王季歷與此不同者文王暫追王耳號謚未定至武王時乃定之矣中庸云周公追王大王王季者謂以王禮改葬耳不改葬文王者先以王禮葬故也此大王王季追王者王迹所由興故追王也所以追王者以子爲天子而不以卑臨尊若非王迹所由不必追王也故小記云父爲士子爲天子諸侯祭以天子諸侯其尸服以士服是也周詩云先王不窋武成云先王建邦啓土謂后稷皆稱先王者以王者之先祖故通稱先王也契稱玄王與此同矣。文王稱王早矣者土無二王殷紂尙存卽爲早所以早稱王者案中候我應云我稱非早一民固下注云一民心固臣下雖於時爲早於年爲晚矣故周本記云文王受命六年立靈臺布王號於時稱。王九十六也故文王世子云君王其終撫諸是也文王既稱王文王生雖稱王號稱。猶未定故武王追王乃定之耳

○上治祖禰尊尊也下治子孫親親也旁治昆弟合族以食序以昭繆別之以禮義人道竭矣治猶正也繆讀爲穆聲之誤也竭盡也○禰本或作禰年禮反繆音木別彼列反下至其庶姓別文

注並同繆讀莫侯反又音謬【疏】上治至竭矣○正義曰此一節論武王伐紂之後因治親屬合族之禮敘昭穆之事○上治祖禰尊尊也者治猶正也上正治祖是尊其尊也○下治子孫親親也者下正於子孫是親其親也上主尊敬故云尊尊下主恩愛故云親親○旁治昆弟者謂旁正昆弟逾遠疏也○合族以食者言旁治昆弟之時合會族人以食之禮又次序族人以昭穆之事所謂旁治昆弟也○別之以禮義人道竭矣者總結上治祖禰下治子孫旁治昆弟言此三事皆分別之以禮義使人義之道理竭盡於此矣

聖人南面而聽天下所且先者五民不與焉且先言未遑餘事○聽體寧反與音預一曰治親二曰報功三曰舉賢四曰使能五曰存愛功功臣也存察也察有仁愛也五者一得於天下民無不足無不贍者五者一物紕繆民莫得其死物猶事也紕繆猶錯也五事得則民足一事失則民不得其死明政之難○贍本又作贍食豔反紕匹彌徐孚夷反又方齊反繆音謬本或作謬聖人南面而治天下必自人道始矣人道謂此五事立權度量考文章改正朔易服色殊徽號異器械別衣服此其所得與民變革者也權稱也度丈尺也量斗斛也文章禮法也服色車馬也徽號旌旗之名也器械禮樂之器及兵甲也衣服吉凶之制也徽或作褘○量音亮注同正音征徽諱韋反械戶戒反別彼列反稱尺證反褘許韋反其不可得變革者則有矣親親也尊尊也長長也男女有別此其不可得與民變革者也四者人道之常○長長並丁丈反○後除注隸者長並同別彼列反○【疏】聖人至者也○正義曰此一節廣明聖人受命以臨天下有不可變革及有可變革之事各隨文解之云所且先者五謂聖人即位未遑餘事所且欲先行者而有五種之事也即下云一曰治親之屬是也民不與焉者言此五事皆王者所急

行民不得干與焉言民未行也以治報親功之事皆非民所行故不得干與焉○一曰治親者此治親卽鄉者三事三事若正則於家國皆正故急在前○二曰報功者既已正親故下又報於有所功勞者使爲諸侯之屬是也緩於親親故次治親○三曰舉賢者雖已報於有功若巖穴有賢德之士未有功者舉而用之報功宜急此又次也○四曰使能者能謂有道藝既無功德又非賢能而有道藝亦祿之使各當其職也輕於賢德故次之○五曰存愛者存察也愛仁也治親報功舉賢使能爲政既足又宜察於民下側陋之中若有雖非賢能而有仁愛之心亦賞異之○五者一得於天下者謂上五事一皆得行於天下則民無有不足無有不賙贍者贍是優足之餘也○五者一物紕繆者謂此五事之中但有一事紕繆則民莫得其死莫無也言無得以理壽終而死也聖人南面而治天下必自人道始矣者人道卽治親報功舉賢使能存愛是。以理相承順之道聖人先以此爲始故云必自人道始也○立權度量者此一經至與民變革也廣明損益之事並輕故可隨民與變改革也權謂稱錘度謂丈尺量謂斗斛也言。新。制天下必宜造此物也○考文章者考校也文章國之禮法也○改正朔者正謂年始朔謂月初言王者得政示從我始改故用新隨寅丑子所。損也周子殷丑夏寅是改正也周夜半殷雞鳴夏平旦是易朔也○易服色者服色車馬也易之謂各隨所尚赤白黑也○殊徽號者殊別也徽號旌旗也周大赤殷大白夏大麾各各有別也異器械者器爲。楬豆房俎禮樂之器也械謂戎路革路兵甲之屬也別衣服者周吉服九章虞以十二章殷凶不厭賤周貴則降卑也○此其所得與民變革者也結權度量以下諸事是末故可變革與民爲新亦示禮從我始也○注文章至制也○正義曰禮法謂夏殷周損益之禮是也云服色車馬也者謂夏尚黑殷尚白周尚赤車之與馬各用從所尚之正色也云徽號旌旗之名也者謂周禮九旗是也然九旗之外又有小旌旗故司常云官府各象其事州里各象其名家各象其號與此同也鄭引士喪禮云爲銘各以其物亡則以緇長半幅。赬末長終幅廣三寸是徽號與此同矣

○同姓從宗合族屬異姓主名治際會

名著而男女有別合合之宗子之家序昭穆也異姓謂來嫁者也主於母與婦之名耳際會昬禮交接之會也著明也母婦之名不明則人倫亂也亂者若衛宣公楚平王爲子取而自納焉○際音祭著知慮反爲爲丁僞反下相爲同【疏】同姓至有別○正義曰此一節論同姓從宗異姓主名明男女有別之事各隨文解之○同姓從宗者同姓父族也從宗謂從大小宗也○合族屬者謂合聚族人親疏使昭爲一行穆爲一行同時食故曰合族屬也○異姓主名治際會者異姓謂他姓之女來爲己姓之妻繫夫之親主爲母婦之名夫若爲父行則主母名夫若子行則主婦名治正也際會所以主此母婦之名正昬姻交接會合之事○名著而男女有別者若母婦之名著則男女尊卑異等各有分別不相淫亂凡姓族異者所以別異人也猶萬物皆各有名以相分別天子賜姓賜氏諸侯但賜氏不得賜姓降於天子也故隱八年左傳云無駭卒公問族於衆仲衆仲對曰天子建德因生以賜姓胙之土而命之氏諸侯以字爲謚因以爲族官有世功則有官族邑亦如之以此言之天子因諸侯先祖所生賜之曰姓杜預云若舜生嬀汭賜姓曰嬀封舜之後於陳以所封之土命爲氏舜後姓嬀而氏曰陳故鄭駮異義云炎帝姓姜大皞之所賜也黄帝姓姬炎帝之所賜也故堯賜伯夷姓曰姜賜禹姓曰姒賜契姓曰子賜稷姓曰姬著在書傳如鄭此言是天子賜姓也諸侯賜卿大夫以氏若同姓公之子曰公子公子之子曰公孫公孫之子其親已遠不得上連於公故以王父字爲氏若適夫人之子則以五十字伯仲爲氏若魯之仲孫季孫是也若庶子妾子則以二十字爲氏則展氏臧氏是也若男女則以父祖官及所食之邑爲氏以官爲氏者則司馬司城是也以邑爲氏者若韓趙魏是也凡賜氏族者此爲卿乃賜有大功德者生賜以族若叔孫得臣是也雖公子之身若有大功德則以公子之字賜以爲族若仲遂是也其無功德死後乃賜族若無駭是也若子孫不爲卿其君不賜族子孫自以王父字爲族也氏族對之爲別散則通也故左傳不云問族於衆仲下云公命以字爲展氏是也其姓與氏散亦得通故春秋有姜氏子氏姜子皆姓而云氏是也○注若衛至納焉○正義曰案春秋左氏傳桓

十六年初衛宣公烝於夷姜生急子娶於齊而美公取之生壽及朔又昭十九年左傳楚平王。鄖陽封人之女奔之生大子建爲大子建取秦女而美平王自納之是其淫亂之事也

其夫屬乎父道者妻皆母道也其夫屬乎子道者妻皆婦道也言母婦無昭穆於此統於夫耳母焉則尊之婦焉則卑之尊之卑之明非己倫以厚別也〇屬音燭謂弟之妻婦者是嫂亦可謂之母乎言不可也謂之婦與嫂者以其在己之列以名遠之耳復謂嫂爲母則令昭穆不明昆弟之妻夫之昆弟不相爲服不成其親也男女無親則遠於相見〇嫂本又作㛮悉早反遠于萬反下同復扶又反令力呈反名者人治之大者也可無慎乎人治所以正人〇治直吏反注同

疏其夫至道也〇正義曰此一經言他姓婦人來嫁己族本無昭穆於己親惟繫夫尊卑而定母婦之一號也〇其夫屬乎父道者道。猶行列也若其夫隨屬於己之父行者其妻皆即己之母行也故云妻皆母道也〇其夫屬乎子道者妻皆婦道也者謂其夫隨屬於己之子行者其妻皆婦行也故婦人來嫁己伯父之列即謂之爲母也來嫁於己之子姪之行即謂之爲婦也〇注言母至別也〇正義曰云母婦無昭穆於此者此謂己之族也言他姓之女或爲婦或爲母先無昭穆於己之親族云統於夫耳者言所以有母婦名者謂繫統於夫始有母婦之名也云尊之卑之明非己倫以厚別也者謂之爲母者則尊敬之謂之爲婦者即卑遠之既尊卑懸絕明知非己之倫位所以厚重相分別之義也凡男女若無尊卑倫類相聚即淫亂易生爲無相分別也〇謂弟至母乎〇此一經論兄弟之妻相稱謂之義凡子行之妻乃謂之爲婦弟非子行其妻亦謂之婦者以兄弟同倫嫌相褻瀆弟雖非子行其妻同子行之妻謂之爲。婦欲卑遠之弟妻既得爲婦號記者恐兄妻得爲母號故記者明之云是嫂亦可謂之母乎言嫂不可亦謂之爲母也然弟妻既得爲婦兄妻不可亦得爲母者然弟小於己妻必幼稚故可謂之爲婦而嫂不可借子妻之名謂之爲婦嫂雖是兄妻年必與己相類既不甚懸絕何得謂之爲母且弟妻既爲婦兄妻

又爲母便是昆弟之倫翻爲父子之例故嫂不可謂之爲母而借嫂老之名以爲兄妻之號也○注言不至相見○正義曰言不可者謂嫂不可爲母也云謂之婦與嫂者以其在己之列以名遠之耳者謂之婦者弟妻謂之嫂者兄妻在己之列謂兄弟之妻在己之倫列恐相褻瀆故弟妻假以同子婦之名兄妻假以嫂老之名殊遠之也云復謂嫂爲母則令昭穆不明者既以子妻之名名弟妻爲婦若又以諸父之妻名名兄妻爲母則上下全亂昭穆不明故不可也鄭注喪服亦云弟之妻爲婦者卑遠之故謂之婦嫂者尊嚴之是嫂亦可謂之母乎言其不可也故言乎以疑之是弟妻可借婦名是兄妻不可借母名與此注正合無相違也而皇氏引諸儒異同煩而不當無所用也云昆弟之妻夫之昆弟不相爲服不成其親也者若男女尊卑隔絕相服成親義無混雜此兄弟之妻己之倫列若其成親爲服則數相聚見姦亂易生故令之無服所以疏遠之云男女無親則遠於相見者以其全同路人恩親不接故云遠以相見○名者人治之大者也可無慎乎○名謂母婦之名言得之則昭穆明失之則上下亂是人治之大者也可得不慎之乎言須慎名也

○四世而緦服之窮也五世袒免殺同姓也六世親屬竭矣四世共高祖五世高祖昆弟六世以外親盡無屬名○免音問殺色界反徐所例反

其庶姓別於上而戚單於下昏。姻可以通乎問之也玄孫之子姓別於高祖五世而無服姓世所由生○戚千歷反單音丹婚姻如字

繫之以姓而弗別綴之以食而弗殊雖百世而昏姻不通者周道然也周之禮所建者長也姓正姓也始祖爲正姓高祖爲庶姓繫之弗別謂若今宗室屬籍也周禮小史掌定繫世辨昭穆○繫音計又戶計反別皇如字舊彼列反注及下同綴丁衛反連合也食音嗣定繫戶計反一音計

【疏】四。世。至。然。也○正義曰此一節論殷周統敘宗族之異各依文解之○四世而緦服之窮也者四世謂上至高祖。以下至己兄弟同承高祖之後爲族兄弟相報緦麻是服盡於此故緦麻服窮是四世也爲親兄弟期一從兄弟

大功再從兄弟小功三從兄弟緦麻共承高祖爲四世而緦服盡也○五世祖免殺同姓也者謂共承高祖之父者也言服祖免而無正服減殺同姓也○六世親屬竭矣者謂共承高祖之祖者也言不服祖免同姓而已故云親屬竭矣○其庶姓別於上者此作記之人以殷人五世以後可以通婚故將殷法以問於周云周家五世以後庶姓別異於上與高祖不同各爲氏族不共高祖別自爲宗是別於上也○而戚單於下者戚單親也單盡也謂四從兄弟因親盡於下各自爲宗不相尊敬庶衆也高祖以外人轉廣遠分姓衆多故曰庶姓也高祖以上復爲五宗也○婚姻可以通乎者問者既見姓別親盡雖是周家婚姻應可以通乎問其可通與否○注問之至由生○正義曰問之者是記者以殷法而問周周五世後昏姻可以通否云玄孫之子姓別於高祖者玄孫與高祖服屬仍同其姓與高祖不異玄孫之子則四從兄弟承高祖父之後至己五世而無服各事小宗因字因官爲氏不同高祖之父是庶姓別於上庶姓爲衆姓也則氏族之謂也云姓世所由生者據五世無服不相稟承各爲氏姓故云姓世所由生○繫之至然也○前文記者以殷法而問周此經記者以周法而荅問言周法婚姻不可通也○繫之以姓而弗別者周法雖庶姓別於上而有世繫連繫之以本姓而不分別若姬氏姜氏大宗百世不改也○綴之以食而弗殊者連綴族人以飲食之禮而不殊異也○雖百世婚姻不通者言雖相去百世而婚姻不得通○周道然也者言周道如此異於殷也是不許問者之辭也○注姓正至昭穆○正義曰姓正姓者對氏族爲正姓也云始祖爲正姓者若炎帝姓姜黄帝姓姬周姓姬本於黄帝齊姓姜本於炎帝宋姓子本於契是始祖爲正姓也云高祖爲庶姓者若魯之三桓慶父叔牙季友之後及鄭之七穆子游子國之後爲游氏國氏之等云若今宗室屬籍也者以漢之同宗有屬籍則周家繫之以姓是也云小史掌定繫世者周禮小史之官掌定帝繫世本知世代昭穆故云定繫世辨昭穆也

○服術有六一曰親親二曰尊尊三曰名四曰出入五曰長幼六曰從服術猶道也親親父母爲首尊尊君爲首名世母叔母之屬

也出入女子子嫁者及在室者長幼成人及殤也從服若夫爲妻之父母妻爲夫之黨服○夫爲妻于偽反下至其義然也注皆同【疏】服術至從服○正義曰此經明服術之制也一曰親親者父母爲首次以妻子伯叔二曰尊尊者君爲首次以公卿大夫○三曰名者若伯叔母及子婦并弟婦兄嫂之屬也○四曰出入者若女子子在室爲入適人爲出及出繼爲人後者也○五曰長幼者長謂成人幼謂諸殤○六曰從服者即下從服有六等是也○注從服至黨服正義曰案從服有六略舉夫妻相爲而言之也

○從服有六有屬從子爲母之黨有徒從臣爲君之黨有從有服而無服公子爲其妻之父母有從無服而有服公子之妻爲公子之外兄弟○有從重而輕夫爲妻之父母有從輕而重公子之妻爲其皇姑【疏】從服至而重○正義曰從服有六者從術之中別有六種有屬從一也屬謂親屬以其親屬爲其友黨鄭云子爲母之黨是也鄭舉一條耳妻從夫夫從妻並是也○有徒從二也徒空也與彼無親空服彼之支黨鄭云臣爲君之黨鄭亦略舉一條妻爲夫之君妾爲女君之黨庶子爲君母之親子爲母之君母並是也○有從有服而無服三也鄭引服問篇云公子爲其妻之父母其妻爲本生父母期而公子爲君所厭不得服從是妻有服而公子無服是從有服而無服嫂叔無服亦是也○有從無服而有服四也鄭亦引服問篇云公子之妻爲公子之外兄弟也公子被君厭爲己外親無服而妻猶服之是從無服而有服娣姒亦是也○有從重而輕五也鄭引服問篇云夫爲妻之父母妻自爲其父母期爲重夫從妻服之三月爲輕是從重而輕也舅之子亦是也○有從輕而重六也鄭引服問云公子之妻爲其皇姑公子爲君所厭自爲其母練冠是輕其妻猶爲服期是從輕而重也○

自仁率親等而上之至于祖名曰輕自義率祖順而下之至于禰名曰重一輕一重其義然也自猶用也率循也用恩則父母重而祖輕用義則祖重而父母輕恩重者爲之三年義重者爲之齊衰然如是也○上時掌反

疏「自。仁。至。然。也」〇正義曰此一經論祖禰仁義之事也〇自用也仁恩也率循也親謂父母也等差也子孫若用恩愛依循於親節級而上至於祖遠者恩愛漸輕故云名曰輕也〇自義率祖順而下之至於禰名曰重者〇〇義主斷割用義循祖順而下之至於禰其義漸輕祖則義重故云名曰重也〇〇一輕一重其義然也者言恩之與義於祖與父母互有輕重若義則祖重而父母輕若仁則父母重而祖輕一輕一重義宜也然如是也言人情道理宜合如是祖是尊嚴以上漸宜合輕父母恩愛漸近宜合重故云其義然也故鄭云恩重者爲之三年義重者爲之齊衰言其事合宜如此矣案喪服條例衰服表恩若高曾之服本應緦麻小功而進以齊衰踰數等之服豈非爲尊重而然也至親以期斷而父母加三年寧不爲恩深故亦然矣

〇君有合族之道族人不得以其戚戚君位也君恩可以下施而族人皆臣也不得以父兄子弟之親自戚於君位謂齒列也所以尊君別嫌也〇弟別彼列反

疏「君。有。至。位。也」〇〇正義曰此一經明人君既尊族人不以戚戚君明君有絶宗之道也〇〇合族者言設族食燕飲有合。食族人之道既管領族人族人不得以其戚屬上戚於君位皆不得以父兄子弟之親上親君位也〇注所以至嫌也〇正義曰不敢計己親戚與君齒列是尊君也兄弟相屬多有篡代之嫌。今遠自卑退是別嫌疑也

〇庶子不祭明其宗也庶子不得爲長子三年不繼祖也明猶尊也一統焉族人上不戚君下又辟宗乃後能相序〇爲于僞反下爲其士注死爲之爲其妻爲之大功不相爲皆同辟音避別子爲祖別子謂公子若始來在此國者後世以爲祖也繼別爲宗別子之世適也族人尊之謂之大宗是宗子也〇適丁歷反下文及注皆同繼禰者爲小宗父之適也兄弟尊之謂之小宗有百世不遷之宗有五世則遷之宗百世不遷者別子之後也宗其繼別子之所自出者百世不遷者也宗其繼高祖者五世則遷者也

尊祖故敬宗敬宗尊祖之義也遷猶變易也繼別子別子之世適也繼高祖者亦小宗也先言繼禰者據別子子弟之子也以高祖與禰皆有繼者則曾祖亦有也則小宗四與大宗凡五

【疏】○庶子至義也○正義曰上經論人君絕宗此一節論卿大夫以下繼屬小宗大宗之義各依文解之○庶子不祭明其宗也者案小記云庶子不祭祖下文云不祭禰此直云不祭者嫌祖禰俱不祭但小記辨明上士下士故有不祭祖不祭禰之文此則總而言之故直云不祭○庶子不得為長子三年不繼祖也者案小記云庶子不為長子斬不繼祖與禰斬則三年與此一也小記文詳故云不繼祖與禰此文解略故直云不繼祖也其義具在小記已備釋之○別子為祖○前既云明其宗故此以下廣陳五宗義也別子謂諸侯之庶子也諸侯之適子適孫繼世為君而第二子以下悉不得禰先君故云別子並為其後世之始祖故云為祖也○注別子至祖也○正義曰別子謂公子者諸侯適子繼世為君其適子之弟別於正適是諸侯之子故謂之別子也云若始來在此國者此謂非君之戚或是異姓始來在此國者故亦謂之別子以其別於在本國不來者○繼別為宗○謂別子之適子世繼別子為大宗也族人與之為絕宗也五世外皆為之齊衰三月母妻亦然○繼禰者為小宗○謂父之適子上繼於禰諸兄弟宗之謂之小宗以本親之服服之○有百世不遷之宗此一經覆說大宗小宗之義并明敬宗所以尊祖也云有百世不遷之宗者謂大宗也云有五世則遷之之宗者謂小宗也云百世不遷者別子之後也宗其繼別子之所自出者百世不遷者也此覆明大宗子百世不遷之義也云宗其繼高祖者五世則遷者也此覆明小宗五世則遷之義云尊祖故敬宗敬宗尊祖之義也者此總結大宗小宗以大宗是遠祖之正體小宗是高祖之正體尊崇其祖故敬宗子所以敬宗子者尊崇先祖之義也○注遷猶至凡五○正義曰繼別子別子之世適也者解經宗其繼別子之文以是別子適子適孫世世繼別子故云別子之世適經云別子之所自出者自由也謂別子所由出或由此君而出或由他國而來後世子孫恆繼此別子故云繼別子之所自出云繼高祖者亦小宗也者以前

文云繼禰者爲小宗是小宗定稱在於繼禰今此經云宗其繼高祖者緣無小宗之文故云繼高祖者亦小宗也云先言繼禰者據别子子弟之子也者鄭以經繼高祖爲小宗何以前文先云繼禰者爲小宗鄭釋此意先云繼禰者。又承上繼别爲大宗之下則從别子言之别子子者别子之適子弟之子。者别子適子之弟所生子也弟則是禰其長子則是小宗故云繼禰爲小宗因别子而言也云以高祖與禰皆有繼者則曾祖亦有也者鄭以此經文宗其繼高祖者上文云繼禰爲小宗是高祖與禰皆有繼文唯曾祖及祖無繼文故云明曾祖亦有也云小宗四與大宗凡五者小宗四謂一是繼禰與親兄弟爲宗二是繼祖與同堂兄弟爲宗三是繼曾祖與再從兄弟爲宗四是繼高祖與三從兄弟爲宗是小四并繼别子之大宗凡五宗也

○有小宗而無大宗者有大宗而無小宗者有無宗亦莫之宗者公子是也公子有此三事也公子謂先君之子今君昆弟

【疏】有。小。至。是。也。○正義曰以前經明卿大夫士有大宗有小宗以相繼屬此經明諸侯之子身是公子上不得宗君下未爲後世之宗不可無人主領此之義各依文解之○有小宗而無大宗者謂君無適昆弟遣庶兄弟一人爲宗領公子禮如小宗是有小宗而無大宗○有大宗而無小宗者君有適昆弟使之爲宗以領公子更不得立庶昆弟爲宗是有大宗而無小宗也○有無宗亦莫之宗者公子唯一無他公子可爲宗是有無。之宗亦無他公子來宗於己是亦莫之宗也公子是。也言公子有此三事他人無唯公子也

公子有宗道公子之公爲其士大夫之庶者宗其士大夫之適者公子之宗道也公子不得宗君君命適昆弟爲之宗使之宗之是公子之宗道也所宗者適則如大宗死爲之齊衰九月其母則小君也爲其妻齊衰三月無適而宗庶則如小宗死爲之大功九月其母妻無服公子唯己而已則無所宗亦。莫之。宗。○唯己音紀

【疏】公。子。至。道。也。○正義曰此一。節覆說上公子宗道之意云公子有宗道一句爲下起文言公子有族人來與之爲宗敬之道○公子之公者公君也謂公

子之君是適兄弟爲君者○爲其士大夫之庶者則君之庶兄弟爲士大夫所謂公子者也宗其士大夫之適者言君爲此公子士大夫庶者宗其士大夫適者謂立公子適者士大夫之身與庶公子爲宗故云宗其士大夫之適也此適者卽君之同母弟適夫人所生之子也○公子之宗道也者言此適公子爲庶公子宗是公子宗道結上公子有宗道文也○注公子至之宗○正義曰云公子不得宗君○君尊族人不敢以戚君故不得宗君也云君命適昆弟爲之宗使之宗之者公子既不得宗君其父子宗親之事無人主領故君命適兄弟爲之宗使宗之領之也云所宗者適則如大宗死爲之齊衰九月其母則小君也者以經文公子既有小宗大宗故知適者如大宗庶者如小宗云則如大宗者大宗之正本是別子之適今公子爲大宗謂禮如之耳非正大宗故云如也死爲齊衰九月者以君在厭降兄弟降一等故九月以其爲大宗故齊衰與君同母故云其母則小君也云爲其妻齊衰三月者同喪○宗子之妻也既立適爲大宗則不復立庶爲小宗前經所謂有大宗而無小宗是也云無適而宗庶則如小宗死爲之大功九月其母妻無服者此則庶子爲宗禮如小宗與尋常兄弟相爲君在厭降一等故死爲之大功九月母則庶母妻則兄弟之妻故無服也既無適子可立但立庶子爲小宗前文所謂有小宗而無大宗者也云公子唯己而已則無所宗亦無之宗者無所宗則前經云有無宗也亦無無之宗者則前經云亦莫之宗鄭於此注遙釋前耳

○絕族無移服族昆弟之子不相爲服○移本或作施同以豉反移猶旁也親者屬也有親者服各以其屬親疏

疏○絕○族○至○屬○也○正義曰此一節論親盡則無服有親則有服絕族者謂三從兄弟同高祖者族兄弟應麻族兄弟之子及四從兄弟爲族屬既絕○故無移服在旁而及曰移言不延移及之○親者屬也者謂有親者各以屬而爲之服故云親者屬也

○自仁率親等而上之至于祖自義率祖順而下之至於禰是故人道親親也言先有恩親親故尊祖尊祖故敬宗敬宗故收族收族故宗廟嚴宗

廟嚴故重社稷重社稷故愛百姓愛百姓故刑罰中刑罰中故庶民安庶民安故財用足財用足故百志成百志成故禮俗刑禮俗刑然後樂收族序以昭穆也嚴猶尊也孝經曰孝莫大於嚴父百志人之志意所欲也刑猶成也○罰中丁仲反詩云不顯不承無斁於人斯此之謂也斁厭也言文王之德不顯乎不承成先人之業乎言其顯且承之人樂之無厭也○斁音亦厭於豔反下同

【疏】自。仁。至。謂。也○正義曰此一節論人道親親從親。己以。至尊祖由尊祖故敬宗以收族人故宗廟嚴社稷重乃至禮俗成天下顯樂而無厭倦各依文解之○自仁率親等而上之至于祖自義率祖順而下之至於禰者前文已具此重說之者前文論服之輕重故云一輕一重此論親親之道故先親親而後尊祖故云親親不言輕重也○親親故尊祖者以己上親親於親親亦上親於祖以次相親去己高遠故云尊祖○尊祖故敬宗者祖既高遠無由可尊宗是祖之正胤故敬宗○敬宗故收族者族人既敬宗子宗子故收族人故喪服傳云大宗收族者也是其事○收族故宗廟嚴者若族人散亂骨肉乖離則宗廟祭享不嚴肅也若收之則親族不散昭穆有倫則宗廟之所以尊嚴也○宗廟嚴故重社稷。者此以下並立宗之功也始於家邦終於四海若能先嚴宗廟則後乃社稷保重也○重社稷故愛百姓者百姓百官也既有社稷可重故有百官可愛也愛百姓故刑罰中者百官當職更相匡輔則無淫刑濫罰刑罰所以皆得中也○刑罰中故庶民安者上無淫刑濫罰故庶民安也○庶民安故財用足者民皆手足有所措各安其業故財用得足也○財用足故百志成者百姓足君孰與不足既天下皆足所以君及民人百志悉成是謂倉廩實知禮節衣食足知榮辱也○百志成故禮俗刑者刑亦成也天下既足百志又成則禮節風俗於是而成所以太平告功成也禮俗刑然後樂者樂謂不厭也禮俗既成所以長爲民庶所樂而不厭也○詩云不顯不承無斁於人斯此之謂也。者此周頌清廟之篇祀文王之廟美文王之功言文王之德豈不光顯乎言光顯矣文王豈不承先父之業乎言承之矣無斁於人斯斁厭也文王之德既能如此無見厭於人謂人無厭厭倦之者斯語辭也今尊祖敬宗人皆願樂亦無厭倦故云此之謂也謂與文王相似矣詩箋云周公祭清廟是不光明文王之德與言其光明之也是不承順文王志意與言其承順之也與此注不同者禮注在前詩箋在後故詩有與禮注不同故鄭荅。炅。模云然也

附釋音禮記注疏卷第三十四

禮記注疏卷三十四校勘記　阮元撰盧宣旬摘錄

附釋音禮記注疏卷第三十四　惠棟校宋本禮記正義卷第四十四

大傳第十六

禮不王不禘節

黑則汁光紀　閩監毛本同岳本同嘉靖本同衞氏集說同釋文出叶云本又作汁

汎配五帝也　各本同釋文汎作氾

諸侯及其大祖　惠棟校宋本同石經同岳本同嘉靖本同閩監毛本大作太衞氏集說同釋文于上出大微云下文注大祖大王皆同是釋文本亦作大也

禮不至高祖　惠棟校宋本無此五字

又元命包云　惠棟校宋本同衞氏集說同閩監毛本元誤乎

牧之野節

牧之至尊也　惠棟校宋本無此五字

乃追王大王大王名亶父者　惠棟校宋本同閩監毛本大王二字不重衞氏集說同

凡國野十里廬惠棟校宋本里下有有字衛氏集說同此本誤脫閩監毛本同

三十里有宿考文引宋板作三是也衛氏集說同此本三誤二閩監毛本同

案周本記云閩監毛本同衛氏集說記作紀浦鏜校云記當作紀下同

謂周公攝政云年祭清廟考文引宋板云作六閩監毛本六誤之

又與武成違其義非也惠棟校宋本同續通解同閩監毛本違誤異

追王大王亶甫王季歷惠棟校宋本同閩監毛本甫作父

文王稱王早矣者閩監毛本同惠棟校宋本文上有云字

於時稱王九十六也閩監毛本同考文引宋板王下有年字

號稱猶未定閩監本同衛氏集說毛本猶誤有

上治祖禰節

上治至竭矣惠棟校宋本無此五字

因治親屬合族之禮閩監毛本作因衛氏集說同此本因誤音考文引宋板因作外

上正治祖禰是尊其尊也惠棟校宋本有禰字此本禰字脫閩監毛本同衛氏集說作上正祖禰是尊其尊

使人義之道理竭盡於此矣 閩監毛本同衛氏集說同浦鏜校云義衍字

聖人南面而聽天下節

察有仁愛也 惠棟校宋本也作者宋監本同考文引古本足利本同岳本同嘉靖本同此本誤也毛本同閩監本作察存仁愛也衛氏集說作察存仁愛者並誤

無不贍者 各本同石經貝字旁摩滅釋文出不贍云本又作瞻

紕繆猶錯也 閩監毛本同岳本同嘉靖本同衛氏集說同考文引宋板無繆字足利本同宋監本同

徽號旌旗之名也 惠棟校宋本作旗宋監本同岳本同嘉靖本同衛氏集說同是也此本旗作旂閩監毛本同

徽或作褘 岳本同釋文亦作褘嘉靖本衛氏集說閩監毛本褘誤禕下同

聖人至者也 惠棟校宋本無此五字

即下云一曰治親之屬是也 惠棟校宋本同閩監毛本云誤文

是以理相承順之道 惠棟校宋本以作人是也閩監毛本並誤以

言新制天下必宜造此物也 惠棟校宋本作新制衛氏集說同此本新制二字闕閩監毛本新制作始有

隨寅丑子所損也 閩監毛本同浦鏜校云損疑建或指誤齊召南校云損字當作建

器爲楬豆　惠棟校宋本作楬此本楬誤輵閩監毛本同衞氏集說同

則以緇長半幅頳末　毛本同閩本頳誤赬監本赬誤賴

同姓從宗節　惠棟云同姓節其夫節宋本合爲一節

同姓至有別　惠棟校宋本無此五字

凡賜氏族者此爲卿乃賜　閩監毛本同齊召南校云此字當作必衞氏集說此字無

氏族對之爲別　惠棟校宋本同閩監毛本之作文衞氏集說同

鄖陽封人之女　惠棟校宋本同閩監本鄖誤郥毛本鄖誤鄭

其夫屬乎父道者節

道猶行列也　衞氏集說同閩監毛本猶作由

既尊卑縣絶　惠棟校宋本同閩監毛本縣作懸下既不甚縣絶同○按縣懸正俗字

謂之爲婦　惠棟校宋本同閩監毛本婦誤母

故嫂不可謂之爲母　閩監本同毛本謂之誤倒在不可上

兄妻假以嫂老之名　閩監本同衞氏集說同毛本嫂誤婦

四世而緦節

昏姻可以通乎 各本同石經同釋文昏作婚按正義亦並作婚姻

四世至然也 惠棟校宋本無此五字

謂上至高祖以下至己兄弟 惠棟校宋本下字上無以字衛氏集說同此本誤衍閩監毛本同

婚姻可以通乎者 閩監毛本婚作婚是也下婚姻字並同

婚姻應可以通乎 閩本同惠棟校宋本同監毛本應誤無

雖百世婚姻不通者 閩監毛本同考文引宋板世下有而字

自仁率親節

自猶用也 閩監本同岳本同嘉靖本同衛氏集說同考文引宋板同毛本也誤爲

自仁至然也 惠棟校宋本無此五字

君有合族之道節

君有至位也 惠棟校宋本無此五字

有合食族人之道 閩監毛本同惠棟校宋本食作會衛氏集說同

今遠自卑退考文引宋板同閩監毛本今作令

庶子不祭節

宗其繼別子之所自出者閩監毛本同石經同岳本同嘉靖本同衞氏集說同朱子云之所自出四字疑衍注中亦無其文至作疏時方誤耳

庶子至義也惠棟校宋本無此五字

庶子不祭祖下文云不祭禰閩監毛本同衞氏集說同惠棟校宋本文作又

又承上繼別爲大宗之下閩監毛本同惠棟校宋本又作文

別子之適子弟之子者惠棟校宋本同閩監毛本者誤爲

有小宗而無大宗者節

有小至是也惠棟校宋本無此五字

是有無之宗惠棟校宋本同閩監毛本之字脫衞氏集說同

公子是也閩監毛本同惠棟校宋本也下有者字

公子有宗道節

亦莫之宗閩監毛本同岳本同嘉靖本同衞氏集說宗下有也字盧文弨校云古本注末有者字足利本同惟莫字作無與監本疏合

公子至道也惠棟校宋本無此五字

此一節覆說上公子閩監毛本同惠棟校宋本節作經衞氏集說同

士大夫之身惠棟校宋本亦作身閩監毛本身誤兄衞氏集說同

云公子不得宗君者惠棟校宋本有者字毛本同監本脫

同喪服宗子之妻也惠棟校宋本有服字衞氏集說同此本服字脫閩監毛本同各本妻字同毛本妻誤義

則無所宗亦無之宗者閩監本同毛本下無作莫

絕族無移服節

絕族至屬也惠棟校宋本無此五字

爲族屬既絕故無移服閩本同惠棟校宋本同監毛本故誤者衞氏集說同

自仁率親節

自仁至謂也惠棟校宋本無此五字

從親己以至尊祖閩本同惠棟校宋本同監本親己作親親衞氏集說同毛本己作親至誤下

宗廟嚴故重社稷者　監毛本作者惠棟校宋本者作○

此之謂也者　監毛本作者惠棟校宋本者作○

故鄭荅炅模云然也　閩本同考文引宋板同監毛本炅誤晃模誤摸

禮記注疏卷三十四校勘記

附釋音禮記注疏卷第三十五

少儀第十七○陸曰少詩照反少猶小也鄭云以其記相見及薦羞之小威儀○疏正義曰案鄭目錄云名曰少儀者以其記相見及薦羞之少威儀少猶小也此於別錄屬制度

禮記　鄭氏注　孔穎達疏

聞始見君子者辭曰某固願聞名於將命者君子卿大夫若有異德者固如故也將猶奉也即君子之門而云願以名聞於奉命者○謙遠之也重則云固奉命傳辭出入○始見賢遍反下文注除注二相見並同聞名如字徐音問注皆同嗛音謙本又作謙遠于萬反重直用反傳丈專反下傳辭同疏聞始至命者○正義曰此一經論見君子之法但此一篇雜明細小威儀不復局以科段各隨文解之○聞始見君子者謂作記之人心自謙退不敢自專制其儀而傳聞舊說故云聞始見君子者謂始欲見君子貴勝之人○辭曰某固願聞名於將命者○辭客之辭也某客名也再欲辭曰固固如故也聞名謂名得通達也將命謂傳辭出入通客主之言語者也客云願以己名使通聞於將命之人也然客實願見君子而云願聞名於傳命者不敢必斥見於君子但願將命者聞之而已不云初辭而云固者欲明主人不即見己己乃再辭故云固也若初辭則不云固當惟云某願聞名於將命者耳○

不得階主階上進者言賓之辭不得指斥主人○上時掌反○疏正義曰解上經文云聞名之義也階進也主謂主人也客宜卑退故其辭不得斥進主人也○注階上進者○正義曰階是等故人升階必上進故以階為上進隱義云階可升上故云上進也

適者曰某固願見敵當也願見願見於將命者謙也○疏正義曰此明敵體始相見言敵體不謙故云願見也雖云願見亦應云願見於將命者因上已有故此略之又云固

者義亦如前罕見曰聞名罕希也希相見雖於敵者猶爲尊主之辭如於君子○罕見賢遍反【疏】正義曰前。二。條明始相見此明。已。經相見而疏者罕少也若少見尊者辭云願聞名於將命者若少見敵者亦云願聞名於將命者然敵者始來曰願見重來而疏翻曰聞名者亦擬之使不疏也或云始來禮隆故尊卑宜異重來禮殺故宜同也○注罕希至君子○正義曰案爾雅釋詁文。罕。希也是罕得爲希云希相見雖於敵者猶爲尊主之辭如於君子者尊而希者故宜同於始來相見敵而希者其辭重於始來故鄭偏解之也○亟見曰朝夕亟數也於君子則曰某願朝夕聞名於將命者於敵者則曰某願朝夕見於將命者○亟去冀反注及下同數色角反○瞽曰聞名瞽無目也以無目辭不稱見【疏】。亟。見。至。聞。名○正義曰此謂數相見者也亟數也若數見尊者則其辭云某願朝夕聞名於將命者若數見敵者則云某願朝夕見於將命者○注亟數也○正義曰爾雅釋詁文○瞽曰聞名者瞽無目也其來不問見貴賤則並通云願聞名於將命者其目無所見故不云願見○適有喪者曰比適之也曰某願比於將命者比猶比方俱給事【疏】正義曰前明吉禮相見此以下明凶事相見者也適往也此謂往適者喪家也比比方也喪不主相見凡往者皆是助事故云比謂比方其年力以給喪事也君五十從反哭四十。持。盈。次皆是比方其事故鄭云比謂比方俱給事故辭云願比於將命者也○童子曰聽事曰某願聽事於將命者童子未成人不敢當相見之禮○【疏】正義曰童子未成人雖往適。它喪不敢以成人爲比方但來聽主人以事見使故云願聽事於將命者也

適公卿之喪則曰聽役於司徒喪憂戚無賓主之禮皆爲執事來也○爲于僞反下文爲君喪注雖爲並同○【疏】正義曰前往適喪此適貴者喪也不敢云相比方而使但聽主人之見役輕重唯命不敢辭也不直云聽役於將。命而云於司徒者司徒主國之事故國有大喪謂公卿之喪則司徒皆率其屬掌之故司徒職云大喪帥六卿之衆庶屬其六引而治其政令鄭云衆庶所致役也又檀弓云孟獻子喪司徒旅歸四布是也隱義云

公卿亦有司徒官以掌喪事也○君將適他。臣如致金玉貨貝於君則曰致馬資於有司敵者曰贈從者適他行朝會也資猶用也贈送也○適宅音他從才用反朝直遙反[疏]君。將。至。從。者。○正義曰此一經論臣致物於君及。適者之辭前明吉凶相見之禮此以下明吉凶相送遺之禮也此明送吉也君謂己君也適宅謂朝會出往宅國也○臣如。置金玉貨貝於君者如若也君欲往宅、國而臣若奉獻財物以充君路之資者也金玉貨貝略舉其。梗概耳○則曰致馬資於有司者臣雖以物贈君君體尊備物不有乏少故臣不敢言將物與君但恐君行有車馬路中或須資給故云此物以充馬資物不可付馬故云致馬資於有司有司謂主典君物者也○敵者曰贈從者若物送敵者亦不云贈送敵者當言贈於左右從行者也○臣致襚於君則曰致廢衣於賈人敵者曰襚言廢衣不。敢。必。用斂也賈人知物善惡也周禮。玉府掌凡王之獻金玉兵器文織良貨賄之物受而藏之有賈八人○襚音遂賈音嫁徐音估注同斂力豔反織音志鄭注周禮云畫繢之屬[疏]臣。致。至。曰。襚。○正義曰此因前送吉此明送凶襚者以衣送死人之稱禮以衣送敵者死曰襚襚者遂彼生時之意也若臣以衣送君死不得曰襚但云致廢衣廢衣者不敢言必充君斂但充。以廢。致不用之。例。故云致廢衣也賈人者識物賈貴賤而主君之衣物者也又、不敢云與君故云致賈人也然喪大記云君無襚注云無襚者不陳不以斂敵者曰襚者衣送敵者死既無謙故云襚也○注周禮至八人、○正義曰引之者證君有賈人藏獻物也鄭注周禮云。文謂。物織畫繡之屬也親者兄弟不以襚進不執將命。者以即陳而已[疏]正義曰此明親者相襚之法進謂執之將命也若非親者相襚則擯者傳辭將進以為禮節若有親者相襚但直將進即陳之不須執以將命也案士喪禮大功以上同。體之親襚不將命即陳於房中小功以下及同姓等皆將命○臣為君喪納貨貝於君則曰納甸於有司甸謂田野之物○甸大見反○[疏]正義曰言臣為君喪而臣進物納爲獻也納入也甸田也言入此物是自田野之所出合獻入之於君有司也必云田所出者臣皆受君地明地物本由君出也。尤是送君故與賈人貨貝但供喪用故付有司也

賵馬入廟門以其主於死者○賵芳仲反

賻馬與其幣。大白兵車不入廟門以其主於生人也兵車革路也雖爲死者來陳之於外戰伐田獵之服非戚者也周禮革路建大白以即戎○賻音附○疏賵。馬。至。廟。門。○正義曰此一節論賻賵之異○賵馬入廟門者以馬送死曰賵賻副亡者之意也既送亡者故將入廟門也庾云禮既。祖說而後賵馬入設於廟庭而入門者欲以供駕魂車也故鄭云主於死者○賻馬與其。幣大白兵車不入廟門者以馬助生。營喪曰賻馬幣謂以財貨賻助主人喪用並助主人之物故不將入廟也故鄭云以其主於生人也大白兵車革路之旗周。路建大白以即戎也兵車即革路也雖並爲送喪之從車而其本是田戰之具故不可入廟門故鄭云雖爲死者來陳之於外戰伐田獵之服非戚者也然所以得有大白兵車來助主人者此謂諸侯有喪鄰國之君有以大白兵車而。賵之者或家國自有也

○賻者既致命坐委之擯者舉之主人無親受也喪者非尸柩之事則不親也舉之舉以東○柩音舊疏賻。者。至。受。也。○正義曰此一經明賻者授物及主人受之禮賻者既致命坐委之者此明來賻者之法坐猶跪也謂賻者跪委物於地○擯者舉之者謂主人擯者舉而取之○主人無親受也者吉時若人饋物主人皆自拜受之若有喪主於哀戚凡有四方使者以物賻己悉不得拜受故使擯者受舉之而已○注舉之舉以東○正義曰知舉以東者雜記云含者入升堂致命坐委于。殯東南宰夫朝服即喪屨升自西階西面坐取璧降自西階以東後襚者賻者並然而升堂致命是告擯之辭也若賻生人則致命擯者不告。殯而不升堂然車馬不舉以陳而鄭云舉以東者謂幣之屬也

○受立授立不坐由便○便婢面反○性之直者則有之矣有之有跪者也謂受授於尊者而尊者短則跪不敢以長臨之○跪其委反長直良反疏受。立。至。之。矣。○正義曰此一節

明相授受之禮前明吉凶相見及送賵之禮禮有擯相授受之法故此明之坐
亦跪也凡尊卑相授乃以跪為敬也○受立謂尊者立以物與卑者卑者受此
尊者之物授立謂尊者立己以物授尊者之立此二事皆不坐以尊者立故也
若坐則尊者屈而低身類尊者故也○性之直者則有之矣者性謂天性言尊
者天性直自如此短小尊者雖立若授受尊者之物則有坐而授
受所以然者以尊者短小若立對之則以長臨尊故有坐也○始入而辭曰
辭矣即席曰可矣可猶止也謂擯者為賓主之節也始入則告之辭至就席則止其辭排闔說屨於戶內者一人
而已矣雖衆敵猶有所尊者○排蒲皆反闔初獵反又音合說吐活反本又作脫下注同○有尊長在則否在在內也後來之衆皆說
屨於戶外○長丁丈反下文注尊長皆同【疏】始入至則否○正義曰此一節明賓主之入擯者告之辭讓之節及說屨之儀○始入而辭者謂始入門主人
辭謝賓之節曰辭矣者當此之時擯者告主人曰辭謝賓矣謂辭讓賓令賓先
入至階之時擯者亦應告主人曰辭讓賓先登矣此不言者始入之文包入門
登階矣○即席曰可矣者謂賓主升堂各自就席而立擯者恐賓主辭謝即席
故擯者告之曰可矣可猶止也言既即席之時止此辭讓不須辭矣○排闔說
屨於戶內者一人而已矣者謂賓主登席其衆須入戶內者雖尊卑相敵猶推
一人為尊闔謂門扇謂排推門扇說屨於戶內者一人而已矣言止許一人不
得並皆如此也○有尊長在則否者謂先有尊長已在於堂或室衆人後入不得一人說屨於戶內也○問品味曰子亟食於某
乎問道藝曰子習於某乎子善於某乎不斥人謙也道三德三行也藝六藝○某音母行下孟反【疏】問品至某乎○
正義曰此一經明賓主相問飲食及道藝之事也問品味曰子亟食於某乎者
謂客來賓主相問禮也品味者殽饌也亟數也凡問人若欲問彼人已嘗食某
殽饌與否者則不可斥問嘗食否但當問其數食某食乎如言彼已嘗經數食
也然彼若不嘗食則自當依事而荅之也○問道藝者亦謂賓主先已明知所

習道藝及其問之亦不敢指斥故云子習於某道乎子善於某藝乎道難故稱習藝易故稱善也○注不斥至六藝○正義曰不斥人謙也者雖先知其所食
所習所善及其問之猶疑而稱乎乎者謙退之辭是以不正指斥人所能此人兼賓主也南本云不斥主人非也云道三德三行也者案師氏教國子三德三
行者一曰至德二曰敏德三曰孝德三行者一曰孝行二曰友行三曰順行也皆國子所習故知道是三德三行也云藝六藝者案保氏教六藝禮樂射馭於
書數也○不疑在躬躬身也不服行所不知使身疑也○不度民械械兵器也不計度民家之器物使己亦有○度大洛反計也注同械
戶戒反○不願於大家大謂富之廣也不訾重器訾思也重猶寶也○訾子斯反【疏】不疑至重器○正義曰此一節承上賓主相問
之事因明賓主之禮賓不得願主人所有之物○不疑在躬者既問主人之道藝則己亦當習學明了不得使疑事在其躬則爲賓爲主皆然也○不度民械
者謂爲客至主人之家不得計度民家所有器械使己亦有也○不願於大家者大家謂富貴廣大之家謂大夫之家也謂士往於卿大夫之家見彼富大不
可願數之也非分而願必有亂心也不訾重器者訾思也重器寶珍之物言謂客至主人之家見有重器重器不可思玩之若思玩之則憎疾己貧賤生淫亂
濫惡也○氾埽曰埽席前曰拚拚席不以鬣執箕膺擖鬣謂帚也帚恆帚地不潔清也膺親也擖舌也持箕
將去糞者以舌自鄉○氾埽上芳劒反下悉報反拚弗運反又作攢鬣力陳反膺於陵反胸前也擖以涉反舌也徐音葉清徐才性反又如字去起呂反下擢
去同鄉許亮反○【疏】氾埽至膺擖○正義曰此一經明主人與賓洒埽之事氾埽者廣也若遠路大賓來主人宜廣埽之謂外內俱埽謂之埽○埽席
前曰拚者若近路小賓來則止埽席前不得名埽則但曰拚也所以然者拚是除穢埽是滌蕩○拚席不以鬣者鬣謂埽地帚也若帚席上不得用埽地帚也
○執箕膺擖者膺人之胸前擖箕之舌也箕是去物之具賤者執之不得持嚮尊者當持箕舌自嚮胸前○不貳問當正己之心以問吉凶於著龜

不得於正凶則卜筮其權也○著音尸○問卜筮曰義與志與義則可問志則否大卜問來卜筮者也義正事也志私意也○與音餘○下同大音泰○疏不。貳。至。則。否○正義曰此一節。明卜筮之。法○卜筮之法當正己心志而來問於著龜則得吉兆不。二問者凡不得。二心不正若。二心不正必凶則卜筮權時妄告○問卜筮曰義與志與者謂大卜問來卜筮者為是道理正義與為是私意志與○義則可問志則否者若卜筮者是公義則可為卜筮若所問是私心志意則不為之卜筮○尊長於己踰等不敢問其年踰等父兄黨也問年則己恭孫之心不全○孫音遜本亦作遜同○燕見不將命自不用賓主之正來則若子弟然○見賢遍反下請見同遇於道見則面可以隱則隱不敢煩動也不請所之尊長所之或卑褻○褻息列反喪俟事不犆弔亦不敢故煩動也事朝夕哭時○特本亦作犆音特侍坐弗使不執琴瑟不畫地手無容不翣也端。慤所以為敬也尊長或使彈琴瑟則為之可○畫胡麥反翣本亦作萋所角反盧云扇也慤苦角反○寢則坐而將命命有所傳辭也坐者不敢臨之侍射則約矢不敢與之拾取也○射食夜反下注客射同拾其劫反○侍投則擁矢不敢釋於地也投投壺也投壺坐○勝則洗而以請洗爵請行觴不敢直飲之○飲音蔭客亦如之○客射若投壺不勝主人亦洗而請之○勝詩證反○不角角謂觥罰爵也於尊長與客如獻酬之爵○觥古橫反○不擢馬擢去也謂徹也己徹馬嫌勝故。薄之○擢直角反○疏尊。長。至。擢。馬○○正義曰此一節論卑幼奉。命於尊長諸雜之儀○燕見不將命者謂卑幼私燕而見不使擯者將傳其命無賓主之禮○遇於道見則面者若於道路遇逢尊者尊者若見己己則面見若尊者不見己己則隱也○則不請所之者雖面自見而不得問尊者何處往也○喪俟事不犆弔者謂弔於尊長喪法也俟事謂待主人朝夕哭時也不犆弔謂不非時而獨弔也○侍坐弗使不執琴瑟者卑侍尊者

之法也侍坐於尊尊者若不使己己則不得執琴瑟而鼓之若使己則得執之
也○不畫地者盧云不敢無故畫地也○手無容者盧云不弄手也○不翣也
者盧云翣扇也雖熱亦不敢搖扇也此皆端慤所以爲敬○寢則坐而將命者
寢臥也坐跪也若尊者。眠臥而侍者若傳辭當跪前不可以立恐臨尊者○侍
射則約矢者矢箭也凡射必計耦先設楅在中庭楅者兩頭爲龍頭中央共一
身而倚箭於楅身上上耦前取一。矢下耦又進取一如是更進各得四箭而升
堂插三於要而手執一隻若卑者侍射則不敢更拾進取但一時幷取四矢故
云則約矢也○侍投則擁矢者投投壺也擁抱也矢謂投壺箭也若柘若棘爲
之投壺禮亦賓主各四矢從委於身前坐一一取之若卑者侍投則不敢釋置
於地但手幷抱投之也故鄭云不敢釋於地庾云擁抱己所當投矢也隱義云
尊者委四矢於地一一取以投卑者不敢委於地悉執之也○勝則洗而以請
者若敵射及投壺竟司射命酌而勝者當應曰諾而勝者弟子酌酒南面以置
豐上豐在西階上兩楹之西而不勝者下堂揖讓升堂就西階上立北面就豐
上取爵將飲之而跪之曰賜灌灌猶飲也而勝者立於不勝者東亦北面跪而
曰敬養若卑者得勝則不敢直酌當前洗爵而請行觴然後乃行也○客亦如
之者客若不勝則主人亦洗而請如卑侍之法所以優賓也○不角者角謂行
罰爵用角酌之也詩云酌彼兕觥是也今飲尊者及客則不敢用角但如常獻
酬之爵也○不擢馬者擢去也徹也投壺立籌爲馬馬有威武射者所尚也凡
投壺每一勝輒立一馬至三馬而成勝但頻勝。馬。三難得若一朋得二馬一朋
得一馬於是二馬之朋徹取一馬者足以爲三馬以成。定勝也今若卑者朋雖
得二馬亦不敢徹尊者馬足成己勝也○執君之乘車則坐執執轡謂守之也君不在中坐示僕不行也○乘繩證反轡冰媚反○僕者右帶劍負良綏申之面拕。諸幦面前也幦覆苓也良綏君綏也負之由左肩上入右腋下申之於前覆苓上也○拕徒可反引也又他左反幦徐音覓苓力丁反腋音亦以散綏升執轡然後步步行也○散悉旦反【疏】。執。君。至。後。步○正義曰此一節明爲

君僕御之法○執君之乘車則坐者執執轡也。謂不在車而僕執轡守君車時也凡御則立今守空車則坐示君不在車車不行也○僕者右帶劍者謂初御法也僕即御者也右帶劍者帶之於腰右邊也帶劍之法在左以右手抽之便也今御者劍右帶者御人在中君在左若左帶劍則妨於君故右帶也○負良綏申之面者良善也善綏君綏也君由後升僕者在車背君面嚮前取君綏由左腋下加左肩上繞背入右腋下申綏之末於面前○拖諸幦者拖猶擲也亦引也幦車覆。闌也綏申於面前而。拖末於車前幦上也亦云引之可置車幦上也○以散綏升者謂初升時也散綏副綏也僕登車既不得執君綏故執副綏而升也○執轡然後步者步猶行也既升車執策分轡而後行車也行車五步而立待君君出上則授良綏而升君也○注幦覆苓也○正義曰苓車前。闌也亦名爲式故詩傳云幭覆式與此同知良綏君綏者以下云散綏既有二種明良綏君綏其散綏則本繫於車僕者擘之而登車也

○請見不請退去止不敢自由○見賢遍反朝廷曰退近君爲進○朝直遙反後朝廷皆同近附近之近燕遊曰歸禮褻主於家也師役曰罷罷之。言。罷勞也春秋傳曰師還曰。疲○罷音皮注同還音旋下文注皆同

【疏】。請。見。至。曰。罷○正義曰此一節明卑者見尊及朝廷。退。歸之辭○請見不請退者謂卑者於尊所有請見之理既見去必由於尊者故不敢請退○朝廷曰退者謂於朝廷之中若欲散還則稱曰退以近君爲進還私遠君故稱退論語子退朝又云冉子退朝並是對進爲言也○燕遊曰歸者若在燕及遊退還稱曰歸以燕遊禮褻主於歸家○師役曰罷者謂於師役之中欲散退之時稱曰罷勞○注春秋至曰疲○正義曰案莊八年夏魯師及齊師圍郕郕降於齊師秋師還公羊傳曰還者何善辭也此滅同姓何善爾病之也何休云慰勞其罷病也是鄭用公羊爲注也

○侍坐於君子君子欠伸運笏澤劍首還屨問日之蚤莫雖請退可也以此皆解倦之狀伸頻伸也運澤謂玩弄也金器弄之易以汙澤○欠起劍反伸音申笏音忽還音旋蚤音早莫音暮解古賣反頻本又

作嚬音頻玩五亂反易以豉反汙戸旦反一音烏○以疏侍坐至可也○正義曰此明侍坐法也志倦則欠體疲則伸為君子久坐而自為之也○運笏者運
動也謂君子搖動於笏澤劍首者澤謂光澤玩弄劍首則生光澤○還屨者還轉也謂君子自轉屨也尊者說屨於戸內是屨恆在側故得自還轉之也問日
之蚤莫者尊者忽問日之蚤。暮○雖請退可也者雖假令也前言侍者不得請退今若見君子有欠伸以下諸事皆是坐久體倦欲起或欲臥息之意故侍者
當此時假令請退則可也○事君者量而后入不入而后量凡乞假於人為人從事者亦然
然故上無怨而下遠罪也量量其事意合成否○量音亮乞如字又音氣為于偽反遠于萬反疏事。君。至。罪。也○正義曰此一節
明臣事君之法事君者量而后入者凡臣之事君者欲請為其事先商量事意堪合以否然后入而請之○不入而后量者不得先入請見君然後始商量成
否○凡乞假於人為人從事者亦然者非直事君如此凡乞貸假借於人謂就人乞貸假借為人從事謂求請事人如此之屬亦須先商量事意成否不可不
先商量卽當其事故云亦然○然故上無怨而下遠罪也者然猶如。此事君若能如此下不忤上故上無怨上不責下故下遠罪然唯解上下不結乞假從事
者也可略不窺密嫌伺人之私也密隱曲處也○窺苦規反伺音司處昌慮反○不旁狎妄相服習終或爭訟○相爭爭鬬之爭不道舊
故言知識之過失損友也孔子曰故舊不遺則民不偷○偷他侯反○不戲色暫變傾顏色為非常則人不長失敬也○不長丁丈反絕句○疏
不。窺。至。戲。色○正義曰此一節明在於僚類當自矜持之事不窺密者人當正視不得窺覘隱密之處。鄭云嫌伺人之私也○不旁狎旁猶妄也不得妄與人
狎習或至忿爭因狎而爭訟也○不道舊故者不道說故舊之罪過○不戲色者不戲弄其顏色○注暫變至敬也○正義曰人當恆自矜持尊其瞻視若暫
傾變顏色為非常褻慢則人不復長久失他人所敬故云則人不長失敬也○為人臣下者有諫而無訕有亡而無

疾亡去也疾惡也○訕所諫反徐所姦反惡烏路反○頌而無讇，諫而無驕，頌謂將順其美匡救其惡驕謂恃知而慢也○讇稔變反怠則張而相之，怠惰也相助也○相息亮反注同惰徒臥反○廢則埽而更之，廢政教壞亂不可因也○更音庚謂之社稷之役。役為也

【疏】為。人。至。之。役。○正義曰此明臣事君之道○有諫而無訕者訕為道說君之過惡及謗毀也君若惡臣當諫之不得鄉人道說謗毀故論語云惡居下流而訕上者○有亡而無疾者亡猶去也疾猶憎惡也君若有過三諫不從乃出境而去不得強留而而憎惡君也○頌而無讇者頌美盛德之形容也讇謂橫求見容若君有盛德臣當美而頌之也君苟無德則匡而救之不得虛妄以惡為美橫求見容故孝經云將順其美匡救其惡○諫而無驕者君若從己諫則已不得藉己言行謀用恃知而生驕慢○怠則張而相之者怠惰也相助也若君政怠惰則臣當為張起而助成之也隱義云若怠惰當張設法而助之或張強其志以廣大之也○廢則埽而更之者君政若已廢壞無可復張助者則當埽蕩而更創立為新政也○謂之社稷之役者役。為謂事君如上者是可謂為社稷之臣也故衛君云柳莊者。是社稷之臣也○注役為也○正義曰為謂助為也社稷之臣謂為助社稷之臣也○毋拔來，毋報往，報讀為赴疾之赴拔赴皆疾也人來往所之常有宿漸不可卒也○拔蒲末反注同急疾也王本作校古孝反報音赴卒才忽反毋瀆神。瀆謂數而不敬○瀆數色角反毋循枉，前日之不正不可復遵行以自伸○循枉上音旬下紆往反邪曲也復扶又反毋測未至，測意度也○意度如字本又作億音抑下大各反○士依於德，游於藝，德三德也一曰至德二曰敏德三曰孝德藝六藝也一曰五禮二曰六樂三曰五射四曰五御五曰六書六曰九數工依於法，游於說，法謂規矩尺寸之數也說謂鴻殺之意所宜也考工記曰薄厚之所震動清濁之所由出侈弇之所由興有說說或為伸。○於說如字注同又始銳反鴻又作洪殺色戒反侈昌氏反弇於檢反毋訾衣服成器，

訾思也成猶善也思此則疾。貪也○訾子斯反

毋身質言語

質成也聞疑則傳疑若成之或有所誤也○傳丈專反○

疏"毋拔"至"言語"○正義曰此一節廣明為人之法○毋拔來毋報往者報謂赴也拔赴皆速疾之意凡人所之適必有宿漸毋得疾來毋得疾往○毋瀆神者謂瀆慢也神明正直敬而遠之不可慢○毋循枉者循猶追述也枉邪曲也人非圓熳不免時或邪曲若前已行之今當改正不得猶追述己之邪事也○毋測未至者未至之事聖人難之凡人。故不可豫欲測量之也若終不知則傷知也○士依於德者士謂進士有德行者當依附於三德游於藝者謂敖游於六藝○工依於法者謂規矩尺寸之法。或言工巧皆當依附於法式○游於說者說謂論說規矩法式之辭言游息於規矩法式之文書○毋訾衣服或器者訾思也成善也無得思念衣服善器毋身質言語者凡言語有疑則稱疑無得以身質成言語之疑者其言既疑若必成之或有所誤也○注"德三"至"九數"○正義曰案周禮師氏以三德教國子一曰至德二曰敏德三曰孝德彼注云至德中和之德覆燾持載含容者也敏德仁義順時者也孝德尊祖愛親案大司徒職云以鄉三物教萬民一曰六德知仁聖義忠和知此依於德非六德者六德所以教萬民而云三所以教國子此經云士故知是三德也云一曰五禮至九數者是周禮保氏職文案彼注云五禮吉凶賓軍嘉也六樂雲門大咸大韶大夏大濩大武也五射白矢參連剡注襄尺井儀也五御鳴和鸞逐水曲過君表舞交衢逐禽左六書象形會意轉注處事假借諧聲也九數方田粟米差分少廣商功均輸方程贏不足旁要今有重差句股然五禮六樂之等皆鄭康成所注其五射以下鄭司農所解但九數之名書本多誤儒者所解方田一粟米二差分三少廣四商功五均踰六方程七贏不足八旁要九云今有重差句股者鄭司農指漢時云今世於九數之內有重差句股二篇其重差卽與舊數差分一也去舊數旁要而以句股替之為漢之九數卽今之九章也先師馬融干寶等更云今有夕桀各為。二篇未知所出今依司農所注周禮之數餘並不。敢○注"說"至"宜也"○正義曰此經云依於法游於說法既是規矩法式法外又云說是說與法不同謂說此法式文書論其法式大小鴻殺之意與法大同小異法式據其體論法據其文引考工記者證說是說法度之意彼說鑄鍾形狀言鍾或薄或厚聲之。振動其聲清濁由薄厚而出云侈弇之所由興者侈謂鍾口寬大弇謂鍾口内小從此法式所由與有說或大或小或侈或弇皆有所宜之意鍾厚則聲不散薄則聲散大短出聲疾易竭小長聲緩深遠弇則聲不舒揚故云有說○

言語之美穆穆皇皇朝廷之美濟濟翔翔祭祀之美齊齊皇皇車馬之美匪匪翼翼鸞和之美肅肅雍雍匪讀如四牡騑騑齊齊皇皇讀。如歸往之往美皆當為儀字之誤也周禮教國子六儀一曰祭祀之容二曰賓客之容三曰朝廷之容四曰喪紀之容五曰軍旅之容六曰車馬之容○美音儀出注下同濟子禮反齊齊皇皇齊如字皇音往徐于況反匪讀為騑芳非反牡音母○[疏]言。語。至。雍。雍○正義曰此一節明諸事之宜此美皆當為儀○言語之美者○謂與賓客言語故鄭注保氏云賓客之容穆穆皇皇者謂言語形狀穆穆皇皇然其天子諸侯行容亦穆穆皇皇故曲禮云天子穆穆諸侯皇皇鄭云皆行容止之貌穆穆皇皇皆美大之狀○濟濟翔翔者據在朝威儀濟濟翔翔者謂威儀厚重寬舒之貌言語則穆穆皇皇威儀則濟濟翔翔齊齊皇皇者皇讀為歸往之往皇氏云謂心所繫往孝子祭祀威儀嚴正心。有。繼屬故齊齊皇皇然其言語及威儀皆當如此○匪匪翼翼者匪讀曰騑騑騑翼翼者皆是車馬之形狀故詩云。四牡騑騑下又云。四牡翼翼皆是馬之行容貌翼翼騑騑皆。是。馬之嚴。止。○肅肅雍雍者鸞和聲之形狀肅肅然雍雍然肅肅是敬貌雍雍是和貌○注匪讀至之容○正義曰詩小雅云。四牡騑騑周道倭遲述文王聘臣之勞云美皆當為儀者以保氏云教國子六儀一曰祭祀之容容即儀也故知美皆當為儀鄭彼注祭祀之容朝廷之容車馬之容皆引此文其賓客之容則此言語穆穆皇皇也彼注喪紀之容纍纍顛顛軍旅之容暨暨詻詻是玉藻文也

○問國君之子長幼長則曰能從社稷之事矣幼則曰能御未能御御謂御事

○長丁丈反下及注同○問大夫之子長幼長則曰能從樂人之事矣幼則曰能正於樂人

未能正於樂人正樂政也周禮大司樂以樂德教國子中和祗庸孝友以樂語教國子興道諷誦言語以樂舞教國子舞雲門大卷大咸大韶大夏大濩大武○樂人音岳興如字又許證反道音導諷福鳳反卷音權濩戶故反問士之子長幼長則曰能耕矣幼則曰能負薪未能負薪士祿薄子以農事爲業○○執玉執龜筴不趨堂上不趨城上不趨於重器於近尊於迫狹無容也步張足曰趨○筴音策近附近之近狹音洽○武車不式介者不拜兵車不以容禮下人也。車中之拜肅拜○下戶嫁反【疏】問。國。君。至。不。拜。○正義曰此一節明問國君及大夫士之子長幼之稱○長則曰能從社稷之事矣者謂彼人所問君之子長幼若長則荅之云能從君供社稷之事若幼則曰能御御治也謂已能治事若大幼則曰未能治事此治事謂尋常細小事也小於社稷事○問大夫之子長幼長則曰能從樂人之事矣者以大夫之子恆習學於樂長則已能習樂故曰能從樂人之事矣○幼則曰能正於樂人者正謂政令以幼者習樂未成但聽政令於樂人受樂人所教幼則云已能受。命令於樂人若大幼則云未能受政令於樂人○注正樂至大武○正義曰鄭恐經正是樂正之官故讀爲政令之政謂年幼受政於樂人也引大司樂者證卿大夫之子習樂之事云以樂德教國子中和祗庸孝友者彼注云中猶忠也和剛柔適也祗敬庸有常也善父母曰孝善兄弟曰友云以樂語教國子興道諷誦言語者彼注云興謂以善物喻善事導者言古以剴今也倍文曰諷以聲節之曰誦發端曰言荅述曰語云教國子舞雲門以下者故注云黃帝曰雲門大卷言其德如雲之所出民得以有族類如鄭此言如雲之所出解雲門也民得以有族類解大卷也言有族類而集聚也彼注大咸咸池堯樂也言其德無所不施大。磬舜樂也言有德能紹堯之道大夏禹樂也禹治水言其德能大中國大濩湯樂也言其德能使天下得其所大武武王樂也言其德能成武功也曲禮問其父身此問其子者皇氏云記人之意異耳婦人吉事雖有君賜肅拜爲尸坐則不手拜肅拜爲喪主則不手拜肅拜拜低頭也手拜手至地也婦人以肅拜爲正凶事乃手拜耳爲尸爲祖姑之尸也士虞禮曰男男尸女女尸爲喪主不手拜者爲夫與長子當稽顙也其餘亦手拜而已雖或爲唯或曰喪爲主則不手拜肅拜也○低丁兮反爲夫于僞反

疏婦人至手拜○正義曰此一節論婦人拜儀婦人吉禮不手拜但肅拜肅拜如今婦人拜也吉事及君賜悉然也○爲尸坐者謂虞祭婦人爲祖姑作尸也周禮坐尸嫌婦人或異故明之也若平常祭無婦人之尸示主於夫故設同几而已則不手拜肅拜者手拜手至地婦人爲尸或荅拜時但肅拜而不手拜也○爲喪主則不手拜者婦人若有喪而不爲主則手拜也若爲夫及長子喪主則稽顙不手拜○注肅拜至拜也○正義曰手拜手至地者解手拜之義言手拜之拜但以手至地則周禮空首案鄭注周禮空首拜頭至手此云手至地不同者此手拜之法先以手至地而頭來至手故兩注不同其實一也云婦人以肅拜爲正者言肅拜是婦人之常而昬禮拜扱地以其新來爲婦盡禮於舅姑故也左傳穆嬴頓首於宣子之門者有求於宣子非禮之正也云凶事乃手拜耳者言婦人除爲喪主其餘輕喪凶事乃有手拜耳鄭知然者以經云爲喪主則不手拜明不爲喪主則手拜故云凶事乃有手拜耳云爲尸爲祖姑之尸也者以士虞禮男男尸女女尸故也若平常吉祭則共以男子一人爲尸故祭統云設同几是也云爲夫與長子當稽顙也者小記文以其稽顙故不手拜云其餘亦手拜而已者除夫與長子之外則上云凶事乃手拜是也云或曰喪爲主則不手拜肅拜也者鄭更引或解之辭云爲喪主不作手拜但爲肅拜與前爲稽顙異違小記正文其義非也○葛經而麻帶謂既虞卒哭也帶所以自結束也婦人質少變於喪之帶有除而無變○

疏葛經而麻帶○正義曰此謂婦人既虞卒哭其經以葛易麻故云葛經婦人尚質所貴在要帶有除無變終始是麻故云麻帶也○取俎進俎不坐以其有足

亦柄尺之類○柄兵命反○執虛如執盈入虛如有人重慎疏取。俎。進。俎。不。坐。○正義曰取俎謂就俎上取肉進俎謂進肉於

俎俎既有足立而進取便故不坐○注亦柄尺之類○正義曰案管子書弟子職云進柄尺謂爵豆之屬是也凡祭於室中堂上無跣

燕則有之祭不跣者主敬也燕則有跣爲歡也天子諸侯祭有坐尸於堂之禮祭所尊在室燕所尊在堂將燕降說屨乃升堂○跣悉典反爲于僞

反稅屨本又作脫又作說吐活反○疏凡。祭。至。有。之。○正義曰此一經論堂上有跣無跣之事○凡祭於室中堂上無跣者凡祭謂天子至士悉然也跣說

屨也下大夫及士陰陽二厭及燕尸皆於室中上大夫陰厭及祭在室若。擯尸則于堂天子諸侯則有室有堂祭禮主敬故凡祭在室中者非唯室中不說屨

堂上亦不敢說屨故云凡祭於室中堂上無跣燕則有之者有之謂堂上有跣也燕禮主歡故得說屨而升堂坐也燕禮云賓及卿大夫皆說屨升就席注云

凡燕坐必說屨屨賤不在堂也禮者尚敬敬多則不親燕安坐相親之。心○注祭不至升堂○正義曰云祭不跣者主敬也者跣謂說屨坐而相親祭禮主敬

不敢私自相親故云祭不跣者主敬也云天子諸侯祭有坐尸於堂之禮者朝事延尸於戶外故坐尸於堂若卿大夫以下祭禮於室無坐尸於堂也云祭所

尊在室者以經云凡祭於室中堂上無跣故辨之也此則貴賤通故卿大夫士正祭饋食並在室中而天子諸侯雖朝事延尸於戶外非禮之盛節初入室灌

及饋熟之時事神大禮故云祭所尊在室云燕所尊在堂者於燕禮文無在室唯在堂行禮初時立而致敬故云燕所尊在堂云將燕降說屨乃升堂者燕禮

文也未嘗不食新嘗謂薦新物於寢廟疏未嘗不食新○正義曰嘗謂薦新物於寢廟也未嘗則人子不忍前食新也○僕於君

子君子升下則授綏始乘則式君子下行然後還立還車而立以俟其去○還音旋注同疏僕於至還

立○正義曰此一經論僕御之禮必授人綏故君子升及下僕者皆授綏也○始乘則式者謂是僕者始乘御君子未至御者則式以待君子升也○君子下行

然後還立者僕人之禮若君子將升則僕先升君子下行則僕後下更還車而立待君子去後乃敢自安或云君車將駕則僕執策立於馬前故君子將下車則僕亦下車立於馬前待君子下行乃更還車立以俟君去

○乘貳車則式佐車則否貳車佐車皆副車也朝祀之副曰貳戎獵之副曰佐魯莊公敗于乾時公喪戎路傳乘而歸○朝直遙反喪息浪反傳直戀反又陟戀反下繩證反下文除乘車同

貳車者諸侯七乘上大夫五乘下大夫三乘此蓋殷制也周禮貳車公九乘侯伯七乘子男五乘卿大夫各如其命之數

【疏】乘貳至則否○正義曰謂僕乘副車法也朝祀副車曰貳戎獵副車曰佐朝祀尚敬乘副車者式戎獵尚武乘副車者不式也○注貳車至而歸○正義曰云朝祀之副曰貳戎獵之副曰佐者以此經佐車貳車相對車云式主敬故謂朝祀之副曰貳佐車不式主武故云戎獵之副曰佐若戎獵自相對則戎車之副曰倅田車之副曰佐故周禮戎僕馭倅車田僕馭佐車熊氏云此云戎獵之副曰佐者據諸侯禮也故莊九年公及齊師戰于乾時公喪戎路佐車授綏是也○注此蓋至之數○正義曰按周禮大行人云上公貳九乘侯伯七乘又典命云卿六命其大夫四命車服各如其命數並與此經不同故疑爲殷制

有貳車者之乘馬服車不齒尊有爵之物廣敬也服車所乘車也車有新舊觀君子之衣服服劍乘馬弗賈平尊者之物非敬也○賈音嫁

【疏】有貳至弗賈○正義曰此一節明廣敬之義○有二車者之乘馬服車不齒者有二車則謂下大夫二車之乘以下者謂其所乘之馬所服之車不敢齒次論其年歲評其價數高下車所以不得齒者以車有新舊則年歲有多少價數有貴賤以尊者之物故不敢齒也○不觀君子之衣服服劍乘馬弗賈者觀視也亦不得輕平尊者物堪直多少之價亦爲不敬故觀而不平

其以乘壺酒束脩一犬賜人若獻人則陳酒執脩以將命亦曰乘壺酒束脩一犬陳重者執輕者便也乘壺四壺也酒謂清也糟也不言陳犬或無脩

者牽犬以致命也於卑者曰賜於尊者曰獻○便婢面反下同糟早勞反其以鼎肉則執以將命鼎肉謂牲體已解可升於鼎○已如
字又音異解庚買反其禽加於一雙則執一雙以將命委其餘加猶多也犬則執緤守犬田犬
則授擯者既受乃問犬名牛則執紖馬則執靮皆右之緤紖靮皆所以繫制之者守犬田犬問名畜養
者當呼之名謂若韓盧宋鵲之屬右之者執之宜由便也○緤息列反守手又反又如字注同紖文引反靮丁歷反畜許六反鵲七略反臣則左之
異於衆物臣謂囚俘○俘音孚車則說。綏執以將命甲若有以前之則執以將命無以前之則
袒櫜奉冑。甲鎧也有以前之謂他摯幣也櫜弢鎧衣也冑兜鍪也袒其衣出兜鍪以致命○稅本又作脫又作說同吐活反袒音但櫜音羔甲衣也
奉芳勇反冑直又反鎧苦代反弢吐刀反兜丁侯反鍪亡侯反器則執蓋謂有表裏弓則以左手屈韣執拊韣弓衣也左衣
屈衣弁於拊執之而右手執簫○韣音獨拊芳武反弁必政反劒則啓櫝蓋襲之加夫襓與劒焉櫝謂劒函。也襲卻合之夫
襓劒衣。也加劒於衣上夫或為煩皆發聲○櫝音獨襓上音扶注同下如遙反函音咸卻去略反下文同夫笏書脩苞苴弓茵席枕
几熲。杖琴瑟戈有刃者櫝筴。籥其執之皆尚左手苞苴謂編束。萑葦以裹魚肉也茵著蓐也熲警枕也筴著
也籥如笛三孔皆十六物也左手執。上上陽也右手執下下陰也○苴子余反茵音因熲京領反注同警枕也又炯迥反編必綿反萑音姦葦于鬼反裹音果
著蓐上音佇下音辱刀卻刃授穎。削授拊辟用時穎鐶也拊謂把○穎役頂反削音笑辟音避把音霸○凡有刺刃者以
授人則辟刃辟刃不以正鄉人也○刺七智反又七亦反辟匹亦反注同鄉許亮反下鄉國同

疏其。以。乘。壺。酒。束。脩。一犬。賜。人。至。凡。有。刺。刃

者。以。授。人。則。辟。刃。〇正義曰此一節廣明以物獻遺人法各隨文解之〇其以乘壺酒束脩一犬賜人若獻人者四馬曰乘故知四壺酒亦曰乘壺束脩十脡脯也酒脯及犬皆可爲禮也與卑者曰賜奉尊者曰獻隨其所與故云賜人若獻人也〇則陳酒執脩以將命者陳列也酒重脯輕故陳列重者於門外而執輕者進以奉命也〇亦曰乘壺酒束脩一犬者謂將命之時辭也雖陳酒犬而單執脯致命而其饋亦猶曰有酒脯犬也若二犬亦當言二也〇注酒謂至命也〇正義曰案內則酒醴有清有糟沛者曰清不沛者曰糟故知此酒或清或糟云不言陳犬或無脩者牽犬以致命也者鄭釋初云有酒脯犬而後唯云陳酒執脯不言陳犬故明之也若言陳犬則嫌無脯時亦猶陳之今欲明若無脯者則陳酒牽犬以將命故不言陳犬也犬馬不上於堂牽之當在下耳〇其以鼎肉則執以將命。〇謂無脯犬而有酒肉者也則亦陳酒而執肉以將命也云鼎肉者謂肉已解剔可升於鼎者解剔則易執也其禽加於一雙則執一雙以將命委其餘者謂以禽獸賜也二隻曰雙加於一雙謂或十或百雙也假令多雙則唯執一雙將命也委其餘者所餘多雙則委陳門外也〇犬則。至。右。之。緤牽犬繩也若一牽犬將命則執緤。犬繩也。〇守犬田犬則受擯者既受乃問犬名者犬有三種一曰守犬守禦宅舍者也二曰田犬田獵所用也三曰食犬充君子庖廚庶羞用也田犬守犬有名食犬無名獻田犬守犬則主人擯者既受之乃問犬名〇牛則執紖馬則執靮者紖靮俱牽牛馬之物故執之〇皆右之者謂以右手牽之由便故也此謂田犬守犬蓄養馴善無可防禦若充食之犬則左手牽之右手防禦故曲禮云效犬者左牽之是也〇注謂若至之屬〇正義曰戰國策云韓子盧者天下之壯犬也桓譚新論云夫畜生賤也然其尤善者皆見記識故犬道韓盧宋⿰犭足又魏文帝說諸方物亦云狗於古則韓盧宋鵲則⿰犭足。鵲音同字異耳故鄭亦爲鵲字〇臣則左之者謂征伐所獲民虜者也左之謂左手操其右袂也以其異於衆物衆物犬馬之屬犬馬不生變異故皆右之民虜或起惡慮故以左手操右袂右手當制之是與衆物異也〇車則至奉胄〇獻車馬者執策綏故知陳車馬而說綏執以將命〇甲若有以前之則執以將命者甲鎧也有以前之謂他物也謂獻鎧若復有他物與鎧同獻則陳鎧而執他物輕者以將命也○無以前之則袒櫜奉胄者袒開也櫜弢鎧衣也胄兜鍪也若無他物唯獻甲而已則開甲○出櫜胄奉之將命也曲禮云獻甲者執胄是也器則執蓋○器凡器若獻則陳底執蓋以將命蓋輕便也○弓則以左手屈韣執拊○韣弓衣拊弓把也獻弓則左手屈弓衣并於把而執之以其右手執簫以將命曲禮云右手執簫左手承弣是也○劍則至劍焉○啓開也櫝劍函也獻劍則先開函也○蓋襲之者蓋劍函之蓋也襲謂卻合也開函而以蓋卻合於函下底於蓋上加夫襓者襓劍衣也先卻合蓋於函下又加劍衣函中也○與劍焉者加衣於函中竟而以劍置衣上也○注襲至發聲○正義曰皇氏云○卻仰也謂仰蓋於函底之下加函底於上重合之故云襲云夫襓劍衣也者熊氏云依廣雅夫襓木劍衣謂以木爲劍衣者若今刀榼云夫或爲煩皆發聲者以禮記本夫或作煩字者故云夫或爲煩皆是發聲故云皆發聲然則襓之一字是衣之正名○襓字從衣當以繒帛爲之熊氏用廣雅以木爲之其義未善也○笏書至左手○笏笏也書也脩脯也苞苴也弓也茵也席也枕也几也穎警枕也杖也琴也瑟也戈有刃者櫝也謂戈之有刃者以櫝韜之○筴著也籥笛也○其執之皆尚左手者言執此諸物皆尊尚左手左手在上而執之右手在下而承之○注苞苴至陰也○正義曰苞苴謂編束萑葦以裹魚肉者案既夕禮云葦苞長三尺內則云炮取豚編萑以苞之是編萑葦以裹魚及肉也亦兼容他物故禹貢云厥包橘柚孔叢子云吾於木瓜之惠見苞苴之禮行是也○茵著蓐也物者謂茵是以物所著之蓐言有著者謂之曰茵故既夕云茵著用茶謂茅莠也用茶以著茵也云穎警枕也者以經枕外別言穎是穎發之義故爲警枕云筴著也者曲禮云筴爲筮故筴爲著也云籥如笛三孔者案漢禮器知之詩注或云籥六孔兩不同者蓋籥有大小詩箋或云管如篴并而吹之云皆十六物也者前解經以也間之即是其數也○刀卻刃授穎○言授人以刀卻仰其刃授之以穎穎謂刀鐶也言以刃鐶授之削授拊者削謂曲刀拊謂削把言以削授人則以把授之○注穎鐶也○正義曰穎是穎發之義刀之在手謂

之為穎禾之秀穗亦謂之為穎枕之警動亦謂之穎其事雖異大意同也○凡有刺刃者以授人則辟刃謂不以刃正鄉人也乘兵車出先刃入後刃。不以刃鄉國也軍尚左左陽也陽主生將軍有廟勝之策左將軍為上貴不敗績卒尚右右陰也陰主殺卒之行伍以右為上示有死志○卒子忽反注同行伍戶羽反下音五○疏乘。兵。至。尚。右。○正義曰此一節論兵車出入及將士所處之宜○出先刃入後刃者不欲以刃鄉國○軍尚左者軍謂軍將行伍尊尚左方左是陽陽主生欲其生不敗績也○卒尚右者言士卒行伍貴尚於右右為陰示其有必死之心賓客主恭祭祀主敬喪事主哀會同主詡恭在貌也而敬又在心詡謂敏而有勇若齊國佐○詡況矩反疏賓客至主詡○正義曰恭在貌敬在心賓客輕故主恭祭祀重故主敬會同主詡者詡謂敏大言語會同之時貴在敏捷勇武自光大○注詡謂至國治○正義曰成二年左傳齊晉戰於鞍齊國佐陳辭以拒晉師是敏而有勇也○軍旅思險隱情以虞險阻出奇覆謏之處也隱意也思也虞度也當思念己情之所能以度彼之將然否○阻側呂反覆芳富反謂伏兵也徐音赴謏況煩反謏詐也或云謏謏謹慮呂慮及度大各反下同○疏軍旅至以虞○正義曰軍旅思險者言軍旅行處思其險阻之地出奇設謀以覆敗前敵○隱情以虞者隱意也思也虞度也謂以意思念彼之情豫測度前敵知其所欲為事記者明軍旅之中當須如此○注險阻至然否○正義曰險阻出奇覆謏之處也者鄭解經中險字險是地形險阻謏詐也地形既險得出奇謀覆詐故云險阻出奇覆謏之處若其平地則不得設奇謀設詐也虞度也釋言文云當思念己情之所能以度彼之將然否者言在軍旅先須思念己國之情所堪能以測度彼軍將欲如此以否

○燕侍食於君子則先飯而後已所以勸也○飯煩晚反下小飯同○毋放飯毋流歠小飯而亟之亟疾也備嚱噫若見問也○歠昌悅反亟紀力反注同嚱噫上於月反下伊結反○數噍毋為口容口容弄口○數色角反噍字又

作嚼子笑反又在笑反○客自徹辭焉則止主人辭其徹○【疏】燕。侍。至。則。止○正義曰此一節明侍食之法○先飯而後已者先飯先君
子之飯若嘗食然君子食罷而後已若勸食然○小飯而亟之者小飯謂小口而飯亟謂疾速而咽小飯而備噦噎也速咽之備見問也○數噍毋爲口容者
數噍謂數數嚼之無爲口容者無得弄口以爲容也○客自徹辭焉則止者謂食訖客欲自徹其俎主人辭其徹俎客則止而不徹○客爵居左
其飲居右客爵謂主人所酬賓之爵也以優賓耳賓不舉奠于薦東介爵酢爵僎爵皆居右三爵皆飲爵也介賓之輔也酢
所以酢主人也古文禮僎作遵遵爲鄉人爲卿大夫來觀禮者酢或爲作僎或爲。騶○介音界注同僎音遵騶責留反本又作騶一音巡【疏】。客。爵。至居。右。○
正義曰此一節明客爵所在客爵依鄉飲酒禮主人酬賓之爵賓受奠觶于薦東是客爵居左也○其飲居右者鄉飲酒禮旅酬之時一人舉觶于賓賓奠觶
于薦西至旅酬賓取薦西之觶以酬主人是其飲居右也○介爵酢爵僎爵皆居右者介賓副也酢謂客酌還荅主人也僎謂鄉人來觀禮副主人者也此三
人既不被優故爵並居右示爲飲之○案鄉飲酒介爵及主人受酢之爵弁僎爵皆不明奠置之所故記者於此明之○注客爵至賓耳○正義曰案鄉酒禮主
人酬賓奠觶于薦東所以不奠薦西者欲優饒其賓且令閑裕故不奠於薦西賓又不盡主人之歡還奠薦東示不敢飲也○注三爵至禮者○正義曰案鄉
飲酒禮主人獻介介飲獻賓賓酢主人主人飲主人獻僎僎飲是三爵皆飲爵云遵謂鄉人爲卿大夫來觀禮者案鄉射禮若有遵者則入門左注云。此。謂鄉
之人爲大夫者也謂之爲遵者方以禮樂化民欲其遵法之也今。文遵或爲僎云酢或爲作僎或爲騶者謂他文書本有作此字者故云或他皆倣此○
羞濡魚者進尾擗之由後鯁肉易離也乾魚進首擗之由前理易析也○濡音儒擗補麥反下同鯁格猛反易以豉反下同析星歷反○冬
右腴氣在下腴腹下也○腴以朱反夏右鰭。氣在上鰭脊也○右鬐音祈脊子昔反祭膴膴大臠謂刳魚腹也膴讀如哼○膴舊火吳反

依注音呼況甫反徐況紆反臠力轉反刳口胡反又苦侯反○【疏】羞。濡。至。祭。膴○正義曰此一節明進魚之禮○羞濡魚者進尾濡溼也謂膳羞有溼魚也進尾者擗溼魚從後來則脊肉易離也○冬右腴者腴謂魚腹冬時陽氣下在魚腹故右腴○夏右鰭者鰭謂魚脊夏時陽氣上在魚脊故右鰭凡陽氣所在之處肥美故進魚使嚮右以右手取之便也此濡魚進尾乾魚進首及右腴右鰭之屬皆謂尋常燕食所進魚體非祭祀及饗食正禮也若祭祀魚在於俎皆縮載俎既橫設魚則隨俎而從於人爲橫無進首進尾之理故少牢魚用鮒而俎縮載其主人正饗亦然公食大夫禮魚七縮俎是也正祭魚既縮載少牢主人獻。祝佐食三魚一橫之彼是正祭魚橫者以魚與牲體共俎故特橫之殊於牲體也若天子諸侯繹祭及卿大夫儐尸魚則橫載之於俎俎在人前而橫魚則於人爲從得有進首尾也故有司徹云尸俎五魚橫載之侑主人皆一魚亦橫載之彼注云橫載之者異於牲體如鄭此言正祭之時牲體橫而魚縮載儐尸之時牲體縮而魚橫載之故云橫載之者異於牲體也正祭則右首進腴故少牢魚右首進腴變於生人若生人右首進鰭故公食大夫云寢右注云右首也寢右進鰭也乾魚近腴多骨鯁案特牲少牢魚皆。十。有五鄭云從陰類昏禮魚。十。有四減一從偶數士喪禮大斂及士虞禮及公食禮魚皆七其天子諸侯魚數未聞○祭膴者膴謂刳魚腹下爲大臠此處肥美故食魚則刳取以祭先也○

○凡齊執之以右居之以左

齊謂食羹醬飲有齊和者也居於左手之上右手執而正之由便也○齊才細反注及下以齊並同食音嗣和戶臥反下齊和同便婢面反○【疏】○凡齊至於左正義曰此一經明齊和之宜凡齊者謂以鹽梅齊和之法○執之以右者謂執此鹽梅以右手居之於左者謂居處羹食於左手之上以右手所執鹽梅調和正之於事便也

○贊幣自左詔辭自右

自由也謂爲君。授幣爲君出命也立者尊右○爲于僞反下爲君同【疏】。贊。幣。至。自。右○正義曰此一經論贊幣贊辭之異自由也贊助也謂爲君。授幣之時由君左○詔辭自右者詔辭謂爲君傳辭也君辭貴重若傳與人時則由君之右也

○酌尸之

僕如君之僕當其為尸則尊其在車則左執轡右受爵祭左右軌范乃飲周禮大御祭兩軹祭。軌乃
飲。軌與軹於車同謂轊頭也。軌與范聲同謂軾前也○軌媿美反范音犯軹音旨轊音衛軾音式○【疏】。酌。尸。至。乃。飲○正義曰此一節明為尸之僕祖道祭
軷之宜○酌尸之僕者僕為尸御車之人將欲祭軷酌酒與尸之僕今為軷祭如似酌酒與君之僕以其為尸則尊之似君也○其在車則左執轡右受爵者
尸僕受酒法也其在車謂僕在車中時也僕既所主尸車故於車執轡而受爵也尸位在左僕立。於右故左執轡右受爵祭酒也君僕亦然○祭左右軌范者
軌謂轂末范謂式前僕受爵將飲則祭之酒於車左右軌及前范也所以祭者為其神助己不使傾危故也乃飲者祭。徧乃自飲也○注周禮至前也○正義
曰案周禮大馭祭兩軹祭。軌此云祭右右軌范兩文不同則左右軌與兩軹是一故云軌與軹於車同謂轊頭謂車轂小頭也此云范大。御云。軌兩事是一聲
同字異故云聲同謂式前之。範與此范俱是式前也但式前之軓車旁著凡或作範字雖作範字聲同而字異即詩邶風濟盈不濡。軓亦車旁凡與此同也若
轂末之軌則車旁著。九此經左右軌是也其車。轍亦謂之軌亦車旁著。九則考工記經涂九軌是與此字同而事異也○凡羞有俎者則
於俎內祭俎於人為橫不得祭於閒也○君子不食圂腴周禮圂作豢謂犬豕之屬食米穀者也腴有。似人。穢○圂與豢同音患濊
本又作穢紆廢反一音烏外反小子走而不趨舉爵則坐祭立飲小子弟子也卑不得與賓介。具備禮容也凡洗必
盥先盥乃洗爵先自。絜也盥有不洗也○盥音管又古亂反牛羊之肺離而不提心提猶絕也。刲離之不。絕中央少者使提絕以祭
耳○不提心丁禮反注同絕句刲苦圭反犂本又作離同力兮反又力知反○凡羞有湆。者不以齊齊和也○為君子湆起及反
擇葱薤。則絕其本末為有萎乾○為于偽反注同薤戶戒反萎乾上於危反又於偽反下音竿羞首者進喙祭耳耳出

見也○喙許穢反見賢遍反○尊者以酌者之左爲上尊尊者設尊者也酌者鄉尊其左則上尊也○遵本又作尊注下皆同鄉許亮反下鄉人同尊壺者面其鼻鼻在面中言鄉人也飲酒者機。者醮者有折俎不坐折俎尊撤之乃坐也己沐飲曰機酌始冠曰醮○機其記反醮子笑反折之設反下及注皆同冠古亂反未步爵不嘗羞步行也○○牛與羊魚之腥聶而切之爲膾聶之言牒也先藿葉切之復報切之則成膾○聶之涉反注及下皆同膾古外反牒直輒反復扶又反○麋鹿爲菹野豕爲軒皆聶而不切麕爲辟雞兔爲宛脾皆聶而切之切葱若薤。實之醯以柔之此軒辟雞宛脾皆菹類也其作之狀以醯與。葷菜淹之殺肉及腥氣也○麋音眉軒音獻注同俱倫反辟音壁又補麥反徐扶益反注同兔他故反宛脾上於阮反下毗支反切葱若薤實之絕句菹莊居反葷許云反淹於廉反又於劫反○其有折俎者取祭肺反之不坐燔亦如之亦爲。尺。柄之類也燔炙也鄉射曰賓奠爵于薦西興取肺坐絕祭左手。嚌之與加于俎坐帨手○燔音煩柄兵命反嚌才細反帨本亦作稅始銳反○尸則坐尸尊也少牢饋食禮曰尸左執爵右兼取肝肺擩于俎鹽振祭嚌之加于菹豆○食音嗣擩本又作挭而專反又而悅反徐耳誰反

【疏】○凡。羞。至。則。坐○正義曰此一節廣明祭俎及羞膳之事○凡羞有俎者則於俎內祭者若羞在豆則祭於豆間若脩在俎則於俎內而祭俎在人前則橫設俎內近人之處以俎於人爲橫不得祭於俎間也俎橫在人前故不得祭於俎外及兩俎間也○君子不食圂腴○圂猪犬也腴猪犬腸也言猪犬亦食米穀其腹與人相似故君子。但食他處辟其腴謂腸胃也故鼎闕一也○小子至立飲○小子弟子也趨徐趨也弟子不得與賓主參預禮但給役使故宜驅走不得趨翔爲容也○舉爵則坐祭立飲者謂弟子若得酒舉爵時則先以坐祭祭竟而立飲之也○凡洗必盥○洗洗爵也盥洗手也○凡飲酒。必洗爵洗

爵必宜先洗手也○牛羊之肺離而不提心○謂祭肺法也提猶絕也取肺刲離之不絕心心謂肺中央少許耳○凡羞有湆者不以齊庾云湆汁也若羞有
汁則有鹽梅齊和若食者更調和之則嫌薄主人味故不以齊也賀瑒云凡湆皆謂大羹大羹不和也○爲君至本末○本根也葱薤根不淨末萎乾故擇者
必絕其二處爲君子如此則非君子不然○羞首者進喙祭耳羞亦膳羞也首頭也喙口也若膳羞有牲頭者則進口以鄉尊者尊者若祭先取牲耳祭之也
○尊者至嘗羞○此一節論設尊及折組行爵嘗羞之儀尊者謂設尊人也人君陳尊在東楹之西於南北列之設尊之人在尊東西面以右爲上則尊以南
爲上也酌謂酌酒人也酌人在尊東西面以左爲上亦上南也二人俱以南爲上也故云以酌酌者之左爲上尊○注尊者至尊也○正義曰庾云燕禮司宮尊
于東楹之西兩方壺左玄酒南上注玉藻云唯君面尊玄酒在南順君之面也下云公席阼階上西鄉下又云執冪者升自西階立于尊南北面東上案左玄
酒南上之言是設尊者東鄉酌者西鄉設者之右則酌者之左也○尊壺者面其鼻者尊與壺悉有面面有鼻鼻宜鄉於尊者故言面其鼻也○飲酒者則下
文機者醮者是也揔以飲酒目之機者謂沐而飲酒醮者謂冠而飲酒者○有折組不坐者折謂折骨體於組也機醮者若折組爲尊機醮小事爲卑故不得
坐也折組所以爲尊者賀云折組則殽饌尊故冠禮庶子冠于房戶之前而冠者受醮不敢坐及機者並不敢坐也案鄉飲酒燕禮有折組者皆不坐獨云機
者醮者不坐者以機者醮者無酒組之時則得坐嫌長有折組亦坐故特明之云有折組不坐○未步爵不嘗羞者步行也羞殽羞也殽羞本爲酒設若爵未
行而先嘗羞是貪食矣故不先爵嘗之也此謂無筭爵之時羞庶羞行爵之後始嘗之若正羞脯醢折組未飲酒之前則嘗之故鄉飲酒鄉射燕禮大射獻後
乃薦賓皆先祭脯醢嚌肺乃飲卒爵○牛與至柔之此一節明膾及鹽菹麤細之異○聶而切之者謂先牒爲大臠而後報切之爲膾也麋鹿爲菹以下已於
內則具釋之○其有至則坐○此一節明祭組之儀折組謂折骨於組組既有足柄尺之類故就組取所祭肺立而取之升席坐祭祭訖反此所祭之物加之

於俎皆立而爲之故云取祭反之不坐嚌祭時坐耳○燔亦如之者燔謂燔肉雖非折骨其肉在俎其取及祭反時皆亦不坐故云燔亦如之○尸則坐者前
云不坐者是賓客耳若爲尸尸尊雖折俎初取祭反之皆坐也○注尸尊至菹豆○正義曰引少牢饋食禮者證尸坐之義前注引鄉射禮云賓尊爵于薦西
興取肺云興則立也此引少牢禮云尸左執爵右兼取肝肺不云興故知尸則坐菹豆盛菹之豆也○衣服在躬而不知其名爲
罔罔猶罔罔無知貌○罔本亦作罔又作網亡兩反○【疏】衣服至爲罔○正義曰衣服文章所以表人之德亦勸人慕德若著之而不識知其名義者則
是罔罔無知之人也○其未有燭而後至者則以在者告道瞽亦然爲其不見意欲知之也師冕見及階子曰
階也及席子曰席也皆坐子告之曰某在斯某在斯○音導爲于僞反下爲宵下文爲人爲己同冕見賢遍反○道凡飲酒爲獻主者執
燭抱燋客作而辭然後以授人爲宵言也主人親執燭敬賓示不倦也言獻主者容君使宰夫也未爇曰燋○燋側角反又子
約反又音在遙反爇人悅反○執燭不讓不辭不歌以燭繼晝禮殺○殺色戒反○【疏】其未至不歌○正義曰此一節明有燭無燭之
儀爲主人法也在者謂已在於坐者若日已闇而坐中未有燭繼新有人後來至者則主人以在坐中者而告之云某人在此某人在此使後來人知之也○
道瞽亦然者瞽無目恆如日闇故道示之亦如無燭時也○凡飲酒爲獻主者獻主主人也謂爲飲酒主人法也凡飲酒主人自獻賓若尊卑不敵則使宰夫
爲主人以獻賓故爲獻主也○執燭者謂夜闇執燭○抱燋者燋謂未爇之炬既欲留客又取未然之炬抱之也○客作而辭者作起也客既見主人執燭抱
燋故自起辭之也○然後以授人者主人見客起辭故從辭而止以燭乃授己執事之人○執燭不讓不辭不歌者執燭夜時也禮賓主有讓及更相辭謝又
各歌詩相顯今既夜莫所以殺於三事○洗盥執食飲者勿氣有問焉則辟咡而對示不敢歆臭也口旁曰咡○辟

四亦反徐孚益反咡而志【疏】洗。盥。至。而。對○正義曰洗謂與尊長洗爵也盥謂反歆許金反臭許又反○與尊長洗手也若爲尊長洗盥及執尊長飲食則勿氣謂。不鼻。嗅。尊長飲食也○有問焉則辟咡而對者咡口旁也當爲尊者洗盥及執飲食之時而尊者有事問己己則辟口而對不使口氣及尊者○○

爲人祭曰致福爲己祭而致膳於君子曰膳祔練曰告。此皆致祭祀之餘於君子攝主言致福申其辭也自祭言膳謙也祔練言告不敢以爲福膳也凡膳告於君子主人展之以授使者于阼階之南南面再拜稽首送反命主人又再拜稽首展省具也○使色吏反○其禮大牢則以牛左肩臂臑折九箇。少牢則以羊左肩七箇。犆豕則以豕左肩五箇。折斷分之也皆用左者右以祭也羊豕不言臂臑因牛序之可知○臂本亦作辟以豉反注同臑奴報反又奴到反說文云臂羊犬讀若儒字林人於反箇古賀反下同犆大得反斷丁管反又大喚反分方云反又扶問反本又作箇古賀反○【疏】爲。人。至。五。箇○正義曰此一節明致福及膳於君子及所膳牲體之數謂爲人攝祭而致飲胙於君子也其致胙將命之辭則曰致福也謂致彼祭祀之福於君子也○爲已祭而致膳於君子曰膳者若己自祭而致胙於君子則不敢云福而言致膳膳善也言致善味耳祔練曰告者若己祔祥而致胙又不敢云福膳但云告言以祭胙告君子使知己祔祥而已故顏回之喪饋孔子祥肉是也○凡膳告於君子者結上也膳自祭及告祥也○主人展之以授使者于阼階之南南面再拜稽首送者謂初遣使膳告君子之去時也展省視敬君子故主人自省視飲食多少備具而阼階南稽首拜送使者○反命主人又再拜稽首者使從君子處還反則主人亦再拜稽首受命也亦當在阼階南南面也曲禮云使者反必下堂而受命是也○其禮。大牢則以牛左肩臂臑折九箇者明所。膳數也若得。大牢祭者則用牛膳也周人牲體尚右右邊。已祭所以獻左也周貴肩故用左肩也九。箇者取肩自上斷折之至蹄爲九段以獻之也臂臑謂肩脚也○少牢則以羊左肩七箇者若禮得少牢者則膳羊左肩○折爲七箇不云臂臑從上可知也然並用上牲不并備饌故大牢者唯牛少牢者唯羊也○犆豕則以豕左肩五箇者若祭唯特豕以用豕左肩亦用五箇以爲膳也○國家靡敝則車不雕幾甲不組縢食器不刻鏤君子不履絲屨馬不常秣靡敝賦稅亟也雕畫也幾附纏爲沂鄂也組縢以組飾之及紟帶也詩云公徒三萬貝胄朱綅亦鎧飾也○靡亡皮反注同幾其衣反注同組音祖縢大登反常如字恆也本亦作嘗秣音末穀馬亟本又作極紀力反急也一音其力反沂魚巾反鄂五合反紟其蔭反結也綅息廉反又音侵鎧若代反【疏】國家至常秣○正義曰此一節明國家靡敝減省之禮靡謂傍靡敝謂凋敝由君造作傍靡賦稅煩急則物凋敝則改往脩來或可靡爲縻縻謂財物縻散凋敝古字通用○車不雕幾者幾謂沂鄂不雕畫漆飾以爲沂鄂○甲不組縢者縢謂紟帶其甲不用組以爲飾及紟帶君子不履絲屨者絲屨謂絇繶純之屬不以絲飾之故云不履絲屨○注組縢至飾也○正義曰云以組飾者謂以組飾甲也云及紟帶也者謂以組連甲及爲甲帶言紟帶解經縢字縢是縛約之名故秦詩云竹閉緄縢注云縢約也引詩公徒三萬者魯頌閟宮文引之者貝胄朱綅貝胄謂以貝飾胄朱綅綴之也謂以朱繩綴甲故鄭云亦鎧飾也

附釋音禮記注疏卷第三十五

禮記注疏卷三十五校勘記

阮元撰盧宣旬摘錄

少儀第十七

及薦羞之少威儀　閩監本同毛本少作小衛氏集說同

聞始見君子者節

謙遠之也　各本同釋文出嗛云本又作謙○按謙正字嗛假借字

聞始至命者　惠棟校宋本無此五字

各隨文解之　閩監毛本同惠棟校宋本隨作依

不得階主節

解上經文云聞名之義也　閩監毛本同惠棟校宋本無經字

適者曰節

適者曰　閩監毛本作敵石經同岳本同嘉靖本同衛氏集說同此本敵誤適閩本同陳澔集說同盧文弨校云適敵古今字齊召南校云以鄭注推之古本是作敵者玩下文敵者曰贈從者敵者曰襚可見作適者非也○按敵正字適假借字

罕見曰聞名節

前二條明始相見　惠棟校宋本作二條衞氏集說同此本二誤三條字不誤閩監本同毛本二條誤三徐

此明已經相見　閩監毛本同衞氏集說作此經明已相見

按爾雅釋詁文罕希也　閩監毛本同孫志祖校云按爾雅釋詁希寡鮮罕此罕希當作希罕也

亟見曰朝夕節　惠棟云亟見節宋本分聲曰聞名句另爲一節

亟見至聞名　惠棟校宋本無此五字

適有喪者曰比節

四十持盈次　閩監毛本同惠棟校宋本持作待次作坎衞氏集說同

童子曰聽事節

雖往適宅喪　閩監毛本宅作他衞氏集說同

適公卿之喪節

不直云聽役於將命　閩監毛本同考文引宋板命下有者字

君將適他節

君將適他　各本同石經同釋文出適宅云本亦作他按此本正義並作宅

君將至從者惠棟校宋本無此五字

論臣致物於君及適者之辭閩監毛本同衞氏集說適作敵浦鏜校云當作敵

臣如置金玉貨貝於君者閩監毛本同惠棟校宋本置作致

略舉其梗概耳閩本同監毛本梗作挭

臣致襚於君節

言廢衣不敢必用斂也惠棟校宋本作言廢衣不必其以斂也宋監本同岳本同嘉靖本同衞氏集說同閩監毛本作言廢衣不必以其斂也其以二字誤倒

周禮玉府毛本作玉岳本同嘉靖本同衞氏集說同此本玉誤五閩監本玉誤王

臣致至曰襚惠棟校宋本無此五字

但充以廢致不用之例閩監毛本同衞氏集說無以字例作列下有也字浦鏜校云廢致疑廢置誤盧文弨校云致置古多通用

文謂物織畫繡之屬也惠棟校宋本作物謂文衞氏集說同此本誤倒閩監毛本同

親者兄弟節

不執將命者惠棟校宋本者作也宋監本同考文引古本足利本同岳本同嘉靖本同衞氏集說同此本也誤者閩監毛本同

大功以上同體之親監毛本同閩本體作財衞氏集說同考文引宋板同

臣爲君喪節

尤是送君閩本尤作衣惠棟校宋本同衞氏集說同此誤尤監毛本同

賵馬入廟門節

賻馬與其幣各本同毛本幣誤弊疏同

賵馬至廟門閩本同監毛本賵誤賻惠棟校宋本無此五字

禮既袓訖而後賵馬入考文引宋板袓作祖衞氏集說同此誤袓閩監毛本同

以馬助生人營喪曰賻馬惠棟校宋本有人字衞氏集說同此本人字脫閩監毛本同

周禮革路建大白以即戎也惠棟校宋本有禮革二字此本禮革二字脫閩監毛本同

有以大白兵車而賵之者惠棟校宋本賵作賻此本誤閩監毛本同

賻者既致命節

賻者至受也惠棟校宋本無此五字

坐委于𫍺東南閩監毛本同衛氏集說𫍺作殯下不告𫍺同按作殯是也

受立授立節

受立至之矣惠棟校宋本無此五字

及送贈之禮閩監毛本同惠棟校宋本送贈作贈送

類尊者故也閩監毛本同惠棟校宋本類作煩

則有坐而授受考文引宋板作授受衛氏集說同此本作受授閩監毛本同

始入而辭節

始入至則否惠棟校宋本無此五字

問品味節

問品至某乎惠棟校宋本無此五字

教國子三德三行者嚴杰云者字上脫三德二字

禮樂射馭書數也惠棟校宋本如此此本馭下衍於字閩監毛本同考文無於字又無也字衛氏集說同

不疑在躬節

訾思也重猶寶也惠棟校宋本如此宋監本同岳本同嘉靖本同衛氏集說同考文引古本足利本同此本作訾思重猶寶也也閩監毛本刪去一也字而思下也字遂脫

不疑至重器惠棟校宋本無此五字

則爲賓爲主皆然也閩監毛本同衛校宋本則作而

謂卿大夫之家也惠棟校宋本有卿字此本卿字脫閩監毛本同衛氏集說同

不可願數之也惠棟校宋本同閩監毛本數作效衛氏集說同

淫亂濫惡也惠棟校宋本此下標禮記正義卷四十四終記云凡二十三頁

汜埽曰埽節惠棟校宋本自此節起至國家靡敝節止題禮記正義卷第四十五

汜埽曰埽閩監毛本同石經同岳本同嘉靖本同衛氏集說同釋文汜作氾浦鏜校云氾誤汜下並同

埽席前曰拚閩本同石經同岳本同嘉靖本同衛氏集說同監毛本拚誤拚釋文亦作拚下拚及疏並同

帚恆帚地毛本作埽岳本同嘉靖本同衛氏集說同此本誤作帚閩監本同考文引宋板古本足利本亦作埽

不潔清也閩本同監毛本潔作潔岳本同嘉靖本潔作絜衛氏集說同釋文同○按漢人祇作絜

汜埽至膺擖惠棟校宋本無此五字

明主人與賓洒埽之事閩監毛本同惠棟校宋本與作爲衞氏集說同

若帚席上拚惠棟校宋本帚作埽此本埽誤帚閩監毛本同衞氏集說埽作

不得持鬵尊者惠棟校宋本作得衞氏集說同此本得字滤滅閩監毛本得作可

不貳問節

不貳至則否惠棟校宋本無此五字

此一節明問卜筮之法惠棟校宋本有問字衞氏集說同此本問字脫閩監本同毛本同法誤卜

不二問者閩監本同毛本二作貳

不得二心閩監本同毛本二作貳惠棟校宋本同下若二心同

尊長於已踰等節

喪俟事不犆弔各本同石經同釋文出不特云本又作犆○按特正字

端愨所以爲敬也各本同釋文愨作慤是也

嫌勝故薄之惠棟校宋本薄作專宋監本同岳本同嘉靖本同衞氏集說同考文引古本足利本同此本誤閩監毛本並誤

尊長至擢馬惠棟校宋本無此五字

奉命於尊長諸雜之儀 閩監毛本命作侍衛氏集說同

若尊者眠臥 閩本同惠棟校宋本同衛氏集說同監本眠誤服毛本眠誤臨

上耦前取一矢下耦又進 閩監毛本同考文引宋板矢作次衛氏集說同

但頻勝馬三難得 惠棟校宋本作三馬衛氏集說同此本三馬二字倒閩監毛本同

足以爲三馬以成定勝也 閩監毛本同衛氏集說定字無

執君之乘車節

扡諸幦 宋監本惠棟校宋本岳本嘉靖本同閩監毛本扡作拖衛氏集說同石經扡字殘闕釋文亦作扡○按依說文當作拕从手拕聲

執君至後步 惠棟校宋本無此五字

謂君不在車 惠棟校宋本有君字此本君字脫閩監毛本同

幦車覆闌也 惠棟校宋本同閩監毛本闌作闌下車前闌也同

而拖末於車前幦上也 閩監毛本拖作擲衛氏集說同

請見不請退節

罷之言罷勞也春秋傳曰師還曰疲 閩監毛本同岳本同衛氏集說同嘉靖本同言誤吉段玉裁校本云罷勞之罷

當作疲曰疲之疲當作罷二字蓋互譌

請見至曰罷惠棟校宋本無此五字

及朝廷歸退之辭惠棟校宋本作歸退衛氏集說同此本歸退二字倒閩監毛本同

侍坐於君子節

尊者忽問日之蚤晚閩本作晚惠棟校宋本同衛氏集說同此本晚誤暮監毛本晚誤莫

事君者節

事君至罪也惠棟校宋本無此五字

然猶如此閩毛本同監本此誤比

不窺密節

不窺至戲色惠棟校宋本無此五字

故鄭云嫌伺人之私也惠棟校宋本有故字此本故字脱閩監毛本同

爲人臣下者節

怠墮也惠棟校宋本墮作惰宋監本同岳本同嘉靖本同衛氏集説同此本誤閩監毛本同釋文亦出怠惰各本正義並作惰字不誤

不可因也閩監毛本同嘉靖本同惠棟校宋本不作無宋監本同岳本同衞氏集說同考文引古本足利本同

爲人至之役惠棟校宋本無此五字

君若惡臣當諫之惠棟校宋本若下有有字衞氏集說同此本有字脫閩監毛本同

役爲也謂事君如上者惠棟校宋本有也字此本也字脫閩監毛本同

柳莊者是社稷之臣也閩監毛本同考文引宋板無是字

毋拔來節

毋瀆神閩本同石經同岳本同嘉靖本同衞氏集說同監毛本瀆作凟

說或爲伸閩監毛本伸作申岳本同嘉靖本同此本誤也衞氏集說誤作甲

思此則疾貪也考文引古本同閩監毛本貪作貧岳本同嘉靖本同衞氏集說同

毋拔至言語惠棟校宋本無此五字

凡人故不可豫欲測量之也閩監毛本同惠棟校宋本故作固衞氏集說同

謂規矩尺寸之法或言工巧閩監毛本同浦鏜校或改式按作法式是也

今有夕桀各爲二篇閩監毛本同惠棟校宋本二作一

餘並不敢　惠棟校宋本敢作取此本誤敢閩監毛本同

注說至宜也　閩監毛本同考文引宋板說下有謂字

或薄或厚聲之振動　閩監毛本同惠棟校宋本振作震衞氏集說同

言語之美節

讀如歸往之往　閩監毛本同岳本同嘉靖本同衞氏集說同按讀如當依正義作讀爲

言語至雍雍　惠棟校宋本無此五字

心有繼屬　閩監毛本同衞氏集說有下有所字繼字同浦鏜校繼改繫

四牡騑騑　閩監毛本同衞氏集說同惠棟校宋本四作駟下四牡翼翼四牡騑騑並同

皆是馬之嚴止　閩監毛本同考文引宋板無皆是二字止作正

問國君之子節

車中之拜肅拜　考文引宋板車作軍古本足利本同岳本同嘉靖本同此本誤車閩監毛本同衞氏集說同段玉裁校本云車中當作軍中公羊傳三十二疏正作軍

問國君至不拜　惠棟校宋本無此六字

幼則云已能受命令於樂人閩監毛本同衞氏集說命作政

大磬舜樂也閩本同惠棟校宋本同監毛本磬作韶○按韶正字磬假借字周禮作磬磬者籒文䪨字也

婦人吉事節

肅拜拜低頭也閩監毛本同岳本同嘉靖本同衞氏集說同段玉裁校本云當作肅拜拜不低頭也别有說

婦人以肅拜爲正各本同考文引古本下有故雖君賜之重亦肅拜而受十一字

婦人至手拜惠棟校宋本無此五字

此一節論婦人拜儀閩監毛本同惠棟校宋本節作經衞氏集說同

而昏禮婦拜扱地惠棟校宋本有婦字衞氏集說同此本婦字脫閩監毛本同

左傳穆嬴閩監毛本同衞氏集說嬴作嬴

葛絰而麻帶節

葛絰而麻帶閩監本同毛本而作至惠棟校宋本無此五字

帶有除無變閩監毛本同衞氏集說同惠棟校宋本帶下有則字

故云麻帶也閩監毛本同惠棟校宋本無也字云作曰衞氏集說也字亦無

取俎進俎節惠棟云取俎節宋本分執虛以下另爲一節

取俎進俎不坐惠棟校宋本無此六字

謂進肉於俎閩監本同考文引宋板同毛本於誤如

凡祭於室中節

堂上無跣閩監毛本同石經同岳本同嘉靖本同衞氏集說同釋文出毋跣

爲歡也各本同釋文歡作懽

說屨乃升堂各本同釋文出稅屨云本或作脫又作說

凡祭至有之惠棟校宋本無此五字

若擯尸則于堂閩監毛本同惠棟校宋本擯作儐衞氏集說同

燕安坐相親之心閩監毛本同浦鏜校云心下增也字

乘貳車節惠棟云乘貳車節宋本分貳車者以下合有貳車者節爲一節

卿大夫各如其命之數閩監毛本同岳本同嘉靖本同惠棟校宋本卿上有及字數下有也字宋監本同考文引古本同衞氏集說卿上亦有及字數下也字無考文引足利本同

乘貳至則否　惠棟校宋本無此五字

貳車云式主敬　惠棟校宋本有貳字此本貳字脱閩監毛本同

上公貳九乘　惠棟校宋本貳下有車字是也閩監毛本作上貳公九乘公貳誤倒車字亦誤脱

有貳車者之乘馬節

尊有爵之物　惠棟校宋本爵下有者字宋監本同岳本同嘉靖本同衞氏集說同考文引古本足利本同此本者字脱閩監毛本同

有貳至弗買　惠棟校宋本無此五字

有二車者之乘馬服車不齒者　閩監毛本同惠棟校宋本二作貳下同

其以乘壺酒節

束脩　閩監本同石經同岳本同衞氏集說同嘉靖本脩作修毛本束脩誤束修下執脩束脩書脩並同注疏放此

車則說綏　各本同石經同釋文出稅綏云本又作脱又作說

則袒櫜奉冑　各本同監本冑誤胄

櫝謂劍函也　閩監毛本同岳本同嘉靖本同衞氏集說同考文云古本下有蓋者匣之蓋也六字按既言函又言匣字歧出正義云蓋劍函之蓋也古本蓋依此增入

夫襓劍衣也各本同考文云古本下有開匣以其蓋卻合於匣之底下乃加襓於匣中而以劍置襓上也二十五字按此亦妄增也下接加劍於衣上於文義不順

熲杖宋監本亦作熲岳本同閩監毛本熲作穎石經同衛氏集說同嘉靖本熲誤穎注放此石經考文提要云按九經三傳沿革例云疏本作穎釋文及建諸本作熲監本及興國本作穎釋文以警枕之熲其旁下從火又未知監本興國本穎字其旁下从禾者以何本爲據今熲穎二字皆依釋文據此則宋監本已作穎蓋从正義謂穎是穎發之義刃之在手謂之爲穎禾之秀穗亦謂之爲穎枕之警動亦謂之穎故其字从禾然釋文最古且警枕與刃穎字有分別故珂依之宋本九經南宋巾箱本余仁仲本劉叔剛本儀禮經傳通解禮記纂言並作熲按今釋文熲字各本亦不同葉影宋本作熲公庫本作穎通志堂本作熲與唐石經合○按段玉裁云熲蓋與炯同熲之言耿耿也故爲警枕詩言耿耿不寐是也穎誤穎俗

筴籥閩本同惠棟校宋本同宋監本同石經同岳本同嘉靖本同衛氏集說同考文引古本足利本同監毛本筴作莢按注筴字閩監毛本俱作莢

謂編束萑葦以裹魚肉也惠棟校宋本作萑宋監本同岳本同嘉靖本同衛氏集說同此本萑字模糊閩監毛本萑作菅按正義本作萑釋文本作菅各本裹字不誤惟毛本誤裹○按萑葦之萑當作萑从艸萑聲菅別一物

左手執上各本同考文引古本下有右手捧下陰陽之義也九字按增此九字於文義亦不順元文當無

刀卻刃授穎閩監毛本穎作穎石經同釋文同岳本同衛氏集說同嘉靖本穎誤穎注同

其以乘壺酒束脩一犬賜人至凡有刺刃者以授人則辟刃惠棟校宋本無此二十三

字

其以鼎肉則執以將命○閩監毛本同惠棟校宋本○作者毛本同

犬則至右之閩監本同惠棟校宋本作犬則執緤者

則執繫犬繩也○閩監本同毛本犬誤大○脫惠棟校宋本無○

則⿰犭足鵲音同惠棟校宋本同閩監毛本猳誤從

則開甲出櫜胄奉之惠棟校宋本作櫜出衞氏集說同此本櫜出二字倒閩監毛本同

注襲郤至發聲惠棟校宋本有郤字此本郤字脫閩監毛本同

若今刀榼閩監毛本同惠棟校宋本榼作⿰木蓋

故云夫或爲煩惠棟校宋本同閩監毛本或誤作

當以繒帛爲之惠棟校宋本作帛此本帛誤綿閩監毛本帛誤綿

穎警枕也閩監毛本穎作頴按疏中此字本作頴九經三傳沿革例所謂疏本作頴是也

筴著也閩本同監毛本筴作莢

見苞苴之禮行閩監毛本同惠棟校宋本苞作包

茵著蓐也者閩監本同惠棟校宋本茵上有云字毛本同

管如遂考文引宋板同閩監毛本篴作䉌

乘兵車節

不以刃鄉國也岳本同嘉靖本同閩監毛本同鄉作嚮衛氏集說同釋文出上注正鄉云下鄉國同是釋文本亦作鄉也○按嚮俗鄉字

乘兵至尙右惠棟校宋本無此五字

燕侍食於君子節

毋放飯閩毛本同石經同岳本同嘉靖本同衛氏集說同監本毋上有同字蓋誤以上句音義下小飯同之同字混入經文

燕侍至則止惠棟校宋本無此五字

客爵居左節

僎或爲騶閩監毛本同岳本同衛氏集說同惠棟校宋本騶作馴宋監本同嘉靖本同考文引古本同釋文出爲騶云本又作馴按正義云僎或爲馴者是正義本當作馴也

客爵至居右惠棟校宋本無此五字

注云謂此鄉之人惠棟校宋本作謂此此本謂此二字倒閩監毛本同

今文遵或爲僎惠棟校宋本同閩監毛本文誤云

羞濡魚者節

夏右鰭各本同石經同釋文鰭作鬐

羞濡至祭膴惠棟校宋本無此五字

少牢主人獻祝佐食惠棟校宋本作祝與儀禮合此本祝誤俎閩監毛本同

皆十有五閩本作十有惠棟校宋本同此本十有二字倒監毛本同下十有四同

贊幣自左節

謂爲君授幣考文引宋板作授古本足利本同衞氏集說同此本授誤受閩監毛本同岳本同嘉靖本同

贊幣至自右惠棟校宋本無此五字

謂爲君授幣之時惠棟校宋本作授衞氏集說同此本授誤受閩監毛本同

酌尸之僕節

祭左右軌范閩監毛本同石經同岳本同嘉靖本同衞氏集說同惠棟校宋本軌作軓盧文弨校云軌乃軓之譌而鄭此處但云與軓同釋文又音媿美反不當改軓按盧校是也軌本爲車轍鄭君此注以當軓軓爲車軾前注意以爲即此范范既爲軓軌又改軓是祭左右軓軓必不可通戴震有辨詩

禮注軌軓軹軒四字文言之極詳段玉裁曰軌者輿下輪內之偁高誘注呂氏春秋曰兩輪之閒曰軌毛公詩傳曰由輈以下曰軌合此二語知軌之所在矣上距輿下距地兩旁距輪此之謂軌高誘云兩輪之閒去輪言之則空處也連輪言之則禮記之左右軌也

祭軌乃飲 各本同惠棟校宋本軌作軓非也

軓與范聲同 閩監毛本同惠棟校宋本軓作範宋監本同岳本同嘉靖本同考文引足利本同衞氏集說軓作軌考文引古本作范與範聲同盧文弨校云古本范與範聲同是宋本足利本範與范聲同非按此軓字誤當作軌衞氏集說作軓與范聲同是也戴震考定此注亦如此各本並誤○按段玉裁云當作範與軓聲同

酌尸至乃飲 惠棟校宋本無此五字

僕立於右 閩監毛本同惠棟校宋本於作在衞氏集說同續通解同

祭偏乃自飲 閩本作偏惠棟校宋本同衞氏集說同此本偏字闕監毛本偏誤畢

祭兩軹祭軌 閩監毛本同惠棟校宋本軌作軓下不濡軓並同按此作軓是作軌誤也下大御云軓但式前之軓不濡軓並同

大御云軓 閩監毛本同惠棟校宋本御作馭軓作軌是也

謂式前之範 閩監毛本同段玉裁校本範作軓

若轂末之軌則車旁著九 閩監本同衞氏集說同毛本九誤凡下亦車旁著九同

其車轍亦謂之軌惠棟校宋本作轍衞氏集說同此本轍誤撤閩本同監毛本轍作徹

凡羞節惠棟云凡羞節宋本分小子至立飲爲一節凡洗必盥爲一節牛羊之肺至提心爲一節凡羞至以齊爲一節爲君至本末爲一節羞首至祭耳爲一節尊者至嘗羞爲一節牛與至柔之爲一節其有折俎至尸則坐爲一節

腴有似於人穢惠棟校宋本有於字宋監本同岳本同嘉靖本同衞氏集說同此本於字脫閩監毛本同釋文出濊云本又作穢〇按依說文當作薉从艸歲聲

卑不得與賓介具備禮容也閩監毛本同考文云宋板具作俱足利本同岳本同嘉靖本同衞氏集說同通解同

先自絜也惠棟校宋本亦作絜宋監本同閩本同岳本同嘉靖本同衞氏集說同監毛本絜作潔俗字

刲離之不絕中央少者閩監本同岳本同嘉靖本同衞氏集說同毛本刲誤到絕字同惠棟校宋本刲字同絕作終非是

凡羞有湆者各本同石經同按毛氏居正云湆肉汁也从泣聲也从月義也非从聲音之音也各本俱作湆誤

爲君子擇葱薤閩監毛本同石經同岳本同嘉靖本同衞氏集說同惠棟校宋本薤作韰釋文出葱薤下切葱若薤同〇按韰正字薤俗字

禨者閩本同石經同嘉靖本同衞氏集說同監毛本禨誤機岳本同釋文出禨者

以醢與葷菜淹之各本同釋文葷作焄

亦爲柄尺之類也惠棟校宋本作柄尺岳本同嘉靖本同考文引古本足利本同此本柄尺二字倒閩監毛本同衞氏集說同釋文出

尺柄

左手嚌之惠棟校宋本同岳本同嘉靖本同衞氏集說同閩監毛本嚌誤齊

凡羞至則坐閩監本同毛本坐誤祭惠棟校宋本無此五字

故君子但食他處閩本同惠棟校宋本同監毛本但誤俱

凡飲酒必洗爵閩監毛本同考文引宋板必作是非也

執幕者升自西階閩監毛本同惠棟校宋本幕作冪衞氏集說同

折謂折骨體於俎也惠棟校宋本謂上有俎字此本脫閩監毛本同衞氏集說作折俎者折骨體於俎也

若折俎爲尊惠棟校宋本折上有有字衞氏集說同此本有字脫閩監毛本同

而後報切之爲膾也閩本同惠棟校宋本同監毛本報作細衞氏集說後報作復細

其未有燭節

而後至者惠棟校宋本而下有有字宋監本同石經同岳本同衞氏集說同考文引古本足利本同此本誤脫閩監毛本同嘉靖本同石經考文提要宋大字本宋本九經南宋巾箱本並有有字

其未至不歌惠棟校宋本無此五字

謂已在於坐者閩監毛本同惠棟校宋本者下有也字衞氏集說同

故道示之惠棟校宋本如此此本示誤亦閩監本同毛本道示誤亦道

故爲獻主也閩監毛本同惠棟校宋本故下有云字衞氏集說同

以燭乃授已執事之人考文引宋板作事此本執事誤執執閩監毛本事作燭衞氏集說作乃以燭授執事之人也

又各歌詩相顯惠棟校宋本顯下有德字衞氏集說同此本德字脫閩監毛本同

所以殺於三事閩監毛本同衞氏集說於作此

洗盥節

示不敢歆臭也各本同釋文出不歆無敢字又出臭之也作之

洗盥至而對惠棟校宋本無此五字

謂不鼻嗅尊長飲食也惠棟校宋本不下有以字作嗅此本以字脫嗅誤臭閩監毛本同

爲人祭節

此皆致祭祀之餘於君子惠棟校宋本子下有也字宋監本同岳本同嘉靖本同衞氏集說同此本也字脫閩監毛本同

以授使者于阼階之南南面閩監毛本同石經同岳本同嘉靖本同衞氏集說同陳澔集說本脫一南字石經考文提要云宋大

字本宋本九經南宋巾箱本余仁仲本劉叔剛本並有兩南字

折九箇 惠棟校宋本箇作个宋監本同石經同釋文同岳本同嘉靖本同衞氏集說同考文引古本足利本同此本个作箇閩監毛本同下七箇五箇及疏並同

爲人至五箇 惠棟校宋本無此五字

其禮大牢 惠棟校宋本同閩監毛本大作太下若得大牢同

明所膳數也 惠棟校宋本膳下有禮字衞氏集說同此本誤脫閩監毛本同

右邊已祭 閩監本同毛本已作以

九箇者 惠棟校宋本箇作个下七箇五箇並同

則膳羊左肩 閩監毛本同衞氏集說同惠棟校宋本肩下有也字

亦用五箇以爲膳也 惠棟校宋本作亦此本亦誤以閩監毛本同

國家靡敝節

則車不雕幾 各本同石經同釋文雕作彫

貝冑朱綅 岳本同嘉靖本同衞氏集說同考文引宋板同閩監毛本貝誤具

國家至常秫　惠棟校宋本無此五字

云以組飾者　惠棟校宋本飾下有之字此本之字脫閩監毛本同

附釋音禮記注疏卷第三十五終　惠棟校宋本卷第四十五終記云凡二十五頁宋監本禮記卷第十經三千七百一十三字注五千四百四十七字嘉靖本禮記卷第十經四千二百十字注六千三百八字

禮記注疏卷三十五校勘記

學記第十八○陸曰鄭云學記者以其記人學教之義【疏】正義曰按鄭目錄云名曰學記者以其記人學教之義此於别錄屬通論

禮記

鄭氏注　孔穎達疏

發慮憲求善良足以謏聞不足以動衆憲法也言發計慮當擬度於法式也求謂招來也謏之言小也動衆謂師役之事○憲音獻謏思了反徐所穆反聞音問聲聞度大各反就賢體遠足以動衆未足以化民就謂躬下之體謂親也○下下戶嫁反君子如欲化民成俗其必由學乎所學者聖人之道在方策○策初革反○【疏】發慮至學乎○正義曰此一節明雖有餘善欲化民成俗不如學之爲重○發慮憲者發謂起發慮謂謀慮憲謂法式也言有人不學而起發謀慮終不動衆舉動必能擬度於法式故云發慮憲○求善良者良亦善也又能招求善良之士○足以謏聞者謏之言小聞聲聞也言不學之人能有片識謀慮法式求善以自輔此是人身上小善故小有聲聞也○不足以動衆者衆謂師役也雖有以小善恩未被物若御軍動衆則不能故云不足以動衆也○就賢體遠者賢謂德行賢良屈下從就之遠謂才藝廣遠心意能親愛之也○足以動衆者以恩被於外故足以動衆也未足以化民者雖復恩能動衆識見猶淺仁義未備故未足以化民也○君子如欲化民成俗者君謂君於上位子謂子愛下民謂天子諸侯及卿大夫欲教化其民成其美俗非學不可故云其必由學乎學則博識多聞知古知今旣身有善行示民軌儀故可以化民成俗也○注憲法也言發計慮當擬度於法式也求謂招來也謏之言小也動衆謂師役之事○正義曰憲法釋詁文謏之言小也言謏音近小故云謏之言小也云動衆謂師役之事者動衆以與化民相對化民事難動衆稍易故知是師役之事○注所學者聖人之道在方策○正義曰鄭恐

所學惟小小才藝之事故云所學者聖人之道以其化民成俗非聖人之道不可云在方策者下篇文武之道布在方策是也○玉不琢不成器人不學不知道是故古之王者建國君民教。學爲先謂內則設師保以教使國子學焉外則有大學庠序之官○琢丁角反治玉曰琢大音泰後大學皆同○兌命曰念終始典于學其此之謂乎典經也言學之不舍業也兌當爲說字之誤也高宗夢傅說求而得之作說命三篇在尙書今亡○兌依注作說音悅下兌命放此舍音捨兌當徒外反

【疏】玉。不。至。謂。乎○正義曰此一節論喻學之爲美故先立學之事○王者建國君民教學爲先者建國謂建立其國君民謂君長其民內則設師保外則設庠序以教之故云教學爲先○兌命曰念終始典于學者記者明教學事重不可暫廢故引兌命以證之言殷相傳說告高宗云意恆思念從始至終習經典於學也○其此之謂乎者言此經所謂教學爲先則兌命念終始典于學也○注典經至今亡○正義曰典經也釋言文。學不舍業卽經云終始思念經典是不舍業也言高宗夢傅說者書序云高宗夢。得說作說命三篇高宗殷王武丁其德高可尊故號高宗其事具尙書篇見在鄭云今亡者鄭不見古文尙書故也

雖有嘉肴弗食不知其旨也雖有至道弗學不知其善也旨美也○肴戶交反是故學然後知不足教然後知困學則睹己行之所短教則見己道之所未達○睹丁古反行下孟反下注德行同知不足然後能自反也知困然後能自強也故曰教學相長也自反求諸己也自強脩業不敢倦○強其丈反又其良反下注同長丁兩反下注長稺長者皆同○兌命曰學學半其此之謂乎言學人乃益己之學半○學學上胡孝反下如字學人胡孝反又音教○

【疏】。雖。有。至。謂。乎○正義曰此一節明教學相益○雖有嘉肴弗食不知其旨也者嘉善也旨美也雖有嘉美之肴兼陳列于前若不食卽不知其肴之美也○雖有至

道弗學不知其善也者至謂至極雖有至極大道若不學則不知大道之善○是故學然後知不足。之者若不學之時諸事蕩然不知己身何長何短若學則知己之所短有不足之處也○教然後知困者不教之時謂己諸事皆通若其教人則知己有不通而事有困弊困則甚於不足矣○知不足然後能自反也者凡人皆欲嚮前相進既知不足然後能自反嚮身而求諸己之困故反學矣○知困然後能自强也者凡人多有解怠既知困弊然後能自强學其身不復解怠也○故曰教學相長也者謂教能長益於善教學之時然後知己困而乃强之是教能長學善也學則道業成就於教益善是學能相長也但此禮本明教之長學兌命曰學學半者上學爲教音斆下學者謂習也謂學習也言教人乃是益己學之半也說命所云其此之謂乎言學習不可暫廢故引說命以證之言恆思念從始至終習禮典于學也○

古之教者家有塾黨有庠術有序國有學術當爲遂聲之誤也古者仕焉而已者歸教於閭里朝夕坐於門門側之堂謂之塾周禮五百家爲黨萬二千五百家爲遂黨屬於鄉遂在遠郊之外○塾音孰一音育術音遂出注○

比年入學學者每歲來入也○中年考校。中猶間也鄉遂大夫間歲則考學者之德行道藝周禮三歲大比乃考焉○中徐丁仲反注同間間側之間下同○比毗志反○

一年視離經辨志三年視敬業樂羣五年視博習親師七年視論學取友謂之小成九年知類通達強立而不反謂之大成離。經斷句絕也辨志謂別其心意所趣鄉也知類知事義之比也強立臨事不惑也不反不違失師道○樂五孝反又音獄下不能樂學同斷丁亂反別彼列反趣七住反鄉許亮反比必履反一音必利反○

夫然後足以化民易俗近者說服而遠者懷之此大學之道也懷來也安也○說音悅

記曰蛾子時術之其此之謂乎蛾蚍蜉也蚍蜉之子微蟲耳時術蚍蜉之所爲其功乃復成大垤○蛾魚起反注同本或

作蟻蚍音毗蜉音孚爾雅云蚍蜉大蟻復扶又反垤大結反毛詩傳云蟻冢也

[疏]古之至謂乎○正義曰此一節明國家立庠序上下之殊并明入學年歲之差○古之教者謂上代也○家有塾者此明學之所在周禮百里之內二十五家為閭同共一巷巷首有門門邊有塾謂民在家之時朝夕出入恆受教於塾故云家有塾白虎通云古之教民百里皆有師里中之老有道德者為里右師其次為左師教里中之子弟以道藝孝悌仁義也○黨有庠者黨謂周禮五百家也庠學名也於黨中立學教閭中所升者也○術有序者術遂也周禮萬二千五百家為遂遂有序亦學名於遂中立學教黨學所升者也國有學者國謂天子所都及諸侯國中也周禮天子立四代學以教世子及羣后之子及鄉中俊選所升之士也而尊魯亦立四代學餘諸侯於國但立時王之學故云國有學也○比年入學者比年謂每年也謂年年恆入學也○中年考校者中猶間也謂每間一歲鄉遂大夫考校其藝也○一年視離經辨志者謂學者初入學一年鄉遂大夫於年終之時考視其業離經謂離析經理使章句斷絕也○辨志謂辨其志意趣鄉習學何經矣○三年視敬業樂羣者謂學者入學三年考校之時視此學者敬業謂藝業長者敬而親之樂羣謂羣居朋友善者願而樂之○五年視博習親師者言五年考校之時視此學者博習謂廣博學習也親師謂親愛其師○七年視論學取友者言七年考校之時視此學者論學謂學問嚮成論說學之是非取友謂選擇好人取之為友謂之小成者比六年已前其業稍成比九年之學其業小故曰小成○九年知類通達強立而不反者謂九年考校之時視此學者言知義理事類通達無疑強立謂專強獨立不有疑滯而不反謂不違失師教之道○謂之大成此大學之道也者言如此所論是大學賢聖之道理非小學技藝耳○記曰蛾子時術之者謂舊人之記先有此語記禮者引舊記之言故云蛾子時術之蟻子小蟲蚍蜉之子時時術學銜土之事而成大垤猶如學者時時學問而成大道矣記之所云其此學問之謂乎○注術當為遂聲之誤也古者仕焉而已者歸教於閭里至在遠郊之外○正義曰此云術周禮作遂者此記與黨連文故知術當為遂以聲相近而錯誤也

云古者仕焉而已者歸教於閭里朝夕坐於門者已猶退也謂仕年老而退歸者案書傳說云大夫七十而致仕而退老歸其鄉里大夫爲父師士爲少師新穀已入餘子皆入學距冬至四十五日始出學上老平明坐於右塾庶老坐於左塾餘子畢出然後皆歸夕亦如之云門側之堂謂之塾者爾雅釋宮文引周禮者證黨遂之異案周禮六鄉之內五家爲比五比爲閭四閭爲族五族爲黨爲州五州爲鄉六遂之內五家爲鄰五鄰爲里四里爲酇五酇爲鄙五鄙爲縣五縣爲遂今此經六鄉舉黨六遂舉序則餘閭里以上皆有學可知故此注云歸教於閭里其比與鄰近止五家而已不必皆有學云遂在遠郊之外者案周禮遂人掌野之官百里之外故知遂在遠郊之外鄭注州長職云序州黨之學則黨學曰序此云黨有庠者鄉學曰庠故鄉飲酒之義云主人拜迎賓于庠門之外注云庠鄉學也州黨曰序此云黨有庠者是鄉之所居黨爲鄉學之庠不別立序凡六鄉之內州學以下皆爲庠六遂之內縣學以下皆爲序也皇氏云遂學曰庠與此文違其義非也庾氏云黨有庠謂夏殷禮非周法義或然也○○注中猶間也鄉遂大夫間歲則考學者之德行道藝周禮三歲大比乃考焉○正義曰間年謂下一年三年五年七年之類是也云鄉遂大夫間歲則考學者計學者入學多少之間歲非是鄉遂大夫間歲三年入學也云周禮三歲大比乃考焉者鄭引周禮三年大比考校則此中年考校非周禮也故周禮鄉大夫職云三年大比而興賢者能者皇氏云此中年考校亦周法非也皇氏又以此中年考校謂鄉遂學也下文云一年視離經辨志以下皆謂國學亦非也但應入大學者自國家考校之耳其末入大學者鄉遂大夫考校也○注蛾蚍蜉也蚍蜉之子按釋蟲云蚍蜉大螘小者螘是蟻爲蚍蜉大者又云蟻子故云蚍蜉之子也

○大學始教皮弁祭菜示敬道也皮弁天子之朝朝服也祭菜禮先聖先師菜謂芹藻之屬○朝朝並直遙反芹音勤藻音早○宵雅肄三官其始也宵之言小也肄習也習小雅之三謂鹿鳴四牡皇皇者華也此皆君臣宴樂相勞苦之詩爲始學者習之所以勸之以官且取上下相和厚○宵音消肄本又作肆同以二反注同

樂音洛勞力告反又如字為于偽反入學鼓篋孫其業也鼓篋擊鼓警衆乃發篋出所治經業也孫猶恭順也○篋古協反孫音遜注及下皆同警京領反○夏楚二物收其威也夏槄也楚荊也二者所以撲撻犯禮者收謂收斂整齊之威威儀也○夏古雅反注同槄吐刀反爾雅云槄山榎撲普卜反尚書云作教刑撻他達反○未卜禘不視學。游其志也禘大祭也天子諸侯既祭乃視學考校以。游暇學者之志意○禘大計反游音由本亦作游暇戶嫁反舊古雅反○時觀而弗語存其心也使之悱悱憤憤然後啓發也○語魚庶反悱芳鬼反憤扶粉反一本直作悱憤幼者聽而弗問學不躐等也學教也教之長穉○學胡孝反注同躐音里輒反穉直吏反○此七者教之大倫也倫理也自大學始教至此其義七也記曰凡學官先事士先志其此之謂乎官居官者也士學士也○【疏】大。學。至。謂。乎。○正義曰此一節明天子諸侯教學大理凡有七種各依文解之○大學始教者大學謂天子諸侯使大學者入大學習先王之道矣熊氏云始教謂始立學教皮弁祭菜者謂天子使有司服皮弁祭先聖先師以蘋藻之菜也○示敬道也者崔氏云著皮弁祭菜蔬並是質素示學者以謙敬之道矣注祭菜至先師正義曰熊氏云以注禮先聖先師之義解經始教謂始立學也若學士春始入學唯得祭先師故文王世子云春官釋奠于其先師秋冬唯祭先師已不祭先聖故大胥春釋菜合舞鄭云釋菜禮先師是春始入學不祭先聖也皇氏云以為始教謂春時學。始入學也其義恐非○宵雅肄三官其始也宵小也肄習也當祭菜之時便歌小雅習其三篇鹿鳴四牡皇皇者華取其上下之官勸其始學之人使上下順序也故云官其始也亦謂以官勸其始也○注宵之至和厚○正義曰宵音近小故讀從小按鄉飲酒禮燕禮皆歌鹿鳴四牡皇皇者華又襄四年穆叔如晉歌小雅三篇故知鹿鳴四牡皇皇者華也云為始學者習之所以勸之以官者小雅三篇皆君臣燕樂及相勞苦今為學者歌之欲使學者得為官與君臣相燕樂各自勸勵故

云所以勸之以官也此云始者謂學者始來入學故云始入學習之也○入學
鼓篋孫其業也○入學謂學士入學之時大胥之官先擊鼓以召之學者既至
發其篋以出其書故云鼓篋也所以然者欲使學者孫其業謂恭順其所持
經業○注鼓篋至業也○正義曰鼓謂擊鼓故大胥云用樂者以鼓徵學士文
王世子云大昕鼓徵所以警衆也文王世子云謂天子視學之時擊鼓警衆也
若是凡常入學用樂及爲祭祀用樂者以鼓徵學士是也○夏楚二物收其威
也學者不勤其業師則以夏楚二物以笞撻之所以然者欲令學者畏之收斂
其威儀也○注夏槄至禮者○正義曰爾雅釋木云槄山。榎郭景純云今之山
楸盧氏云撲。作教刑是撲。撻犯禮者○未卜禘不視學游其志也○皇氏云禘
大祭在於夏天子諸侯視學之時必在禘祭之後未卜禘謂未爲禘也禘是大
祭必先卜故連言之是未爲禘祭不視學所以然者欲游其學者之志謂優游
縱暇學者之志不欲急切之故禘祭之後乃視學考校優劣焉○注禘大至考
校○正義曰禘大祭爾雅釋天文云天子諸侯既祭乃視學者謂於夏祭之時
既爲禘祭之後乃視學考校當祭之年故云未卜禘不視學若不當禘祭之年
亦待時祭之後乃視學也此視學謂考試學者經業或君親往或使有司爲之
非天子大禮視學也若大禮視學在仲春仲秋及季春故文王世子云凡大合
樂必遂養老注云大合樂謂春入學舍菜合舞秋頒學合聲於是時也天子則
視學焉月令季春大合樂天子率三公九卿而視學焉與此別也視學既在夏
祭之後則天子春秋視學亦應在春秋時祭之後此舉未卜禘不視學則餘可
知也熊氏云此禘謂夏正郊天視學謂仲春視學若郊天則不視學若如熊氏
義禮不王不禘○鄭注何得云天子諸侯既祭乃視學既連諸侯言之則此禘非
祭天熊說非也○時觀而弗語存其心也。者時時觀之而不丁寧
告語所以然者欲使學者存其心也既不告語學者則心憤憤口悱悱然後啓
之學者則存其心也○幼者聽而弗問○不教學之法若有疑滯未。曉必須問師
則幼者但聽長者解說不得輒問推長者諮問幼者但聽之耳○學不躐等也
者學教也躐踰越也言教此學者令其謙退不敢踰越等差若其幼者輒問不

推長者則與長者抗行常有驕矜今唯使聽而不問故云學不躐等也○此七者教之大倫也者倫理也言前七等之事是教學大理也○記曰至謂乎引舊記結上七事凡學謂學爲官學爲士者官先事士先志者若學爲官則先教以居官之事若學爲士則先喻教以學士之志故先七事皆是教學居官及學士者○其此之謂乎者記者所云其此在上七事之謂乎

大學之教也時教必有正業退息必有居有居有常居也

學不學操縵不能安弦操縵雜弄○操七刀反注同縵末但反雜徂合反不學博依不能安詩。博依廣譬喻也依或爲衣○依於豈反注皆同不學雜服不能安禮雜服冕服皮弁之屬雜或爲雅不與其藝不能樂學興之言喜也歆也藝謂禮樂射御書數○興虛應反歆許金反

故君子之於學也藏焉脩焉息焉遊焉。藏謂懷抱之脩習也息謂作勞休止之爲息遊謂閒暇無事之爲遊○閒音閑

夫然故安其學而親其師樂其友而信其道。是以雖離師輔而不反。兌命曰敬孫務時敏厥脩乃來其此之謂乎敬孫敬道孫業也敏疾也厥其也學者務及時而疾其所。脩之業乃來○樂其音嶽又音洛又五孝反離力智反○

【疏】大。學。至。謂。乎○正義曰此一節論教學之道必當優柔寬緩不假急速遊息孫順其學乃成○大學之教也時者言教學之道當以時習之○教必有正業者正業謂先王正典非諸子百家是教必用正典教之也退息必有居者退息謂學者疲倦而暫休息有居謂學者退息必有常居之處各與其友。同居得相諮決不可雜濫也○學不學操縵不能。弦者此以下並正業積漸之事也此教樂也樂主和故在前然後須以積漸故操縵爲前也操縵者雜弄也弦琴瑟之屬學之須漸言人將學琴瑟若不先學調弦雜弄則手指不便手指不便則不能安正其弦先學雜弄然後音曲乃成也○不學。博依不能安詩者此教詩法也詩是樂歌故次樂也。博廣也依謂依倚也謂依倚譬喻也若欲學詩先依

倚廣博譬喻若不學廣。博譬喻則不能安善其詩以詩譬喻故也○不學雜服不能安禮者此教禮法也前詩後禮亦其次也雜服。至皮弁。至朝服玄端。服。屬之。類禮謂禮。之經也禮經正體在於服章以表貴賤今若欲學禮而不能明雜衣服則心不能安善於禮也不興其藝不能樂學者此總結上三事並先從小起義也興謂歆喜也故爾雅云歆喜興也藝謂操縵博依六藝之等若欲學詩書正典意不歆喜其雜藝則不能耽翫樂於所學之正道○故君子之於學也藏焉脩焉息焉游焉者故謂因上起下之辭學雖積漸故君子之人爲學之法恆使業不離身藏謂心常懷抱學業也脩謂脩習不能廢也息謂作事倦息之時而亦在學也游謂閒暇無事游行之時亦在於學言君子於學無時暫替也夫然故安其學而親其師者此明親師愛友也然如此也若能藏脩游息無時暫替能如此者乃能安其所學業言安學業既深必知此是深由本師故至於親愛師也○樂其友者師既復親而同志之友亦被於樂重然前三年樂羣五年親師親師在樂羣之後而此前親後樂友者羣卽友也爲義然也前明始學故樂友在前此明學業已成故親師爲首矣○而信其道者其道己道也既親師樂友己道深明心自說信不復虛妄一云信師友之道前安學故乃親師樂友後乃信道道也○是以雖離師輔而不反也者輔卽友也友主切磋是輔己之道深遠也離猶違也己道深明不復虛妄心自信之若假令違離師友獨在一處而講說不違反於師友昔日之意旨此則强立不反也○兌命曰者引尚書合結之○敬孫務時敏者此句結積習也當能敬重其道孫順學業而務習其時疾速行之故云敬孫務時敏敏猶疾速也○厥脩乃來者此句結親師敬道也厥其也若敬孫以時疾行不廢則其所脩之業乃來謂所學得成也所以尊師樂友其此之謂乎者兌命所云其此經之謂乎

○今之教者呻其佔畢多其訊。呻吟也佔視也簡謂之畢訊猶問也言今之師自不曉經之義但吟誦其所視簡之文多其難問也呻或爲慕訊或爲訾

○呻音申一音親吟也佔勑沾反視也訊字又作誶音信問也呻吟魚金反又作訡同難乃旦反訾才斯反又音紫

言及于數其發言出說不首其

義動云有所法象而已○數色住反進而不顧其安務其所誦多不惟其未曉使人不由其誠由用也使學者誦之而為之說不用其誠教人不盡其材材道也謂師有所隱也易曰兼三材而兩之謂天地人之道○其施之也悖其求之也佛教者言非則學者失問○施始移反下同悖布內反佛本又作拂扶弗反夫然故隱其學而疾其師苦其難而不知其益也隱不稱揚也不知其益若無益然○雖終其業其去之必速速疾也學不心解則亡之易○去如字又起呂反解胡買反忘亡亮反之易以豉反下文注皆同音教之不刑其此之由乎刑猶成也

【疏】今之至由乎○正義曰此一節論教者違法學者所以不成是今師之失故云今之教者○呻其佔畢者此明師惡也呻吟也佔視也畢簡也故釋器云簡謂之畢言今之師不曉經義但詐吟長詠以視簡而已多其訊者訊問難也既自不曉義理而外不肯默然故假作問難詐了多疑言若己有解之然也○言及于數者數謂法象既不解義理若有所言而輒詐稱有法象也○進而不顧其安者務欲前進誦習使多而不曾反顧其義理之安不謂義理危辟而不自知也○使人不由其誠者人謂學者也由用也誠忠誠使學者誦文而已為之說義心皆不曉而猛浪是不用己之忠誠也○教人不盡其材者材道也謂己既不曉其義而縱有所悟者又不能多恆恐人勝之故凡有所知又為所隱惜不盡其道也○其施之也悖者謂教者有上五者之短故施教於人違背其理也○其求之也佛者佛戾也教者佛戾也教者既背違其理其學者求之則又違戾受學者心既不解求問於師師又不曉違戾義意也○夫然故隱其學者隱其學而疾其師者由師教既悖而受者又違故受學者弟子不苟師教之德乃隱沒其師之學而憎疾其師也苦其難而不知其益也者師說既不曉了故弟子受之苦其難既難不解故不自知其有益○雖終其業其去之必速者學者勉力自強雖得終竟其業為心不曉解其亡去之必速疾矣○教之不刑其此之由乎者刑猶成也言師教弟子不成由此在上諸事故云

其此之由乎其此之由在上謂此經文也以倒推之前文云其此之謂乎則是他書所云其此經之謂乎○注其發至而已○正義曰其發言出說不有其義者首猶本也教者爲弟子發言出說不本其義理謂不解此義之言也云動云有所法象而已者既不解義理舉動所云則言此義有所法象猶若一則稱配大一二則稱配二儀但本義不然浪爲配當○注務其至未曉○正義曰務其所誦多者謂師務欲得所誦使多釋經進也云不惟其未曉者惟思也不思其誦得未曉解者釋經不顧其安也○注使學至其誠○正義曰使學者解經使人也而爲之說解經不用其誠也言師爲學者而說不用其忠誠實之心以心不解誑惑學者○注材道至之道○正義曰鄭恐材是材藝故以材爲道道謂道理言教人道理引易曰者易說卦文也但伏羲書上法天下法地中法人謂之三材說卦云立天之道曰陰與陽立地之道曰柔與剛立人之道曰仁與義三材各有其兩故云兼三材而兩之而有六爻也鄭引之證材爲道也○注教者至失問○正義曰教者言非是其施之也悖學者失問是其求之也佛○

大學之法禁於未發之謂豫未發情。慾未生謂年十五時○禁居鴆反欲音慾當其可之謂時可謂年二十時成人不陵節而施之謂孫不陵節謂不教長者才者以小教幼者鈍者以大也施猶教也孫順也○鈍徒困反相觀而善之謂摩不並問則教者思專也摩相切磋也○摩莫波反徐亡髮反思息吏反磋七多反

此四者教之所由興也興起也○【疏】大。學。至。由。興。也。○正義曰此一節論教之得理則教興也○禁於未發之謂豫者發謂情慾發也豫逆也十五以前情慾未發則用意專一學業易入爲教之道當逆防未發之前而教之故云禁於未發之謂豫○當其可之謂時者可謂年二十之時言人年至二十德業已成言受教之端是時最可也○不陵節而施之謂孫者陵猶越也節謂年才所堪施猶教也孫順也謂教人之法當隨其年才若年長而聰明者則教以大事而多與之若年幼又頑鈍者當教以小事又與之少是不越其節分而教之所謂孫順也從其人而設教也○相觀而善之謂

摩者善猶解也受學之法言人人競問則師思不專故令弟子共推長者能者
一人諮問餘小不能者但觀聽長者之問答而各得知解此朋友琢磨之益故
謂之摩也○此四者教之所由興也者結上四者興起也四事並是教成之所起也○發然後禁則扞格而不勝教不能勝其情
欲格讀如凍洛之洛扞堅不可入之貌○扞胡半反注同格胡客反又戶隔反扞格不入也注同勝音升又升證反洛胡客反下同此二字並從洛或水旁作
非一音戶各反時過然後學則勤苦而難成時重則思放也○過姑臥反○雜施而不孫則壞亂而不
脩小者不達大者難識學者所惑也○壞音怪徐戶拜反○獨學而無友則孤陋而寡聞不相觀也燕朋逆其師
燕猶褻也褻其朋友○燕音鷰褻息列反下同燕辟廢其學褻師之譬喻○辟音譬注及下罕辟同○此六者教之所由廢
也廢滅【疏】發然至廢也○正義曰此一節論學不依理教之廢耳○發然後禁則扞格而不勝者發謂情欲既生也扞謂拒扞也格謂堅強若情欲既發
而後乃禁教則扞格於教教之不復入也是教弱而欲強為教不勝矣○時過然後學則勤苦而難成者○時過謂學時已過則心情放蕩雖欲追悔欲學精
明已散徒勤苦四體終難成也○雜施而不孫則壞亂而不脩者雜施謂教雜亂無次越節則大才輕其小業小才苦其大業並是壞亂之法不可復脩治也
○獨學而無友則孤陋而寡聞者獨學謂獨自習學而無朋友言有所疑無可諮問則學識孤偏鄙陋寡有所聞也○燕朋逆其師者以前四條皆反上教之
所興此燕朋燕譬特加二條不與上相對燕朋謂燕褻朋友不相遵敬則違逆師之教道也○燕譬廢其學者譬譬喻也謂義理鉤深或直言難曉時須假設
譬喻然後可解而墮學之徒好褻慢笑師之譬喻是廢學之道也○此六者教之所由廢也者結上六事是廢學之由前與有四後廢有六者庾云不褻朋友
及師之譬喻自是學者之常理若不為燕朋燕譬則亦不足以致興言若作此燕朋燕譬則學廢替矣○注格讀至之洛○正義曰言格是堅彊譬如地之凍

則堅彊難入故云如凍洛之洛但今人謂地堅爲洛也○君子既知教之所由興又知教之所由廢然後可以爲人師也故君子之教喻也道而弗牽強而弗抑開而弗達道示之以道塗也抑猶推也開爲發頭角○道音導注道示及下同強沈其良反徐其兩反下同爲于僞反下爲學者同道而弗牽則和強而弗抑則易開而弗達則思和易以思可謂善喻矣思而得之則深【疏】君子至喻矣○正義曰此一節明君子教人方便善誘之事○故君子之教喻也道而弗牽者喻猶曉也道猶示也牽謂牽偪師教既識學之廢與故教喻有節使人曉解之法但廣開道示語學理而已若人苟不曉知亦不偪急牽令速曉也○強而弗抑者抑推也謂師微勸學者使神識堅強師當隨才而與之使學者不甚推抑其義而教之○開而弗達者開謂開發事端但爲學者開發大義頭角而已亦不事事使之通達也○道而弗牽則和者此下三句釋上三事之所由也若人苟不曉而牽偪之則彼心必生忿恚師與弟子不復和親今若但示正道寬柔教之則彼心和而意乃覺悟也○強而弗抑則易者賀氏以爲師但勸強其神識而不抑之令曉則受者和易和易亦易成也○開而弗達則思者但開發義理而不爲通達使學者用意思念所得必深故云則思也○和易以思可謂善喻矣者結上三事之功若師能教弟子如此三事則可謂善教喻矣○學者有四失教者必知之人之學也或失則多或失則寡或失則易或失則止此四者心之莫同也失於多謂才少者失於寡謂才多者失於易謂好問不識者失於止謂好思不問者○好呼報反下好思好述同○知其心然後能救其失也救其失者多與易則抑之寡與止則進之教也者長善而救其失者也【疏】學者至者也○正義曰此一節明教者識學者之心而救其失也故云學者有四失教者必先知之人之學也或失則多者一

失也假若有人才識淺小而所學貪多則終無所成是失於多也或失則寡者二失也或有人才識深大而所學務少徒有器識而終成狹局是失於寡少也或失則易者三失也至道深遠非凡淺所能而人不知思求唯好汎濫外問是失在輕易於妙道故云或失則易此是學而不思則罔○或失則止者四失也人心未曉知而不肯諮問惟但止住而自思之終不能達其實理此失在於自止也此是思而不學則殆○此四者心之莫同也者結前四失是由人心之異故也○知其心然後能救其失也者結救失四事師既前識其四心之不同故後乃能隨失而救之也教也者長善而救其失者也者使學者和易以思是長善使學者無此四者之失是救失唯善救者能知之

善歌者使人繼其聲善教者使人繼其志言爲之善者則後人樂放。倣○長丁丈反下文及注同教如字一本作學胡孝反放方往反倣胡教反○其言也約而達微而臧罕譬而喻可謂繼志矣師說之明則弟子好述之其言少而解臧善也○臧子郎反解胡買反下文注同○**疏**。善。歌。至。志。矣○正義曰此一節論教者若善則能使學者繼其志於其師也言學者繼師之志記者以善歌而比喻之故云善歌者使人繼其聲善歌謂音聲和美感動於人心令使聽者繼續其聲也○善教者使人繼其志者設譬既畢故述其事而言善教者必能使後人繼其志如善歌之人能以樂繼其聲如今人傳繼周孔是也○其言也約而達者此釋所以可繼之事言善爲教者出言寡約而義理顯達易解之○微而臧者微謂幽微臧善也謂義理微妙而說之精善也○罕譬而喻者罕少也喻曉也其譬罕少而聽者皆曉○可謂繼志矣者能爲教如上則可使後人繼其志意不繼聲而繼志者本爲志設故不繼聲也○

○君子知至學之難易而知其美惡然後能博喻能博喻然後能爲師能爲師然後能爲長能爲長然後能爲君美惡說之是非也長達官之長○惡烏路反又如字故師也者所以學爲君也弟子學於是師學爲君

故擇師不可不慎也師善則善記曰三王四代唯。其師此。之謂乎四代虞夏殷周疏君。子。至謂。乎。○正義曰此一節明爲師法君子謂師也教人至極之美可以爲君長之事○君子知至學之難易者三王四代所以敬師隨器與之是至學之易隨失而救之是至學之難○而知其美惡者罕譬而喻言約而達是爲美反此則爲惡也○然後能博喻者博喻廣曉也若知四事爲主觸類長之後乃得爲廣有曉解也○○能博喻然後能爲師者前能廣解後乃可爲人作師也○能爲師然後能爲長者爲師是學優學優宜仕故能爲一官之長也○能爲長然後能爲君者既能治一官之長有功能爲一國之君也○故師也者所以學爲君也宵雅肄三官其始也師既有君德則弟子就師可學爲君之德故前云君子如欲化民成俗其必由學乎卽是學能爲君也○是故擇師不可不慎也者師善則能教弟子弟子則能爲君故弟子必宜慎擇其師不可取惡師也○記曰三王四代唯其師者引舊記結此擇師之重也三王謂夏殷周四代則加虞也言三王四代雖皆聖人而無不擇師爲慎故云唯其師庾云舉四代以兼包三王所以重言者以成其辭耳言人之從師自古而然師善則己善其此之謂乎者記者證前云擇師不可不慎卽此唯其師之謂也○

○凡學之道嚴師爲難嚴尊敬也師嚴然後道尊道尊然後民知敬學是故君之所不臣於其臣者二當其爲尸則弗臣也當其爲師則弗臣也尸主也爲祭主也○大學之禮雖詔於天子無北面所以尊師也尊師重道焉不使處臣位也武王踐阼召師尚父而問焉曰昔黃帝顓頊之道。存乎意亦忽不可得見與師尚父曰在丹書王欲聞之則齊矣王齊三日端冕師尚父亦端冕奉書而入負屛而立王下堂南面而立師尚父曰先王之道不北面王行西折而南東面而立師尚父西面道書之言○顓音專頊許玉反與音餘齊側皆反下同奉芳勇反折之設反疏凡。學。至。師。也。○正義曰此一節論師德既善雖天子以下必須尊師○是故君之所不臣於其臣者二者二謂當其為尸及師則不臣也此文義在於師弁言尸者欲見尊師與尸同○當其為尸則弗臣也者若不當其時則臣之案
鉤命決云暫所不臣者五謂師也三老也五更也祭尸也大將軍也此五者天子諸侯同之此唯云尸與師者此經本意據尊師為重與尸相似故特言之所
以唯舉此二者餘不言也又按鉤命決云天子常所不臣者三唯二王之後妻之父母夷狄之君不臣二王之後者為觀其法度故尊其子孫也不臣妻之父
母者親與其妻共事先祖欲其歡心不臣夷狄之君者此政教所不加謙不臣也諸侯無此禮○大學之禮雖詔於天子無北面所以尊師也者此證尊師之
義也此人既重故更言大學也詔告也雖天子至尊當告授之時天子不使師北面所以尊師故也○注尊師至之言○正義曰武王踐阼以下皆大戴禮武
王踐阼篇也云黃帝顓頊之道存乎意亦忽不可得見與者武王言黃帝顓頊之道恆在於意言意恆念之但其道超忽已遠亦恍惚不可得見與與語辭今
檢大戴禮唯云帝顓頊之道無黃字或鄭見古本不與今同或後人足黃字耳云丹書者師說云赤雀所銜丹書也云端冕者謂衮冕也其衣正幅與玄端同
故云端冕故皇氏云武王端冕謂衮冕也樂記魏文侯端冕謂玄冕也云師尚父亦端冕者案大戴禮無此文鄭所加也云西折而南東面者案大戴禮唯云
折而東面此西折而南南字亦鄭所加云師尚父西面道書之言者皇氏云王在賓位師尚父主位故西面王庭之位若尋常師徒之教則師東面弟子西面
與此異也其丹書之言案大戴禮云其書之言曰敬勝怠者強怠勝敬者亡瑞書云敬勝怠者吉怠勝敬者滅義勝欲者從欲勝義者凶與瑞書同矣凡事不
強則枉不敬則不正枉者滅廢敬者萬世以仁得之以仁守之其量百世以仁得之以不仁守之其量十世以不仁得之以不仁守之必傾其世王聞書之言
惕然若懼退而為戒書於席之四端為銘及几鑑盂盤楹杖帶履劍矛為銘銘皆各有語在大戴禮也善學者師逸而功倍又從
而庸之不善學者師勤而功半又從而怨之從隨也庸功也功之受其道有功於己○善問者如攻

堅木先其易者後其節目及其久也相說以解不善問者反此言先易後難以漸入○說音悅善待問者如撞鐘叩之以小者則小鳴叩之以大者則大鳴待其從容然後盡其聲不善答問者反此從讀如富父舂戈之舂舂容謂重撞擊也始者一聲而已學者既開其端意進而復問乃極說之如撞鐘之成聲矣從或爲松○撞丈江反叩音口從依注讀爲舂式容反父音甫重直用反復扶又反此皆進學之道也此皆善問善答也○

【疏】善學至道也○正義曰此一節明善學及善問幷善答不善答之事○善學者師逸而功倍者受者聽明易入是爲學之善故師體逸豫而弟子所解又倍於他人也○又從而庸之者庸亦功也所得既倍於他人故恆言我師特加功於我是從而功之也○不善學者師勤而功半者此明劣者也己既闇鈍故師體勤苦而功裁半於他人也○又從而怨之者己既闇鈍而不自責己不明乃反怨於師獨不盡意於我也○善問者如攻堅木先其易者後其節目者此明能問者問謂論難也攻治也言善問之人如匠善攻治堅木先斫治其濡易之處然後斫其節目其所問師之時亦先問其易後問其難也○及其久也相說以解者言問者順理答者分明故及其經久師徒共相愛說以解義理○不善問者反此者若闇劣不解問之人則與能問者意反也謂先問其難心且不解則答問之人不相喜說義又不通也故云反此矣○善待問者如撞鐘叩之以小者則小鳴叩之以大者則大鳴者嚮明問此明答也以爲設喻譬善能答習難者如鐘之應撞撞小則小鳴應之撞大則大鳴應之能答問者亦隨彼所問事之大小而答之○待其從容然後盡其聲者又以鐘爲喻也○不善答問者反此者謂不善答他所問則反此上來之事或問小而答大或問大而答小或暫問而說盡此皆無益於所問故云不善答問者反此○此皆進學之道也者言上善問善答此皆進益學者之道也○注從讀至之舂○正義曰舂謂擊也以爲聲之形容言鐘之爲體必待其擊每一舂而爲一容然後盡其聲言善答者亦

待其一。問然後一答乃後盡說義理也按左傳文十一年冬叔孫得臣敗狄於鹹獲長狄僑如富父終甥以戈摏長狄喉而殺之是也○記問之學不足以爲人師記問謂豫誦雜難雜說至講時爲學者論之此或時師不心解或學者所未能問○難乃旦反必也其聽語乎必待其問乃說之○力不能問然後語之語之而不知雖舍之可也舍之須後○語魚據反下同舍音捨又如字下注同【疏】記。問。之。至。舍。之。可。也。○正義曰此一節論教者不可爲記問之學又教人之時不善教學者謂心未解其義而但逆記他人雜問而謂之解至臨時爲人解說則先述其所記而示人以其不解無益學者故云不足以爲人師○必也其聽語乎者聽語謂聽其問者之語既不可記問遂說教人之時必待學者之問聽受其所問之語然後依問爲說之也○力不能問然後語之者若受業者才力苟不能見問待憤憤悱悱之問則師然後乃示語之矣○語語之而不知雖舍之可也者弟子既不能問因而語之語之不能知且舍住待後別更語之可也○良冶之子必學爲裘仍見其家錮補穿鑿之器也補器者其金柔乃合有似於爲裘○冶音也錮音固穿字又作穿音川鑿在洛反良弓之子必學爲箕仍見其家橈角幹也橈角幹者其材宜調。調乃三體相勝有似於爲楊柳之箕○箕音基注同橈而小反下同曲屈也一音乃孝反幹古旦反勝音升任也一本作稱尺證反始駕馬。者反之車在馬前以言仍見則貫卽事易也○始駕者一本作始駕馬者貫古患反習也○君子察於此三者可以有志於學矣仍讀先王之道則爲來事不惑【疏】良。冶。至。於。學。矣。正義曰此一節論學者數見數習其學則善故三譬之此爲第一譬良善也治謂鑄治也○裘謂衣裘也言積。言善治之家其子弟見其父兄世業鉤鑄金鐵使之柔合以補治破器皆令全好故此子弟仍能學爲袍裘補續獸皮片片相合以至完全也○良弓之子必學爲箕者此第二譬亦世業者箕柳箕也言善爲弓之家使幹角橈屈調和成其弓故其子弟亦覩其父兄世業仍學取柳和軟橈之成箕也○始駕馬者反之車在馬前者此第三譬明新習者也始駕者謂馬子始學駕車之時反之者駕馬之法大馬本駕在車前今將馬子繫隨車後而行故云反之車在馬前所以然者此駒既未曾駕車若忽駕之必當驚奔今以大馬牽車於前而繫駒於後使此駒日日見車之行其駒慣習而後駕之不復驚也言學者亦須先教小事操縵之屬然後乃示其業則道乃易成也○君子察於此三者可以有志於學矣者結上三事三事皆須積習非一日所成君子察此三事之由則可有志於學。矣○

○古之學者比物醜類以事相況而爲之醜猶比也醜或爲。之。計鼓無當於五聲五聲弗得不和水無當於五色五色弗得不章學無當於五官五官弗得不治師無當於五服五服弗得不親當猶主也五服斬衰至緦麻之親○當丁浪反主也下及注皆同治直吏反○

【疏】古。之。至。不。親。○正義曰此一節論弟子當親師之事各依文解之○比物醜類者既明學者仍見舊事又須以時事相比方也物事也言古之學者比方其事以醜類謂以同類之事相比方則事學乃易成既云古學如斯則今學豈不然○鼓無當於五聲五聲弗得不和者○此經論師道之要以餘事譬之此以下四章皆上比物醜類也鼓革也當主也五聲宮商角徵羽言鼓之爲聲不宮不商故言無當於五聲而宮商等之五聲不得鼓則無諧和之節故云弗得不和也○所以五聲必鼓者爲俱是聲類也若奏五聲必求鼓以和之而已即是比類也○水無當於五色五色弗得不章者水謂清水也五色青赤黃白黑章明也言清水無色不在五色之限無主青黃而五色畫繢者不得水則不分明故云弗得不章也五色是其水之出也故五色須水水亦其類也○學無當於五官五官弗得不治者本學先王之道也五官金木水火土之官也夫學爲官之理本求博聞強識非。主。於一官而五官不得學則不能治故云弗得不治也故化民成俗必由學乎能爲師然後能爲君長故官是學之類也○師無當於五服五服弗得不親者師教之師也五服斬衰也齊衰也大功也小功也緦麻也

師於弟子不當五服之一也而弟子之家若無師教誨則五服之情不相和親也故云弗得不親是師情有在三年之義故亦與親爲類○君子曰

大德不官謂君也○

大道不器謂聖人之道不如器施於一物

大信不約謂若胥命于蒲無盟約○約徐於妙反沈于略反注同○

大時不齊或時以生或時以死○齊如字

察於此四者可以有志於學矣本立而道生言以學爲本則其德於民無不化於俗無不成○

三王之祭川也皆先河而後海或源也或委也此之謂務本源泉所出也委流所聚也始出一勺卒成不測○原本又作源委於僞反注同勺時酌反

疏 君子至務本○正義曰此一節論學爲衆事之本○君子曰者記者引君子之言故云君子曰也大德不官者大德謂聖人之德也官謂分職在位者聖人在上垂拱無爲不治一官故云大德不官也不官而爲諸官之本○大道不器者大道亦謂聖人之道也器謂物堪用者夫器各施其用而聖人之道弘大無所不施故云不器不器而爲諸器之本也論語云君子不器又云孔子博學而無所成名是也○大信不約者大信謂聖人之信也約謂期要也大信不言而信孔子曰予欲無言天何言哉四時行焉不言而信是大信也大信本不爲細言約誓故云不約也不約而爲諸約之本也大時不齊者大時謂天時也齊謂一時同也天生殺不共在一時猶春夏華卉自生薺麥自死秋冬草木自死而薺麥自生故云不齊也不齊爲諸齊之本也○察於此四者可以有志於本矣者結之也若能察此在上四者之事則人當志學爲本也庾云四者謂不官爲羣官之本不器爲羣器之本不約爲羣約之本不齊爲羣齊之本言四者莫不有本人亦以學爲本也○三王之祭川也皆先河而後海或源也或委也者言三王祭百川之時皆先祭河而後祭海也或先祭其源或後祭其委河爲海本源爲委本皆曰川也故總云三王之祭川源委謂河海之外諸大川也○此之謂務本者先祭本是務重其本也○本小而後至大是小爲大本先學然後至聖是學爲聖本也○注謂若至盟約○正義曰案桓公三年夏齊侯衛侯胥命

于蒲左氏云不盟也杜云不歃血也案彼直以言語相告命非大信之事引之者取其不盟之一邊而與此不約相當故引證○注源泉至不測○正義曰皇氏以爲河海之外源之與委也今依用焉或解云源則河也委則海也中明先河而後海義亦通矣云始出一勺卒成不測者中庸篇云水一勺之多及其不測。鮫龍生焉是其始一勺也後至不測也猶言學初爲積漸後成。聖。賢也

附。釋。音。禮記注疏。卷。第三。十六

禮記注疏卷三十六校勘記　　阮元撰盧宣旬摘錄

附釋音禮記注疏卷第三十六惠棟校宋本卷第四十六

學記第十八

發慮憲節

發慮至學乎惠棟校宋本無此五字

注憲法也言發計慮當擬度於法式也求謂招來也謏之言小也動衆謂師役之事七字閩監毛本同惠棟校宋本作注憲法至之事無也言至師役廿

言謏音近小閩監本同毛本音誤者

玉不琢節

教學爲先閩監本同石經同各本同毛本教誤敬

玉不至謂乎惠棟校宋本無此五字

學不舍業卽經云惠棟校宋本學上有言字此本言字脫閩監毛本同

高宗夢得說作說命考文引宋板同閩監毛本得誤傳

雖有嘉肴節惠棟校此節然後能自強強字起至下節七年視論學取友學字止宋本闕

雖有至謂乎惠棟校宋本無此五字

是故學然後知不足之者惠棟校宋本者上無之字閩本同監毛本之作也

古之教者節

中年考校閩監本同石經同岳本同嘉靖本同衛氏集說同毛本校誤技○按毛本作校避所諱全書皆然

離經斷句絕也各本同考文引古本足利本經下有章字按此以正義云章句斷絕故增章句其實非也

古之至謂乎惠棟校宋本無此五字

朝夕出入恆受教於塾惠棟校宋本同衛氏集說同閩監毛本受作就

古之教民百里皆有師閩監毛本同衛氏集說同盧文弨校云百乃者字之譌

以教世子及羣后之子閩監毛本同惠棟校宋本無及字衛氏集說同

餘諸侯於國閩監本同毛本諸誤者惠棟校宋本無餘字衛氏集說同

引舊記之言閩監本同毛本之誤者

注術當爲遂聲之誤也古者仕焉而已者歸教於閭里至在遠郊之外閩監

毛本同惠棟校宋本作注術當至之外無爲遂至遠郊二十二字

士爲少師　惠棟校宋本同衞氏集說同閩監毛本少誤小

五旅爲黨爲州　惠棟校宋本作五黨爲州毛本同衞氏集說同此本五黨二字脫閩監本同

序州黨之學　惠棟校宋本同衞氏集說同閩監毛本州誤周

注中猶閑也鄉遂大夫間歲則考學者之德行道藝周禮三歲大比乃考焉　閩監毛本同惠棟校宋本作注中猶至考焉

大學始教節

二者所以撲撻　惠棟校宋本撲作扑岳本同嘉靖本同衞氏集說同釋文亦作扑此本誤撲閩監毛本同按九經字樣云扑說文作撲經典相承通用之段玉裁曰依說文當作攴隸變而爲扑撲與扑義別今人多溷而爲一

游其志也　各本同石經同釋文出斿其云本亦作游○按斿者游之省

以游暇學者之志意　各本同釋文游暇作斿假

大學至謂乎　惠棟校宋本無此五字

謂春時學始入學也　補案始上當有士字

釋木云榕山榎　惠棟校宋本同衛氏集說同閩監毛本榎誤㰂

盧氏云撲作教刑　閩監毛本同惠棟校宋本撲作扑按作扑是也下撲撻同

時覲而弗語存其心也者　監本毛本如此惠棟校宋本無者字

若有疑滯未曉　閩本同監毛本曉作曉盧文弨校云曉此卷內俱作曉可兩通

大學之教也節

不學愽依　閩本同釋文亦作愽監毛本愽作博是也石經同岳本同嘉靖本同衛氏集說同注疏放此下愽喻同

藏焉脩焉　閩監本同石經同岳本同衛氏集說同毛本脩作修嘉靖本同注疏放此下厥脩同壞亂而不脩同

樂其友而信其道　各本同毛本道字誤倒在而字上

是以雖離師輔而不反　惠棟校宋本有也字宋監本同石經同岳本同嘉靖本同衛氏集說同考文引古本足利本同石經考文提要云宋大字本宋本九經南宋巾箱本余仁仲本並有也字此本也字脫閩監毛本同

大學至謂乎　惠棟校宋本無此五字

各與其友同居　閩本同惠棟校宋本同監毛本同字並誤閉衛氏集說同

學不學操縵不能弦者　補各本弦上有安字

雜服至皮弁至朝服玄端服屬之類閩監毛本作雜服自袞而下至皮弁朝服元端之屬下誤
禮謂禮之經也惠棟校宋本無之字此本之字誤衍閩監毛本同
則不能躭翫樂於所學之正道閩監本同考文引宋板同毛本樂於誤不字學作習
然如此也惠棟校宋本作也此本也誤者閩監毛本同
若能藏脩游息游補案息上游字誤衍
言安學業既深閩本同惠棟校宋本同監毛本學誤樂
必知此是深由本師閩監毛本無是字
而此前親後樂友者惠棟校宋本親下有師字此本師字脫閩監毛本同
當能敬重其道惠棟校宋本同閩監毛本當作常
今之教者節
多其訊各本同石經訊作誶
教人不盡其材各本同石經初刻作才後改刻作材
今之至由乎惠棟校宋本無此五字

但詐吟長詠惠棟校宋本吟上有呻字此本呻字脫閩監本同毛本亦脫呻字詐又誤謳

皆不曉而猛浪惠棟校宋本同閩監毛本曉誤嘵猛誤孟

教者佛戾也閩監毛本同惠棟校宋本無此五字

教者既背違其理閩監毛本同惠棟校宋本背作悖

注教者至失問閩本注字闕監毛本注作○

大學之法節惠棟校此節疏不越其節分而教之分字起至自是學者之常理自字止宋本闕

未發情慾未生閩監毛本同岳本同嘉靖本同惠棟校宋本慾作欲衛氏集說同考文引古本同釋文出情慾云音欲下注情慾同○按欲正字慾俗字

大學至由與也惠棟校宋本無此六字

此朋友琢磨之益閩監毛本同惠棟校宋本磨作摩○按作摩是也段玉裁云摩𥕢之功精於礲研凡琢摩字從石作磨者非詳說文注

發然後禁節

教不能勝其情慾監本毛本作慾宋監本作欲

格讀如凍洛之洛　各本同段玉裁云說文無洛有垎字水乾也玉篇土乾也王逸九思自注垎堨也則此注及疏洛皆當作垎

扞堅不可入之貌　閩監毛本同岳本同嘉靖本同衛氏集說同考文引古本足利本扞下有格字段玉裁校云堅上當有格字按釋文出經文格云注同則知注有格字當在扞字下也

則孤陋而寡聞　閩毛本同嘉靖本同石經陋作陃岳本同監本同衛氏集說同

燕辟廢其學　閩監毛本同岳本同衛氏集說同石經辟作譬嘉靖本同考文引宋板及古本同○按譬正字辟假借字

廢滅　惠棟校宋本如此宋監本同岳本同嘉靖本同考文引古本足利本同此本廢滅誤教弛閩本二字闕監毛本作廢弛衛氏集說同

發然至廢也　惠棟校宋本無此五字

雖欲追悔欲學　閩監毛本同考文引宋板上欲作復

徒勤苦四體終難成也　閩監毛本同惠棟校宋本終上有而字

獨學謂獨自習學　閩監毛本同惠棟校宋本習學作學習

則學識孤偏鄙陋　監毛本同衛氏集說同閩本偏作徧惠棟校宋本同

不相遵敬　閩監毛本同衛氏集說遵作尊

言格是堅彊　閩監毛本同惠棟校宋本格作洛

故云如涷洛之洛但今人謂地堅爲洛也閩監毛本同段玉裁云垎从土正義是釋文非也正義本作涷

垎俗改爲涷洛

君子既知教之所由興節

開爲發頭角閩監本同岳本同嘉靖本同考文引宋板古本足利本同毛本爲誤謂衛氏集說同

君子至喻矣惠棟校宋本無此五字

善歌者節

則後人樂放傚宋監本同惠棟校宋本同閩毛本同岳本同嘉靖本同監本傚誤傚釋文傚下有也字衛氏集說同考文引古本傚下有之也二字

善歌至志矣惠棟校宋本無此五字

君子知至學之難易節

三王四代唯其師此之謂乎石經同岳本同嘉靖本同閩監毛本唯作惟衛氏集說同陳澔集說唯字同此上有其字考文引古本足利本此上其字亦有盧文弨校云據疏此上有其字石經考文提要宋大字本宋本九經南宋巾箱本余仁仲本並無其字

君子至謂乎惠棟校宋本無此五字

凡學之道節

昔黃帝顓頊之道存乎意閩監本同岳本同嘉靖本同衞氏集說同毛本存誤有通典五十二亦作存

凡學至師也惠棟校宋本無此五字

以仁得之以不仁守之其量十世閩監毛本同盧文弨校云今大戴作以不仁得之以仁守之其量十世

善學者節

善學至道也惠棟校宋本無此五字

故恆言我師特加功於我者閩毛本同監本特誤持惠棟校宋本者作也

心且不解則答問之人閩監毛本同惠棟校宋本答問作問答

以爲設喻譬善能答問難者閩本監本同惠棟校宋本以作亦毛本喻譬字誤倒

亦待其一問閩監本亦字同問誤間毛本問字同亦誤以

記問之學節

記問之至舍之可也閩本同監毛本作記問至可也惠棟校宋本八字無

良冶之子節

調乃三體相勝閩本同惠棟校宋本同宋監本同岳本同嘉靖本同衞氏集說同監毛本調誤謂

始駕馬者反之閩監毛本同石經同岳本同嘉靖本同衞氏集說同釋文出始駕者云一本作始駕馬者按正義云始駕者謂馬子始學駕車之時出始駕者三字成句其所据經文亦當無馬字

良冶至於學矣惠棟校宋本無此六字

言積言善冶之家惠棟校宋本積言作積世衞氏集說同此本誤閩監本同毛本世誤習

則可有志於學矣閩監毛本同衞氏集說同惠棟校宋本矣作也

古之學者節

醜或爲之計惠棟校宋本無之字岳本同嘉靖本同衞氏集說同此本誤衍閩監毛本同段玉裁云計當作討古音討與醜同

古之至不親惠棟校宋本無此五字

○此經論師道之要閩監本同毛本○此經作此一經

非主於一官惠棟校宋本作主衞氏集說同此本主誤言閩監毛本同今正

君子曰節

或源也各本同石經同釋文出或原云本又作源

源泉所出也惠棟校宋本作出宋監本同岳本同嘉靖本同衞氏集說同此本出誤求閩監毛本出誤來

君子至務本惠棟校宋本無此五字

官謂分職在位者閩監毛本同考文引宋板無者字衞氏集說同

鮫龍生焉惠棟校宋本同閩監毛本鮫作蛟

初爲積漸後成聖賢也閩監毛本同惠棟校宋本聖賢作賢聖

附釋音禮記注疏卷第三十六終惠棟校宋本卷第四十六終記云凡二十三頁

禮記注疏卷三十六校勘記

附釋音禮記注疏卷第三十七

禮記　　鄭氏注　　孔穎達疏

樂記第十九○陸曰鄭云名樂記者以其記樂之義○疏正義曰按鄭目錄云名曰樂記者以其記樂之義此於別錄屬樂記蓋十一篇合爲一篇謂有樂本有樂論有樂施有樂言有樂禮有樂情有樂化有樂象有賓牟賈有師乙有魏文侯今雖合此略有分焉案藝文志云黃帝以下至三代各有當代之樂名孔子曰移風易俗莫善於樂也周衰禮壞其樂尤微以音律爲節又爲鄭衛所亂故無遺法矣漢興制氏以雅樂聲律世爲樂官頗能記其鏗鎗鼓舞而已不能言其義理武帝時河間獻王好博古與諸生等共采周官及諸子云樂事者以作樂記事也其內史丞王度傳之以授常山王禹成帝時爲謁者數言其義獻二十四卷樂記劉向校書得樂記二十三篇與禹不同其道浸以益微故劉向所校二十三篇著於別錄今樂記所斷取十一篇餘有十二篇其名猶在三十四卷記無所錄也其十二篇之名案別錄十一篇餘次奏樂第十二樂器第十三樂作第十四意始第十五樂穆第十六說律第十七季札第十八樂道第十九樂義第二十昭本第二十一招頌第二十二竇公第二十三是也案別錄禮記四十九篇樂記第十九則樂記十一篇入禮記也在劉向前矣至劉向爲別錄時更載所入樂記十一篇又載餘十二篇總爲二十三篇也其二十三篇之目今總存焉

凡音之起由人心生也人心之動物使之然也感於物而動故形於聲宮商角徵羽雜比曰音單出曰聲形猶見也○徵張里反後放此比毗志反下文同見賢遍反聲相應故生變樂之器彈其宮則衆宮應然不足樂是以變之使雜也易曰同聲相應同氣相求春秋傳曰若以水濟水誰能食之若琴瑟之專一誰能聽之○應應對之應篇內同彈徒丹反樂音嶽又音洛○變成

方謂之音方猶文章也○比音而樂之及干戚羽旄謂之樂干盾也戚斧也武舞所執也羽翟羽也旄旄牛尾也文舞所執周禮舞師樂師掌教舞有兵舞有干舞有羽舞有旄舞詩曰左手執籥右手秉翟○旄音毛盾本又作楯述允反又音允翟音狄籥羊灼反○

【疏】凡音至之樂○正義曰此一節論樂本之事章句既多各隨文解之名爲樂本者樂以音聲爲本音聲由人心而生此章備論音聲起於人心故名樂本此樂本之中論人心感於物而有聲聲相應而生變變成方而爲之音比音而爲樂展轉相因之勢○凡音之起由人心生也者言凡樂之音曲所起本由人心而生也○人心之動物使之然也者言音之所以起於人心者由人心動則音起人心所以動者外物使之然也○感於物而動故形於聲者人心既感外物而動口以宣心其心形見於聲心若感死喪之物而興動於口則形見於悲戚之聲心若感福慶而興動於口則形見於歡樂之聲也聲相應故生變變者既有哀樂之聲自然一高一下或清或濁而相應不同故云生變變謂不恆一聲變動清濁也○變成方謂之音者方謂文章聲既變轉和合次序成就文章謂之音也音則今之歌曲也○比音而樂之及干戚羽旄謂之樂者言以樂器次比音之歌曲而樂器播之并及干戚羽旄鼓而舞之乃謂之樂也是樂之所起由人心而生也○注宮商至曰聲○正義曰言聲者是宮商角徵羽也極濁者爲宮極清者爲羽五聲以清濁相次云雜比曰音者謂宮商角徵羽清濁相雜和比謂之音云單出曰聲者五聲之內唯單有一聲無餘聲相雜是單出曰聲也然則初發口單者謂之聲衆聲和合成章謂之音金石干戚羽旄謂之樂則聲爲初音爲樂爲末也所以唯舉音者舉中見上下矣○注樂之至聽之○正義曰彈其宮則衆宮應然不足樂者明直唯一聲不足可爲樂故須變之使雜也引易曰同聲相應同氣相求者易文言文證同聲相應之義也同聲雖相應不得爲樂必有異聲相應乃得爲樂耳引春秋傳以下者證同聲不得爲樂也案春秋昭二十年左傳齊景公曰唯據與我和夫晏子對曰據亦同也焉得爲和同者若以水濟水誰能食之琴瑟之專一誰能聽之言琴瑟專一唯有一聲不得

成樂故也○注方猶文章也○正義曰凡畫者青黃相雜分布得成文章言音清濁上下分布次序得成音曲也似畫者文章故云方猶文章也○注干盾至秉翟○正義曰干盾也戚斧也武舞所執也者武舞之樂執此盾與斧也云羽翟羽也旄旄牛尾也文舞所執者言文舞執此羽旄也引舞師樂師者證有干戚羽旄舞等案樂師有帗舞有羽舞有皇舞有旄舞有干舞有人舞也無兵舞但有干舞鄭司農彼注云干舞者兵舞又舞師云掌教兵舞帥而舞山川之祭祀无干舞但有兵舞鄭司農彼注干舞兵舞也此引樂師既謂干舞引謂兵舞者兵舞非樂師之文但經云干戚用戚則是大武大武兵舞此引樂師益以兵舞解經之干戚也但此經干戚羽旄包含文武之大武鄭引樂師小舞明羽舞也引詩者證羽舞是翟舞也此詩邶風刺衛君不用賢衛之賢者仕於伶官但左手執籥右手秉翟而已

樂者音之所由生也其本在人心之感於物也是故其哀心感者其聲噍以殺其樂心感者其聲嘽以緩其喜心感者其聲發以散其怒心感者其聲粗以厲其敬心感者其聲直以廉其愛心感者其聲和以柔六者非性也感於物而后動言人聲在所見非有常也噍踧也嘽寬綽貌發猶揚也粗麤也○噍子遙反徐在堯反沈子堯反踧也謂急也殺色界反徐所列反其樂音洛嘽昌善反寬緩也散思旦反粗采都反又才古反踧子六反綽處約反是故先王慎所以感之者故禮以道其志樂以和其聲政以一其行刑以防其姦禮樂刑政其極一也極至也○道音導行下孟反所以同民心而出治道也此其所謂至也○治直吏反下同【疏】樂者至道也○正義曰此一節覆明上文感物而動之意結樂聲生起所由也合音乃成樂是樂由此音而生故云音之所由生也○其本在人心之感於物也者欲將明樂隨人心見故更陳此句也本猶初也

物外境也言樂初所起在於人心之感外境也○是故其哀心感者其聲噍以殺者心既由於外境而變故有此下六事之不同也噍踧急也若外境痛苦則其心哀哀感在心故其聲必踧急而速殺也○其樂心感者其聲嘽以緩者嘽寬也若外境所善心必歡樂歡樂在心故聲必隨而寬緩也○其喜心感者其聲發以散者若外境會合其心心必喜悅喜悅在心故聲必隨而發揚放散無輒礙但樂是長久之歡喜是一時之悅遇有善事而心喜也昭二十五年左傳云喜生於好是喜與樂別也其怒心感者其聲粗以厲者怒謂忽遇惡事而心恚怒恚怒在心則其聲粗以猛厲也○其敬心感者其聲直以廉者直謂不邪也廉廉隅也若外境見其尊高心中嚴敬嚴敬在心則其聲正直而有廉隅不邪曲也○其愛心感者其聲和以柔者和謂調也柔軟也若外境親屬死亡心起愛情愛情在心則聲和柔也六者非性也感於物而后動者結外感物也人生而靜天之性也性本靜寂無此六事六事之生由應感外物而動故云非性也所以知非性者今設取一人以此六事觸之言此人必隨觸而動故知非本性也庾云隨其所感而應之是知非性也此聲皆據人心感於物而口爲聲知是人聲也故鄭注云言人聲在所見皇氏云樂聲失之矣○是故先王慎所以感之者既六事隨見而動非關其本性故先代聖人在上制於正禮正樂以防之不欲以外境惡事感之故云先王慎所以感之者也○故禮以道其志樂以和其聲政以一其行刑以防其姦者此四事是防慎所感之具矣政法律也既防慎其感故用其正禮教道其志用正樂諧和其聲用法律齊一其行用刑辟防其凶奸則民不復流僻也禮樂刑政其極一也者極至也用其四事齊之使同其一致不爲非也賀云雖有禮樂刑政之殊及其檢情歸正同至理極其道一也○所以同民心而出治道也者結四事之功也言民心所觸有前六事不同故聖人用後四者制之使俱得其所也

凡音者生人心者也情動於中故形於聲聲成文謂之音

是故治世之音安以樂其政和亂世之音怨以怒其政乖亡國之音哀以思其

民困聲音之道與政通矣言八音和否隨政也玉藻曰御瞽幾聲之上下○治世之音絕句安以樂音洛絕句雷讀上至安絕句○樂音岳以樂二字爲句其政和崔讀上句依雷下以樂其政和總爲一句下亂世亡國各放此思息吏反又音笥否音不藻音早瞽音古幾居希反又音祈上下時掌反

疏凡。音。至。通。矣○正義曰上文云音從人心生乃成爲樂此一節明君上之樂隨人。情而動若人情歡樂樂音亦歡樂若人情哀怨樂音亦哀怨○凡音者生人心者也者言君上樂音生於下民心者也○情動於中故形於聲者言在下人心情感君政教善惡動於心中則上文感於物而。後動是也既感物動故形見於口口出其聲則上文云故形於聲者是也○聲成文謂之音者謂聲之清濁雜比成文謂之音則上文云變成方謂之音是也上云比音而樂之及干戚羽旄謂之樂此云音不云樂者以下云治世之音亂世之音故云音而不言樂也必言音者樂以音爲本變動由於音也所以特言音也○是故治世之音安以樂者是故謂情動於中而有音聲之異故言治平之世其樂音安靜而歡樂也治世之音民既安靜以樂而感其心故樂音亦安以樂由其政和美故也君政和美使人心安樂人心安樂故樂聲亦安以樂也○亂世之音怨以怒其政乖者亂世謂禍亂之世樂音怨恨而恚怒亂世之時其民怨怒故樂聲亦怨怒流亡由其政乖僻故也○亡國之音哀以思其民困者亡國謂將欲滅亡之國樂音悲哀而愁思言亡國之時民心哀思故樂音亦哀思由其人困苦故也前治世亂世皆云世亡國不云世者以國將亡無復繼世也其治世亂世皆云政亡國不云政者言國將滅亡無復有政故云其民困也聲音之道與政通矣者若政和則聲音安樂若政乖則聲音怨怒是聲音之道與政通矣

宮爲君商爲臣角爲民徵爲事羽爲物五者不亂則無怗懘之音矣五者君臣民事物也凡聲濁者尊清者卑怗懘敝敗不和。貌○怗徐昌廉反懘昌制反又昌紙反敗也敝音弊

宮亂則荒其君驕商亂則陂。其官壞。角亂則憂其民怨徵亂則哀其事

勤羽亂則危其財匱五者皆亂迭相陵謂之慢如此則國之滅亡無日矣君臣民事物其道亂則其音應而亂荒猶散也陂傾也書曰王耄荒易曰無平不陂○陂彼義反注同傾也匱其媿反乏也迭田節反散蘇旦反耄莫報反○疏宮為至日矣○正義曰此一節論五聲宮商角徵羽之殊所主之事上下不一得則樂聲和調失則國將滅亡也○宮為君者宮則主君所以然者鄭注月令云宮屬土土居中央總四方君之象也又土爰稼穡猶君能滋生萬民也又五音以絲多聲重者為尊宮絃最大用八十一絲故宮為君崔氏云五音之次以宮最濁自宮以下則稍清矣君臣民事物亦有尊卑故以次配之○商為臣者商所以為臣者何以鄭注月令云商屬金以其濁次宮臣之象也解者云宮八十一絲商七十二絲次宮如臣之得次君之貴重也崔氏云商是金金以決斷為臣事君亦以義斷為賢矣角為民所以為民者鄭注月令云角屬木以其清濁中民之象也解者云宮濁而羽清角六十四絲聲居宮羽之中半清半濁故云以其清濁中也民比君臣為劣比事物為優故云角清濁中民之象矣崔氏云角屬春春時物生衆皆有區別亦象萬民衆多而有區別也○徵為事所以為事者鄭注月令云徵屬火以其徵清事之象也解者云羽最清徵次之故用五十四絲是徵清徵清所以為事之象也夫事是造為造為由民故先事後乃有物也是事勝於物而劣於民故次民居物之前所以徵為事之象也崔氏云徵屬夏夏時生長萬物皆成形體事亦有體故以徵配事也○羽為物所以為物者鄭注月令云羽屬水者以其最清物之象也解者云羽者最清用四十八絲而為物劣於事故最處末所以羽為物也崔氏云羽屬冬冬物聚則成財用冬則物皆藏聚與財相類也○五者不亂則無怗懘之音矣者怗懘敝也懘敗也敝敗謂不和之貌也若君臣民事物五者各得其所用不相壞亂則五聲之響無敝敗矣○宮亂則荒其君驕者前明音聲與政通若五事皆正則音不敝敗是聲與政通故此以下明聲與政通也若五音之敝敗則政亂各有所由也荒猶散也若宮音之亂則其聲放散是知由其君驕溢故也崔氏云宮聲所以散者

由君驕也若君驕則萬物荒散也○商亂則陂其官壞者陂不平正也若商音之亂則其聲敧。斜而不正也是知由其臣不治於官官壞故也崔氏云商聲所以傾邪者由臣官壞也官若壞則物皆傾邪也○角亂則憂其民怨者若角音之亂則其聲憂愁是知由政虐其民怨故也崔氏云角聲所以亂者由民不安業有憂愁之心也民無自怨皆君上失政故下民生怨也徵亂則哀其事勤者若徵音之亂則其聲哀苦是知由繇役不休其民事勤勞故也崔氏云徵所以亂者由民勤於事悲哀之所。生○羽亂則危其財匱者匱乏也若羽音之亂則其聲傾危是知由君賦重其民貧乏故也崔氏云危者謂聲不安也羽。音所以不安者由君亂於上物散於下故知財乏不能得安故有匱乏也○五者皆亂迭相陵謂之慢者迭互也陵越也若五聲並和則君臣上下不失若五聲不和則君臣上下互相陵越所以爲慢也崔氏云前是偏據一亂以爲義未足以爲滅亡今此以五者皆亂故滅亡無日矣滅者絶也亡叛也無日言無復一日也若君臣互相陵慢如此則國必叛滅旦夕可俟無復一日也○注書曰至不陂○正義曰所引之書尚書呂刑之文也王耄荒者謂穆王享國百年耄荒也引之者證經之荒字矣云易曰無平不陂者易泰卦九三爻辭引之者證經之陂字矣案樂緯動聲儀云宮爲君君者當寬大容衆故聲弘以舒其和情以柔動脾也商爲臣臣者當以發明君之號令其聲散以明其和溫以斷動肺也角爲民民者當約儉不奢僭差故其聲防以約其和清以靜動肝也徵爲事事者君子之功既當急就之其事當久流亡故其聲貶以疾其和平以功動心也羽爲物物者不有委聚故其聲散以虛其和斷以散動腎也動聲儀又云若宮唱而商和是謂善太平之樂注云君臣相和又云角從宮是謂哀衰國之樂注云象人自怨訴又云羽從宮往而不反是謂悲亡國之樂也注云悲傷於財竭又云音相生者和注云彈羽角應彈宮徵應見其和樂以此言之相生應即爲和不以相生應則爲亂也

鄭衛之音亂世之音也比於慢矣比猶同也○比毗志反注同又如字

桑間濮上之音亡國之音也其政散其民流誣上行私

而不可止也濮水之上地有桑間者亡國之音於此之水出也昔殷紂使師延作靡靡之樂已而自沈於濮水後師涓過焉夜聞而寫之爲晉平
公鼓之是之謂也桑間在濮陽南誣罔也○濮音卜水名誣音無注同涓古玄反爲于僞反下爲作法度同○疏鄭衛至止也○正義曰前經明五者皆亂
驕慢滅亡此一節論亂世滅亡之樂比猶同也鄭國之音好濫淫志衛國之樂促速煩志並是亂世之音也雖亂而未滅亡故云比於慢即同前謂之慢也○
桑間濮上之音亡國之音也者於濮水之上桑林之間所得之樂是亡國之音矣故云亡國之音其政散者謂君之政教荒散也○其民流者流謂流亡君既
荒散民自流亡也○誣上行私而不可止也者君既失政在下則誣罔於上行其私意違背公道不可禁止也○注濮水至罔也○正義曰濮水之上地有桑
間者言濮水與桑間一處也云昔殷紂使師延作靡靡之樂以下皆史記樂書之文也言衛靈公之時將之晉至於濮水之上舍夜半之時聞鼓琴之聲問左
右皆對曰不聞乃召師涓聽而寫之明日即去乃至晉國見平公平公享之靈公曰今者來聞新聲請奏之平公曰可即命師涓坐師曠之旁援琴鼓之未終
而師曠撫而止之曰此亡國之聲也不可遂平公曰何師曠曰昔師延所作也與紂爲靡靡之樂武王伐紂師延東走自投濮水之中故聞此聲必於濮水之
上而聞之是其事案異義云今論說鄭國之爲俗有溱洧之水男女聚會謳歌相感故云鄭聲淫左傳說煩手淫聲謂之鄭聲者言煩手躑躅之聲使淫過矣
許君謹案鄭詩二十一篇說婦人者十九矣故鄭聲淫也案鄭詩說婦人者唯九篇異義云十九者誤也無十字矣今凡音者生於人心
者也樂者通倫理者也倫猶類也理分也○分扶問反是故知聲而不知音者禽獸是也知音
而不知樂者衆庶是也唯君子爲能知樂禽獸知此爲聲耳不知其宮商之變也八音並作克諧曰樂○諧戶皆反
是故審聲以知音審音以知樂審樂以知政而治道備矣是故不知聲者不可

與言音不知音者不可與言樂知樂則幾於禮矣禮樂皆得謂之有德德者得也幾近也聽樂而知政之得失則能正君臣民事物之禮也○治直吏反下民治行同幾音譏一音巨依反注同是故樂之隆非極音也食饗之禮非致味也隆猶盛也極窮也食音嗣下食饗同○清廟之瑟朱弦而疏越壹倡而三歎有遺音者矣大饗之禮尚玄酒而俎腥魚大羹不和有遺味者矣清廟謂作樂歌清廟也朱弦練朱弦練則聲濁越瑟底孔也畫疏之使聲遲也倡發歌句也三歎三人從歎之耳大饗祫祭先王以腥魚爲俎實不臑熟之大羹肉湆不調以鹽菜遺猶餘也○疏音踈下同倡昌諒反注同腥音星和胡臥反底都禮反畫音獲祫音洽臑音而湆去及反是故先王之制禮樂也非以極口腹耳目之欲也將以教民平好惡而反人道之正也教之使知好惡也○好惡上呼報反下烏路反又並如字後好惡二字相連者皆放此

【疏】凡音至正也○正義曰此一節明音樂之異音易識而樂難知知樂則近於禮又明禮樂隆極之旨先王所以禮樂教人之意○凡音者生於人心者也言音從聲生聲從心生故云生於人心者也○樂者通於倫理者也倫類也理分也比音爲樂有金石絲竹干戚羽旄樂得則陰陽和樂失則羣物亂是樂能經通倫理也陰陽萬物各有倫類分理者也○是故知聲而不知音者禽獸是也者言禽獸知其聲不知五音之和變是聲易識而音難知矣○知音而不知樂者衆庶是也者言衆庶知歌曲之音而不知樂之大理是音猶易而樂極難也○唯君子爲能知樂者君子謂大德聖人能知極樂之理故云爲能知樂○是故審聲以知音審音以知樂審樂以知政而治道備矣者音由聲生先審識其聲然後可以知音樂由音生先審識其音然後知樂政由樂生先審識其樂可以知政所以審樂知政者樂由音聲相生聲感善惡而起若能審樂則知善惡之理行善不行惡習是

不習非知爲政化民。○而治道備矣者政善樂和音聲皆善人事無邪僻則治道備具矣知樂則幾於禮矣者幾近也知樂則知政之得失知政之得失則能正君臣民事物故云近於禮矣但禮包萬事萬事備具始是禮極今知樂但知正君臣民事物而已於禮未極故云近於禮矣○禮樂皆得謂之有德德者得也者言王者能使禮樂皆得其所謂之有德之君所以名爲德者得禮樂之稱也○是故樂之隆非極音也者隆謂隆盛。樂之隆盛本在移風易俗非崇重於鍾鼓之音故云非極音也案論語云樂云樂云鍾鼓云乎哉是也食饗之禮非致味也者食饗謂宗廟祫祭此禮之隆重在於孝敬也非在於致其美味而已禮云食饗之禮則樂應云祭祀之樂互可知也清廟之瑟朱弦而疏越壹倡而三歎者覆上樂之隆非極音也清廟之瑟謂歌清廟之詩所彈之瑟朱弦謂練朱絲爲弦練則聲濁也越謂瑟底孔也疏通之使聲遲故云疏越弦聲既濁瑟音又遲是質素之聲非要妙之響以其質素初發首一倡之時而唯有三人歎之是人不愛樂雖然有遺餘之音言以其貴在於德所以有遺餘之音念之不忘也○大饗之禮尚玄酒而俎腥魚大羹不和有遺味者矣者此覆上饗之禮非致味也大饗謂祫祭尚玄酒在五齊之上而俎腥魚腥生也俎雖有三牲而兼載腥魚也大羹謂肉湆也不和謂不以鹽菜和之此皆質素之食而大饗設之人所不欲也雖然有遺餘之味矣以其有德質素其味可重人愛之不忘故云有遺味者矣○是故先王之制禮樂也非以極口腹耳目之欲也者以玄酒腥魚大羹是非極口腹也以朱絃疏越是非極耳目也○將以教民平好惡而反人道之正也者言先王制禮樂不爲口腹耳目而將以教民均平好惡使好者行之惡者避之而反歸人道之正也○注正至之禮○正義曰以宫爲君商爲臣角爲民徵爲事羽爲物既能知樂則能正此五事五事之外則餘禮未能弘通故經云近於禮未盡禮之用也○注朱弦至餘也○正義曰朱弦練朱弦者案虞書傳云古者帝王升歌清廟之樂大瑟練弦此云朱弦者明練之可知也云練則聲濁者不練則體勁而聲清練則絲熟而弦濁云越瑟底孔也者案鄉飲酒禮二人皆左何瑟後。有。挎越是越瑟底孔也故燕禮注云越瑟下孔也云畫疏之使聲遲也者熊氏云瑟兩頭有孔畫疏之疏通也使兩頭孔相達而通孔小則聲急孔大則聲遲故云使聲遲也云三歎三人從歎之耳者三歎謂擊瑟贊歎美者但有三人歎之耳言歎者少也云大饗祫祭先王者案郊特牲。郊血大饗腥此云腥魚故爲宗廟祫祭也云以腥魚爲俎實者謂薦血腥之時以俎薦腥魚熊氏云其牛羊之俎至薦熟之時皆亨之而熟薦腥魚則始末不亨故云而俎腥魚也云大羹肉湆者特牲云大羹湆此云不和故知不調以鹽菜鉶羹則和之云遺猶餘。者。也樂聲雖質人貴之不忘矣食味雖惡人念之不息矣是有遺音遺味矣熊氏云聲有五聲但有三人歎之餘兩聲未歎是有遺音非其辭也○人生而靜天之性也感於物而動性之欲也。言性不見物則無欲物至知知然後好惡形焉至來也知知每物來則又有知也言見物多則欲益衆形猶見也○見賢遍反好惡無節於內知誘於外不能反躬天理滅矣節法度也知猶欲也誘猶道也引也躬猶己也理猶性也○誘音酉道音導○夫物之感人無窮而人之好惡無節則是物至而人化物也。人化物也者滅天理而窮人欲者也窮人欲言無所不爲於是有悖逆詐僞之心有淫泆作亂之事是故強者脅弱衆者暴寡知者詐愚勇者苦怯疾病不養老幼孤獨不得其所此大亂之道也疏人生至道也○正義曰此一節論人感物而動物有好惡所感不同若其感惡則天理滅爲大亂之道故下文明先王所以制禮樂而齊之○人生而靜天之性也○正義曰言人初生未有情欲是其靜稟於自然是天性也○感於物而動性之欲也者其心本雖靜感於外物而心遂動是性之所貪欲也自然謂之性貪欲謂之情是。情別矣○物至知知然後好惡形焉者至猶來也言外物既來知謂每一物來則心知之爲每一物皆知是物至知知也物至既衆會意者則愛好之不會意者則嫌惡之是好惡形焉○好惡無節於內知誘於外者所好惡恣己之情是無節於內知謂欲也所欲之事道誘於外外見所欲心則從之是知誘於外也○不能反躬天理滅矣者躬己也恣己情欲不能自反禁止理性也是天之所生本性滅絕矣○夫物之感人無窮者物既衆多來感於人無有窮已也○而人之好惡。而無節者見物之來所好所惡無有法節也則是物至而人化物也者則是外物來至而人化之於物物善則人善物惡則人惡是人化物也○人化物也者滅天理而窮人欲者也者人既化物逐而遷之恣其情欲故滅其天生清靜之性而窮極人所貪嗜慾也○知者詐愚謂欺詐愚人也勇者苦怯謂困苦怯者○疾病不養謂人所嫌惡不收養也○老幼孤獨不得其所者此並是人之嫌惡無所哀矜故老幼孤獨不得其所也

是故先王之制禮樂人爲之節言爲作法度以過其。欲○悖布內反下同佚音逸強其良反脅許刼反知音智怯起刼反過於葛反本亦作節衰麻哭泣所以節喪紀也鐘鼓干戚所以和安樂也昏姻冠笄所以別男女也射鄉食饗所以正交接也男二十而冠女許嫁而笄成人之禮射鄉大射鄉飲酒也○衰七雷反樂音洛冠古亂反注同笄音雞別彼列反下文注皆同禮節民心樂和民聲政以行之刑以防之禮樂刑政四達而不悖則王道備矣

【疏】是故至備矣○正義曰此一節以下至樂云廣明禮樂相須之事○是故先王之制禮樂人爲之節者庾云人爲猶爲人也言爲人作法節也○射鄉食饗所以正交接也者射大射也鄉鄉飲酒也食饗饗食賓客也凡此皆是正交接之節不使相陵越也○禮節民心者前經云禮樂人爲之節故此經明其所節之事禮有尊卑上下故裁節民心謂無不敬也○樂和民聲者樂有宮商角徵羽及律呂所以調和民聲也○政以行之者政謂禁令用禁令以行禮樂也○刑以防之者若不行禮樂則以刑罰防止。也○禮樂刑政四達而不悖則王道備矣者若此四事通達流行而不悖逆則王道。備。具矣

樂者

爲同禮者爲異同則相親異則相敬同謂協好惡也異謂別貴賤也樂勝則流禮勝則離流謂合行不敬也離謂析居不和也○勝治證反析思曆反○合情飾貌者禮樂之事也欲其並行斌斌然○飭音勑本亦作飾音式斌彼貧反本又作彬○禮義立則貴賤等矣樂文同則上下和矣好惡著則賢不肖別矣刑禁暴爵舉賢則政均矣仁以愛之義以正之如此則民治行矣等階級也○著張慮反肖音笑

【疏】樂者至行矣○正義曰皇氏云從王道備矣以上爲樂本從此以下爲樂論今依用焉此十一篇之說事不分明鄭目錄十一篇略有分別仔細不可委知熊氏云十篇鄭可具詳依別錄十一篇所有賓牟賈有師乙有魏文侯今此樂記有魏文侯乃次賓牟賈師乙爲末則是今之樂記十一篇之次與別錄不同推此而言其樂本以下亦雜亂故鄭略有分別案熊氏此說不與皇氏同○樂者爲同者此言樂論之事謂上下同聽莫不和說也○禮者爲異者謂尊卑各別恭敬不等也此章凡有四段自此至民治行矣爲第一段論樂與禮同異將欲廣論先論其異同也自樂由中出至天子如此則禮行矣爲第二段論樂與禮之功論同異既辨故次宜有功也自大樂與天地同和至述作之謂也爲第三段論樂與禮唯聖人能識既有其功故宜究識也自樂者天地之和至則此所與民同也爲第四段論樂與禮使上下和合是爲同也禮使父子殊別是爲異○同則相親無所間別故相親也異則相敬有所殊別故相敬也○樂勝則流禮勝則離者此明雖有同異而又有相須也勝猶過也若樂過和同而無禮則流慢無復尊卑之敬若禮過殊隔而無和樂則親屬離析無復骨肉之愛唯須禮樂兼有所以爲美故論語云禮之用和爲貴是也○合情飾貌者禮樂之事也者合情謂樂也樂和其內是合情也飾貌謂禮也禮以撿跡於外是飾貌也貌與心半二者無偏則是禮樂之事也○禮義立則貴賤等矣者義宜也等階級也若行禮得其宜則貴賤各有階級矣樂文同則上下和矣者文謂聲成文

也若行樂文采諧同則上下各自和好也○好惡著則賢不肖別矣者謂所好得其害所惡得其惡是好惡著則賢與不肖自然分別矣○刑禁暴者謂用刑
罰禁止暴慢也○爵舉賢者謂用爵以舉賢良也○則政均矣者刑爵得所政教均平矣刑者則慎罰爵者則明德○仁以愛之者謂王者用仁以愛民也○
義以正之者謂王者用義以正惡矣○如此則民治行矣者言用仁用義則民。行。治。也此經凡有五事各以矣結之從禮義立則貴賤等矣是其一也樂文同
則上下和矣是其二也好惡著則賢不肖別矣是其三也刑禁暴爵舉賢則政均矣是其四也仁以愛之義以正之如此則民治行矣是其五也樂由
中出和在心也禮自外作敬在貌也樂由中出故靜禮自外作故文文猶動也大樂必易大禮
必簡易簡若於清廟大饗然○易以豉反注同樂至則無怨禮至則不爭揖讓而治天下者禮樂之
謂也至猶達也行也○爭爭鬭之爭暴民不作諸侯賓服兵革不試五刑不用百姓無患天子
不怒如此則樂達矣合父子之親明長幼之序以敬四海之內天子如此則禮
行矣賓協也試用也○長丁丈反○【疏】。樂。由。至。行。矣○正義曰此一節明禮樂自內自外或易或簡天子行之得所則樂達禮行○樂由中出者謂樂
從心起也○禮自外作者謂禮敬在外貌也樂由中出故靜者行之在心故靜也○禮自外作故文者禮肅人貌貌在外故云動也庾云樂成在中是和合反
自然之靜禮節在貌之前動合文理文猶動也○大樂必易者朱弦而疏越是也○大禮必簡者玄酒腥魚是也○樂至則無怨者至謂達也行也樂行於人
由於和故無怨矣○禮至則不爭者禮行於民由於謙敬謙敬則不爭也○揖讓而治天下者禮樂之謂也者民無怨爭則君上無爲但揖讓垂拱而天下自
治其功由於禮樂故云禮樂之謂也暴民不作此下至樂達矣偏舉樂之功前云樂達則無怨故致此以下之功也暴民謂凶暴之民不作謂不動作也○如

此則樂達矣者由樂和故至天子不怒以致前事是樂道達矣天子如此則禮行矣者天子若能使海內如此則是禮道與行矣樂云達禮云行者互文也禮云天子如此樂不云天子者樂既云天子不怒故略其文不復云天子也

○大樂與天地同和大禮與天地同節言順天地之氣與其數和故百物不失不失其性節故祀天祭地成物有功報焉明則有禮樂教人者幽則有鬼神助天地成物者也易曰是故知鬼神之情狀與天地相似五帝德說黃帝德曰死而民畏其神者百年春秋傳曰若敖氏之鬼然則聖人之精氣謂之神賢知之精氣謂之鬼○敖五羔反賢知音智○如此則四海之內合敬同愛矣禮者殊事合敬者也樂者異文合愛者也禮樂之情同故明王以相沿也沿猶因述也孔子曰殷因於夏禮所損益可知也周因於殷禮所損益可知也○沿或作緣○沿悅專反因也述也○故事與時並舉事在其時也禮器曰堯授舜舜授禹湯放桀武王伐紂時也名與功偕爲名在其功也偕猶俱也堯作大章舜作大韶禹作大夏湯作大濩武王作大武○名因其得天下之大功○偕古諧反俱也濩戶故反下同

【疏】○大樂至功偕○正義曰此一節明禮樂與天地合德明王用之相因不改功名顯著○大樂與天地同和者天地氣和而生萬物大樂之體順陰陽律呂生養萬物是大樂與天地同和也○大禮與天地同節者天地之形各有高下大小爲限節大禮辨尊卑貴賤與天地相似是大禮與天地同節也○和故百物不失者以大樂與天地同和能生成百物故不失其性也○節故祀天祭地者以大禮與天地同節有尊卑上下報生成之功故祀天祭地○明則有禮樂者聖王既能使禮樂與天地同和節又於顯明之處尊崇禮樂以教人○幽則有鬼神者幽冥之處尊敬鬼神以成物也○如此則四海之內合敬同愛矣者聖人若能如此上事行禮樂得所以治天下故四海之內合其敬愛以行禮得所故四海會合其敬行樂得所故四海之內齊同其愛矣○禮者殊事合

敬者也者尊卑有別是殊事俱行於禮是合敬也○樂者異文合愛者也者宮商別調是異文無不歡愛是合愛也○禮樂之情同故明王以相沿也者禮樂之狀質文雖異樂情主和禮情主敬致治是同以其致治情同故明王所以相因述也言前代後代同禮樂之情因時質文或有損益故云以相沿也沿謂因而增改也○故事與時並者事謂聖人所爲之事與所當時而並行若堯舜揖讓之事與淳和之時而並行湯武干戈之事與澆薄之時而並行此一句明禮也○名與功偕者名謂樂名偕俱也言聖王制樂之名與所建之功而俱作也若堯之大章舜之大韶堯章明之功舜紹堯之德及禹湯等樂名皆與功俱立也此一句明樂聖王雖同禮樂之情因而脩述但時與功不等故禮與樂亦殊○注言順至其數○正義曰天地與陰陽生養爲氣樂有六律六呂調和生養是順天地之氣解經同和也云與其數謂天有日月星辰地有山川高下其數不同故云與其數解經同節也○注成物有功報焉○正義曰言天地春夏生物秋冬成物獨云成物者對則生成有異總而言之生亦成也故云成物有功下物注云助天地成物是也○注易曰至之鬼○正義曰引易曰是故知鬼神之情狀與天地相似者易上繫辭云精氣爲物游魂爲變是故知鬼神之情狀與天地相似。○注云精氣謂七八游魂謂九六遊魂謂之鬼物終所歸精氣謂之神物生所信也言木火之神生物東南金水之鬼終物西北二者之情其狀與春夏生物秋冬終物相似云五帝德說黃帝德曰死而民畏其神者百年案大戴禮五帝德篇云宰我問孔子曰黃帝三百年請問黃帝人也抑非人也何以至三百年乎孔子曰生而民利其德百年死而民畏其神百年亡而民用其教百年云春秋傳曰若敖氏之鬼引春秋者宣四年左傳楚司馬子良生子越椒初生令尹子文請殺之其父子良不可子文以爲大感曰鬼猶求食若敖氏之鬼不其餒而云聖人之精氣謂之神者則黃帝是也言聖人氣强能引生萬物故謂之神云賢知之精氣謂之鬼者則若敖氏是也氣劣於聖但歸終而已故謂之鬼熊氏云繫辭鬼神者謂七八九六自然之鬼神又聖人賢人鬼神與自然鬼神俱能助天地而成物故鄭總引之也又鄭注祭法七祀謂鬼神司察小過引此幽則有鬼神然則有天地自然之鬼神有聖人賢人之鬼神有七祀之鬼神崔氏云明人君及臣生則有禮樂化民死則爲鬼神以成物此唯據聖人賢人之鬼神也與鄭引易繫辭不合其義非也○注沿猶至知也○正義曰五帝三王同用禮樂是因也就而損益是述也故引論語損益之事以解之損益者則下文事與時並名與功偕是也○故鐘。鼓管磬羽籥干戚樂之器也屈。伸。俯仰綴。兆舒疾樂之文也簠簋俎豆制度文章禮之器也升降上下周還裼襲禮之文也綴謂酇舞者之位也兆其外營域也○伸音申綴丁劣反徐丁衛反下綴遠綴短皆同簠上音甫下居洧反並祭器名上下時掌反還音旋裼思歷反襲音習酇作管反後同○故知禮樂之情者能作識禮樂之文者能述述謂訓其義也作者之謂聖述者之謂明明聖者述作之謂也

疏。故。鐘。至。謂。也○正義曰此一節申明禮樂器之與文幷述作之體綴兆疾徐者綴謂舞者行位相連綴也兆謂位外之營兆也○周還裼襲者周謂行禮周曲迴旋也裼謂袒上衣而露裼也襲謂掩上衣也禮盛者尚質故襲不盛者尚文故裼○故知禮樂之情者能作者下文云窮本知變樂之情若能窮極其本識其變通是知樂之情也下文云著誠去僞禮之經也若能顯著誠信棄去浮僞是知禮之情也凡制作者量事制宜既能窮本知變又能著誠去僞所以能制作者識禮樂之文者能述者文謂上經云屈伸俯仰升降上下是也述謂訓說義理既知文章升降辨定是非故能訓說禮樂義理不能制作禮樂也○作者之謂聖聖者通達物理故作者之謂聖則堯舜禹湯是也○述者之謂明明者辨說是非故脩述者之謂明則子游子夏之屬是也○樂者天地之和也禮者天地之序也和故百物皆化序故羣物皆別化猶生也別謂形體異也樂由天作禮以地制言法天地也○過制則亂過作則暴過猶誤也暴失文武

之意明於天地然後能與禮樂也疏樂者至樂也○正義曰此一節申明禮樂從天地而來王者必明於天地然後能與禮樂樂者調暢陰陽是天地之和也○禮者天地之序也禮明貴賤是天地之序也○樂由天作者樂。生於陽是法天而作也○禮以地制者禮。主於陰是法地而制言法天地也○過制則亂者過謂誤也惟聖人識合天地者則制禮作樂不誤若非聖識則必誤誤制禮則尊卑淫亂也猶地體誤則亂於高下也○過作則暴者謂違暴失所若過誤作樂則樂體違暴失文武之意謂文樂武樂雜亂也○論倫無患樂之情也欣喜歡愛樂之官也倫猶類也患害也官猶事也○中正無邪禮之質也莊敬恭順禮之制也質猶本也○邪字又作衺同似嗟反若夫禮樂之施於金石越於聲音用於宗廟社稷事乎山川鬼神則此所與民同也言情官質制先王所專也疏論。倫。至。同。也○正義曰此一節明禮樂文質不同事爲有異○論倫無患者樂主和同論說等倫無相毀害是樂之情也言樂之本情欲使倫等和同無相損害也○欣喜歡愛樂之官也者官猶事也賀瑒云八音克諧使物歡欣此樂之事迹也在心則倫類無害故爲樂情在貌則欣喜歡愛故爲樂事也○中正無邪禮之質也者謂內心中正無有邪僻是禮之本質也○莊敬恭順禮之制也者外貌莊敬謙恭謹慎是禮之節制也○若夫禮樂之施於金石越於聲音者此明樂也○用於宗廟社稷事乎山川鬼神者此明禮也若通而言之則禮樂相將矣○則此所與民同也者言施於金石越於聲音用於宗廟社稷事乎山川鬼神此等與民。共同有也前經論樂之情樂之官禮之質禮之制是先王所專有也言先王獨能專此四事○

○王者功成作樂治定制禮功成治定同時耳功。主於王業治主於教民明堂位說周公曰治天下六年朝諸侯於明堂制禮作樂○王如字徐于況反治定直吏反注治定治主下治辯同定其功大者其樂備其治辯。者其禮具。辯偏也○辨本又作辯舊音遍按廣雅辨偏也薄莧反偏音遍干戚之舞非備樂也。樂以文德爲備若咸池者孔子曰韶盡美矣又盡善也謂武盡美矣未盡善也孰亨而祀非達禮也達。具也郊特牲曰郊血大饗腥三獻爓一獻孰至敬不饗味而貴氣臭也○亨沈普衡反徐許兩反爓在廉反五帝殊時不相沿。樂三王異世不相襲禮言其有損益也樂極則憂禮粗則偏矣樂人之所好也害在淫。侉禮人之所勤也害在倦略○粗倉都反後皆同偏音篇下同好呼報反侉苦瓜反○及夫敦樂而無憂禮備而不偏者其唯大聖乎敦厚也○夫音扶下皆放此○

【疏】○王。者。至。聖。乎。○正義曰此章是樂記第三章名曰樂禮章也章中明王者爲治必制禮作樂故名樂禮章也案鄭目錄云第三是樂施第四是樂言第五是樂禮今記者以樂禮爲第三。言鄭目錄當是舊次未合之時此今所列或記家別起意意趣不同故也○王者功成作樂治定制禮者功成謂天子功業既成治定謂民得王教尊卑位定也然功成治定俱是一時但所斷義各有異也故分言耳功成作樂者王者先王之功由民所樂故功成命而作樂以應民所樂之心猶如民樂周有干戈而業成故周王成功制干戈之樂也治定制禮者禮以體別爲義今治人得體故制禮應之如周王太平乃制禮也。而樂云作禮云制者作是動用制是裁斷禮是形化故言制樂是氣化故言作亦相互也白虎通云樂者陽也動作倡始故言作也禮者陰也繫制於陽故云制也治定謂教民從化若用質教民治定者則制禮省略也若用文教民而治定者則制禮繁多也其法雖殊若大判而論則五帝以上尚樂三王之世貴禮故樂興五帝禮盛三王所以爾者五帝之時尚德故義取於。同。和三王之代尚禮故義取於儀別是以樂隨王者之功禮隨治世之教也○其功大者其樂備其治辯者其禮具者辯偏也夫禮樂必由其功治功治有大小故禮樂亦應以廣狹也若以一代而言則武王功治尚小故禮樂未得備偏至周公功成治大故禮樂應之而備也若異代言之則堯舜功大治辯樂備禮具若湯武比於堯舜則功小治狹樂不備禮不具也樂備謂文德備具不備謂干戚之舞矣禮具則血腥而祭不具謂孰亨而祀言禮樂之體皆以德爲備具也○干戚之舞非備樂也者言周樂干戚之舞非如舜時文德之備樂也○孰亨而祀非達禮也者言後世孰亨牲體而祭祀非如五帝之時血腥之達禮也○五帝殊時不相沿樂者沿因也五帝既先後殊時不相共同用一樂也三王異世不相襲禮者三王前後異世不相共襲因一禮也若論禮樂之情則聖王同用也故前文云禮樂之情同故明王以相沿是也此論禮樂之迹損益有殊隨時而改云不相襲也○樂極則憂者樂人之所好害在淫佚若極而不止則必至憂慼也○禮粗則偏矣者偏謂倦略禮者人之所勤言人不能勤行於禮好生懈倦則致粗略偏謂不周備也及夫敦樂而無憂者敦厚也厚重於樂知足則止而無至於憂也○禮備而不偏者行禮安靜委曲備具不至勤苦倦略能如此者其唯大聖乎言大聖之人能行禮樂如此也○注成至作樂○正義曰功成治定同時耳者謂一時之事若周公攝政六年是也云功主於王業者功謂王業之功樂者聖人所樂發揚己之功德故云功成作樂云治主於教民者治謂治人安定使上下有序禮者主於施下明下之從順故治定制禮也○注樂以至善也○正義曰鄭此注據異代此經明云干戚非備樂明以文德爲備故云若咸池者下文云咸池備矣是也引論語舜以文德爲備故云韶盡美矣謂樂音美也又盡善也謂文德具也虞舜之時雜舞干羽於兩階而文多於武也謂武盡美矣者大武之樂其體美矣下文說大武之樂是也未盡善者文德猶少未致太平○注達具至臭也○正義曰案禮運云薦其血毛謂上古也腥其俎孰其殽謂中古也退而合亨一謂三王也是上代質用血腥次代文用亨孰故引郊特牲郊血大饗腥三獻爓一獻孰以結之是卑者爓孰尊者血腥尊者禮具卑者不具然三王之世禮文煩多五帝之時禮文簡略今以上世爲具禮下世爲不具禮者禮之所具在於德上代禮文雖略德備也下代禮文雖煩德不具也故前文云大禮與天地同節故下篇云無體之禮是其具也○注樂人至佚略○正義曰樂人之所好害在淫佚者樂聲之作人聽而不厭是人之所好好而不止放蕩奢佚故害在

淫侈若朋淫於家俾晝作夜物極則反樂去憂來又煩手淫聲慆堙心耳則哀痛生也云禮人之所勤也者一獻之禮賓主百拜是所勤也勞而不堪有司跛倚是害在倦略也○天高地下萬物散殊而禮制行矣禮為異也流而不息合同而化而樂興焉樂為同也春作夏長仁也秋斂冬藏義也仁近於樂義近於禮言樂法陽而生禮法陰而成○夏長上戶嫁反下丁丈反下注長養皆同近附近之近又其靳反下皆同樂者敦和率神而從天禮者別宜居鬼而從地敦和樂貴同也率循也從順也別宜禮尚異也居鬼謂居其所為亦言循之也鬼神謂先聖先賢也○惇音純本又作敦故聖人作樂以應天制禮以配地禮樂明備天地官矣官猶事也各得其事

疏○天高至官矣○正義曰此一節申明禮樂配於天地若禮樂備具則天地之事各得其宜天高地下萬物散殊而禮制行矣者以天高地下不同故人倫尊卑有異其間萬物各散殊塗禮者別尊卑定萬物是禮之法制行矣○流而不息合同而化而樂興焉者言天地萬物流動不息合會齊同而變化者也樂者調和氣性合德化育是樂興也樂主和同故云興禮主異故云行此樂興與禮行相對樂云興禮云加制字而云禮制行者禮以裁制為義故特加制樂以興作為本故不云制也○仁近於樂義近於禮者禮仁主仁愛樂主和同故仁近於樂也義主斷割禮為節限故義近於禮也○樂者敦和率神而從天者率循也言樂之為體敦重和同因循聖人之神氣而從於天也禮者別宜居鬼而從地者居謂居處也言禮之為體殊別萬物所宜居處鬼之所為而順地也樂所以率神者聖人之魂為神樂者調和其氣故云率神禮所以居鬼者賢人之魂為鬼禮者裁制形體故云居鬼居者亦率循之義變文爾○禮樂明備天地官矣者官猶事也言聖人能使禮樂顯明備具則天地之事各得其利矣○注敦和至賢也○正義曰敦和樂貴同也者謂敦重於和由其貴同故知敦則貴也和則同也敦和與別宜相對者別宜謂分別其所宜明

敦和是敦重其所和也云别宜禮尚異也者樂言敦和樂貴同也禮言别宜是禮尚異也云居鬼謂居其所爲亦言循之也者居鬼謂居處之所爲居處則依循之義也故云亦言循之也與率神不異故言亦云鬼神謂先聖先賢也者鬼則先賢神。即先聖聖人魂强能神通變化樂者清虚無體亦能變化故云率神也賢人魂弱但歸處居住有形上下之。禮亦有體依循鬼之尊卑故云居鬼也賀云以爲居鬼者居其所爲謂若五祀之神各主其所造而受祭不得越其分是不變化也五祀之神造門故祭於門造竈故祭於竈故云居義亦通也

天尊地卑君臣定矣卑高已。陳貴賤位矣

動静有常小大殊矣方以類聚物以羣分則性命不同矣在天成象在地成形

如此則禮者天地之别也卑高謂山澤也位矣尊卑之位象山澤也動静陰陽用事。大。小萬物也大者常存小者隨。陽出入方謂行蟲也物謂殖生者也性之言生也命生之長短也象光耀也形體貌也○卑如字又音婢下同

疏天。尊。至。别。也。○正義曰自此以下至禮樂云廣明禮樂之功包天地之德各隨文解之此天尊地卑一經明禮爲天地之别也○卑高已陳貴賤位矣者卑謂澤也高謂山也山澤列在天地之中故云已陳也貴賤即公卿以下象山川而有貴賤之位也所以鄭云位矣尊卑之位象山澤故鄭注周易云君臣尊卑之貴賤如山澤之有高卑也○動静有常小大殊矣者動静謂雷風也動散有常故云常也小大謂萬物也小謂草木春生秋殺及昆蟲夏生冬伏者大謂常存不隨四時變化變化不等故云殊也鄭注易云動静雷風也而鄭此云陰陽用事者亦得會通也○方以類聚者方謂走蟲禽獸之屬各以類聚不相雜也○物以羣分者物謂殖生若草木之屬各有區分自殊於藪澤者也鄭注易云類聚羣分謂水火也而此注云方謂行蟲物謂殖生者言二注不同各有以也類聚稱方者行蟲有性識道理故稱方也羣分稱物者謂殖生無心靈但一物而已故云物也○則性命不同矣者性生也各有嗜好謂之爲性也命者長短夭壽也行殖之物既稟大小之殊故性命夭壽不同萬物各

有羣類區分性命之別。故聖人因此制禮類族緣物各遂性命也〇在天成象者馬融王肅注易並云象者日月星鄭注易云成象日月星辰也注此云象光耀也〇在地成形者馬融注易云植物動物也王肅注易云山川羣物也鄭注易云謂草木鳥獸也注此云形體貌也按此三者所注雖異其意皆同如此禮者天地之別也者合結禮者天地有別聖人制禮有殊別是從天地之分別也地氣上齊天氣下降陰陽相摩天地相蕩鼓之以雷霆奮之以風雨動之以四時煖之以日月而百化興焉如此則樂者天地之和也齊讀爲躋躋升也摩猶迫也蕩猶動也奮。訊也百化百物化生也〇上齊時掌反齊注讀爲躋又作隮子兮反升也摩本又作磨末河反迫也蕩本或作盪同六黨反霆音廷又作挺奮甫問反易作潤之煖徐詩遠反沈況遠反迫音伯訊本又作迅音信疏地。氣。至。和。也〇地氣上齊者齊升也謂地氣上升天氣。下。降者謂降下與地氣交合積氣從下升在樂象氣故先從地始形以上爲尊。故。先。禮。象。形從天爲初〇陰陽相摩者摩謂切迫陰陽二氣相切迫也天地相蕩者蕩動也言天地之氣相感動〇鼓之以雷霆者雖以氣生而物未發故用雷霆以鼓動之〇奮之以風雨者萬物得風雨奮迅而出也〇動之以四時者言萬物生長隨四時而動也〇煖之以日月者萬物之生必須日月煖煦之自鼓之以雷霆至煖之以日月皆以天地相蕩之事細別言之耳〇而百化興焉者百化百物也興生也百。物由天地齊降以下諸事〇如此則樂者天地之和也者此結樂也言作樂者法象天地之和氣若作樂和則天地亦和前經云禮者天地之別言制禮者法象之也若制禮得所亦能使天地別異此經樂者。樂之。不和則是法天地之和氣故云樂者天地之和也化不時則不生男女無辨則亂升天地之情也辨別也。升成也樂失則害物禮失則亂人疏化。不至。情。也〇此一經明天地不時由禮樂失所〇化不時者謂天地化養不得其時則不生物也此明樂所以調和變化故也〇男女無辨則亂升者升成也辨別也若男女雜亂無別則亂成也此明禮之所以別男女故也○天地之情也者樂以法天化得其時則物生不得其時則物不生是天之情也禮以法地男女有別則治與男女無別則亂成是地之情也皇氏云天地無情以人心而謂之耳

及夫禮樂之極乎天而蟠乎地行乎陰陽而通乎鬼神窮高極遠而測深厚極至也蟠猶委也高遠三辰也深厚山川也言禮樂之道上至於天下委於地則其間無所不之○蟠步丹反或蒲河反注同

【疏】及夫至深厚○正義曰此一節盛說禮樂之大○極乎天者極至也言禮樂上至乎天○而蟠乎地者蟠委也言禮樂下委於地禮法天地高下是禮至委於天地樂法地氣上升天氣下降是樂至委於天地天高故言至地下故言委○行乎陰陽者禮法動靜有常樂法陰陽相摩是禮樂行乎陰陽陰陽和四時玉燭應於禮樂是禮樂行乎陰陽○而通乎鬼神者禮樂用之以祭鬼神是通乎鬼神也○窮高極遠者窮盡也高遠謂天之三光三光應禮樂而明是禮樂盡三光之道也○而測深厚者測知也深厚謂地之山川山川應禮樂而出瑞應是測深厚此經盛論禮樂之大厚雖取象於天地功德又能徧滿於天地之間禮運云天降膏露是極乎天也地出醴泉是蟠乎地也日月歲時無易百穀用成是行乎陰陽也作樂一變以至六變百神俱至是通乎鬼神也孝經緯云景星出是窮高極遠也禮運云山出器車魚鮪不淰是測深厚也言禮樂無所不至○

樂著大始而禮居成物著之言處也大始百物之始主也○著直略反處也注著之言同大音泰注同處昌呂反著不息者天也著不動者地也著猶明白也息猶休止也易曰天行健君子以自強不息一動一靜者天地之間也間謂百物也○故聖人曰禮樂云言禮樂之法天地也樂靜而禮動其並用事則亦天地之間耳

【疏】樂者至樂云○正義曰樂著大始而禮居成物者言樂象於天天為生物之始著猶處也是樂處大始禮法於地言禮以稟天氣以成於物故云禮居成物著與居相對故注以著為處也著不息者天也著不動者地也者著謂

顯著言顯著明白運生不息者是天也案易乾象云天行健君子以自强不息也顯著養物不移動者地也故坤卦象云安貞吉言樂法於天動而不息禮象於地靜而不動○一動一靜天地之間也者動者或一物飛走蠢動感天之陽氣也靜者或一物安伏而止靜感地之陰氣也天地之間也者言此一動一靜在天地之間○所有百物也動則周禮。動物及雷風日月之屬是也靜則植物山陵之屬是也○故聖人曰禮樂云者云言也謂禮樂所言法天地也記者引聖人語證此一章也言聖人云此一章是禮樂法天地故言聖人曰禮樂云○注樂靜至間耳○正義曰言禮樂之法天地也樂靜而禮動其並用事則亦天地之間耳釋禮樂所以亦是天地之間物義也若離而言之則樂靜禮動若禮樂合用事則同有動靜故如天地之間物有動靜也

附釋音禮記注疏卷第三十七

禮記注疏卷三十七校勘記　阮元撰盧宣旬摘錄

附釋音禮記注疏卷第三十七 惠棟校宋本禮記正義卷第四十七

樂記第十九

其樂尤微 閩本同惠棟校宋本同監毛本尤誤元按漢志作樂尤微眇

其內史丞王度傳之 惠棟校宋本作丞衞氏集說同此誤承閩監毛本同按漢志度作定

餘次奏樂第十二 閩監毛本同惠棟校宋本餘作下

昭本第二十一 監毛本同衞氏集說亦作昭本閩本昭作招惠棟校宋本同

凡音之起節 惠棟云凡音節樂者節凡音節宮爲君節鄭衞節凡音節人生而靜節是故先王節宋本合爲一節

及干戚羽旄 惠棟校宋本作旄宋監本同石經同岳本同嘉靖本同衞氏集說同陳澔集說同釋文出羽旄云音毛此本旄誤毛閩監毛本同盧文弨云注釋作旄史記是旄字按正義出經文亦作旄

凡音至之樂 惠棟校宋本無此五字

則聲爲初音爲樂爲末也 惠棟校宋本作音爲中衞氏集說同此本中字脫閩監毛本同

易文言文證同聲相應之義也 惠棟校宋本同閩監毛本文證誤又謂衞氏集說亦作證

按樂師有帗舞宋監本亦作帗與周禮樂師合毛本同衛氏集說同閩本帗字模糊監本帗誤㤂

包含文武之大武閩監本同惠棟校宋本大武作大舞毛本同按作大舞是也

樂者音之所由生也節

感於物而后動惠棟校宋本同石經同岳本同嘉靖本同衛氏集說同閩監毛本后作後石經考文提要云宋大字本宋本九經南宋巾箱本余仁仲本劉叔剛本並作后假借字

言人聲在所見閩監本同考文引宋板同岳本同嘉靖本同衛氏集說同毛本聲誤生

樂者至道也惠棟校宋本無此五字

是樂由比音而生衛氏集說同閩監毛本比作此是也

而發揚放散無輒礙閩監毛本同惠棟校宋本礙下有也字

感於物而后動者惠棟校宋本同閩監毛本后作後

凡音者生人心者也節

凡音至通矣惠棟校宋本無此五字

明君上之樂隨人情而動監本同衛氏集說同閩本情字闕毛本情作心

則上文感於物而后動是也惠棟校宋本同閩監毛本后作後

宮爲君節

敝敗不和貌閩監毛本同岳本同嘉靖本同衞氏集說同惠棟校宋本貌上有之字○按史記樂書注引有之字

商亂則陂史記陂作槌徐廣注云槌今禮作陂也

其官壞閩監毛本同石經同岳本同嘉靖本同衞氏集說同陳澔集說官誤臣考文引足利本同石經考文提要云宋大字本劉叔剛本並作其官

王耄荒各本同釋文耄作旄○按說文作𦒱今作耄假借作旄俗作耄

宮爲至日矣惠棟校宋本無此五字

以其徵清事之象也閩監毛本同盧文弨云徵清當作微清下同

則五聲之響無敝敗矣閩監毛本同惠棟校宋本聲作音衞氏集說同

則其聲敧斜而不正也監毛本同惠棟校宋本斜作邪衞氏集說同閩本此處漶滅

由民勤於事悲哀之所生閩監本同毛本生下有也字衞氏集說同

羽音所以不安者閩本音作聲惠棟校宋本同衞氏集說同此本誤監毛本同

凡音者生於人心者也節

極窮也各本同盧文弨云足利古本窮上有猶字史記集解同

朱弦而疏越石經同岳本同嘉靖本同衞氏集說同宋監本同惠棟校宋本亦作弦閩本弦作絃監毛本同疏作䟽注並同

而不知樂之大理惠棟校宋本作理此本理誤禮閩監毛本禮作體衞氏集說同

而治道備矣者音由聲生惠棟校宋本閩毛本並同監本音誤言

樂由音聲相生閩監毛本同惠棟校宋本相作而

○而治道備矣監本同案而字上○衍

隆謂隆盛樂之隆盛惠棟校宋本樂上有言字此本脫閩監毛本同

此覆上饗之禮惠棟校宋本饗上有食字衞氏集說同此本脫閩監毛本同

後有垮越閩監毛本同惠棟校宋本有作首垮作挎與鄉飲酒禮合

按郊特牲郊血大饗腥閩監毛本同惠棟校宋本牲下有云字衞氏集說同

云遺猶餘者也惠棟校宋本作也者此本也者二字倒閩監毛本同

人生而靜節

性之欲也史記欲作頌徐廣曰頌音容今禮作欲

則是物至而人化物也閩監毛本同岳本同嘉靖本同惠棟校宋本云而人化物也下脫注隨物變化四字盧文弨云惠棟據史記集解增

是情別矣惠棟校宋本情下有性字此本脫閩監毛本同

而人之好惡而無節者惠棟校宋本無節上無而字此本誤衍閩監毛本同

是故先王之制禮樂節

言爲作法度以遏其欲各本同盧文弨云足利古本欲下有也字史記集解同按衞氏集說亦有也字

則以刑罰防止也閩監毛本同惠棟校宋本也作之衞氏集說同

則王道備具矣閩監毛本同衞氏集說同惠棟校宋本備具作具備

樂者爲同節

合情飾貌者各本同石經同釋文出飭貌云本又作飾

欲其並行斌斌然各本同盧文弨云足利古本作彬彬史記集解同按釋文出斌斌云本又作彬彬○按說文作份又云古文份从彡林斌俗作字

樂者至行矣惠棟校宋本無此五字

分別仔細不可委知惠棟校宋本仔作子閩監毛本委作悉

先論其異同也閩監毛本同惠棟校宋本異同作同異

禮使父子殊別是爲異閩監毛本同惠棟校宋本異下有也字

則民行治也閩監毛本同惠棟校宋本行治作治行衞氏集說作則民治行矣

樂由中出節

樂由至行矣惠棟校宋本無此五字

此一節監本毛本作節惠棟校宋本作經

大樂與天地同和節

言順天地之氣與其數各本同盧文弨云足利古本數下有也字史記集解同

故明王以相㳂也石經同宋監本同惠棟校宋本同岳本同嘉靖本同釋文亦作㳂閩監毛本㳂作沿衞氏集說同注放此下不相㳂樂同

舉事在其時也惠棟校宋本同宋監本同岳本同嘉靖本同考文引足利本同閩本舉字闕監毛本舉作爲衞氏集說同○按史記注引作舉

名因其得天下之功閩監毛本同岳本名作各嘉靖本同衞氏集說同考文引古本足利本同

大樂至功偕　惠棟校宋本無此五字

故四海之內合其敬愛　閩監毛本同惠棟校宋本合作會

○注云精氣謂七八　閩監本同惠棟校宋本○無毛本同按○不當有

生則有禮樂化民　閩監毛本同惠棟校宋本有作以

故鐘鼓管磬節

故鐘鼓管磬　監毛本同石經同岳本同嘉靖本同閩本鐘作鍾衞氏集說同

屈伸俯仰　史記作詘信俯仰○按說文作屈申段玉裁云屈亦作詘所謂隨體詰詘也伸古經傳皆作信周易詘信相感而利生焉又尺蠖之詘以求信也

綴兆舒疾　史記綴作級徐廣曰級今禮作綴

故鐘至謂也　惠棟校宋本無此五字

所以能制作者　閩監毛本同惠棟校宋本者作也

樂者天地之和也節

樂生於陽　閩監毛本同衞氏集說同考文云宋板生作主

禮主於陰閩本同惠棟校宋本同監毛本主作生衞氏集說同

論倫無患節

論倫至同也惠棟校宋本無此五字

此等與民共同有也閩監毛本同衞氏集說共作所

王者功成作樂節

其治辯者閩監毛本同石經同岳本同嘉靖本同衞氏集說同釋文出治辨云本又作辯

辯偏也各本同釋文辯作辨

孔子曰韶盡美矣閩監本同岳本同嘉靖本同衞氏集說同毛本韶誤紹

達具也惠棟校宋本具上有猶字史記注引同

害在淫侉閩監毛本同岳本同嘉靖本同衞氏集說同釋文亦作侉史記注同惠棟校宋本侉作夸

王者至聖乎惠棟校宋本無此五字

今記者以樂禮爲第三言閩監毛本同衞氏集說言作章

而樂云作禮云制者閩監毛本同惠棟校宋本無而字衞氏集說同

故義取於同和閩監毛本同惠棟校宋本同和作和同

云不相襲也惠棟校宋本上有故字此本故字脫閩監毛本同衛氏集說作故不相沿襲也

注成至作樂補案成上當有功字

禮文雖略德備也閩監毛本同惠棟校宋本備下有具字

樂人之所好害在淫俖惠棟校宋本好下有也字

天高地下節

樂者敦和各本同石經同釋文出惇和云本又作敦○按惇正字今多作敦假借非本字也

天高至官矣惠棟校宋本無此五字

神卽先聖惠棟校宋本同閩監毛本卽作則

上下之禮亦有體閩監本同毛本禮誤體

天尊地卑節

卑高已陳閩監毛本同石經同岳本同嘉靖本同衛氏集說同坊本已作以石經考文提要云宋大字本宋本九經南宋巾箱本余仁仲本劉叔剛本並作已

小大萬物也惠棟校宋本作小大岳本同衛氏集說同此本小大二字倒閩監毛本同嘉靖本同

小者隨陽出入閩監毛本同岳本同嘉靖本同衛氏集說同惠棟校宋本陽上有陰字是也盧文弨云史記集解有陰字

天尊至别也惠棟校宋本無此五字

故聖人因此制禮閩監毛本同惠棟校宋本無故字衛氏集說同

如此禮者天地之别也者閩監本同惠棟校宋本禮上有則字毛本同

地氣上齊節

奮訊也閩監毛本同嘉靖本同惠棟校宋本訊作迅岳本同衛氏集說同釋文出奮訊云本又作迅按正義云奮迅而出是正義本當作迅也○按迅正字訊假借字史記集解作迅

地氣至和也惠棟校宋本無此五字

天氣下降者閩監本同毛本下降二字倒

故先禮象形從天爲初閩監毛本同浦鏜云故先二字疑在象形下按衛氏集說作在禮象形故從天爲初

百物由天地齊降惠棟校宋本百物下有化生二字此本脱閩監毛本同

此經樂者樂之不和之和惠棟校宋本和上無不字閩監毛本樂之和作天地

化不時節

男女無別則亂升史記升作登注同

化不至情也惠棟校宋本無此五字

及夫禮樂之極乎天節惠棟云及夫禮樂節樂著大始節宋本合爲一節

及夫至深厚惠棟校宋本無此五字

此經感論禮樂之大厚閩監毛本厚作原衞氏集說厚字無

樂著大始節

大始百物之始主也閩監毛本同岳本主作生嘉靖本同衞氏集說同惠棟校宋本考文引古本足利本同

則亦天地之閒耳閩監本同岳本同嘉靖本同考文引宋板古本足利本同毛本亦誤下

樂著至樂云〇正義曰惠棟校宋本無此八字

動則周禮動物閩本同毛本禮作還監本動誤物

附釋音禮記注疏卷第三十七惠棟校宋本禮記正義卷第四十七終記云凡二十八頁

禮記注疏卷三十七校勘記

附釋音禮記注疏卷第三十八

禮記　　鄭氏注　　孔穎達疏

樂記

昔者舜作五弦之琴以歌南風夔始制樂以賞諸侯夔欲舜與天下之君共此樂也南風長養之風也以言父母之長養己其辭未聞也夔舜時典樂者也書曰夔命女典樂○夔求龜反舜臣女音汝疏昔者至諸侯○正義曰此一節論樂記第四章名為樂施施者用於天下此章中明樂施被之事也本是第三前既推禮章為第三此為第四亦明禮樂既備後乃施布天下也自此至知其行也此一節特明聖人制樂以賞諸侯其功大者其樂備○昔者舜作五弦之琴以歌南風者五弦謂無文武二弦唯宮商等之五弦也南風詩名是孝子之詩南風長養萬物而孝子歌之言己得父母生長如萬物得南風生也舜有孝行故以此五弦之琴歌南風之詩而教天下之孝也此詩今無故鄭注云其辭未聞也案世本云神農作琴今云舜作者非謂舜始造也正用此琴特歌南風始自舜耳或五弦始舜也○夔始制樂以賞諸侯者夔是舜典樂之官名夔欲天下同行舜道故歌此南風以賞諸侯使海內同孝也然樂之始亦不正在夔也正是夔始以此詩與諸侯○注夔欲至典樂○正義曰夔欲舜與天下之君共此樂者舜既獨歌南風夔為典樂之官欲令舜與天下諸侯共歌此南風之樂故制此南風之樂以賞諸侯云其辭未聞也者此南風歌辭未得聞也如鄭此言則非詩凱風之篇也熊氏以為凱風非矣案聖證論引尸子及家語難鄭云昔者舜彈五弦之琴其辭曰南風之薰兮可以解吾民之慍兮南風之時兮可以阜吾民之財兮鄭云其辭未聞失其義也今案馬昭云家語王肅所增加非鄭所見又尸子雜說不可取證正經故言未聞也○故天子之為樂也以賞

諸侯之有德者也德盛而教尊五穀時熟然後賞之以樂故其治民勞者其舞行綴遠其治民逸者其舞行綴短民勞則德薄鄭相去遠舞人少也民逸則德盛鄭相去近舞人多也○行戶剛反下同

疏故天至綴短○正義曰此一經明諸侯德尊樂備舞具各隨文解之○故其治民勞者其舞行綴遠者綴謂鄭也遠是舞者外營域行列之處若諸侯治理於民使民勞苦者由君德薄賞之以樂舞人既少故其舞人相去行綴遠謂由人少舞處寬也○其治民逸者其舞行綴短者此諸侯治理於民使逸樂由其君德盛故賞之以樂舞人多故去行綴短也謂由人多舞處狹也舞處之綴一種但人多則去之近人少則去之遠也○注民勞至多也○正義曰鄭謂鄭聚舞人行位之處立表鄭以識之

故觀其舞知其德聞其諡知其行也諡者行之迹也○行下孟反注同

疏故觀至行也○正義曰此覆結上文○觀其舞之遠近則知其德之薄厚由舞所以表德也○聞其諡知其行也者此一句以諡比擬其舞也聞諡之善否知其行之所好惡由諡所以迹行也

○大章章之也堯樂名也言堯德章明也周禮闕之或作大卷咸池備矣黃帝所作樂名也堯增脩而用之咸皆也池之言施也言德之無不施也周禮曰大咸○大咸如字一本作大卷並音權韶繼也舜樂名也韶之言紹也言舜能繼紹堯之德周禮曰大韶○韶上遥反注同夏大也禹樂名也言禹能大堯舜之德周禮曰大夏殷周之樂盡矣言盡人事也周禮曰大濩大武○濩音護

疏大章至盡矣○正義曰此一節論六代之樂也○大章章之也者章明也堯樂謂之大章者言堯之德章明於天下也○咸池備矣者咸皆也池施也咸池皇帝之樂名言黃帝之德皆施被於天下無不周徧是為備具矣○韶繼也者韶舜樂名言舜之道德能繼紹於堯也○夏大也者夏禹樂名言禹能光大堯舜之德○殷周之樂盡矣者殷樂謂湯之大濩也周樂謂周之大武也言於人事盡極矣但自夏以前皆以文德王有天下殷周二代唯以武功

爲民除殘伐暴民得以生人事道理盡極矣○注堯樂至大卷○正義曰知大章堯樂者案樂緯及禮樂志云黄帝曰咸池堯作大章故知大章堯樂名也云周禮闕者言周禮無大章故云闕也此本云大章周禮曰大卷言此大章當周禮大卷也○注黄帝至大咸○正義曰今知咸池是黄帝所作樂名者案樂緯及禮樂志云。黄帝曰咸池故知。咸是黄帝樂名云堯增脩而用之者此黄帝所作咸池之樂至堯之時更增改脩治而用之周禮大司樂謂之大咸咸池雖黄帝之樂若堯既增脩而用之者則世本名咸池是也故此文次在大章之下矣又周禮云咸池以祭地黄帝之樂堯不增脩者則别立其名則此大章是也其咸池雖黄帝之樂堯增脩者至周謂之大咸其黄帝之樂堯不增脩大章者至周謂之大卷於周之世其黄帝樂堯不增脩謂之大卷者更加以雲門之號是雲門大卷一也熊氏云知大卷當大章者案周禮云雲門大卷大卷在大咸之上此大章在咸池之上故知大卷當大章知周别爲黄帝堯名雲門者以此樂記唯云咸池大章無雲門之名周禮雲門在六代樂之首故知别爲黄帝立雲門之名也知於大卷之上加雲門者以黄帝之樂堯增脩者既謂之咸池不增脩者别名大卷明一周爲黄帝於不增脩之樂别更立名故知於大卷之上别加雲門是雲門大卷一也故周禮雲門大卷鄭注云黄帝曰雲門大卷言黄帝之德如雲之出民得以有族類知黄帝之樂堯增脩曰咸池者以禮樂志云黄帝曰咸池今周禮大咸在雲門之下大韶之上當堯之代故知堯增脩曰咸池增脩者以五帝殊時不相沿樂故知堯增脩也知樂有增脩者禮樂志漢之文始舞者韶舞高帝六年更云改名文始也漢之五行舞者本周舞始皇二十六年更立五行舞是知有增脩之法熊氏又云案。五。行鉤命決云伏犧樂爲立基神農樂爲下謀祝融樂爲。祝。續。案樂緯云黄帝曰咸池帝嚳曰六英顓頊曰五莖堯作大章舜曰簫韶禹曰大夏商曰大濩周曰大武象禮樂志云顓頊作六莖帝嚳作五英與樂緯不同其餘無異名曰六英者宋均注云爲六合之英華五龍爲五莖者能爲五行之道立根莖也○注韶之言紹也○正義曰案元命包云舜之時民樂紹堯業故云韶之言紹也○注言禹能大堯舜之德○正義曰案。司樂注云禹德能大中國此云大堯舜之德者以廣大中國則是大堯舜德其義然也○注周禮曰大濩大武○正義曰案。司樂注云湯德能使天下得其所是其德也元命包曰湯之時民樂其救之於患害故曰濩救。世由救之故民得所義亦通也大武武王樂也以武取定天下周公制焉天地之道

寒暑不時則疾風雨不節則饑教者民之寒暑也教不時則傷世事者民之風

雨也事不節則無功教謂樂也○饑居祈反然則先王之爲樂也以法治也善則行象德

矣以法治以樂爲治之法行象德民之行順君之德也○治直吏反下同【疏】天地至德矣○正義曰此一節明樂之爲善樂得其所則事有功也○然則先王之爲樂也以法治也者言先王作樂以爲治爲法若樂善則治得其善若樂不善則治乖於法則前文教不時則傷世。不節則無功是也○善則行象德矣者言人君爲治得其所教化美善則下民之行法象君之德也○夫豢豕爲酒非以爲禍也而獄訟益繁則

酒之流生禍也以穀食犬豕曰豢爲作也言豢豕作酒本以饗祀養賢而小人飲之善酗以致獄訟○豢音患養也食音嗣酗許具反是

故先生因爲酒禮壹獻之禮賓主百拜終日飲酒而不得醉焉此先王之所以

備酒禍也壹獻士飲酒之禮百拜以喻。多故酒食者所以合歡也樂者所以象德也禮者所以

綴淫也綴猶止也○綴知劣反○是故先王有大事必有禮以哀之有大福必有禮以樂之

哀樂之分皆以禮終大事謂死喪也○樂音洛下所樂哀樂康樂皆同分扶問反樂也者聖人之所樂也而

可以善民心其感人深其移風易俗故先王著其教焉著猶立也謂立司樂以下使教國子○著知慮

反【疏】夫。豢。至。教。焉。〇正義曰此一節明言禮樂之設不得其所則禍亂興故先王節其禮樂以防淫亂也〇夫豢豕爲酒非以爲禍也者豢養也言養豕作酒本爲行禮非以爲禍亂而爲也〇而獄訟益繁則酒之流生禍也者言由酒至酗鬬爭殺傷而刑獄增益繁多則是酒之流害所以生此獄訟之禍也〇是故先王因爲酒禮者由其。生禍故先王因此爲飲酒之禮也〇壹獻之禮賓主百拜者謂士之饗禮唯有壹獻言所獻酒少也從初至末賓主相荅而有百拜言拜數多也是意在於敬不在酒也〇終日飲酒而不得醉焉者謂饗禮也以其恭敬示飲而已故不得醉也〇樂者所以象德也者謂君作樂以訓民使民法象其德也禮者所以綴淫也者綴止也言人君制禮以教天下所以綴止淫邪也〇樂也者聖人之所樂也者言樂。體者聖人心所愛樂也聖人貪愛此樂以樂身化民而可以善民心者言用樂化民調善民心其感人深者言樂本從民心而來乃成於樂故感動人深也〇其移風易俗者風謂水土之風氣謂舒疾剛柔俗謂君上之情欲謂好惡趣捨用樂化之故使惡風移改弊俗變易〇故先王著其教焉者著立也以其樂功如此故先王立樂官以樂教化焉〇注壹獻至喻多〇正義曰凡饗禮案大行人云上公九獻侯伯七獻子男五獻並依命數其臣介則孤同子男卿大夫略爲一節但三獻則天子諸侯之士同壹獻故昭六年季孫宿如晉晉侯享之有加籩武子退使行人告曰得貺不過三獻是其事也但春秋亂世之法或有大夫五獻者故昭元年鄭伯享趙孟具五獻之籩豆於幕下是亂世之法也或者鄭以公孤之禮享趙孟故五獻也言百拜喻多者案今鄉飲酒之禮是壹。獻無百拜今云百拜故喻多也〇夫

民有血氣心知之性而無哀樂喜怒之常應感起物而動然後心術形焉言在所以感之也術所由也形猶見也〇知音智應於甑反篇內同見賢遍反 是故志微噍殺之音作而民思憂嘽諧慢易繁文簡節之音作而民康樂粗厲猛起奮末廣賁之音作而民剛毅廉直勁。正

莊誠之音作而民肅敬寬裕肉好順成和動之音作而民慈愛流辟邪散狄成滌濫之音作而民淫亂志微意細也吳公子札聽鄭風而曰其細已甚民弗堪也簡節少易也奮末動使四支也賁讀爲憤憤怒氣充實也春秋傳曰血氣狡憤肉肥也狄滌往來疾貌也濫僭差也此皆民心無常之傚也肉或爲潤○噍子遙反殺色界反又色例反思息吏反又音斯嘽昌善反諧戶皆反慢本又作慢莫諫反易以豉反注同粗七奴反賁依注讀爲憤扶粉反勁吉正反裕羊樹反肉而救反肥也注同好呼報反辟匹亦反邪似嗟反後皆同狄他歷反注同滌大歷反注同濫力暫反札測八反賁讀音奔又補義反狡本又作交古卯反又音郊僭子念反傚戶教反【疏】夫民至淫亂○正義曰皇氏以爲自此以下至君子賤之也是樂言之科各隨文解之此一節民有血氣以下至淫亂以上論人心皆不同隨樂而變夫樂聲善惡本由民心而生所感善事則善聲應所感惡事則惡聲起樂之善惡初則從民心而興後乃合成所爲樂樂又下感於人善樂感人則人化之爲善惡樂感人則人隨之爲惡是樂出於人而還感人猶如雨出於山而還雨山火出於木而還燔木故此篇之首論人能興樂此章之意論樂能感人也○故民有血氣心知之性者人由血氣而有心知故血氣心知連言之其性雖一所感不恒故云而無哀樂喜怒之常也應感起物而動者言內心應感起於外物謂物來感己心遂應之念慮興動故云應感起物而動○然後心術形焉者術謂所由道路也形見也以其感物所動故然後心之所由道路而形見焉心術見者即下文是也○是故志微噍殺之音作而民思憂者志微謂人君志意微細噍殺謂樂聲噍蹙殺小如此音作而民感之則悲思憂愁也○嘽諧慢易繁文簡節之音作而民康樂者嘽寬也諧和也慢疏也繁多也簡節易少也康安也言君若道德嘽和疏易則樂音多文采而節奏簡略則下民所以安樂也○粗厲猛起奮末廣賁之音作而民剛毅者粗厲謂人君性氣粗疏威厲猛起謂武猛發起奮末謂奮動手足廣賁謂樂聲廣大憤氣充滿如此音作而民感之則性氣剛毅也廉直勁正莊誠

之音作而民肅敬肅敬者君若廉直勁正則樂音矜莊嚴栗而誠信故民應之而肅敬也○寬裕肉好順成和動之音作而民慈愛肉者肉謂厚重者也君上如寬裕厚重則樂音順序而和諧動作故民皆應之而慈愛也○流辟邪散狄成滌濫之音作而民淫亂者流辟謂君志流移不靜邪散謂違辟不正放邪散亂狄成滌濫皆謂往來速疾謂樂之曲折速疾而成疾速而止僭濫止謂樂聲急速如此音作民感之淫亂也此六事所云音者皆據君德及樂音相雜也君德好而樂音亦好君德惡而樂音亦惡皆上句論君德下句論樂音其意易盡者則一句四字以結之志微噍殺是也其狀難盡者則兩句八字以結之嘽諧慢易繁文簡節之類是也意稍可盡者或六字以結之廉直勁正莊誠是也○注志微至貌也○正義曰云志微意細也者謂君德也言君意苛細樂聲亦苛細也故鄭引襄二十九年吳公子札聽鄭風云其細已甚是聽鄭風而知君德苛細也云簡節少易也者謂樂聲曲折雖繁多其節簡少謂緩歌而疏節也云奮末動使四支也者以身爲本以手足爲末故云動使四支云賁讀爲憤憤怒氣充實也者以經之賁字於易卦賁爲飾賁又爲大皆非猛厲之類故讀爲憤引春秋傳以證之案僖十五年左傳稱晉侯欲乘鄭之小駟慶鄭諫云小駟鄭之所入也言馬之血氣狡作憤怒也云肉肥也者言人肉多則體肥以喻人之性行敦重也云狄滌往來疾貌也者詩云踧踧周道字雖異與此狄同詩又云滌滌山川皆物之形狀故云往來疾貌謂樂之曲折音聲速疾也○是故先

王本之情性稽之度數制之禮義合生氣之和道五常之行使之陽而不散陰而不密剛氣不怒柔氣不懾四暢交於中而發作於外皆安其位而不相奪也生氣陰陽氣也五常五行也密之言閉也懾猶恐懼也○稽古奚反道音導行下孟反懾之涉反暢勑亮反恐曲勇反然後立之學等廣其節奏省其文采以繩德厚等差也各用其才之差學之廣謂增習之省猶審也文采謂節奏合也繩猶度也周禮大司樂以樂

語教國子與道諷誦言語以樂舞教國子舞雲門大卷大咸大韶大夏大濩大武○省西領反度大各反與道上許膺反下音導諷芳鳳反卷音權

律。小大之稱比終始之序以象事行

律六律也周禮典同以六律六同辨天地四方陰陽之聲以為樂器小大謂高聲正聲之類也終始謂始於宮終於羽宗廟黃。鍾為宮大呂為角大蔟為徵應。鍾為羽以象事行。君為。宮商為臣○稱尺證反比毗志反大蔟音泰蔟七豆反

使親疏貴賤長幼男女之理皆形見於樂故曰樂觀其深矣

謂同聽之莫不和敬莫不和順莫不和親○長幼丁丈反下同見賢遍反

【疏】是。故。至。深。矣○正義曰上經既明樂之感人故此節明先王節人情性使之和其律呂親疏有序男女不亂乃成為樂也○本之情性者言自然所感謂之性因物念慮謂之情言先王制樂本人情性稽之度數者稽之言考也既得人情考之使合度數○制之禮義者謂裁制人情以禮義合生氣之和道五常之行者言聖人裁制人情使合生氣之和道達人情以五常之行謂依金木水火土之性也○人使之陽而不散者陽主發動失在流散先王教之感陽氣者不使放散也○陰而不密者密閉也陰主幽靜失在閉塞先王節民情感陰氣者不有閉塞也○剛氣不怒柔氣不懾者言先王節之使剛氣者不至暴怒感柔氣者不至恐懼也○四暢交於中而發作於外者四暢謂陰陽剛柔也四者通暢交在身中而發見動作於身外也○皆安其位而不相奪也者言陰陽剛柔各得其所是安其位也不相侵犯是不相奪也○然後立之學等者先王欲稽之度數制之禮義非教不可故立之學等使依其才藝等級而教學之○廣其節奏者廣謂增習寬廣其樂之節奏也○省其文采者省謂省審也文采謂樂之宮商相應若五色文采省其音曲文采也○以繩德厚者繩度也謂準度以道德仁厚也○律小大之稱者律謂六律小之與大以為樂器使音聲相稱也○比終始之序者五聲始於宮終於羽比五聲終始使有次序也○以象事行者謂使人法象五聲是事行也若宮象君商象臣角象民徵象事羽象物是以象事行也皆形見於樂者以先王制樂如此以化於民由

樂聲調和故親疏之理見於樂聲也樂聲有清濁高下故貴賤長幼見於樂也
以樂聲有陰陽律呂故男女之理見於樂也○故曰樂觀其深矣者皇氏云古
語云樂觀其深言樂爲道人觀之益大深古語有此故記者引古語以結之○
注生氣至行也○正義曰云生氣陰陽氣也者下云陽而不散陰而不密故爲
陰陽云五常五行也者此經有陰陽剛柔皆自天地之氣故以五常爲五行非
父義母慈之德謂五常之行者若木性仁金性義火性禮水性智土性信五常
之行也○注等差至國子○正義曰經云立之學等是學有等差隨才高下而
爲等云廣謂增習之者學。者習音樂使其廣大也云文采謂節奏合也者文謂
宮商相應若晝采成文即上文聲成文是也云繩猶度也繩是量度之物經云
以繩德厚謂量度之以道德仁厚故鄭引周禮大司樂以樂語教國子興道諷
誦言語以樂舞教國子之等是也○注律六至爲臣○正義曰引周禮典同者
證樂器用六律六呂也案典同云辨天地四方陰陽之聲鄭注云六律六呂布
於四方陽聲屬天陰聲屬地故云天地四方陰陽之聲陰聲謂六呂陽聲謂六
律云以爲樂器小大者若黃鐘之律長九寸應鐘之律長四寸半強各自倍半
爲鐘是其小大也云謂高聲正聲之類也者案周禮典同云高聲混鄭注云玄
謂高鐘形大上上大也高則聲上藏袞然正聲緩鄭云正謂上下直正則聲緩
無所動下聲肆鄭云下謂鐘形大下下大也下則聲出去放肆陂聲散鄭云陂
謂偏侈陂則聲離散也險聲斂鄭云險謂偏弇也險則聲斂不越也達聲贏鄭
云達謂其形微大也達則聲有餘微聲韽鄭云微謂其形微小韽聲小不成也
回聲衍鄭云回謂形微圜也回則其聲淫衍無鴻殺也侈聲筰鄭云侈謂中央
約也侈則聲迫筰出去疾也弇聲鬱鄭云弇謂中央寬也弇則聲鬱勃不出也
薄聲甄鄭云甄猶掉也鐘微薄則聲掉厚聲石鄭云大厚則如石叩之無聲此
等之聲皆鐘形不得其所此引之證大小稱者以作鐘之法須小大稱宜今鐘
不得其所明其不稱也云宗廟黃鐘爲宮大呂爲角大蔟爲徵應鐘爲羽者大
司樂文祫祭降神之樂也案大司樂祭天祭地皆有降神獨引宗廟降神者以
經云終始之序宗廟降神黃鐘爲宮是律之最長者應鐘爲羽是律之最短者

故特引之證經之終始土敝則草木不長水煩則魚鼈不大氣衰則生物不遂世亂則禮
慝而樂淫是故其聲哀而不莊樂而不安慢易以犯節流湎以忘本廣則容姦
狹則思欲感條暢之氣而滅平和之德是以君子賤之也遂猶成也慝穢也廣謂聲緩也狹謂聲急
也感動也動人條暢之善氣使失其所○敝音弊慝吐得反注及下同易以豉反湎緜鮮反狹音洽注同和胡臥反穢字又作薉紆廢反徐烏會反疏土敝
至之也○正義曰此經論聖王作樂不得其所則滅和平之德故君子賤之○土敝則草木不長者土之勞敝故草木不長○水煩則魚鼈不大者水之煩擾
故魚鼈不大○氣衰則生物不遂者陰陽之氣衰亂故生物不得遂成○世亂則禮慝而樂淫者慝惡也淫過也世道衰亂上下無序故禮慝男女無節故樂
淫以上三事皆喻禮慝樂淫也○是故其聲哀而不莊樂而不安者謂男女相愛涕泗滂沱是其哀也男女相說歌舞於市井是不莊也俾晝作夜是其樂也
終至滅亡是不安也○慢易以犯節流湎以忘本者朋淫於家是慢易以犯禮節也淫酗肆虐是流湎以忘根本也○廣則容姦者廣謂節間疏緩言音聲寬
緩多有姦淫之聲也○狹則思欲者狹謂聲急節間迫促樂聲急則動發人心思其情欲而切急○感條暢之氣而滅平和之德者感謂感動也條遠也暢舒
也言淫聲感動於人損長遠舒暢之善氣而毀滅平和之善德矣是以君子賤之也者賤謂棄而不用也若師曠聞桑間濮上之聲撫而止之是也○凡
姦聲感人而逆氣應之逆氣成象而淫樂興焉正聲感人而順氣應之順氣成
象而和樂興焉倡和有應回邪曲直各歸其分而萬物之理各以類相動也成象
者謂人樂習焉○倡昌尚反又音唱下同分扶問反是故君子反情以和其志比類以成其行姦聲亂色

不留聰明，淫樂慝禮不接心術，惰慢邪辟之氣不設於身體，使耳目鼻口心知百體皆由順正以行其義。反，猶本也。術，猶道也。○行，下孟反。惰，徒臥反。辟，匹亦反。知音智。

疏 ○凡姦至其義。○正義曰：皇氏云自此以下至贈諸侯也，爲樂象之科，各隨文解之。從此至以行其義，明樂有姦聲正聲，以類相感，君子當去淫聲，用正聲也。凡姦聲感人而逆氣應之者，姦聲謂姦邪之聲，感動於人。逆氣謂逆之氣，即姦邪之氣也。人既感姦邪之聲，則有姦邪之氣來應也。○逆氣成象而淫樂興焉者，既感姦邪之聲，心又感姦邪之氣，二者相合而成象，淫樂遂興。若人耳初聽姦邪之聲，其姦邪未甚，心又感姦邪之氣，其亂乃成，不可救止，紂作靡靡之樂是也。○正聲感人而順氣應之，順氣成象而和樂興焉者，正聲感動於人，而順氣來應，既聞順聲，又感順氣，二者相合而成，成象則和樂興，若周室太平頌聲作也。○倡和有應者，初有姦聲正聲感人是倡也，後有逆氣順氣是和也。善倡則善和，惡倡則惡和，是倡和有應。○回邪曲直各歸其分者，回謂乖違，邪謂邪辟，言乖違邪辟及曲之與直，各歸其善惡之分限也。言善歸善分，惡歸惡分。○而萬物之理各以類相動也者，既善惡各歸其分，是萬物之情理各以類自相感動也。是故君子反情以和其志者，反情謂反去淫弱之情理，以調和其善志也。○比類以成其行者，比謂比擬善類以成己身之美行。○姦聲亂色不留聰明者，謂不使姦聲亂色留停於耳目，令耳目不聽明也。○淫樂慝禮不接心術者，謂不使淫樂慝禮而連接於心術，謂心不存念也。○惰慢邪辟之氣不設於身體者，以耳目心術所爲皆善，則怠惰邪辟之氣無由來入也，故邪辟之氣不施設於身體。○使耳目鼻口心知百體皆由順正以行其義者，既邪辟不在於身，耳目口鼻想知慮百事之體皆由順正，由從也，皆從和順以行其正直義理也。

然後發以聲音，而文以琴瑟，動以干戚，飾以羽旄，從以簫管，奮至德之光，動四氣之和，以著萬物之理。奮猶動也。動至德之光，謂降天神出地祇假祖考。著猶成也。○著，張慮反假古迫反是故清明象天廣大象地終始象四時周還象風雨五色成文而不亂八風從律而不姦百度得數而有常小大相成終始相生倡和清濁迭相爲經清明謂人聲也廣大謂鐘鼓也周還謂舞者五色五行也八風從律應節至也百度百刻也言日月晝夜不失正也清謂蕤賓至應鐘也濁謂黄鐘至中呂○還音旋注同迭大結反中音仲故樂行而倫清耳目聰明血氣和平移風易俗天下皆寧言樂用則正人理和陰陽也倫謂人道也

【疏】然後至皆寧○正義曰前經明君子去姦聲行正聲故此一節明正聲之道論大樂之德可以移風易俗安天下也○發以聲音者謂其動發心志以聲音也○而文以琴瑟者謂文飾聲音以琴瑟也○動以干戚者謂其振動形體以干戚飾以羽旄者其裝飾樂具以羽旄也○從以簫管者謂其隨從諸樂以簫管奮至德之光者謂用上諸樂奮動天地至極之德光明謂神明來降也○動四氣之和者謂感動四時之氣序之和平使陰陽順序也○以著萬物之理者樂既和平故能著成萬物之道理謂風雨順寒暑時鬼神降其福萬物得其所也○是故清明象天者由樂體如此故人之歌曲清潔顯明以象於天也廣大象地者謂鐘鼓鏗鏘寬廣壯大以象於地也○終始象四時者終於羽始於宮象四時之變化終而復始也○周旋象風雨者言舞者周匝迴還象風雨之迴復也○五色成文而不亂者五色五行之色也既有所象故應達天地五行之色各依其行色成就文章而不錯亂崔氏云五色者五行之音謂宮商角徵羽之聲和合成文不亂也而云五色因五行之色別廣以明義也○八風從律而不姦者八風八方之風也律謂十二月之律也樂音象八風其樂得其度故八風十二月律應八節而至不爲姦慝也八風者白虎通云距冬至四十五日條風至條者生也四十五日明庶風至明庶者迎衆也四十五日清明風至清明者芒也四十五日景風至景者大也言陽氣長養也四十五日涼風至涼寒也陰氣行也四十五日閶闔風至閶闔者咸收

藏也四十五日不周風至不周者不交也言陰。陽未合化矣四十五日廣莫風至廣莫者大莫也開陽氣也八節者立春春分立夏夏至立秋秋分立冬冬至〇百度得數而有常者。百度謂晝夜百刻昬明晝夜不失其正故度數有常也〇小大相成者賀瑒云十二月律互爲宫羽而相成也〇終始相成者賀瑒云五行宫商迭相用爲終始〇倡和清濁者謂十二月律先發聲者爲倡後應聲者爲和黄鐘至仲呂爲濁長者濁也甤賓至應鐘爲清短者清也〇迭相爲經者十二月之律更相爲常即還。相爲宫是樂之常也〇故樂行而倫清者倫類也以其正樂如上所爲故其樂施行而倫類清美矣人聽之則耳目清明血氣和平也樂法既善變移敝惡。讙風改革昬亂之俗人無惡事故天下皆寧矣〇注清明至行也〇正義曰八音氣濁唯人聲清明故知清明謂人聲也云廣大謂鐘鼓也者下云鐘聲鏗又云鼓鼙之聲讙鏗之與讙皆廣大之意云五色五行也者五行之聲宫商角徵羽相應成文如清黄相雜故云五色也

〇故曰樂者樂也君子樂得其道小人樂得其欲以道制欲則樂而不亂以欲忘道則惑而不樂道謂仁義也欲謂。邪。淫也 疏 故。曰。至。不。樂。〇正義曰前經明正樂感人情此經明君子小人各有所樂故云樂者樂也故者因上起下所以言故曰諸例皆然矣〇樂者樂也者謂所名樂者是人之所歡樂也〇君子樂得其道小人樂得其欲者道謂仁義欲謂邪淫君子所歡樂在於得仁義之道得其道則歡樂也小人所歡樂在於邪淫得邪淫則歡樂也若君子在上以仁義之道制邪。淫之欲則意得歡樂而不有昬亂也若小人在上以。淫。邪之欲忘仁義之道則志意迷惑而不得歡樂也

〇是故君子反情以和其志廣樂以成其教樂行而民鄉方可以觀德矣方猶道也〇鄉許亮反

〇德者性之端也樂者德之華也金石絲竹樂之器也詩言其志也歌詠其聲也舞動其容也三者本於心然後樂器從之是

故情深而文明氣盛而化神和順積中而英華發外唯樂不可以爲僞三者本志也聲也容也言無此本於內則不能爲樂也○詩言其志一本無言字咏音詠

【疏】是故至爲僞○正義曰前文明君子小人歡樂不同此明君子敦行善樂也○反情以和其志者反己淫欲之情以諧和德義之志也○廣樂以成其教者謂寬廣樂之義理以成就其政教之事也○樂行而民鄉方者君既如此正樂興行方猶道也而民歸鄉仁義之道也可以觀德矣者人君既如此是樂可以觀其德行矣○德者性之端也者言德行者是性之端正也○樂者德之華也者德在於內樂在於外樂所以發揚其德故樂爲德之光華也○○金石絲竹樂之器也者樂爲德華非器無以成樂故金石絲竹爲樂之器也○○詩言其志也者欲見樂之爲體有此三事詩謂言詞也志在內以言詞言說其志也○歌咏其聲也者歌謂音曲所以歌咏其言詞之聲也○舞動其容也者哀樂在內必形見於外故以其舞振動其容也此云詩言其志則詩序云詩者志之所之也歌咏其聲則詩序云言之不足故嗟歎之嗟歎之不足故咏歌之是也舞動其容則詩序云咏歌之不足則不知手之舞之足之蹈之是也○三者本於心然後樂氣從之者三者謂志也聲也容也容從聲生聲從志起志從心發三者相因原本從心而來故云本於心先心而後志先志而後聲先聲而後舞聲須合於宮商舞須應於節奏乃成於樂是故然後樂氣從之也○是故情深而文明者志起於內思慮深遠是情深也言之於外情由言顯是文明也○氣盛而化神者志意蘊積於中故氣盛內志既盛則外感動於物故變化神通也氣盛謂不知手之舞之足之蹈之是也而化神者謂動天地感鬼神經夫婦成孝敬是也○和順積中而英華發外者謂思念善事日久是和順積於心中言詞聲音發見於外是英華發於身外此據正樂也若其姦聲則悖逆積中淫聲發外也唯樂不可以爲僞者僞謂虛僞若善事積於中則善聲見於外若惡事積於中則惡聲見於外若心惡而望聲之善不可得也故云唯樂不可以爲僞也

○樂者心之動也聲者樂之象也文采節

奏聲之飾也君子動其本○樂其象然後治其飾是故先鼓以警戒三步以見方再始以著往復亂以飭歸奮疾而不拔極幽而不隱獨樂其志不厭其道備舉其道不私其欲是故情見而義立樂終而德尊君子以好善小人以聽過故曰生民之道樂爲大焉文采樂之威儀也先鼓將奏樂先擊鼓以警戒衆也三步謂將舞必先三舉足以見其舞之漸也再始以著往武王除喪至盟津之上紂未可伐還歸二年乃遂伐之武舞再更始以明伐時再往也復亂以飭歸謂鳴鐃而退明以整歸也奮疾謂舞者也極幽謂歌者也○警音景見方賢遍反下及注皆同著張慮反注同復音伏飭音勑注同拔步葛反又皮八反獨樂皇音洛庾音嶽厭於豔反好呼報反以聽過本或作以聖過如字鐃女交反

疏樂者至大焉○正義曰前經論志也聲也容也三者相將故此經廣明舞之義理與聲音相應之事○樂者心之動也者心動而見聲聲成而爲樂樂由心動而成故云樂者心之動也○聲者樂之象也者樂本無體由聲而見是聲爲樂之形象也○文采節奏聲之飾也者聲無曲折則太質素故以文采節奏而飾之使美故云文采節奏聲之飾也○君子動其本者則亦心之動也○樂其象者則亦樂之象也○然後治其飾者則亦聲之飾也以此三者結上三事自此以下記者引周之大武之樂以明此三者之義○是故以先鼓以警戒者謂作武王伐紂大武之樂欲奏之時先擊打其鼓聲以警戒於衆也○三步以見方者謂欲舞之時必先行三步以見方謂方將欲舞積漸之意也○再始以著往者謂作大武之樂每曲一終而更發始爲之凡再更發始以著明往伐紂之時初發始爲曲象十一年往觀兵於盟津也再度發始爲曲象十三年往伐紂也○復亂以飭歸者亂治也復謂舞曲終舞者復其行位而整治象武王伐紂既畢整飭師旅而還歸也○奮疾而不拔者拔疾也謂舞者奮迅疾速而不至大疾也故庾云舞者雖貴於疾亦不失節謂不大疾也○

極幽而不隱者謂歌者坐歌不動是極幽靜而聲發起是不隱也○獨樂其志不厭其道者樂其志者多違道理言武王今獨能樂其志意不違厭其仁義之道理也恆以道自將○備舉其道不私其欲者武王既不違厭其道理能備具舉行仁義之道以利天下不私自恣己之情欲也○是故情見而義立者情見謂武王伐紂之情見於樂也義立謂伐紂之義。而興立○樂終而德尊者謂觀武王伐紂樂終而知武王道德尊盛也○君子以好善者謂在位尊者既觀武王之樂德類如此故庶幾好行善道也小人以聽過者小人謂士庶之等既觀武王樂音以聽伏己之愆過也○故曰生民之道樂爲大焉者記者既引大武之樂利益如此是生養民人之道樂最爲大此特引武王樂者以武王之樂利益爲深餘樂莫能及故也但前文舞與聲心相應故引武王樂明心見於舞也○注文采至者也○正義曰上文云省其文采謂節奏今此文采謂樂威儀者以經云聲之飾故此以文采爲威儀也云武王除喪至盟津之上紂未可伐還歸二年乃遂伐之者並出今文泰誓鄭撮而用之非正文也云復亂以飭歸。鳴鐃而退明以整歸也者經云復亂鄭云整歸則亂爲治也謂反復整治而還鳴鐃而退出大司馬職文也云奮疾謂舞者也者以奮迅速疾故爲舞者謂武舞者云極幽謂歌者也者以極幽與奮疾相對歌與舞相次以歌者不動經稱極幽故知是歌者也

○樂也者施也禮也者報也言樂出而不反而禮有往來也○施始豉反樂樂其所自生而禮反其所自始樂章德禮報情反始也自由也

疏 樂也至始也○正義曰此明禮樂之別報施不同○樂也者施也者言作樂之時衆庶皆聽之而無反報之意但有恩施而已故云樂也者施也○禮也者報也者禮尚往來受人禮事必當報之也故曲禮云往而不來非禮故云禮也者報也樂樂其所自生者此廣明上樂者施也自由也言王者正樂歎樂其己之所由生似若武王民樂其武德武王由武功而生王業即以武爲樂名以受施處立名無報反之義也○而禮反其所自始者言王者制禮必追反其所由始祖若周由后稷爲始祖即追祭后稷報其王業之由是

有報也〇〇樂章德者覆說樂者施也言樂但施恩而已不望其報是樂章明其盛德也〇〇禮報情反始也者此覆說上禮者報也言行禮者他人有恩於己己則報其情但先祖既爲始於子孫子孫則反報其初始以人言之則謂之報情以父祖子孫言之則謂之反始其實一也竟〇所謂大輅者天子之車也龍旂九旒。天子之旌也青黑緣者天子之寶龜也從之以牛羊之羣則所以贈諸侯也贈諸侯謂來朝將去。既之以禮〇流本又作旒音流緣悅絹反朝直遙反【疏】所謂至侯也〇正義曰前經明樂者爲施禮者爲報此明禮報之事諸侯守土奉其土地所有來朝天子故天子以此等之物報之是禮報之事也不覆明樂施者以樂施之恩其事易知記者略而不言也〇大輅者天子之車也者大輅謂金輅也據上公及同姓侯伯故下云龍旂九旒亦上公也若異姓則象輅若四衛則革輅蕃國則木輅受於天子總謂之大輅也〇龍旂九旒天子之旌也者據上公言之侯伯則七旒子男則五旒〇青黑緣者天子之寶龜也者寶龜之。中並以青黑爲之緣〇從之以牛羊之羣者天子既。與大輅龍旂及寶龜占兆又隨從以牛羊非一故稱羣將此以與諸侯故云則所以贈諸侯也〇樂也者情之不可變者也禮也者理之不可易者也理猶事也樂統同禮辨異統同同和合也辨異異尊卑也禮樂之說管。乎人情矣管猶包也【疏】樂也至情矣〇正義曰皇氏云自此以下名爲樂情各隨文解之樂也者情之不可變。者。也樂出於心聽之則歡悅是情之不可變也〇禮也者理之不可易者也禮見於貌行之則恭敬理事也言事之不可改易也樂出於心故云情禮在於貌故云理也變易換文也樂統同者統領也言樂主相親是。主領其同〇禮辨異者辨別也禮殊別貴賤是分別其。異也〇禮樂之說管乎人情矣者言禮樂所說義理包管於人情樂主和同則遠近皆合禮主恭敬則貴賤有序人情所懷不過於此是管人情也〇窮本知變樂之情也著誠去僞禮之經也禮樂偩天地之情達神明之德降興上下之神而凝是精粗之體領父子君臣之節偩猶依象也降下也興猶出也凝成也精粗謂萬物大小也領猶理治也○去起呂反偩音負粗七奴反【疏】○窮本至之節○正義曰此一節更廣明禮樂之義言父子君臣之節○窮本知變樂之情也者以樂本出於人心心哀則哀心樂則樂是可以原窮極本也若心惡不可變惡為善是知變也則上文云唯樂不可以為偽是也此言窮人根本知內外改變唯樂能然故云樂之情也○著誠去偽禮之經也者誠謂誠信也偽謂虛詐也經常也言顯著誠信退去詐偽是禮之常也若人內心虛詐則外貌敖狠唯禮知之故云禮之經也○禮樂偩天地之情者負猶依象也禮出於地尊卑有序是負依地之情也樂出於天遠近和合是負依天之情也○達神明之德者禮樂出於人心與神明和會故云達神明之德○降興上下之神者興猶出也禮樂既與天地相合用之以祭故能降出上下之神謂降上而出下也○而凝是精粗之體者凝猶成也是謂正也精粗謂萬物大小也言禮樂之能成就正其萬物大小之形體也○領父子君臣之節者領猶理治也言禮樂理治父子君臣之限節而樂主於和聽之則上下相親又宮為君商為臣是樂能領父子君臣也禮定貴賤長幼是禮能領父子君臣也

○是故大人舉禮樂則天地將為昭焉言天地將為之昭焉明也天地訢合陰陽相得煦嫗覆育萬物然後草木茂區萌達羽翼奮角觡生蟄蟲昭蘇羽者嫗伏毛者孕鬻胎生者不殰而卵生者不殈則樂之道歸焉耳訢讀為熹熹猶蒸也氣曰煦體曰嫗屈生曰區無䏙曰觡昭曉也蟄蟲以發出為曉更息曰蘇孕任也鬻生也內敗曰殰殈裂也今齊人語有殈者○訢依注音熹許其反一讀依字音欣煦許具反徐況甫反嫗於具反徐於甫反下及注同區依注音句古侯反徐丘于反一音烏侯反萌莫耕反奮方問反觡古伯反蟄直力反伏扶又反孕以

證反鬻音育生也徐又扶袁反胎他才反殰音獨鄭云内敗曰殰按謂懷任不成也字林云胎敗卵力管反殈呼闃反范音溢徐況逼反一音況狄反卵拆不成曰殈猶裂也蒸之膺反䚡息才反内乃對反或作骨肉之字者誤【疏】是故至焉耳○正義曰此一節論大人舉用禮樂則天地協和而生養萬物爲之昭著之事則下文天地訢合以下是也但此經禮樂並論其天地訢合唯論樂之所感不論禮之功用也記者主在於樂故特美樂功樂功既爾禮亦同也○天地訢合者訢猶熹也熹謂蒸動言樂感動天地之氣是使二氣。蒸動則天氣下降地氣上騰○陰陽相得者言體謂之天地言氣謂之陰陽天地動作則是陰陽相得也煦嫗覆育萬物者天以。氣煦之地以形嫗之是天煦覆而地嫗育故言煦嫗覆育萬物也然後草木茂者草木據其成體故云茂○區萌達者據其新生故云達也○○羽翼奮者謂飛鳥之屬皆得奮動也○角觡生者謂走獸之屬悉皆生養也○○蟄蟲昭蘇者昭曉也蘇息也言蟄伏之蟲皆得昭曉蘇息也○羽者嫗伏者謂飛鳥之屬皆得體伏而生子也○毛者孕鬻者言走獸之屬以氣孕鬻而繁息也○胎生者不得殰者謂不有殰敗也○卵生者不殈者言不有殈裂也○則樂之道歸焉耳者言所以致此在上諸物各順其性由此樂道使然故云樂之道歸焉耳謂歸功於樂也樂道所以然者樂之根本由人心而生人心調和則樂音純善協律呂之體調陰陽之氣二氣既調故萬物得所也○注訢讀至裂也○正義曰訢熹聲相近故讀爲熹熹天地氣故云熹猶蒸也言天地氣之蒸動猶若人之。喜也云氣曰煦者謂天體無形而降其氣以養物故云氣曰煦也云體曰嫗者言地體有形故云體曰嫗也此對文爾其實地氣矣云屈生曰區者謂鉤曲而生出菽豆是也云無䚡曰觡者䚡謂角外皮滑澤者鹿角之屬是也云蟄蟲以發出爲曉更息曰蘇者言蟄蟲之類皆理藏其體近於死今復得活似暗而遇曉死而更息也云内敗曰殰者以經云胎生懷胎在内故云内敗也殰也云殈裂也者卵體多裂又齊語稱裂爲殈故以殈爲裂也

○樂者非謂黃鐘。大呂弦。歌干。揚也。樂之末節也故童者舞之鋪筵席陳尊

俎列籩豆以升降爲禮者禮之末節也故有司掌之言禮樂之本由人君也禮本著誠去僞樂本窮本知變○鋪普胡反又音敷去起呂反樂師辨乎聲詩故北面而弦宗祝辨乎宗廟之禮故後尸商祝辨乎喪禮故後主人辨猶別也正也弦謂鼓琴瑟也後尸居後贊禮儀此言知本者尊知末者卑是故德成而上藝成而下行成而先事成而後德三德也行三行也藝才技也先謂位在上也後謂位在下也○上如字或時掌反行下孟反注同技其綺反是故先王有上有下有先有後然後可以有制於天下也言尊卑備乃可制作以爲治法○治直吏反

【疏】樂者至下也○正義曰此一節明禮樂各有根本本貴而末賤君子能辨其本末可以有制於天下黃鍾大呂弦歌干揚也樂之末節也者此等之物唯是樂器播揚樂聲非樂之本故云樂之末節其本在於人君之德窮本知變是也故云樂之末節也故童者舞之皇氏云揚舉也干揚舉干以舞也○鋪筵席陳尊俎列籩豆以升降爲禮者禮之末節也者此等物所以飾禮故云禮之末節其本在於人君著誠去僞恭敬節儉以末節非貴故有司掌之○樂師辨乎聲詩故北面而弦者此明知禮樂末者其位處卑卽樂師以辨曉聲詩但知樂之末節故北面而鼓弦言其位處卑也○宗祝辨乎宗廟之禮故後尸者宗謂宗人祝謂大祝但辨曉於宗廟詔相之禮故在尸後也○商祝辨乎喪禮故後主人者商祝謂習商禮而爲祝者但辨曉死喪擯相之禮故後主人謂在主人之後言此宗祝商祝但知禮之末節故在尸與主人後言其位處卑賤也是故德成而上者則人君及主人之屬是也以道德成就故在上也○藝成而下者言樂師商祝之等藝術成就而在下也○行成而先者行成則德成矣言德在內而行在外也○事成而後者事成則藝成矣在身謂之藝所爲謂之事○是故至天下也者人有多少品類故先王因其先後使尊卑得分然後乃可制禮作樂爲法以班天下如周公六年乃制禮樂也○魏

文侯問於子夏曰吾端冕而聽古樂則唯恐臥聽鄭衛之音則不知倦敢問古樂之如彼何也新樂之如此何也魏文侯晉大夫畢萬之後僭諸侯者也端玄衣也古樂先王之正樂也【疏】魏文至何也○正義曰自此以下至有所合之也明魏文侯問古樂今樂之異幷子夏之荅辨明古樂今樂之殊各隨文解之○吾端冕而聽古樂則唯恐臥者文侯言身著端冕明其心恭敬而聽古樂唯恐臥聽鄭衛之音則心所愛樂不知休倦也○敢問古樂之如彼何也者言古樂何以朴素之如彼使人不貪至於臥也○新樂之如此何也者新樂何以婉美使人嗜愛志樂不知其倦也○注魏文至衣也○正義曰云魏文侯畢萬之後僭諸侯者也者按春秋閔元年晉獻公滅魏以魏賜畢萬按世本云萬生芒芒生季季生武仲州州生莊子降降生獻子荼荼生簡子取取生襄子多多生桓子駒駒生文侯斯是畢萬之後也云端玄衣也者謂玄冕也凡冕服皆其制正幅袂二尺二寸袪尺二寸故稱端也

子夏對曰今夫古樂進旅退旅和正以廣弦匏笙簧會守拊鼓始奏以文復亂以武治亂以相訊。疾以雅君子於是語於是道古脩。身及家平均天下此古樂之發也旅猶俱也俱進俱退言其齊一也和正以廣無姦聲也會猶合也皆也言衆皆待擊鼓乃作周禮大師職曰大祭祀。帥瞽登歌合奏擊拊下管播樂器合奏鼓朄文謂鼓也武謂金也相即拊也亦以節樂拊者以韋爲表裝之以穅穅一名相因以名焉今齊人或謂穅爲相雅亦樂器名也狀如漆。筩中有椎○夫音扶下同廣如字舊古曠反匏白交反笙音生簧音黄拊音撫注同復音伏相息亮反注同即拊也以韋爲之實之以穅王云輔相也徐思章反訊音信大師音泰播彼佐反朄音胤穅音康漆音七甬音勇椎直追反【疏】。子。夏。至。發。也○正義曰此一經明子夏對文侯古樂之體也古樂謂古者先王正樂也○進旅退旅者旅謂俱齊言古樂進則俱齊退亦俱齊進退如一不參差也和正以廣者樂音相和正以寬廣無姦聲也○弦匏笙簧會守拊鼓者言弦也匏也笙也簧也其器雖多必會合保守待擊拊鼓然後作也故曰會守拊鼓始
奏以文者文謂鼓也言始奏樂之時先擊鼓前文云先鼓以警戒是也○復亂以武者武謂金鐃也言舞畢反復亂理欲退之時擊金鐃而退故云復亂以武
也○治亂以相者相卽拊也所以輔相於樂故謂拊爲相也亂理也言治理奏樂之時先擊相故云治亂以相○以訊疾以雅者雅謂樂器名舞者訊疾奏此雅
器以節之故云訊疾以雅君子於是語者謂君子於此之時語說樂之義理也○於是道古者言君子作樂之時亦謂說古樂之道理也○脩身及家平均天
下者言君子既聞古樂近脩其身次及其家然後平均天下也○此古樂之發也者言此上來諸事古樂之發動也○注旅猶至有椎○正義曰云旅猶俱也
者旅衆也經云進旅退旅是衆俱進退故云俱也云和正以廣無姦聲也者謂邪淫要妙煩手淫聲曲折切急今經云和正以廣故云無姦聲也云言衆皆待
擊鼓乃作者衆謂弦匏笙簧衆器皆待擊鼓乃始動作解經會守拊鼓言會守謂器之聲也以待。拊鼓也經有拊及鼓鄭直云擊鼓乃作者拊卽鼓之類言擊
鼓必擊拊也引周禮大師職者證擊拊也故大師職云大祭祀。師瞽登歌謂大師領人登堂而唱歌也云合奏擊拊者謂大師合奏樂之時則先擊拊而合奏
之也云下管播樂器合奏鼓鞞者謂大祭祀堂下諸人吹管播揚樂器之聲大師合奏之時先擊鞞而合奏言鞞謂小鼓在大鼓之下引是大師登歌合奏之
時親擊拊而以合下管合奏時親擊鞞以奏之云文謂鼓也武謂金也者金屬西方可以爲兵刃故金爲武鼓主發動。象。春無兵器之用故鼓爲文也云相卽
拊也者前文既云拊故知相卽拊鄭必知相爲拊者按書傳云以韋爲鼓謂之搏拊白虎通引尚書大傳拊革著以穅鄭以此知也今書傳無著穅之文謂齊
人以穅爲相故知穅爲相卽拊也云雅亦器名也狀如漆箭中有椎者按周禮笙師職云掌舂牘應雅鄭司農云雅狀如漆箭而弇口大二圍長五尺六寸以
羊韋鞔之有兩紐疏畫並以漢時制度而知也

附釋音禮記注疏卷第三十八

禮記注疏卷三十八校勘記　　阮元撰盧宣旬摘錄

附釋音禮記注疏卷第三十八惠棟校宋本禮記正義卷第四十八

樂記

昔者舜作節

昔者至諸侯惠棟校宋本無此五字

此南風歌辭未得聞也閩監本同毛本聞誤見

故天子之爲樂也節

五穀時熟閩監毛本同石經熟作孰宋監本惠棟校宋本岳本嘉靖本衞氏集說同石經考文提要云宋大字本宋本九經南宋巾箱本余仁仲本亦並作孰

其舞行綴遠史記綴作級下綴短同

故天至綴短惠棟校宋本無此五字

故觀至行也〇正義曰惠棟校宋本無此九字

大章章之也節

韶繼也各本同毛本韶誤紹

周禮曰大濩大武閩監毛本同岳本同嘉靖本同衞氏集說同惠棟校本大濩上增殷曰二字大武上增周曰二字盧文弨云惠棟本依史記集解增

大章至盡矣惠棟校宋本無此五字

皇帝曰咸池故知咸是黃帝樂名閩監毛本同惠棟校宋本皇作黃知咸下有池字

接五行鉤命決云伏犧樂爲立基神農樂爲下謀祝融樂爲祝續閩監毛本同齊召南云按鉤命決孝經緯也周禮大司樂疏亦引此作孝經緯云此文五行二字誤也又祝續賈疏作屬讀下同

案司樂注云按司字上當有大字

故曰濩救世閩本同惠棟校宋本同監毛本世作也

天地之道節

不節則無功是也惠棟校宋本不上有事字衞氏集說同此本脫閩監毛本同

夫豢豕爲酒節

百拜以喻多各本同盧文弨云足利古本多下有也字史記集解同

夫豢至教焉惠棟校宋本無此五字

由其生禍惠棟校宋本同閩本生字漶滅監毛本生誤主

言樂體者聖人心所愛樂也閩監本同毛本體誤禮

是壹獻無百拜閩監毛本同惠棟校宋本獻下有也字

夫民有血氣節

廉直勁正史記作經正集解引孫炎云經法也索隱云今禮本作勁

嘽寬也諧和也監本同毛本嘽字闕閩本漶滅

是故先王本之情性節

省猶審也史記注引審下有習之二字

律小大之稱史記作類小大索隱云今禮作律

黃鍾爲宮閩本同岳本同嘉靖本同衞氏集說同監毛本鍾作鐘下應鍾同

君爲宮閩監本作宮爲君岳本同嘉靖本同衞氏集說同此本誤倒毛本宮誤言

是故至深矣惠棟校宋本無此五字

學者習音樂　閩監毛本同惠棟校宋本無者字

土敝則草木不長節

而滅平和之德　閩監毛本同石經同岳本同嘉靖本同衞氏集說同惠棟校宋本無而字陳澔集說同石經考文提要云宋大字本宋本九經南宋巾箱本余仁仲本劉叔剛本並有而字○按史記有而字

土敝至之也　惠棟校宋本無此五字

凡姦聲感人節　惠棟云凡姦節然後發以聲節故曰樂節是故君子節樂者節樂也者節所謂大輅節宋本合爲一節

謂人樂習焉　各本同盧文弨云足利古本焉作也史記集解作之也

凡姦至其義　惠棟校宋本無此五字

耳目口鼻想知慮百事之體　惠棟校宋本想上有心字此本脫閩監毛本有心字脫想字

然後發以聲音節

清明者芒也　閩監毛本同浦鏜云芒上脫清字

言陰陽未合化矣　惠棟校宋本作陰陽此本誤陰陰閩監毛本誤陰氣

百度謂晝夜百刻　閩監毛本同惠棟校宋本無上百字

卽還相爲宮是樂之常也閩監毛本同考文引宋板無相字

變移敝惡讙風閩監毛本同考文云宋板讙作之衞氏集說同

故曰樂者節

欲謂邪淫也閩監本同岳本同嘉靖本同考文引宋本古本足利本同毛本淫誤辟衞氏集說邪淫二字倒

故曰至不樂惠棟校宋本無此五字

以邪淫之欲惠棟校宋本作邪淫此本邪淫二字倒閩監毛本同

是故君子反情節

廣樂以成其教閩監毛本同岳本同嘉靖本同衞氏集說同石經成其二字剜刻無其字

歌詠其聲也閩監毛本同衞氏集說同石經詠作咏宋監本岳本嘉靖本同釋文出歌咏云音詠

然後樂器從之閩監毛本同惠棟校宋本器作氣宋監本岳本嘉靖本同衞氏集說同石經氣字剜闕史記亦作氣不誤

唯樂不可以爲僞閩監毛本同石經同岳本同嘉靖本同衞氏集說同坊本唯作惟石經考文提要云宋大字本宋本九經南宋巾箱本余仁仲本劉叔剛本並作唯

是故至爲僞惠棟校宋本無此五字

此明君子敦行善樂也閩監毛本同惠棟校宋本明作乃

詩謂言詞也閩監毛本同考文云宋板詞作辭衛氏集說亦作辭

志在内以言詞言說其志也閩監本同惠棟校宋本在下有於字内下有故字詞作辭下同毛本無於字及說上言字

歌咏其聲也者閩監毛本咏作詠下咏字並同

然後樂氣從之者惠棟校宋本同閩監毛本氣誤器下然後樂氣從之也同

故變化神通也閩監本同衛氏集說同毛本神通作通神

是和順積於心中閩監毛本同衛氏集說亦作於惠棟校宋本於作在

樂者心之動也節

君子動其本○樂其象〔補〕案○誤

以明伐時再往也史記集解引伐下有紂字

與聲音相應之事惠棟校宋本作應衛氏集說同此本應誤續閩監毛本同

謂伐紂之義而與立閩監毛本同浦鏜校而與立改與立也從衛氏集說

云復亂以飭歸鳴鐃而退閩監毛本同惠棟校宋本鳴上有謂字

樂也者施也節

樂也至始也閩監毛本同惠棟校宋本始作報

以人竟言之閩監本同毛本竟作意衞氏集說同惠棟校宋本亦作意

所謂大輅者節

龍旂九旒各本同石經同釋文出九流云本又作旒○按旒俗流字

旣之以禮閩本同惠棟校宋本旣作送宋監本岳本嘉靖本同考文引古本足利本同監毛本送作報衞氏集說同按史記集解引作送

寶龜之中並以青黑爲之緣閩監毛本同衞氏集說亦作中段玉裁中改甲按公羊定八年傳龜青純何休云謂緣甲䫜也緣在於甲此中字作甲是也

天子旣與大輅龍旂閩監毛本同惠棟校宋本與下有之字衞氏集說同

樂也者節惠棟云樂也者節窮本知變節是故大人節樂者節宋本合爲一節

管乎人情矣史記管作貫張氏正義云貫猶通也與鄭注異

樂也至情矣惠棟校宋本無此五字

情之不可變者也樂出於心閩監本同惠棟校宋本毛本者也二字倒

是主領其同閩監毛本同衛氏集說主作統

是分別其異也閩監本同毛本異誤義衛氏集說亦作異

窮本知變節

凝成也各本同盧文弨云足利古本成上有猶字史記集解同按正義亦云凝猶成也

禮樂出於人心閩監毛本同衛氏集說同惠棟校宋本於作在

是故大人節

言天地將爲之昭焉明也閩監毛本同衛氏集說同惠棟校宋本焉作然宋監本岳本嘉靖本同考文引古本足利本同

毛者孕鬻各本同石經同釋文鬻作𩰲○按鬻爲育之假借字𩰲又鬻之譌字

熹猶蒸也監本毛本作蒸惠棟校宋本作烝也正義同

殈裂也各本同盧文弨云足利古本裂上有猶字史記集解同

是使二氣蒸動監本毛本作蒸惠棟校宋本作烝

天以氣煦之閩監毛本同衛氏集說同惠棟校宋本氣上有地字

猶若人之喜也閩本同惠棟校宋本同監毛本喜作熹